DIE MENSCHLICHE GESELLSCHAFT

IN IHREN ETHNO-SOZIOLOGISCHEN GRUNDLAGEN

VON

RICHARD THURNWALD

PROFESSOR AN DER UNIVERSITÄT BERLIN
EHRENMITGLIED DES K. ANTHROPOLOGISCHEN
INSTITUTS IN LONDON

ZWEITER BAND

WERDEN, WANDEL UND GESTALTUNG VON FAMILIE, VERWANDTSCHAFT UND BÜNDEN

IM LICHTE DER VÖLKERFORSCHUNG

MIT 12 TAFELN UND 1 TEXTBILD

BERLIN UND LEIPZIG 1932

WALTER DE GRUYTER & CO.

VORMALS G. J. GÖSCHEN'SCHE VERLAGSHANDLUNG — J. GUTTENTAG, VERLAGSBUCHHANDLUNG — GEORG REIMER — KARL J. TRÜBNER — VEIT & COMP.

WERDEN, WANDEL UND GESTALTUNG VON FAMILIE, VERWANDTSCHAFT UND BÜNDEN

IM LICHTE DER VÖLKERFORSCHUNG

VON

RICHARD THURNWALD

MIT 12 TAFELN UND 1 TEXTBILD

BERLIN UND LEIPZIG 1932

WALTER DE GRUYTER & CO.

VORMALS G. J. GÖSCHEN'SCHE VERLAGSHANDLUNG — J. GUTTENTAG, VERLAGSBUCHHANDLUNG — GEORG REIMER — KARL J. TRÜBNER — VEIT & COMP.

INHALTSÜBERSICHT ÜBER DAS GESAMTWERK

Walter de Gruyter & Co. vormals G. J. Göschen'sche Verlagshandlung — J. Guttentag, Verlagsbuchhandlung — Georg Reimer — Karl J. Trübner — Veit & Comp.
Berlin und Leipzig.

Archiv-Nr. 42 04 31

Druck von J. J. Augustin in Glückstadt und Hamburg

INHALT

A. FAMILIE UND VERWANDTSCHAFT

EINLEITUNG

Im 1. Band (Repräsentative Lebensbilder der menschlichen Gesellschaft) dieses Werkes wurden Schilderungen von Gesellungsgestaltungen repräsentativer Gemeinden geboten. Dadurch erhielten wir an bestimmten zeitlichen Querschnitten erfaßbare Varianten wirklichen Lebens, das in seiner Verzweigtheit und Verwobenheit die verschiedenen Seiten eines Stammes, Volkes oder Kulturhorizontes vereinte. Wir hatten mit Systemen des gesamten Kulturlebens zu tun.

In den folgenden Bänden werden einzelne Funktionen aus ihrem lebendigen Zusammenhang herausgegriffen. Familie, Staat, Wirtschaft, Rechtsleben usw. stellen für sich Teilsysteme innerhalb des größeren Systems eines Volkslebens oder einer Kultur dar, dem sie eingeordnet sind. Als solche Teilsysteme bezeichnen wir angeordnete Verhaltungsweisen, die unter gewissen Voraussetzungen befolgt werden. Die Voraussetzungen lassen sich hauptsächlich auf solche 1. der Tradition und 2. der jeweiligen Konstellation zurückführen.

So groß der Traditionswert bei Naturvölkern auch ist, und damit die Erleichterung, die durch die Nachahmung eines Verhaltens gewährt wird, für das andernfalls primär eine Neuorientierung erforderlich wäre, so darf man doch nicht vergessen, daß die Überlieferung bei Naturvölkern weniger starr ist als bei höheren Völkern mit sprödem Kulturballast. Bei Naturvölkern sind die Traditionen geschmeidiger: eine folgende Generation, die in eine neue Lebenslage versetzt wird, kann durch Veränderung ihres Verhaltens neuen Konstellationen Rechnung tragen, ohne sich etwa mit schriftlich niedergelegten Satzungen und deren formalen Änderungen abquälen zu müssen. Die Rechtsnormen können mangels starrer Prägung oder gar schriftlicher Fixierung den persönlichen und Augenblicksverhältnissen viel mehr Rechnung tragen. Dies ist auch der Fruchtboden für die außerordentliche Buntheit der Erscheinungen, die große Variationsbreite der primitiven Gesellschaft, wie sie sich ganz besonders innerhalb der niedrigsten Kulturhorizonte des Wildbeuterlebens und in den relativ homogenen Jäger-Feldbauerinnen-Gemeinden äußert. Die Trägheitskraft der Tradition, die wir natürlich nicht unterschätzen dürfen, kommt bei den Naturvölkern in der rituellen und zeremoniellen Gebundenheit durch die Enge ihres Lebenshorizonts zur Auswirkung. Also auf anderen Wegen, mit anderen Konsequenzen.

Es würde aber den Tatbestand verzerren, wollten wir nur Traditionen allein oder nur Konstellationen für sich in Rücksicht ziehen. Erst aus dem Ineinanderwirken dieser beiden Hauptquellen der Gesellungsgestaltung ergibt sich das jeweils von zwei Blickpunkten richtig erfaßbare Bild.

Wie kommen die Institutionen selbst aber zustande? Sie bestehen in einem Befolgen von Verhaltungsweisen, somit in einem Nachahmen vorbildlich betrachteter Handlungen. Dort, wo wir geringe oder keine organisiert-autoritativen Kräfte vorfinden, wie bei niedrigen Naturvölkern, ist das suggestive Beispiel von vorneherein viel schwächer, unbeschadet der Bereitwilligkeit zur Nachahmung. Trotz des Fehlens organisiert-autoritativer Kräfte können gelegentlich starke Persönlichkeiten erheblichen Einfluß ausüben. Mit ihrer Persönlichkeit erlischt aber gewöhnlich der Zauber ihres Vorbildes. Erst wo eine Überschichtung durch Kontakt mit Fremden eintritt, stellt sich eine ganze Gruppe von Menschen, die sich zunächst auch gesondert fortpflanzen, als dauernde Vorbilder des Verhaltens und von Verhaltensforderungen anderen gegenüber; sie vermögen durch überlegene Technik, Naturbeherrschung und Menschenbehandlung auf die Dauer das Befolgen eines ganzen Systems von Verhaltungsweisen durchzusetzen, das auch für sie selbst bindend wirkt. So sehen wir hauptsächlich im Zusammenhang mit dem Auftreten autoritativer Gruppen, die sich als solche durchzusetzen vermögen, „Institutionen" entstehen, während in den Primär-Gesellschaften alles, was wir als Institutionen zu buchen versuchen, auf das Nachahmen von vorhergegangenen Einzelfällen hinausläuft, also prä-institutionellen Charakter trägt. Durch letzteres Moment wird, wie bereits angedeutet, auch die Geschmeidigkeit aller Einrichtungen bedingt. Dieser Umstand ist es, durch den sich die Institutionen der Naturvölker etwa von den unsrigen unterscheiden. Wir dürfen in primitiven Institutionen niemals diese Unbedingtheit, Festigkeit und Unabänderlichkeit suchen, die uns bei dem Gedanken an eine Institution als selbstverständlich erscheint.

Obgleich die Einrichtungen innerhalb bestimmter Gemeinden und Stämme entstanden sind, decken sie sich doch in ihrer Verbreitung keineswegs mit den Völkern, die eine gleiche Sprache reden, die der selben Rasse zugezählt werden, die ähnliche Fertigkeiten ausüben oder den gleichen Bestand an Werkzeugen, Geräten und Waffen haben, sondern auch ihnen fallen genau so wie allen den erwähnten Zivilisationsträgern ihre besonderen Verbreitungsgebiete zu. Eben dieser Umstand weist darauf hin, daß sie in gleicher Weise als das Produkt einmaliger realhistorischer Gestaltung aufzufassen sind, daß der Faktor der besonderen Konstellation und der Ähnlichkeit von Konstellationen von ausschlaggebender Bedeutung ist. Jede Institution stellt für sich Wertzusammenhänge dar und bildet in sich ein Wertbevorzugungssystem, das seine eigenartige Färbung aus dem Komplex zieht, in dem es als Zivilisationsbestandteil auftritt. Der erwähnte Umstand weist auf die Möglichkeit einer doppelten Betrachtungsweise hin, nämlich darauf, außer dem Einbau einer Institution in eine bestimmte Kultur, auch die zivilisatorisch-funktionelle Leistung der Institution im zeitlichen Ablaufen und Variieren zu erfassen. In einem solchen Zusammenhang stellt sich das Problem der Entwicklung und des Fortschritts ein.

Wie weit können die eben angedeuteten Gedankengänge herangezogen werden, wenn man einzelne Institutionen ins Auge faßt? Redet man nicht etwa von der „Entwicklung" der Blutrache, der staatlichen Autorität, des Patriarchats, des Geldes usw.?

Was bei den einzelnen Institutionen feststeht, ist ihr Variieren im Zeitablauf, ihre Veränderlichkeit trotz aller starren Festlegung, die ihnen gelegentlich durch Formulierung als Gesetze und durch Ausrüstung mit religiösen Sanktionen zu teil wird. Die verschiedenen Gebiete, auf die sich Institutionen beziehen: das Familienleben, die Wirtschaft, der Staat, die Rechtsordnung usw. ergeben sich aus der menschlichen Natur und den Grundlagen aller Gesellungsbeziehungen überhaupt. Die einzelne konkrete Institution, die sich bei einem Volke findet, kann nur aus der Leistung gewertet werden, die sie innerhalb eines Kultursystems funktionell vollbringt. Auf diese Weise baut sie sich einerseits in das Zivilisationsgetriebe ein und nimmt andererseits an den Fortschritts- und Entwicklungskräften teil, die sich innerhalb eines Kultursystems auswirken. Je nach ihrer Eigenart wird sie mehr oder minder von den akkumulativen und irreversiblen Kräften gestoßen und umgeformt. Ihrerseits vermag sie aber auch durch Veränderungen und Variationen den Fortschrittsprozeß zu beeinflussen, zu fördern oder zu hemmen.

Auf Irrwege leitet die Aufstellung von „Idealtypen" (im Sinne von Max Weber) hin. Diese fassen logisch-ästhetisch bis zum Extrem getriebene Kulminationsformen als Zielpunkte ins Auge, von denen aus ein Anwachsen oder Verfallen einer Instutution konstruiert wird. Die Frage, ob oder wie weit sich eine solche Kulminations- oder Extremform in das Leben und das Schicksal einer Gemeinde, eines Volkes oder einer Kultur einfügt, dem Ganzen förderlich ist, wird dabei nicht aufgeworfen. Betrachten wir daher den Wandel der Institutionen nur unter dem Gesichtspunkt des Idealtyps, so bietet sich uns allerdings ein logisch-ästhetisches Schauspiel, doch verlieren wir dabei vollkommen die funktionelle Leistungsfähigkeit und Leistungsbedeutung für das Ganze eines Volkes oder einer Kultur aus dem Auge. Auch wird dadurch der Zusammenhang mit den irreversiblen und akkumulatorischen Veränderungsreihen verwirrt. Der „Fortschritt" einer Institution unter dem Gesichtspunkt der Idealtypenlehre gesehen, hat nichts mit dem Fortschritt zu tun, der mit dem allgemein menschlichen Akkumulationsprozeß in Verbindung steht, aber auch nichts mit dem Lebensprozeß eines Volkes oder einer Kultur.

Die großen Institutionen beanspruchen als Verhaltungsweisen der Menschen unter gewissen Existenzbedingungen, also unter auf weite Zeiträume sich erstreckenden ähnlichen Konstellationen einen eigenen Ablauf, wie etwa die Blutrache oder das Asyl, die Heiratsordnungen, das Lehenswesen usw. Bleiben die Konstellationen z. B. infolge mangelnder Staatsautorität ähnlich, so führen sie bei der Artung der menschlichen Emotionen zur Blutrache. Ebenso hat eine Verdichtung und engere Vergesellschaftung der Gemeinden auf Grund des Austausches von Frauen zu den Heiratsordnungen geführt. Die Rationalisierung der Macht durch Despoten, welche die Souveränitätsansprüche der erweiterten Gemeinden zunächst symbolisierten, dann monopolisierten, erlaubte unter gewissen technischen und wirtschaftlichen Voraussetzungen keine andere Möglichkeit von Beamtenbesoldung als auf dem Wege des Lehenssystems. So wie sich aber durch den technischen Fortschritt andere Möglichkeiten der autoritativen Konzentration ergaben, eine Änderung der Wirtschaftsorganisation aus verbesserten Möglichkeiten des Verkehrs, der Metallbearbeitung usw. sich ableitete, erloschen auch diejenigen Konstellationen, welche die oben beispielsweise angeführten Einrichtungen des Lehenssystems als traditionelle Haltungsweisen stützten. Daraus ersehen wir wohl den Zusammenhang gewisser Institutionen mit dem akkumulativen-irreversiblen Prozeß, wir sehen sie besonders gefärbt durch das eigenartige Kultursystem, in das sie bei dieser oder jener Gemeinde eingewoben sind, innerhalb der sie bestimmte notwendige Lebensfunktionen des Kulturganzen erfüllen. Ist es aber notwendig, daß dort, wo sie eine wichtige und notwendige Leistung innerhalb eines Gesellungssystems vollbringen, sie auch die logisch-ästhetisch vollendetste Form an den Tag legen? Denken wir etwa an das Mutterrecht, ein Begriff, dem in der Wirklichkeit eine außerordentlich reiche Skala von „Intensitätsgraden" und „Trübungen" entspricht. Extremformen des Mutterrechts muß man als logisch-ästhetisch vollendetste Formen betrachten. Sie sind aber nicht „Ausgangs- oder Endpunkte" einer Entwicklung, sondern tatsächlich nur Varianten, die logisch-systematisch bei dem einen oder anderen Stamm mit einer gewissen Konsequenz durchgeführt sind, ohne daß gesagt ist, daß sie innerhalb des betreffenden Gesellungssystems für dieses besonders nützlich und förderlich sind, daß ihnen somit im Lebenslauf der betreffenden Gesellschaft eine für diese besonders hochwertige Funktionsbedeutung beigemessen werden kann. Tatsächlich hat sich gezeigt, daß mutterrechtliche und vaterrechtliche Züge in den meisten Gesellschaften Hand in Hand gehen, und daß Mutterrecht und Vaterrecht mehr logische Konstruktionen sind, denen in der Wirklichkeit nur ganz selten mit logischer Konsequenz nach allen Richtungen hin Rechnung getragen wurde. Logisch konsequente Systeme finden sich überhaupt nur ganz ausnahmsweise durchgeführt. Die Aufstellung von Idealtypen verwechselt die logisch-konsequent durchgebildeten Formen mit den gesellschaftlich wichtigen Funktionen innerhalb eines Gesellungsablaufs, sie intellektualisiert den Wandel von Einrichtungen. Dieser Wandel muß aber vor allem unter dem biologischen Gesichtspunkt optimalen Ausgleiches, günstigster Abstimmung und harmonischer Verzahnung der verschiedenen Institutionen des Kulturlebens untereinander, also einer günstigsten Gleichgewichtslage, nicht exzessivsten Ausschlags, gewertet werden.

Wir dürfen nicht vergessen, daß die Institutionen keinen Selbstzweck haben. Sie sind nur Objektivierungen von Verhaltungsweisen von Personen individueller Gemeinden. Der Einzelne ist vital daran interessiert, das Wertungssystem seiner Mitmenschen zu kennen und seinerseits im Verhalten sich danach richten zu können.

Wenn wir die Institutionen sehr verschiedener Völker des Erdballes miteinander vergleichen, so finden wir Ähnlichkeiten in den verschiedensten Kontinenten und Verschiedenheiten oft in nächster Nachbarschaft. Gewiß dürfen wir uns nicht mit oberflächlichen Etiketten, wie etwa Mutterrecht, Totemismus, Königtum, Blutrache und dgl. begnügen, zumal die soziale

Organisation selbst mit diesen vielfach mißbrauchten, mißverstandenen und unscharf umgrenzten Ausdrücken allein niemals erschöpfend oder auch nur annähernd gekennzeichnet wird. Die Ähnlichkeiten der sozialen Organisation in außerordentlich weit voneinander entfernten Gebieten, wie etwa Peru und Westafrika, wird man kaum auf Übertragung, sondern höchstwahrscheinlich auf ähnliche Konstellationen zurückzuführen haben. Auf der anderen Seite muß es uns stets eine Warnung sein, daß in nächster Nachbarschaft lebende Völker trotz keineswegs mangelnder Berührung teils vermöge ihres spezifischen realhistorischen Traditionsmomentes, teils aus der Notwendigkeit, sich innerhalb ihres Überlieferungs- und Impulsbereiches mit den gegebenen oder von ihnen besonders aufgesuchten örtlichen Möglichkeiten auseinander zu setzen, von den Einrichtungen der anderen oft nur sehr sparsam Gebrauch machen, wie etwa die Feld bauenden Arhuacos und sie Vieh züchtenden Goajiros an der Karibischen Küste von Columbien.

Allerdings ist das Wesen von Institutionen, wie schon angedeutet, gerade bei Naturvölkern oft schwer zu fassen, da die abstrakten Normen, nach denen wir suchen, bei diesen häufig gar nicht als solche formuliert werden, sondern nur im tatsächlichen Verhalten, in Reden, Übungen, Bräuchen und Zeremonien zum Ausdruck gelangen. Aus diesem Grunde darf auch eine Kritik der Quellen nicht unterlassen werden. Es gibt z. B. Reisende, die für soziale Erscheinungen völlig blind sind, andere, die den verschiedenartigen Lebens- und Denkvoraussetzungen der Eingeborenen nicht gerecht zu werden vermögen und alle Vorgänge nach den festen Maßstäben absoluter Wertungen ihrer eigenen geistigen Gebundenheit darstellen. Den Gesellungserscheinungen können wir aber nicht gerecht werden, wenn wir sie nicht in die Ganzheit ihrer geistigen Verwobenheit einbeziehen, eine Forderung, die z. B. auch Max Weber gegenüber geltend gemacht werden muß.

Diese Forderung darf aber nicht zuletzt auch gegen die Ethnographen und Ethnologen selbst geltend gemacht werden. Beim Studium einer Institution stellt sich allerdings leicht eine Verengung ein, die ihre weiteren Zusammenhänge vergessen läßt, wie etwa bei den Untersuchungen über Verwandtschaft und Verwandtschaftsnamen, die selbstverständlich nur aus ihren ganzen Zusammenhängen, Traditionen und Konstellationen zu deuten und zu erfassen sind, aus denen sie heraus wuchsen, aus dem Komplex der Familien- oder Sippenorganisation einschließlich der individuellen Verpflichtungen, Leistungen und Rechte der einen gegen die anderen (s. Mal. [30]).

Die Institutionen selbst werden am besten gruppiert nach den Grundbeziehungen des Gesellungslebens, und zwar A) nach der Vergesellung, die sich aus der Verzahnung der Geschlechter ergibt und den daraus entspringenden Folgen für die Nachkommenschaft, die Erhaltung und Vermehrung der Gemeinde, B) die Art der Nahrungsversorgung, welche die Lebensgrundlage für das traditionelle Verhalten einer Gemeinde bildet. Sie baut auf der Stufe technischer Entwicklung auf, die der Menschengruppe die lebendige und tote Welt ihres Lebensraumes zu nützen ermöglicht: nicht nur die direkte Beschaffung der Nahrungsmittel, sondern auch die Vorrichtungen,

Werkzeuge und Geräte, die zur materiellen und geistigen Meisterung der Umwelt dienen und die dazu geschaffene wirtschaftliche Organisation. C) Die Männergesellschaft, die durch gemeinsame Ziele der Verteidigung zur Erhaltung des territorialen Nutzungsgebietes sich zusammenschließt und im Staat eine besondere Ausbildung erfahren hat. D) Die Bünde, die außerhalb der politisch-territorialen Hoheitsverbände auf gleicher Geisteshaltung beruhende Gesinnungsgemeinschaften sind, und vorwiegend religiös-magisch-medizinischen Charakter tragen, und etwa als Primitivformen von „Kirchen" betrachtet werden können. E) Das Recht, bei dem es sich um eine allgemeine organisatorische Festlegung des profanen interindividuellen Verhaltens handelt, das in eine bestimmte Ordnung geschlagen wird. Seine Ausgestaltung hängt mit der Ausbildung der Wirtschaft, mit dem Anwachsen der Bedeutung des Wirtschaftens durch Einzelpersonen, also mit dem Sippenzerfall zusammen. Das Wirtschaften selbst wieder ist ja durch das Anwachsen der technischen Fertigkeiten bedingt. So überträgt sich der akkumulative Fortschrittsprozeß durch eine Kette von starken Wirkungskräften auf das Recht. Schließlich knüpft sich an die Ausbildung von autoritären Schichten, Staffelungen und Ämtern das höhere, durch staatliche Autorität sanktionierte Rechtsleben, das eine über den Parteien stehende ausgleichende Funktion erfüllt. Die sozialen Vorgänge, die den Staffelungen, Schichtungen und Autoritätsgestaltungen zugrunde liegen, sind ihrerseits ebenfalls als Auswirkungen des akkumulativen Fortschrittsprozesses zu betrachten. Dabei bleibt immer die Frage offen, wie sich in den Einzelfällen der Menschengeist, beziehungsweise die einzelne Kulturgemeinde mit diesen „Fortschrittsreizen" auseinandersetzt.

I. DIE VERZAHNUNG VON GESCHLECHT UND ALTER

Als Ausgangspunkt für die Erörterung der bisexuellen Gesellung dient am besten die Familie, weil in ihr das Bild einer dauernden Verzahnung der biologischen Spezialtypen der Erscheinung Mensch geboten wird: der Geschlechter und der Alter. Es gibt ja keinen Menschen an sich, sondern nur männliche oder weibliche, junge oder alte. Diese biologisch bedingten Spezifika der Manifestation des Menschentums vereinigen und ergänzen sich in der Familie. So bildet sie den Kernbestandteil für die menschliche Vergesellung. Daher sind auch die Wege zu ihr, die Ausstrahlungen und Varianten der bisexuellen Gesellung, so außerordentlich wichtig und bedürfen der Erörterung an erster Stelle. Am schärfsten tritt diese Verzahnung in der wirtschaftlichen Ergänzung der männlichen und weiblichen Tätigkeit innerhalb gewöhnlich traditionell festgebundener Arbeitsbereiche eines jeden Geschlechts zutage. Diese Arbeitsteilung der Geschlechter, die in letzter Linie durch die biologischen Bedingungen gegeben ist, macht sich besonders stark geltend, wenn das Leben durch direkten Erwerb des Unterhaltes geführt wird.

Es wäre irrig, den Naturvölkern nicht die Voraussicht zuzutrauen, daß beim Zusammenfinden der Geschlechter der Gedanke an die Nachkommenschaft vergessen würde. Ganz im Gegenteil. Vielleicht spielt bei den Naturvölkern dieser Gedanke oft eine wichtigere Rolle als heute bei uns. Darauf deuten nicht allein die Heiratsordnungen, sondern insbesondere die ziemlich allgemein verbreitete Sitte, die einerseits dem Mann gestattet, bei Unfruchtbarkeit seiner Frau sie zu ihrer Familie zurückzuschicken und an ihrer Stelle eine andere zu nehmen, andererseits die Einrichtung der sogenannten Zeugungshelfer. Noch viel stärker kommt dieser Gedanke im Bereiche von Kulturen, wie der westafrikanischen, zum Ausdruck, die eine Verwirtschaftlichung der Frau durchgeführt haben, und zwar nicht allein wegen ihrer Leistungen als Bestellerin der Felder, sondern insbesondere wegen ihrer Fruchtbarkeit an Nachkommenschaft als erster „fruchttragender Kapitalbesitz".

Auch bei der Erörterung der Formen und Fragen der bisexuellen Gesellung kommt die Funktion in Betracht, die den einzelnen Varianten von Institutionen innerhalb des kulturellen Zusammenlebens beizumessen ist.

Im Bereiche der Institutionen, die sich an die bisexuelle Gesellung schließen, ist die Einwirkung des zivilisatorischen Fortschritts und der Entwicklung am schwächsten. Nicht alle Institutionen werden ja, wie schon angedeutet, von dem akkumulativen Faktor in gleicher Weise berührt. Dagegen sind die kulturellen Verwebungen hier besonders stark emotionell geladen.

Die Veränderungsreihe von irgendeiner familialen Einrichtung zur anderen oder umgekehrt, birgt nichts Unmögliches in sich, die eine setzt nicht notwendigerweise das Vorhergehen einer anderen voraus, wie etwa der Pflug die Hacke oder die Verwendung des Ochsens die Zähmung des Rindes überhaupt. Jede Form von Familie, Ehe, Verwandtschaftsberechnung usw. kann, logisch betrachtet, in eine beliebige andere übergehen und auch wiederum nach einem gewissen Kreislauf zur Ausgangsform zurückkehren. Hier herrscht kein Gesetz der Nicht-Umkehrbarkeit des Vorganges, der Irreversibilität. Im Bereiche der bisexuellen Gesellungsgestaltung ist alles prinzipiell umkehrbar, d. h. man würde keinen logischen Fehler begehen, wenn man sich vorstellte, daß z. B. aus der Monogamie Polygynie und daraus wiederum Monogamie entstanden sei, wie es tatsächlich der Fall gewesen sein dürfte. Der Übergang von mehr vaterrechtlichen zu mehr mutterrechtlichen Institutionen oder von überwiegend mutterrechtlichen zu überwiegend vaterrechtlichen schließt auch kein logisches Hindernis in sich.

Hier werden die Veränderungen vielmehr beherrscht von etwas ganz anderem, nämlich von dem Schwanken um im letzten Hintergrunde immer maßgebende biologische Notwendigkeiten. Um diese wesentlichen Zentrallinien findet ein Pendeln statt, das mitunter zu stark exzentrischen Ausschlägen führt, wie sie z. B. die ungeheueren Königsharems darstellen, gewisse Formen von Nebenehe und Promiskuität, Extremformen von Mutterrecht oder Vaterrecht und dgl. mehr. Ein Fortschritt im akkumulativen Sinn ist hier nicht möglich, sondern nur eine Rückkehr zu einer Art biologischen Normallage des Pendels, die z. B. im Falle der Familie einerseits in der Dauerbeziehung zwischen Mann und Frau, andererseits zwischen Mutter und Kind besteht.

Der akkumulative Fortschritt vermag sich nur darin zu äußern, daß er unter gewissen Umständen zu Konstellationen führt, die auf näheren oder ferneren Umwegen ein starkes Ausschlagen des Pendelns in der Richtung auf eine Extremform bedeuten. So haben z. B. die technischen Erfindungen des Ackerbaues zur Abwälzung der Arbeit auf Sklaven geführt. Die Sklaverei wiederum war einer der mächtigsten Hebel zur Begründung der großen Harems. Die starken mutterrechtlichen Tendenzen wurden unzweifelhaft durch die Betonung des hauptsächlich von den Frauen geübten Grabstockbaues bewirkt; dieser ist natürlich als Fortschritt in Kenntnis und Fertigkeit gegenüber der Sammeltätigkeit zu werten.

Völlig abwegig wäre hier die Anwendung von sogenannten „Idealtypen". Denn als solche treten natürlich Extremformen in den Vordergrund. Versuchte man eine Zielstrebigkeit diesen gegenüber ausfindig zu machen, so würde man sich gerade von der biologisch wichtigen „Normallage" des Pendels am meisten nach den äußersten Ausschlägen entfernen. Wir würden vergeblich versuchen, etwa in der Richtung auf das extreme Vaterrecht oder das extreme Mutterrecht hin eine „Höherentwicklung" zu suchen.

Trotzdem wird häufig der Entwicklungsstandpunkt gerade in der Frage der bisexuellen Gesellung besonders heftig betont. Die Idealtypen sind durch eine starke Ich- oder Wir-Bezogenheit der Persönlichkeit, des Augenblicks oder der Zeitströmung emotionell innerhalb der kurzen Teilstrecke einer Veränderung des Kulturablaufes getrübt. Dabei handelt es sich nicht um die Einfügung der Veränderungsreihe in den Akkumulativprozeß, sondern nur in den eines Kulturablaufes, einer Gemeinde oder eines Volkes.

a) Familie.

Faktoren für die Gestaltung der Familie. — Während bei der Erörterung der Ehe das Verhältnis der Sexualpartner im Vordergrund steht, handelt es sich bei der Familie um die aus dem Zusammenleben der Eltern mit ihren Kindern oder auch noch mit ihren Kindeskindern entstehenden Beziehungen und Lebensgestaltungen. Drei Faktoren spielen richtunggebend hier herein: 1. Das Verhältnis der Technik des Nahrungserwerbs zur geographischen Umwelt. Jäger und Sammler müssen auf demselben Landgebiet in kleineren Einheiten siedeln als Hirten daselbst. Auch der Unterhalt der Familie gestaltet sich anders bei Jägern und Fischern als bei Hirten: man vergleiche etwa Buschmänner und Bergdama mit den Herero in Südafrika. Noch weittragender ist der Unterschied zwischen einerseits Feldbauern, die nur den Grabstock gebrauchen, und bei denen die Arbeit vorwiegend durch die Frauen vor sich geht, und andererseits Ackerbauern, die sich des Pflugs und des Ochsens bedienen, wobei dem Mann der überwiegende Teil der Arbeit zufällt. 2. Höhe und Art der Technik bedingen zu einem erheblichen Teil die Größe, Zusammensetzung und Herrschaftsart des politischen Gemeinwesens: der Horde, der Sippe und Sippenverbände, des geschichteten, auf Überlegenheit und Beherrschung von Gruppen gestellten Verbandes, des dynastisch-despotisch regierten, autoritätsbewußten Staates. Der Zusammenschluß von Familien zu Sippen erfolgt vor allem in Verbindung mit dem Feldbau. Die Loslösung aus dem Sippenverbande dort, wo die politische Bedeutung der Sippe erschüttert wurde, hängt wesentlich mit der Erweiterung der „familia“ und der wachsenden selbständigen Bedeutung des Herrschaftsverbandes zusammen. 3. Von nicht geringer Tragweite für die Gestaltung der Familie sind schließlich die Ansichten über den physiologischen Anteil der beiden Geschlechter an ihrer Nachkommenschaft. Den Arandastämmen des mittleren Australiens gilt das Kind als Folge von einem Geist, der in die Mutter eingegangen ist (Spenc. u. G. [99] 265), bei anderen australischen Stämmen herrscht die Auffassung, das Kind kommt vom Manne, das Weib bewahrt es bloß auf, sorgt für es (Hwtt. u. F. [80] 255). Die Awunas in Westafrika gehen bei ihrer Meinung in die Einzelheiten: nur der Unterkiefer kommt von der Mutter, das übrige vom Ahnen *Luwoo*, der Vater trägt nichts dazu bei (Ellis [94] 131). Bei nordamerikanischen Stämmen nimmt man häufig an, daß die Seele vom Vater, der Leib von der Mutter kommt, usw. Aus dem Ineinanderwirken der angedeuteten drei Faktoren ergeben sich die vielgestaltigen Formen der Familien.

Zunächst ist das Verhältnis der Familie zum politischen Verband zu klären. Verbreitet ist die Ansicht, der Staat sei aus der Familie hervorgegangen. Diese Formulierung ist jedenfalls unglücklich und führt zu Mißverständnissen. Machen wir uns klar, um was es sich handelt. Richtig ist, daß die primitiven politischen Verbände vorwiegend auf Blutsbanden beruhen, ähnlich wie die tierischen Schwärme und Rudel, Herden und Horden. Diese durch gemeinschaftliche Abstammung verbundenen Gruppen waren zweifellos ursprünglich sehr klein, wie teilweise aus paläologischen Resten erschlossen wird (Soerg. [22] 147), und wie man sie heute bei niedrig stehenden Naturvölkern in der Tat noch beobachten kann, z. B. bei den Feuerländern (Brdg. [84] 184) oder bei den Veddas usw. Von den Veddas berichtet Seligmann ([11] 625ff), daß jede Gruppe aus Gatte, Gattin, Töchtern und Töchtermännern besteht, die als Besitzer einer Höhle oder eines Felsenplatzes gelten. Innerhalb der Höhle hat jede der Kleinfamilien ihr eigenes Feuer, um das nachts ihre Mitglieder sitzen. Eine Familie ergreift nie Besitz vom Platz einer anderen. Der selbständige Feuerplatz charakterisiert die Sonderstellung der Kleinfamilie innerhalb des Sippenverbandes. Ähnliches berichtet Vedd. [23] 17, 28, 179) von den Bergdama. Das Sippenhaupt wird als „Großvater" angeredet. Das Haus gilt als Eigentum des Weibes, sie errichtet es mit nur geringer Unterstützung des Mannes und bewohnt es allein mit ihren Kindern. Dem Mann kommt darin nur eine Schlafstelle zu (15). Die Familie wird im wesentlichen dargestellt durch die Frau mit ihren Kindern. Der Gatte tritt als Beschützer der Frau und Freund ihrer Kinder hinzu, ist aber hauptsächlich Mitglied der Männergesellschaft, die den Frauen gegenüber ihr eigenes Leben führt (s. T. [21 a. oder b.] 98, 133, 147, 247). Dieser um ein Feuer gescharten Kleinfamilie steht die lose zusammenlebende Gemeinde gegenüber, die am gleichen Ort oder in nächster Nachbarschaft siedelnde Verwandtschaft.

Eine Komplikation erleidet die Familie und Sippe durch die sowohl bei niedrigen wie bei höheren Stämmen übliche Adoption Fremder, wodurch die enge Zusammengehörigkeit durch das Blut eine leichte Störung erleidet. Vor allem im Falle der Kinderlosigkeit findet Adoption, allerdings oft aus naher Verwandtschaft stammender Kinder, statt, z. B. bei den Bogadjim (Hoffm. [98] 72) an der Küste Nord-Neu-Guineas oder bei den Neukaledoniern (Lamb. [00] 116f), wo auch Freunde oder Verwandte ehrenhalber in die Familie aufgenommen werden. Bei den Gala Nordostafrikas wurden bei der Gefahr des Aussterbens einer Familie nach dem Tode eines kinderlosen einzigen Sohnes die überlebenden Verwandten verpflichtet, irgendwo einen Sklaven zu kaufen und ihn zu adoptieren, um Namen und Vermögensrechte des Verstorbenen auf ihn zu übertragen, damit die Familie erhalten bleibe (Paulsch. [93] 209).

Der Familie steht nun die nach außen zusammengeschlossene und innerlich durch gemeinsame Tradition und Schicksal verbundene, in Kampf und Verteidigung zusammenstehende, politisch orientierte Männergesellschaft gegenüber. Die Jagd- und Fangunternehmungen der Männer gehen häufiger gesellig vor sich als das Sammeln von Wurzeln, Früchten oder Feuerholz durch die Frauen. Vor allem aber bildet der kleine Feuer- und Wirtschaftsplatz der Frau stets eine persönliche Angelegenheit, um die sich das Wirtschaften der Kleinfamilie trotz aller gemeinsamen Ansprüche der

Gemeinde auf Jagdgebiet und Land, ja auch auf Wirtschaftsgeräte, (vgl. Vedd. [23] 30) konzentriert.

Die Familie unter der Herrschaft des Mutterbruders. — Diese Form der Familiengestaltung findet sich in der Tat auch bei vielen niedrigen Stämmen, wie z. B. bei den Veddas. Diese rechnen (nach Slgm. [11] 625ff) die Abkunft nach der Mutter, und der Gatte verbindet sich durch die Heirat mit der Sippe der Frau, deren Haupt sein Mutterbruder ist; seine Kusine wird somit seine Frau. Stellenweise scheint sich diese vielleicht als ursprünglichste Form der Familienbildung zu bezeichnende „mutterrechtliche Oheimherrschaft" auch noch bei mittleren und höheren Naturvölkern erhalten und einseitig ausgebildet zu haben. Als besonderes Beispiel können in dieser Beziehung die Bewohner der Trobriandsinseln im Osten von Neu-Guinea angeführt werden (Mal. [23] [24]). Der charakteristische Zug besteht hier darin, daß der Zusammenhang zwischen Kohabitation und Konzeption unbekannt ist oder vielleicht nur dogmatisch geleugnet wird (Read [18]). Daß eine ursprüngliche Unbekanntheit dieses Zusammenhangs angenommen werden muß, wird am schlagendsten durch die zahlreichen „Abstammungssagen" totemistischer Art und solche über die Herkunft der Kinder bestätigt. Vielleicht kann man die gerade in mutterrechtlichen Gesellschaften sehr verbreitete „Kuvade" als die erste offizielle Anerkennung dieses Zusammenhanges und der Bedeutung der Paternität betrachten, da der Vater durch das von ihm beobachtete Zeremoniell seinen Zusammenhang mit dem Kind betont. Möglicherweise hat die Viehzucht zur Einsicht in diese Zusammenhänge wesentlich beigetragen. — Jedenfalls ist bei den Trobriandern durch eingehende Erörterungen die Tatsache festgestellt worden, daß sie den erwähnten Zusammenhang, und zwar auch für ihre Haustiere, die Schweine, leugnen. Der Mann gilt nur als Gatte der Frau, er ist ihr Beschützer, den Kindern gegenüber aber ein Fremder, der nur freundschaftliche Beziehungen mit ihnen hat. Merkwürdig erscheint dabei, daß trotzdem eine körperliche Ähnlichkeit zwischen Vater und Kindern angenommen wird, die man aber auf zauberisch geistigem Wege erklärt, während es geradezu als Beleidigung gilt, von jemandem zu sagen, daß er seiner Mutter oder seinen mütterlichen Verwandten ähnlich sieht. Man nimmt an, daß Geister verstorbener weiblicher Verwandter den Frauen nachts die Kinder bringen und die Mütter auf diese Weise empfangen. Trotz dieser festgefügten Ansichten folgt auf eine ziemlich promiske Zeit der jugendlichen Reifeperiode ein durchaus dauerhaftes Familienleben. Nur nimmt dieses eine besondere Gestalt dadurch an, daß in fast allen Dingen der Mutterbruder der Kinder, nicht der Gatte ihrer Mutter, ihr Vater, entscheidend hervortritt. Der Bruder der Frau übt die Autorität über seine Schwester und deren Kinder aus. Sie verhält sich ihm gegenüber untertänig wie ein Mann zu seinem Häuptling, während sie in keiner Weise ihrem Gatten gegenüber Unterordnung an den Tag legt. Die Beziehungen zwischen der Frau und ihrem Bruder werden indes durch das strenge Tabu, das Verbot, miteinander allein zu sprechen, ohne sich voneinander abzukehren, und durch ein beständiges Sichausweichen derart beeinträchtigt, daß ein Austausch über die naheliegenden täglichen Haushaltsorgen behindert wird, zumal ja auch die verheiratete Schwester an einem anderen Ort wohnt als der Bruder. Die Intimitäten des täglichen Lebens teilt sie mit dem Gatten, der auch der gute Freund der Kinder ist. Ihre Kinder beerben aber den Mutterbruder, sie übernehmen seine wirtschaftlichen Güter, lernen seine Fertigkeiten, seine Tänze, Gesänge, Mythen und Zaubereien und folgen ihm in seinem Rang und seiner Würde nach. Der Mutterbruder ist es auch, der über die Kinder die „potestas" ausübt; er, nicht der Vater, versorgt den Haushalt seiner Schwester und deren Kinder mit Nahrung; der größte Teil des Ertrags seiner Felder geht zu seinen Schwestern. Der Gatte dagegen arbeitet wieder seinerseits für seiner Schwestern Haushalt. Es werden somit alle Konsequenzen aus der Annahme gezogen, daß die Blutsverwandtschaft nur durch die Mutter besteht und der Gatte nicht als Vater der Kinder betrachtet wird. Indessen folgt die Frau nach dem Wohnort des Gatten, die Kinder wachsen infolgedessen an einem ihnen verwandtschaftlich fremden Orte auf. Schon von frühester Jugend an werden Brüder und Schwestern getrennt gehalten, und der Bruder betätigt seine Autorität gegenüber der Schwester. Doch verbietet ihm das Tabu, seine Autorität zu gebrauchen, wenn die Verheiratung in Frage steht. In diesem Fall ist es gerade der fremde Vater, der Freund der Mutter, der mit größter Autorität zu sprechen hat. Eine Jünglings- oder Mädchenweihe zur Zeit der Reife findet in dieser mutterrechtlichen Gesellschaft nicht statt (s. a. Mal. [22] 58, 180).

Bei den Pueblo-Indianern (Zuni) verbindet sich mit dem Mutterrecht auch die Gattinnenfolge: der Mann zieht nach dem Platz seiner Frau. Man schätzt deshalb die Töchter höher als die Söhne, weil durch sie Männer herangezogen werden, die als Arbeitskraft in der Sippe Verwendung finden (Kroeb. [17]). Auch bei den Hidatsa-Indianern wurden die Gärten gemeinsam durch eine Frau, ihre Töchter und Enkeltöchter bestellt. Die Rangauszeichnungen vererbte man in derselben Weise. Die weiblichen Abkömmlinge von Schwestern waren auf diese Weise durch gemeinsame Eigentumsrechte und wirtschaftliche Betätigungen verbunden (Lowie [20] 160). Ähnliche Zustände finden wir bei den südafrikanischen Ovambo und bei den Khasi von Assam (Lowie [20] 72). Häufig wird im Gegensatz zu den oben geschilderten Verhältnissen der Trobriandsinseln der Gatte als Arbeitskraft und Helfer in der Familie der Frau genützt. Im übrigen fällt die Gattinnenfolge (daß der Mann nach dem Heimatsort seiner Gattin übersiedelt) keineswegs mit mutterrechtlicher Berechnung zusammen. Auch herrschen in dieser Beziehung nicht immer ganz gleichmäßige Gewohnheiten. Unter den Kaileuten von Neu-Guinea geht zwar die Frau nach dem Platz ihres Gatten, wird aber beständig durch ihre Angehörigen kontrolliert, und der Gatte wird nicht nur für schlechte Behandlung der Frau, sondern auch für Beschädigungen an ihrem Besitz von ihren Verwandten zur Verantwortung gezogen (Keys. [11]).

Die mutterrechtliche Familie mit starkem Fraueneinfluß. — Daß die Berechnung nach der Verwandtschaft in weiblicher Linie keineswegs auch mit einer Frauenherrschaft verbunden ist, wie früher vielfach in verwirrender

Weise angenommen wurde, kann als feststehendes Ergebnis der ethnologischen Forschung gebucht werden. Ob die Verwandtschaft in männlicher oder weiblicher Richtung, ausschließlich oder vorwiegend, berechnet wird, hat nichts oder doch nur sehr wenig mit der Stellung der Frau in der Familie und im politischen Gemeinwesen zu tun. Wir haben an dem Beispiel der Trobriander gesehen, daß die Abstammung wohl nach der Mutter berechnet werden und der Vater autoritätslos sein kann, daß aber dann, wie z. B. auch bei den Tlingit-Indianern, der Mutterbruder die Autorität über die Familie seiner Schwester ausübt. Etwas anderes ist die Frauenherrschaft, die sich vereinzelt gelegentlich bei diesem oder jenem Stamm finden soll. Allerlei sagenhafte Übertreibungen treffen hier oft zusammen. Namentlich müssen wir auch verschiedenen Berichten alter Schriftsteller in dieser Beziehung mit Skepsis begegnen. Am schärfsten war der Einfluß der Frauen vielleicht bei den nordamerikanischen Irokesen ausgebildet. Die Frauen besaßen die Häuser und das Land und veranstalteten die Heiraten. Auch die bedeutendsten zeremoniellen Gesellschaften waren aus Frauen zusammengesetzt und wurden durch weibliche Funktionäre der einzelnen Sippen ergänzt. Die Frauen ernannten einen Kandidaten für den Häuptlingsrat, hatten aber selbst keinen Platz in diesem Rat. Auch bei den Zuñi-Indianern besitzen die Frauen wohl die Häuser, die Verwandtschaft wird dort in weiblicher Linie gerechnet und der Mann heiratet nach dem Platze der Frau; in den politischen Angelegenheiten der Gemeinschaft jedoch haben die Frauen keine Stimme. Ähnlich ist es auch bei den Irokesen (Lowie [20] 190). Wir müssen also die Berechnung der Verwandtschaft, die Vererbung von Titeln, Rang und Würden, den Besitz von Eigentum an Häusern und Land, die Teilnahme oder Leitung von religiösen und zauberischen Zeremonien und Riten unterscheiden von der Entfaltung der Autorität in Familie und Staat.

Auch bei den Kopfjägern von Formosa kann man nicht von einem mutterrechtlichen Matriarchat reden, sondern nur von einer einseitigen und weitgehenden Betonung der Mutterfolge und starker Selbstständigkeit der Frau. Ähnlich wie bei gewissen amerikanischen Indianern ist die Vererbung der Häuptlingsschaft, von beweglicher Habe, von Gesängen, Namen, zeremoniellen Verrichtungen und Ämtern an die weibliche Linie gebunden und gruppiert sich um die Muttersippe. Daneben macht sich aber das Bestreben des Vaters geltend, die Häuptlingsschaft an seine Söhne zu vererben (Mc Gov. [23/a] 500).

In bezeichnender Weise schildert Senfft (bei Steinmetz [03] 431) die Familie unter den Marshalinsulanern: er bezeichnet den Mann nur als das Haupt seiner aus Frauen und Kindern bestehenden Gemeinschaft, dem weiter keinerlei Macht zusteht. Dagegen mischt sich der Klanhäuptling auch in alle Familienangelegenheiten hinein und kann dem Mann die Frau wegnehmen. Bedingt werden diese Zustände zweifellos durch die ausgebildete Rangstaffelung.

Die m u t t e r r e c h t l i c h - p a t r i a r c h a l i s c h e Familie unterscheidet sich im Prinzip von der durch den Mutterbruder beherrschten mutterrechtlichen Familie dadurch, daß die Autorität in der Hand des Gatten der

Frau liegt, der als Vater der Kinder anerkannt wird. Doch macht sich daneben oft ein nicht unbedeutender Einfluß des Mutterbruders auch fernerhin geltend, der insbesondere bei gewissen Gelegenheiten, wie z. B. bei den Reifeweihen in Erscheinung tritt. Man kann sagen, daß diese Form vielleicht die unter den heute lebenden Naturvölkern am meisten verbreitete Gestalt der Familienbildung darstellt. Vielfach zeigt sich eine Art Rivalität zwischen dem Einfluß der mütterlichen Verwandten und dem Vater mit seiner Sippe, wie schon an dem Beispiel von den Kaileuten oben geschildert. In Melanesien und in Afrika, besonders unter den Bantuvölkern, herrscht vielfach Mutterfolge, aber die Autorität des Gatten und Vaters stellt sich als überragend dar. Doch dringt der Einfluß der mütterlichen Verwandten derartig vor, daß von ihnen im Falle des Ehebruchs der Gatte dafür verantwortlich gemacht und ihm Vernachlässigung der Frau zur Last gelegt wird. Curr ([83] 250) erzählt von den Bangerangleuten von Australien, daß eine Frau niemals allein in einer Hütte saß, außer ihr Mann war anwesend, und daß sie niemals in der Abwesenheit ihres Gatten mit einem anderen Mann sprach oder mehr als die notwendigste Antwort gab.

Bei vielen australischen Stämmen kommt trotz der Berechnung der Verwandtschaft in mütterlicher Linie die volle väterliche Gewalt des Familienhauptes zum Ausdruck (Mal. [13] 187ff, 254; vgl. Darg. [92] 2ff).

Auch unter größeren Völkergruppen ist nicht bei allen Stämmen in einheitlicher Weise das patriarchale Prinzip oder das der Onkelherrschaft oder die Berechnung der Verwandtschaft in der einen oder anderen Richtung durchgeführt; während z. B. die Siouxstämme vorwiegend die Verwandtschaft in der väterlichen Linie beobachten, gibt es unter ihnen eine Reihe von Stämmen, wie Crow, Hidatsa und Mandan, welche die Verwandtschaft nach der weiblichen Seite hin berechnen. Auch bei den Winnebago folgte der Schwestersohn, und die Autorität fiel dem Mutterbruder zu, ja eine Frau konnte Häuptling sein (Rad. [10] 214).

Die Melanesier wurden früher als vorwiegend mutterrechtlich betrachtet, aber bei genauerer Untersuchung hat sich herausgestellt, daß diese Mutterfolge häufig mit Vaterfolge kombiniert auftritt, indem vor allem die Würde der Häuptlingschaft fast immer von dem Vater auf den Sohn vererbt wird, während das Eigentum manchmal den Kindern der Schwester zufällt, wie z. B. auf Neukaledonien, auf den Neu-Hebriden und auf Santa Cruz (Riv. [14] 2, 90). In Vanua Levu auf den Fijiinseln wird die Abstammung in mütterlicher Linie gerechnet, aber ein Mann zeigt besonderen Respekt vor dem Totem seines Vaters, obgleich er zu seiner Mutter Klan gehört und ihr heiliges Land erbt (Hoc. [14]). Auch auf den mikronesischen Inseln gehen Verwandtschaftsberechnung, Vererbung von beweglicher Habe, von Landstücken, von Titeln und Würden und die Ausübung der Autorität in verschiedener Weise auseinander, zweifellos eine Folge wiederholter ethnischer Schichtung und Beeinflussung. Auf der Karolineninsel Yap z. B. gehört ein Mann außer zu seiner Frau auch einem durchaus nach mutterrechtlichen Gesichtspunkten vererbten Totem an. Die Familie wird vom Vater beherrscht, und die Würde des Familienoberhaupts auf den Sohn vererbt.

Die Ehefolge ist matrilokal, d. h. in der Regel siedelt sich der Schwiegersohn neben den Eltern der Frau an und ist gehalten, dem Schwiegervater Arbeitsdienste zu leisten. Bei der Übertragung der Häuptlingswürde, die an den Besitz eines bestimmten Grundstücks geknüpft ist, treten wieder mutterrechtliche Gesichtspunkte hervor, obgleich bei den Genealogien nur die Namen der männlichen Inhaber der Grundstücke aufbewahrt werden. Hier kommt der Fall vor, daß ein Oberhäuptling die Würde nur als Mann seiner Frau, der Tochter eines höheren Häuptlings, bekleidet, während beider Sohn erst der richtige neue Häuptling wird. Als Nachfolger eines Kriegshäuptlings kommt der Schwestersohn in Betracht. Während sich die Würde des Familienoberhauptes in der männlichen Linie vererbt, ist bei anderen Ämtern die mütterliche Verwandtschaft maßgebend. Selbst die Grundstücke werden nicht in gleicher Weise vererbt: während im allgemeinen die Männerfolge gilt, bleiben einige immer in dem gleichen Totem, also in der weiblichen Verwandtschaft (Müll.-W. [17] 223, 245ff).

Eine Vermischung von Patriarchat und mutterrechtlichen Gesichtspunkten findet sich auch bei den Uitoto im mittleren Amerika (Preuß [21] 162ff). Die Frauen fühlen sich als zu ihrer Geburtsgruppe gehörig, das Patriarchat ist aber streng durchgeführt. Beim Tod fällt das Erbe dem Bruder zu, der Sohn erhält nur wenig, was wohl darauf hindeutet, daß der Sohn zur Sippe der Gattin gerechnet wird. Der Freier wendet sich an den Vater der Braut und muß oft für den Schwiegervater arbeiten.

Die Frage muß sich uns aufdrängen, welche Gründe ausschlaggebend waren für den Übergang von der Onkelherrschaft zur Vaterherrschaft. Es scheint, daß die Versorgungsfrage entscheidend war. Wird es üblich, daß der Gatte die Versorgung der Frau und ihrer Nachkommenschaft übernimmt, so liegt es nahe, daß ihm, aber nicht mehr dem Mutterbruder, das autoritäre Recht in der Familie zugestanden wird. Dabei braucht die Frage der Vaterschaft gar nicht angeschnitten zu werden, wie z. B. im Falle der Bánaro von Neu-Guinea (T. [21] 99ff). Daß aber neben dem Vater immer noch dem mütterlichen Onkel fast allenthalben bei Naturvölkern eine besondere Bedeutung zufällt, ist wohl als historische Nachwirkung zu erklären und darauf zurückzuführen, daß der Bruder einst als entscheidender Versorger und Beschützer seiner Schwester und deren Familie galt. Die zwischen Bruder und Schwester gewöhnlich aufgerichteten Meidungsschranken sind offenbar erst die spätere Folge einer scharfen Trennung zwischen dem geschwisterlichen Verhältnis und den Gattenbeziehungen. Man kann sich vorstellen, daß bei einer größeren Zahl von Mädchen als von männlicher Nachkommenschaft die Frauen entweder anderen Gruppen gegeben werden oder deren Bewerber veranlaßt wurden, in die Gruppe der umworbenen Frau einzutreten und da tätig zu sein, worauf das häufige Abarbeiten des Frauenpreises beim Schwiegervater hindeutet. Daher oft ein Zusammentreffen von Frauenfolge, Patriarchat und Abarbeiten zur Erringung der Frau.

Kann man sagen, daß die vaterrechtliche Familie bei vorgeschritteneren Völkern häufiger vorkommt als die mutterrechtlich-patriarchalische oder die mutterrechtliche-avunkularchische oder umgekehrt? Tatsächlich liegen die Dinge so, daß viele zweifellos hochstehende Völker, z. B. die Polynesier und nord- und südamerikanischen Stämme, wie die Irokesen, Huronen und Tewa-Indianer oder die brasilianischen Aruaken im wesentlichen Mutterfolge beobachten. Dagegen finden wir bei manchen niedrigen Stämmen Australiens oder Melanesiens Vaterfolge vorherrschend (Riv. [15]). Der erste Schluß, den wir aus diesem Sachverhalt zu ziehen haben, ist der, daß die Berechnung der Verwandtschaft und die Nachfolge im Erbe oder Rang unmittelbar nichts mit der Kulturentwicklung zu tun hat. Wir haben es einerseits, worüber noch im nächsten Paragraphen zu handeln sein wird, mit zweierlei Anlässen für die Entstehung des Patriarchats zu tun, andererseits treten bei vielen fortgeschrittenen Völkern weder die mutterrechtlichen noch die vaterrechtlichen Beziehungen mit restloser Konsequenz durchgeführt in Erscheinung. Zweifellos hatten im Laufe des Stammesschicksals vielerlei Beeinflussungen stattgefunden, die ihre Spuren in dem sich uns darbietenden Bild hinterlassen haben, wie etwa im Falle der nordwestamerikanischen Kwakiutl, bei denen im allgemeinen Vaterfolge herrscht, die aber das Totemabzeichen (*Crest*) vom Vater der Frau übernehmen. Diese Gewohnheit wird dem Einfluß ihrer neuen mutterrechtlichen Nachbarn, der Tsimshian und Haida, zugeschrieben (Boas [95] 334; Riv. [14] 2 90, 319). Namentlich dürfte der Eigentumsanspruch, der sich besonders bei beutegierigen Räuberstämmen von Hirten auf fremde Frauen, auf Vieh und Sklaven herausgebildet hatte, die patriarchalischen Ansprüche des Einzelnen gestärkt haben. Besonders tritt auch hier der Gedanke hervor, daß der Mann in der Frau die Möglichkeit von Nachkommenschaft, von Kindern als Hilfskräfte und Bluträcher, sich erkauft. Solche Gesichtspunkte können sich natürlich weiter verbreitet haben, ohne daß notwendigerweise von derartigen gedanklichen Ausstrahlungen auf persönlich zurückgelegte Wanderwege der Stämme zurückgeschlossen werden müßte.

Wie sehr in ein sonst streng patriarchalisches Gemeinwesen, wie das altchinesische, mutterrechtliche Vorstellungen eingewoben sind, zeigen die alten Stammessagen. Diese kennen nur immer die Mutter der ältesten Kaiser, der Vater wird nicht genannt. Der Taoismus scheint in systematischer Weise die alten mutterrechtlichen Vorstellungen ausgebildet zu haben. So wie die Kaiser der Urzeit nur eine Mutter hatten, so hat auch der göttliche Kaiser und das Weltall nur eine Mutter, nämlich *Tao*. Und das *Tao* bezeichnet Lao-tze als die „Mutter aller Dinge" (Quist. [15] 54ff). Hier wird in der älteren Feldbauerzeit eine förmliche Philosophie des Mutterrechts entwickelt, die bei den späteren vom Hirtentum beeinflußten patriarchalen Chinesen unmöglich gewesen wäre.

Dabei werden wir aufmerksam gemacht, daß durch veränderte Lebensbedingungen auch neue Gesellschaftsformen und Auffassungen von der Familie Eingang finden können. Aus der eigenen Vergangenheit des Volkes her können sich Nachwirkungen geltend machen. Es ist nicht nötig, alle ein System störenden Züge auf Einflüsse von außen zurückzuführen.

Papuanische Frauen vom „Häuserfluß", einem der nördlichen Nebenflüsse vom oberen Mittellauf des „Augusta-Stroms" (Sepik) im nördlichen Neuguinea.

Frauen aus dem Melanesier-Dorf Ualifu auf der Insel „Walis" gegenüber Eitapé, Nordküste von Neuguinea.

Aufnahmen Thurnwald.

Junge Iban aus Borneo in Festtracht. Die Frau trägt um den ganzen Leib Rottanringe. (Aus Hose [26] 82).

Die vaterrechtlich patriarchalische Familie. — Wir werden gut tun, die Formen des Patriarchats (s. X) zu scheiden in: a) eine niedrigere Form, die im wesentlichen auf Versorgung und Führung durch den Vater zugeschnitten ist, und bei der mutterrechtlicher Einschlag auf dem Wege des bei festlichen Gelegenheiten in Erscheinung tretenden Mutterbruders nicht fehlt, und: b) in eine höhere patriarchalische Form, die durch aristokratisches Herrentum, durch Aufnahme fremder Frauen und fremder Knechte in den Wirtschaftsverband der Familie, eine besondere Prägung erhalten hat und auf Befehl und Unterordnung eingestellt ist.

Die Tschuktschen Ost-Sibiriens, Rentierzüchter, Jäger und Fischer, besitzen kein Wort für Familie. Der Ausdruck *varat* bezeichnet „die Zusammengehörigen in der Blutrache", davon werden aber nur die Verwandten in väterlicher Linie betroffen. Doch treten in Ermanglung dieser auch mütterliche Verwandte ein. Alle sogenannten „paläo-sibirischen" Stämme, mit Ausnahme der Ainus sind patriarchalisch. Die Frau wird beim Schwiegervater abverdient (Czap. [16] 494).

Williamson schildert das typische Leben eines Papuastammes im Innern von Neu-Guinea, der Mafulu (63ff, 119), das auch gleichzeitig die völlige Getrenntheit des Lebens beider Geschlechter innerhalb der Familie beleuchtet. Der frühe Morgen findet die Frau, die kleinen Kinder und die unverheirateten Töchter im Familienhaus. Der Gatte hat entweder da geschlafen oder viel wahrscheinlicher im Männerhaus. Die unverheirateten Söhne haben gleichfalls dort die Nacht verbracht, mit Ausnahme vielleicht einiger ganz junger Knaben, die in das Männerhaus noch nicht zugelassen werden. Die Frauen kochen bei Sonnenaufgang das Frühstück und gehen dann in die Gärten arbeiten, wo sie Taro, Süßkartoffel und ähnliches pflanzen oder die Anlage reinigen, und des Abends bringen sie Vorrat an Knollenfrüchten und Feuerholz aus dem Wald nach dem Dorf. Die Arbeit der Männer dreht sich hauptsächlich um Yams, Bananen und Zuckerrohr und um die Anlage von Zäunen oder das Fällen von großen Bäumen für die Anlage neuer Rodungen zum Pflanzen; sie beteiligen sich also stark am Feldbau. Manchmal gehen sie auf Jagdausflüge in den Wald oder auf Fischerei zum Fluß. Zu Mittag essen die Frauen eine Kleinigkeit, und des Nachmittags nach ihrer Rückkehr, vor Sonnenuntergang, wird die Hauptmahlzeit zubereitet. Bei jedem Essen werden auch die Schweine gefüttert. Im allgemeinen spielt sich das Leben harmonisch ab, und auch die Kinder werden von den Eltern freundlich behandelt. Streitigkeiten sind verhältnismäßig selten. Schwierig gestaltet sich oft die Verteilung der Erbschaft: die Witwe bekommt nichts außer einem Schwein und etwas Feldfrüchten gelegentlich der Totenfeier; der Besitz geht auf die Söhne des Verstorbenen über, und zwar an alle gemeinschaftlich. Über die beweglichen Dinge aber kommt es gewöhnlich zu endlosen Streitereien und Auseinandersetzungen unter den nächsten Verwandten. Frauen besitzen kein Land, sondern nur bewegliches Eigentum, weil der Landbesitz mit den Hoheitsrechten der ganzen Gemeinde zusammenfällt. Dagegen ruht die Verantwortung für die Kinder auf der Witwe, und sie nimmt die Kleinen auch mit zu ihren Leuten. Erst wenn die Kinder herangewachsen sind, kehren sie nach dem Ort ihres Vaters zurück. Fehlt die Mutter, so nimmt sich ihrer ein Verwandter väterlicher- oder mütterlicherseits an. Ein durchgeführtes System der Berechnung nach väterlicher oder mütterlicher Linie scheint bei den Mafulu zu fehlen, und die jungen Leute haben keine Verpflichtungen gegenüber dem Mutterbruder, wie etwa bei den Koita oder bei den mutterrechtlichen Roro- und Mekeostämmen.

Einen anderen Typ lernen wir bei dem gestaffelten südafrikanischen Stamm von Rinderhirten, den Herero, kennen. Die Frau wird durch Kauf erworben; je reicher der Mann ist, desto mehr Frauen hat er. Jede Frau hat ihr eigenes Haus. Die Kinder werden zur Familie des Vaters gehörig betrachtet, besonders den Großvätern steht hohe Autorität zu. Der älteste Mann der Familie, die eine „Großfamilie" ist, gilt als deren Haupt (Steinmetz [03] 305ff). Im allgemeinen spielt hier die Sklaverei eine noch geringe Rolle, dagegen sind die Besitzunterschiede im Zusammenhang mit den Herden stark ausgebildet.

Die Bedeutung des Besitzes und die Beeinflussung der Familie dadurch tritt noch stärker bei den Banjangis Nordwestkameruns hervor. Der Kaufpreis der Frau beträgt hier zwei Sklaven. Der Mann nimmt nach seiner Verheiratung einen anderen Namen an. Die Frau tritt in die Familie des Mannes ein und bewohnt mit ihm ein eigenes Haus; von mehreren Frauen hat jede ihre besondere kleine Wohnung, deren Eingänge abwechselnd nach der Straße und nach dem Garten zu liegen, um Zänkereien zu vermeiden. Der Familienvater kauft, wenn er Geld hat, immer wieder neue Frauen, die Töchter werden verkauft, und die Söhne müssen, wenn sie Geld verdienen, dies ihrem Vater abliefern, der seinerseits wieder davon einen Teil den Häuptlingen zu entrichten hat. Jedes Dorf bildet für sich eine Sippe, und die männlichen Mitglieder des Dorfes bezeichnen sich gegenseitig als Brüder, die Frauen werden nach außerhalb verheiratet (Stasch. [17] 18). Hier wird die Familie ganz nach Analogie der Tierzucht betrachtet und ist auf Versilberung des Zuchtertrags gerichtet, eine Einstellung, die mit der Verwirtschaftlichung der Frau Hand in Hand geht.

Im französischen Sudan, im Kreis Kita, wohnen alle nicht verheirateten Familienmitglieder mit dem Familienoberhaupt zusammen („Großfamilie"), auch seine verheirateten Brüder und Söhne, solange die Wohnung geräumig genug ist und es keine Uneinigkeiten gibt. Die Sklaven sind zur Hälfte bei der Familie untergebracht, zur Hälfte auf den angebauten Feldern, wo sie Dörfer bilden. Jede Familie hat ein Fetischtier, von welchem zu essen verboten ist, und sie betrachtet sich als von einem Ahnen abstammend, zu dem eine genaue Genealogie hinführt, die sich auf einen Zeitraum von etwa 300 Jahren erstreckt. Die Güter der Familie sind Gemeineigentum, aber es gibt Grundstücke, die einzelnen Frauen persönlich gehören, die sie mit in die Ehe gebracht haben, oder die ihnen als Geschenk oder Erbschaft zugefallen sind. Diese gehen von ihnen auf ihre Kinder über (Mutterfolge). Zu dem Gemeinschaftsbesitz der Familie gehören Häuser, Gelder, Herden und Sklaven. Die Unverheirateten leben bis zu einem gewissen Alter bei ihren Müttern. Familienhaupt ist der älteste der Söhne. Dieses Familienoberhaupt muß alle Familienmitglieder ernähren, ihnen Wohnungen geben und sie kleiden, und fordert dafür von jedem, daß er für ihn arbeitet. Wenn sich ein jüngerer Bruder weigert zu arbeiten, geht er der Erbfolge verlustig. Das Familienhaupt hat Gewalt über die ganze Familie: der ältere Bruder darf den jüngeren Bruder schlagen, und dieser wird sich nicht dagegen wehren. Einen Sklaven verkauft man lieber, als daß man ihn tötet, eine schwere Strafe für den Sklaven. Der Vater kann seine Sklaven und seine Kinder für die Bezahlung einer Schuld haftbar machen. Das Familienhaupt hat kein Recht an den Gütern, die den Mitgliedern seiner Familie persönlich gehören. Die Würde des Hauptes erlischt gewöhnlich erst mit seinem Tode. Die Frau wird als Eigentum des Mannes betrachtet, und ihre Kinder gehören dem Mann, und zwar ebenso die aus Ehebruch geborenen, wie die aus der Ehe stammenden, da das Zuchtprinzip ausschlaggebend ist. Man darf sagen, daß die Frau ein Wirtschaftsobjekt bildet, welches nach ihrer Arbeit und der Zahl ihrer Kinder geschätzt wird. Sie muß ihrem Manne oder in seiner Abwesenheit dem, welcher an seiner Statt herrscht, Gehorsam leisten. Unter den Frauen eines und desselben Mannes besteht eine Art Hierarchie. Trotz dieser ausgesprochen patriarchalischen, offenbar durch die Sklavenwirtschaft bedingten Organisation ist die vaterrechtliche Folge doch nicht einseitig durchgeführt. Ein Mann kann seinen Bruder nur nach dem Tode aller seiner Oheime beerben (Steinmetz [03] 144ff).

Bei den nordostafrikanischen Somal und 'Afars wohnen die Nachkommen jeder Ehefrau zusammen mit Vater und Mutter. Die Kinder einer Frau führen gemeinschaftlich den Namen des ältesten Sohnes. Während bei diesen der Einfluß der islamischen Auffassung Platz gegriffen hat, hielten die heidnischen Gala am Mutterrecht fest. Doch ist bei beiden der Familienvater Besitzer des gesamten Eigentums der Familie und Herr über Leben und Tod sämtlicher Familienangehörigen (Paulsch. [93] 188ff).

Auch bei den ostafrikanischen Waschamba besteht Patriarchat, und zwar über eine „Großfamilie", welche die Pflanzungen gemeinsam zu eigen hat. Die Frau wird gekauft; kann der Mann den Brautpreis in Rindern, Ziegen und Honig nicht bezahlen, so kommen die Eltern der Frau, wenn ein Kind geboren ist, und nehmen ihm Frau und Kind weg, bis er gezahlt hat. Wenn er nicht in der Lage ist zu zahlen, so borgt er von seinem Häuptling, dem er den Preis durch Arbeit abverdienen muß. Hier tritt also durch das Dazwischentreten des Häuptlings eine kleine Verschiebung in dem Abarbeiten der Kaufwerte ein. Jede Frau besitzt eine eigene Hütte und eine selbständige Haushaltung. Die erste Frau, vom Zeitpunkt der Verlobung an gerechnet, gilt als die Hauptfrau, wenn sie auch noch ein Kind ist und die anderen schon erwachsen sind. Während der Ertrag der Pflanzung, die die Frauen bestellen, der Hausgemeinschaft zugute kommt, gehört doch das, was eine Frau durch Verkauf oder Lohnarbeit verdient, ihr persönlich. Als Bürgen werden nur Kinder oder Weiber gestellt, während die Männer durch Arbeit die Schuld des Familienhaupts aufzubringen suchen, um die Bürgen auszulösen. Darüber, ob ein Kind frei oder Sklave ist, entscheidet die Vaterschaft. Ebenso wird die Häuptlingswürde von väterlicher Seite ererbt. Doch erwirbt der Mutterbruder die vererbbare Habe und genießt sie lebenslänglich. Bleibt die Ehe unfruchtbar, so kehrt die Frau wieder zu ihren Eltern zurück (Steinmetz [03] 223ff).

Bei den Bambara und Fulbe des westlichen Afrika macht sich in der Familienorganisation bereits der Einfluß des Islam geltend. Auch hier haben wir es mit „Großfamilien" zu tun, in denen die Brüder mit ihren Frauen, oft auch noch verheiratete Vettern und Neffen, sowie die Sklaven untergebracht sind. Ein sehr kompliziertes Erbrecht eröffnet auch den weiblichen Anverwandten, insbesondere Tochter, Mutter und Großmutter, eine Anteilnahme an den Gütern des Verstorbenen. Dagegen werden Gattinnen und Mütter fremden Blutes bei den heidnischen Bambara als Teile des Vermögens betrachtet, sie erben nicht, sondern werden vererbt (Steinmetz [03] 65).

In ähnlicher Weise wurde die Familie, der Haushalt, bei den meisten arischen Völkern geleitet, als sie in das Licht der Geschichte traten. Kompliziert werden die Auffassungen durch zauberisch-religiöse Ideen, die sich einerseits um den Kult des Herdfeuers, andererseits um die Ahnenverehrung bewegen. Das Herdfeuer symbolisierte das Weiterleben der Familie die Generationen ihrer Mitglieder hindurch. Deshalb trugen griechische Kolonisten das Feuer ihrer Mutterstadt nach den neuen Kolonien, und der Platz am Feuer ist nur den männlichen Verwandten der Familie reserviert. Auch die Ahnenverehrung ist durchaus patrilineal: die angeheiratete Frau verehrte ihre Ahnen im Hause, in dem sie geboren war. Das Familienhaupt repräsentiert die Traditionen, und ihm liegt der Kult der Ahnen ob. Dabei handelte es sich zunächst um Hilfe im Diesseits, erst später, wie bei den alten Persern oder Hindus, darum, daß die Kinder durch Opfer dem Ahnen im Jenseits helfen, damit auch er von seiner Welt her seine Nachfahren unterstütze. Der Ahnenkult ist zunächst als eine Erweiterung der Familienbeziehungen zu betrachten, in die eben die Verstorbenen einbezogen werden. Die Gestaltung dieser streng patriarchalischen Familie ist auf die Überschichtung der Feldbauer durch Hirten zurückzuführen. Wenn auch die Familien verschieden groß sind und die *patria potestas*, die „*Munt*", nicht bei allen Stämmen vermöge ihres verschiedenen Schicksals gleich streng zur Ausbildung gelangt ist, so finden wir doch allenthalben, bei Griechen, Römern und Germanen, die gleichen Gründzüge vor (Vinogd. [20] 227, 232ff; Hübn. [13] 516ff).

Das Verhältnis zwischen Eltern und Kindern. — Die Kinder werden ziemlich sich selbst überlassen, und in allen primitiven Gesellschaften kann man oft schon elf- oder zwölfjährige Knaben sehr selbständig auftreten sehen. Züchtigungen sind nur selten. Weder die Autorität des Mutterbruders noch die des Vaters wird in der primitiven Gesellschaft hoch gespannt, denn auch die politischen Autoritäten sind gewöhnlich sehr schattenhaft. Etwas ganz anderes kommt erst mit der Ausbildung der Sklaverei, der aristokratischen Überschichtung und der politischen Herrschaft durch despotische Familien in den von Hirten überlagerten Ackerbaustaaten zustande. Erst hier wächst sich hier und da die Macht des Vaters zu der schroffen Gewalt über Leben und Tod seiner Kinder aus.

Die australischen Quellen schildern die gute Behandlung der Kinder durch ihre Eltern. Kaum je kommen Züchtigungen vor (Hwtt. u. F. [80] 189). Im Falle der Krankheit werden sie nach Möglichkeit gepflegt, auf ihre gute Ernährung wird geachtet, und Puppen werden für sie gemacht. Wenn ein Kind stirbt, zeigen die Eltern große Trauer. Dies bezieht sich sowohl auf die Mutter wie auf den Vater. Praktisch macht dieser nicht Gebrauch von seiner ihm zustehenden Autorität. Vor allem fühlt sich der Vater zum Schutz des Kindes berufen. Anders wird es erst, nachdem die Jünglinge die Reife erlangt haben. Die verschiedenen Reifezeremonien (s. XII) enthalten praktisch die Erziehung der jungen Leute, bei der sie gemeinschaftlich einer Reihe von Schwierigkeiten und Prüfungen unterworfen werden (Mal. [13] 234ff).

Abgesehen von der gewöhnlich magisch gedachten Namengebung werden die Kinder häufig früh mit Amuletten ausgestattet, die z. B. bei den Bergdama die Bedeutung haben, daß die Knaben und Mädchen von dem Tier, aus dessen Hautstück das Amulett gefertigt ist, nichts essen dürfen. Dieses Verbot dauert bis zur Jünglingsweihe (Vedd. [23] 43).

Bei strengem Mutterrecht mit Herrschaft des Mutterbruders, wie auf den Trobriandsinseln, ist das Verhältnis zwischen dem Gatten der Mutter und deren Kindern durchaus freundschaftlich: er spielt mit den Kindern und lehrt sie allerlei Fertigkeiten (Mal. [23]). Auch auf den Admiralitätsinseln nimmt sich der Mann der Kinder seiner Frau an, die diese ihm als Witwe in die Ehe gebracht hat. Stirbt der Mann, so nimmt die Frau gewöhnlich die kleinen Kinder mit, die erst, wenn sie herangewachsen, dort, wo Vaterfolge herrscht, nach dem Heimatsort ihres Geschlechts zurückkehren. Von besonderer Bedeutung, auch für die Kinder, ist die Stellung der Frau bei höheren Naturvölkern als Eigentumsbestandteil des Mannes. Vor allem gelten auch außereheliche Kinder als solche des Familienhauptes, wie z. B. im französischen Sudan, Kreis Kita (Steinmetz [03] 159). Manchmal erben die Kinder noch das Sondereigentum ihrer Mutter (Steinmetz [03] 146).

Besondere Bedeutung wird bei den stärker durch Tasten nach glückbringenden Kausalverbindungen auf mannigfache Zusammenstellungen verfallenden höheren Völkern, namentlich Hirten, oft den erstgeborenen Kindern beigelegt, von denen man bei ausgebildetem Patriarchat in besonderer Weise die Fortsetzung der Persönlichkeit des Vaters erwartet, und denen auch oft ein ausgezeichnetes Erbe zuteil wird, wie bei den ostafrikanischen Oromó (Paulsch. [93] 1 192).

Die volle Konsequenz aus der väterlichen Gewalt wird nicht überall in gleicher Weise gezogen. Während im alten Babylonien der Sohn nur im Falle eines großen Verbrechens enterbt werden kann, war bekanntlich nach römischem Recht keinerlei Begründung erforderlich, um das Recht über Leben und Tod des Kindes auszuüben. Auch den germanischen Rechten fehlt diese strenge Auffassung der Römer. Über die Behandlung der Kinder durch Feinde oder im Krieg s. XI.

Bevorrechtete Familien. — Zur Verselbständigung der Familie gegenüber dem politischen Verband hat die Heraushebung gewisser führender Persönlichkeiten mit ihren Frauen und Kindern wesentlich beigetragen. Als solche kommen in Betracht 1. Die Häuptlingsfamilien, und zwar die der Klein- und der Großhäuptlinge und 2. die Familien der überlagernden ethnischen Schichten, die, wie schon wiederholt hingewiesen, durch Erwerb von fremden Frauen und Sklaven die Haushalte erweitern und in einer ganz bestimmten Richtung die patriarchalische Familie ausbilden.

b) Familienformen.

Familie, Sippe und Klan. — Wenn von „Familie" die Rede war, wurde, sofern nicht ausdrücklich bemerkt, die Kleinfamilie darunter verstanden, also das Zusammensein der Eltern mit ihrer Kindergeneration oder von Gatte und Frau mit ihren Kindern. Oft wird aber eine ganze Menschengruppe von Verwandten mit ihren Dienern, die alle unter Leitung eines Oberhauptes stehen, als „Familie" bezeichnet. In den Berichten der Reisenden fehlt leider nicht selten eine genügend scharfe Kennzeichnung, ob sie eine Klein- oder Großfamilie meinen. Auch in der Fachliteratur führte diese Unklarheit zu mancherlei Verwirrung, namentlich verschwimmt auch gelegentlich die Abgrenzung gegenüber Sippe und Klan.

Unter Großfamilie soll hier eine Verwandtengruppe verstanden werden, die an einem Ort zusammen siedelt und von einem gemeinschaftlichen Oberhaupt geleitet wird. Dadurch, daß sie mehrere Generationsschichten, somit verheiratete Kinder mit ihren Nachkommen umschließt, unterscheidet sie sich von der Kleinfamilie. Von der Sippe wird sie durch ein gemeinsames Zusammenleben und Wirtschaften an einem Ort und unter einer Leitung abgegrenzt, und dadurch, daß das Gebiet, von dem die Großfamilie ihren Unterhalt gewinnt, der Jagdbezirk, die Herden oder die Felder, von der Großfamilie gemeinschaftlich als Eigentum beansprucht werden. Die als Sippe bezeichnete Verwandtengruppe kann sich über verschiedene Wohnplätze verteilen und braucht nicht durch gemeinschaftliches Wirtschaften oder einheitliche Leitung zusammengefaßt zu werden. Der Klan als politischer Verband knüpft an die Gesellung der Männer zu gemeinsamem Schutz und Trutz an.

Die Familienform der homogenen Gemeinden. — In der Praxis sind natürlich die Grenzen zwischen Großfamilie und Sippe nicht immer leicht zu ziehen. Von den Weddas auf Ceylon bewohnt eine Gruppe von Eltern, Kindern und Kindeskindern einen Lagerplatz, aber in der Weise, daß jede Frau mit ihren Kindern zusammen eine eigene Feuerstelle für sich abgeteilt hat (Saras. [92] 380, nach Gillings 1849). Diese Gruppe, der oft auch noch gebrechliche Verwandte angehören, steht unter Führung eines Alten und besitzt ihr anerkanntes Jagdgebiet (Saras. [92] 477ff). — Die Werft der Bergdama-Jäger und -Sammler setzt sich gleichfalls aus einem Alten mit seinen Frauen und deren kleinen oder erwachsenen und verheirateten Kindern mit ihren Sprößlingen zusammen. Manchmal findet sich noch ein jüngerer Bruder des Alten, eine Witwe, ein Bruder- oder Schwestersohn des Hauptes (Vedd. [23] 11, 16ff, 39). — Die australischen Trupps bestehen aus Kleinfamilien, die in einer Hütte, unter einem Windschirm oder um eine kleine Feuerstelle herum lagern. Auch die untereinander nahe verwandten Familien halten einen gewissen Abstand von ihren Wohnplätzen. Die Eltern des Mannes können bei den Kamilaroi und Kurnai gelegentlich mit ihm und seiner Frau in derselben Hütte schlafen, aber seine Schwägerin und sein Bruder vermeiden das. In der Hütte ist die Lagerstätte jedes Einzelnen gewohnheitsmäßig geregelt. Der Mann und die Frau schlafen an der linken Seite des Feuers und zwar die Frau hinter ihm bei ihren Kindern, ihnen zunächst der kleine Junge oder ein kleines Mädchen, größere Kinder lagern für sich. — Ähnliche Sitten herrschen bei den Maneroo von Murring (NS-Wales) und bei den Wurunjerri von Ost-Viktoria (Hwtt. u. F. [80] 209f, Hwtt. [04] 774f). Das Jagdgebiet dieser Horden war sehr verschieden groß. Es schwankt zwischen ein paar Quadratmeilen und ein paar hundert Quadratmeilen (Spenc. u. G. [12] 198). Dabei muß hervorgehoben werden, daß Streitigkeiten über die Ausdehnung des Jagdgebietes nicht vorkommen, und zwar deshalb — wie behauptet wird —, weil ein fester Glaube daran besteht, von solchen Ahnen abzustammen, deren Geister an bestimmten Plätzen dieses Gebiets hausend gedacht werden (Spenc. u. G. [12] 198). Zweifellos ist die Vermehrung dieser Familien dank mangelnder Hygiene so gering, daß sich daraus keine wesentliche Beengung des Lebensraumes ergibt. Ganz ähnliche Verhältnisse finden wir auch in den melanesischen Gebieten der Südsee, z. B. auf den Salomoinseln oder in Neu-Guinea (T. [12] 3 29, [16] 87ff). Auch bei den Feuerländern gibt es solche unter der Autorität eines Mannes stehenden Großfamilien, die ihren Anspruch auf ein bestimmtes Landgebiet für ihren Lebensunterhalt erheben (Coop. [17] 167, 178).

Familie und Klan bei ostsibirischen Stämmen. — Bei den Rentiertschuktschen Ostsibiriens bildet die Familie die dauernde Lebenseinheit. Obwohl die Lagergemeinde die wirtschaftliche Einheit darstellt, nach dem Grundsatz „ein Lager eine Herde", so gibt es hier doch nicht immer nur ganz nahe Verwandte im Lager. Gewöhnlich besteht eine Lagergemeinde aus wenigen Familien von 10—15 Personen. Das Lager wird durch einen Häuptling oder Meister geleitet, der in einem „Vorderzelt" wohnt und „der Mächtige" genannt wird. Ein eigentliches Wort für „Familie" gibt es nicht; die als Familie zusammenlebenden Personen werden als „Hausgenossen" bezeichnet und hören auf, der Familie anzugehören, wenn sie sie verlassen (Czap. [14] 23, 29). Die Tschuktschen der Küste leben in Dörfern, die nicht mehr auf Familienverwandtschaft beruhen. Hier bewohnt die am längsten ansässige Familie das „vordere Haus", das Haupt dieser Familie gilt als der Dorfvorsteher, der mitunter auch noch auf eine gewisse bevorrechtete Verwandtschaft mit dem Ortsgeist Anspruch macht und sogar Abgaben von den anderen bezieht. Bezeichnender Weise gibt es bei diesen Fischern Zweckverbände neben der Familie, nämlich ein sogenanntes „Boot-voll", das aus 8 Ruderern und einem Steuermann, dem Bootsmeister, zusammengesetzt ist, dem auch das Boot gehört, und der früher der Erbauer des damaligen Fellbootes war. Die Besatzung dieses Boots besteht allerdings aus den nächsten Verwandten des Eigentümers, knüpft also an die Blutsbeziehungen an —, ähnlich wie bei den asiatischen und amerikanischen Eskimos. Die Jagdbeute des Bootes wird verteilt, und zwar nach Grundsätzen, durch die der Eigentümer des Bootes wesentlich bevorzugt wird. Eine Gruppe von Verwandtenfamilien nennt man ein *varat*; ihre Angehörigen stehen wechselseitig für einander mit der Blutrache ein. Allerdings liegt die Verpflichtung zur Blutrache in erster Linie auf den Verwandten väterlicherseits. Man kann den *varat*-Verband als eine politische Einheit bezeichnen, während das Lager und die geschlossene Bootsbesatzung vorwiegend durch wirtschaftliche Momente zusammengehalten wird. — Auch bei den Koryaken bildet die Kleinfamilie die feste soziale Einheit, obgleich Anzeichen für eine Tendenz der durch Heirat verbundenen Gruppen vorhanden sind, zu größeren Gemeinwesen sich zusammenschließen. Die Familie beruht auf einer strengen Anerkennung der Autorität der Älteren, die sich sogar darauf erstreckt, daß unter diesen wieder dem Ältesten der ganzen Siedlung der Vorrang eingeräumt wird (s. XIII). Nach dem Tode des Familienhaupts geht die Leitung an den Bruder oder ältesten Sohn oder auch an den mit der ältesten Tochter verheirateten Schwiegersohn über. Das Prinzip des Seniorats (s. a. Erster Abschnitt, II) herrscht auch unter den Frauen. Die Mutter ist in dieser Beziehung die Oberste in den Angelegenheiten des Haushalts, oder an ihrer Statt: die Frau eines adoptierten Schwiegersohns oder die Gattin des ältesten Sohnes (Czap. [14] 32, 34). — Bei den Gilyaken ist die Männergesellschaft des Klans von der Familie scharf geschieden. Der Schwiegervater eines Klanangehörigen gilt auch als Schwiegervater des ganzen Klans und umgekehrt ebenso der Schwiegersohn eines Klanangehörigen als Schwiegersohn des ganzen Klans. Die Männer bilden den dauernden Bestand des Klans. Die Frauen verlassen bei der Heirat den Klan, in dem sie geboren sind, oder treten von einem anderen Klan her ein. So stellt sich der Klan als eine Gesellschaft von Männern dar, die durch die gemeinsamen Rechte und Familienpflichten der durch ihre Väter verwandten Männer verbunden ist. Zu diesem patriarchischen Prinzip tritt noch die Verwandtschaftsbeziehung durch ihre Mütter, mit denen sie ebenfalls einen gemeinsamen Schwiegervaterklan besitzen, weil ein Mann seine Frau von dem Klan seiner Mutter nehmen muß (s. VI). Das Symbol der Einheit des Klans besteht in dem Feuer: der „Obereigentümer des Feuers" wird als alte Frau gedacht, die als guter Geist und Mittlerin zwischen den Ahnen des Klans den Lebenden das Feuer zuteilt. Durch die Verbrennung der Toten werden die Menschen des Klans der Obereigentümerin des Feuers (s. T. [RL] „Feuer") zurückgegeben (Czap. [14] 43 f). — Der Zusammenhang der Einzelnen mit Familie und Klan ist verhältnismäßig stark unter den Tungusen ausgebildet: ein einzelner verläßt niemals seine Familie, und eine vom Klan losgelöste Familie bewahrt das Andenken ihrer Zusammengehörigkeit. Der Klan bestand ursprünglich aus Blutsverwandten, deren Mitglieder einander nicht heiraten durften, und wurde durch einen Ältesten geleitet, dessen Amt erblich war (Czap. [14] 52).

Familie und Sippe bei amerikanischen Indianern. — Während wir versuchten, an der Hand der Beispiele von einigen ostsibirischen Völkern die verschiedenartigen Beziehungen zwischen Familiengestaltung und politischer Organisation anzudeuten, soll an konkreten Fällen bei nordamerikanischen Indianern das Verhältnis zwischen Familienform und den Verwandtschaftsverbänden der Sippe beleuchtet werden. Die Sippen sind keineswegs bei niedrigen Indianern stärker ausgebildet, wie man vielfach früher fälschlich annahm. Im Gegenteil, die Erinnerung an die Sippenzusammenhänge hat sich zweifellos bei höheren Stämmen aus dem Grunde lebendiger bewahrt, weil dort gewöhnlich verschiedene ethnische Gruppen miteinander in Berührung traten und die Erinnerung und das Selbstgefühl der einzelnen Gruppen besonders dort stärker zu Tage trat, wo eine aristokratische Schichtung und Herrschaft sich geltend machte. Die nordkalifornischen, niedrig stehenden Indianer, ferner die von Oregon, Washington, Idaho, Nevada und Utah, sowie die von Nordwestcanada ermangeln der Sippenorganisation, doch besitzen sie die hochstehenden Irokesen, Hopi und Tlingit. Sippen finden sich auch unter den Bantu und den sudanesischen Stämmen, und zwar, wie Lowie ([20] 151) bezeichnender Weise andeutet, im Zusammenhang mit komplizierter politischer Organisation. Gleichzeitig werden sie auch von den Massai-Stämmen Ostafrikas gemeldet, und sie sind typisch für die asiatischen Turkstämme.

Immer besteht die Tendenz eines Anwachsens der Familien, wodurch Übergänge zu dem Klan- und Sippenverband bedingt werden (Hoc. [14] 737).

Spezialisierung von Familien (Abgrenzung gegen Zunft und Kaste). — Eine besondere Art von Familienform finden wir bei den Patwin-Indianern, einem Stamm der Wintun-Leute Nord-Kaliforniens. Diese im wesentlichen auf vaterrechtlicher Basis aufgebauten Familien, bei denen sich aber der Gatte nach dem Wohnort seiner Frau begibt und bei seinem Schwiegervater, der das Haupt der Familie seiner Frau ist, dienen muß, unterhalten sowohl nach der väterlichen wie nach der mütterlichen Seite hin Verbindungen. Die Dorfhäuptlingschaft wurde von dem Vater an den Sohn vererbt und bestand hauptsächlich in der Beaufsichtigung der Wirtschaft, des Einsammelns wildwachsender Früchte und der Ernte der Gärten, aber auch in der Veranstaltung des jährlichen religiösen Festtanzes, an dem nur erwachsene Männer teilnehmen durften, und der in einer sogenannten „Schwitzversammlung", nämlich bei mit Matten und Fellen verrammelter Tür und Rauchloch, beschlossen wurde. Einer Zahl ausgezeichneter Familien fielen nun im geselligen Zusammenleben besondere Funktionen zu. Diese bestanden darin, daß es z. B. eine Familie gab, deren männliche Mitglieder durch entsprechenden Gebrauch von Zaubermitteln in übernatürlicher Weise geeignet befunden wurden, den religiösen Festtanz alljährlich darzustellen. Es war nicht die Einzeltechnik der zeremoniellen Handlungen, die das Familiengeheimnis ausmachte, sondern vielmehr die Zaubermittel, die das Gesamte betrafen. Ein jeder andere konnte wohl Tanzschritte nachahmen, aber niemand hätte gewagt, den Tanz als Ganzes darzustellen. Eine andere Familie war vermöge ihrer vererbten Zaubermittel in der Lage, kleine und mittelgroße Fische zu fangen. Hier kam die Tätigkeit der gesamten Familie in Betracht, die mit einem besonders gearbeiteten Netz ans Werk ging. Die Fische wurden nicht verkauft oder ausgetauscht, sondern unter die anderen Familien in traditioneller Weise durch den Häuptling verteilt.

Dabei wird man an die australische Art der zauberischen Nahrungsversorgung der einen Gruppe durch die andere erinnert. Eine weitere Familie widmete sich einer besonderen Art des Forellenfangs durch „Zaubermittel", und zwar durch Anlage eines Dammes quer über den Wasserlauf, so daß man die Fische auf das Trockene lockte. Ferner verfertigte eine Familie Pfeilspitzen aus eingeführtem Obsidian. Eine Familie fing wilde Gänse mit Fallen einer bestimmten Konstruktion. Eine andere Familie legte Netze zum Fang von Wasserenten. Zeremonialtrommeln wurden aus 6—8 Fuß langen Sykomorenstämmen in bestimmter Weise von einer Familie ausgehöhlt und von ihnen dann mit den Füßen geschlagen. Salz gewann eine Familie aus einem Gras, das in einer trockenen Gegend wuchs und in bestimmter Weise behandelt wurde. Eine weitere Familie beschäftigte sich damit, zeremoniellen Kopfputz und Federgürtel zu machen. Eine andere flocht Körbe bestimmten Musters mit Federn, eine fernere stellte schiffförmige Körbe her. Überdies gab es Schamanenfamilien, unter denen durch Vererbung vom Vater her die Fähigkeit zum Schamanen erworben wurde. In einem Dorf konnten verschiedene Schamanenfamilien unabhängig voneinander ihre eigenen rituellen Geheimnisse und Zaubermittel besitzen. Jede Schamanenfamilie für sich hielt ihre geheimen Zusammenkünfte. Außerdem gab es Familien mit besonderen Ämtern. Diese Ämter wurden allerdings nur von einem einzigen Familienmitglied ausgeübt und die Geheimnisse und Zaubermittel unter den Männern auf dem Wege der Abstammung vom Vater vererbt, doch kam das entsprechende Ansehen allen übrigen Familienangehörigen zugute. Ein solches Amt war z. B. das des Hüters des Tanzfeuers des religiösen Festtanzes, oder des Tanztrommlers oder der Tanzsänger usw. (Mc. K. [22]). In diesen Ansätzen von Berufsbildung zeigt sich die gedankliche Überleitung von den Familiengruppen zur Gilde, Kaste und Zunft.

Absplitterungen von der Familie. — Bei einigen Völkern kommen Absplitterungen von den Familien gelegentlich der Reifezeit vor, wie z. B. auf den Trobriandsinseln das Wegziehen der jungen Leute männlichen und weiblichen Geschlechts, die Pubertät erlangt haben, und die nach einer besonderen Insel (*Sim*) sich begeben (Murr. [12]). In etwas anderer Form finden wir diese Loslösung von der Familie zum Zwecke eines zeitweise promisken Lebens auf verschiedenen polynesischen und mikronesischen Inseln, wo sich die jungen Leute in den Kaldebekels, wie z. B. auf den Palauinseln (Kuby. [85] 52ff), oder in den Uritanhäusern der Marianeninseln (Fritz [04] 84ff) oder auf der Insel Yap (Müll. W. [17] 232) finden (s. III, V, XII).

Die Großfamilie bei Hirten und Bauern. — Eine scharfe Abgrenzung wird bei Hirten und Ackerbauern zwischen Familie und politischem Verband durch die inzwischen eingetretene Verselbständigung der Eigentumsansprüche auf die Herden und das Land gegeben. Fast bei allen diesen Stämmen finden wir eine Großfamilie, welche außer den Frauen und ihren Kindern auch noch die verheirateten Kinder und Kindeskinder sowie die Sklaven mitumschließt, so in West- und Ostafrika (Steinmetz [03] 65, 286), oder bei nordostafrikanischen Stämmen, wie z. B. bei den Somâl und ʻAfar (Paulsch. [93] 189).

An sich besteht, wie in Indien, keine notwendige Grenze, bei der infolge des Anwachsens die Familie auseinanderbrechen muß, obgleich natürlich diese Neigung mit ihrem Wachstum zunimmt (Mayne [80] 223ff). Die Größe der Familie wird vielfach durch die Gunst der örtlichen Umstände bedingt. Das zeigt sich z. B. bei den Großfamilien in Georgien: in den Gebirgen, wo der anbaufähige Grund und Boden in kleine Stücke zerschnitten wird, wo auch die Weiden ungünstig liegen, können sich die Großfamilien nicht so üppig entfalten, wie z. B. bei den Swanen und Pschawen. Allerdings brachten in diese großen, geschlossenen, sich selbst genügenden Wirtschaftskörper die durch die fortschreitende Technik eröffnete Möglichkeit des Austauschs und der Reiz fremder Güter heute eine Erschütterung des alten patriarchalischen Familienverbandes (Gogitsch. [01] 22). Doch auch in der Großfamilie, die auf gemeinsamem Eigentum an Grund und Boden beruht, gibt es schon Sondereigentum von erworbenen Gütern unter den Mitgliedern (Vinogd. [20] 266).

Die Großfamilie, die sich in der Regel streng patriarchisch darstellt, kann trotzdem nach Verwandtschaft in der Mutterlinie rechnen (s. IX, X), wie z. B. unter den indischen Nairs der Malabarküste, unter den amerikanischen Puebloindianern oder unter den Irokesen (Hobh. [23] 49).

Zadruga und Mir.

Die Zadruga ist eine Einrichtung, die zweifellos auf sehr alte Traditionen gemeinsamen Wohnens und Wirtschaftens zurückgeht. Es handelt sich um Großfamilien bei den Kroaten, Slavoniern, bis nach Istrien (Dopsch [09]), bei den Serben und Bulgaren, um ähnliche Einrichtungen wie in der altrussischen *derevnja.* Wie aus der *derevnja* durch Einwirkung der Verwaltung das Mir-System ausgebildet wurde, sind auch die ursprünglichen alten „Hausgemeinschaften“ der Zadruga durch spätere Eingriffe der Regierungen teils gefördert, teils erstickt worden. Besonders günstig lagen die Verhältnisse in Kroatien, insbesondere im ehemaligen „Grenzgebiet“ gegen die Türkei. Denn während die Errichtung neuer „Hauskommunionen“ im eigentlichen Kroatien durch die spätere Gesetzgebung nicht mehr gestattet war, konnten sie im Grenzgebiet immer noch angelegt werden, so daß noch im Jahre 1890 im alten Kroatien etwa ein Fünftel, im Grenzgebiet ein Drittel der Bevölkerung Hausgemeinschaften angehörte. Daraus geht hervor, daß auch diese Gemeinschaften nichts Beständiges waren, sondern durch Aussterben und Spaltungen im Generationswechsel immer wieder der Auffrischung bedurften. Während im 18. Jahrhundert besonders die großen Hausgemeinschaften (gelegentlich mit über 200 Köpfen), namentlich im Grenzgebiet, vorkamen, zählte im Jahre 1890 weitaus der größte Teil der Zadrugas nicht mehr als 10 Genossen. — Diese bäuerlichen Hausgemeinschaften, denen auch Fremde angehören können, bewohnen das gleiche Haus, ganz ähnlich, wie wir das z. B. bei den Sippenhäusern der Kayans von Borneo und auch in Indien finden. — Sie betrachten sich auch als Abkömmlinge desselben Stammvaters, wie das sogar noch im bürgerlichen Gesetzbuch für Serbien ausgesprochen wird. Die Bearbeitung der Felder und die Verwertung der Produkte findet unter der Leitung eines „Patriarchen“ statt. Durch ihn geht auch die Verteilung der Erzeugnisse unter die Genossen vor sich, und er vertritt die Gemeinschaft nach außen.

Ähnliche Formen finden wir auch bei den kaukasischen Stämmen, bei den Albaniern und im alten Irland usw. (vgl. Band IV).

Früher vertrat man die Ansicht, daß man in diesen Lebens- und Wirtschaftsformen die Urgestalt menschlichen Zusammenlebens gefunden habe (Maine, de Laveleye, Bücher). Diese Auffassung hat jedoch eine von vielen Formen der Wirtschaft ungebührlich verallgemeinert; tatsächlich handelt es sich nur um eine Variante, die sich im Anschluß an die Feldbestellung in gewissen Gegenden herausgebildet hat. Dabei ist beachtenswert, daß sie bei den slavischen Völkern in patriarchalischer Form auftritt, während andere Gemeinwirtschaften, wie etwa der Minangkabau von Sumatra (Joustra *Minangkabau* 1923) oder der Pueblo-Indianer, auf mutterrechtlicher Basis organisiert sind. Doch darf man nicht vergessen, daß die slavischen und andere europäische und kaukasische Völker durch eine Überschichtung seitens des Hirtentums hindurchgegangen sind, aus der sie das Patriarchat erworben und zurückbehalten haben. Vgl. dazu: Dirr [25], Gogitsch. [01], Ivić [74], Iwtsch. [96], Krauss [85], de Savl. [91], Maine [60] [71] [75], Utješn. [59], Vinogd. [20], Zor. [97].

Bei der unter den Südslaven verbreiteten *Zadruga* ist die Rolle des Oberhauptes als Leiter der gemeinsamen Wirtschaft in den Vordergrund getreten (Iwtsch. [96]). Wie sehr die Gebundenheit des Einzelnen an die Gesamtheit noch lebendig ist, zeigt das kroatische Sprichwort, daß ein einzelner Mann weder Nahrung noch Arbeit sich schaffen kann (Krauss [85] 66ff).

Erhalten haben sich die Großfamilien auch unter den Russen und zwar als *derevnja*, die gewöhnlich noch die Vettern zweiten Grades und auch oft noch deren Kinder umfaßte. Jede *derevnja* bestand aus 6 oder 7 Höfen, auf denen ein Wohnhaus mit Garten sich befand. Mehrere *derevnjas* bildeten ein Dorf, *selo*, unter gemeinschaftlicher Wirtschaftsleitung in Bezug auf Acker, Waldland und Fischerei. Jeder Haushalt besaß ursprünglich gleichgroße Streifen Felder zur Bewirtschaftung, so daß der Anteil aller Brüder und Genossen gleich war. Als nun im Laufe der Generationen die Verteilung sich änderte, vor allem weil man nach *stirpes* vererbte, war doch das Streben nach Gleichheit der Anteile so stark, daß wiederholt Neuverteilungen stattfanden. Später entwickelte sich daraus im Zusammenhang mit der Landbesteuerung das *Mir*-System (Vinogd. [20] 271).

Individualistische Tendenzen. — Der Gedanke, daß die Verwandtenorganisation etwas Beständiges und Ununterbrochenes darstellt, beherrscht die Großfamilie und macht den Erbgang auch unter fortgeschrittenen wirtschaftlichen Verhältnissen, soweit das Familiengut in Betracht kommt, überflüssig. Diese Familienform war ursprünglich zweifellos auch unter den germanischen Stämmen sehr verbreitet, worauf die Einrichtung der „Miterben“ deutet (*Ganerbschaft*). Gegenüber der herrschaftlich organisierten Hausgemeinschaft, etwa der römischen *gentes*, war die Sippe bei den Germanen vermutlich von Anfang an ein Verband gleichberechtigter Genossen, als welche die erwachsenen männlichen Mitglieder, insbesondere also die Vorsteher der einzelnen Haushaltungen, galten. Der germanischen Sippe war eine patriarchalische Spitze fremd. Die Großfamilie hatte sich allerdings bei den meisten germanischen Völkern schon früh zur Sippe, der ein gemeinsames Haupt fehlte, aufgelockert, und bald scheint die Zersplitterung zur Kleinfamilie eingetreten zu sein: der Sohn entzündete, wenn er heiratete, ein eigenes Herdfeuer (Hübn. [13] 105, 518).

Zweifellos hat die individualistische Lösung im Anschluß an die Weide- uud Ackerbauwirtschaft im Westen, vielleicht unter der Einwirkung eines kargeren Bodens, viel früher eingesetzt und auch die Entwicklung der Familiengestaltung in bestimmter Weise beeinflußt.

Fassen wir zusammen, so erscheint uns für die Familienformen in erster Linie wichtig: 1. das Verhältnis der Technik der Nahrungsgewinnung zu dem für die Nutzung zur Verfügung stehenden Raum, 2. die Frage der politischen Organisation, die Zusammenfassung größerer Menschenkomplexe unter einer Leitung, 3. die Aufnahme fremder Personen als Arbeitskräfte in die Familie und hinzutretender Einfluß zauberischer Ansichten und Überlieferungen.

II. DIE STELLUNG DER FRAU

a) Die Frau.

Veränderungsbedingungen in der Stellung der Frau. — Die Stellung der Frau ist sehr ungleich unter den Naturvölkern. Sie hängt von dem Ineinanderwirken verschiedener Faktoren ab. Außer durch die Technik der Nahrungsgewinnung wird sie durch die Art der sozialen Organisation und deren Rückwirkung auf die Geistesverfassung bedingt.

Bei den Wildbeuterstämmen herrscht eine deutliche Trennung zwischen dem Arbeitsgebiet des Mannes und dem der Frau. Wenn das Sammeln und Jagen auch gesellig vor sich geht, so kann man in diesem Rahmen doch zunächst nur von einer individuellen Nahrungssuche reden, denn was die Frau an Kräutern, Früchten, Wurzeln, Kerbtieren und dgl. mehr aufliest und nach Hause bringt, gehört zunächst gerade so ihr, wie die Fang- oder Jagderträgnisse des Mannes ihm. Allerdings besteht auch hier eine Forderung der Gemeinde gerade so gut an die weibliche Sammlerin, wie auch an den männlichen Jäger, die Beute in einer bestimmten Weise nach einem traditionellen Schlüssel mit den Genossen seiner Lebensgruppe zu teilen. Durch ihre Tätigkeit wird die Frau ein ebenso wichtiger Bestandteil der Wirtschaft sowohl ihrer Gemeinde als auch der Familie, wie der Mann. Dieser Umstand hat zweifellos dazu beigetragen, die große Selbständigkeit und Gleichberechtigung der Frau im täglichen Leben der Wildbeutervölker zu begründen. Nichtsdestoweniger bringt die physiologische Verschiedenheit vom anderen Geschlecht nicht nur auf wirtschaftlichem Gebiet einen Unterschied dadurch mit sich, daß der Wirkungsradius der Frau schon durch die

Sorge um die Kinder verhältnismäßig enge um die Wohnstätte gezogen wird und sie sich als Sammlerin betätigt, während der Mann herumschweift, jagt und fängt, sondern auch dadurch, daß die Frau sich an den Kämpfen nur ganz ausnahmsweise aktiv eingreifend beteiligt. Damit sind auch die Angelegenheiten der Fehde, der Blutrachetaten, des Raubes, sowie überhaupt das Gebiet unmittelbarer Gewaltanwendung und der Herrschaft unter den Männern, somit das, was man als „politisches Leben" bezeichnen kann, ihr ferne gerückt, obgleich sie als Anstifterin zu vielen Taten des Hasses und der Vergeltung hinter den Kulissen, ja auch als Aufstachlerin und Anfeuererin zu Kämpfen, z. B. durch Schreien, Singen, Zubringen von Waffen oder Essen nicht fehlt, ebenso wie auch als Friedensstifterin.

Im Laufe der Veränderungen wird die Stellung der Frau keineswegs durch die Gestaltung der Wirtschaft allein bedingt, sondern auch noch durch die Formen der Herrschaft. Bei dem Kampf um Herrschaft und Besitz sind die Frauen nur in zweiter Reihe oder als Objekte, um die gestritten wird, beteiligt. Dadurch, daß die Auszeichnung im Kampf besonderes Ansehen verleiht, und daß eine Verselbständigung der Familie gegenüber der Gemeinde gefördert wird, werden die Einflußmöglichkeiten der Frau auf den privaten Kreis der Familie beschränkt, ihre Stellung und ihr Ansehen in der Gesellschaft der Kämpfer herabgedrückt.

Während die Technik des Pflügens und der Bebauung von Äckern die Bearbeitung des Bodens durch den Mann brachte, blieb die Arbeit mit dem Grabstock überwiegend im Bereiche der Frau und der Familie. Die Beziehungen der Frau zum öffentlichen Leben wurden weiter dadurch zurückgedrängt, daß die Erwerbung von Knechten zur Bestellung des Bodens, vor allem die Erbeutung von Kriegsgefangenen, Sache der Männer war. Ungeachtet verschiedener Schattenseiten trat doch die Tatsache in den Vordergrund, daß für die Herrenschicht die durch den Mann erschlossenen Ertragsmöglichkeiten reicher waren. Mit der Verselbständigung der Familie und der Entwicklung des Privateigentums gewann auch der Gedanke Raum, daß die Frau einen Bestandteil des Besitzes des Mannes, des Familienoberhaupts, ausmacht. Die in dieser Zeit zur vollen Blüte entfaltete politische Herrschaft hat auch auf die Stellung des Vaters in der Familie zurückgewirkt, auch dort, wo früher die Vaterherrschaft weniger im Vordergrund stand. Obwohl nun alle diese Faktoren, wie wir sehen werden, sich oft mehr in juristischen Formen oder in religiösen oder philosophischen Systemen auswirken als im tatsächlichen Leben des Alltags und in der Arbeitsteilung, so beeinflußten sie doch die Gestaltung der Persönlichkeiten und auch deren Lebensgang und Schicksal.

Die Frau als Sammlerin. — Um uns die Stellung der Frau bei Wildbeuterstämmen zu vergegenwärtigen, mögen uns die trefflichen Berichte über die Bergdamas als Beispiel dienen. Wie bei den meisten nomadisierenden Jägern, ist es auch bei den Bergdama vorwiegend die Frau, die mit nur geringer Unterstützung des Mannes nicht nur die Lagerstätte herrichtet, sondern auch das Haus baut, das als ihr Eigentum gilt, und die es allein mit ihren Kindern bewohnt. Dem Mann kommt nur eine Schlafstelle zu. Wohl wird

Frau der Kikuyu, eines Stammes, bei dem die Frauen Feldbauerinnen, die Männer Hirten sind (Ostafrika). Der Sack wird bei diesem Stamm auf dem Rücken getragen, während es sonst bei anderen afrikanischen (Bantu) Stämmen üblich ist, alle Lasten auf den Kopf zu nehmen.

Frau mit Kind vom Hirtenvolk der Masai in Ostafrika. Man beachte die Kupferspiralen um Hals und Arme.

Dorfplatz mit Getreidespeichern (für Hirse, Mais, Bohnen) in Ikizu (östlich vom Viktoria-See, Ostafrika).

Aufnahmen Thurnwald.

Der heutige Wahehe-Sultan Sapi mit seinen Frauen und Kindern. (Die Wahehe sind ein kriegerisches Hirtenvolk in Ostafrika gewesen.)

Großvater und Enkel der Wagogo, eines abgezweigten Stammes der Masai-Hirten in den Bergen von Usambara (Ostafrika).

Das Feld behackende Frau mit ihrem Kind in der Gegend von Shinyanga, südöstlich vom Viktoria-See, zum Stamm der Wassukuma gehörig.

Aufnahmen Thurnwald.

nach der Bezeichnung der Hände die eine Hälfte des Hauses als männliche, die andere als weibliche gekennzeichnet, aber nicht nach dem Geschlechtsunterschied der Bewohner, sondern darum, weil die rechte Hand als männlich, die linke Hand als weiblich bezeichnet wird (Vedd. [23] 15). Auch im Groß-Nama-Lande bauen die Frauen die Hütten. Wenn die Gruppe von einem Platz zum andern zieht, wurde dort das ganze Hausgerät nebst den Pfählen und Matten von den Ochsen fortgeschafft (Mor. [15] 203). Überhaupt fällt der Frau die Sorge für Haus und Siedlung zu, wie auch ein Sprichwort der Bergdama bezeugt (Vedd. [23] 39). Als Sammlerin muß die Frau den Ertrag des ersten Sammelns im Jahr, ohne vorher davon zu genießen, dem sogenannten Speisemeister (Wirtschaftsleiter) abliefern, damit er kostet und den Alten davon gibt. Den Rest erhält sie zurück als Nahrung für sich und die Kinder (28). Der Sammlerin verdankt die Sippengemeinschaft eine einigermaßen regelmäßige Ernährung. Sie, nicht der Jäger ist es, die täglich mit wohlgefüllter Tasche nach Hause kommt. Darum klagt das Familienoberhaupt über „Vereinsamung", wenn das Weib verreist ist. Schwindet einmal das Jagdglück und bleiben die Töpfe am heiligen Feuer kalt, so wird immerhin in der Schüssel dieses oder jenes Weibes etwas vorhanden sein, das seinen Hunger stillen kann. Doch wie er streng darüber wacht, daß sie von der Mahlzeit am heiligen Feuer nur die ihr zustehenden Stücke erhält, die ihr zugesandt werden, sie aber nicht selbst nimmt, so wacht sie darüber, daß er nicht eigenmächtig über das verfügt, was sie aus dem Felde heimgetragen hat. Ohne ihre Erlaubnis darf er nicht an ihren Topf gehen, in dem sie einen Brei aus Feldzwiebeln, ein mageres Mahl aus Erdknollen oder ein Gericht aus Eidechsen und großen Fröschen bereitet hat (Vedd. 39). Die Großfrau des Sippenoberhaupts bewacht das heilige Feuer (s. T. [RL] „Feuer") und die Schätze des Lagers. Ihr gehört das beste Haus und vom Jagdertrag an Großwild erhält sie das Ehrenstück, die Leber und andere Eingeweideteile, und beschmeckt für die übrigen Frauen und für die Kinder die für sie bestimmten Stücke. Beim Friedensschluß und bei der Beilegung von Händeln der Männer unter Volksgenossen fällt der Frau oft auch eine bedeutsame Rolle zu. Die kriegsmüde Partei ordnet die Großfrau des Häuptlings mit ihrem Söhnchen zur Einleitung der Friedensverhandlungen nach der feindlichen Werft (Lagergemeinde) ab. Sie ist mit ihrem Kinde unantastbar und hat dem Werftoberhaupt der Feinde nur die Frage vorzulegen, ob er bereit ist, die Feindseligkeiten aufzugeben und Frieden zu schließen. Bejaht er dies, so kehrt sie mit der Botschaft um, und ihr Mann begibt sich mit mehreren Begleitern zu des anderen Werft, wo in zeremonieller Weise der Friede geschlossen und besiegelt wird. Getraut sich der zum Friedensschluß bereite Häuptling nicht in die Werft seines Gegners, weil er Verrat fürchtet, so hat die Großfrau noch fernere Botschaftsgänge im allgemeinen Interesse zu unternehmen. Auch sonst ist in kriegerischen Verwicklungen die Vermittlung des Weibes nicht unerwünscht. Wenn wegen Jagdfrevel oder Grenzüberschreitung der Sammlerinnen blutige Händel anfangen, treten nicht selten die Frauen dazwischen, reißen die Kämpfenden voneinander und versprechen den Friedfertigen ein Ziegenmahl. Man läßt sich diese Unterbrechung des Kampfes gerne gefallen und hat dafür ein eigenes Wort. Aus dem Sonderbesitz der Frau werden dann Ziegen hervorgeholt, die beim gemeinsamen Versöhnungsmahl verzehrt werden (Vedd. [23] 82). Die Vererbung des Besitzes findet getrennt nach den Geschlechtern statt (144), der Tanz wird von beiden Geschlechtern gemeinsam vorgenommen (93).

Wie mangelhafte Einsicht in die Kausalzusammenhänge einerseits unrichtige Hygiene, anderseits aber übertriebene und verkehrte Sorge bedingen, zeigt das Verhalten gegenüber schwangeren Frauen. Die hoffende Mutter geht bis zur Stunde der Niederlunft der Sammeltätigkeit nach. Schonung wird ihr nicht zu teil. Kaum daß eine Freundin bei der Heimkehr aus dem Felde ihr die Last abnimmt, die sie auf dem Boden kauernd, mit Grabstock und Hand dem Boden entnommen oder von den Sträuchern gepflückt hat. Geht aber die Schwangere an einer Hütte vorbei und sieht dort etwas Eßbares, so eilt die Besitzerin, es ihr anzubieten. Bittet sie gar um etwas, so darf ihr kein Wunsch abgeschlagen werden. Denn man fürchtet, daß der böse Blick einer solchen Frau sonst ein böses Geschwür am Auge der geizigen Nachbarin oder anderen Schaden hervorrufen könnte. Auch der Mann kommt ihren Wünschen nach Leckerbissen möglichst entgegen, aus Angst, daß ihm sonst ein totes Kind geboren werden möchte. Er opfert ihr selbst eine Ziege; die Frau wird dann unablässig genötigt, die besten und fettesten Stücke zu nehmen, damit sie Widerwillen gegen das Fleisch bekommt und nicht noch ein zweites Mal ein so kostspieliges Essen verlangt (Vedd. 40f).

Beachtenswert sind die Änderungen, welche durch die Berührung mit dem Europäertum in der Stellung der Frau bei den Bergdama vor sich gehen. Während sonst die Arbeit im Garten und auf dem Feld bei andern Völkern Sache der Frau zu sein pflegt, haben sich die Dinge bei den Bergdama anders gestaltet. Der Jäger baut selbst sein Gartengelände an, und die Sammlerin verrichtet im Garten nur untergeordnete Handlangerdienste. Die Ursache ist darin zu suchen, daß man in früherer Zeit an guten Wasserstellen zuerst Dagga (Hanf), nachher auch Tabak anpflanzte. Da Dagga nur von älteren Männern geraucht werden durfte, beschäftigten auch nur diese sich mit dem Anpflanzen von Dagga, nachher auch mit dem von Tabak. So faßte der Brauch Wurzel, daß der Mann den Gartenbau als seine Angelegenheit betrachtete. Er pflanzte auch Mais und Weizen, den er von der Mission erhielt (Vedd. 78). Durch die Auflösung des alten Sippenverbandes haben auch die ehelichen Verhältnisse sehr gelitten, insbesondere dadurch, daß teils die Männer, teils die Frauen Dienste bei den Europäern annahmen. Charakteristisch ist für dieses Nomadenbolk der Reisedrang der arbeitslosen Frauen. Was der Mann an Kost und Geld heimträgt, verwaltet in der Regel das Weib. Aber infolge der Arbeitsscheu und des ungezügelten Trieblebens zerrinnt alles wieder sogleich (Vedd. 180ff).

Auch von den Auin-Buschleuten hören wir (Kaufm. [10] 147), daß der Frau eine dem Mann ziemlich gleichberechtigte Stellung zufällt. Die Arbeitsteilung ist streng durchgeführt, fast alle besitzen nur eine Gattin, und zwar, wie sie sagen, weil nur wenig Kost vorhanden ist. Die Auin von Gam haben indessen zwei, manchmal fünf Frauen. Unter diesen hat jede ihren besonderen Haushalt. die zuerst geheiratete Frau nimmt eine Art Vorzugsstellung ein. — Ähnliches wird auch über die Stellung der Frauen bei den Veddas von Ceylon berichtet. Auf den Andamanen-Inseln kann die Gattin eines führenden Mannes einen parallelen Einfluß über die Frauen ausüben. wie er über die Männer. Aber in Angelegenheiten, die mit der Jagd zusammenhängen, kommt den Frauen keine Einwirkung auf die Männer zu. Nicht gering ist die Bedeutung der Frauen bei Streitigkeiten unter Individuen oder Lokalgruppen. Männern sowohl wie Frauen können übernatürliche Kräfte zugeschrieben werden (Brown [22] 47f).

Ähnlich verhält es sich in Australien: das Schwergewicht der regelmäßigen Nahrungsversorgung liegt auf der Frau. Die Sammeltätigkeit erfordert mehr echte Arbeit, während die Anforderungen an den Mann bei der Jagd an Körper und Seele höher sind. Die Einheit der Jäger- und Sammlerfamilie beruht auf der Ergänzung der Nahrungsgewinnung von Mann und Frau. Auch bei den Australiern errichtet die Frau Windschirm oder Hütte, der Mann hilft ihr bloß (Dawson [81] 11, Howitt &. F. [80] 206, Knabh. [17]). Doch schließt sich sonst der Mann von den Verrichtungen der Frau ab. Seine Tätigkeit ist exklusiver. Vor allem fällt ihm alles, was mit den Schutz zusammenhängt, zu. Auf dem Marsch tragen die Männer die Waffen und ihre persönlichen Gegenstände, die Frau die anderen Geräte und die kleinen Kinder. Unterwegs sorgen die Frauen für die vegetabilische Nahrung, die Männer gehen in Trupps zu drei oder vier jagen. Nach der Rückkehr ins Lager kocht jede Gruppe ihr Essen für sich. Die Männer geben ihren Frauen nur das, was von ihrem Essen übrig bleibt, nachdem sie es erst mit ihren Kindern geteilt hatten. Am Familienfeuer kocht der Vater gewöhnlich die Tiere, welche er erbeutet, und die Frau die Wurzeln, welche sie heimgebracht hatte (Curr. [83] 256; ders. [86] 1 99).

Der scharfen Scheidung in der Arbeitsteilung unter den Geschlechtern ist vielleicht auch die Gegenüberstellung der Männersage zur Frauensage und die Trennung nach Geschlechtstotem, z. B. bei den Kurnai, zuzuschreiben (Frazer [10] 1 47, 496). Im allgemeinen kann man sagen, daß bei den Australiern das eheliche Zusammenleben, trotz der verschiedenen Feste (s. III) verhältnismäßig dauerhaft ist und Mehrehe nicht in großem Maßstab gepflegt wird (Mal. [13] 295ff).

In den Grundzügen Ähnliches wird auch von den Feuerländern berichtet (Coop. [17] 198f, 173). Bei den Veddas werden die Frauen von den Männern auf dem Fuße der Gleichheit behandelt und essen die gleiche Nahrung, doch werden sie eifersüchtig von den Männern bewacht, die fremden Händlern nicht erlauben, sie zu sehen (Slgm. [11] 88). Im 17. Jahrhundert wird einmal von einem weiblichen Häuptling berichtet (10). Töpfe werden sowohl von den Männern wie von den Frauen hergestellt (324). Beachtenswert ist, daß die Felsenzeichnungen von den Frauen herrühren, die sie während ihres Wartens auf die Rückkehr ihrer Männer von der Jagd angelegt haben sollen (319). — Wenn bei einigen wilden Stämmen der malayischen Halbinsel über eine „niedrige Stellung" der Frau berichtet wird, die man zu den Mahlzeiten erst zuläßt, nachdem die Männer gegessen haben (Skt. u. Blgd. [06] 467). so ist in diesem Fall ein Einfluß von Seite der benachbarten höheren Stämme mit einer ganz anderen Stellung der Frau verantwortlich zu machen. Doch kann daraus allein noch kein Rückschluß auf die allgemeine Stellung der Frau gezogen werden.

Die unabhängige Stellung der Frau unter den Jägern und Sammlern hängt also zweifellos mit ihrer selbständigen Nahrungsversorgung zusammen. Dort wo die Tierwelt reicher, die Jagd- und Fangtechnik fortgeschrittener, somit auch die Zufuhr an Nahrung von Seite des Mannes ausgiebiger ist, der Boden dagegen arm und die Erträgnisse der Frauenarbeit des Sammelns gering sind, hat dies auch zu einer Verschiebung der Stellung der Frau beigetragen, wie wir das bei Hirtenvölkern beobachten können. Doch lassen sich wegen der vielfachen Beeinflussungen im Laufe der Geschichte jedes Naturvolks gerade in diesem Punkt heute keine allgemein gültigen einfachen Beziehungen mehr gewinnen.

Bei den mittleren Primitiven, die ja hauptsächlich Feldbau treiben, wird der mit dem Grabstock von der Frau verrichtet. Sie ist hier vom Sammeln der Früchte zum Pflanzen von Nutzgewächsen übergegangen. Der Mann nimmt an dieser Arbeit nur insofern teil, als es sich um Tätigkeiten handelt, die größere Anstrengungen erfordern, wie das Roden des Pflanzungslandes und das Erbauen der hier gewöhnlich viel dauerhafteren Häuser und Siedlungen. Die Arbeitsteilung unter den Geschlechtern hat somit eine gewisse Verschiebung erlitten. Die eigentliche Angelegenheit des Mannes ist auch hier überwiegend Jagd und Fang geblieben. Doch ist häufig die Sorge für gewisse Pflanzen, besonders für Bäume, das Vorrecht der Männer, so z. B. in der Südsee der Anbau der Kokospalme, der Sagopalme, der Arecapalme, des Tabaks usw. Verschiedene Grundsätze herrschen bezüglich des Pflanzens der Bananen und des Zuckerrohrs, während Taro und Yams in der Regel von Frauen gesetzt werden. Ähnliches berichtet auch Williamson ([12] 198). Bei den Mafulu werden Bananen und Yams nur von Männern gezogen, ebenso Zuckerrohr, während Süßkartoffeln und Taro die Frauen pflanzen. Insbesondere fällt ihnen auch das Reinigen der Gärten zu. Ihr besonderer Anteil am Kampf kommt dadurch zum Ausdruck, daß sie durch Singen die Krieger anzufeuern suchen, ohne aber tätig in den Kampf einzugreifen (Willms. [12] 63, 183, 195ff).

Die Stellung der Frau hat bei vielen Feldbauvölkern dadurch rechtlich gelitten, daß sie als Eigentum des Mannes betrachtet wird. Ob diese Auffassungen nun bei den betreffenden Völkern ursprünglich entstanden sind oder dort, wo wir sie heute vorfinden, wie wahrscheinlich, von anderen Stämmen, bei denen sich das Privateigentum der Kleinfamilien stärker und allgemeiner ausgebildet hat, übertragen wurden, mag in diesem Zusammenhang dahingestellt bleiben. Solche Einflüsse sind z. B. für das Gazellenküstenvolk von Neupommern nicht von der Hand zu weisen. Die Frau gilt dort als Eigentum des Mannes und muß für ihn arbeiten (Parkinson [07] 61).

Doch beeinträchtigt diese rechtliche Stellung ihren tatsächlichen Einfluß keineswegs, zumal die Frau auch nach geschlossener Ehe noch ein Mitglied ihrer Familie bleibt. Größere Selbständigkeit fällt ihr auf den Admiralitäts-Inseln bei den Moanus zu. Das Hausgerät und das in den Körben aufbewahrte Muschelgeld bewacht die Frau, die Netze, Kanus und Fischereigeräte und Waffen unterstehen dem Mann. Es gibt ein nur unter den Frauen umlaufendes Muschelgeld. Auch hier bleiben nach der Heirat die Schutzbeziehungen der Familie der Frau erhalten (394). Parkinson erwähnt (482) das Auftreten einer alten Frau auf Bougainville, die gegen den „Häuptling" ihren Willen durchsetzte; auch ich machte sowohl auf den Salomon-Inseln, wie auf Neu-Guinea ähnliche Beobachtungen. Dabei dürfen wir allerdings nicht vergessen, daß bei diesen Naturvölkern überhaupt einer dem anderen die größte Freiheit zugesteht, und daß man Zwang kaum kennt. Schon aus diesem Grunde sind Nachrichten, die von einer „Versklavung" der Frau reden, mit Einschränkung für höhere Völker aufzunehmen, oder sie verkennen die Tatsachen.

Ursprünglicher, nämlich weniger gestört durch Übertragungen und Einflüsse von Kulturzentren geschichteter, gestaffelter oder ethnisch zusammengesetzter, Ackerbau mit Viehzucht verbindender, staatlicher Herrschaftsorganisationen, dürften die Verhältnisse sein, die wir bei den Feldbauvölkern Amerikas kennen lernen. Wenn wir uns die bei den Jäger- und Sammlervölkern gekennzeichnete Stellung der Frau vergegenwärtigen, so dürfte es berechtigt sein, den Hausbesitz der Frau bei den Pueblos und den Tewa-Indianern (A. A. [12] 472), als etwas sehr Altes zu betrachten, geradeso wie auch die Tatsache, daß bei den Irokesen und Huronen die Frauen als Häupter des Haushalts galten (Morg. [51] 84f, 325f). Im allgemeinen ist die Stellung der Frau bei allen diesen Völkern sehr günstig. Hauptsächlich fällt ihnen das Verfertigen der Körbe zu und, wie auch anderwärts: in der Südsee, in Afrika oder Indien, die Herstellung von Töpfen. Bemerkenswert ist die Verschiedenheit zwischen der männlichen und weiblichen Kunstbestätigung, die sich natürlich vor allem an die von jedem der Geschlechter besonders hergestellten Sachen knüpft. So an die Körbe, Säcke, Taschen der Frauen, während die zierenden Schnitzereien an Häusern oder Kanus, an Totempfählen oder Löffeln, wie z. B. bei den Indianerstämmen von Britisch-Columbien, von den Männern vorgenommen werden (Goldw. [22] 259ff). Auch in Melanesien und Polynesien hängt die Kunstbetätigung mit der Arbeitsteilung zusammen: so werden die Geräte aus Holz, Muschel und Stein von den Männern hergestellt, die Tapa (Rindenstoff) dagegen in der Regel von den Frauen. Andererseits werden bestimmte Kunstbetätigungen und Werke den Frauen vorenthalten, wie z. B. die kunstvoll hergestellten Geisterflöten, deren Anblick den Frauen verboten ist, und die zu blasen als eine Geheimkunst der Männer geübt wird, oder Malereien zum Schmuck der Festhallen für von den Männern veranstaltete Feiern (s. T. [RL] „Fest" A).

Während wir bei den Melanesiern und Papuanern der Südsee eine scharf durchgeführte Trennung des Männerlebens von dem der Frauen finden, das sowohl in der Einrichtung der Männerhäuser wie besonderer Männerfeste und Männertänze zum Ausdruck kommt, als auch insbesondere in dem strengen Verbot an die Frauen, verschiedenen zauberischen Veranstaltungen, insbesondere gewissen Zeremonien der Jünglingsweihen oder Totenfeiern, beizuwohnen, z. B. die dabei gespielten Flöten oder das Schwirrholz zu sehen und dgl., fehlt eine Trennung von gleicher Schärfe in Amerika. Oft nahmen die Frauen dort, wie z. B. bei den Irokesen, nicht nur an den Zeremonialaufführungen teil, sondern bei den Indianern der großen Ebene besteht sogar die Auffassung, daß Gatte und Gattin in zeremonieller Beziehung eine Person ausmachen. Nur von der Küste des Stillen Ozeans ist eine scharfe gesellschaftliche Scheidung der Geschlechter bekannt. Nur in Alaska besitzen die Eskimo ein Männerhaus, von dem die Frauen ausgeschlossen sind, und bei den nördlichen Athapaskans werden die Mädchen von den Knaben getrennt und ist den Frauen verboten, bei den Tänzen anwesend zu sein. In Kalifornien begegnen wir Männergesellschaften, die, ähnlich wie in Melanesien, das weibliche Geschlecht von der Teilnahme ausschließen. Doch das sind Ausnahmen, die nur im Westen vorkommen. Im allgemeinen kann man sagen, daß trotz verschiedener Lebensweise und gewissen individuellen Schwankungen die Stellung der Frau bei den meisten amerikanischen Stämmen, mögen sie sich nun mehr oder weniger, wie die Indianer der Ebene, mit Jagd und Fang abgegeben oder dem Maisbau, wie die Tewa, sich zugewendet haben, oder mögen sie, wie die Navaho, seit der Ankunft der Spanier, zu Hirten geworden, mögen sie halb seßhaft wie die Hidatsa, oder nomadisch wie die „Krähen"-Indianer gewesen sein, im allgemeinen keine großen Unterschiede aufweist (Lowie [20] 197f). Bei einigen Stämmen, wie bei den Irokesen, die als besonders kriegerische Jäger galten, und bei denen ein ausgesprochenes Mutterrecht herrschte, ist ihr Einfluß ganz besonders groß geworden. Sie wurden zu den Beratungen in allen wichtigen Angelegenheiten zugezogen, und ihren zauberischen Künsten, insbesondere ihrer Wahrsagerei, aber auch ihren Ratschlägen in den Versammlungen wurde große Bedeutung zugestanden (Frazer [10] 3 15).

Von den Tschuktschen, sogenannten paläosibirischen Hirten-Völkern, wird berichtet, daß die Männer die besten Fleischstücke bekommen, und die Frauen erhalten, was übrig geblieben ist. Unter den Rentier-Korjaken sitzen die Männer um das Essen im inneren Zelt, und außer den Kindern ist nur die Mutter oder die älteste Frau anwesend, die das Essen verteilt oder die Gäste bewirtet. Die andern Frauen und Mädchen erhalten die Überreste, die sie im Außenzelt verzehren. Auch unter den Meeres-Korjaken essen die Frauen und Mädchen getrennt am Herd, nachdem die Männer die Mahlzeit genossen haben. Nichtsdestoweniger berät sich der Mann mit seiner Frau, und die Tochter wird vor ihrer Verehelichung über ihren Wunsch befragt. Auch im allgemeinen zeigt sich gegen die Frau ein Verhalten freundlichen Schutzes, und die Korjakenfamilien werden als größtenteils friedlich und glücklich geschildert (Czap. [14] 34ff). — Von den Yukaghiren hören wir, daß, ähnlich wie es von den Leuten der Andamanen-Insel (s. § 2) berichtet wurde, die Frau des „Alten" eine entsprechende Stellung unter den Frauen einnimmt, wie ihr Gatte unter den Männern. Sie überwacht auch die Verteilung der

Jagdbeute (38). Bei den verhältnismäßig stark von höheren Kulturen beeinflußten Ainus herrscht Vielweiberei, und die einzelnen Frauen wohnen in besonderen Hütten, aber eine Frau kann ihre Beziehungen mit dem Gatten auflösen wegen Ehebruch, Faulheit oder ungenügender Versorgung mit Fisch- oder Tierfleisch. Im übrigen ist hier das Mutterrecht (s. IX) ausgebildet (104). Nichtsdestoweniger gelten die Frauen sowohl seelisch wie intellektuell als den Männern inferior: „sie haben keine Seele". Das wird als Grund angegeben, weshalb sie nicht beten dürfen. Doch scheint der wirkliche Grund für dieses Verbot zu sein, daß die Ainus fürchten, die Frauen könnten sich wegen der schlechten Behandlung durch ihre Männer an die Götter wenden (Czap. [14] 876). Einflüsse durch die benachbarte japanische und buddhistische Religion sind hier wahrscheinlich.

Die Frau bei gestaffelten Feldbauern und Hirten oder von diesen beeinflußten Völkern. — Die Dinge werden bei den höheren Feldbauern und Hirten in wirtschaftlicher Beziehung weiterhin durch Entstehung von Eigentumswerten und von Reichtum, auf politischem Gebiet durch das Aufkommen der Herrschaft, wenigstens in der Form von Sklavenbesitz, gekennzeichnet, in der Regel auch durch eine Zusammenschweißung verschiedener ethnischer Gruppen, die untereinander rangmäßig, mitunter auch beruflich, gestaffelt werden. Dadurch ist die Stellung der Frau namentlich dort verschoben worden, wo Besitz und Herrschaft in rationalistischer Weise genützt werden. Denn einerseits treten Großfamilien mit starker patriarchalischer Tendenz in Erscheinung, andererseits wird die Frau hier vielfach als Objekt des Besitzes aufgefaßt.

a) Unter vorwiegendem Mutterrecht. — In besonderer Weise wird die Stellung der Frau bei Völkern mit einseitig ausgebildeten mutterrechtlichen Einrichtungen, die allerdings nicht mit „Mutterherrschaft", Matriarchat, verwechselt werden dürfen, beeinflußt. Solche mutterrechtlichen Zustände finden wir bei vielen Stämmen der Südsee, insbesondere bei Mikronesiern und Polynesiern, an verschiedenen Stellen des amerikanischen Kontinents, aber auch des malayischen Archipels, Afrikas und anderen Orts (s. IX). Bemerkenswert ist, daß man gerade bei Völkern mit sozialer Gruppenbildung oder Schichtung, also in höher organisierten Gemeinwesen, die mutterrechtlichen Zustände ausgebildet antrifft. Sie sind weder bei schweifenden Wildbeutern, noch auch bei wandernden Erobervölkern zu treffen, sondern hauptsächlich bei solchen Feldbauern, die ein seßhaftes und trotz aller Kämpfe doch geordnetes und verhältnismäßig friedliches Leben führen. Die mutterrechtlichen Verhältnisse sind nicht überall in gleicher Weise ausgebaut, ihr Gebiet ist auch fast nirgends streng geschlossen, Man muß sich vorstellen, daß spätere Wellen von auf einer anderen Basis organisierten Stämmen über diese älteren Gebiete hinweggegangen sind und es teilweise örtlich durchlöchert, teilweise in Bezug auf ihre Einrichtungen beeinflußt haben. Außerdem wäre wohl nichts sonderbarer, als wenn wir völlig homogene Gestaltungen in verschiedenen Gebieten träfen. In Wirklichkeit zeigen sich auch hier, wenn man den Dingen genauer nachgeht, unendlich viele Varianten nur ganz weniger Grundzüge und Möglichkeiten (s. Einleitung und Dritter Abschnitt). Schließlich dürfen wir nicht vergessen, daß Zeitströmungen und Mode auch unter Naturvölkern von nicht zu unterschätzender Bedeutung sind. Ähnlichkeiten kann man daher nicht immer ohnes weiteres im Sinne mechanischer Nachahmung deuten.

Trotz naher Nachbarschaft und Ähnlichkeit der Stämme zeigen sich z. B. nicht geringe Verschiedenheiten auf den Neu-Guinea vorgelagerten Inselgruppen. Wenn auch bei den meisten dieser Stämme Mutterfolge herrscht, ist doch die Stellung der Frau keineswegs gleich (Slgm. [10] 35, 36, 37). Während die Weiblichkeit auf den Trobriands-Inseln sich, namentlich während des Pubertätsalters, einer völligen Ungebundenheit erfreut, ist das im nahen Dobuan und auf den benachbarten Amphlets-Inseln keineswegs der Fall (Mal. [22] 37, 53f, 272—3). Auf den Trobriands-Inseln ist die ganze Gartenarbeit Sache der Frauen, ihre Pflicht und ihr Recht, und der Mann, der beim Pflanzen ihnen in die Nähe kommt, wird sexuell schlecht behandelt. Auch üben die Frauen vermöge ihnen zugeschriebener magischer Kräfte gelegentlich nicht geringen Einfluß aus. Eine bestimmte Art von Zauberinnen, „fliegende Hexen", gelten im Süden von den Trobriands beheimatet (68). Vor Frauen höheren Ranges müssen Männer wie vor einem Häuptling sich beugen, Formalitäten und Tabus beobachten. Eine Frau höheren Ranges, die mit einem Mann niedrigen Ranges verheiratet ist, behält ihren Stand bei. Der ganze Arbeitsertrag des Mannes fällt seiner Schwester zu und deren Verwandten, kurz seiner mütterlichen Familie (61). Der Mann muß bei allen Gelegenheiten des Geschlechtsverkehrs jedesmal seiner Frau Geschenke machen, sowie in seiner Eigenschaft als Gatte der Frau auch deren Kindern (s. I Mal. [22] 179, 182, 223). Trotz ihrer großen Selbständigkeit nehmen die Frauen auf den Trobriands-Inseln an dem verzweigten Kula-Handels-Spiel nicht teil, sondern pflegen es nur im winzigen Kreise der Familie (280).

Von der Karolinen-Insel Kusae wird in ähnlicher Weise, wie von anderen Inseln dieser Gruppe, eine sehr gute Behandlung der Frau berichtet und auch eine starke Selbständigkeit hervorgehoben. Trotzdem blieben die Frauen bei öffentlichen Angelegenheiten im Hintergrund (Sarf. [19] 67). Auch bedienten sich die weiblichen Familienmitglieder gegenüber den mänlichen und den von ihren begründeten Familien gewisser Achtungsformen bei der Nennung ihrer Namen (303). Aus Nauru wird ebenfalls eine gute Stellung der Frau im Hause gemeldet. Die Frau ist selbstverständlich um so angesehener, je höher ihr Rang und ihre Familie bewertet wird. Entstammt sie einer höheren Rangschicht als ihr Gatte, so wird er häufig durch die Heirat in ihre Klasse erhoben; er muß sich den Gesippen der Frau dann unterordnen (Hambruch [14] 254). — Zweifellos scheint die besondere Ausbildung mutterrechtlicher Einrichtungen die Stellung der Frau zu begünstigen, wenn nicht, wie wahrscheinlicher, umgekehrt eine Nützung weiblichen Einflusses zu den extremen Erscheinungen mutterrechtlicher Gestaltung (s. a. o. § 3) geführt hat.

b) Im Falle ausgeprägten Patriarchats. — Bei den ostafrikanischen Barundi (Meyer [16] 108ff), gemischten Hirtenbauern, ist das Ansehen der Frau höher als bei den meisten anderen ostafrikanischen Negern. In Haus-

und Familienangelegenheiten steht die Ehefrau dem Manne ziemlich gleich. Beide teilen sich in die wirtschaftlichen Arbeiten des Tages, ausgenommen die Viehwartung, die lediglich Sache des Mannes ist, und die Feld- und Gartenpflege, bei der die Hauptarbeit der Frau zufällt, wenn auch der Mann in allem mithilft und die Zubereitung des Essens nur von der Frau besorgt wird. Der Frau fällt außer der Fürsorge für die Kinder noch die für die Hütten zu. Die soziale Gleichstellung beider Geschlechter kommt in der bei keinem anderen ostafrikanischen Volk bestehenden Sitte zum Ausdruck, daß Mann und Frau gemeinsam essen. Auch von den nördlichen Bahima in Unjoro berichtet Emin Pascha ausdrücklich, daß die Frauen mit ihren Männern essen, was die dortigen Bantu nicht tun (P. M. [79] 222). In allen wichtigen Angelegenheiten wird in Urundi die Frau, und namentlich die Mutter, zu Rat gezogen, und ihre Meinung gibt oft den Ausschlag. Weibliche Häuptlinge sind zwar seltener als bei den östlichen Stämmen: bei den Wassumbwa und Wanjamwesi; sie kommen aber, durch Erbgang eingesetzt, vor, treten nur nicht so an die Öffentlichkeit wie bei den Wanjamwesi. Den größten Einfluß hat die Mutter des Königs (wohl eine mutterrechtliche Reminiszenz), die während ihrer ganzen Lebenszeit mitregiert, eine Ehrfurchtstellung, die sich auch in den anderen Bahima-Staaten bis zum südlichsten, Ufipa, erhalten hat. Am stolzesten unter den Barundi-Frauen sind die Batussi, wogegen die Frau bei den niedrigeren Bratwa mit Arbeit überladen, gering geachtet ist und keine Stimme im Familienrat besitzt. Der großen Mehrzahl nach haben die Barundi nur eine Frau, hauptsächlich, weil sie nicht mehr als einen Hausstand sich wirtschaftlich leisten können. Wer aber kann, hält mehrere Frauen, um über Arbeitskräfte für die Bewirtschaftung seines Besitzes zu verfügen und so seine soziale Stellung zu erhöhen; erotische Momente treten dem gegenüber zurück. Aus den erwähnten Gründen haben viele Batussi zwei, die größeren Häuptlinge drei oder mehr Frauen, der König eine ganze Schar. Die Batwa sind aus Armut fast alle monogam.

Bei den Völkern der westafrikanischen Loango-Küste bildet ebenfalls die Arbeitsteilung unter den Geschlechtern zunächst die Grundlage, von der aus die Stellung der Frau zu beurteilen ist. Hier handelt es sich um eine Gesellschaft, in der nicht nur Sklaven und Hörige vorhanden sind, sondern schon eine verhältnismäßig weitgehende Verselbständigung von Fertigkeiten in auf sich selbst gestellten Berufen eingetreten ist: Heilkünstler und Zaubermeister, Bootsführer, persönliche Diener, Töpfer, Schmiede, Weber, Salzsieder und dgl. mehr. Verhältnismäßig komplizierte Rechtsverhältnisse durchziehen hier das Leben. Entscheidend ist die Stellung des Familienhaupts, dem mit seinen Hörigen auch die Frauen untergeordnet sind. Sache der Unfreien ist es, ebenso wie der Frauen, die Erde zu behacken oder Wasser zu tragen oder Brennholz zu holen. Der freie Mann beseitigt allenfalls Bäume oder Büsche, um ein Feldstück zu roden. Doch wäre es verkehrt, die Frau als „Lasttier des Mannes" zu betrachten, zumal in den Großfamilien Gesinde vorhanden ist. Wo es mehrere Ehefrauen gibt, kocht der Reihe nach eine um die andere. Aber auch wo nur eine Frau den Haushalt führt und keine Hilfen zur Verfügung stehen, ist die Frau mit

Arbeit weniger belastet als etwa bei unsern heimischen Bauern. Herren wie Dienende, Leibeigene eingeschlossen, sind keineswegs überbürdet (Pech. L. [07] 213ff).

Bei den Ewe-Stämmen ist die Frau rechtlich dadurch, daß sie als Eigentumsobjekt aufgefaßt wird, in eine ungünstige Lage gedrängt. Früher wurde z. B. die Werbung eines Bundesgenossen immer mit der Auslieferung eines Mädchens verbunden. Ein für eine Schuld in Pfandhaft gegebenes Mädchen mußte immer solange die Frau des Gläubigers sein, bis die Schuld von den Ihrigen zurückgezahlt war. Allein man muß hier, wie auch sonst, sich durch die rechtliche Stellung nicht in voreingenommene Einschätzung der tatsächlichen Zustände treiben lassen. Ist doch nicht selten, auch in Afrika, die Frau in der Lage, Eigentum zu besitzen, obgleich sie selbst als Eigentumsobjekt gilt (s. oben I; vgl. Lowie [20] 202). Den Naturvölkern liegen konsequent durchgeführte logisch-juristische Konstruktionen fern. — Bei den eben erwähnten Ewe-Stämmen wird sogar von einer unterwürfigen Stellung der Männer zu ihren Frauen geredet. Spieth (65) erzählt, daß er zweimal Augenzeuge gewesen sei, wie in einem Dorf sich alle Frauen miteinander verbanden, auf einen bestimmten Tag ihre Männer verließen und sich in die Obhut eines „Königs" begaben, dem sie sich schenkten. In beiden Fällen wurden die Männer bestraft und dazu verurteilt, ihre Frauen zu bitten, sie nach Hause begleiten zu dürfen. Hierbei ist charakteristisch, wie auf der einen Seite durch die Herrschaft Rechtsnormen festgesetzt sind, die in begrifflicher Weise die Stellung der Frau herabdrücken, andererseits aber gerade diese selbe Herrschaft in der Praxis dazu benutzt wird, um die Theorie in ihr Gegenteil zu verkehren. Spieth berichtet auch, daß es in Avatime eine Frauenkönigin gab, welcher Frauenhäuptlinge beigegeben waren. In gewissen Familienangelegenheiten konnten die Häuptlinge ohne Zustimmung des Weiberrats keine Beschlüsse durchführen. Die Beratung der Häuptlinge nach einer Gerichtssitzung wird der „Gang zum alten Weib" genannt, und der Sprecher leitet das Urteil mit dem Satze ein: „das alte Weib sagt", ein Zeichen, daß die Frau in der Familie und im öffentlichen Leben trotz ihrer formalen Deklassierung tatsächlich in nicht geringem Ansehen stand.

Auch von den Banjangi in Kamerun heißt es, daß, obwohl die Frau Eigentum des Mannes ist, sie in der Regel gut behandelt und gehätschelt wird; jede von mehreren Frauen hat ihre Behausung und ihr Feld für sich und führt ihren eigenen Haushalt. Im allgemeinen vertragen sich die Familienangehörigen gut untereinander. Ab und zu essen Mann und Frau zusammen, aber nur selten, denn es ist nicht Sitte, und die Nachbarn würden sich darüber aufhalten. Die eheliche Treue steht nicht gerade hoch; hat sich eine Frau mit einem anderen Mann eingelassen, so veranstaltet der betrogene Gatte eine Art Zauberei, die den Tod des Ehebrechers herbeiführen soll (Stasch. [17] 22f).

Häufig nimmt von mehreren Frauen, die als Eigentum des Mannes gelten, die erste, oder wenn diese dessen nicht würdig oder geeignet ist, die folgende einen den anderen übergeordneten Rang ein. Wenn es im Hause keinen höheren Mann gibt als den Gatten, herrscht in Kita, französischer Sudan, die Frau über die Sklaven, auch während der Mann zugegen ist (Stnm. [03] 145).

Die Herrschaft des Königtums nimmt bei den Kpelle Formen an, die an das orientalische Altertum gemahnen; die Frau ist eine Quelle für den Reichtum des Königs. Im allgemeinen muß der König bezahlen für eine Frau, die er erwirbt. Aber daneben erhält der König viele Frauen als Geschenk. Wer sich aus irgend einem Grunde bei ihm beliebt machen will, schenkt ihm eine Tochter oder eine Nichte, wohl auch eine Sklavin, doch wird letztere längst nicht so hoch bewertet wie eine Einheimische. Meist sind es infolge einer gerichtlichen Verurteilung oder einer rückständigen Morgengabe verschuldete Stammesgenossen, die sich auf diese Weise mit dem Häuptling verschwägern, um sich aus ihren Schwierigkeiten zu ziehen. Mit der Annahme des Geschenkes übernimmt nämlich der Häuptling die sämtlichen Verpflichtungen seiner neuen Verwandtschaft, die sich damit allerdings auch in ein gewisses Abhängigkeitsverältnis zu ihm begibt. Gibt umgekehrt der König einem Großen eine seiner Töchter zur Frau, so wird das meist ein teures Geschenk. Der Schwiegersohn muß für diese Auszeichnung durch eine Fülle von Gegengaben sich erkenntlich zeigen (Westm. [21] 60). Wenn ein König viele Frauen hat — bei manchen übersteigt deren Zahl 200 — so wählt er eine Anzahl aus und überläßt sie Gefolgsleuten oder Kriegern, die dadurch ihm zur Arbeit und Kampftreue verpflichtet sind. Die übrigen werden auf verschiedene Güter des Königs verteilt und verrichten bestimmte Besorgungen unter Aufsicht einer Hausherrin, wie z. B. als Köchin, als Reisefrau, Opferfrau, Dienerin usw. Kommt eine in Verdacht, eine Liebschaft zu haben, so ruft der König den Ordalleger, der ein Gottesgericht mit Medizinessen (s. T. [RL] „Eid", „Fluch" A) veranstaltet. Nach vielen Verhandlungen hin und her läuft die Sache darauf hinaus, daß der Verdächtigte aus seiner Verwandtschaft wieder irgend ein Mädchen dem König stellen muß. Nur in dem Fall, daß das nicht möglich ist, wird eine Geldsumme bezahlt (115ff). Man hat in diesem Fall nicht ganz mit Unrecht von „Frauengeld" (s. B) gesprochen.

Aus den angeführten Beispielen geht hervor, daß auch in der patriarchalischen Großfamilie die Stellung der Frau keineswegs so ungünstig ist, wie es nach einer rein rechtlichen Bewertung auf den ersten Blick erscheint. Das Recht stellt, wie so oft, mehr eine Wunsch-Forderung auf, als daß es einen getreuen Spiegel der Wirklichkeit gibt. Für die Beurteilung der Stellung der Frau kommt außer der rechtlichen Formulierung, ihrer Fähigkeit, wirtschaftliche Güter zu besitzen oder öffentliche Ämter zu bekleiden, vor allem ihre Stellung der Arbeitsteilung gegenüber in Betracht. In letzterer Hinsicht wiederholt sich fast überall das in den Grundzügen ähnliche Bild, daß die Frau Haus, Essen und Garten bestellt. In Bezug auf die Sitten unter den Geschlechtern kann man sagen, daß die Herrschaft stark ausgebildeten Mutterrechts in der Regel eine große Freiheit, Ungebundenheit und stellenweise Zügellosigkeit bietet, während das Patriarchat eine strengere Einhaltung traditioneller Schranken verbürgt.

Die Frau bei geschichteten Ackerbauern-Viehzüchtern. — Bei den Ackerbauern handelt es sich überwiegend um eine patriarchalische Kultur herrschaftlich geschichteter Völker, die auch auf ihre Nachbarn vorbildgebend eingewirkt hat. Dabei muß übrigens auch in Rücksicht gezogen werden, daß für jedes Volk auch die eigene Vergangenheit oder die der einzelnen ethnischen Gruppen, aus denen es zusammengesetzt ist, bedeutungsvoll nachwirkt. Trotz des Übergangs der Chinesen zu einem strengen patriarchalischen Herrschaftssystem, das sich auch in dem ganzen metaphysischen Weltbild spiegelt, welches das weibliche Prinzip des Universums als das Böse betrachtet und gesetzlich eine strenge Unterordnung der Frau festlegt (Radff. [93] 1 484), ist nichts daran geändert worden, daß die Arbeitsverteilung nach wie vor dieselbe blieb: für die Frau das Sammeln von Früchten, Beeren, Wurzeln, der Anbau von Hanf und Seide, die Verarbeitung der Gespinste, der kleine Markthandel und die Sorge für das Haus (Quist. [15] 49ff). Auch die philosophischen Systeme und Wertungen können nicht als Maßstab für das tatsächlich sich abspielende Leben benutzt werden.

Die rechtliche Stellung der Frau unter den arischen Völkern, Hirten und Ackerbauern mit patriarchalischer Großfamilie, der auch Sklaven angehören, deckt sich ebensowenig mit ihrem tatsächlichen Einfluß. Rechtlich bedurfte die unverheiratete Frau eines Muntwalt, die verheiratete aber galt als Eigentum des Mannes; trotzdem aber blieb sie, wie wir dem auch so häufig bei Naturvölkern begegnen, unter dem Schutz ihrer Stammfamilie. Dabei wurde ihr Recht, Eigentum zu besitzen, anerkannt, das einerseits aus der Morgengabe, andererseits aus der Aussteuer, die sie mit in die Ehe bringt, wirtschaftlich herrührt (s. I und III). Nach den altindischen Gesetzen des Manu wird die Braut, außer mit den Haushaltungsgeräten, auch mit Vieh ausgestattet. Im alten Irland haben die Kinder ein Anrecht auf die Beerbung des mütterlichen Eigen, sogar dem Vater gegenüber, ein Zug, der durchaus mutterrechtlich anmutet. Sogar das alte römische Recht gesteht ein *peculium*, also ursprünglich Viehbesitz, dem Sohne zu, und der Besitz der *dos* wird in Rom nicht nur durch die Gewohnheit, sondern vor allem durch den Einfluß der Stammesangehörigen der Frau geschützt (Vinogd. [20] 255f). Besonders günstig ist die Stellung der Frau in den nordischen Ländern gewesen. Wenn sie dort normaler Weise auch nicht Land besitzen konnte, so wurde doch der einzigen Tochter zugestanden, eines Mannes Anteil zu übernehmen, den sie dann an Stelle ihrer Aussteuer bekam. Er wurde *baugrygr* (= Frauenarmring) genannt, denn das Wergeld wurde in goldenen Armringen bezahlt, und die Erbin eines Mannes, der keine männlichen Nachkommen hatte, war berechtigt, solches Wergeld in Empfang zu nehmen. Wenn sie heiratete, so ging der Besitz an ihren Sohn über und hielt sich dann weiter in der männlichen Linie. In England erhielten Frauen schon in alter Zeit Teile des Erbes in Land ausbezahlt (Vinogd. [20] 287f). Die selbständige Stellung der Frauen kommt in den nordischen Sagen deutlich zum Ausdruck. Obgleich der Gatte der Beschützer der Frau war, betrauten viele Männer während ihrer Abwesenheit die Frau mit der Führung der Wirtschaftsgeschäfte. Nicht nur die leichte Arbeit des Heumachens, der

Viehfütterung und des Melkens, sondern auch die Beaufsichtigung der Knechte, vor allem natürlich das Kochen und die Kinderwartung fiel ihnen zu. Während sie Dienerinnen des Mannes waren und ihn z. B. wuschen, badeten und aus- und anzogen, finden wir sie doch andererseits auch in Schiffsexpeditionen, hier und da als Runenschnitzer-, Dichter- und sogar als Priesterinnen auftreten. Zweifellos hat das Räuberleben der Wikinger zur Herabdrückung der Stellung der Frau namentlich durch die Sklaverei und den Erwerb fremder Frauen geführt (Will. [20] 109ff, 117ff). —

Im Island der Sagazeit spielte sich das Leben der Mädchen und Frauen wohl innerhalb der 4 Wände ab, doch ist die Stellung der Frau im Hause geachtet, und sie wirkt auf das Tun der Männer nicht selten gewichtig ein, weniger allerdings als Friedensstifterin, wie als Anreizerin zur Rache (s. Band V). Geschlechtliche Unregelmäßigkeiten geben wenig Stoff für Fehden ab, zum großen Unterschied zwischen den Sitten der Sagazeit und denen der späteren Sturlungaperiode. Der rächenden Frau zollt man Anerkennung. Audh hat ihren Mann, der sich um einer andern willen von ihr schied, in seinem Bette überfallen und mit dem Messer verwundet. Er will nichts von ihrer Verfolgung wissen, sie habe getan, was ihr zustand, und ihre Brüder beloben sie (Laxd. 103, 20, nach Heus. [11] 21, 28, 49).

Nach den germanischen Volksrechten nahm der Mann kraft seiner Muntgewalt das gesamte Vermögen der Braut in seinen Besitz. Durch die Trauung wurde ihm das Vermögen der Frau übergeben, und ebenso blieben die von ihm der Braut gemachten Zuwendungen in seiner Hand. Zwar stand das Eigentum an dem Frauengut nicht dem Manne, sondern der Frau zu, aber praktisch war das ganze Ehevermögen in der Hand des Mannes vereinigt. Der Mann besaß die Gewere des Frauenguts und mit ihr einerseits das Recht der Nutznießung, andererseits das der Verwaltung. Dasjenige Vermögen, das die Frau jedoch während der Ehe durch Arbeit oder entgeltliches Rechtsgeschäft erwarb, fiel zwar nach den meisten Rechten auch in das Eigentum des Mannes, doch gewährt das salische und ripuarische Recht Ausnahmen zugunsten der Frau (Hübn. [13] 553f).

Zusammenfassung. — Wenn man die verschiedenen Beispiele, die wir bei den einzelnen Völkern fanden, gegeneinander hält, so ergeben sich einige gemeinsame Grundzüge: außer der Sorge für die Kinder ist fast regelmäßig nicht nur die Pflege des Hauses, sondern sehr häufig auch die Errichtung des Lagers oder der Hütten Angelegenheit der Frau, oder es fällt ihr doch das Eigentum an den Häusern zu. Auch die Sorge für die Kleinkost und den Garten ist fast immer Sache der Frau. Im Zusammenhang damit bekümmert sie sich auch um den Austausch der Überschüsse des Gartenertrages, den kleinen Handel. Endlich besorgt sie die Zurichtung der Kleidung. Dagegen bleibt neben dem Kampf das eigentlich politische Leben, die Herrschaft und die Organisation der Wirtschaft, selbst auch dann, wenn vereinzelt weibliche Häuptlinge auftreten, außerhalb des weiblichen Bereichs. Mit der angedeuteten Arbeitsteilung hängt auch das vielfach ausgebildete Sondereigentum der Geschlechter zusammen. Bei dem Zusammenleben mehrerer Frauen bildet jede einzelne mit ihren Kindern einen Mittelpunkt für sich und unterhält, selbst unter den allerprimitivsten Lebensbedingungen, wenigstens eine eigene Feuerstelle, die gegen die anderen abgegrenzt wird. Während die Stellung der Frau bei den Wildbeutern sehr selbständig ist, hat sie vermutlich unter dem Einfluß des Feldbaus, der überwiegend von den Frauen getrieben wurde, zu einer weiteren Verbesserung geführt, die in gewissen stark mutterrechtlichen Einrichtungen ihren Ausdruck findet. Eine Verschlechterung ihrer Stellung strahlte offenbar von den Zentren aus, in denen durch Wanderungen und Raubunternehmungen die Kämpfe auch eine Erbeutung und Versklavung fremder Frauen mit sich brachten. Höchstwahrscheinlich ging diese Bewegung von Viehhaltern aus und verpflanzte und übertrug sich von da aus auf andere Stämme. Während die Verselbständigung der Familie unter den erwähnten Einflüssen die Stellung der Frau, namentlich in der auf vaterrechtlich-patriarchalischen Grundlage gestellten Großfamilie, herabdrückte, entstand eine Spaltung in Hauptfrauen, vom Typus der *Matrona*, und in Nebenfrauen und Hetären (s. III und IV.)

b) Fraueneinfluß.

Der Einfluß der Frauen äußert sich in sehr verschiedener Weise. Eine allgemeine Unklarheit der Begriffe auf diesem Gebiet und verschwommene Vorstellungen auch der Berichterstatter, der Reisenden, hat viel Verwirrung bezüglich der Stellung und des Einflusses der Frauen angerichtet. So hat z. B. eine freie Stellung der Frauen nichts mit Frauenherrschaft zu tun, und Frauen können irgendwo regieren, ohne daß deshalb dort auch die Stellung der Frau unabhängig sein müßte. Politische Frauenherrschaft und gesellschaftliche Frauenmacht sind ganz verschiedene Dinge.

Bei Wildbeutern. — Obwohl die tiefgreifende Spaltung in der Nahrungsgewinnung und Betätigung der Geschlechter bei den Wildbeutern eine scharfe Sonderung des Lebens der Frauen von dem der Männer mit sich bringt (Knabh. [16] 104), so kommt es doch gemäß den losen Organisationen verhältnismäßig selten zu einem formellen Übergreifen der Frauen in politische Betätigung (Knabh. [19] 57). Allerdings ist der Einfluß der Frauen auch da nicht gering. Bei den Ovakuanjama- und den Ovandonga-Buschleuten von Südafrika wird von einer bevorzugten Stellung der „Erbtochter" berichtet (s. § 12). Obwohl nämlich bei der Heirat grundsätzlich dort die Frau dem Manne nach seinem Wohnsitz oder Sippenlagerplatz folgt, kann doch das Umgekehrte dann der Fall sein, wenn die Frau einem Häuptlingsgeschlecht angehört. In diesem Fall wählt die Frau den Mann, und solche Männer dürfen nur eine Frau haben (s. § 3, 12). Er gilt dann nur als der erste Diener der Frau, während diese das Wort führt und in allen Dingen ausschlaggebend ist (Krafft [14] 23).

Mutterrecht und Fraueneinfluß bei Feldbauern. — Es scheint, daß die Stellung der Frau durch die Tendenz zur Ausbildung des Mutterrechts bei den Feldbauern, und zwar im Zusammenhang mit der Gartenbestellung, unter verhältnismäßig ruhigeren und sichereren Lebensbedingungen erheblich begünstigt wurde. Mutterfolge und Mutterrecht muß allerdings nachdrücklich von Fraueneinfluß oder auch von Frauenherrschaft (Gynäkokratie) oder Mutterherrschaft (Matriarchat) unterschieden werden. Von dem Vorkommen der einen Einrichtung darf man nie auf das der anderen ohne weiteres zurückschließen. Insofern muß man mit vollem Recht bei allen Ermittlungen, mögen sie Naturvölker oder historische Quellen betreffen, auf scharfe Scheidung dringen (s. Lowie [20] 189ff). Jedoch dürfen wir nicht vergessen, daß die Zustände und Einrichtungen, die wir heute bei Naturvölkern antreffen, das Ergebnis von Vorgängen darstellen, die wir allerdings gewöhnlich mehr erraten als nachweisen können. Wenn bei nahe benachbarten und sonst unter fast gleichen äußeren Lebensbedingungen existierenden Stämmen bald mutterrechtliche, bald vaterrechtliche Berechnungen vorkommen, wenn weiterhin sich eine starke Mischung der Gesichtspunkte unter solchen Umständen zeigt, wie etwa in Melanesien oder in Australien oder auch vielfach in Afrika, so legt das den Gedanken nahe, daß hier Beeinflussungen und Übertragungen des einen oder anderen Gedankens vorgekommen sind, die ein älteres System mehr oder minder erfolgreich durchlöcherten, oder die mit sonst herrschenden Auffassungen wiederholte Male in Wettbewerb traten. Polynesien, Mikronesien und Amerika, insbesonders dessen nordwestlicher Teil, stellten ein Gebiet dar, das mit starker Betonung der Mutterfolge auch den Frauen einen nicht unerheblichen Einfluß gestattet. In Afrika finden sich ebenfalls zahlreiche derartige Reste, die auf eine ältere Schicht dort hinweisen. Den Zusammenhang von Mutterrecht mit freier Stellung der Frau, verschiedenen Formen ihres Einflusses, wird man indessen als etwas innerlich bedingtes ansehen dürfen, wenn wir uns auch jedesmal genau darüber Rechenschaft geben müssen, um was es sich im einzelnen Fall handelt.

Frauenherrschaft. — Wenn von „Frauenherrschaft" gesprochen wird, unterläßt man gewöhnlich die Aussage darüber, ob es sich um einen ausnahmsweisen Fall handelt oder um eine dauernde Einrichtung. Selbst wenn nach dieser Richtung Klarheit geschaffen wurde, muß das gelegentliche Hervortreten einer „Erbtochter", das in einer vaterrechtlichen, ja in einer patriarchalischen Gesellschaft möglich ist, wie z. B. im alten Norwegen, von einer in dem gesamten Lebenssystem begründeten wirklichen Herrschaft oder sonst einem organisatorischen Einfluß der Frau unterschieden werden. Man muß also die Fälle auseinanderhalten, bei denen eine Frau als „Erbtochter" vertretungsweise, etwa für ihren Sohn, die politische Autorität besitzt, von solchen, in welchen durch die Organisation des Gemeinwesens den Frauen überhaupt ein stärkerer Einfluß in politischen Dingen eingeräumt ist, wenngleich sie vielleicht nur, wie bei einzelnen nordamerikanischen Stämmen, Häuptlinge ernennen können, ohne selbst aber dieses Amt zu bekleiden. Ihr Einfluß kann im letzteren Fall tatsächlich viel größer sein als in solchen, da sie z. B. als weibliche „Häuptlinge" durch Rücksichtnahme auf irgendwelche Verwandtschaftsbeziehungen gebunden sind.

Wenn bei den *Roro*-sprechenden Völkern des südlichen Neu-Guinea ein Häuptling keinen Sohn, sondern nur Töchter hat, so übernimmt die Älteste solange die Häuptlingschaft, bis ihr Sohn alt genug ist, die Häuptlingschaft anzutreten. Die Frau, welche das Häuptlingsamt verwaltet, betritt nicht selbst die Männerhalle und nimmt auch nicht an den Zeremonien teil, die dort vor sich gehen, sondern ihr Gatte vertritt sie dort als Häuptling, obgleich alle Einladungen in ihrem Namen geschehen ... Eine Frau kann auch nicht Helferin oder Exekutivorgan eines Häuptlings sein, schon aus dem Grunde nicht, weil ein solcher immer wenigstens einen Menschen getötet haben muß und Anführer seines Klans im Kampfe ist. Übrigens ist diese selbe Sitte im benachbarten Waima nicht herrschend, sondern wenn dort die Söhne fehlen, werden die Töchter übersprungen, und der Bruder des Verstorbenen tritt in die Häuptlingschaft ein (Slgm. C. G. [10] 220). Hier scheint also die „Häuptlingin" als eine vereinzelte, durch besondere Umstände bedingte Trägerin der Macht, die in einer vaterrechtlichen Gesellschaft als Bewahrerin und Vermittlerin der Macht diese für ihren Sohn ausübt (s. a § 5). Unter den nördlich von den Roro-Leuten wohnenden Mekeo-Stämmen finden wir ein ähnliches Bild. Sowohl die Kriegshäuptlingschaft wie die Oberhäuptlingschaft wird hier auf die Kinder vererbt. In Ermanglung von Söhnen übernimmt auch hier eine Tochter die Führung der Oberhäuptlingschaft für ihren Sohn, aber unter der Bedingung, daß dieser dort heranwächst, wo er die Häuptlingschaft übernehmen soll (Slgm. C. G. [10] 347). Bei den östlich von den Roro und Mekeo liegenden Pokao wird die Abstammung gewöhnlich in der männlichen Linie gerechnet, aber in den F a m i l i e n d e r H ä u p t l i n g e geschieht es oft umgekehrt, und Frauen können Häuptlinge sein. So ist eine Frau namens Kaloka nicht nur Oberhaupt ihrer Sippe, sondern besaß stets so viel Einfluß in ihrem Dorfe Oroi, daß sie sogar von der australischen Regierung mit dem Häuptlingsstab offiziell bedacht wurde. Nach ihrem Tode soll ihr Sohn nachfolgen, der zu ihrer, nicht aber zu seines Vaters Sippe gerechnet wird. Bei Festen nimmt nicht ihr Gatte, sondern ihr Sohn die zeremoniellen Funktionen vor (Slgm. C. G. [10] 374/5). Möglicherweise haben wir hier die Einwirkung einer m u t t e r r e c h t l i c h e n B e v ö l k e r u n g s s c h i c h t vor uns, die sich in dem H ä u p t l i n g t u m erhalten hat.

Spaltung der Führerschaft unter den Geschlechtern. — Ganz im Sinne der Lebensspaltung zwischen den Geschlechtern, wie wir sie bei den Wildbeutern finden, ist die Häuptlingschaft bei den Fischern und Feldbauern auf den Palau-Inseln (Karolinen-Inseln der Südsee) zwischen Männern und Frauen geteilt. Die weiblichen Häuptlinge, die ähnlich den männlichen eingeteilt sind, bewachen die Ordnung im weiblichen Teil der Bevölkerung und verhängen Strafen für das Übertreten der alten Sitte. Ihr Einfluß ist um so größer und erstreckt sich auch auf die Angelegenheiten der Männer, da die Frauen die Eigentümerinnen der Taropflanzungen sind. Unter Umständen vertreten sie auch die Stelle des Häuptlings. Insbesondere nehmen sie auch an den öffentlichen Versammlungen teil, obgleich die Häuptlinge untereinander ihre besonderen Beratungen und Festlichkeiten abhalten (Kuby. [85] 81 ff). Auf Samoa konnten Frauen zwar nicht in den hohen Würden nachfolgen, aber es gab nicht selten Besitzerinnen von kleineren Häuptlingswürden (Brown [10] 286).

Frauen als Regenten, Mitregenten und Trägerinnen von Macht. — Auch in Afrika geht der hervortretende Einfluß der Frauen nicht selten parallel mit der Berechnung der Abstammung in weiblicher Linie. Zweifellos haben wir es hier mit einer Fortwirkung alter Einrichtungen zu tun, die später durch verschiedene andere Faktoren beeinträchtigt oder durchbrochen wurden. In der Landschaft Latuka, von der aller Wahrscheinlichkeit nach die massai-artigen Völker in ihre heutigen Wohnsitze in Ostafrika eingewandert sind, genießen Frauen, die ein hohes Alter erreicht haben, besonders wenn sie vorher viele Kinder hatten, großes Ansehen. Die Würde des Ortshäuptlings ist ebenso wie die der großen Häuptlinge erblich. Stirbt der Häuptling und hinterläßt er unmündige Kinder, so geht seine Würde wohl an den ältesten Sohn über, doch führt seine Mutter, solange er unmündig ist, für ihn die Geschäfte. Ebenso übernimmt die Frau eines Häuptlings, der im Kriege getötet wurde, bevor er von ihr Kinder hatte, seine Würde. Wenn sie sich wieder verheiratet, so darf ihr nächster Mann sich nicht in die Verwaltung einmischen, und seine Kinder erben nicht die Häuptlingswürde, sondern diese geht nach dem Tode der Frau an den ältesten Bruder des verstorbenen Mannes über. Man findet deshalb in Latuka weit öfter als in anderen Negerländern Frauen als unabhängige Dorfhäuptlinge. Die Anordnungen solcher weiblichen Häuptlinge werden pünktlich ausgeführt, und es scheinen keine besonderen Klagen vorzukommen (Emin-Pascha bei Stuhlm. [94] 789). In dem eben geschilderten Fall übernehmen also die Frauen als Vertreter ihrer Männer die Häuptlingschaft. Bei den Barundi Ostafrikas kommen weibliche Häuptlinge zwar seltener vor als bei den östlichen Stämmen, den Wassumbwa und Wanjamwesi. Dabei handelt es sich scheinbar hauptsächlich um Erbtöchter. Der größte Einfluß fällt aber bei den Barundi der Mutter des Königs zu, die während ihrer ganzen Lebenszeit mitregiert, eine Ehrfurchtstellung, die sich auch in anderen Bahima-Staaten bis zum südlichen Ufipa erhalten hat (Meyer H. [16] 108, 185).

Obwohl die Wangoni-Frauen an den Beratungen der Männer nicht teilnehmen, üben sie doch großen politischen Einfluß aus. So vermittelten z. B. die verschiedenen Frauen des Königs Mharuli zwischen den großen Häuptlingen und dem Hofe. Auch in ihrem Auftreten zeigten sie sich nicht nur frei und offen, sondern waren, wie P. Häflinger bemerkt, mutiger und energischer als die meisten Männer, die sie auch an Klugheit zu übertreffen schienen. Sie führten auch gelegentlich politische Verhandlungen, z. B. die Mharuli-Tochter zur Freilassung ihres Gatten, während ihr bereits erwachsener Sohn sich augenscheinlich ihren Anordnungen fügte. Es wird auch erzählt, daß die Wangoni-Frauen ihre Männer zu Kampftaten anspornen, und daß sie von einem Freier erwarten, daß er als erster in die feindlichen Befestigungen eindringe (Füllb. [06] 60/1, 137, 147, 229). In den Landschaften Kamba und Tiwiri, an den Abhängen der Ukimbu-Berge, nördlich des Rukwa-Sees, herrschten, als Wallace dort weilte, Frauen, und sie wurden ebenso wie die Sultane von ihren Untergebenen anscheinend sehr respektiert. Den Stab dieser weiblichen Häuptlinge bildeten etwa ein Dutzend Männer, unter denen sich vermutlich der Gatte der betreffenden Sultanin befand, ohne daß dieser jedoch besonders hervortrat. Ebenso war es in Uanda, wo auch Frauen, angeblich den Töchtern des Obersultans Kassonso, Dörfer unterstellt waren. In Obungu gehörte gleichfalls ein Dorf (Igalula) der Hauptfrau des Mwen' Ibungu; sie machte mit allen ihren Frauen Wallace ihre Aufwartung, ganz so wie es sonst die Dorfhäuptlinge Europäern gegenüber zu tun pflegen (Füllb. [06] 493). — Hier erscheinen also Frauen und Töchter des Sultans mit der Ausübung der Macht betraut, so daß man auch in diesem Fall an Reste des Hereinspielens einer mutterrechtlichen Häuptlingsschicht, in ähnlicher Weise wie beim Pokao-Stamm Neu-Guineas denken kann.

Teilnahme der Frauen an Beratungen. — An den „Palavern" der Loango-Leute nehmen die Frauen zwar nicht offiziell teil, doch drängen sich mitunter Mädchen oder eine junge oder alte Frau heran, rufen eine Frage in das Viereck, in dem die Beratung stattfindet, und betreten auf eine zustimmende Antwort hin den Raum und halten Reden. Bald suchen sie durch ein Gleichnis zu wirken oder durch ihr persönliches kokettes Auftreten, sie beglückwünschen oder ermuntern die Anwesenden, haken wohl auch, um ihrem Gebaren Nachdruck zu verleihen, den rechten oder linken Arm in den eines einflußreichen Häuptlings. Obwohl den Frauen also in dieser Beziehung Rechte eingeräumt sind und man sie auch gern hört, besitzen sie doch nicht ein unmittelbares formales Anrecht, an den Ratsversammlungen teilzunehmen, sie wären denn Fürstinnen. Diesen aber fällt, sowie sie zur Mannbarkeit herangewachsen sind, Sitz und Stimme bei politischen Verhandlungen zu. Eine Fürstin ist oberster Richter und hat den Blutbann auf ihrem Grund und Boden. Insbesondere hat sie das Recht, sich einen Gatten zu ernennen und ihn wieder zu entlassen, die Männer beliebig zu wechseln. Einen Bevorzugten darf sie zum „Prinzgemahl" mit Fürstenrang erheben. Doch kann diese Auszeichnung nur einmal von ihr und zwar an ihren ersten Gatten verliehen werden. Der Prinzgemahl durfte, früher bei Todesstrafe, solange er der Fürstin zu Diensten war, mit keinem anderen Weibe in Berührung kommen. Wenn er sich im Freien bewegte, schritt vor ihm her ein Beamter mit einer Doppelglocke, deren Klang alles Weibliche mahnte, aus dem Wege zu gehen, sich in Gras und Busch zu verbergen (Pech.-L. [07] 187f, 262). Hier handelt es sich um die Sitte einer aristokratischen Oberschicht.

Matriarchat. — Sehr weitgehend war die Macht der Frauen unter den im ersten Abschnitt geschilderten Irokesen. Den Frauen fiel u. a. das Recht zu, Fremdlinge durch Adoption in die Großfamilie aufzunehmen, über die Annahme oder Ablehnung eines Freiers und über das Los der Kriegsgefangenen zu entscheiden (denen durch Adoption in die Großfamilie das Leben geschenkt werden kann). Im Rate der Männer konnten die Matronen über Krieg und Frieden entscheiden, für Durchführung der Rache eintreten oder einen Kriegszug verhindern (Krickbg. [22/a] 107). Hier erscheint eine starke Macht der Frauen mit Mutterrecht verknüpft, obgleich die eigentlichen Träger der Häuptlingschaft Männer waren und die Kämpfe auch ausschließlich von den Männern geführt wurden.

Eine Frau des Hirtenstammes der Masai mit Kupferhalskragen, Arm- und Beinspiralen aus Kupfer.

Ein Masai-Mädchen mit Gürtel aus bunten (europäischen) Glasperlen, Ohrpflock, Hals- und Armspiralen.

Eine Masaifrau sticht mit einer Ahle Löcher in den Lederstreifen, um Glasperlen für den (im obigen Bild sichtbaren) Gürtel einzusticken. Neben ihr ihre Töchterchen, schon mit Halsspiralen, rechts ein anderes mit Arm- und Beinringen.

Aufnahmen Thurnwald.

Männergruppe (Papuaner) auf dem Dorfplatz von Imutó, im Sumpfgebiet der Augustastrom-(Sepik-)mündung, Nordküste von Neuguinea.

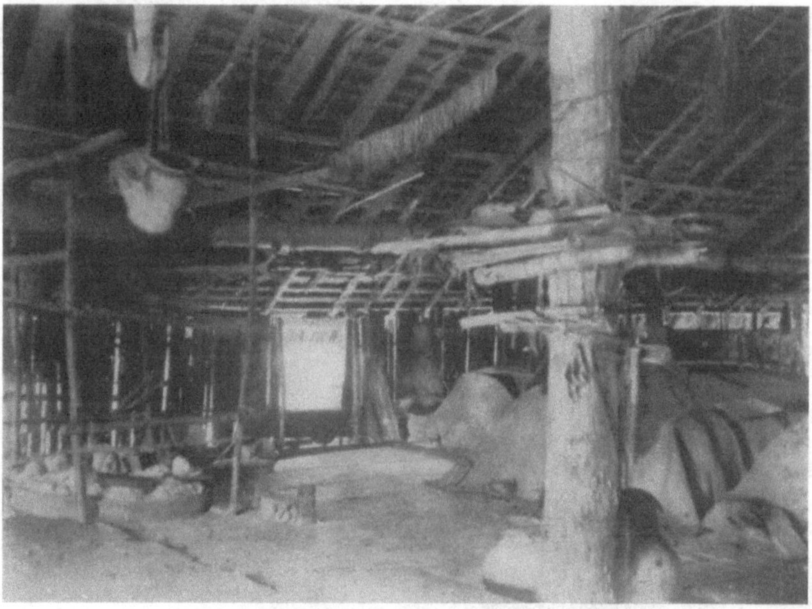

Wegen der Moskitenplage fertigen die Leute von Jambun (oberhalb Malu) am mittleren Augustastrom Schlafsäcke aus Matten an, die durch Rattanstäbe tonnenartig gespannt gehalten werden, wie das auf der Innenaufnahme dieses Hauses sichtbar ist. Links ein Vorratsgestell. Auf dem Haken darüber ein Korb mit dem Schädel eines verstorbenen Verwandten.

Aufnahmen Thurnwald.

Der Einfluß der Frauen machte sich z. B. bei den Abipón Südamerikas darin geltend, daß eine alte Frau das Fest leitete, durch das einem Kandidaten der Adel verliehen wurde. Während bei den Mbauá, den Tschiriguano und den Tschané der Adel in weiblicher Linie erblich war, ist der eigentliche Oberhäuptling, wenigstens bei den Tschané am Rio Itiyuro, nach Nordenskjöld eine Frau, die aber wegen ihres hohen Alters nicht mehr selbst regiert, sondern sich durch ihren ältesten Neffen vertreten ließ (Krickbg. [22/a] 302).

Frauenberufe. — Von der Frauenherrschaft und ihren verschiedenen Erscheinungsformen, die soeben skizziert wurden, müssen wir die Frauenorganisationen unterscheiden. Diese knüpfen teilweise an die besondere Tätigkeit der Frauen an, teilweise haben wir es mit Nachbildungen männlicher Organisationen zu tun. „Mann und Frau", meint Steinen ([97] 210), „repräsentieren je eine bestimmte Summe von Fachkenntnissen. Die weniger fortgeschrittenen Stämme am Schingú konnten Töpfe nicht machen, obwohl ihnen Lehm zur Verfügung stand, weil ihnen die Nua-Aruakweiber fehlten, welche die Kenntnis der Töpferei besaßen." Die Nahuquá hatten solche Frauen in ihre Gemeinschaft aufgenommen, und so konnten unter ihnen Töpfe hergestellt werden. Die Bakairí brachten aus den angeführten Gründen, nämlich mangels geeigneter Frauen, Töpfe nicht zustande. Hierin tritt nicht nur eine Form der Kulturübertragung durch Erwerb fremder Frauen zutage, sondern es zeigt sich auch eine starke Selbständigkeit des Lebens der Frauen vermöge der nur von ihnen geübten und ihnen vorbehaltenen Fertigkeiten. Dadurch aber sind sie in der Lage, auch einen besonderen Einfluß auszuüben. Die Pflege von speziellen Fertigkeiten ist nicht nur auf die Kenntnis einer bestimmten Technik zurückzuführen, sondern sie hängt gewöhnlich mehr oder minder stark mit traditionellen Bindungen zusammen, die als heilige oder zauberische Übungen, als geheimnisvolle Fähigkeiten oft mit verschiedenem zeremoniellen Geranke betätigt werden. So ist die Herstellung von Töpfen unter den Yuracares in den bolivischen Anden eine Fertigkeit der Frauen, die nur einzelne ausüben. In feierlicher Weise wird der Lehm gesammelt, aber nur dann, wenn es keine Früchte zu ernten gibt. Die Frauen begeben sich heimlich in den Wald, errichten eine Hütte und dürfen unterdessen nicht ihren Mund öffnen, sondern verständigen sich nur durch Zeichen miteinander, „damit die Töpfe später nicht am Feuer zerbrechen". Ihre Männer lassen sie zurück, weil sonst alle Kranken sterben würden (D'Orb. [44] 3 194). Auch bei den Baronga von Südafrika werden Töpfe nur von Frauen gemacht, und sie verwenden ein noch nicht geschlechtsreifes Kind, um das Feuer anzuzünden, in dem die Töpfe gebrannt werden, weil das Kind „reine Hände" hat und „die Töpfe daher weniger Gefahr laufen, im Ofen zu springen," als wenn die Frauen das Feuer selbst entzünden würden (Jun. [10] 1 147). Fraz. [11] 2 294) vermutet, daß die *fictores Vestalium* und die *fictores Pontificum* der Römer ebenfalls Töpferinnen waren, welche diese Kunst in traditionell heiliger Weise ausübten.

Auch die verschiedenen anderen Beschäftigungen sind in traditionell respektierter Weise fast bei allen Naturvölkern streng unter den Geschlechtern verteilt, wenn auch in gewissen Stadien eines Verfahrens das andere Geschlecht mithilft. So ist z. B. in Tikopia (Banks-Inseln, Südsee) das Kochen im Hause ausschließlich ein Geschäft der Frauen, das ein Mann unter keinen Umständen verrichten würde. Die Frauen verfertigen ferner Rindenstoff und stellen Matten her. Ebenso nehmen sie die Pflanzungsarbeiten in den Gärten vor, während die groben Rodungsarbeiten von den Männern verrichtet werden. Aber die Gartenerzeugnisse tragen die Frauen nach Hause, und ebenso sammeln sie Feuerholz. Die Herstellung gewisser heiliger Gürtel aus Rindenstoff auf den Neuen Hebriden ist ein Vorrecht der Frauen und wird unter Beobachtung verschiedener Zeremonien ausgeübt (Riv. [14] 1 325). Ebenso ist die Herstellung sowohl des Muschelgeldes auf den Banks-Inseln und des Mattengeldes auf den Neuen Hebriden Sache der Frauen. Die Männer gehen aber die Muscheln holen, aus denen das Scheibchengeld von den Frauen hergestellt wird (Riv. [14] 2 391).

Unter den Kamtschatalen sind die Frauen Schneider und Schuhmacher. Ein Mann würde verachtet und verlacht werden, wenn er diese Tätigkeit ausüben würde. Man würde das gerade so auffassen, wie wenn er weibliche Kleider anzöge oder sich sonst wie eine Frau benähme (Czap. [14] 251). Bei den Hehe Ostafrikas fällt den Frauen nicht nur das Flechten von Matten, Körben und Biertöpfen und das Herstellen der Tongefäße zu, sondern jede Frau hat auch ihr besonderes Feld zu bewirtschaften, und die Frau eines Häuptlings übt ein Hausrecht aus: unter ihr stehen die Sklaven und Sklavinnen ihres Mannes, die sie zur Haus- und Feldarbeit anzuleiten hat, sie bestimmt Größe und Art der Aussaat und die Zeit der Ernte. Insbesondere fällt ihnen auch die Vertretung des Mannes während seiner Abwesenheit zu (Füllb. [06] 229f).

Bei den von zauberischen Vorstellungen besonders stark erfüllten höheren Naturvölkern, wie etwa bei den abessinischen Bogos, sind die verschiedenen Tätigkeiten der Geschlechter von zahllosen abergläubischen Gedankenverbindungen durchsetzt. Ein weibliches Wesen wird z. B. bei diesen Völkern niemals melken, bei der Ernte nie Getreide schneiden. Die Frau spricht niemals den Namen ihres Gatten oder ihres Schwiegervaters aus und ißt nicht mit dem Gatten zusammen. Die Frauen von Stand beschäftigen sich, außer mit dem Flechten von Matten und Körben, hauptsächlich mit der Toilette. Wohl holen die ärmeren Frauen Wasser, Holz und bereiten Nahrung, aber die eigentlichen Nahrungssorgen fallen auf den Mann, der, wenn möglich, eine Magd zu halten sucht, um seine Frau müßig gehen zu lassen (Munz. [59] 63, 67).

Frauen als Hexen. — Vielfach üben Frauen auf dem Wege der Zauberei Einfluß aus. Besonders tritt das unter den ostsibirischen Völkern hervor, wo sie den männlichen Schamanen die Wageschale halten, wie bei den Yukaghiren, Koryaken und Tschuktschen, bei den Samojeden und den Ostyaken usw. Es scheint, daß unter den paläo-sibirischen Stämmen, wie bei den Tschuktschen, die Frauen öfter mit schamanischen Kräften begabt auftreten als Männer. Insbesondere wird ihre Fähigkeit der Traumdeutung, des Wahrsagens, des Findens verlorener Gegenstände und die Heilung von

Geisteskrankheiten durch sie gerühmt. Unmittelbar vor und nach Geburt von Kindern gelten sie aber als nicht geeignet für ihre Schamanentätigkeit. Insbesondere wird ihr Zauberberuf in Zusammenhang mit den Zeremonien des Familienschamanismus gebracht. Unter den Yakuten kann eine Frau „weißer Schaman" (Heilkünstler) sein, dort nämlich, wo eine Frau an der Spitze der Familie steht. Denn bei den polygynen Yakuten führt jede Frau mit ihren Kindern, Verwandten und dem Vieh einen besonderen Haushalt, stellt während der häufigen Abwesenheit des Mannes in Wirklichkeit das Haupt der Familie dar und verrichtet die Familienzeremonien (Czap. [14] 243, 245, 252, 197). Auch als schwarze Schamanen (böse Zauberer) treten Frauen auf. Ursprünglich sollen bei den Yakuten die schwarzen Schamanen nur Frauen gewesen sein. Die Schmiede, welche den Schmuck für die Ausrüstung der weiblichen Schamanen machten, erwarben dadurch angeblich zauberische Kraft, und ihr Handwerk kam in den Ruf eines zauberischen. Sie wurden als die „älteren Brüder" der Schamanen angesehen. Da die Frauen nicht Schmiede sein konnten, wurden sie, wie es heißt, durch die Schamanenschmiede verdrängt (Czap. [14] 199).

Auch sonst erscheinen vielfach Frauen in Verbindung mit heiligen oder zauberischen Verrichtungen, so z. B. als Bewahrerinnen des Feuers. Auf den Trobriands-Inseln, östlich von Neu-Guinea, spielen die sogenannten „fliegenden Hexen" eine große Rolle. Sie werden im Süden wohnend lokalisiert und treten besonders in den Legenden vom Kanu-Bau hervor. In diesen Sagen fließen die Vorstellungen von Geistern mit den wirklichen Zauberkünsten von Frauen ineinander. Denn es handelt sich hier zum Teil um richtige Erziehung von Frauen zum Hexenhandwerk (Mal. [22] 237ff).

In eigenartiger Weise nehmen Frauen bei den *Roro*-sprechenden Stämmen des südlichen Neu-Guinea in der Eigenschaft als Kampfeszauberinnen („Kampffeen") teil. Bei einem Angriff gehen die Kampfanführer („Herzöge"), Männer, voran. Hinter ihnen marschieren aber zwei „Paiha"frauen, Verwandte von Paiha-Häuptlingen, die keine Angst vor dem Kampf haben, weil sie zu den Paiho, den Kampfzauberern, gehören. Hinter diesen kommen die Kriegshäuptlinge und nachher die Masse der Kämpfenden. Die Führung des Angriffs findet nach bestimmten herkömmlichen Regeln statt. Die beiden Paiha-Frauen halten sich immer in der Nähe der Verwandten der „Kampfherzöge" auf. Ihre Anwesenheit wird für unerläßlich gehalten, und sie bilden einen wesentlichen Bestandteil der Kämpferschar. Es wird erzählt, daß diese beiden Frauen „tanzten", als es in den Kampf ging. Jedoch nehmen sie selbst nicht an den Gefechten teil, sondern laufen davon, falls sie von den Gegnern angegriffen werden. Doch schützt sie offenbar ihre Eigenschaft vor feindlichen Belästigungen. Die männlichen Herzöge verrichten mit ihren Leuten, bevor es in den Kampf geht, gerade so wie auch vor Jagdzügen, bestimmte Zaubereien und bringen auch Amulette in den Kampf mit, wie Blätter und Rindenstücke gewisser Bäume oder Bruchstücke von Waffen (Slgm. [10] 296).

Zweifellos hat das Andersartige der Frauen dazu beigetragen, sie als Trägerinnen besonderer Kräfte anzusehen, sie je nach der Lebenslage und Zeitstimmung mit heiligen oder zauberisch gefährlichen Eigenschaften zu bedenken. Auch bei den alten germanischen Völkern scheint das oft der Fall gewesen zu sein. Die Nachrichten deuten einen nicht geringen Einfluß der Frauen auf diesem Wege an (Fraz. [11] 1 391).

Frauenorganisationen. — Eine besondere Bedeutung fällt den Frauenorganisationen und geheimen Gesellschaften zu, wie wir sie an verschiedenen Orten im Zusammenhang mit ähnlichen Einrichtungen von männlicher Seite treffen. Nicht selten sind sie nur auf unverheiratete Frauen oder Witwen beschränkt. Auf den Palau-Inseln ist indessen die gesamte weibliche Bevölkerung ebenso in Verbände (*Kaldebekels*) eingeteilt wie die männliche (Kuby. [85] 95). Die neuen *Kaldebekels* werden immer aus den jüngsten Mitgliedern der beiden Geschlechter gebildet, und daher finden Neugründungen nur in erheblichen Zeitabständen statt. Das Prinzip der Altersstaffelung scheint hier mit hereinzuspielen (s. XIII). Die Begründung neuer Verbände ist mit vielerlei Zeremonien und Festen verbunden, bei denen das Fischen, die Lieferung von Taro, sowie das Schlachten von Schweinen und eine Verteilung der Speisen im Vordergrund steht. Die jungen Mädchen der einen Dorfhälfte vergelten dann durch Feste und Geschenke die Schmauserei, die ihnen von der anderen Seite oder einem anderen Dorf bereitet wurde (Kuby. 98f).

Auf den Banks-Inseln, auf denen die Geheimbünde verschiedener Art außerordentlich gepflegt werden, können Frauen auch Mitglieder einer gewissen Kategorie von solchen Bünden werden, und zwar von den Sukwe. In diesem Fall tragen sie als Abzeichen rundliche Hüte (die längliche Form ist den Männern vorbehalten) und müssen eine Enthaltung von gewissen Speisen üben, sowie das Aussprechen von bestimmten Namen vermeiden (Riv. [47] 1 87, 91, 120). Die Frauen werden hier nur, wie erwähnt, in die *Sukwe*, die „Dorfbünde", nicht aber in die wirklichen geheimen Gesellschaften, in die *Tamate*-Bünde, aufgenommen. Indessen auch so dürfen sie gewissen Zeremonien des Männerhauses (*gamal*) beiwohnen (2 207). Rivers bringt den Umstand, daß die Frauen hier an gewissen Geheimbünden teilnehmen dürfen, mit der Verbreitung des sogenannten „Kavavolks" in der Südsee in Zusammenhang. Er betont die sonst strenge Ausschließung der Frauen von den Veranstaltungen des Männerhauses und von den Geheimbünden in Melanesien, während auf den polynesischen Inseln die Frauen an den Veranstaltungen der Männer teilnehmen (2 249). Nichtsdestoweniger entgeht ihm nicht, daß auch im melanesischen Gebiet die Spuren weiblichen Einflusses nicht fehlen, und er führt diesen Sachverhalt auf die Einrichtungen einer bestimmten Einwandererschicht zurück. Namentlich hebt er hervor, daß die totemistischen Wesen vielfach weiblich gedacht werden (2 526). Ob wir zur Erklärung dieser Tatsachen auf solche Einwirkungen zurückgreifen müssen, mag angesichts anderer Beobachtungen dahingestellt bleiben. Denn auch sonst spielen Frauen im Gesellschaftsleben, z. B. auf der Gazelle-Halbinsel, keine so geringe Rolle, als es dem Beobachter auf den ersten Blick scheinen möchte. Alte Frauen besitzen nicht nur eine große Kenntnis der gesellschaftlichen Gebräuche, sondern sie beeinflussen auch die Veranstaltung der ordnungsgemäßen Heiraten vermöge ihrer Kenntnis der Abstammung (s. VI) und besitzen darin ein weitgehendes Vertrauen (Kltsch. [06] 200).

Auf den Banks-Inseln kann die eigentümliche Weihezeremonie des *Kolekole* sowohl von Männern wie von Frauen vorgenommen werden, insbesondere aber auch von einem Mann zu Gunsten seiner Tochter oder einer anderen weiblichen Verwandten, wobei aber von der betreffenden Frau gesagt wird, daß sie das *Kolekole* veranstaltet. Für die Frauen kommt dabei hauptsächlich das Weihefest des Hauses als *Kolekole*-Feier in Betracht. Eigentlich muß jede Frau, wenn möglich, ein solches Weihefest veranstaltet haben, weil sie sonst andere geweihte Häuser nicht betreten, ihnen auch nicht nahe kommen darf. Eine solche Feier besteht hauptsächlich in Tänzen, im Schlachten von Schweinen und im Verteilen von Speisestücken, wobei einer den andern zu überbieten trachtet. Auch sucht man durch Schmuck, namentlich durch bestimmt gezeichnete und geweihte Gürtel, einander zu übertrumpfen. Ein besonderer Zug dieser Prunkfeste besteht in dem Niederschlagen von Bäumen, von Kokospalmen, Brotfruchtbäumen oder Bananen; indessen berührt man nicht Yams oder Taro. Die Veranstaltung der erwähnten Weihefeste bringt vermöge des Aufwandes Hebung des sozialen Ansehens mit sich und hängt auch wieder mit den Geheimbünden, den *Sukwe*- und *Tamate*-Gesellschaften zusammen (Riv. [14] 1 131ff,139). Nach alledem ist klar, daß die erwähnten Frauenorganisationen keine originären Gebilde sind, sondern entweder parallel mit den männlichen Bünden errichtet und diesen angeglichen wurden, oder daß es sich, wie in dem Fall der Banks-Inseln, um einzelne Organisationen und Veranstaltungen der Männer handelt, an denen die Frauen in mehr oder minder ausgedehntem Maß teilnehmen.

Frauenhäuser. — Von den Frauenorganisationen müssen wir die Frauenhäuser unterscheiden, die teilweise, wie auf den Admiralitäts-Inseln, dem Aufenthalt und Wohnen unverheirateter Frauen, von Mädchen und Witwen, dienen. Im mikronesischen Gebiet, z. B. auf der Insel Nauru, gibt es besondere Blut-Häuser für Frauen und Mädchen. Doch tritt hier eine Komplikation mit dem Rangsystem ein. Wohl benutzen die Angehörigen des *Temonibe*- und des *'Mo*-Rangs die gleichen Häuser, doch haben die Frauen niedrigen Rangs, die *Amenename* und *Itsio* keinen Zutritt zu diesen Menstruationshäusern, sondern errichten sich kümmerliche niedrige Hütten im Busch oder am Strande. Solche Häuser befinden sich von den Wohnhütten oft weit entfernt und werden von mehreren Frauen derselben Familie und Sippe benutzt und gelten als „Tabu“. Gebär- und Wöchnerinnengehöfte werden nur für Angehörige des *'Mo*-Ranges errichtet. Die *Amenename*-Frauen erhalten nur ein Haus, während für die der *Itsio*-Kaste nichts dieser Art geschieht (Hambr. [14] 254f).

Die Erbtochter. — Der Fall, daß keine Söhne vorhanden sind, sondern nur Töchter oder gar nur eine Tochter als einziges Kind, bringt für die älteste Tochter oder die einzige Vertreterin von Nachkommenschaft eine besondere Situation mit sich, die namentlich dort, wo Vaterfolge herrscht, von großer Bedeutung ist. Die Stellung der Erbtochter tritt noch schärfer in dem Fall hervor, wenn eine aristokratische Schichtung das Selbstbewußtsein der Persönlichkeit erhöht. Oft gilt eine solche Tochter in zauberischer Weise als Vertreterin eines Sohnes und wird mitunter auch wie ein solcher erzogen. Namentlich verändert sich die Stellung ihres Gatten, wenn sie sich verheiratet (s. o. § 1 und 3). Unter Hirten und Ackerbauern, bei denen das Grundeigentum der Familien nach bestimmten Gesetzen vererbt wird, wie bei den germanischen Stämmen, ging mit der Übernahme des Landes auch die Pflicht der Blutrache und die Fähigkeit des Waffentragens über, denn der Landbesitz galt als den wehrhaften Personen vorbehalten. Nach dem indischen Gesetz des Manu kann eine Tochter den Vater beerben zu dem Zweck, daß sie einen Sohn für ihn aufzieht. Ihr Sohn gilt dann als des Vaters Sohn, nicht als der des wirklichen Erzeugers (vgl. X). Unter dieser Voraussetzung verbleibt die Tochter auch in ihres Vaters Familie, denn sie gilt, wenn kein Sohn da ist, als am nächsten mit des Vaters Seele verwandt (Mayne [80] 462). Nach alt-norwegischem Recht folgt die einzige Tochter in das Eigentum, aber die Ausübung ihrer Rechte geht an ihren Gatten oder ihren Sohn über. In vollständiger Weise kommt diese Auffassung, daß ein Mann, der keine Söhne hat, auf dem Wege über seine Tochter seinem Enkel das Erbe hinterläßt, im griechischen Recht zum Ausdruck (Vinogd. [20] 287f). Diese Erbtöchter nun nahmen eine sehr freie und unabhängige Stellung ein und führten z. B. unter den Nordgermanen vielfach auch selbst ihre Geschäfte (Will. [20] 117ff). Es ist möglich, daß im Anschluß an die Stellung dieser Personen sich die Sagen von den Walküren herausgebildet haben (s. a. u. § 15, 16). Bei den Kroaten wird von dem Manne, der sich mit einer Erbtochter verheiratet, der gleiche Ausdruck gebraucht wie sonst von einer Frau, die sich verheiratet (*udao se*). Dieser Mann, der sich in die Familie seiner Frau einkaufen muß, erhält deren Namen, den dann auch die Kinder weiterhin tragen. Seine Stellung ist sehr unangesehen (Krauss [85] 466ff). — Die bevorzugte Stellung der Erbtochter hat sich lange Zeit im hohen Adel und der Reichsritterschaft erhalten. Sie blieb aber fast immer umstritten: einerseits suchte man solche Töchter zu Erbverzichten zu veranlassen, andererseits entstanden aus der Frage, ob die Erbschaft der verzichtenden Töchter und ihrer Linie, den Regredienterben, zufalle, oder ob die Tochter oder der sonstige nächste Verwandte des letzten Besitzers aus dem Mannesstamm, die Erbtochter, berufen sei, nicht nur viele Prozesse sondern auch blutige Kriege (Hübn. [13] 662, 673).

Weibliche Leibgarde. — Neben diesen Erbtöchtern treten hier und da weibliche Leibgarden von Herrschern auf, wie in China, Indien oder in Dahome (Westafrika). Von einer solchen weiblichen Wache, die im Bogenschießen geübt war, wird im 16. Jahrhundert von Lopez aus dem Reich der Monomotapa in Zentralafrika berichtet (s. a. u. § 14, 16). Sie sollen eine eigene Landschaft bewohnt haben, die sie vom Herrscher zu Lehen besaßen.

Kriegerische Frauenorganisationen. — Bei den kriegerischen Frauenorganisationen, die als Amazonen bekannt sind, handelt es sich nicht um eine Teilgruppe kampfesfreudiger Frauen, sondern in diesen Fällen wird berichtet, daß die gesamte weibliche Bevölkerung einer Gegend bewaffnet sei. Es ist gleichzeitig der Extremfall einer Gynäkokratie. Tatsächlich liegen nur Berichte aus dem Altertum und von älteren Reisenden vor. Daher taucht die Frage auf, wie weit derartige Gemeinwesen wirklich bestanden haben, oder wie weit sie ganz oder teilweise in das Gebiet der Fabel zu weisen sind. Nach Diodor soll in den westlichen Teilen Libyens, „an der Grenze der Welt", ein Volk gelebt haben, das von Frauen regiert wurde. Diese führten auch Krieg, verpflichteten sich auf eine bestimmte Zeit des Kriegsdienstes und enthielten sich inzwischen des Verkehrs mit Männern. Die öffentlichen Ämter und die Verwaltung behielten sie ganz ihrem Geschlechte vor. Die Männer lebten dort, wie bei uns, meint Diodor, die Frauen, und gehorchten den Aufträgen ihrer Gattinnen. An Krieg, Regierung und anderen Staatsgeschäften hatten die Männer keinen Anteil usw. Es wäre immerhin nicht ausgeschlossen, daß es sich um eine übertriebene Darstellung von ähnlichen Einrichtungen handelte, wie wir sie später in zweifellos etwas abgeänderter Form bei den vom Norden her eingewanderten Völkern der Aschanti und der Dahome-Leute, im Lunda-Reich und bei den Buschongo, gefunden haben (s. § 5, § 16).

Einen anderen Brennpunkt kriegerischer Frauenorganisationen haben wir wohl im Kaukasus zu suchen. Jbrahim-Jbn-Ja'-kûb, ein spanisch-arabischer Jude, berichtet von einem Weiberstaat im Osten des Landes „Rûs". Auch sollen Grabfunde im kaukasischen Terek-Gebiet, die Frauenleichen im Waffenschmuck zu Tage förderten, ein Hinweis auf diese Sitten enthalten (vgl. § 16). Von einem anderen östlichen Gebiet und zwar im Norden, von den alten Litauern, wird berichtet, daß ihre Frauen kriegerisch ausgebildet waren, und daß sie mit diesen zu Pferde räuberische Einfälle in die Nachbarländer unternahmen. Bekanntlich trägt der Amazonenstrom seinen Namen danach, daß die ersten spanischen Entdecker im 16. Jahrhundert von Weibern mit Pfeil und Bogen überfallen worden waren. Die genannten Gebiete sind auch Bereiche des Mutterrechts und gleichzeitig einer zweifellos bevorzugten Stellung der Frauen.

Die Nachrichten, die über den Zusammenschluß von Waffen führenden oder kämpfenden Frauen sich finden, dürfen indessen nicht kritiklos hingenommen werden. Entweder handelt es sich um eine gemeinsame Übung in der Handhabung der Waffen oder auch um Teilnahme an Kämpfen von Seite junger Mädchen oder um die besondere Stellung von Erbtöchtern. Diese Mädchenverbände lösen sich gewöhnlich bei der Verheiratung auf. Hier und da scheinen solche Mädchenverbände als Leibwachen von Despoten, namentlich fremder Stämme, verwendet worden zu sein (s. § 13).

Im Altertum finden wir die blutigen Waffenkämpfe der Jungfrauen der Ausseer, eines libyschen Stammes (Herodot IV 180) erwähnt. Von den Frauen der Zaueken wird erzählt, daß sie als Lenkerinnen der Kriegswagen auftraten (Herodot IV 193). Wenn von anderen libyschen Stämmen berichtet wird, daß die Männer über die Frauen herrschten, so finden wir darin eine Sitte wieder, die bei vielen Naturvölkern, sowohl bei Wildbeutern als auch bei Jägern und Feldbauerinnen, zu finden ist: die sowohl mit der selbständigen Nahrungsgewinnung der Geschlechter als auch überhaupt mit der weitgehenden Arbeitsteilung unter ihnen zusammenhängt (s. a. Band III).

In nachdrücklicher Weise wird die Kampfestüchtigkeit von Mädchen auch aus östlichen Gegenden berichtet. Bei den Sauromaten sitzen nach Plinius (IV 19) die Frauen zu Pferde, solange sie Jungfrauen sind. Jungfrauen müssen sie bleiben, bis sie drei Feinde getötet haben, dann heiraten sie, und nur im Falle eines Krieges beteiligen sie sich noch an Kämpfen. Die Behauptung, daß sie sich die rechte Brust ausbrennen, ist wohl der Amazonensage entlehnt, denn die Sauromaten und skolotischen Skyten wurden von den Griechen mit den Amazonen in Verbindung gebracht. Ähnliche Sitten werden auch von dem iranischen (medischen) Volk der Sigynnen (nach Herodot V 9, angeblich nördlich der Donau beheimatet, nach Strabo [XI 11, 8] in der Nähe des kaspischen Meeres) berichtet.

Frauenwaffen. — Die Berichte von der Wehrhaftigkeit von Frauen in einzelnen Gegenden erhalten zweifellos dadurch eine Stütze, daß an verschiedenen Orten, und zwar auch vorwiegend in mutterrechtlichen Gebieten. besondere Frauenwaffen vorkommen. So z. B. auf der kleinen, Sumatra im Süden vorgelagerten Insel Engano, wo von den Frauen ca. zwei Meter lange Flachkeulen zur Zertrümmerung der Schilde verwendet werden, um ihren Männern im Kampfe zu helfen (Heine-G. [23] 867, 870). Ferner gebrauchen die Frauen auf den mikronesisch beeinflußten Inseln Wuwulu und Aua in der Südsee dolchartige, mit Haifischzähnen besetzte Messer, die in einem mondsichelartigen Knauf endigen (Hambr. [08]). Das ritterliche Japan kannte eine kleine Form von Frauendolchen für Reisen und einen Stock mit Hakenspitze aus Eisen. Mehrfach treten weibliche Kriegshelden in der japanischen Geschichte auf (Hbldt. [23] 672). Bei einigen Chaco-Indianern Südamerikas (den Tschoroti und Aschluslay) findet sich als Frauenwaffe ein Schlagring aus Holz oder Tapirleder.

Politische Herrschaft der Frau. — Eine eigentliche politische Herrschaft der Frauen ist in verläßlicher Weise nur selten bezeugt (vgl. §§ 3, 4, 7). Aus der Landschaft Ufipa in Ostafrika wird von der eigenartigen Rolle berichtet, welche die sogenannte Königinmutter, die *Moine-Korosi* oder *Mama ja sultani*, in der Herrscherfamilie des Landes spielt. Sie entstammt einer der adligen Watwaki-Familien, ist aber nicht die wirkliche Mutter des Königs. Sie nimmt derartig an der Regierungstätigkeit teil, daß man sie als Mitregentin bezeichnen muß. Ihr gehört ein Stück des Landgebiets, und sie erhält von den Einkünften und Steuern ihren Anteil. Insbesondere kann sie Asylrecht gewähren und zwar in so ausgedehntem Maße, daß diejenigen, die den Zorn des Sultans zu fürchten haben, unter ihrem Schutze sicher leben können. Auch die Schwester des Königs ist Herrscherin über ein bestimmtes Gebiet. Nach den Erbfolgegesetzen soll der älteste Sohn der ältesten Schwester des Sultans Thronerbe sein (Fromm [12] 95). In ähnlicher Weise finden wir eine ständige weibliche Mitherrscherin, die als unverheiratet und geheiligt galt, in dem großen Lunda-Reich im südlichen Kongobecken. In dem nördlich davon gelegenen, noch älteren Reich der Buschongo, des Wurfmesservolkes, das seinerseits aus dem Norden, wahrscheinlich aus dem Gebiete des Ubangi und Schari, eingewandert ist, fiel der Mutter des Herrschers eine ähnliche Bedeutung zu; desgleichen auch bei den Banyankole (Rosc. [23/b] 59ff). Auch in Nordabessinien und bei den Gala findet sich ähnliches (Hbldt. [22] 521, 539, 540, 557), Nach chinesischen Geschichtsquellen, von denen Klaproth 1825 berichtet, soll in der Gegend des kaspischen Meeres ein westliches Weiberreich bestanden haben, das von einem östlichen von Ssetschuan (Westchina) unterschieden wird. Letzteres soll von Tibetern bewohnt gewesen sein. Die regierende Königin sei von mehreren hundert Frauen umgeben gewesen und hätte alle 5 Tage Gericht gehalten. Man wählte eine schöne Frau, die man für die königliche Würde erzog. Die Unterkönigin wurde Nachfolgerin nach dem Tode der Herrscherin. Die Frauen allein waren geachtet, und der Mann erbte den Namen von der Mutter. Anfang des 8. Jahrhunderts soll die betreffende Königin wiederholt mit ihrem Sohn den chinesischen Hof besucht haben. Im benachbarten Gebiete der Khasi nimmt heute noch die Königin eine ähnliche Stellung ein (Byh. [23] 443f).

Frauensprachen. — Der Sonderstellung der Frauen geben die Frauensprachen Ausdruck. Man muß hierin Unterscheidungen vornehmen: 1. Es kann sich um Nebenformen oder Abänderungen der Stammessprache handeln, nämlich entweder um den Gebrauch gewisser Dialekte z. B. von Orten, aus denen Frauen weggeheiratet wurden, oder um die Beibehaltung alten Sprachguts, namentlich im Gebrauch bei Riten und Zeremonien. Eine derartige Abänderung der Männersprache dürfte bei den Caraya-Indianern am Rio Araguaya in Brasilien vorliegen, wo z. B. nach Ehrenreich in der Frauensprache zwischen zwei aufeinander folgenden Vokalen ein *k* eingeschaltet wird. Daß die Frauen deshalb, weil sie aus einer anderssprachigen Gegend stammen, eine fremde Sprache reden, wird wiederholt beobachtet (z. B. Krickbg. [22] 280; T. [09] 514; [10] 104ff). 2. Eine besondere Weibersprache kann aber auch dadurch zustande kommen, daß den Frauen das Aussprechen bestimmter Worte verboten ist, ein Fall zauberischer Angst vor Worten, wie er namentlich häufig bei höheren Naturvölkern im Zusammenhang mit Meidungen verschiedener Art auftritt. So darf die Frau im Konde-Land (Ostafrika) die Hauptstammnamen der Familie ihres Mannes nicht aussprechen, nicht einmal Teile der Namen, die in anderen Wörtern vorkommen: so z. B. darf eine Frau des Mannes namens Muankenia nicht *mkenja* = Junggeselle aussprechen, weil diese Silben einen Bestandteil des Namens ihres Gatten bilden. Wollte sie über einen Junggesellen etwas aussagen, so gebraucht sie die Umschreibung *Kepiki* = Holz. Bleibt das Kind einer Frau klein und schwächlich, so heißt es: sie hat gewiß den Namen des Schwiegervaters genannt (Füllb. [06] 331). Auf diese Weise entsteht eine besondere Sprechweise der Frauen. 3. Außerdem haben wir es gelegentlich mit spielerischen Veränderungen der Sprache unter den Frauen zu tun. Auf Borneo werden die Silben der Worte vertauscht oder jeder Silbe eine neue angehängt. Die jungen Mädchen geben sich ständig Mühe, neue Systeme zu erfinden und unter ihren Bekannten zu verbreiten. Dies ist ein Ausfluß jener gelegentlich bei Naturvölkern vorkommenden Sucht, in spielerischer Weise die Worte zu verdrehen, wie sie z. B. Bates ([24] 137) ganz allgemein bei den Tupi-Indianern beobachtete.

Sonderstellung und Vorrechte der Frauen. — Der Einfluß der Frauen zeigt sich bei verschiedenen anderen Anlässen des Lebens, teils z. B. darin, daß Frauen bei Kämpfen geschont oder, wenn zu Gefangenen gemacht, gut behandelt werden. Man kann das sowohl bei Wildbeutern wie bei Feldbauerstämmen beobachten. Bei den südlichen Massim-Stämmen von Neu-Guinea werden Frauen als Gefangene manchmal wohl auch getötet und gegessen, wenn die entsprechende Zahl von Opfern vollgemacht werden muß. Ist das aber nichtnötig, so mißhandelt man sie niemals, sondern nimmt sie häufig in die Gemeinschaft des Siegers auf, adoptiert sie, und zwar mit dem vollen Recht über ihre Persönlichkeit (Slgm. [10] 570). Eine Frau kann bei den Wamira und Wedau im südlichen Neu-Guinea einen Gefallenen im Kampf dadurch retten, daß sie ihre Grasschürze über ihn breitet (Slgm. [10] 547). Obwohl Frauen z. B. bei den Koika niemals selbst Land besitzen können, haben sie doch ihre bestimmten Stellen im väterlichen Gebiet, die sie immer zu bebauen berechtigt sind (Slgm. [10] 88). Bei den nordsibirischen Stämmen wird den Frauen, obgleich es nirgends zu einer eigentlichen Frauenherrschaft kommt, doch in vielen Beziehungen Achtung und Rücksicht gezeigt. Ganz besonders ist das bei den Ainu der Fall, bei denen auch starke Spuren von Mutterrecht gefunden werden. Vor allem fürchtet man die Geister verstorbener Frauen, namentlich von alten, denen man eine große Kraft, Übles zu tun, beimißt. Aber auch solang sie am Leben sind, werden sie sehr respektiert (Czap. [14] 105, 275). Die Giljaken suchen, wenn es sich um Blutrache handelt, zu vermeiden, daß ihre Frauen hinein verwickelt werden. Obwohl eine Frau weder selbst als Bluträcherin auftreten noch auch deren Opfer werden kann, ist sie doch in der Lage, die Person, gegen die sich die Blutrache richtet, zu verbergen, oder auch dadurch, daß sie Nahrung und Wasser oder Bereitung der Speisen Bluträchern verweigert, gegen sie aufzutreten. Auch kann sie, in zeremonieller Weise, in solchen Fällen vermitteln oder die Ausführung der Blutrache aufschieben helfen (Stbg [05] 95ff). Überhaupt fällt den Frauen als Asylgewährenden oder als Friedensvermittlerinnen großer Einfluß zu (vgl. Band V).

Auch in verschiedener anderer Weise tritt die Geltung der Frau gelegentlich zutage, wie z. B. im ostafrikanischen Konde-Land, wo die Stellung der Frauen dadurch besonders günstig wird, daß keine fremden Kriegsgefangenen als Sklavinnen gehalten werden, sondern nur Landestöchter vorhanden sind. Wer z. B. Frauen, die Lasten auf dem Kopfe tragen, deshalb, weil sie stehen bleiben, beschimpft, muß zur Strafe ein weibliches Schaf zahlen. Trotzdem erfordert die Sitte beim Gruß eine gewisse Devotion der Frauen gegen die Männer (Füllb. [06] 342f).

Tausch der Rollen im Verhalten der Geschlechter und Transvestiten. — Eine merkwürdige Rolle spielt bei manchen Völkern ein mystischer Wechsel im traditionellen Verhalten der Geschlechter. Sehr häufig wird von Sklaven ein gewisses Frauenbenehmen gefordert. Das ist z. B. bei indianischen Stämmen und auch ostsibirischen Völkern der Fall. Als die Delawares-Indianer von Irokesen besiegt und gehindert worden waren, wieder in den Krieg zu gehen, wurden sie „zu Frauen gemacht" und sollten in Zukunft nur weibliche Arbeiten verrichten. Die sibirischen Yukagiren sagen vom kriegsgefangenen Sklaven, daß er im Hause „mit den Frauen lebt und gerade so wie sie" die Hausarbeit verrichtet. Aber nicht nur von den Sklaven wird derartiges gesagt, sondern auch von den Schamanen. Diese werden weder zu den Männern noch zu den Frauen gerechnet, sondern bilden gewissermaßen ein Geschlecht für sich. Sie haben auch besondere Tabus, Meidungen, zu beobachten, die bald nach der männlichen, bald nach der weiblichen Art sind. Und dasselbe kann von ihrer Kleidung gesagt werden. Daher spricht man auch von einem Wechsel des Geschlechts bei den Schamanen und sagt von Männern, daß sie wie Frauen, und von weiblichen Schamanen, daß sie wie Männer sind. Es werden verschiedene Grade der Veränderung unterschieden, die sich entweder nur auf die Tracht des Haares oder auch auf die Kleidung oder schließlich auf das gesamte Gebaren beziehen (Czap. [14] 248, 252ff; Fraz. [07] 384ff). Ähnlichen Geschlechtswechsel, der sich sowohl auf die Verkleidung wie auf die Verrichtung der Arbeit des anderen Geschlechts bezieht, hören wir auch von den nordamerikanischen Zuñi-Indianern (Pars. [16] 521ff).

Ausschaltung des Fraueneinflusses. — Die Geheimhaltung vieler Riten, Zauberzeremonien und auch zeremonieller Gegenstände oder Fertigkeiten vor den Frauen wird von den Männern, wie vielfach ausdrücklich bemerkt, zwecks Ausschaltung des Einflusses der Frauen geübt, und zwar wesentlich bei Stämmen, in denen das Mutterrecht nicht hervortritt (z. B. in melanesischen Gebieten). Insbesondere wird den Frauen das Betreten der Männerhäuser verboten. Ja, es ist ihnen hier gewöhnlich nicht einmal erlaubt, in der Nähe solcher Häuser oder Zeremonienplätze zu erscheinen (z. B. Slgm. [10] 147, 335, 459, 463, 466, 582). Bei den ostafrikanischen Wabena und Wassangu dürfen Frauen die Matte, auf der der Sultan saß oder stand, nicht betreten, und bei den Wassangu durfte nicht einmal die Mutter in der Gegenwart des Sultans Platz nehmen, bevor er sich hingesetzt hatte (Füllb. [06] 240). Hier tritt eine patriarchalische Einwirkung auf das Zeremoniell zutage.

Bedingungen für den Einfluß der Frauen. — Man sieht also deutlich, daß die freie Stellung der Frauen von Frauenherrschaft scharf zu unterscheiden ist, daß auch verschiedene Zeremonien oft nichts mit der sonstigen Stellung oder dem Einfluß der Frauen zu tun haben. Dort, wo die Frauen unabhängig von den Männern dem Nahrungserwerb nachgehen, wie als Sammlerinnen oder Feldbauerinnen, ist ihre Stellung im allgemeinen günstig. Die Geltung der Frau hat durch die Sklaverei und weiterhin durch die Arbeit der Männer beim Ackerbau empfindlich gelitten. Namentlich die Auflösung der Sippe in privat wirtschaftende Familien hat die Schätzung von Besitz auf die Frau erstreckt, sie verwirtschaftlicht. Es wäre möglich, daß die strengeren patriarchalischen Einrichtungen, die wir heute bei Naturvölkern vorfinden, als Ausstrahlungen von Systemen zu betrachten sind, die von Hirten- und Ackerbauvölkern mit Männer- und Sklavenarbeit ausgingen. Weiterhin dürfte man mit Recht annehmen, daß die freie Stellung der Frau sexuelle Ungebundenheit begünstigt, während das Patriarchat verhältnismäßig strenge Schranken aufrichtet.

III. DAS ZUSAMMENLEBEN DER GESCHLECHTER

a) Ehe.

Die Ehe in Beziehung zu anderen Institutionen. — Dreierlei Quellen stehen uns zur Verfügung, wenn wir der Ehe in primitiven Gesellschaften nachgehen wollen: 1. die Zeugnisse antiker Schriftsteller, 2. die Berichte über Verhältnisse bei zeitgenössischen Naturvölkern, 3. Ableitungen aus anderen Anzeichen, wie z. B. aus Verwandtschaftsnamen oder aus Gebräuchen. Daß wir, namentlich den unter Punkt 1. und 2. genannten Quellen, mit vorsichtiger Kritik zu begegnen haben, ist ein Gebot, das bei einem Gegenstand besonders zu beachten ist, bei dem durch affektbetonte Stellungnahme, durch Wertungen oder persönliche Erlebnisse leicht Wunsch oder Befürchtung die Wahrnehmung trüben oder den Bericht verwirren.

Gewöhnlich steht die Frage nach der Form der Ehe im Vordergrund, und an diese knüpft man häufig ohne weiteres ein Werturteil über Moral- und Kulturhöhe eines Volkes. Die Form der Ehe allein als solchen Gradmesser zu gebrauchen, ist nicht begründet. Die Veränderungen in der Gestaltung der Ehe können weniger im Sinne einer Entwicklung verstanden werden, als dies bei anderen Institutionen der Fall ist, wie z. B. beim Eigentum, das auf dem Wege über die Wirtschaft, durch den Stand der Technik und die Schätze des aufgehäuften Wissens stärker als die Ehe beeinflußt wird, obgleich natürlich ein Einfluß der Wirtschaft oder der politischen Herrschaft auch auf die Gestaltung der Ehe nicht in Abrede gestellt werden kann.

Eheformen. — Vielfach hatte man früher die Umstände, unter denen die Ehe eingegangen wurde, zur Grundlage für die Klassifizierung der Ehe verwendet. Abgesehen davon, daß die Gebräuche bei der Eheschließung von untergeordneter Bedeutung für die Gestaltung der Einrichtung selbst sind, kann die Entwicklungsreihe, wie sie von manchen aufgestellt wurde, auf Grund der heutigen Forschung nicht mehr anerkannt werden: die Auffassung nämlich, daß ursprünglich „Raubehe“ bestand, diese dann durch „Kaufehe“ abgelöst wurde usw. Außerdem dürften wir richtiger von „Raubheirat“ und „Kaufheirat“ sprechen, da es sich nur um Formen der Abschließung der Ehe handelt.

Wichtiger ist die Einteilung der Eheformen nach der Zahl der in Betracht kommenden Partner: in Monogamie (einfache Dauerpaarung) und Polygamie (gleichzeitige mehrfache Dauerpaarung), bei der wieder Polygynie (Mehrweiberei) und Polyandrie (Mehrmännerei) zu unterscheiden sind. Indes trägt diese Einteilung nicht der Eigenart der vielerlei Gestaltungen genügend Rechnung. Man kann z. B. von manchen Völkern nicht ohne weiteres sagen, ob sie monogam oder polygam leben. Bei den meisten papuanischen Stämmen hat der Mann in der Regel nur eine Frau, doch oft nimmt er noch die Witwe seines verstorbenen Bruders oder im Falle der Kinderlosigkeit seiner ersten Frau noch deren Schwester oder Base zu sich. Außerdem begegnen wir nicht selten offiziell vereinbarten Unterbrechungen der Ehe, traditionell anerkannten Ehebrüchen, die unserer juristisch-moralischen Forderung von der uneingeschränkten Dauer des Ehebandes zuwiderlaufen. Überdies tritt oft eine sukzessive Ehe in Erscheinung, bei der nach bestimmten Regeln erst mit Älteren, dann mit Gleichaltrigen und schließlich mit Jüngeren Dauerpaarungen eingegangen werden (s. § 3). Endlich ist für die Gestaltung der Ehe noch der Unterschied der Frauenfolge oder der Mannsfolge von Bedeutung: ob sich nämlich der Mann nach dem Wohnsitz der Frau und ihrer Sippe oder umgekehrt die Frau nach dem Heimatsort des Mannes begibt, um dort die Ehe zu verleben.

Die Ehe in homogenen Gemeinden. — Bei den Bergdama (Vedd. [23] 39, 52ff) wählen die weiblichen Anverwandten im Einvernehmen mit dem Rat der Männer am heiligen Feuer ein Mädchen für den Jüngling, setzen sich dann durch seines Vaters Schwester mit den Eltern und Verwandten der ins Auge gefaßten Braut ins Einvernehmen. Mitunter kommen solche Verabredungen schon innerhalb des Kindesalters der Brautleute vor, ja sogar noch vor deren Geburt. Weder der Jüngling noch das Mädchen werden nach der Neigung gefragt. Nach alter Sitte mußte der Jüngling, wenn die Heirat zustande kam, ein halbes oder ein ganzes Jahr in der „Werft" (= Lager) der Brauteltern bleiben, um sämtliche Jagderträgnisse dem Schwiegervater zum Unterhalt abzuliefern. Die Braut wird also durch Kauf auf dem Wege des Abverdienens erworben. In neuerer Zeit pflegt man aber von dieser Forderung abzusehen. Eine eigentliche Hochzeitsfeierlichkeit findet, wie bei den meisten niedrigen und mittleren Primitiven, nicht statt. Der Bräutigam stellt sich, geleitet von Mutter und Tante, in dem Lager des Schwiegervaters ein, und beide Familien wechseln Geschenke, welches die Freundschaft dokumentieren soll. Der Anstand gebietet, nicht auf die Menge oder die Kostbarkeit dieser Geschenke zu achten. Von den weiblichen Verwandten der Braut ist eine dürftige Hütte für das junge Paar errichtet worden, und es erfolgt eine Art Probeehe, jetzt auf 5 oder 6 Tage, die sich früher wohl auf das ganze Jahr des Abverdienens erstreckte. Dann kehrt der junge Mann zu seinen Eltern zurück und kann sich mit seiner Braut einverstanden erklären oder sie ablehnen. Im ersteren Falle führen die weiblichen Verwandten die Braut zur „Werft", zur Lagergemeinde des Mannes. Weist der Bräutigam jedoch die Braut zurück, so werden die Geschenke zwar nicht wieder erstattet, aber es entstehen auch keine weiteren Verpflichtungen. Weigert sich das Mädchen, so kommt es manchmal zu einer gewaltsamen Entführung. Waren schon ältere Anverwandte der Frau gegen die Verbindung, so findet die Braut bei diesen Unterstützung, und es kommt zu Zwistigkeiten.

Wer zu Wohlstand gelangt ist, pflegt sich nicht mit einem Weibe zu begnügen. Drei oder mehr Frauen bei dem Oberhaupt eines Lagers sind keine Seltenheit. Gegenseitige Geschenke und feierliche Zuführung der Nebenfrauen sind die einzigen Formalitäten, die bei der Ehelichung von Nebenfrauen beobachtet werden. Doch bleibt die erste Frau die Hauptfrau, die die „Herrschende“, bei den Nama die „Großfrau“ genannt wird. Die Nebenfrauen werden als die „Hinzugekommenen“ bezeichnet. Unverheiratete alte Jungfern gibt es unter den Bergdama nicht.

Bei den Wildbeutern fällt der Frau eine wichtige wirtschaftliche Stellung dadurch zu, daß sie eine verhältnismäßig regelmäßige Ernährung durch ihre Sammeltätigkeit gewährleistet, während die schweifende Tätigkeit des Mannes als Jäger und Fänger dem schwankenden Glück des Erfolges ausgesetzt ist. Die Männer wie die Frauen haben ihre selbständige, von einander unabhängige Wirtschaftsgrundlage. Damit hängt auch eine große Selbständigkeit der Frau in der Ehe zusammen. Geradeso wie der Mann der Frau bei den Bergdama nur die ihr zustehenden Stücke der Jagdbeute an Wild abgibt, so darf auch der Mann ohne ihre Erlaubnis nicht an die Töpfe herangehen, in denen sie einen Brei aus Feldzwiebeln oder aus Erdknollen, aus Eidechsen oder aus großen Fröschen bereitet hat. Mehrere Frauen sind daher keine Last, sondern bedeuten eine Verbesserung in der Nahrungsversorgung des Familienhauptes. Allerdings wird dieser Vorteil mitunter durch Eifersüchtelei unter den Frauen aufgehoben. Die Sitte schreibt vor, daß der Mann abends der Reihe nach in die verschiedenen Hütten, deren jede eine der Frauen gehört, Einkehr hält. Nur die Hütte der stillenden Mutter meidet er.

Bei den Bergdama tritt uns auch eine Sitte entgegen, die sich in ähnlichen Formen bei niedrigen Jäger- und Fängervölkern an verschiedenen Stellen der Erde, z. B. bei vielen nordsibirischen Stämmen, bei Eskimos und bei Australiern usw. wiederfindet: nämlich der freundschaftliche Frauenaustausch. Das Einverständnis der Frau wird vorausgesetzt oder durch Geschenke erworben. Der Mann hat das Recht, sich ungehindert nachts zu der von ihm bezeichneten Frau seines Freundes zu begeben. Die Abmachung bezieht sich, wenn mehrere Frauen vorhanden sind, nur auf eine, über die man sich geeinigt hat. Der andere erwidert den Besuch gelegentlich. Die Männer tauschen unter sich Geschenke und stehen einander bei. Die Hilfe vermitteln die Frauen. Das Kind einer in einen solchen Freundschaftsbund einbezogenen Frau erhält den Namen beider als Väter in Betracht kommenden Männer. Bei einem Sohn hat der Name des Ehemannes den Vorrang, bei einer Tochter der des Freundes.

Wie steht es nun z. B. bei den Australiern, über deren Ehezustände in der Literatur noch immer die sonderbarsten Geschichten spuken? Vorübergehende und festliche Veranstaltungen in der Art des oben geschilderten Frauenaustausches haben zu unzulässigen Verallgemeinerungen geführt und Verwirrung angerichtet. Von den Überresten einer wirklichen Promiskuität kann bei den Australiern keine Rede sein (Mal. [13] 56ff). Man findet nirgends volle Regellosigkeit der Geschlechtsbeziehungen, sondern auch in Australien bestehen durchaus geordnete und rechtlich normierte Dauerzustände der sexuellen Beziehungen, welche von der Gemeinschaft, die einen disziplinaren Einfluß ausübt, zur Kenntnis genommen werden. Die Dinge liegen im Grunde sehr ähnlich wie bei den eben geschilderten Bergdama, sowohl was die Form der Eheschließung, wie auch die Dauerhaftigkeit des Ehebandes anbelangt. Tatsächlich ist auch bei den Australiern die (in der Regel durch Kauf geschlossene) Einehe die Grundform, obgleich sie nicht von Recht oder Moral vorgeschrieben ist, und obgleich es keinen australischen Stamm geben dürfte, bei dem nicht auch Vielweiberei vorkäme. Dennoch ist letztere nur Ausnahme und auf ältere und einflußreichere Persönlichkeiten beschränkt.

Doch kann die Form des Kaufs nicht als die einzige gelten, die man in Australien kennt. Unter den Kurnai z. B. wird die Heirat sogar gewöhnlich auf dem Wege der Entführung, manchmal auch durch Raub (Fis. u. Hwtt. [80] 343, 200ff, 348ff) eingegangen. Dabei scheint die Sache nicht immer ernstlich gemeint zu sein, denn es schließt sich oft eine Art Versteckspiel an, und nur wenn das Paar sich erwischen läßt, kommt es zu Züchtigungen. Bei anderen Stämmen hingegen, bei denen diese Art Eheschließung seltener ist, wird die Sache ernstlicher aufgefaßt, und es kommt in Fällen der Entführung oder des Frauenraubes zum Blutvergießen (Mal. [13] 36). Keinesfalls können wir sagen, daß bei niedrigen Primitiven der Frauenraub oder die Entführung vorherrscht. Wir treffen zwar diese beiden Formen an, aber sie scheinen seltener zu sein, als der Erwerb von Frauen durch Tausch oder Kauf. Spenc. u. G. ([99] 554ff) unterscheiden bei dem zentralaustralischen Stamm Aranda: Eheschließung 1. durch Liebeszauber, 2. durch Raub, 3. durch Entführung, 4. durch Mädchentausch (*Tualcha-Mura*).

Dabei besteht eine Verteilung der Rechte zwischen Mann und Frau ähnlich wie bei den Dama; denn wir treffen dieselbe Scheidung der Tätigkeiten an: der Mann geht auf die abenteuerliche, oft anstrengende Jagd und den Fang, er schafft die großen Leckerbissen der Ernährung herbei und hält höchstens noch die Herstellung seiner Waffen und Geräte und die Vorbereitung der großen emotionsreichen Feste für „standesgemäß“ (Knabh. [19] 56), während die „bodenständige“ Frau für die „Häuslichkeit“ des Lagers sorgt, Wasser holt, Brennholz und Früchte, Kerbtiere und Wurzeln sammeln geht und so die kleine regelmäßige Ernährung sichert. Der Mann ist der aktivere, die Frau der stetigere Teil in der Wirtschaftsführung. Von einem „Gewaltsverhältnis“ des Mannes über die Frau kann keine Rede sein. Jeder Willkür wird durch die Kritik der Gemeinschaft vorgebeugt. Die Frau ist dem Mann durch ihre Arbeitsleistung als Sammlerin unentbehrlich (Spenc. u. G. [99] 50; Eylm. [08] 50f). Trotz der wirtschaftlichen Selbständigkeit der Frau und der sehr verbreiteten mutterrechtlichen Verwandtschaftsbeziehungen kann von einem politischen Einfluß der Frau oder gar von Gynäkokratie nicht gesprochen werden. Im übrigen bewegt sich das eheliche Leben normalerweise im Rahmen einer zwar in ihren Äußerungen nicht sehr verfeinerten, aber keineswegs der Sympathie entbehrenden Weise (Mal. [13] 82ff). Dieses Eheleben wird gelegentlich durch Feste unterbrochen, bei denen es, ähnlich wie bei den Bergdama, zu einer Teilhaberschaft, hauptsächlich der beiderseitigen Geschwister, an den ehelichen Beziehungen kommt.

Ehe unter Ungleichaltrigen. — Gewinnen die Eheverhältnisse schon durch die erwähnten festlichen Unterbrechungen eine eigenartige Färbung, so wirkt auf die Gestaltung der Ehe noch weiterhin das Heiratsalter beziehungsweise der Einfluß der alten Männer auf die Verteilung der jungen Mädchen in entscheidender Weise ein. „Die von den Australiern geübten Heiratsgewohnheiten führen bezüglich des Alters der Eheleute zu sehr merkwürdigen Verhältnissen", sagt Curr ([86] 1 107—110), „denn gewöhnlich findet man alte Männer im Besitz von Frauen, die noch geradezu Kinder sind, während Männer, in der Blüte ihrer Jahre, mit alten Witwen sich begnügen müssen. Unter 30 Jahren kann kein Mann eine Frau erlangen. Mit 50 oder 60 besitzt er dagegen ihrer zwei oder drei. Häufig beträgt der Altersunterschied zwischen den Gatten 20 und mehr Jahre, und manchmal ist ein Kind von 8 Jahren (die Frau eines Fünfzigjährigen." Hwtt. ([04] 183) und ebenso Strehl. [13] 6/1, 12) begründen diese Gewohnheit mit der Ansicht der Alten, daß die jüngeren Männer warten müssen, bis ihnen ein kräftiger Bart gewachsen sei, oder bis sich das erste graue Haar zeigt. Sie würden durch die Ehe zu sehr in Anspruch genommen. Math. ([99] 162) berichtet, daß es gelegentlich vorkam, daß ein Kind von 12 Jahren die Frau eines sechzigjährigen Mannes wurde. Und auch Spenc. u. G. ([99] 558) erzählen von den Zentralstämmen, daß die Ehemänner gewöhnlich gleichaltrig mit den Müttern ihrer jugendlichen Ehegenossinnen sind. Eine ähnliche Verteilung liegt dem komplizierten Heiratssystem der Bánaroleute von Neu-Guinea zu Grunde (T. [21] 130f u. 188). Ähnliche Beobachtungen stehen auch aus Südamerika zur Verfügung; vom Paranatinga (Steinen [97] 186) und von den brasilianischen Tupi (Quev. [19] 422). Selbst in die Sitten höherer Naturvölker hinein scheint sich diese Gewohnheit hier und da erhalten zu haben, wie z. B. auf Nauru (Hambr. [14] 1 253). Diese Zustände bringen es hauptsächlich als eine Folge der Altenherrschaft — wie es in Australien ganz deutlich zu Tage tritt — mit sich, daß die Verbindungen, obwohl als dauernd gedacht, sich doch nicht als volle Lebensgemeinschaft darstellen und auch nicht als solche beabsichtigt sind. Allerdings dürfen wir die vielleicht hier und da durch besonders nachdrückliche Ausbildung der Altenherrschaft etwas bizarr gewordenen Zustände nicht gleich verallgemeinern und können nur feststellen, daß eine starke Tendenz zu solchen Heiraten unter Ungleichaltrigen mit dem Nebenerfolg einer sukzessiven Ehe vorhanden ist.

Dieses Moment und die schon erwähnten legalen Eheunterbrechungen modifizieren also die primitive Ehe in gewisser Beziehung. Bei der Erörterung der Familie sahen wir, daß die Stellung des Vaters in der Ehe im wesentlichen darauf hinausläuft, daß er Gatte der Mutter und Beschützer ihrer Kinder ist. Schon das starke Hereinspielen nebenehelicher Momente bringt das mit sich.

Als gesichert können keine anderen Tatbestände für die niedrigsten uns bekannten Eheformen angeführt werden. Es ist darum die Frage aufzuwerfen, ob die verschiedenen, manchmal außerordentlich phantastischen Nachrichten und Theorien, auch mancher antiker Schriftsteller, nicht auf oberflächlichen Eindrücken beruhen. Es scheint, daß sie auf die Dauer der nüchternen und vorurteilslosen Untersuchung kaum werden Stand halten können.

Zwar wird von den alten griechischen Schriftstellern, von Herodot, Plinius, Strabo, Diodor usw. über eine Zahl verschiedener ihnen zeitgenössischer „Naturvölker" berichtet, daß diese unterschiedslos die Frauen gemeinsam hätten (Wilk. [03] 1 14ff), aber ähnliche Nachrichten, die früher auch von modernen Reisenden über heutige Naturvölker verbreitet wurden, mit denen sie in Berührung kamen, haben schließlich, bei genauerer Untersuchung, sich gewöhnlich als Oberflächlichkeiten oder Mißverständnisse erwiesen.

Die Ehe bei gestaffelten oder geschichteten Völkern. — Bei den höheren Naturvölkern erhält die Ehe durch die Ausbildung der politischen Herrschaft und des Eigentums, durch die rangmäßige Schichtung der unter einer Herrschaft vereinigten ethnischen Bestandteile und durch religiös-zauberische Faktoren ihr charakteristisches Gepräge. Die Gestaltungen sind hier ungleich mannigfaltiger und farbenreicher, die Sonderbahnen der Entwicklung aber abwegiger. Die Eheeinrichtungen können jedoch nie restlos aus der angedeuteten Gesellschaftsgestaltung oder aus dem zeitgemäßen Bild der diesseitigen oder jenseitigen Welt abgeleitet werden. Beeinflussungen durch Nachahmung fremder Sitten fallen oft sehr ins Gewicht.

Der Frauenkauf als Form der Ehebegründung tritt bei mittleren und höheren Naturvölkern vielleicht etwas stärker hervor. Es ist möglich, daß er an die verbreitete Sitte des Austauschs von Mädchen zur Ehe unter nachbarlich siedelnden Gruppen (vgl. Mal. [13] 36, 48ff, 58f) anknüpfte (T. [21] 200, 43 und 192 u. [12] 3 12ff), zumal diese Tauschhandlungen stets von Freundschaftsgaben begleitet werden. Es wäre irrtümlich, von dem Frauentausch ohne weiteres einen Rückschluß auf die Stellung der Frau in der Ehe zu ziehen. Außerdem muß noch die juristische Konstruktion von der tatsächlichen Lage und Gepflogenheit unterschieden werden. Aber so wie wir die Dinge bei niedrigen Primitiven kennen gelernt haben, finden wir sie auch bei höheren Naturvölkern noch insofern ähnlich, als z. B. frühzeitige Verlöbnisse schon in den ersten Kinderjahren nicht selten sind und den in Betracht kommenden Personen die Einflußnahme auf die Wahl des Partners ganz oder wenigstens in erheblichem Maße entzogen ist. Daß die Frau aber durch den Kauf Eigentum des Mannes oder der Familie oder der Sippe wird, findet sich nur da, wo die patriarchalische Stellung der Familienhäupter scharf zur Ausbildung gelangte, wie etwa bei höheren Hirtenvölkern. Zweifellos wird man sagen können, daß die Stellung der Frau dadurch ungünstiger geworden ist, daß der Mann in starkem Maße der wirtschaftlichen Arbeit sich zugewendet hat, wie bei den Hirten und später bei den Ackerbauvölkern, ganz besonders aber durch die rangmäßige Schichtung verschiedener ethnischer Gruppen und durch die Ausbildung der politischen Herrschaft.

An der Hand einiger politischer und wirtschaftlicher Typen sollen konkrete Beispiele von der Gestaltung der Ehe bei mittleren und höheren Naturvölkern gegeben werden.

α) Bei Feldbauern und Jägern mit loser Agglomeration der politischen Verbände. —

Auf den Admiralitätsinseln der melanesischen Südsee herrscht im allgemeinen Einehe. Ist der Mann aber wohlhabend genug, so nimmt er sich auch wohl noch eine zweite und dritte Frau. In der Regel aber doch nur, wenn die erste unfruchtbar ist und er mit ihr in Zwist lebt. Nicht selten heiratet ein Mann zwei Schwestern. Die mehreren Frauen leben gewöhnlich im selben Hause zusammen. Als besonders innige Verbindung zweier Familien gilt es, wenn sich Bruder und Schwester der einen mit Schwester und Bruder der anderen Sippe verehelichen. Bei der Verheiratung der Frau tritt Namenwechsel ein, wenn sie auf einen anderen Platz kommt. Der Kaufpreis besteht in Muschelgeld und Hundezähnen. Wenn die jungen Männer nicht die nötigen Mittel haben, so lassen sie sich vom Häuptling oder von ihren Verwandten das „Geld" vorstrecken. Diese geliehenen Werte müssen dann abgearbeitet werden. Die Werbung und das Aushandeln des Kaufpreises erfolgt durch Mittelspersonen: die Werbung durch alte Frauen, die Bestimmung des Kaufpreises durch Männer. Der Vater oder älteste Bruder oder Vaterbruder gibt das Weib zur Ehe. Eine formelle Einwilligung des Mädchens ist nicht erforderlich, doch leistet sie unter Umständen Widerstand oder läuft davon. Das Kaufgeld wird dem Mann dann nicht zurückerstattet. Verlobungen im Kindesalter kommen vor. Es ereignet sich aber auch, daß ein Mädchen erst zu dem Mann läuft und erst nachher die Zahlung des Kaufpreises erfolgt. Fast während des ganzen ersten Jahres der Ehe versorgt der Vater der Frau das Paar mit Essen, so lange nämlich, bis die Pflanzung, welche die junge Frau erst anlegen mußte, trägt. Der Frau gehören ihre Geräte, die sie zum Pflanzen und Kochen benutzt, dagegen sind die Kokosnüsse, die Kanus und die Fischnetze Eigentum der Männer. In der Regel folgt die Frau dem Manne nach seinem Wohnsitz, aber die Verhältnisse können auch einmal das Umgekehrte herbeiführen, wenn man z. B. auf dem Platze der Frau Männer braucht, oder der Mann in seinem Heimatsort in Feindschaft geraten ist. Nach dem Tode des Mannes kehrt die Witwe nach Ablauf der Trauerzeit (9—10 Monate) zu ihrem Vater, Bruder oder Vaterbruder zurück. Die kleinen Kinder nimmt sie in diesem Falle mit; wenn sie herangewachsen sind, werden sie nach ihres Vaters Heimatsort zurückgeschickt (eigene Ermittlung; vgl. T. [12] 3 12ff).

Unter den Hidatsa von Nord-Dakota (Nord-Amerika) galt die Zahlung und Höhe des Brautpreises als Ehrensache unter den Frauen. Der Gatte hatte indessen keineswegs unbeschränkte Herrschaft über seine Frau oder deren Kinder. Er konnte wohl die jüngere Schwester seiner Gattin heiraten, doch mußte er im Anfang der Ehe noch als Knecht im Haushalt seines Schwiegervaters, ähnlich wie bei den Bergdama, dienen. Der Kauf war indessen vielfach nichts weiter, als ein Austausch von Geschenken, bei denen nur die des Bräutigams etwas wertvoller waren als die, welche er von den Angehörigen der Braut empfing (Lowie [20] 21).

β) Bei niedrigen Hirtenvölkern. — Bei den Thonga in Südafrika besteht der Kaufpreis in Rindern oder Beilen. Hier kommt die Auffassung des Eigentums stärker zum Ausdruck: oft wird der empfangene Kaufpreis von der Familie der Braut dazu verwendet, um in dieser Familie wieder für einen erwachsenen Sohn eine Frau zu erwerben. Entläuft nun die Frau des ersten Mannes, so kann ihr Gatte den Kaufpreis zurückfordern. Da von der Familie dieser Kaufpreis aber schon verausgabt wurde, um eine weitere Frau für den Schwager zu kaufen, so kann die Familie der entlaufenen Frau, wenn sie nicht imstande ist, den verausgabten Kaufpreis aufzubringen, gezwungen werden, die von ihr mit dem Kaufpreis erworbene Braut dem benachteiligten Ehemann auszuliefern. Aber der Ehemann kann auch die Rückgabe des Brautpreises verlangen, wenn die Frau kinderlos stirbt. Andererseits fallen, wenn der Mann nicht imstande war, den Kaufpreis vollständig zu bezahlen, die Kinder der unbezahlt gebliebenen Frau an ihre Familie (Jun. [27] 1 102ff, 250ff, 480). Der Mann kauft in der Frau auch gleichzeitig die durch sie zu erwerbende Nachkommenschaft. Die Vaterfolge knüpft hier unmittelbar an die Bezahlung des Kaufpreises an.

Auch bei den meisten dieser mittleren Naturvölker findet, so wenig wie bei den niedrigen, eine eigentliche Zeremonie der Eheschließung statt. Vielfach schließt sich die Heirat mehr oder minder unmittelbar an die Jünglingsweihen, bzw. an die Weihezeremonien der Mädchen an (T. [21] 204, 98). Erst bei höher gestaffelten Primitiven und namentlich bei archaischen Kulturvölkern mit sozialer Schichtung, bei denen eine große Anzahl von sogenannten zauberischen Beziehungen und vermuteten Abhängigkeiten, Kausaltheorien herrschen, die wir heute als Aberglauben bezeichnen, wird die Eheschließung mit einer Menge von Formalitäten und Zeremonien umwuchert.

γ) Bei höheren Feldbauern mit sozialer Schichtenbildung (Mikronesier, Polynesier, Westafrikaner und dgl. mehr). — Von der Karolineninsel Yap berichtet Müll.-W. ([17] 223, 228f), daß auch dort die Verlobungen häufig schon im frühen Kindesalter unter den Vätern verabredet werden, ohne daß allerdings damit auch ein unbedingter Zwang unter den so Versprochenen bestände. Der Vater des Knaben macht nur eine Art Anzahlung in Form von Perlmuschelgeld. Oft findet die Werbung aber erst im späteren Alter statt und zwar unmittelbar von Seite des jungen Mannes an das Mädchen, nämlich auf dem Wege des Anbietens einer Betelnuß. Die Annahme der Nuß gilt als Zustimmung. Daraufhin findet auch hier die Zahlung einer Abgabe durch ein Stück Perlmutter-Muschelgeld von Seite des Vaters des Jünglings statt. Die mutterrechtlichen Zustände finden darin ihren Ausdruck, daß das junge Paar sich zunächst bei den Eltern der Frau niederläßt, wo man für sie ein kleines Häuschen errichtet hat. Der Schwiegersohn muß auch hier dem Schwiegervater Arbeitsdienste leisten. Bei einer kleinen Zusammenkunft, die nach der Heirat veranstaltet wird, bringt der Schwiegervater 10—30 kleine Stücke Steingeld (*fä*) dem Schwiegersohn. Hiervon stellt letzterer zwei Stücke für sich zurück als Entgelt für das vor der Heirat gegebene Perlmutter-Muschelgeld; den Rest gibt er an seine Verwandtschaft weiter, von der er wieder eine entsprechende Menge Perlmutter-Muschelgeld erhält. Dieses Austauschgeld, '*mag* genannt, schenkt der Schwiegersohn wiederum dem Schwiegervater. Es läuft also auf gegenseitige, gleichwertige Geschenke hinaus, wie wir sie schon bei den Bergdama und anderen kennen gelernt haben. Falls ein Mann mehrere Frauen hat, bringt er sie manchmal in verschiedenen Dörfern unter, manchmal wohnen sie aber auch in einem Hause zusammen. Namentlich die zweiten und dritten Frauen sind in der Regel aus einem Dorf niedrigerer Rangstufe und nur die erste Frau von gleichem Rang. Ein Mann der Sklavenkaste kann niemals eine freie Frau heiraten, diese würde von ihrer Familie in Schande verstoßen werden. Selbst, daß ein freier Mann aus höherem Rang ein Sklavenweib heiratet, ist nicht häufig und gilt als genierlich. Müller weist die Nachrichten über das schlechte Eheleben der Yaper in das Bereich der Legende, obgleich er natürlich Ausnahmen zugibt. Allerdings hatte der Mann das Recht, im Falle des Ehebruchs auf weiblicher Seite, sowohl die Frau wie den Ehebrecher zu erschlagen oder im Hause zu verbrennen. Heute begnügt man sich mit dem Abschneiden der Haare. Im Falle dauernder Trennung fallen die Kinder der väterlichen Sippe zu, und auch einen Säugling muß die Mutter, wenn er herangewachsen ist, der väterlichen Familie ausliefern. Dasselbe gilt für das nachgeborene Kind einer Witwe. Man ersieht hieraus den Einschlag patriarchalischer Gesichtspunkte in einer sonst nach Mutterrecht orientierten Gesellschaft.

Auch von den Maoris in Neuseeland hören wir (Treg. [04] 285ff) im Grunde Ähnliches. Nur spielt hier die Autorität alter Häuptlinge schon eine bedeutendere Rolle. Namentlich in den unteren Klassen fehlt aber noch jede eigentliche Heiratszeremonie. Sie bestand im wesentlichen darin, daß das Mädchen am Abend vor ihrer Heirat ihre Freundinnen zu sich bat und ihnen in kurzer Rede ankündigte, wen sie heiraten wollte. Die Zustimmung der Eltern war dazu nicht so wichtig wie die ihrer Brüder und des Mutterbruders, und zwar hauptsächlich wegen der Ansprüche auf Grund und Boden. Aber auch gemimter Brautraub und Entführung kommen vor. Die Eheschließung wird stets von Seiten beider Familien durch Austausch von Geschenken an Nahrungsmitteln, Matten, Amuletten usw. anerkannt und befestigt. Bei den Zusammenkünften unter Adligen verkündigt man auch noch die Stammbäume beider Brautleute. Ein Mann vornehmer Abstammung hatte stets mehr als eine Frau. Jede Frau brachte ihre eigenen Wirtschaftsgeräte und Dienerinnen, und jede nahm auch besondere Landstücke in Bearbeitung. Häufig heiratete ein Mann zwei Schwestern.

Bei den *Ho*, einem Ewestamm im Innern von Togo, in Westafrika, hat der Bräutigam eine Reihe von Zahlungen und Diensten zu leisten, um in den Besitz einer Frau zu gelangen. Man beginnt oft schon bei der Geburt des Mädchens. Ja, oft bespricht man sich mit einer Mutter, bevor sie geboren hat. Der Ehekandidat gibt ein vorläufiges Geschenk an seine zukünftigen Schwiegereltern und erneuert diese Gaben in Gestalt von Kaurimuscheln, die er monatlich dem kleinen Mädchen entrichtet. Außerdem leistet er den Schwiegereltern verschiedene Dienste, besonders bei der Gartenbestellung. Wenn das Mädchen herangereift ist, so wird sie dem Bräutigam übergeben. Erscheinen aber die von ihm abgetragenen Zahlungen und Dienste den Eltern als zu gering, so hält man sich nicht weiter an den Vertrag gebunden, und man kann den Bräutigam durch eine bestimmte Menge an Kaurigeld abfinden. Doch ist es gestattet, die *Ho*-Frau an einen Gläubiger zu verpfänden, und sie wird vom Bruder des Gatten geerbt. Allerdings erscheint letzteres angesichts der häufigen Sitte, daß die Witwe vom verstorbenen Bruder aufgenommen wird (Levirat), nicht so sehr als Ausdruck einer Versachlichung der Frau durch Eigentumsansprüche, als vielmehr das Weiterleben einer alten Sitte. In der Tat ist der Einfluß der Frauen nicht gering.

δ) Bei höheren Hirtenvölkern mit Staffelung (Sklaven), doch ohne staatliche Organisation. — Bei den Kirgisen, einem türkischen Stamm im westlichen Sibirien, denkt man ebenfalls schon früh daran, die Kinder zu verloben, namentlich auch, um allmählich den ziemlich hohen Brautpreis, der in 81 Rindern, Kleidern und Hausrat besteht, aufzubringen. Erst wenn ein bestimmter Teil des hohen Brautpreises entrichtet ist, wird die hier sehr zeremonielle Hochzeit gefeiert. Infolge des hohen Preises hat ein Mann selten mehr als eine Frau und schickt auch kaum seine Gattin fort. Das Weib wird hier Eigentum der Sippe des Mannes, und im Falle seines Todes zieht die Witwe zum Bruder des Gatten. Obwohl die Ehefrau formal als Eigentum des Mannes gilt, ist doch ihre Stellung bei Wanderstämmen freier als in den Städten. Übrigens kommt hier auch Schließung der Ehe durch Raub oder Entführung vor (Radff. [93] 476ff; Byh. [23] 347, 359).

Charakteristisch für die Auffassung der Ehe bei den alten Arabern ist die Festrede Mohammeds bei der Abschiedswallfahrt (Sur. 4, 25; nach Wellh. [97] 174ff):: „Die Weiber stehen zu euch wie Kriegsgefangene und haben über sich selbst keine Gewalt, ihr habt sie aber nur gegen ein heiliges Versprechen empfangen und unter heiligen Formeln die Ehe mit ihnen vollzogen". Die Hochzeit wird mit einem Festessen gefeiert.

Eine häufige Sitte, die fast allgemein bei niedrigen und auch noch bei höheren Primitiven besteht, die auch oft noch stark in das Leben der archaischen Kulturvölker hereinragt, ist nicht nur die getrennte Lebensführung und Tätigkeit, sondern vor allem auch die Meidung gemeinsamen Essens (s. T. „Meidung"). Es ist zweifellos das Fortleben von Gewohnheiten aus früherer Jäger- und Sammlerzeit. Ja, diese Gewohnheit der Getrenntheit der Lebensführung wird hier und da so weit getrieben, daß man jeden Schein des Zusammenlebens und der Gemeinsamkeit meidet. Es verstößt auf den Fijiinseln sogar gegen die gute Sitte, wenn der Mann nachts im Hause bleibt. Und nach alter chinesischer Auffassung müssen sich die Eheleute möglichst ausweichen.

Die Ehe bei archaischen Völkern mit sozialer Schichtung. — Viele primitive Gewohnheiten werden noch beibehalten, wenn auch der Übergang zu höheren Staats- und Wirtschaftsformen vollzogen ist, wenn die ethnischen Agglomerationen und Schichten durch autoritäre Gewalten zur einheitlichen Organisation eines Staats zusammengeschweißt sind. Je weiter hinauf wir in der Entwicklung steigen, desto komplizierter werden die schon angedeuteten Faktoren, die sich in ihrer Zusammenwirkung als das darstellen, was man das historische Schicksal eines Volkes nennt.

Hier haben wir es mit seßhaft gewordenen Völkern zu tun, bei denen aus der Zusammenwirkung von aristokratischer Schichtung (etwa Priester,

Soldaten, Handwerker) mit ethnischer Agglomeration (Hirten, Ackerbauer, Schmiede, Töpfer und dgl.) sich durch die autoritäre Gewalt (Stadtbildung um Schlösser und Tempel mit abhängigen Hörigen und Knechten) eine Tendenz zu einer beruflichen Klassenbildung geltend macht und die verschiedenen Ehetraditionen unter den einzelnen ethnischen Bestandteilen zu vereinheitlichen sich bemüht. Die entstandene Autorität unterstützt patriarchalische Gesichtspunkte. Der wachsende Anteil des Mannes an der komplizierteren Wirtschaft setzt die weibliche Fürsorge für den Haushalt herab. Andererseits herrschen aristokratische Tendenzen in der Wahl der Frauen. Dadurch, daß die adligen Frauen nicht mehr die schwere Arbeit verrichten wollen, durch die sie in primitiveren Verhältnissen eine so wichtige Rolle in der Nahrungsfürsorge spielten, und die ihnen ihre große Selbständigkeit und Unabhängigkeit gewährleistete, entsteht ein ganz neuer Typ von Ehefrauen, wie er z. B. am bekanntesten im hellenischen und römischen Altertum der aristokratischen Zeit durch die Frau der vornehmen Familie repräsentiert wird (s. Bernh. [89]) und den man wohl am besten als Matronatyp bezeichnet. Da es vielfach eine Ehrensache ist, mehrere Frauen zu besitzen, diese aber nur aus niedrigeren Schichten entnommen werden, wird die Stellung dieser zweiten, dritten und mehreren Frauen zu einer solchen von Kebsweibern heruntergedrückt. Namentlich nehmen auch die schon oben angedeuteten nebenehelichen Institutionen eine andere Gestalt an und gehen vielfach in die Prostitution über. Aus diesen verschiedenen Rangstufen sowohl auf männlicher wie auf weiblicher Seite ist es zu verstehen, daß z. B. im alten Persien 5 Arten von Eheschließungen bestanden (West [80] 142/43).

Das eheliche Güterrecht nimmt jetzt unter dem Einfluß höherer wirtschaftlicher Werte Formen an. Die Schenkungen zur Besieglung der Freundschaft der bei der Eheschließung in Betracht kommenden Familien werden, wie im mittelalterlichen deutschen Recht, zum Gegenstand besonderer Abmachungen, und ihr Zweck erleidet eine Umdeutung. So scheint die mittelalterliche Aussteuer (vgl. Hübn. [13] 548) das Gut zu repräsentieren, das in primitiven Zeiten die Frau an Wirtschaftsgeräten, etwa an Töpfen, Grabstock, Wassergefäßen und dgl. für den gemeinsamen Haushalt mitbrachte. Das Wittum dagegen (*dos*) ist wohl zweifellos aus dem sogenannten Kaufpreis hervorgegangen, dem Geschenk der Familie des Mannes. Die Morgengabe, der die verschiedensten Motive unterschoben wurden, verstehen wir am besten, wenn wir sie ihrer Wurzel nach als Gegenleistung der Sippe des Mannes deuten, etwa in der Weise, wie wir es in Yap kennen gelernt haben.

Wenn wir die vielerlei Regelungen der Ehe bei Völkern sehr verschiedener Kultur und Länder mit einander vergleichen, so müssen wir sagen, daß trotz mannigfaltiger formaler Ordnungen die Gestaltung in Wirklichkeit sehr viel gleichförmiger ist, als es auf den ersten Blick scheinen mag. Man kann sagen, daß nach manchmal weitgehender Schrankenlosigkeit in der Zeit der Pubertät oder nach starrer Strenge während dieser selben Zeit in den folgenden Lebensjahren es gewöhnlich zu dauernden Paarungen mit gewissen gegenseitigen Rechten und Pflichten kommt. Diese Ordnungen sind überaus vielgestaltig. Die Grundinstinkte des Menschen treten bei der Ehe trotz der verschiedenartigen Auffassung von schädlichen und nützlichen Verbindungen und der Größe der für die Partnerwahl in Betracht kommenden Gruppen, dem Verhältnis zwischen Jung und Alt und der größeren oder geringeren Laxheit in sexuellen Dingen überhaupt stets überwiegend hervor, während die Gestaltung der Familie in stärkerem Maße von wirtschaftlichen Momenten abhängig erscheint.

b) Ehebruch.

Ehe, Nebenehe und Heiratsordnung. — Der Ehebruch wird bei fast allen Naturvölkern, mit nur verhältnismäßig wenigen Ausnahmen, ausschließlich auf Seite der Ehefrau, und nicht auch beim Ehemann moralisch verurteilt und bestraft. Dieses Verhalten hängt einerseits mit der sehr verbreiteten Auffassung zusammen, welche die Frau als Eigentum des Mannes ansieht, andererseits damit, daß fast allgemein die Mehrehe, wenn schon nicht tatsächlich durchgeführt, so doch als zulässig angesehen ist, endlich wird diese Wertung auch durch die verbreiteten nebenehelichen Gepflogenheiten beeinflußt. Verschieden ist ferner die Beurteilung, nach der man bei der traditionellen Anrechnung die Schuld entweder mehr der ehebrecherischen Frau oder ihrem Galan zuschiebt.

Was gilt nun als Ehebruch? Dort, wo legale nebeneheliche Einrichtungen, etwa eines Frauenaustausches unter Brüdern, Vettern oder Freunden bei gewissen Festen oder Besuchen bestehen, können diese Beziehungen solange nicht als Ehebruch bezeichnet werden, als sie unter allgemeiner Kenntnisnahme und Anerkennung der in Betracht kommenden Personen vor sich gehen. Häufig sind auch diejenigen Personen ausgenommen (wie z. B. bei den Batak auf Sumatra), welche im Falle der Witwenschaft Anspruch auf die betreffende Frau haben (s. X).

Obwohl bei den Bergdama freundschaftlicher Frauenaustausch vorkommt, verhält man sich dem anderweitigen Ehebruch gegenüber keineswegs gleichgültig. Schöpft der Mann Verdacht, so macht er oben am Dach der Hütte ein Zeichen von Gras und anderen Gegenständen und sieht bei seiner Rückkehr nach, ob das Zeichen noch unversehrt ist; es soll als eine Art Falle dienen. Auch ein Flammenorakel verwendet man zur Feststellung der ehelichen Treue. Wird der Ehebrecher seiner Tat überführt, so hat er eine Buße zu bezahlen, die ihm der Betrogene auferlegt. Besitzt der Schuldige Ziegen, so werden ihm in der Regel zwei Muttertiere abgenommen. Nicht selten wird er nur verprügelt. Dabei pflegt er sich bei seinem Schuldbewußtsein nicht zu wehren (Vedd. [23] 54).

Ganz Ähnliches hören wir aus Australien, z. B. von den Kurnai: der Gatte erwartet strenge Treue von seiner Frau, doch gesteht er nicht die gleiche Verbindlichkeit von seiner Seite zu (Fis. u. Hwtt. [80] 205). Dasselbe gilt auch von Stämmen, bei denen gelegentlich Frauenaustausch vorgenommen wird (Mal. [13] 92ff). Eine sexuelle Moral besteht auch bei den Australiern, nur unter anderen Voraussetzungen, und, wie Spenc. u. G. (99f) mitteilen, fehlt es auch nicht an Eifersucht, die indessen vermöge der sozialen Bedingungen etwas andere Bahnen geht und sich nicht mit unserem Begriff von Eifersucht deckt.

Wo Heiratsordnungen bestehen, haben diese auch gleichzeitig den Sinn von allgemeinen Sexualordnungen. Vergehen gegen diese können daher den Ehebruch schwerer erscheinen lassen (s. VI).

Die Bewertung des Ehebruchs hängt natürlich sehr mit den allgemeinen Sexualsitten zusammen. Wo, wie gerade bei vielen höheren Naturvölkern, besonders mit erhaltenen mutterrechtlichen Traditionen, eine Laxheit der Sitten Platz gegriffen hat, sind auch den Ehefrauen oft kaum Schranken auferlegt, so besonders bei westafrikanischen Stämmen, z. B. in Timbuktu, bei den Bambuk, Mundombe, oder bei den Hassanié-Arabern (Post [87] 1 467, 470, 2 73ff). Doch werden (nach Pech.-L. [07] 290) bei Loangovölkern Verstöße gegen die Sittlichkeit scharf geahndet. Es ist bemerkenswert, daß im alten Island während der Sagazeit geschlechtliche Unregelmäßigkeiten wenig Stoff für Fehden gaben, daß aber in der späteren Zeit, nach Einführung des Christentums, gerade derartige Verbrechen außerordentlich zunahmen (Heus. [11] 29; vgl. dazu Nans. [91] 122).

Bei archaischen Völkern, bei denen eine ethnisch gestaffelte Kastenbildung den Heirats- und Sexualbeziehungen hohe Schranken auferlegt, wird bei Ehebruch vor allem die Frage erwogen, mit was für einem Manne der Ehebruch begangen wurde. In Dekkan (Indien) erfolgt nur Züchtigung oder Zwang zur Bußezahlung, wenn der Ehebrecher der gleichen Kaste angehörte, war er aber von einer niedrigen Kaste, so wird vor allem die Frau aus ihrer Kaste ausgestoßen (Kohler [89] 118). Eine ähnliche Unterscheidung wird bei ostafrikanischen Stämmen vorgenommen, und zwar nach dem Gesichtspunkt, ob der Ehebrecher dem eigenen oder einem fremden Stamm angehört hat (Post [87] 1 81).

Namentlich unterliegen Ehebrüche mit Frauen von Häuptlingen oder Königen gewöhnlich schwerer Ahndung, doch ist der Ehebruch mit Sklavinnen keineswegs straffrei. Im letzteren Fall empfindet der Herr der Sklavin den Übergriff als eine Verletzung seines Eigentumsrechts. Das geht soweit, daß z. B. bei den mongolischen Ssaatschijn-Bitschik der Herr dem Ehebrecher alles nehmen konnte, was er hatte, und ihn nackt fortjagte. Die Sklavin blieb ungestraft (Pall. [1776] 1 193). Als besonders schwer gilt überall der Ehebruch des Dieners oder Sklaven mit Frau, Tochter oder Hausangehörigen seines Herrn.

Bei archaischen Völkern, bei denen das Patriarchat zu starker Ausbildung gelangt ist, geht die Anforderung an die geschlechtliche Keuschheit der Frau so weit, daß schon geringe Freiheiten als Ehebruch aufgefaßt werden, so z. B. im alten Japan der Wechsel von Liebesbriefen (Kohler [91] 401) oder intimes Gespräch mit dem Nebenbuhler bei den nordostafrikanischen Dankali (Paulsch. [93] 203).

Nur ausnahmsweise wird bei höheren Völkern, vielleicht im Bann zauberischer Gedankengänge, der Mann im Falle des Ehebruchs zur Verantwortung gezogen, wie z. B. bei den Azteken, und zwar nur dann, wenn er mit der Ehefrau eines anderen Mannes Umgang gepflogen hatte (Kohler 89, 91).

Vergeltung für Ehebruch. — Im allgemeinen ist ein schärferes Vorgehen zulässig, wenn die Schuldigen auf frischer Tat ertappt werden. Von der zum Karolinen-Archipel der Südsee gehörigen „mikronesischen" Insel Nauru berichtet Hambr. ([14] 258f), daß früher der auf frischer Tat ertappte Ehebrecher getötet werden konnte. Die Frau wurde verprügelt. Aber man ließ sich auch durch Besitzabtretung von Grundstücken versöhnen. Gehörte der Verführer einer angesehenen und mächtigen Familie an, so versuchte sich der betrogene Ehemann oft dadurch zu rächen, daß er mit List oder Gewalt die Frau des Ehebrechers verführte. Schließlich wurde einer ertappt und getötet. Aber auch den Frauen stand das Recht zu, an den Frauen Vergeltung zu üben, die ihnen ihre Männer abspenstig gemacht hatten. Die in ihrer Ehe gekränkte Frau rief ihre weiblichen Gesippen zusammen und zog mit ihnen in das Haus der Ehebrecherin, wo sie ihr mit Dolchen aus Haizähnen das Gesicht und den Körper zerkratzten, sie prügelten und mißhandelten. In dieser Weise enden dort auch heute mitunter noch Eifersüchteleien zwischen Mädchen und Frauen.

So wie der Ehebruch selbst in der verschiedensten Weise beurteilt wird, so ist auch der Rechtsausgleich, der dem Mann gegen seinen Nebenbuhler zugebilligt wird, verschieden und macht je nach den kulturellen Eigenheiten fast alle Stufenleitern von der schweren Blutfehde bis zur tatenlosen Hinnahme (z. B. bei den Eskimos — Nans. [91] 119) durch. Wir haben gesehen, daß auch schon bei niedrigen Primitiven der Ehebruch sehr übel vermerkt werden kann und zu Totschlag, Rache und den damit zusammenhängenden Folgen, zur Blutfehde (T. [12] 3 73 und Taf. 3 Anm. 2), führen kann. Manchmal steht dem gekränkten Ehemann ein Plünderungsrecht gegen den Ehebrecher zu, wie bei den Bambuk (Post [87] 2 77), oder es kommt zu einem geregelten Prügelkampf wie bei den Ainos auf den Kurilen (Post [95] 2 361). Häufig kann sich der Ehebrecher durch Zahlung freikaufen. Obwohl die Höhe schwankt, hält sie sich im allgemeinen zwischen Blutgeld und Brautpreis. Auf Missoll im Sunda-Archipel erwirbt der Ehebrecher durch Zahlung der Buße auch die Frau, mit der er Ehebruch begangen hat (Kohler [89] 377). Eine ähnliche Sitte herrscht auch an der Goldküste in Westafrika (Post [87]1 469 und [95] 2 368). Bei den Pangwe feilscht man um die Summe, die für Ehebruch zu zahlen ist (Tess. [13] 2 236), bei Stämmen in Togo machen die Männer einen Nebenverdienst aus dem Geld, das sie aus dem Ehebruch der Frauen bekommen (Asm. [11/a] 134).

Das Verhalten der ehebrecherischen Frau gegenüber wird durch die Hausjustiz des Familienoberhaupts oder des Ehemanns entschieden. Oft enthält es das Recht zur Tötung. Ja, mitunter besteht sogar eine Pflicht dazu, so bei mongolischen Völkern. Wenn der Mann die ehebrecherische Frau nicht tötet, so fällt die dem Ehemann zukommende Buße an den Fürsten, und bei Stämmen des Dekkan (Indien) muß der Mann das Vergehen der Frau vor versammelter Kaste zur Anzeige bringen (Kohler [89] 118). Nach den Gesetzen Solons wurde im alten Athen der Ehemann, der den Ehebruch seiner Frau verheimlichte, mit ἀτιμία bestraft. Die Züchtigung des Ehebrechers blieb dem gekränkten Gatten überlassen (Hobh. [23] 205). Häufig werden an der Frau Verstümmelungen vorgenommen, durch Verwundungen an Armen oder Schenkeln, durch Abbeißen oder Einschneiden der Nase oder der Ohren, durch Abschneiden des Haars usw. Auch der Verkauf in die Sklaverei kommt vor (Post [95] 2 364ff). Bei australischen Stämmen wird die entlaufene Frau manchmal den Häschern anheimgegeben (Mal. [13] 92, 103).

Dort, wo bei den archaischen Völkern die Autorität Gericht und Strafe geschaffen hat, finden wir eine ganz ähnliche Behandlung, wie sie bei niedrigeren politischen Formen die Sitte zugelassen hat: Todesstrafe, Verkauf in die Sklaverei, Ausstoßung oder Friedlosigkeit, die über den einen oder beide am Ehebruch schuldige Teile verhängt werden, ja auch Mithaftung der Familie. Besonderer Nachdruck wird auf Ehrenstrafen gelegt, wie Abscheren der Haare, schimpfliche Aufzüge und dgl. Im allgemeinen kann man sagen, daß das Eingreifen der Autorität zunächst zu einer Verschärfung der Ahndung des Ehebruchs führt, wie das ja sowohl aus den altorientalischen, als auch aus den mittelalterlichen deutschen Gebräuchen in dieser Beziehung hervorgeht. Den Grund dazu haben wir zweifellos in der Verstärkung der patriarchalischen Auffassung durch die Herrschaftsautorität zu suchen.

c) Ehescheidung.

Die Ehescheidung hängt wesentlich mit der Auffassung der Ehe zusammen. Bei den Primitiven stellt, wie bei Erörterung der Ehe ausgeführt wurde, diese einen Eigentumsanspruch des Mannes auf die Frau dar, mag die Frau nun ertauscht, gekauft, geraubt oder entführt worden sein. Daraus ergibt sich die rechtliche Grundlage, die für die Ehescheidung in Betracht kommt. Gerade die niedrigen Primitiven sind indessen keine juristischen Dogmatiker und tragen den Anforderungen des Lebens mehr Rechnung als höhere Stämme, namentlich als die durch zauberische Gedankengänge und Kausalirrtümer vielfach verwirrten oder doch einseitig eingestellten archaischen Völker.

Auf Grund des Eigentumsanspruchs herrscht das Recht des Ehemanns vor, die Ehe einseitig zu lösen, die Frau zu verstoßen. Doch wird in der Regel auch auf die Frau nicht Zwang ausgeübt, wenn sie sich dem Manne entzieht oder ihm davonläuft. Indes begegnet das Recht des Ehemannes gewissen praktischen Hemmungen, vor allem dadurch, daß er entweder Gefahr läuft, ganz oder teilweise des Brautpreises verlustig zu gehen, oder damit rechnen muß, die Angehörigen der Frau zu beleidigen, außerdem aber sich selbst dadurch schädigt, daß er seine Arbeitskraft verliert. Die Frau hinwiederum muß sich das Weglaufen deshalb überlegen, weil dadurch ihre Stellung bei ihren Verwandten oft schwierig wird; wenn sie sich aber zu einem anderen Mann begibt, die Gefahr der Blutfehde unter den Nebenbuhlern auftaucht. Außerdem bildet das Vorhandensein von Kindern stets ein nicht unbedeutendes innerliches und äußerliches Erschwernis der Loslösung für beide Teile, das auch oft noch durch Gewohnheit oder Recht verstärkt wird. Dies sind natürliche, durch die Lage der Dinge überall gegebene Faktoren, welche dem Verlangen nach Ehescheidung entgegentreten. Je leichter im allgemeinen aber die Lebensbedingungen sind, oder je weniger traditionelle oder autoritäre Kräfte das Gesellschaftsleben beherrschen, desto größer pflegt die Ungebundenheit zu sein.

Die Ehescheidung bei Wildbeutern. — Vedd. ([23] 54f) berichtet von den südafrikanischen Bergdama: „Wenn nachweisbarer Ehebruch zur Entlassung des Weibes führt, kann man sicher sein, daß schon manches andere vorhergegangen ist, was den Unwillen des Mannes erregt hat. Nach allgemeinen Anschauungen ist der Mann berechtigt, die Frau zu entlassen, wenn sie zanksüchtig und unfriedfertig ist, wenn sie die Nahrungsmittel des Mannes nicht ordentlich zubereitet, wenn sie von den im Felde gesammelten Früchten dem Manne oder auch seinen Anverwandten nicht reichlich abgibt, und wenn das Schlaffell in der Hütte nicht gut nach Parfüm riecht. Die Frau hingegen verläßt den Mann, wenn er sie unschuldigerweise prügelt, manchmal auch, wenn sie Beweise seiner ehelichen Untreue in Händen hat. Die Geschiedene kehrt zur Werft (= Lager) ihrer Eltern zurück. Will der Mann sein Anrecht auf die Kinder, die der Ehe bereits entsprossen sind, wahren, so hat er öfter Lebensmittel hinzusenden. Geschieht das nicht, so werden ihm die Kinder, wenn sie mit etwa 6 Jahren der Mutter nicht mehr so sehr bedürfen, für alle Zeiten vorenthalten." Dies bedeutet also, daß der Mann ein Anrecht auf die Kinder der Frau hat, das er aber durch Fortsetzung seiner Fürsorge auch aufrecht erhalten muß. — „Wie die Eheschließung ohne Formalitäten erfolgt", fährt Vedder (55) fort, „so ist auch zur Ehescheidung keine anerkannte Autorität vorhanden. Doch wird der vorsichtige Mann sein Vorhaben stets den Alten am heiligen Feuer zur Begutachtung vorlegen, und die Frau, die ihren Mann zu verlassen gedenkt, sucht zuerst die Meinung der Verwandtschaft zu erfahren. Nicht selten kommt aber nach mehrjähriger Trennung eine Aussöhnung zustande, die immer vom Manne ausgeht. Die gewöhnliche Ursache ist die Kunde, daß irgend ein Anderer die Absicht hat, die Verstoßene zu ehelichen."

In ganz ähnlicher Weise lassen sich auch die verschiedenen Nachrichten über die Ehescheidung bei den Australiern zusammenfassen. Mal. (63 bis 65) gelangt bei seiner Übersicht über die gesamte einschlägige Literatur zu dem Ergebnis, daß die Ehe bei den Australiern in erster Linie auf eine Bindung der Frau hinausläuft. Schon aus diesem Grunde hat der Mann keine Veranlassung, seine Frau fortzujagen. Im Gegenteil, er versucht auf jede Weise durch persönliche Macht und sozialen Einfluß, einen Versuch von ihrer Seite, sich ihm zu entziehen, zu verhindern. Das gilt nicht nur, wenn sie jung ist, denn die ältere arbeitet um so besser in der Pflanzung und trägt zu der Versorgung mit Nahrungsmitteln bei. Dadurch wird er nicht daran gehindert, später vielleicht eine jüngere Nebenfrau zu erwerben. Es sind Beispiele vorhanden, die bei der Behandlung von älteren Ehefrauen große Zuneigung an den Tag bringen. Zweifellos dauern viele Ehebünde das Leben hindurch. Die früher verbreitete Ansicht, daß alte Frauen ohne weiteres als nutzlos von ihren Gatten verlassen würden, läßt sich nicht aufrechterhalten. Außerdem müssen wir uns erinnern, daß gewöhnlich ein großer

Altersunterschied zwischen Gatte und Gattin besteht. Da Kinder oft mit reifen Männern verlobt werden, sind ihre Gatten schon alt, wenn die Mädchen erst die Reife erlangen. Sie bleiben natürlich bis zum Tode des Mannes bei ihm und fallen nachher dessen jüngerem Bruder oder einem anderen entsprechenden Verwandten zu. Wenn wir uns das alles vor Augen halten, so kann es uns nicht wundern zu vernehmen, daß Fälle von Ehescheidung nicht häufig sind. Das schließt natürlich nicht aus, daß es gelegentlich, namentlich besonders reizvoller Frauen wegen, zu Kämpfen oder Entführungen kommt. Auch Curr ([83] 60 u. 110) sagt: der Ehemann ist ein Autokrat. Er kann seine Frau so schlecht behandeln, als er mag, aber nur selten wird er sie gegen eine andere austauschen, wegschicken oder sich von ihr scheiden. Er tötet sie auch schon deshalb nicht, weil sonst ihre Verwandten sich an einem von seiner Sippe rächen würden (vgl. a. Westmck. [01] 356ff).

Von den verhältnismäßig unsteten Grönländern berichtet dagegen Nans. ([91] 119), daß man schnell mit der Scheidung fertig ist. Der Mann braucht sich des Abends nur zurückzuziehen und dabei kein Wort zu sprechen, wenn er sich schlafen legt. Sie merkt dann sogleich die Absicht, sammelt am nächsten Morgen ihre Kleider zusammen und kehrt in aller Stille in ihr Elternhaus zurück, indem sie gewöhnlich tut, als ginge es ihr gar nicht nahe. Besonders leicht ermöglicht sich die Scheidung, solange noch keine Kinder da sind. Hat die Frau schon ein Kind, und ist dieses gar ein Knabe, so hat das Eheverhältnis in der Regel mehr Bestand. Bei Freundschaftsverträgen zum Frauenaustausch kommt es bisweilen vor, daß die eingetauschte Frau vom Freund behalten wird (124). Trotz der sanftmütigen Art der Eskimos ereignen sich indessen auch bei ihnen gelegentlich häusliche Szenen, die einen blutigen Ausgang nehmen (Holm 102; Nans. 125).

Einfluß besonderer Sitten auf die Ehescheidung. — Während bei den erwähnten Jäger- und Fischerstämmen die Unstetheit des Lebens zweifellos auch in der Gestaltung der Ehe sich abzeichnet, haben wieder andere Einrichtungen, wie bei den Krähenindianern mit ihren eigenartigen kriegerischen Gesellschaften, einen ähnlichen Einfluß auf den Bestand der Ehen. Dabei handelt es sich hauptsächlich um festliche Vorgänge, die aber tatsächlich in eine Art Frauenaustausch zu münden scheinen. Teils werden bei solchen Festen die Frauen von ihren Männern öffentlich weggeschickt, um damit Bravourstücke ihrer Seelenstärke zu geben, ohne Rücksicht darauf, ob die Frauen Kinder hatten oder nicht. Zwei solcher Kriegsorganisationen begannen früher im Frühling, sich gegenseitig die Frauen zu stehlen, aber nur solche sollten ihnen dabei zum Opfer fallen, mit denen sie schon früher Beziehungen unterhielten. In dergleichen Fällen konnte der Ehemann nichts machen, und jeder Versuch der Gewaltanwendung würde sogar sein gesellschaftliches Ansehen in Frage gestellt haben. Doch kamen bei diesen Räubereien nur solche Frauen in Betracht, die mit einem Angehörigen des einen oder anderen der Kriegsgesellschaften verheiratet waren. Bei dem öffentlichen Wegjagen ist allerdings zu bedenken, daß in der Praxis ein Mann wohl lange zögerte, bevor er eine tugendhafte und tätige Frau entlassen hätte (Lowie [12] 223, [13] 169).

Eine Geschichte, die Anlässe zu Mißhelligkeiten und Streitereien unter Familien von Naturvölkern beleuchtet, berichtet Müll.-W. (229f) von der Karolineninsel der Südsee *Yap*. Hier hatte der Bruder der Ehefrau versucht, der Schwester des Gatten nachzustellen. Letztere wies ihn ab und wendete sich gegen ihre Schwägerin, die nun aus Angst zu ihrem Bruder flüchtete. Ein Grundstück der Ehefrau nahm nun die beleidigte Schwägerin auch noch in Anspruch und bepflanzte es mit Taro. Trotzdem kehrte die Frau später auf Bitten ihres Gatten in sein Haus zurück. Bei einem Fest verdächtigte die Sippe des Gatten die Sippe der Frau, welche das Essen besorgt hatte, daß sie die Nahrungsmittel gestohlen hätten. Darauf verließ die Frau wieder ihren Gatten. Der Letztere war nun damit einverstanden, verlangte aber die mitgenommenen Kinder zurück. Trotz der auf Yap sonst herrschenden Mutterfolge beanspruchte doch der Mann die Kinder der Frau. Auch von der mikronesischen Insel Kusae hören wir (Sarf. [20] 308), daß im Falle der Ehescheidung die Kinder der Familie des Vaters ausgeliefert werden müssen, Säuglinge dürfen nur die ersten Jahre bei der Mutter verbleiben. Genau dasselbe wird von den Banjangi im NW-Kamerun berichtet (Stasch. [17] 23). Hier hören wir auch, wie Ehemänner, denen ihre Frauen entlaufen waren, sie in drastischer Weise durch einen Trupp Dorfgenossen zurückholen und unter Getrommel, Gesang und Verhöhnung der johlenden Truppe wieder nach Hause bringen.

Bei extrem mutterrechtlichen Einrichtungen stellt sich die Ehescheidung anders dar, so z. B. bei den Puebloindianern. Hier lebt der Gatte im Heim seiner Frau, aber gewissermaßen ohne Heimrecht. Im Falle der Ehescheidung verläßt er das Haus und kehrt zu seiner Familie zurück, nämlich zu seiner Mutter und seinen Schwestern, wo in der Tat sein Heim ist.

Die Ehescheidung in der gestaffelten Gesellschaft. — Bei höheren Naturvölkern bewirken die Eigentumsansprüche und die gelegentlich der Verehelichung gemachten Geschenke eine Erschwerung der Ehescheidung. Bei den Herero (Stnm. [03] 305) kann der Mann, wenn die Frau ihn verläßt, das vor der Hochzeit dem Vater der Frau gegebene Vieh zurückverlangen. Und von den Diakite-Sarrakolesen des französischen Sudan hören wir, daß der Mann seine Frau verstoßen kann, wenn er ihr den Brautpreis zurückgibt. Aber auch die Erzeugnisse ihrer persönlichen Arbeit erhält sie. Die Kinder bleiben bei ihrer Mutter, die Knaben bis sie die mütterliche Pflege entbehren können, die Mädchen bis zu ihrer Heirat; aber der Vater gibt sie zur Ehe, und ihm liegt die Erziehung seiner Söhne ob (Stnm. [03] 109). Bei den Banaka und Bapuku von Batanga an der Küste von Kamerun kann der Gatte die Frau, wenn sie fortläuft, zurückfordern, weil er sie bezahlt hat. Will er sie loswerden, so muß er dem Vater und ihrer Familie entsprechende Gründe vortragen, um von ihnen den Brautpreis zurückzuerhalten. Auch hier steht dem Vater das Recht auf die Kinder zu, die bei der Mutter nur so lange gelassen werden, als sie klein sind (Stnm. 37/38). Bei den ostafrikanischen Waschambala, Hirten und Feldbauern, kann der Mann die Frau verstoßen, und die Verstoßene geht ihrer Kinder, Hütte und Geräte, die sie vom Manne bekommen hat, verlustig. Doch die eigenen Geräte nimmt sie mit, wenn sie in ihr Vaterhaus zurückkehrt. Sie wird wieder dem Geschlecht ihrer Eltern zugerechnet. Der Preis der Frau ist bei der Scheidung dem Manne zurückzuzahlen. Die Kinder bleiben beim Ehemann. Sind aber keine Kinder da, so erhält er das als Brautpreis bezahlte Vieh mit den Jungen, also mit den Zinsen des Kaufpreises (Stnm. 231). Diese Vorschrift beleuchtet in drastischer Weise, wie die Eigentumsansprüche gegen die Frau ausgelegt werden.

Die Schuldfrage. — Bei höheren Völkern wird zwar nicht die Zulässigkeit der Scheidung selbst in Frage gezogen, aber in bezug auf die Ordnung der wirtschaftlichen Angelegenheiten, namentlich wegen der Rückzahlung des Brautpreises, wird vielfach die Frage aufgeworfen, ob ein **Grund** zur Verstoßung der Frau vorlag, es wird also die Schuldfrage aufgerollt. Das Gleiche gilt auch in bezug auf das Scheidungsverlangen der Frau. Im allgemeinen kann man sagen, daß dem Mann die Verstoßung der Frau zugestanden wird bei Untreue, Kinderlosigkeit, Verbrechen, manchmal auch schon bei körperlichen oder Charaktermängeln. Der Frau wird die Trennung erlaubt bei wiederholter Mißhandlung durch den Mann, ungenügender Versorgung mit Speise oder Kleidung oder lang dauernder Abwesenheit, sowie auch bei Verbrechen und schlechtem Lebenswandel oder Impotenz. Gewöhnlich flüchtet die Frau ins Vaterhaus. Mitunter ist die Ehe auf Grund beiderseitiger Übereinstimmung lösbar (Post [95] 107ff).

Die Scheidung wird gewöhnlich formlos vollzogen. Über das Schicksal der Kinder entscheidet z. T., aber nicht ausschließlich, das Verwandtschaftssystem. Wenn die kleinen Kinder in der Regel der Mutter belassen werden, so wird doch im allgemeinen dem Vater das Recht zugestanden, wenn sie über die erste Kindheit hinaus sind, sie zu beanspruchen, aber auch andere Verteilungsarten kommen vor.

Wiederverheiratung. — Bezüglich der Wiederverheiratung gelten verschiedene Vorschriften. Schwierigkeiten ergeben sich für die Frau vor allem wegen des Kaufpreises. Bisweilen kann sie sich nur wieder verheiraten, wenn sie, wie bei den Somali, den Brautpreis zurückzahlt (Post [87] 451). Bei den alten Persern muß die Frau aus der Gewalt (*manus*) des Mannes entlassen werden, um wieder heiraten zu können. Dies wird jedoch nur in der Form einer Witwenheirat als Nebenfrau ermöglicht, und die Hälfte der Kinder gehört dann dem ersten Mann. Entläßt er die Frau aber nicht aus seiner Gewalt, so kann sie zwar wieder heiraten, doch alle Kinder fallen ihm zu. Nur wenn der Ehemann seine Frau aus seiner Gewalt in die Gewalt eines anderen übergibt, gehören alle Kinder dem neuen Gatten. Die erstgeborenen Kinder werden bei der Vermögensverteilung jedenfalls immer bevorzugt (West [80] 142f Anm. 10). Bei diesem Verfahren kommen Gedankengänge in Betracht, in denen die von den Kindern zu erwartende Ahnenverehrung entscheidend in den Vordergrund tritt.

Grundzüge der Ehescheidung bei archaisch-patriarchalischen Völkern. — Einerseits die angedeuteten Gedankengänge, anderseits die Ausbildung des familiaren Patriarchats und der politischen Herrschaft machen die Ehe bei diesen Völkern zu einer beinahe unauflöslichen Institution von sakralem Charakter, wie bei den meisten frühen arischen Hirten-Eroberern (Vinogd. [20] 257). Das frühe römische und griechische Recht trägt auch durchaus den Stempel dieser Verhältnisse. Nach dem alten deutschen Ehescheidungsrecht gab es 1. eine einseitige Scheidung von seiten des Mannes durch Verstoßung, die später eingeengt und auf die Fälle von Ehebruch und Unfruchtbarkeit beschränkt wurde. Letztere hat man später unter dem Einfluß der Kirche ebenfalls ausgeschieden. Verstieß der Mann die Frau ohne rechtmäßigen Grund, so hatte er die Fehde ihrer Verwandten zu gewärtigen und war bußpflichtig. Unter dem Einfluß des römischen Rechtes erhielt die Frau in der fränkischen Zeit die Befugnis, im Falle schwerer Mißhandlung sich einseitig vom Manne loszusagen. 2. Wurde der Mann friedlos erklärt, so wurde dadurch auch das eheliche Band zerrissen: die Frau des Friedlosen galt als Witwe. 3. Wie das älteste Recht, so kannte auch noch die fränkische Zeit eine absolute Freiheit der Ehescheidung durch gegenseitiges Übereinkommen. Der Scheidungsvertrag wurde zwischen dem Ehemann und der Sippe seiner Frau abgeschlossen; er war der Regelfall der Ehescheidung (Hübn. [13] 541f).

Leichtlösbare Eheformen. — Einrichtungen, von denen mitunter viel Aufhebens gemacht wurde, die aber nicht auf Grund juristischer Konstruktionen, sondern im Zusammenhang mit verschiedenen Sitten zu beurteilen sind, sind Ehe auf Probe, auf Zeit und auf Miete.

Bei der sogenannten Ehe auf Zeit, die z. B. bei gewissen schiitischen arabischen Stämmen, besonders aber in Persien üblich ist, handelte es sich teilweise um Eheschließungen für den Fall, daß dem Mann die Mittel zu einer vollgültigen Ehe nicht zur Verfügung standen oder um Verbindungen, die Reisende an verschiedenen Orten ihres Aufenthaltes abschlossen. Von daher mag auch diese Sitte zu den Negerstämmen von Senegambien gedrungen sein. Es scheint sich dabei im Grunde um Einrichtungen des Heterismus zu handeln (Wilk. [03] 21/23, 33). Ganz ähnlich steht es mit der Ehe auf Miete. Anders hingegen haben wir die sogenannte Ehe auf Probe zu beurteilen. Sie hängt vielmehr mit gewissen an die Verlobung sich knüpfenden Ansprüchen zusammen, insbesondere aber mit dem Abdienen des Brautpreises durch den Bräutigam beim Schwiegervater.

d) Polygamische Verbindungen.

Arten und Abgrenzung der Polygamie. — Unter Polygamie, Mehrehe, versteht man die eheliche Verbindung eines Mannes oder einer Frau mit einer Mehrzahl von Partnern des anderen Geschlechts. Besitzt ein Mann mehrere Frauen, so spricht man von Polygynie, Vielweiberei; unterhält eine Frau regelmäßige und dauernde Geschlechtsbeziehung zu mehreren Männern, so nennt man ein solches Verhältnis Polyandrie, Vielmännerei. Monogamie ist die Dauerehe eines Vertreters des einen Geschlechts mit einem solchen des anderen.

Diese Art von Verbindung eines Einzelnen mit einer Mehrheit von Partnern des anderen Geschlechts muß von Verhältnissen unterschieden werden, bei denen eine Mehrheit von Personen des einen Geschlechts einer Mehrheit von solchen des anderen Geschlechts gegenübertritt. Ist die Zahl dieser Personen unbegrenzt, und sind die Beziehungen ungeregelt, so wird ein solches ungeordnetes Geschlechtsleben als Promiskuität bezeichnet. Wird indessen nur eine bestimmt umgrenzte und in der Regel durch Verwandtschaft in herkömmlicher Weise umschriebene und individualisierte Anzahl von Angehörigen des einen Geschlechts mit einer entsprechenden Anzahl des anderen zum Geschlechtsverkehr zugelassen, so liegt Gruppenehe vor. Es kommt vor, daß solche gruppenehelichen Beziehungen nur gelegentlich von Festen oder in außerordentlichen Fällen, dann aber regelmäßig unter denselben bestimmten Personen, zugelassen werden. Dann hat man es mit Nebenehe zu tun. Verlieren solche nebenehelichen Beziehungen ihre verwandtschaftliche oder sonstige Regelung, werden sie auf nur kurze, vorübergehende Zeit eingeschränkt, durch Geld belohnt und moralisch entwertet, so heißt man ein derartiges Verhältnis Prostitution.

Eine jede dieser verschiedenen Gestaltungen der Sexualbeziehungen hängt mit bestimmten politischen und sozialen Bedingungen zusammen und wird von je einer bestimmten, der gesamten Geistesverfassung der jeweiligen Kultur entquellenden Ideologie getragen.

Wie liegen diese Dinge nun bei der Polygamie? Wie schon angedeutet, müssen wir zwischen den zwei Erscheinungsformen: der Vielweiberei und Vielmännerei, unterscheiden. Da insbesondere die Polygynie durch verschiedene politische und soziale Voraussetzungen bedingt sein kann, dürfte es angezeigt sein, eine niedrigere gerontokratische von einer patriarchalisch-vaterrechtlich-archaischen zu unterscheiden.

Gerontokratische Polygynie. — Die niedrige gerontokratische Polygynie ist eine bei den meisten Naturvölkern vorkommende Erscheinung. Wer es sich leisten kann, nimmt sich noch eine zweite oder dritte Frau, und zwar aus wirtschaftlichen Gründen. Denn die Frau stellt eine Bereicherung der Wirtschaft dar. Der gewöhnliche Mann muß allerdings in der Regel auf diesen Luxus verzichten. So tritt häufig eine tatsächliche, jedoch keineswegs, wie manchmal behauptet wird, eine prinzipielle Monogamie auf, während die angeseheneren Leute zwei oder drei, selten mehr Frauen besitzen. So liegen die Verhältnisse z. B. bei den Jägern und Sammlern in Australien, auf den Andamanen-Inseln (Brown A. R. [22] 70ff, 75, 80), bei den Bergdama-Jägern Südwestafrikas usw. So ist es auch bei Völkern, bei denen die Männer zwar Jäger, die Frauen jedoch bereits zum Grabstockbau übergegangen sind, wie etwa auf Neu-Guinea (Keyss. [11] 85ff, 90, 92) und dem Bismarck-Archipel (Park. [07] 61, 66, 267).

Bei den Australiern wirkt sich die gerontokratische Tendenz der dortigen Stämme sowohl in Vorrechten bei der Ernährung als auch in den Beziehungen unter den beiden Geschlechtern aus. Alte und besonders einflußreiche Männer sichern sich in der Regel mehrere Ehegenossen. Die jüngeren Männer bleiben daher häufig noch lange Zeit nach ihrer Reife unbeweibt oder leben mit viel älteren Frauen zusammen, die ihnen von verstorbenen Verwandten vererbt worden sind (Levirat), oder die ihnen ältere Gruppengenossen freiwillig überlassen haben (s. weiter unten). Umgekehrt besitzen die Senioren der Gruppe neben einer alten häufig auch noch eine oder mehrere junge Gattinnen, da es ihnen vermöge ihres Ansehens oder durch die Möglichkeit des Austausches von Töchtern stets ein leichtes ist, sich weitere und dann meist ganz junge Frauen zu sichern. Ja, mit dieser Vorzugsstellung begnügen sich die Alten nicht, sondern sie üben gleichzeitig die Kontrolle über das gesamte vor- und neben eheliche Leben der Gemeinschaft aus und verstehen es, dabei ihren Vorteil zu wahren. Nach Hwtt. ([04] 182) werden die *Pirrauru*-Weiber der Dieri vom Rate der Alten den Männern zugeteilt, und dieser sorgt auch für einen gewissen Ausgleich, indem er gelegentlich einen Besitzer von mehreren *Pirraurus* dazu anhält, einige davon abzugeben. Einflußreichere Gruppenmitglieder verfügen über mehr Nebenfrauen als andere, und es soll eine große Ehre für einen jüngeren Mann sein, wenn ihm ein angesehener Alter eine seiner *Pirraurus* überläßt (Hwtt 50). Auch die verschiedenen nebenehelichen Beziehungen bei den *Corroborries* und anderen festlichen Orgien, sowie der Frauentausch zur Abwehr drohender Übel unterstehen ausschließlich der Kontrolle der Alten (Mal. [13] 106). Bei einigen Stämmen Zentralaustraliens und Queenslands steht den alten Männern eine Art *jus primae noctis* zu, das an den in das Pubertätsalter tretenden Mädchen gelegentlich der Weihefeiern ausgeübt wird (Spenc. u. G. [99] 92ff; Knabh. [19] 68).

Da bei den Bergdama Südwestafrikas die Frauen die wichtigsten wirtschaftlichen Arbeitskräfte darstellen, bedeutet ihr Besitz Reichtum. Das Weib als Sammlerin sorgt nicht nur für sich selbst, sondern gibt dem Manne noch von ihrem Vorrat ab, wofür ihr wieder bestimmte Stücke der Jagdbeute des Mannes zufallen. Das Halten mehrerer Frauen bringt also eher eine wirtschaftliche Erleichterung mit sich als eine Erschwerung. Allerdings fehlt es auch nicht an Eifersüchteleien unter mehreren Frauen, die zu Schlägereien führen können oder dazu, daß die eine der anderen aus Rache den Finger abbeißt. Der Besitz von mehreren Frauen kommt jedoch in der Regel nur für den Sippenältesten in Betracht, der zugleich das Haupt der souveränen Gemeinde darstellt. Wer von diesen Alten zu einigem Wohlstand gekommen ist, begnügt sich nicht mit einem Weibe; drei oder mehr sind beim Sippenhaupt keine Seltenheit; doch bleibt die erste Frau die Hauptfrau. Die Nebenfrauen werden verschieden bezeichnet, je nachdem, ob sie der Sippe des Mannes oder einer anderen entstammen. Der Hausvater muß, dem Brauch entsprechend, der Reihe nach, nicht nach Willkür, abends Einkehr in den verschiedenen Hütten halten. Bei einer säugenden Mutter kehrt der Vater aber nur des Tages ein (Vedd. [23] 39f, 55). Doch führt die partielle Vielweiberei auch bei den Bergdama dazu, daß viele Männer auf den Besitz von Frauen verzichten müssen, da für den Armen keine Frau übrigbleibt. Insbesondere verhilft der Ziegenbesitz zu Frauen (179).

Von der eigentlichen Vielweiberei muß prinzipiell die sehr häufige Levirats-Polygamie unterschieden werden, die darin besteht, daß ein Mann die Witwe seines Bruders, Vetters, ja auch seines Vaters usw. zu sich nimmt. Diese Frau arbeitet in der Pflanzung, und der Mann erfreut sich wirtschaftlicher Vorteile.

Sukzessive Polygamie. — Hier und da begegnen wir in stark mutterrechtlich betonten Gesellschaften einer sukzessiven Polygamie, die darin besteht, daß nach einer hergebrachten Weise die jüngeren Personen des einen Geschlechts zunächst mit alten des anderen in Verbindung treten, hierauf mit gleichaltrigen und schließlich, wenn sie alt geworden, mit jungen. Dabei wird z. B. angegeben, daß es sich vor allem darum handelt, daß die jüngeren durch die älteren des anderen Geschlechts belehrt und erzogen werden sollen.

Eine derartige sukzessive Polygamie ergibt sich schon dort überall, wo der Bestand der Ehebündnisse, namentlich in den mutterrechtlich orientierten Gemeinwesen, oft sehr lose ist und Trennungen an der Tagesordnung sind. So sagt z. B. Russ. ([08] 183ff) von den Pima-Indianern, daß sie „früh und oft" heiraten. Die Ehen wurden leicht gelöst und zwar in der Regel durch die Initiative der Frau.

Die leichte Lösbarkeit der Ehe führt namentlich auch bei den Grönländern zu einem häufigen Wechsel. Ist der Mann seiner Frau überdrüssig, so braucht er sich nur von ihr zurückzuziehen, ohne ein Wort zu sprechen, wenn er sich schlafen legt. Sie merkt dann sogleich die Absicht, sammelt am nächsten Morgen ihre Kleider und kehrt in ihr Elternhaus zurück. So kommt es, daß Frauen manchmal mit zehn Männern hintereinander verheiratet waren. Hat die Frau ein Kind, und ist dieses gar ein Knabe, so gewinnt das Eheverhältnis dadurch an Bestand. Wenn eine Frau keine Kinder bekommt oder keine Kinder mehr haben mag, so wendet sie nichts gegen eine zweite Frau ein, wenn der Mann mehr als eine Frau ernähren kann. Die erste Frau erscheint jedoch immer als die Vornehmste (Nans. [91] 119ff).

Über die Tupi in Brasilien erfahren wir aus einem Reisebericht des 16. Jahrhunderts, daß bei ihnen die alten Männer junge Frauen und die jüngeren Männer alte Frauen besaßen. Als Begründung wird für diese Sitte angeführt, daß die Tupi sagen, das ältere Geschlecht habe immer mehr Erfahrung, und so sei es angebracht, daß zur Erziehung eine ältere Person sich mit einer jüngeren zu einer Gemeinschaft zusammenschließe (Quev. [19] 422; vgl. a. Thom. [06] 117).

Noch stärker systematisiert erscheint diese sukzessive Polygamie in der Heiratsordnung der Bánaro von Neu-Guinea, bei der zunächst eine Verbindung zwischen einem bestimmten, verwandtschaftlich festgesetzten Sippenalten mit dem zur Weihe gebrachten Mädchen stattfindet („*jus primarum noctium*"), bis dann ein durch Nebenehe unterbrochenes, eheliches Zusammenleben dieser Frau mit einem angeheirateten, gleichaltrigen Mann stattfindet, während die Jünglinge nach der Weihe zunächst mit alten Frauen in Verbindung treten (T. [21]).

Auch andernorts, wie z. B. auf der Insel Nauru, sind die Altersunterschiede so bedeutend, daß ein Jüngling von 18 Jahren sich mit einer vierzigjährigen und noch älteren Frau verbindet (Hambr. [14] 1 253). Senfft ([96] 106), der auch von diesem Brauch berichtet, meint, daß der junge Ehemann dabei von der Ansicht ausgehe, daß eine ältere Frau für ihn besser sorge als eine jüngere. Diese Umstände führen natürlich dazu, daß die Ehe bald von männlicher Seite, bald von weiblicher Seite aufgelöst wird, was zu einem sukzessiven Wechsel der Paare führt (Kays. [17—18] 238).

Auch bei einigen älteren Stämmen in Europa wird von einer solchen ungleichaltrigen Heirat berichtet, und zwar bei den alten Preußen, in Litauen, bei den Russen und ferner in Transkaukasien (Herm. [05] 382).

Polyandrie. — Der Erscheinung der Vielmännerei der Frauen begegnen wir hauptsächlich in mutterrechtlichen Gebieten. Sicher fehlt ihr das Besitzgefühl des Mannes gegenüber der Frau. Denn von den mehr patriarchalisch eingestellten australischen Aranda und Loritja hören wir durch Strehlow, daß Mangel an Frauen dazu führt, daß die Männer erst dann zur Heirat zugelassen werden, wenn ihnen die ersten grauen Haare sprießen. Der Mangel an Frauen führt also in diesem Fall zum Hinausschieben des Heiratsalters. Allerdings fehlt es nicht an illegitimen Beziehungen. In der mutterrechtlichen Gesellschaft bestehen solche Hemmungen nicht: statt das Heiratsalter hinauszuschieben, beteiligen sich mehrere, gewöhnlich Brüder oder Vettern, an dem Besitz einer Frau — eine Sitte, die ja aus gruppenehelichen Beziehungen bekannt ist. Man ersieht jedoch daraus, daß ein zahlenmäßiges Mißverhältnis allein eine Institution nicht bedingen kann, sondern daß es darauf ankommt, auf was für eine Geistesverfassung dieser „soziologische Reiz" einwirkt.

Bei den nordsibirischen Gilyaken nehmen die Männer ihre Frauen aus derselben Gruppe, wie es ihre Väter taten. Auf diese Weise sind sie mit ihnen stets verwandt. Aber auch die Brüder des Mannes besitzen Frauen der gleichen Gruppe. Jedoch nicht allein das, sondern es scheinen sehr weitgehende Freiheiten unter den Brüdern und Schwestern gegenseitig zu bestehen, so daß die Frauen und Kinder eines Mannes auch gleichzeitig die seines Bruders sind (Czap. [14] 44). Hat nun ein Bruder nur eine Tochter und die Schwester mehrere Söhne, so kann nach der Heiratsordnung nicht jeder Mann eine individuelle Frau haben; jedoch alle, die in einem bestimmten Verwandtschaftsverhältnis stehen, besitzen das Recht auf sexuellen Verkehr mit einer bestimmten, durch die Heiratsordnung vorweg festgesetzten Person. Ebenso kann eine Frau während der Abwesenheit ihres Mannes mit einem jeden Mann, der in dem erlaubten potentiellen Sexualverhältnis (*pu*) zu ihr steht, auch sexuellen Verkehr pflegen. Gewöhnlich sind das die Brüder des Gatten oder wenigstens diejenigen *pu*, die in demselben Dorfe leben. Sie machen auch tatsächlich von diesem Vorrecht Gebrauch. Manchmal kommt auch ein Mann von einem entfernten Ort, der hört, daß eine *angy* (potentielle Gattin) in einem bestimmten Dorfe lebt, dorthin und beansprucht sein Recht. Bei einer ungünstigen Verteilung der Geschlechter ergibt sich daraus Polyandrie. Jedoch ist zu beachten, daß diese Rechte immer nur während der Abwesenheit des eigentlichen Ehegatten ausgeübt werden, also nebenehelichen Charakter tragen. Insbesondere bleibt der eigentliche Gatte nicht indifferent, wenn er einen potentiellen Gatten *in flagranti* mit seiner Frau antrifft, obgleich er zu keinerlei Eifersuchtshandlung schreiten wird (Czap. [14] 99ff).

Über derartige gemeinsame Beziehungen einer Frau mit den männlichen Familienangehörigen ihres Gatten wird z. B. auch von den Sakai der Halbinsel Malakka berichtet (Skt. u. Blgd. [06] 2 56, 68).

Vor allem sind polyandrische Verhältnisse in verschiedenen indischen Gegenden (vgl. Z. vgl. Rw. 8 3. 92, 240; ebd. 10 68 Kohler), insbesondere bei den Todas (Riv.), heimisch, sowie in Tibet (für Sumatra s. Coll. [22—23] 174ff, für Arabien Wellh. [97] 206 Anm. 3).

Polyandrie herrschte bei den vorkeltischen Bewohnern Irlands, bei denen übrigens auch von Männerkindbett berichtet wird. Als das monogamische Verhältnis aufkam, wurde es im Gegensatz zum polyandrischen und bretonischen als „*pried*" (privatus) bezeichnet (Meyer [20] 100f).

Polygynie der gestaffelt-patriarchalischen Gesellschaft. — Die Polygynie der vaterrechtlich-patriarchalischen Völker trägt deshalb andere Züge, weil sie mit einem Herabdrücken der Stellung der Frau verknüpft ist und das wirtschaftliche Moment der Vielweiberei zugleich eine wirtschaftliche Abhängigkeit der Frau kennzeichnet. Der niedrigen Polygynie fehlt diese fast völlig. Indessen verbessern mutterrechtliche Züge auch hier oft die weibliche Position viel mehr, als es nach den äußerlichen Formen den Anschein hat.

Bei den Wahenga des Nyassa-Landes baut der Mann besondere Häuser für eine jede seiner Frauen. Die Kinder unterscheiden sich im Rang nicht gemäß ihrem Alter, sondern nach dem Alter ihrer Mutter. Der Sohn der ersten Frau muß verlobt werden, bevor für einen anderen der Preis seiner Verlobten bezahlt wird. Der Gatte muß auch zuerst den Garten der Hauptfrau bestellen und darf den anderen Gattinnen kein Geschenk geben, bevor er nicht der Hauptfrau eines von gleichem Wert gebracht hat. Oft heiratet der Mann die jüngere Schwester einer seiner Frauen hinzu. Das lieben die Frauen deshalb, weil die jüngere Schwester dann in ein Abhängigkeitsverhältnis von der älteren gerät. Für eine solche jüngere Schwester braucht auch der Mann nur eine geringere Summe zu zahlen (Sands. [22—23] 137). Diesem polygamischen Verhältnis liegen zweifellos Auffassungen zugrunde, wie wir sie so häufig in der Anteilnahme der Geschwister an den sexualen Beziehungen finden. Jedoch wird entsprechend dem sonst herrschenden Rangsystem auch unter die Frauen eines Mannes dieser Staffelungsgedanke gebracht, indessen mit einer Betonung des mutterrechtlichen Gesichtspunktes. Letzterer kommt auch darin zum Ausdruck, daß der Mann nicht als unumschränkter Gebieter seiner Frauen auftritt, sondern der Hauptfrau gegenüber besondere Verpflichtungen hat.

Die Ehe der Diakite-Sarrakolesen im französischen Sudan (westliches Afrika) ist polygamisch: jeder Mann darf vier legitime Frauen haben. Wenn diese Frauen in Harmonie leben, können sie zusammen wohnen; aber jede von ihnen muß eine eigene Hütte oder ein eigenes Zimmer haben; können sie sich nicht verständigen, so ist der Mann verpflichtet, sie auf ihr Verlangen abzusondern und ihnen nicht nur eigene Hütten zu geben, sondern Hütten, die vollständig, z. B. durch eine Mauer, getrennt sind. Bisweilen können die Wohnungen sogar weit voneinander entfernt sein: in dem einen wie im anderen Falle gibt es ebensoviele selbständige Haushaltungen als Gattinnen. Eine der Frauen erfreut sich einer bevorzugten Stellung, die jedoch nicht von ihrer Familie oder ihrer Verwandtschaft abhängt, sondern nur von der größeren Zuneigung des Mannes, ihr also den Charakter einer „Favoritin" gibt. Sie kann daher durch eine neue Gattin oder durch irgendeine andere aus ihrer Stellung verdrängt werden. Die Oberfrau hat keine Gewalt über ihre Genossinnen oder deren Kinder; sie erhält nur ihre Wünsche leichter erfüllt und mehr Geschenke als die anderen. Ihre Kinder nehmen eine bevorzugte Stellung ein, aber nur solange der Vater lebt (Nicole bei Stnm. [03] 97f). — Dieser Fall zeigt die Einwirkung islamitischer Auffassung.

Monogamie. — Wir müssen zwischen einer tatsächlich geübten, einer „Not-Monogamie" und einer prinzipiellen Monogamie, die von einer moralischen Ideologie getragen wird, unterscheiden. Die erstere ist gerade bei niedrigen Stämmen von Jägern sehr verbreitet und fehlt auch sonst keineswegs. Gerade in diesem Punkt begegnen in der wissenschaftlichen Auswertung nach jedem Extrem zu bizarrer Übertreibung strebende Richtungen: die eine, welche eine ungebundene Promiskuität gelten lassen möchte, und die andere, die ideale Monogamie zu finden vorgibt. Die Wirklichkeit liegt in der Mitte. Das sexuelle Leben der Naturvölker ist viel mehr geordnet, als man früher bei uns glauben mochte. Kein ehrlicher Kenner dürfte aber die niedrigen und noch weniger die höheren Naturvölker, von ganz wenigen Ausnahmen abgesehen, als Verfechter der prinzipiellen Monogamie zu bezeichnen wagen. Die Monogamie kommt in der Regel bei diesen Völkern so zustande, daß das Verhältnis der Geschlechter das Halten von mehr als einer Frau nicht gestattet. Allerdings ist in Rücksicht zu ziehen, daß die Tendenz zur Monogamie durch verschiedene Faktoren im Laufe der Kulturgestaltungen Hemmungen erfährt. Am bedeutendsten ist die, daß es für ein Zeichen der Geltung, und später der wirtschaftlichen und auch politischen Macht, angesehen wird, wenn einer mehrere oder viele Frauen besitzt. Waren die mehreren Frauen tatsächlich Helferinnen eines Mannes, so werden sie später zu bloßen Geltungs- und Machtsymbolen. Daraus folgte, daß die heiligen Fürsten vielfach das Recht auf alle Frauen ihres Landes beanspruchten, daß weiterhin die politische Oberschicht in dem Geltendmachen ihres Rechtes auf die Frauen der anderen Schichten einen Bestandteil der Betätigung ihrer politischen Macht erblickte. Aus dieser Auffassung entsprang auch die Einstellung der Despotien des alten Orients mit ihren oft Hunderten von Frauen des königlichen Harems. Es ist keine Frage, daß in dieser Gestaltung der Dinge eine starke Verzerrung der biologischen Voraussetzungen lag. Indessen dürfen wir nicht vergessen, daß auch diese biologischen Vorausetzungen für verschiedene Rassen und Völker sicher nicht ganz gleich sind, wie etwa das Beispiel verschiedener Stämme, die Arabien bewohnen, lehrt.

Eine starke Tendenz zur Monogamie ist z. B. bei den Beduinen vorhanden, die im Gegensatz zu den anderen Arabern Polygamie nicht pflegen, und bei denen selbst Konkubinat mit Sklavinnen selten ist. Nimmt ein Mann im Hadramaut dennoch eine zweite Frau, so verläßt die erste sofort das Haus des Gatten und begibt sich zu ihren Eltern. Nur diejenigen Leute, die wo anders ihr Glück suchen, nehmen die fremden Sitten an und werden polygamisch. Daher weigern sich die Frauen, ihren Gatten außer Landes zu folgen. Die Folge war, daß die Bewohner von Hadramaut, die nach dem indischen Archipel auswanderten, dort sich mit Malaiinnen und Chinesinnen vermischten (Berg [86] 96f).

e) Nebenehe.

Wirtschaftliche und sexuelle Momente. — Daß Naturvölker keineswegs ein sexuell ungezügeltes Leben führen, wie man früher meinte, zeigen die zahlreichen Heiratsordnungen und ähnliche Vorschriften. Diese Schranken sind allerdings verschiedener Art, sie sind kulturell und wohl auch raßlich bedingt, hängen vor allem aber von einem Überwiegen mutterrechtlicher Gesichtspunkte oder aber gerontokratischer und aristokratisch-patriarchalischer Normen ab. Außerdem muß aber stets ein Unterschied zwischen den einzelnen Lebensaltern beachtet werden. Während die entfaltete Sexualität in den Jugendjahren promiske Neigungen hervorruft, denen die mutterrechtlichen Gesellschaften wenig oder gar keine Hemmungen auferlegen, neigt Gerontokratie und aristokratisches Patriarchat dazu, gerade für dieses Lebensalter hohe Schranken zu errichten.

Die Gerontokratie der ungeschichteten Gemeinden muß als ein Ergebnis der Aufspeicherung von Kenntnissen durch die Alten aufgefaßt werden, die dadurch Träger dieser Errungenschaften und damit der Überlieferungen wurden. Die Gerontokratie bildet somit eine kulturfördernde Macht. Diese Stellung nützen die Alten, um sich sowohl gegen die Konkurrenz als auch gegen die Übergriffe der Jugend zu schützen und sich ihnen gegenüber durchzusetzen. Die Normen werden nicht in Befehle gekleidet, sondern erscheinen als Zeremonien oder Riten, umwoben von religiösem Respekt; sie zwingen vorwiegend auf indirektem Wege.

Im späteren Reifealter macht sich eine Neigung zur Paarung geltend, die zweifellos durch den Druck der Lebensfürsorge gefördert wird und sich bei den Jäger- und Sammlerstämmen auf einen Austausch der Nahrungsgewinnung des mehr streifenden Mannes als Fänger und Erbeuter größerer Tiere mit den Sammelergebnissen an Früchten, Wurzeln, Muscheln, Kleintieren und dgl. der zur Seßhaftigkeit neigenden und darum einen engeren Lebensraum intensiver nutzenden Frau richtet. Aus dieser wirtschaftlich-kulturellen Ergänzung ergibt sich die Paarung, die in Gestalt einer monogamen Tendenz bei den niedrigen Jäger- und Sammlerstämmen hervortritt und sich in den Gesellschaften auswirkt, in denen die Frau zum Grabstockbau übergegangen ist.

Dieses Streben zum Zusammenschluß in einfachen Paaren wird auf verschiedene Weise durchbrochen: teils dadurch, daß einflußreiche Persönlichkeiten, hauptsächlich unter wirtschaftlichen Gesichtspunkten, besonders bei Räuberstämmen und von solchen beeinflußten Völkern, sich mehrere Frauen halten, teils durch andere Sitten, denen sexuelle Motive zugrunde liegen, und die uns hier beschäftigen. Bezeichnend ist, daß es für ein solches sexuelles Sichausleben ebenfalls zu festen Ordnungen gekommen ist.

Den Ausgangspunkt für sexuelle Freiheiten bildet der Gesichtspunkt, daß Brüder oder Vettern, beziehungsweise Schwestern oder Basen — diese beiden

Verwandtschaftsgrade werden bei den Naturvölkern oft nicht scharf unterschieden —, somit je die nächsten männlichen und je die nächsten weiblichen Verwandten, gemeinsam an dem sexuellen Leben Anteil nehmen dürfen: der Bruder also an dem des Bruders, die Schwester an dem der Schwester. Die lebenslange Schicksalsgemeinschaft in der genossenschaftlichen Großfamilie hat dazu die Voraussetzung geschaffen. — Aus den geschilderten Tatsachen hat man weitgehende Konsequenzen gezogen und geglaubt, daraus auf eine ursprüngliche Gruppenehe oder auf ursprünglich völlig promiske Zustände zurückschließen zu dürfen.

So wie sich die Dinge jedoch nach einer gründlicheren Kenntnis der Jäger- und Sammlervölker darstellen, nachdem man insbesondere die perspektivische Projektion der Naturvölker verfeinert und vertieft hat, wird man die Gruppenehe, soweit man von ihr überhaupt reden kann, wahrscheinlich als eine spätere Erweiterung der brüderlichen und vetterlichen Beteiligung am Sexualleben, namentlich unter ausgesprochen mutterrechtlichen Zuständen und bei Erweiterung der Großfamilie zur Sippe, aufzufassen haben.

Die Promiskuität dagegen erscheint nur als eine vorübergehende Einrichtung vorwiegend während der ersten Pubertätsjahre unter der Herrschaft mutterrechtlicher Sitten.

Eine besondere Komplikation wird in die nebeneheliche Anteilnahme der nächsten Verwandten am Sexualleben durch die Gerontokratie gebracht, die bei manchen Völkern mit stärkerer Betonung auftritt. Dieser Einfluß der Alten kann sich wieder auf zweierlei Weise geltend machen: 1. dadurch, daß die Alten den Frauenaustausch der anderen beaufsichtigen und 2. daß sie selbst sich gewisse Vorrechte sichern. Letzteres ist wieder von verschiedener Bedeutung: es führt entweder zu einem mehr oder minder ausgedehnten *ius primae noctis*, dem oft „Tobiaszeiten", Meidungen des Bräutigams komplementär gegenüberstehen. Später, in geschichteter Gesellschaft, gehen daraus Privilegien der Häuptlinge und des Adels hervor. Anderseits führt die Altenherrschaft zu den Formen sukzessiver Ehe, wie wir ihr an manchen Orten begegnen.

Die nebenehelichen Einrichtungen geben den Schlüssel zu manchen Sitten, die wir bei höheren Völkern finden: dazu gehören vor allem der Austausch der Frauen unter Blutsbrüdern oder Freunden sowie das Anbieten der Frau oder Tochter gegenüber dem Gastfreund (vgl. Schrd. [16] 89) und Sitten des Hetärentums.

Anderseits führt die brüderliche Anteilnahme am Sexualleben zur Sitte des Levirats und des Sororats.

Mit den sogenannten Zeugungshelfern greift man in einer Zeit, die schon von ganz anderen Gesichtspunkten erfüllt ist, auf den Gedanken der brüderlichen oder freundschaftlichen Anteilnahme am Sexualleben zurück, um Namen (s. T. „Namen") oder Familiengut zu erhalten.

Der Weg, der zu der sexuellen Anteilnahme der anderen benutzt wird, führt häufig über festliche Veranstaltungen, die wieder mit den Gedanken eines Durchbrechens des gewohnten Alltagslebens, ja einer völligen Umkehrung desselben verbunden sind (s. T. [RL] „Saturnalien").

Geschwisterliche und vetterliche Nebenehe. — Die *Pirrauru*-Ehe der australischen Dieri stellt gewissermaßen ein Mitgenußrecht der Geschwister an den ehelichen Beziehungen dar. Dieses ist davon abhängig, ob einer verheiratet ist oder nicht. Nur im ersteren Fall tritt dieses Recht in Wirksamkeit. Von seiten der Frau wird vorher die Zustimmung des Gatten eingeholt. Die Billigung der Gattin scheint für den Mann nicht besonders erforderlich zu sein. Der *Pirrauru*-Nebengatte gehört derselben Gruppe an. Dieses Verhältnis kann als eine Urform des Levirats betrachtet werden (Thom. [06] 127ff).

Thomas meint (138f), daß die *Pirrauru*-Einrichtungen, die eine brüderliche Mehrehe darstellen, deshalb entstanden seien, weil für die jungen Leute nicht genug Frauen da waren, zumal die jungen von den alten Männern beschlagnahmt wurden. Bemerkenswert ist übrigens, daß die Einrichtungen der Dieri ebenso auf Gegenseitigkeit begründet sind wie die der Bánaro, während bei den anderen australischen Stämmen patriarchalisch-gerontokratische Züge stärker in den Vordergrund treten.

Das *Piraungaru*-Verhältnis der australischen Urubunna entspricht in vielen Zügen dem *Pirrauru* der Dieri. Bei beiden entscheidet der ältere Bruder der Frau, welcher der Gattenbrüder das Vorrecht haben soll (Spenc. u. G. [04] 137). Bei den Urabunna beteiligen sich an dieser Entscheidung auch noch die alten Männer des Stammes (Mal. [13] 110).

Bei den Aranda und Loritja Zentral-Australiens finden die nebenehelichen Beziehungen vor allem mit den Schwestern der Frau statt. Ehebruch wird aber, wie auch sonst vielfach, dem Diebstahl gleichgeachtet; im übrigen ist der Geschlechtsverkehr zwischen Verwandten ersten und zweiten Grades verboten. Das *Wuljankura*-Fest der Aranda und Loritja, mit dem eine Auswechslung der Frauen verknüpft ist, wird von Strehlow als eine vom Osten her eingeführte Sitte betrachtet. Dabei ergreifen die Frauen die Initiative, doch handeln sie nicht ohne Einwilligung des Ehemanns. Von irgendeiner systematischen Ordnung dabei, wie etwa bei den Bánaro, weiß Strehlow nichts zu berichten. Daß die Erinnerung an frühere Eheordnungen bei den Loritja für die Veranstaltung des Festes maßgebend wäre, ist nicht ausgeschlossen (Strehl. [20] 89ff).

Die sogenannte *punalua*-Ehe von Hawai dürfte wohl auf eine ähnliche Anteilnahme der nächsten Verwandten an den ehelichen Beziehungen zurückzuführen sein. Bei der Aufnahme eines Stammbaumes ist Riv. ([14] 1 385ff) folgender Fall begegnet: Da eine Ehe kinderlos blieb, wurde eines Tages der Gatte der Schwester herangeholt. Dieser intervenierende Mann wurde von dem ursprünglichen Gatten *punalua* genannt. Seine Funktion erinnert an die des *mundū* der Bánaro und des *eriam* der Tubetube (Neu-Guinea). Es existierte, wie Rivers weiterhin feststellte, ein System, nach dem Liebhabern eine anerkannte Stellung zukam, und zwar sind solche Liebhaber ganz bestimmte Verwandte, nämlich die Brüder des Gatten und die Schwestern der Frau. Diese bildeten eine Gruppe, innerhalb der alle Männer über alle Frauen eheliche Rechte ausüben durften, und es wurde Rivers erzählt, daß sogar jetzt noch, beinahe ein Jahrhundert nach der allgemeinen Annahme des Christentums, diese Rechte eines *punalua* mitunter von den Eingeborenen anerkannt werden und zu Gerichtsverhandlungen Anlaß geben, bei denen man solche Fälle als „Ehebruch" betrachtet. Außer diesen *punalua*, die eine anerkannte Stellung gegenüber dem Ehepaar kraft ihrer Verwandtschaft einnehmen, gibt es oft noch freigewählte Liebhaber des Gatten und der Gattin. Hier treten also wie in Australien die Brüder oder Schwestern (bei den Bánaro die Sippenvettern und Sippenbasen) als Mitteilhaber an den ehelichen Beziehungen auf.

Freundschaftliche und festliche Nebenehe. — Ein eigenartiges Verhältnis von nebenehelichen Beziehungen gründet sich bei den südlichen Massim-Stämmen von Bartle-Bay im östlichen Neu-Guinea auf die Zugehörigkeit zu einem Altersbund (*kimta*), der innerhalb eines Spielraumes von wenigen Jahren gleichaltrige Leute vereinigt. Die Knaben haben zuerst zusammen Früchte gepflanzt, geerntet und bei einem gemeinsamen Fest verspeist. Von Zeit zu Zeit wird dieses Fest unter den männlichen Altersgenossen wiederholt. Wenn ein Kind in seiner physischen Entwicklung gegenüber seinen Altersgenossen zurückbleibt, so wird es in eine niedrigere *kimta* versetzt. Anderseits schließen sich ältere Leute, wenn ihre engeren *kimta*-Genossen aussterben, von zwei oder mehreren Altersbünden zu einem zusammen. Die Klan- und Verwandtschaftsbeziehungen der *kimta*-Genossen werden als gleich betrachtet; sie sind zu lebenslanger Freundschaft verbunden. Die Männer der gleichen *kimta* stehen wechselseitig im *eriam*-Verhältnis. Das Wesen der *eriam*-Beziehungen besteht darin, daß einer Rechte an des anderen Frau hat, aber auch, daß sich die *eriam*-Freunde wechselseitig helfen und unterstützen. Im allgemeinen sind daher die Genossen des *eriam* gleichaltrig. Wegen der Heiratsordnung kann vor allem ein Mann keinen *eriam*-Freund haben, der eine Frau seines eigenen Klans besitzt. Aber in Wedau wird die *eriam*-Beziehung, wahrscheinlich irgendwie mißverständlich, nach der Analogie der exogamen Heiratsordnung betrachtet, so daß ein Mann einen *eriam*-Genossen nicht aus seinem eigenen Klan wählen darf, und auch zwei *eriam*-Freunde dürfen nicht zwei Frauen vom gleichen Klan haben. Immerhin scheint man wegen dieser offenbar späteren Komplikation die Forderung fallen gelassen zu haben, daß die *eriam*-Freunde streng gleichaltrig sein müssen, und läßt auch zu, daß Leute aus verschiedenen Altersbünden (*kimta*) „Gattengenossen" (*eriam*) werden. Die Ausübung der ehelichen Rechte des Nebengatten wird nicht, wie bei den Bánaro, an gewisse Feste geknüpft oder findet nur an geheiligter Stätte statt, sondern es genügt eine einfache gelegentliche Verabredung, um sich im Walde zu treffen. Eine solche Zusammenkunft kann so oft stattfinden, als es gewünscht wird, ohne daß jemand daran Anstoß nimmt (Slgm. [10] 470ff).

Bei dem *pirrauru*-Verhältnis sind die Rechte des Nebengatten auf die Zeit der Abwesenheit des Hauptgatten oder auf die Zusammenkünfte und Feste des Stammes beschränkt. Beim *pirrauru* hatte die Frau immer nur einen nebenehelichen Partner, der Mann konnte wohl mehrere „*pirraurus*" haben.

Das *eriam*-Verhältnis macht keinen Unterschied: beide Geschlechter sind einander gleichgestellt. Die Beziehungen sind bei den *eriam* gewissermaßen durch die Natur gegeben, sie gehen aus der Gleichaltrigkeit der gewöhnlich verwandten Freunde hervor, beim *pirrauru* kommen sie dagegen durch Zuteilung oder Wahl zustande. Im *eriam*-Verhältnis ist aber die Möglichkeit der Partnerwahl sowohl in bezug auf den Freund wie auf die Frau und auf die Nebenfrau durch die Klan-Angehörigkeit, also verwandtschaftlich, beschränkt und erinnert dadurch an das *mundū*-Verhältnis der Bánaro. Gelegentlich der Jünglingsweihe findet ein zeremonieller Austausch der Frauen unter den zwei Sippen eines Klans bei den Bánaro Neu-Guineas statt. Dabei muß beachtet werden, daß eine orthodoxe Ehe in der Weise geschlossen wird, daß die Schwester des Bräutigams den Bruder der Braut heiratet. Die Paare sollen immer der gleichen Hälfte („Sippe“) der (exogamen) Klans angehören. Die beiden Hälften („Sippen“) eines Klans stehen im Verhältnis der vetterlichen Freundschaft, in der Weise, daß sowohl die Einweihung der Mädchen wie der Frauentausch durch die andere Hälfte des Klans, die Vetternschaft (*mundū*), vorgenommen wird, daß somit die eine Hälfte des Klans an dem sexuellen Leben der anderen Hälfte Anteil hat. — In ähnlicher Weise wie bei den Reifeweihen findet auch beim Todesfall eines Mannes ein ritueller Austausch der Frauen statt. An dem Tage, an dem die Asche des (verbrannten) Verstorbenen in sein Heim kommt, verbindet sich der Bruder des Verstorbenen mit der Gattin des Sippenfreundes (*mundū*) des Bruders der Witwe oder mit der Gattin des Sippenfreundes (*mundū*) von dem Manne der Schwester des Verstorbenen, d. h. also, daß er die Gattin des Sippenfreundes (*mundū*) der anderen Hälfte desjenigen Klans nimmt, aus dem die Witwe des Verstorbenen stammt. Außerdem tritt am folgenden Abend der Bruder des Verstorbenen in die nebenehelichen Rechte seines Bruders ein, indem er mit der Frau des Sippenfreundes seines verstorbenen Bruders Beischlaf hält. — Ein weiterer ehelicher ritueller Frauenaustausch findet bei der Einweihung einer neuen Geisterhalle statt (T. [21] 16ff).

Das Hetärentum in Yap (Karolinen-Insel, Südsee) scheint mit der Verdoppelung der dortigen Totem-Gruppen, also mit dem Gedanken der Vetternschaft, zusammenzuhängen. Dem Erwerb einer *Messipíl* lag immer ein fingierter Raub aus einem fremden Dorfe zugrunde (Müll.-W. [17] 232f). Bemerkenswert ist übrigens, daß auf Yap (232) ein voreheliches Kind von den Großeltern aufgenommen und nachher der Altersklasse der Mutter zugezählt wird, geradeso wie man bei den Bánaro mit dem Geistkind verfährt. Ähnlich sind auch die von den Marindanim (im ersten Abschnitt) geschilderten Verhältnisse und die auf Palau.

Solche nebenehelichen Beziehungen wie bei den Australiern und in Neu-Guinea sind auch aus den mutterrechtlichen Gegenden Nordamerikas bekannt, wie z. B. von den Poda, bei denen geschlechtliche Beziehungen der Mitglieder des einen Klans mit fast allen möglichen Individuen des anderen gestattet sind (Lowie [12] 34, Goldw. [13] 260).

Zeugungshelfer. — In späten westfälischen Weistümern wird als geltendes Recht angesehen, daß Nachbarn und Dorfgenossen berufen sind, für den Ehemann einzutreten, wenn er zur Zeugung eines echten Erben unfähig ist (Gierke [13] 47). Dabei scheint es sich um eine weit in die Vorzeit hinaufreichende Tradition zu handeln (Grimm [99] 443ff; Maurer [08] 1 338f; Kohler 394).

Wie tief diese Gebräuche noch bis zum Ausgang des Mittelalters im Volke wurzelten, dafür sind Luthers Worte in seiner Schrift über die Ehe ein Belegstück, worin der Frau zugestanden wird, mit dem Bruder des Ehemannes oder mit dem nächsten Freund eine „heimliche Ehe“ zu haben, um den Namen zu erhalten und so das Gut nicht an fremde Erben gelangen zu lassen; also unter familial-wirtschaftlichen Gesichtspunkten.

Unter was für einem Gesichtspunkte nebeneheliche Beziehungen in Rußland noch heutigentags aufgefaßt werden, zeigt ein Erlebnis, das die um die Fürsorge hochverdiente Schwester Elsa Bråndström in ihren Erinnerungen (*Unter Kriegsgefangenen in Rußland und Sibirien* 1914—20 [22] 57f) erzählt: Ein Österreicher namens Joseph hatte als Kriegsgefangener mit einer sibirischen Bäuerin zusammen gelebt und ihre Wirtschaft geführt, während ihr Mann im Felde war. Als sich die Nachricht verbreitete, daß der Bauer zurückkehrt, suchte Joseph an einer anderen Stelle beschäftigt zu werden, weil seine Beziehungen zu der Frau nicht ohne Folgen geblieben waren und ein kleiner Junge sich eingestellt hatte. Der wiedergekommene Bauer suchte Joseph und machte ihn ausfindig. Nachdem er ihn festgestellt hatte, umarmte er ihn gerührt mit den Worten: „Wie soll ich dir für alles danken, was du in meiner Wirtschaft getan hast: die Schweine sind dick, die Kühe sind gesund, vier Kälber sind da, und der Junge ist prachtvoll!“ (s. a. Goldsch. [23] 183).

Sukzessive Ehe und die Ansätze zu Levirat, Sororat und Saturnalien. — In älterer Zeit scheint in Südamerika, wie auch anderswo, die Sitte der ungleichaltrigen Heiraten bestanden zu haben, wie bereits oben erwähnt (Polygamie).

Auch aus Australien (Spenc. u. G. [04] 558) und Melanesien (Riv. [14]2 59ff, 327) sind ähnliche Eheverhältnisse bekannt.

Von einigen alten Stämmen Europas wird ebenfalls eine solche Heirat Ungleichaltriger berichtet, nämlich die Verheiratung kleiner Knaben mit erwachsenen Mädchen bei den alten Preußen, in Litauen, bei den Russen und ferner in Transkaukasien (Herm. [05] 382).

Die Solidarität unter den Brüdern scheint vor allem an der Wurzel der nebenehelichen Beziehungen zu liegen und weiterhin infolge des Frauentausches unter den Brüdern die Einrichtung des Levirats angebahnt zu haben, indem der überlebende Bruder sich der Frau seines verstorbenen Bruders annahm. Sehr wahrscheinlich haben wir es da mit einer alten und außerordentlich verbreiteten Einrichtung zu tun. Schrd. ([05] 20) erwähnt ein idg. urzeitliches Verwandtschaftswort *Sveliones* = altn. *svilar* mit der Grundbedeutung „Männer, die Schwestern geheiratet haben“. Das Gegenstück dazu bildet lateinisch *janitrices* „Frauen, die Brüder geheiratet haben“. Er vermutet, daß die genannte Gleichung ursprünglich Brüder oder Vettern, d. h. Söhne von Brüdern, die in derselben Hausgemeinschaft wohnten, und die Schwestern heimgeführt hatten, bezeichnen mochte. In diesem Zusammenhang ist auch die bekannte Stelle aus Cäsar (Bell. Gall. V 14) über die Bewohner Britanniens zu erwähnen, daß je 10 oder 12 Männer untereinander gemeinschaftlich Frauen besäßen, insbesondere Bruder mit Brüdern und Vater mit Söhnen, die Kinder aber dem zugerechnet werden, der das Mädchen zuerst heimgeführt habe. Ähnliches berichtet auch Herodot (IV 14) von den Agathyrsen in Siebenbürgen.

Die von verschiedenen Gegenden bekannten Erntefeste oder anderen Feste, die den Charakter von Saturnalien tragen, sind oft mit einem Frauenaustausch verbunden, wie z. B. in Südamerika.

Das jus primae noctis. — Bei dem Stamm der Bánaro am Töpferfluß im Nord-Neu-Guinea findet die Mädchenweihe dadurch statt, daß die Jungfrau, die Braut, von dem „Sippenfreund" des Schwiegervaters, ihrem „Sippenonkel", bei einem zeremoniellen Akt in der Festhalle in das sexuelle Leben eingeführt wird, während sie dem Bräutigam versagt bleibt (s. Tobiaszeit), bis sie vom „Sippenonkel" ein Kind geboren hat. (Über die Stellung der Schwiegertochter gegenüber dem Freund des Schwiegervaters im System der Bánaro vgl. T. [21] 189).

In dem Rechte des Sippenonkels der Bánaro, des Geistvaters (*Mo-oro*), tritt ein ius primae noctis zutage, das dort, wo eine soziale Gliederung sich geltend macht, vorwiegend auf die Vertreter der Häuptlingsfamilien übergegangen ist, wie auch auf den Hawaiischen Inseln (Riv. [14] 1 386) oder auf den Marshall-Inseln (Erdl. [09] 112). Jedoch liegt auch dort diesem Rechte noch nicht ein übermütiges Machtgefühl zugrunde, sondern vielmehr trägt es den Charakter eines religiösen Ritus. Die Mädchen der Häuptlings-Kasten wurden durch den Häuptling defloriert, selbst wenn es die eigene Tochter sein sollte. Während die Weihezeremonien vor sich gingen, enthielten sich die Eltern vom geschlechtlichen Verkehr. Die Brüder nahmen, ähnlich wie anderswo, an ihren Eherechten wechselseitig teil, wie ich selbst in Erfahrung gebracht habe.

Als eine besondere Variante gerontokratischer Zustände ist die Stellung des Schwiegervaters als anerkannten Liebhabers der Schwiegertochter (*snochačestvo*) in Rußland und bei den Osseten aufzufassen (Herm. [05] 383). Heiraten eines Mannes mit seiner Stiefmutter werden bei den Angelsachsen noch in späteren Zeiten erwähnt (Schrd. [16] 90, 106).

IV. DIE HEIRAT

Beziehung der Heiratsformen zur Lebensgestaltung und Geistesverfassung. — Das Eingehen des dauernden Zusammenlebens unter den Geschlechtern umranken die Völker mit einer bunten, auf den ersten Blick verwirrenden Fülle von Formen.

Diese haben sich indessen nicht willkürlich herauskristallisiert, sondern werden durch beharrende Grundbedingungen der Lebensgestaltung und der

Geistesverfassung bestimmt. Nur einige der am meisten in die Augen springenden Formen sollen hier angedeutet und wenige charakteristische Symbole herausgegriffen werden.

Bei Erwägung der die Art und Form der Heirat bestimmenden Faktoren fällt folgendes auf:

1. Bei Jägern und Fängern schließt sich die Heirat vielfach an die Mannbarkeitserklärung an.

2. Mutterrechtliche Tendenz und die damit gewöhnlich verknüpfte freie Stellung der Frau gehen meist Hand in Hand mit einer geringen Entwicklung der Ehezeremonien.

3. Strenge Heiratsordnung und ein frühes Versprechen der Kinder für die Ehe verteilen die Formalitäten der Eheschließung oft auf viele Jahre, so daß sie nicht stark in Erscheinung treten.

4. Vielfach besiegelt erst die Geburt eines Kindes die Dauerpaarung.

5. Da die Öffentlichkeit und allgemeine Anerkennung der Beziehungen im Mittelpunkt des Heiratsvorganges stehen, so gewinnt die Heirat hauptsächlich Bedeutung in größeren Gemeinschaften, in denen die Familien einander verhältnismäßig fremd sind, oder in denen mit Entfaltung von Prunk dem Stolz der Abstammung Nachdruck verschafft wird.

6. Symbolhandlungen werden hier vielfach, wie auch auf dem Gebiet von Verträgen, angewendet. Erst später erfolgt deren Ablösung durch Worte und Formeln.

7. Erst bei den Völkern, bei denen der Glaube an Vorbedeutungen, Orakel und zauberische Zusammenhänge aller Art sich vertieft und ausgebreitet, dort wo eingehende pflegliche Behandlung von Pflanze und Tier Platz gegriffen hat, wird auch die Heiratsschließung zu einer Angelegenheit, die mit gebührender Vorsicht und Behutsamkeit vor gefährlichen mystischen Mächten behandelt wird und darum besonders reichlich mit Zeremonien und Riten ausgestattet erscheint.

Zwei Züge haben bei der Betrachtung der Heiratsgewohnheiten der Naturvölker die Aufmerksamkeit auf sich gezogen: Die „Raubehe" und die „Kaufehe". Die erstere würde man richtiger Heirat durch Raub nennen. Ihr Charakter wird weiter unten erörtert. Dabei wird sich herausstellen, daß Rauben und Entführen keineswegs als „älteste" oder „Urform" der Eheschließung aufgefaßt werden kann, sondern daß 1. die Raubehe in Wirklichkeit nur ausnahmsweise und gerade bei höheren Naturvölkern vorkommt, und zwar dort, wo die bisherigen Heiratsordnungen durchbrochen werden, und daß 2. die sogenannten „Restformen" von Raubheirat gar nicht als Überbleibsel betrachtet werden dürfen, sondern daß es sich dabei um Symbolhandlungen der Befangenheit beim Übergang von einem Stand mit bestimmten Lebensgewohnheiten und traditionellen Verhaltungsweisen in einen anderen Stand handelt, in dem auf einmal ein prinzipiell verschiedenes Benehmen gefordert wird.

Über den Frauenkauf haben wir angesichts des Tatsachenmaterials ebenfalls Erwägungen anzustellen. Es zeigt sich, daß man sich die „Kaufheirat" keineswegs so geschäftsmäßig vorstellen darf, wie eine einseitig materialistisch-wirtschaftliche Auffassung es deutet, die den vielerlei psychologischen Motivationen nicht Rechnung trägt.

Connubium und *commercium* haben nicht nur bei den Römern, sondern in allen Kulturen als Ausdruck der Freundschaft gegolten. Auch schon Fälle von nebenehelichen Befreundungen gehören hierher (wie z. B. bei den Eskimo). Besonders aber, wenn Heiraten unter nicht ganz nahe stehenden Familien geschlossen werden, ist die Härtung des Freundschaftsbandes durch symbolische Handlungen eine wesentliche Angelegenheit. Solche Symbolhandlungen bestehen vorwiegend im Geschenktausch. Bei näherer Betrachtung stellt sich das Geben und Nehmen von Geschenken beim Abschluß von Ehen in einer großen Zahl von Fällen nicht als Kauf, sondern als Ausdruck von Freundschaftsbeweisen dar. In solchen Fällen werden auf jeder Seite Geschenke gleicher Art und Menge gegeben oder doch wenigstens von der anderen Seite im gleichen Werte erwidert.

Bis in höhere Lebensformen hineinragend, findet sich eine andere Art des Frauenerwerbs, die als Entschädigung durch wirtschaftliche Leistung aufgefaßt werden kann, nämlich das Helfen des Bräutigams bei der täglichen Arbeit des Schwiegervaters während einer bestimmten Zeit, etwa von 1—3 Jahren, sei es auf der Jagd, oder bei der Viehhaltung, oder im Garten, je nach der traditionellen Art des Nahrungserwerbs. Auch hier dürften wir es jedoch ursprünglich mit einem Freundschaftsbeweis zu tun haben, mit einer Anerkennung der Persönlichkeiten in der Familie des Partners.

Die Ausgestaltung dieser beiden Formen des Frauenerwerbs nach der wirtschaftlichen Seite hin war gewissermaßen vorbereitet. Überall war der Gang der Entwicklung natürlich anders, vielfach machten sich Einflüsse aus anderen Kulturzentren geltend.

Von besonderer Bedeutung ist die Entstehung des Patriarchats, das in Verbindung mit einer entwickelteren Technik und mit der wirtschaftlichen und politischen Herrschaftsorganisation eine ganz andere Geistesverfassung bedingt, welche ihrerseits die Leistungen und Gaben bei den Heiratszeremonien in wirtschaftlichem Sinn umdeutete. Der Zerfall der Klan- und Sippenverbände brachte eine ganz andere Stellung der Familie im erweiterten politischen Verband mit sich. Das Geschenk von Seite des Bräutigams wurde vielfach zum Kaufpreis, die Gegengabe zur Aussteuer oder zum Wittum.

An die zauberischen Gedankengänge schließen sich die ängstlichen Meidungen, an das Zusammenleben mit Freunden in sozial geschichteten Gemeinwesen jene Fragespiele, welche die Zugehörigkeit zu einer gleichen Gemeinschaft nachweisen sollen. Die Lösbarkeit vor Ablauf der Dienstzeit des Bräutigams beim Schwiegervater zeitigte den Gedanken der Probeheirat. Das Vorhandensein einer menschlichen Brunstzeit, wie sie früher vielfach behauptet wurde, läßt sich bei Naturvölkern nicht nachweisen. Wenn gewisse Heiratsperioden vorkommen, so schließen sie sich in der Regel an die Ernte an, es handelt sich also um eine Saison, in der das Gefühl gesicherten Versorgtseins vorherrscht.

Das Abverdienen bringt es mit sich, daß der Mann zunächst nach der Siedlung des Schwiegervaters hinzieht. Diese Tatsache wurde von flüchtigen

Beobachtern mitunter als Gattinnenfolge gedeutet. Damit soll nicht gesagt werden, daß echte Gattinnenfolge, also völliges Übersiedeln des Mannes nach dem Wohnsitz der Frau, nicht vorkommt. Wir müssen nur vielfach auf der Hut sein, wenn wir von einem Wohnen des Mannes bei der Familie der Frau hören, und die Frage aufwerfen, ob dies vorübergehend für einige Jahre währt oder dauernd gemeint ist.

Unverheiratete kommen im allgemeinen nur selten bei Naturvölkern vor, wenn es sich nicht um krüppelhafte oder schwachsinnige oder sonst defekte Persönlichkeiten handelt. Schon der Umstand, daß die ganze Art der Versorgung auf das Familienleben eingestellt ist, erschwert die Existenz von Eigenbrödlern. Witwen finden entweder in ihrer eigenen Familie oder bei den Brüdern oder Vettern ihres verstorbenen Gatten Unterkunft (s. Levirat).

Formloses Eingehen der Ehe. — Bei den niedrigen Naturvölkern, bei den Jäger- und Fängerstämmen, bei denen die Frauen entweder sammeln oder den Hackbau treiben, pflegen eigentliche Hochzeitsfeierlichkeiten zu fehlen. Sie verschwimmen mit der Jünglingsweihe, an die sie sich zeitlich anschließen.

So kennt man auch bei den Orang-Sakei, im sogenannten Sultanat Siak von Sumatra, eigentliche Hochzeitsfeierlichkeiten nicht. Früher genügte das Einverständnis der Mutter. Haus und Kinder verblieben bei der Frau, falls der Mann sie verließ (Hag. [08] 167).

Auch unter den Negrito-Stämmen der Malakka-Halbinsel, z. B. unter den Sakei, schließt sich die Heirat unmittelbar an die voraufgehende Reifeweihe an, bei der das Gesicht des Mannes zum ersten Male mit den Stammeszeichen bemalt wird (Skt. u. Blgd. [06] 2 56). Bei den Semang gibt es wenige Heiratszeremonien, obgleich sie monogam leben und beide Geschlechter dem Ehebande verhältnismäßig treu sind (1 54). — Die Heiratszeremonien der Jakun scheinen von Nachbarn übernommen worden zu sein, denn sie bestehen in dem in ganz Südostasien verbreiteten gemeinsamen Essen des Paares aus einem Napf. Daran schließen sich noch Feste und Spiele um einen Erdhügel oder Ameisenhaufen (2 57).

Die Heiratsfeier bei den östlichen Semang besteht darin, daß der Bräutigam den Eltern der Braut eine Buschmesserklinge überreicht, die Braut erhält von ihm einen aufgewickelten Gürtel von großer Länge (Salek) aus den Fasern der Zuckerpalme. Außerdem werden Geister durch Gesänge angerufen (2 38).

Auch bei den Jägerstämmen im Innern von Borneo, den Punans, ist das Heiratsfest nur wenig ausgebildet, jedenfalls viel formloser als bei den seßhaften Stämmen. Gewöhnlich nimmt ein Mann das Mädchen einer anderen Gruppe zur Frau. Erst nachdem sie in eheliche Beziehungen zueinander getreten sind, findet die Heirat statt. Die Eltern mischen sich nicht hinein. Es findet ein Festessen statt, an dem die Angehörigen beider Parteien teilnehmen. Nachher werden Reden gehalten, bei denen die sogenannten „Häuptlinge" das junge Paar zur Tätigkeit, zum Suchen von Kampfer und zur Versorgung mit Nahrung für einander ermahnen. Danach tritt der Mann in die Gemeinde der Frau ein, während bei den Kayans der Mann nach einigen

Jahren, die er unter den Angehörigen seiner Frau lebt, letztere schließlich nach seines Vaters Dorf bringt. Ein Kauf der Braut findet nicht statt, nur einige kleine Geschenke, etwa zwei oder drei Pfund Tabak, werden den Brauteltern vom Bräutigam gegeben. Auch hier spielen, zweifellos ein Einfluß der malayischen Nachbarn, Vorbedeutungen für den Hochzeitstag eine große Rolle, ebenso Opfer (Hose u. McD. [12] 2 183f).

Bei anderen Jägern und Fischern, nämlich bei den Eskimo der Bering-Straße, den Unalit, bittet der junge Mann die Eltern des Mädchens, das er heiraten will, um Erlaubnis. Hat er diese erhalten, so zieht er sich gut an, geht zu der Wohnung der Braut mit einem Kleid für sie, das er ihr anzieht, und sie wird ohne weiteres seine Frau, wenn sie einverstanden ist. Haben die Eltern einer Partei keine anderen Kinder, so lebt das Paar bei diesen, sonst errichtet es eine eigene Wohnung. Am unteren Yukon sind Kinderheiraten häufig. Entweder versprechen die Eltern ihre kleinen Kinder untereinander für die Ehe, oder ein kleiner Knabe wählt eine Familie mit einem Mädchen aus, bei der er gern leben möchte. Auch in diesem Falle bringt er in gutem Anzug Kleider für seine Zukünftige und wird in die Familie seiner Braut adoptiert (Nels. [99] 291).

Von der Seite des Mädchens wird die Wahl bei den Pima-Indianern von Arizona getroffen. Als Grund wird angegeben, daß die Verbindung mit einem faulen Mann vermieden werden soll. Als Männerideal gilt: ein großer und starker, doch nicht zu fetter Mann und dunkelhäutig, damit er nicht zu früh Runzeln bekommt. Das weibliche Ideal soll nicht zu dürr und nicht zu fett sein und „gutes Haar und Gesicht" haben, worunter vor allem eine geordnete Frisur verstanden wird. — Kommt es zur Werbung, so sucht der Mann mit einem verheirateten Freund das Haus des Mädchens auf. Sein Anwalt bleibt im Hintergrund sitzen. Sie verbleiben nun mehrere Nächte in diesem Hause und in der Nachbarschaft. Wird die Werbung angenommen, so ist eigentlich alles erledigt. Der Bräutigam bleibt vier Tage am Platze der Braut, am Ende des vierten Tages begeben sie sich zum Wohnsitz von des Bräutigams Vater. Nachdem sie die Nacht dort verbracht haben, wird mit der Braut eine Probe als Hausfrau angestellt. Die Schwiegermutter der Braut gibt ihr einen großen Korb Korn zu mahlen, und zwar des Morgens beim ersten Einbruch der Dämmerung. Bis Sonnenaufgang muß sie damit fertig sein. Läuft sie davon, oder läßt sie einen Teil ungemalen, so gilt das als Zeichen, daß sie keine gute Frau abgeben wird. Ist sie fertig mit der Arbeit, so soll sie ruhig in das Haus gehen und plaudernd mit den anderen dasitzen, bis sie sich an das neue Haus gewöhnt hat. Der Bräutigam gibt ihr eine neue Decke, und von ihren Schwiegereltern erhält sie Geschenke. Hier finden wir keinen Gedanken an einen Kauf der Braut und auch keine Geschenke an deren Eltern. — Ein zurückgewiesener Bewerber wandte sich manchmal an einen Medizinmann um Hilfe. Er stahl dem Mädchen einige Haarlocken, die begraben wurden (s. T. [RL] „Idol A I", „Zauber A"). Dann mußte sie sterben (Russ. [08] 183).

Bei den Massim des südlichen Neu-Guinea ist die Heirat das Ende eines lange dauernden Liebesverhältnisses (Slgm. [10] 37, 38).

Auf den Trobriands-Inseln geht die Heirat nach einer promisken Jugendzeit in formloser Weise vor sich. Die Frau folgt dem Gatten in sein Haus, und nachher findet eine Reihe von Geschenkaustauschhandlungen statt, kein Kauf. Die Familie der Frau hat ausgiebig für die Wirtschaft ihres Haushaltes beizutragen, denn der Gatte muß für seine verheiratete Schwester sorgen. Der Frau obliegen gewisse Dienste für den Gatten, sie tritt aber sonst unabhängig auf, ihre Behandlung durch den Mann ist sehr gut. Sie soll ihm zwar Treue halten, doch wird das nicht streng durchgeführt. Bei der Heirat werden zwischen Mann und Schwiegervater Freundschaftsgaben gleichen Wertes getauscht (Mal. [22] 51, 184).

Abverdienen der Frau durch den Bräutigam. — Die gewöhnlichste Art, eine Frau zu erlangen, besteht bei den ostsibirischen Tschuktschen darin, daß der Bewerber für sie beim Schwiegervater dient. Man nennt das „für das Weib Hirte sein". Der Bräutigam lebt im Hause seines Schwiegervaters und arbeitet dort. Will ein Mann die Frau von einer weit entfernten Siedlung haben, so muß er oft viele Schwierigkeiten sowohl von Seiten der Eltern, als auch von der seiner Braut überwinden. — In den Mythen wird manchmal die Braut als in einer großen eisernen Kiste befindlich geschildert, aus der der Bewerber sie befreien muß; manchmal halten die Eltern den Platz, an dem sie verborgen ist, geheim. Mitunter sträubt sich aber auch die Braut, wenn sie als starkes und stolzes Mädchen geschildert wird. In einer Geschichte veranlaßte ein Mädchen ihre Bewerber zu einem Wettlauf und dem, der sie darin übertreffen könnte, versprach sie die Heirat. Manchmal findet eine ganze Reihe von solchen Wettkämpfen statt, bis ein Mann seine Frau gewinnt. Auch heute noch kommen solche romantischen Eheschließungen vor. — Der gewöhnlichen Bewerbung gehen Erkundungen durch einen Freund oder Verwandten voraus. Und zwar auf dem Wege symbolischer Handlungen, indem nämlich der Freund als Repräsentant des Bewerbers dem gewünschten Schwiegervater durch Herbeibringen von Bündeln Feuerholz Dienste leistet. Daraufhin unterhält sich der Schwiegervater mit dem betreffenden Vermittler und zeigt dabei wirklichen oder posierten Ärger. Der Mittelsmann muß einige Tage oder Wochen nicht nur arbeiten, sondern auch der Familie zu gefallen suchen. Gibt der Vater seine Einwilligung, so gilt das gewöhnlich als günstige Erledigung der Bewerbung, und der Bräutigam kann das Mädchen nehmen. Aber in den meisten Fällen muß der Bräutigam auch heute noch persönlich um sie werben. Nicht selten verzichtet er auf einen Mittelsmann und arbeitet selbst. Doch bildet das Sammeln von Feuerholz einen wesentlichen Teil der Zeremonie. Von da ab gilt erst die Probeehe, die sich auf einen Zeitraum von 2—3 Jahren erstreckt. — Manchmal verweigert ein alter Tschuktsche einem armen Bewerber Nahrung und Unterkunft oder schickt ihn später fort. Es gilt aber als Schande, eine solche Behandlung sich gefallen zu lassen. Wird der Bewerber angenommen, so darf er nach den ersten paar Monaten im Innenraum des Zeltes schlafen. Ist er ein guter Hirte, so versucht der Vater seine Abreise hinauszuschieben, und wenn der Schwiegersohn, seine Frau ohne Streit mit ihrem Vater heimnimmt, so wird ihm gewöhnlich erlaubt, sich einige Rentiere mitzunehmen. Unter den Tschuktschen gilt die offenbar jüngere Sitte des Brautkaufs als unanständig, und deswegen kritisieren sie auch die Tungusen und Yakuten, bei denen Brautkauf herrscht. Eine zweite Frau wird bei den Tschuktschen selten durch Dienstleistung erworben, sondern der Bewerber gibt ein paar Rentiere an des Mädchens Vater, aber nicht als Bezahlung, sondern als sogenannte „Freudengabe". — Wenn der Schwiegersohn in die Familie seiner Schwiegereltern adoptiert wird, dauert die Probe- und Abverdienzeit nicht so lange, aber die Frau wird ihm länger vorenthalten (s. a. Tobiaszeit), und auch wenn sie ihm ein Kind geboren, kann er jederzeit weggeschickt werden. Erst wenn er nach Jahren eigene Rentiere erworben hat, wird seine Stellung in der Familie fester.

Alte Geschichten erzählen die „Entführung" von Mädchen der Tschuktschen durch Männer anderer Stämme, durch Geister, Adler, Wale, Raben usw. Es kam früher aber auch vor, daß ein paar junge Leute sich zusammentaten und ein junges Mädchen raubten, ihr Hände und Füße banden und sie zum Hause eines Mannes brachten, der sie als Gattin wünschte. Nicht nur die Männer fremder Familien, sondern sogar die Verwandten und Vettern taten oft so, wenn sie durch den Vater oder durch das Mädchen zurückgewiesen worden waren. Nach einer solchen Entführung empfingen die Eltern gewöhnlich eine andere Frau aus der Familie des Entführers als Entgelt für ihre Tochter. Heiraten durch Flucht, wenn die Eltern ihre Zustimmung verweigern, kommt nur selten vor (Czap. [14] 72ff).

Bei den Kamtschadalen muß ebenfalls die Frau durch Dienste des Mannes abverdient werden. Zu diesem Zwecke findet sich der Mann bei seinen künftigen Schwiegereltern ein und versucht, während der Zeit seiner Dienstleistungen deren Gunst zu gewinnen. Zum Schluß erhält er entweder die Frau oder ein Entgelt für seine Leistungen. Manchmal nimmt der Mann auch Dienst in einem fremden Dorf an, ohne gleich seine Absichten zu enthüllen, die dann erst durch einen Freund oder Vetter verraten werden. Hat er die Erlaubnis erhalten, seine Braut zu nehmen, so findet erst eine Zeremonie statt, bei der er sich gewaltsam ihrer bemächtigen muß. Alle Frauen des Dorfes suchen sie vor ihm zu beschützen. Dabei ist sie in mehrere schwere Gewänder gekleidet, die fest um sie gebunden sind, so daß sie wie eine ausgestopfte Figur aussieht. Die Zeremonie besteht nun darin, daß er ihr die Kleider vom Leib reißen und dann mit der Hand ihre Genitalien berühren muß. Dabei verteidigen sie die übrigen Frauen. — Von einem Manne wird die Geschichte erzählt, daß er 10 Jahre vergeblich versuchte, eine Frau zu bekommen, und daß sein Kopf und Körper durch die vergeblichen Kämpfe bereits stark gelitten hatte. Mitunter jedoch erlangt der Bräutigam einen sofortigen Sieg; dann muß er die Frau aber gleich herauslassen und warten, bis sie mit schmeichelnder Stimme nach ihm ruft: „*Mimimimi*". Dieselbe Nacht schläft er mit ihr, und am nächsten Tage kann er sie ohne weiteres mit sich nehmen (Czap. [14] 87f).

Auch bei den Koryaken muß der Schwiegersohn seine Braut abverdienen und kann seine Dienstleistungen nicht durch Geschenke oder Gaben ersetzen. Im Gegenteil, Krascheninnikoff stellt ausdrücklich fest, daß, so reich einer an Rentieren auch sein mag, er erst drei bis fünf Jahre bei seinem Schwiegervater dienen müsse. Sogar nach 5 oder 10 Jahren kann die Familie der Schwiegereltern einen Schwiegersohn, der ihnen nicht mehr gefällt, zurückschicken, ohne jedes Entgelt für seine Dienstleistung. In früheren Zeiten mußte außer dem Bräutigam auch noch der Vermittler im Hause der Braut dienen. Bei dem ersten Besuch des Vermittlers pflegte sich folgendes Gespräch zu entspinnen: „Hier bin ich!" Darauf fragt der Vater des Mädchens: „Warum?" Der Vermittler: „Ich suche eine Frau!" Der Vater: „Für wen?" Der Vermittler: „Für den so und so" (und nennt den Namen). Nach einiger Überlegung sagt der Vater: „Ja, wir haben Mädchen, aber sie sind schlecht, später würdet ihr uns deswegen schelten." Darauf der Vermittler: „Nein, es ist schon gut!" Darauf der Vater: „Laß ihn kommen, ich will ihm nichts zu Leide tun!" Mit diesen Worten gibt der Vater dem Bewerber die Erlaubnis, für die Braut den Dienst anzutreten. Die Dienstzeit schwankt zwischen 6 Monaten und drei Jahren, oft auch noch länger (Czap. [14] 82f). — Das Dienen des Bräutigams im Hause der Braut wird nach Jochelson als Probezeit für seine Leistungsfähigkeit von der Familie des Schwiegervaters aufgefaßt.

Auf den südöstlich von Celebes gelegenen Inseln (Flores) schickt der Jüngling zur Werbung ein Geschenk und stellt sich im Falle der Annahme dann zum Abverdienen der Frau für ein bis drei Jahre bei den Schwiegereltern ein. „Das Brautgut hat hier ursprünglich nicht als Bezahlung, sondern als Geschenk gegolten und wird bezeichnet: *Sirih* (Betelnuß) sei für die Mutter, Reis für die Geschwister." Heute ist an Stelle dieser Speisen ein Elefantenzahn oder bei den Reichen Schmuck aus Gold und Silber für Vater, Mutter oder Bruder der Braut getreten. Mit der Übergabe der erwähnten Geschenke erhält der Bräutigam die Rechte des Ehemannes. Ist das Heiratsgut bezahlt, so bezieht das junge Paar ein eigenes Haus. Felder und Palmpflanzungen wurden schon vorher angelegt. Die eigentliche Hochzeitsfeier findet erst später statt, wenn ein Kind erwartet wird. Bei dieser Gelegenheit muß der Bruder des Mädchens einen Büffel erlegen und der Schwiegervater ein Schwein schlachten. Die Zeremonien vollziehen zwei ältere, verheiratete Leute, einer aus der Verwandtschaft des jungen Gatten, einer aus der Verwandtschaft der Frau. mit den Worten: „Wendet Euch nicht voneinander, haltet stets treu zueinander" (Elb. [12] 2 196).

Geschenktausch bei der Heirat. — Bei Jägerstämmen steht die Heirat nicht selten im Zusammenhang mit der Reifeweihe, der sie oft ohne viel weitere Zeremonien folgt. So findet z. B. bei den Bergdama (Vedd. [23] 52, 53) eine Heirat nie vor Erledigung der Mannbarkeitsfeste, der „Jägerweihe", statt. Die Hochzeit selbst entbehrt der Formalitäten, doch gehen eine Reihe von Zeremonien, die Werbung und eine Dienstzeit des Bräutigams beim Schwiegervater, sowie ein Geschenkaustausch und einige Probenächte der Eingehung der Ehe voraus. Da die Partner nicht viel um ihre Meinung gefragt werden, sondern die Heirat von den älteren Frauen im Einvernehmen mit dem Rat der Männer vereinbart wird, so kommt manchmal eine Weigerung von Seite des Jünglings oder des Mädchens in Betracht. Weigert sich der Jüngling, so ist das Projekt bald gescheitert. Weigert sich jedoch das Mädchen, so kann es dazu kommen, daß sie zu den Eltern oder einer weiblichen Anverwandten flieht oder mit Gewalt geraubt wird. — Unverheiratete gibt es bei den Bergdama nicht. Bei der Heirat von Nebenfrauen pflegt man hauptsächlich Geschenke zu tauschen. Auch da wird die Frau durch Verwandte dem Manne zugeführt.

Auf den Andamanen-Inseln werden unter den dortigen Jägerstämmen die Heiraten durch die älteren Männer und Frauen veranstaltet. Mitunter versprechen die Eltern schon ihre kleinen Kinder. Die Eltern übernehmen auch sonst die Veranstaltung der Heirat für ihre Kinder. Doch sprechen die Eltern eines jungen Mannes nicht selbst mit der Familie eines Mädchens, sondern ersuchen einen oder mehrere ihrer Freunde, als Vermittler aufzutreten. Von dem Augenblick an, da die Möglichkeit einer Verbindung ins Auge gefaßt ist, vermeiden die Eltern des Mannes, mit denen des Mädchens zu sprechen, und jede Nachricht unter ihnen wird durch eine dritte Person vermittelt. Auf diese Weise senden sie einander auch Nahrungsmittel und andere Gegenstände zu. Der Empfänger eines derartigen Geschenkes beeilt sich stets, eine Gegengabe von gleichem Wert zu leisten. Kommt die Heirat zustande, so treten die Eltern beider Partner in eine besondere Beziehung, die bestimmte Pflichten mit sich bringt (Brown A. R. [22] 73f). In der Zeit zwischen dem Eintritt der Reife und der Verheiratung leben die jungen Männer auf den Andamanen-Inseln in einem Junggesellenhaus, auch während der Reifeweihe. Danach aber müssen sie zu Hause bei ihren Eltern tätig sein (78).

Vor der Ehe herrscht unter den Koita- und Motu-Stämmen des südlichen Neu-Guinea weitgehende Freiheit. Aus Liebesverhältnissen mit häufig wiederkehrenden nächtlichen Besuchen wird dann gewöhnlich auf Vorschlag des Mädchens zur Heirat geschritten. Ist man übereingekommen, so tätowiert sich das Mädchen zunächst auf der Linie vom Nabel bis zur Brust. Der Bräutigam hat während der Verlobungszeit sowohl dem Mädchen wie ihren Verwandten Geschenke an Tabak und Betelnuß zu machen. Die eigentliche Werbung erfolgt in symbolischer Weise dadurch, daß der Bräutigam dem Bruder des Mädchens ein Paketchen mit Areca-Nüssen, Betelpfeffer und Kalk durch seinen Bruder oder seine Schwester als Vermittler sendet. Der Bruder teilt die Werbung seiner Schwester mit und fragt sie, ob er die Nüsse essen soll. Wenn sie zustimmt, bringt er die Nüsse zu seinem oder seines Vaters Haus, von wo er Einladungen an seine Verwandten schickt, mit ihm Betelnuß zu kauen. Erscheinen nun die Verwandten, so bespricht man die Sache und verteilt die Nüsse. Sind die Angehörigen nicht einverstanden, so werden die Nüsse zurückgeschickt. Sonst aber kauen sie fleißig die Nüsse. Der Bräutigam macht im Falle seiner Annahme ein nochmaliges größeres Geschenk von Areca-Nüssen, das an die Verwandten verteilt wird, und mit Hilfe seiner Sippe bringt er weitere Geschenke zusammen, die den eigentlichen „Kaufpreis“ ausmachen und in Armringen oder Schweinen (z. B. 3) oder Hundezähnen (z. B. 100) bestehen. An dem Hochzeitstage wird die inzwischen in bestimmter Weise tätowierte Braut geschmückt, und der Mann erscheint ebenfalls mit Kasuar- und Kakadu-Federn, und mit roten und gelben Streifen im Gesicht bemalt. Am folgenden Morgen verläßt der junge Ehemann mit seiner Frau das Haus, um mit ihr nach dem Wohnort seines Vaters überzusiedeln. Auf der Schlafmatte hinterläßt er einige kleine Geschenke für die Eltern der Braut. Zwei Tage später schicken die Anverwandten des Bräutigams noch weitere Gaben an Schmuck, Netzen, Speeren, Hunde- oder Schweinefleisch, Yams und Taro für die Angehörigen des Dorfes der Braut. Gegenseitige Geschenke werden von Seite beider Familien auf Jahre hinaus gemacht, namentlich Speisegaben stets gewechselt (Slgm. [10] 76ff).

Auf der Südseeinsel Nauru werden die Kinder vielfach schon in frühester Jugend einander versprochen. Unter Austausch von Geschenken wird das kleine Mädchen in das Haus ihres künftigen Gatten geleitet, dann aber kommen Knabe und Mädchen wieder zu den Eltern der kleinen Braut unter Veranstaltung neuer Festlichkeiten. Jeden Monat wiederholt sich dieser Kindertausch mit einem kleinen Fest im engeren Kreis. Das Eintreten der Pubertät wird besonders gefeiert, doch fehlt ein eigentliches Hochzeitsfest. Nur unter Aufsicht der alten Frauen bezieht das junge Paar zum ersten Mal ein für sie errichtetes neues Haus (Hambr. [14] 239ff).

Bei der Frage um die Verlobung, insbesondere von Kindern, pflegten sich bei den Maoris von Neuseeland alle Familienmitglieder mehr oder minder einzumischen. Herangewachsene entflohen, wenn ihnen die Stimmung nicht günstig schien, häufig in den Busch und verblieben da oft, bis man mit ihrem Zusammenleben einverstanden war. Das Liebesspiel begannen gewöhnlich die Mädchen, die als Symbol ihrem Auserwählten einen losen Knoten zuwarfen. Knüpfte der Jüngling diesen fester zusammen, so galt das als Einverständnis, unterließ er dies, so war das ein Zeichen der Abweisung. Diese Symbolsprache bezog sich auch auf vorübergehende Liebesverhältnisse. Im Tanzhaus stand z. B. das Mädchen auf und erklärte — allerdings gewöhnlich nicht, ohne sich ihres Erfolges vorher versichert zu haben —, diesen oder jenen als ihren Mann zu wünschen. Eine Mutter konnte ebenfalls einem derartigen Wunsch öffentlich Ausdruck geben, wenn sie einen Mann als Schwiegersohn wünschte. Fehlte die Zustimmung der Eltern, so trat manchmal ein Rivale auf und zerrte das Mädchen am Arm, andere an den Beinen oder Haaren, so daß daraus eine allgemeine Schlägerei entstand. Wurden aber, auch nach vorherigen Unstimmigkeiten, einmal Geschenke getauscht, so fanden sich alle mit der Tatsache ab. Eine eigentliche Zeremonie fand bei der Verheiratung nicht statt, nur ein Fest der Anverwandten, bei dem die Braut, in neue Matten gekleidet, dem Mann übergeben wurde. Es kam nicht selten vor, allerdings nicht bei den Häuptlingen, daß der Mann in der Familie der Frau lebte, in diese aufgenommen wurde und auch mit ihr kämpfte (Treg. [04] 102f). — Auf Neu-Kaledonien wurde die Ehe erst durch die Geburt eines Kindes (s. § 11) stabilisiert (Lamb. [00] 91).

Frauenkauf. — Der Frauenkauf scheint in die nordsibirischen Stämme von außen hereingetragen zu sein: bei den Yukaghiren der Tundra kommt er bei denjenigen Stämmen vor, welche in Berührung mit den Tungusen gelangt sind, und zwar neben dem Abverdienen der Braut. Ähnlich dürfte es auch bei den Gilyaken sein, bei denen die Sitte des Frauenkaufs nur als Formalität besteht. Jedoch scheint sich diese Formalität des Austausches von Geschenken hier immer mehr zu einem richtigen Frauenkauf zu entwickeln (Czap. [14] 94, 100); je höher der Preis einer Frau, um so mehr Respekt wird ihr in der Familie des Gatten zu teil. Mitunter führt der hohe Preis der Mädchen dazu, eine Frau von einem entlegenen Dorf zu entführen. Indessen folgt einer solchen Tat die Blutrache auf dem Fuße. Nach dem Tode des Gatten geht die Sorge für die Frau ohne weiteres auf einen der jüngeren Brüder über oder, wenn der jüngere Bruder gestorben, auf einen älteren, so auch die Sorge für die Kinder des Verstorbenen, und zwar je nach der Entscheidung des Klans (94, 100f).

Bei den Yukaghiren nimmt der Schwiegersohn eine sehr untergeordnete Stellung in der Familie seines Brautvaters ein, solange er dient. Doch sind hier Geschenke sowohl von Seite des Vermittlers wie auch von Seite der Bewerbers üblich. Bei den Yukaghiren der Tundra, welche in Berührung mit den Tungusen gekommen sind, verbindet sich die Sitte des Abverdienens der Frau mit dem Brautkauf und dem feierlichen Einholen der Braut nach dem Hause ihrer Schwiegereltern (94ff).

Unter den californischen Stämmen kommt die Kaufheirat ebenfalls vor. Unter den niedrigen Stämmen östlich der Sierra und denen am Colorado-Fluß wird allerdings kaum eine Formalität bei der Schließung der Ehe beobachtet. Mann und Frau leben zusammen, und dies wird als Heirat anerkannt, solange die Verbindung dauert. Dort, wo Zahlung geleistet wird, hat sie einen verschiedenen Charakter. Bei den hochstehenden nordwestlichen Stämmen erscheint sie als „Handelsgeschäft", und ein Zusammenleben ohne ein solches bringt der Familie des Mädchens Schmach. Je höher die Zahlung geht, um so angesehener sind Braut, Bräutigam und ihre Kinder. Im südlichen Teile Californiens und unter den Bergstämmen des Nordens werden Geschenke in traditioneller Weise ausgetauscht, ohne daß aber die bei den höheren Stämmen verbreitete plutokratische Wertung ins Gewicht fiele (Kroeber [22] 291).

Innere Hemmungen sind die Veranlassung, daß man sich häufig an Vermittler bei der Eheschließung wendet. So ersuchte ein junger Mann bei den Tillamook an der Küste von Oregon im nordwestlichen Amerika, wenn er heiraten wollte, einen Boten, mit des Mädchens Vater zu sprechen. Der Bote mußte vorher bezahlt werden. Er erhielt eine Kette, die er um seinen Nacken hing. Es galt als ehrenhaft, eine Frau für einen hohen Preis zu kaufen, sonst liefen die Kinder Gefahr, ausgelacht und „Sklaven" geschimpft zu werden. Wenn der Vater des Mädchens die übersandten Geschenke annahm, so schickte er seinerseits wieder Gaben durch den Mittelsmann zurück. Ungefähr eine Woche später erschien der junge Mann, um seine Frau zu holen. Seine Verwandten sammelten Nahrung aller Art auf und leisteten auch Beiträge an Geld für den Kauf des Mädchens. Die Verwandten des Mädchens sagten bestimmte Geschenke für dieses zu. Der Vater hatte wieder soviel zurückzuzahlen, wie er empfing. Sowie die Verwandten des jungen

Mannes versammelt waren, leisteten sie die Geschenkgabe an den Vater des Mädchens. Dann wurde dem jungen Mann und dem Mädchen erlaubt, nebeneinander zu sitzen, und sowohl der Vater der Braut wie der des Bräutigams hielten Reden bezüglich der Heiratsvereinbarung. Einer von den Freunden des jungen Gatten hatte für eine Strafzahlung zu bürgen für den Fall, daß der junge Mann sein Weib schlagen sollte. Nach der Hochzeitsfeier wurden die Leute mit Beeren, Fischen und Fleisch bewirtet, und hierauf verteilte der Brautvater unter die Verwandten des jungen Mannes noch weitere Speisen, die sie nach Hause mitnahmen. Einmal im Monat fand ein Austausch von Besuchen beider Parteien statt. — Zunächst verblieb für 5 Tage das Paar noch beim Brautvater, dann begaben sie sich zum Hause des Bräutigamvaters, wo sie sich ebenfalls 5 Tage aufhielten. Hierauf kehrten sie wieder zum Vater der Frau zurück, bei dem sie meistenteils verblieben. Doch konnten sie später wieder ihre Wohnung wechseln. Der Vater gab seinem Sohn den Auftrag, für seinen Schwiegervater Holz zu schlagen, und dieser wurde darin von seinen Brüdern und Nachbarn unterstützt. Er ging auch jagen und fischen für seine Schwiegereltern. Und jedesmal, wenn der junge Mann seine Schwiegereltern besuchte, brachte er ihnen Essen. Der Kaufpreis für eine Frau bestand gewöhnlich in einem erwachsenen Sklaven und einem Sklavenkind. Nach des Gatten Tod ging die Frau an den jüngeren Bruder über (s. Levirat; vgl. Boas [23] 7f).

Gewöhnlich werden bei den Kpelle die Kinder schon sehr früh verlobt, manchmal sogar, bevor sie geboren sind. Bei der Verlobung macht die Partei des Mannes dem weiblichen Partner Geschenke, die sie von Zeit zu Zeit wiederholt. Die Kinderverlobungen werden unter dem ausdrücklichen Vorbehalt der späteren Einwilligung der Braut abgeschlossen. Ein Mädchen gegen ihren Willen zu verheiraten, ist kaum möglich. Ein starkes Gegengewicht bilden in einem solchen Falle allerdings die interessierten Eltern, die für sich und ihre Tochter von dem erhofften Schwiegersohn schon viele Geschenke erhalten haben. Kommt trotzdem die Heirat nicht zustande, so hängt es von den vorherigen Abmachungen ab, ob die Geschenke zurückerstattet werden oder nicht. In der Regel bleiben sie jedoch in der Familie des Mädchens. Der Geschenke wegen suchen die Eltern der Braut die Heirat möglichst lange hinauszuschieben. Sobald das Mädchen seine Zustimmung zur Heirat gegeben hat und die beiderseitigen Angehörigen einverstanden sind, werden die letzten Abmachungen über die noch zu erstattenden Geschenke an Palmwein, Tabak, Fleisch, Feldfrüchten, Kleidern, Schmucksachen und dgl., insbesondere aber darüber getroffen, wie lange (etwa drei oder vier Jahre) der Bräutigam an der Feldarbeit der Schwiegereltern teilzunehmen hat. — Die Bewerbung eines jungen Mannes um ein erwachsenes Mädchen geschieht durch Vermittlung der beiderseitigen Eltern auf ziemlich komplizierte Weise und nimmt erhebliche Zeit in Anspruch. Die Feldarbeit kann durch Geld abgelöst werden. Die Geschenke für die Braut müssen nicht unbedingt alle bezahlt sein, wenn der junge Mann das Mädchen erhält; doch wird mit Wegnahme der Frau gedroht, wenn er mit der Zahlung säumig ist. — Die Heirat findet unmittelbar im Anschlusse an die Entlassung des

Mädchens aus der „*Sande*-Schule“ (Mädchenweihe) statt. Der Bräutigam hat der Schulleiterin ein Geschenk zu geben, und diese „wäscht“ das Mädchen, d. h. reibt es mit Fett und Kalk ein, legt ihr das übliche Graskleid an, behängt es mit Zauber und Schmuck und führt es in das Haus des Bräutigams, während draußen ihre Altersgenossinnen laut singend und rasselnd sich versammelt haben, angeblich um Schmerzensrufe der Braut bei der Defloration zu übertönen. Des Mädchens Mutter stellt dann an den Schwiegersohn die Frage, ob er die Virginität in Ordnung befunden habe, und erhält, auch im nicht seltenen gegenteiligen Fall, bejahenden Bescheid. — Stammt der Bräutigam aus einem fremden Dorf, so bildet es häufig eine Heiratsbedingung, daß er sich im Dorfe der Braut ansiedele, und zwar deshalb, weil die Kinder der mütterlichen Familie angehören und darum auch in deren Heimat geboren werden sollen (Westm. [21] 58ff).

Wenn einer heiraten wollte, so brachte er in früherer Zeit im Groß-Nama-Lande in Südwestafrika nach Berichten aus dem 18. Jahrhundert dem Vater des Mädchens 8—10 Ochsen. Nahm der Vater alle Ochsen, so hatte er das Recht verwirkt, das Mädchen später wieder zurückzuverlangen, behielt er nur zwei, so wahrte er sich das Recht, im Falle schlechter Behandlung seine Tochter von dem Mann zurückzufordern (Mor. [15] 183).

Beim Eingehen einer Ehe mit einer zweiten Frau ist der Mann bei den Mansela-Alfuren der ersten Frau eine „Buße“ schuldig. Die Buße heißt „Leibbuße“. War die Ehe kinderlos, so bestand die Bußzahlung in einem alten Teller. War ein Kind da, so mußten zwei alte Teller bezahlt werden, bei zwei Kindern drei Teller usw. Nahm der Mann eine dritte Frau, so fiel die Buße an die zweite Frau (Schad. [15] 135).

Raubheirat. — Mit dem Übergang in eine neue physiologische Altersstufe geht eine psychische Abänderung der Lebensgewohnheiten Hand in Hand, die nicht immer allmählich, entsprechend der physiologischen Veränderung durchgeführt wird, sondern der viele Naturvölker durch „zauberische“ Mittel nachhelfen zu müssen meinen. In ähnlicher Weise sucht man auch sonst den Naturablauf zu unterstützen, so den Wechsel der Mondphasen, der Winde, des Regens oder der Trockenheit (s. T. [RL] „Zauber A“). Dieses zauberische Nachhelfen beim Wechsel der Lebensalter bewirkt einen verhältnismäßig scharfen Übergang, der sich in den Initiations-Riten, in den Jünglings- und Mädchenweihen usw. äußert. — Bei den Naturvölkern schließt die Heirat eng an den Eintritt der physiologischen Reife an und ist manchmal geradezu ein Anhängsel der Pubertätsweihe. Mitunter wird die Paarung allerdings durch eine Periode von promiskem Sich-gehen-lassen von der Ehe zeitlich getrennt, wie z. B. auf den Trobriands-Inseln.

Die physiologisch bedingte Änderung des psychischen Verhaltens der Menschen in den verschiedenen Lebensstufen erhält bei der Heirat noch eine besondere soziale Färbung durch die dauernde Gesellung von Personen verschiedenen Geschlechts.

Mit dem Eintritt in eine neue Lebensphase ist nicht nur eine tatsächliche Veränderung des Verhaltens bedingt, sondern eine solche wird auch gesellschaftlich anerkannt, ja gefordert. Durch Vornahme von Zeremonien gibt man dieser Forderung auch Nachdruck. Die Tradition erhebt den schroffen Anspruch, sich nun verhältnismäßig unvermittelt anders zu benehmen, und verlangt damit einen Bruch mit den bisherigen Gewohnheiten, der um so größeres Unbehagen und inneres Widerstreben gegen den gesellschaftlichen Zwang hervorruft, als die betreffende Person in den neuen Verhaltungsformen, die man wünscht, noch unerfahren und unsicher ist. Damit hängt auch das Gefühl zusammen, von dem wiederholt berichtet wird, nämlich daß sich die betreffenden Personen „schämen". — Die inneren Hemmungen sind um so stärker, je plötzlicher die Änderung oder je öffentlicher die Form ist, die etwa bei der Eingehung der Ehe verlangt wird. Diese Widerstände jedoch auch zu zeigen, wird ebenfalls Tradition. Es gilt als gehörig, ein Sträuben wenigstens zu posieren.

Bald wird bei dem Übergang in die neue Lebenslage der Widerstand gegen die Annahme des anderen, gesellschaftlich traditionell geforderten Verhaltens von der Braut, mitunter aber auch vom Bräutigam zur Schau getragen. Dieser Widerstand ist im allgemeinen häufiger auf weiblicher Seite als auf männlicher. Erstens kommt dabei die Eigenart der Geschlechter in Betracht, die zweifellos größere Passivität der Frauen, die neuen Situationen viel mehr widerstreben, als das, etwa bei schweifenden und abenteuernden Jägern und Fängern, bei den Männern der Fall ist. Zweitens sind gewöhnlich die Forderungen eines bestimmten Verhaltens schon aus den zuvor angeführten Gründen, hauptsächlich unter den Frauen, aber auch von Seite der Männer gegen die Frauen, stärker als beim anderen Geschlecht. Doch gibt es auch Ausnahmen von diesen Regeln. Solche Ausnahmen sind gerade für die Einsicht in die geschilderten psychischen Abläufe und Hemmungen von großer Bedeutung.

Die einseitig formale Betrachtung hat in diesem Punkt zu verfehlten Hypothesen geführt, die durch oberflächliche Deutung vereinzelter Sitten frühgeschichtlicher oder zurückgebliebener europäischer Völker angeregt wurden. Dabei hat man jedoch vergessen, daß diese Völker, so sehr sie sich in ihren Einrichtungen von den modernen unterscheiden, keineswegs als „ursprünglich" oder „primitiv" bezeichnet werden können. Durch all dies entstand der wissenschaftliche Mythos von der Raubehe, richtiger „Raubheirat", als „Urform" der Ehe, der leider durch Kohlers in diesem Fall nicht tiefgründige Forschungen und nicht wohl erwogene Verallgemeinerungen eine Stütze erhielt, die von vielen anderen, z. B. von Müller-Lyer, ohne Nachprüfung übernommen wurde.

Die Dinge liegen jedoch so, daß die Raubheirat, wo sie wirklich vorkommt, nur eine einseitige Variante des oben geschilderten Widerstrebens darstellt, ganz besonders aber als Ergebnis einer Durchbrechung bisher geltender alter Heiratsordnungen auf verwandtschaftlicher Grundlage zu betrachten ist. In solchen Fällen tritt allerdings wirklich Raub oder Entführung der Braut institutionsgemäß auf. In den meisten anderen Fällen jedoch, in allen denen, wo von sogenannten „Spuren" oder „Überbleibseln" einer ursprünglich als bestehend vorgespiegelten Raubehe gesprochen und nachgesprochen wurde, handelt es sich in Wirklichkeit um die traditionellen

Äußerungen von tatsächlichen oder fingierten Hemmungen, Befangenheiten, die mit dem plötzlichen Übertritt in eine neue Lebenslage eintreten.

Dafür, daß dem in der Tat so ist, bildet gerade die Gewaltanwendung, die nicht nur gegen die Braut, sondern gelegentlich auch gegen den Bräutigam getätigt wird, den besten Beleg.

a) Ich selbst habe mir vom Jünglingsraub am Töpferfluß, dem untersten südlichen Nebenfluß des Augusta-Stroms im nördlichen Neu-Guinea, berichten lassen. Als Grund wurde dort Mangel an heiratsfähigen Männern in einem Dorfe (*Kambót*) angegeben. Der Vater des Mädchens stattet in einem solchen Fall dem Nachbardorf *Tjímundo* einen Besuch ab, obgleich es einer anderen Stammes- und Sprachgruppe angehört. Dort wählt er sich einen Jüngling aus und lockt ihn mit sich in den Wald, wo dieser, der schon ungefähr ahnt, um was es sich handelt, von dort zu diesem Zwecke versteckt gehaltenen Kambot-Leuten überwältigt und nach einem Versteck gebracht wird, an dem das Mädchen und ihre weiblichen Verwandten ihn erwarten. Dort wird er gespeist und begibt sich dann mit dem Kambot-Leuten nach deren Dorf. Kurz vorher haben die Angehörigen des Mädchens für diese eine Pflanzung angelegt. Im Heimatdorfe des Jünglings hat sich das Gerücht von der Entführung verbreitet; sein Vater beginnt ihn zu suchen und kommt in großer, etwas gemachter Erregung nach Kambot und tut so, als ob er kämpfen wollte. Man empfängt ihn jedoch ruhig und besänftigt ihn mit Geschenken, worauf Versöhnung und gemeinsames Essen erfolgt (T. [21] 46).

Auf Neupommern wird der Bräutigam manchmal eingesperrt, weil seine Eltern sich „schämen", daß er Junggeselle ist. Dann ruft er: „Was habe ich denn getan, daß ich gezwungen werde zu heiraten? Laßt mich gehen!" Wenn er zu dieser Zeit ausbrechen kann, so gehört es sich für ihn, zu versuchen, seine Verfolger zu töten (Dk. [88—89] 286f). — Unter den Abengs und Matabengs (Gaue der Garos von Assam) pflegt ein Mann zunächst es abzuweisen, ein Mädchen zu heiraten, das seine Hand gesucht hat. Er rennt davon und versteckt sich. Freunde gehen aus, ihn zu suchen und mit Gewalt zurückzubringen. Dann entwischt er wieder und wird abermals zurückgebracht. Wenn er das dritte Mal davon rennt, verfolgt man ihn nicht mehr. Man glaubt dann, daß er wirklich die Heirat verweigert (Playf. [09] 67). — Unter den Abchassen des westlichen Kaukasus läuft in der Brautnacht der Bräutigam davon und verbirgt sich. Am nächsten Tage wird er mit Gewalt zum Hause seiner Braut gebracht (Seidl. [94] 40). — Abgesehen von den Fällen des Wegrennens zeigt sonst der Bräutigam oft „Bescheidenheit" oder „Schamhaftigkeit". So z. B. auf den Andamanen-Inseln, wo er mit ermunternden Worten und mitunter mit sanfter Gewalt zu seiner Braut hingeschleppt wird, die ihrerseits gleichfalls Bescheidenheit zeigen muß, weint und ihr Gesicht verbirgt (Man [82] 137). — Auf den östlichen Inseln der Torres-Straße hat der Bräutigam sich verschämt zu benehmen und sein Gesicht zu verbergen (Cambridge Anthropolog. Exped. [08] 6 113). — Unter den Chukmas des südöstlichen Indiens müssen bei der Hochzeitszeremonie des gemeinsamen Essens sowohl der Bräutigam wie die Braut sich schüchtern zeigen. Zu aller Heiterkeit hat der Brautführer des Bräutigams Hand zum

Munde der Braut zu führen (Lew. [70] 187). — Unter den Griechen des südlichen Mazedoniens erscheinen am letzten Tage der eine Woche dauernden Hochzeitsfeier Abgesandte der Braut, um den Bräutigam zu gürten; gleichzeitig versuchen sie, den Widerstrebenden vom Boden aufzuheben. Er kämpft jedoch dagegen an und leistet Widerstand. Der albanische Bräutigam heuchelt gerade so wie die Braut großen Widerwillen, in die Brautkammer einzutreten (Garn. [90] 84, 255f).

Pars. ([15—16] [16]), die eine Anzahl weiterer einschlägiger Fälle gesammelt hat, lenkt die Aufmerksamkeit auf die Erzählung Plutarchs vom Verhalten des spartanischen Bräutigams. Danach soll der Mann die Braut mit einer Art Gewalt weggetragen haben. Sie ist indessen auf ihn vorbereitet: ihr Haar ist geschoren, sie trägt Männerkleider und wird auf einer Matte im Dunkel zurückgelassen. Nachdem der Bräutigam seine verkleidete Braut gesehen hat, kehrt er wie gewöhnlich zu seinen Genossen zurück und verbleibt mit diesen die folgenden Tage und Nächte. Seine Braut besucht er nur in Angst und Scham und mit Vorsicht, daß er nicht gesehen wird. Sie ihrerseits sucht auch günstige Gelegenheiten für ein geheimes Zusammentreffen. Auf diese Weise lebten sie lange Zeit hindurch. So kam es, daß ein Mann oft von seiner Frau Kinder hatte, ohne sie je bei Tageslicht gesehen zu haben (Lykurg XV; vgl. Crawl. [02] 372).

Die Hochzeit wird auf den nördlichen Andamanen mit bestimmten Zeremonien begangen. Die Braut sitzt auf einer Matte an dem einen Ende eines Tanzbodens, ihre Verwandten und Freunde um sie herum. Fackeln werden entzündet, so daß die Vorgänge von allen Zuschauern gut gesehen werden können. Am anderen Ende des Platzes sitzt der Bräutigam mit seinen Angehörigen. Einer der älteren Männer spricht zu der Braut, daß sie eine gute Frau sein muß und ihren Gatten versorgen und ihm treu sein soll. Darauf wendet er sich an den Bräutigam mit ähnlichen Ermahnungen und führt ihn an der Hand hin zu der Braut, neben der er ihn niedersitzen läßt. Die Verwandten weinen laut, und das junge Paar fühlt sich anscheinend sehr unbehaglich. Der junge Mann ist manchmal so verschämt, daß er versucht wegzulaufen, wird aber von seinen Freunden, die darauf gefaßt sind, wieder eingefangen und zurückgebracht. Dann ergreift der die Zeremonie leitende Alte die Arme der Braut und des Bräutigams und legt sie einander auf die Schultern. Wieder nach einer Weile nähert er sich und läßt den Bräutigam auf dem Schoß der Braut sitzen, eine Förmlichkeit, die später als Gruß zwischen Gatte und Gattin beobachtet wird. So bleiben sie ein paar Minuten sitzen, und damit ist die ganze Zeremonie erledigt. Die übrigen Mitglieder der Gemeinschaft veranstalten bei dieser Gelegenheit einen Tanz. Inzwischen ist von ihren Freunden eine Hütte errichtet worden, zu der ihnen Geschenke gebracht werden. Das Paar zieht sich scheu in die neue Hütte zurück, und für die ersten Tage wagen die beiden kaum zu einander zu sprechen oder einander anzusehen. Am Tage nach der Zeremonie werden Braut und Bräutigam von ihren Freunden mit weißer Erde beschmiert. Sie werden nicht mehr mit ihrem eigenen Namen benannt, sondern mit dem Namen des anderen Partners, indem man, wenn ihre

Namen A und B sind, die Frau: „die Gattin des A" nennt und den Mann: „Gatten der B". Auf den südlichen Andamanen ist die Zeremonie insofern einfacher, als der Bräutigam sofort zur Braut geführt wird, um sich auf ihrem Schoß niederzusetzen (Brown A. R. [22] 73f).

Die Werbung erfolgt bei den Auin-Buschmannjägern in Gestalt von Geschenken an Wildbret und Feldkost, die der Freier der Mutter seiner Auserwählten bringt. Ist ein Einverständnis vorhanden, so findet die Eheschließung dadurch statt, daß der Mann das Mädchen etwas gewaltsam am Handgelenk anfaßt und die Frau sich dann ziehen läßt. Dieses Sträuben ist sicherlich nicht, wie die verbreiteten früheren Anschauungen meinten, als „Rest" von Frauenraub zu deuten. Alle Art Gewalttaten würden bitter mit dem Tode gerächt werden. Nach der Heirat meidet der Schwiegersohn die Schwiegermutter. Er sitzt nicht mit ihr zusammen, und hat er notgedrungen etwas mit ihr zu reden, so schreien sich beide dies auf große Entfernungen zu. Die Frau tritt in die Werft (= Lager) des Gatten über, jedoch verbringt das Paar die Zeit bis zur Geburt des ersten Kindes bei den Eltern der Frau, wo der junge Ehemann dem Schwiegervater Dienste leistet (Kaufm. [10] 156).

Wenn die Sonne vom Zenith herunterzusteigen beginnt, fängt auf den mikronesischen Gilbert-Inseln der Südsee die Hochzeitszeremonie an. Unter dem Dachboden ist die Braut mit ihrer Mutter oder älteren Schwester untergebracht und dort eine neue Matte ausgebreitet worden. Der Bräutigam erscheint verschämt und wird von allen seinen nächsten weiblichen Verwandten gestoßen, auf den Boden zu steigen. Endlich steigt er hinauf. Oben streift er seine Lendenmatte ab und wirft sie hinunter unter die wartende Menge. Erneut ruft man ihm Ermahnungen von unten zu. Für die Braut gehört es sich, Widerstand zu leisten, und zwar so, daß man es unten merkt. Schließlich überwältigt er sie, und wenn sie die Jungfrauschaft verliert, muß sie einen Schrei ausstoßen. Bald ruft auch er. Hierauf erscheint seine Mutter oben und untersucht die Matte, um nach Blutspuren zu suchen. Findet sie sie, so ruft sie hinunter: „Eine Jungfrau!" Dann steigt sie mit der Matte hinunter und zeigt sie den Wartenden. Vater und Onkel des Bräutigams reiben sich etwas Blut der Matte auf die Wangen. Die Matte wird sodann sorgfältig verbrannt, damit kein böser Restezauber damit getrieben werden kann (Grb. [21] 31).

b) Die Heiratszeremonie, die erst dem Gatten volles Recht über seine Frau gibt, besteht bei den sibirischen Koryaken in dem Akt des sich Bemächtigens seiner Frau, ähnlich wie bei den Kamtschadalen. Dabei darf die Braut nicht ohne Widerstand sich dem Bräutigam ergeben, und der Bräutigam will sie nicht nehmen ohne die üblichen Hindernisse. Die Braut ist in verschiedene Gewänder gekleidet, die nicht entfernt werden können, ohne sie aufzuschneiden. Der Bräutigam muß versuchen, ihr die Kleider vom Leibe zu reißen, das Mädchen aber leistet Widerstand und will weglaufen. Außerdem greifen die Angehörigen des Mädchens die des Bräutigams an, und diese schlagen zurück, so daß ein allgemeines Handgemenge entsteht. Wenn sich das Mädchen nichts aus dem Manne macht, so verbirgt sie sich bei Nachbarn, oder ihre Eltern halten sie zu Hause zurück. Am Hochzeitstage selbst finden ähnliche Scheinkämpfe und Fangspiele im Zelt zwischen dem Bräutigam und der Braut und ihren weiblichen Angehörigen statt (Czap. [14] 83f).

Der junge Mann ist bei den Kayans und Kenyahs von Borneo etwa 20 Jahre alt, wenn er heiratet. Im allgemeinen macht die Heirat in der Beziehungen des jungen Paares keineswegs so viel aus wie etwa bei uns. Die Gaben, welche von Seite des Bräutigams der Familie der Braut angeboten werden, schwanken je nach dem Reichtum des Bräutigams und werden durch einen Mittelsmann überbracht. Bei den Unterhandlungen des Vermittlers zeigen die Eltern der Braut zunächst Erstaunen, erheben Einwendungen und machen Schwierigkeiten aller Art. Manchmal muß der Vermittler zwei oder drei Mal erscheinen, bis er die Sache in Ordnung gebracht hat. Hierauf hat er eine gewisse Zahl von bestimmt gefärbten gelben, schwarzen, hellblauen, dunkelblauen usw., alten Glasperlen zu übergeben. Die Farben dieser Perlen werden im Sinne des Versprechens gewisser moralischer Eigenschaften des Brautwerbers gedeutet. Das Mädchen schickt gleichfalls an Faden gereihte Perlenschnüre durch den Vermittler. An dem durch den Stand des Mondes bestimmten Datum erscheint des Morgens der Bräutigam mit seinen Freunden und Verwandten und dem Mittelsmann in vollem Kriegsschmuck. Sie legen dann im Hause der Braut zwischen dem Eingang und ihrem Wohnraum große Bronze-Gongs nieder, über welche die Braut zu schreiten hat, und die ihr und ihrer Eltern Eigentum werden. Auch noch andere Wertgegenstände werden gebracht. Darauf findet durch die geschlossenen Türen eine Verhandlung mit den Brauteltern statt, während der die Gäste die Tür gewaltsam aufzustoßen versuchen. Die Verteidiger stürzen nun ebenfalls gewappnet heraus und treiben die Angreifer mit viel Pose von Gewalt, doch ohne Blutvergießen zurück. Dieser Scheinkampf wird mehrmals wiederholt, schließlich aber läßt man den Bräutigam und die Seinigen in den Raum herein. Inzwischen ist jedoch die Braut durch eine kleine Hintertür entwischt. Ihm und seinen Leuten werden Zigaretten angeboten. Jetzt erscheint plötzlich die Braut mit einem Zug von befreundeten Mädchen. Indessen nimmt der Bräutigam keinerlei Kenntnis von ihrem Erscheinen. Mittlerweile ist ein Schwein auf der Galerie des Hauses niedergelegt worden, mit einigen Gaben für den Wahrsager, der aus der Leber des Schicksal zu lesen hat. Die Leute des Bräutigams und der Braut haben währenddem ihr Feilschen, von dem man nicht sagen kann, wie weit es echt und wie weit es nur posiert ist, beendigt. Der Wahrsager, der inzwischen die Schweineleber untersuchte, sprengt das Blut des Schweines und Wasser über die Versammlung, um langes Leben und viele Kinder dem jungen Paar zu versprechen. Die Braut und der Bräutigam schreiten darauf acht Mal über die Gongs. Des Abends werden beim Festmahl große Reden gehalten. — In früheren Zeiten schritt die Braut mit dem Bräutigam herunter zu seinem Boote und wurde eilends entführt, während die Ihrigen dem Bräutigam nachsetzten. Die fliehende Partei suchte die Verfolgung dadurch zu hindern, daß sie an das Ufer Gegenstände von Wert hinwarf. Die Verfolger mußten diese immer auflesen, und auf diese Weise ermöglichten reiche Geschenke ein Entfliehen. (Diese Form stellt eine Mischung von symbolischem Brautraub und Brautkauf dar.) Insbesondere hält jeder Mann von sozialem Ansehen es für nötig, sich möglichst zu spreizen. Als ältere Form ist auch hier das Abverdienen der Braut durch Dienstleistung des Bräutigams in der Familie seiner zukünftigen Frau anzusehen. Bei den Kayans war es allgemein üblich, daß der Bräutigam erst einige Jahre bei seinem Schwiegervater arbeitete, bevor ihm erlaubt wurde, seine Frau nach seinem eigenen Hause zu bringen (Hose u. McD. [12] 2 171ff).

Auf den Neuen Hebriden sind die Hochzeitszeremonien sehr einfach: es wird symbolisch und öffentlich der Übertritt des Mädchens in das Haus des Mannes dargestellt. Vor der Heirat soll der Mann eine Hütte errichtet haben, nur in Ambrym mußten die Frauen sich ihre Hütten selbst bauen. In Ost-Santo kocht das Mädchen im Elternhause einen großen Yams-Pudding mit Schweinefleisch und trägt das Essen in ihre neue Wohnung. Dort wird es bei einem Festmahle von den Freunden und Verwandten des Paares verzehrt (Speiser [23] 295). — Oft schmückt man die Braut vor dieser Zeremonie, in Nord-Pentecôte tätowiert man sie vorher noch. Hier hält der Brautvater oder ein anderer angesehener Mann der Sippe eine Rede, nach welcher der Bräutigam einen Drazänenzweig in die Erde steckt, neben den er den Brautpreis hinlegt. Der Redner ermahnt den Bräutigam, seine Frau freundlich zu behandeln, und übergibt ihm die Braut, die mit einer neuen Schürze und einer neuen Matte geschmückt ist. Dann folgt das Festessen, bei dem der Bräutigam zum Redner geht, um sich zu bedanken. Nachher wird zwischen den Männern der beiden Sippen ein Scheinkampf aufgeführt, bei dem es Wunden setzen kann. Ist ein Mann von der Sippe des Bräutigams verwundet, so muß ihn der Bräutigam entschädigen. Hierauf wird die Braut, oft unter heftigem Sträuben, von den Freundinnen zum Hause des Bräutigams oder dessen Vater geführt. Vielfach sollen sich die beiden Gatten so sehr vor einander schämen, daß sie sich nicht anzusprechen wagen. Man sucht sie daher schon vor der Heirat mit einander bekannt zu machen (Cod. [91] 240).

c) Einen Bruch mit alten Heiratsordnungen können wir offenbar bei den Omaha-Indianern feststellen. Gewisse Männer erhoben den Anspruch, gewisse Mädchen zu heiraten. Dieser Anspruch aber scheint durch ein freies Zusammenfinden durchbrochen worden zu sein. Das erste Werben erfolgt durch Liebeslieder, und ein Freund pflegt zu vermitteln. Am Morgen, wenn das Mädchen an Bach oder Quelle in weiblicher Begleitung zum Wasserholen erscheint, hält sich der Werber im Gras oder Busch verborgen und bläst die Flöte. Die Werbung hat konventionelle Formen angenommen, und bestimmte Signale dienen zur Verständigung. Die Heirat selbst erfolgt gewöhnlich durch Entführung. Eine solche war eben nötig wegen der erwähnten Ansprüche bestimmter anderer Männer. Der Bräutigam gab dem Mädchen das Signal des Abends, und sie flohen zu nahen Verwandten von ihm. Nach ein bis zwei Tagen brachte er sie zum Zelt seines Vaters, wo sie als seine Frau empfangen wurde. Hierauf schickte man Geschenke an des Mädchens Vater und Verwandte, um die Heirat zu ratifizieren. Dazu wurden die Angehörigen des Mädchens eingeladen. Nahmen sie die Einladung an, so war alles in Ordnung, und nach einigen Monaten erwiderten sie die Gaben durch solche von gleichem Wert. Wie man daraus ersieht, hatten die Geschenke von Seite des Bräutigams nicht die Bedeutung eines Kaufpreises, sondern waren Freundschaftsbeweise, die eine Erwiderung erheischten. Die eigentliche Erwerbung der Frau bestand in dem Abarbeiten während eines oder zweier Jahre, in denen der junge Ehemann dem Schwiegervater diente (Flt. u. La Fl. [11] 319).

d) Der echte Frauenraub findet sich unter höheren sibirischen Stämmen. Bei den sogenannten nordisch-altaischen Szämmen (Tataren mit mongolischer Beimischung und Turkstämmen mit türkischer Sprache und Überlieferungen) wird die Frau gewöhnlich durch Raub gewonnen. Und zwar geht der Raub in einer symbolischen Form vor sich. Das Mädchen ist vorher von der Sache unterrichtet und gibt als Pfand und Symbol ihres Einverständnisses ihr Kopftuch dem Beauftragten des Bräutigams. Des Nachts erscheint der Bräutigam mit ein oder zwei Freunden auf guten Pferden und entführt sie zu seiner Familie, wo man sofort in hergebrachter Weise eine Hütte für das Paar errichtet. Eine Reihe von Riten und Zeremonien schließen sich daran. Fünf oder zehn Tage nach der Entführung erscheint der Bräutigam mit einigen seiner Verwandten und einer Menge Nahrungsmittel bei seinem Schwiegervater, um mit ihm Frieden zu schließen und sich über die Höhe des Brautpreises zu einigen. Diese Entführungen finden gewöhnlich im Frühling statt (Czap. [14] 114, 116ff).

Bei den Somâl des nordöstlichen Afrika wird, wie bei den meisten Naturvölkern, der Eintritt der Geschlechtsreife auch als Heiratsalter betrachtet. Von der Anzahlung, die der Vater für seine Tochter erhält, übernimmt er die Verpflichtung, eine Hütte zu errichten. Der volle Kaufpreis beträgt in der Regel zwei bis drei Pferde und etwa 200 Schafe. Nicht selten kommen Entführungen vor. Die Mädchen lassen sich gerne erbeuten, zumal beim Schafehüten. Diese Art der Frauengewinnung trägt häufig zur Beilegung von Blutfehden bei, weil dadurch dem durch Mord oder Todschlag einer Arbeitskraft beraubten Stamme Ersatz wird und damit das Kräfteverhältnis ausgeglichen werden kann. Ehen werden auch auf dem Karawanenmarsch geschlossen (Paulsch. [96] 2 286).

Von echtem Frauenraub hören wir bei den mohammedanischen Lima-Sasakern (Lombock-Inseln, Sunda-Archipel). Daneben herrscht Liebesromantik mit Liebesbriefen, Gedichten, Liedern und Überschicken von Symbolen in Gestalt von Blumen, Früchten oder einer Spinne als Sinnbild der Häuslichkeit oder eines Hahnes (= guter Familienvater). In der Zeit des Königstums von Lombock (Lehensaristokratie) ließen Eltern ihre Tochter gern von einem reichen Freier rauben. — Bei den Baliern auf Lombock ergreift der Bräutigam die vor dem Hause sitzende Braut, zieht sie zu sich aufs Pferd und galoppiert unter dem Geschrei der ihn verfolgenden Familie davon. Wenige Tage nach der Flucht läßt der Entführer Nachricht an die Eltern gelangen, bittet um Vergebung und Mitteilung, wie hohes Sühnegeld sie verlangen. Die Eltern schicken dann das Dorfhaupt zu den Entflohenen. Durch dessen Vermittlung wird die Zahlung und die Versöhnung der Eltern herbeigeführt. Das Dorfhaupt erhält einen Anteil für seine Mühewaltung. Der Betrag schwankt nach dem Stande des Verführers und ist bei Adligen höher. Ein Fest schließt die Zeremonie ab. Dabei findet eine Reinigung durch den Priester und ein Opfer statt. Das Ehepaar zieht in das Haus des Mannes, wie es bei den patriarchalischen Zuständen auf Lombock zu erwarten ist (Elb. [12] 1 101ff).

Unter den negrito-malayischen Seefahrern der Malakka-Halbinsel, den Orang-Laut, konnten die Männer einer Gemeinde nur eine Frau von einer anderen Gemeinde nehmen, insbesondere in der Zeit, als sie noch auf der See lebten. Wenn die zwei Gemeinden in Fehde lagen und die jungen Leute keine Gelegenheit hatten, ihre Wahl zu treffen, wurden Frauen geraubt, und sowohl diese wie auch ihre Ausstattung mit Gewalt genommen. Indessen gingen diese Raubzüge niemals im Innern vor sich, weil die östlichen Semang in der Wahl ihrer Gattinnen überlieferungsgemäß nicht behindert waren.

Vorsichtiges Verhalten bei der Eheschließung (Vorzeichen, Meidungen, Zeremonien.) — a) Die Verlobungen finden bei den Herero Südwestafrikas im Kindesalter statt. Wenn das Mädchen die Pubertät erreicht hat, bekommt es einen dreizipfligen Hut mit Perlenschnüren an jeder Seite und vertauscht das bisher getragene enthaarte Schaffell mit dem behaarten Fell eines braunbunten Schafes, auf dessen Schwanzende drei Eisenperlenschilder aufgenäht sind. Hinter dem Hause der Mutter wird, wenn das Mädchen heiratsreif ist, für sie eine kleine Hütte gebaut, und hier erwartet sie ihren Mann. Erst dann wird an den Brautvater der Rest des ganzen Hochzeitsgeschenkes entrichtet, das im ganzen etwa aus einem großen Ochsen, einer Färse, einem Mutterschaf, zwei jungen Mutterschafen, die noch nicht gelammt haben, und aus einem Hammel, bei Reicheren aus mehreren Hammeln und noch sonstigen Stücken Vieh besteht. Vor der Heimführung der Braut läßt der Brautvater einen Hammel schlachten, der nur von dem weiblichen Teil der Lagerbewohner, und zwar unter religiösen Zeremonien, verzehrt wird. Dies gilt als der eigentliche Trauakt. — Findet schon vorher ein vom Vater der Braut gegebenes größeres Festmahl statt, so darf daran der Bräutigam nicht teilnehmen, ja nicht einmal in der Werft auf dem Lagerplatz selbst sich aufhalten. Wohl schleicht er abends heimlich in die Hütte der Braut, jedoch tritt er mit ihr in keine ehelichen Beziehungen, sondern drückt hierdurch nur seine Sehnsucht nach ihr aus. — Nach der Ankunft des jungen Paares auf der Werft des Mannes faßt die junge Frau das Ende des langen Hüftriemens ihres Mannes, und indem sie hinter ihm hergeht, machen beide einen Rundgang durch das Lager, wobei ihr allerlei Kleinigkeiten geschenkt werden. Diese Zeremonie hat nichts mit einem Rest ehemaliger „Raubehe" zu tun, wie fälschlich angenommen wurde, sondern sie bedeutet nur den sinnfälligen Ausdruck der Zusammengehörigkeit und entspricht einer öffentlichen Bekanntmachung. Der Bräutigam läßt nun seinerseits einen Ochsen oder ein Schaf schlachten, das die Bewohner des Lagers gemeinsam verzehren.

Die Hochzeits- und Trauungszeremonien weichen bei den einzelnen Stämmen von einander ab. In dem im Norden gelegenen Bezirk von Amaruru werden die Geschenktiere zum Lager des Brautpaares getrieben. In einiger Entfernung vom Bestimmungsort bleibt die Familie des Bräutigams zurück, denn Braut und Bräutigam dürfen einander nicht sehen. Ein Mitglied der Gesellschaft treibt die Geschenktiere zum Brautvater, der dann mit seinem Anhang herauskommt, um die Gäste mit Ausnahme des Bräutigams zu begrüßen. Er läßt hinter dem Hause seiner Hauptfrau einen fetten Hammel schlachten. Das Fettnetz vom Magen des Tieres wird der Braut über den Kopf gelegt, so daß es mit seinem Ende über Schultern, Gesicht und Nacken herunterhängt, und sie infolgedessen nur vor ihre Füße sehen kann. Während weitere Tiere geschlachtet und verzehrt werden, worüber bei reichen Leuten oft mehrere Tage vergehen können, muß die Braut diesen Fettnetz-Schleier stets aufbehalten. Sind die letzten Festtiere geschlachtet, so wird die Braut von ihrer Mutter zum heiligen Feuer geleitet, wo ihr der Häuptling mit geschmolzener Butter den linken Oberarm bestreicht, dann einen Schluck Wasser in den Mund nimmt und ihn der Braut ins Gesicht spritzt. Zu diesem Zwecke hatte die Braut das Fettnetz solange zurückgeschlagen. Sie begibt sich darauf in ihre Hütte, und hier wird das Fettnetz von den jungen Mädchen der Werft stückweise vom Kopfe gepflückt. Der Bräutigam muß mit seinen Eltern während der Festzeit außerhalb des Lagers bleiben. Er und seine Braut dürfen von dem Festfleisch nichts essen. Wohl aber erhalten seine Eltern und deren Begleiter solches zugetragen. Am Ende der Festtage erklärt der Vater des Bräutigams, daß sie nach ihrem Lager zurückzukehren wünschen. Die Braut zieht nun in Begleitung einiger Frauen mit ihnen. Am Lagerplatz des Bräutigams angekommen, muß die Braut, falls es noch Tag ist, draußen warten. Nur wenn die Sonne schon untergegangen ist, darf sie gleich mit dem Bräutigam die Werft (den Lagerplatz) betreten und wird in eine für das junge Paar besonders errichtete Hütte gebracht. Doch darf das Paar zunächst hier keine eheliche Gemeinschaft pflegen, sondern es muß die ganze Nacht hindurch den hölzernen Träger, der die Hütte stützt, zwischen sich haben (s. a. Tobiaszeit). Am nächsten Morgen läßt der Vater des Jünglings einen Hammel schlachten und den linken Vorderschenkel von einigen Frauen kochen. Der Vater des Bräutigams berührt mit dem gekochten Vorderschenkel des Hammels die Fußsohle seines Sohnes, dann die der Braut und zuletzt die Stütze der Hütte, worauf das Fleisch von denen, die es gekocht haben, verzehrt wird. Dann werden Braut und Bräutigam zum Hause der Eltern gebracht, wo sie gegorene Milch beschmecken und dadurch zum Gebrauche weihen. Erst nach Vornahme dieses Aktes ist ihre Ehe endgültig geschlossen (Dann. [06] 29ff).

Bei den Mansela- und den Nusawele-Alfuren des Gaus Wahaai der Insel Seram sehen sich die Eltern, wenn ein Jüngling etwa 18 Jahre alt geworden, nach einem Mädchen um. Wenn ihr Name im entsprechenden Zusammenhange genannt wird und der Sohn dazu schweigt, so faßt man dies als seine Zustimmung auf. Als Brautschatz dienen alte und neue Teller, die dem Haupt der Familie oder des Gaus des Mädchens gebracht werden. Nehmen die Angehörigen des Mädchens die Werbung an, so müssen die Eltern des jungen Mannes noch eine besondere Art kostbarer „Seelen-Teller“, die beim Anschlagen einen schönen Klang von sich geben, der Familie der Braut bringen. Die Mutter des jungen Mannes begibt sich zum Mädchen und legt ihr ein kupfernes Armband um. Läßt sich das Mädchen dies gefallen, so gilt das als Einverständnis; sonst muß der Teller zurückgegeben werden. Auf Grund von Vorbedeutungen wird der Hochzeitstag vereinbart und mit Knoten in einer Rotan-Schnur vorgemerkt. Einen Teil der Hochzeitszeremonie bildet ein scheinbarer Streit unter den zwei Parteien, wobei eine jede sich ihrer Stellung und Verdienste rühmt. Dabei werden Geschenke getauscht. Die Braut wird abgeholt und folgt dem Mann. — In Nusawele bei den Altjehern flieht der Schwiegersohn bei Annäherung des Schwiegervaters. Dem Mann ist verboten, die Namen der Eltern, der Brüder oder Schwestern seiner Frau zu nennen, wenigstens nicht deren wirklichen Namen zu gebrauchen. Ebenso darf die Frau nicht den Namen der nächsten Verwandten des Mannes im Munde führen. Wenn der Name der Frau der gleiche ist wie der der Mutter oder einer der Schwestern des Mannes, so erhält die neu in das Haus aufgenommene junge Frau einen neuen Namen (Schad. [15] 130ff).

Die eigentliche Hochzeitsfeier findet bei den sibirischen Tschuktschen im Hause des Bräutigams statt, wenn er die Frau zu sich nimmt, im Hause der Braut dann, wenn der Bräutigam von der Familie des Schwiegervaters adoptiert wird. Ein Rentier wird getötet und geopfert und das Paar mit dem Blute des Rentiers beschmiert. Auch noch ein oder zwei Mitglieder der Familie des Bräutigams lassen sich mit Blut bestreichen, damit sich der Bräutigam, wie es heißt, nicht „einsam fühlt“. Dann bemalen sich Braut und Bräutigam die Gesichter mit den Familienzeichen des Bräutigams. Die Frau bestreicht auch noch den Schlitten mit Blut und gibt den heiligen Gegenständen des Haushalts Rentiermark zu essen und besprengt mit dem Opferblut den Herd. Nach einigen Tagen oder Wochen findet eine ähnliche Zeremonie in der Familie der Braut statt (Czap. [14] 72ff).

Unter den großen Stammeshälften (Phratrien) der Tlingit-Indianer herrschte Exogamie. Die einzelnen Klans erwiesen einander, wie man zu sagen pflegte, dadurch Hochachtung, daß sie Heiraten untereinander veranstalteten. Auch die Meidungen, die aus der Schwägerschaft hervorgingen, wurden im Sinne einer Hochachtung gedeutet. Ein Mann war gegen seine Schwiegermutter dadurch höflich und sie gegen ihren Schwiegersohn, daß einer den anderen direkt nicht anredete. Auch das Abarbeiten der Braut beim Schwiegervater wurde als Beweis von Respekt von Seite des Schwiegersohnes gedeutet dafür, daß er dessen Tochter zur Frau erhalten hatte. Der Schwiegervater hingegen ehrte seinen Schwiegersohn dadurch, daß er der Tochter eine große Ausstattung gab. Ein Mann zeigte Hochachtung für seinen Schwager dadurch, daß er jedes Geschenk von ihm mit einem großen Aufschlag erwiderte. Er durfte auch kein Geschenk des Schwagers zurückweisen (Swant. [08] 424).

b) Der Bau der Gesellschaft ließ auf den Tonga-Inseln den Frauen viel Freiheit, namentlich auch in der Wahl des Partners, obgleich die Eltern, aber auch die älteren Brüder und Schwestern, dabei ihrer Stimme Nachdruck zu verschaffen suchten. Die Verheiratung war streng an das Rangsystem gebunden. Ein Mann durfte selten seinen Blick gegen eine Frau höherer Kaste erheben. Die Heirat der Häuptlinge ging unter großem Zeremoniell vor sich. Mit zahlreichem Gefolge holte der Bräutigam bei Nacht unter viel Schreien und Lärmen die Braut ab (Collc. [23] 224ff). Als mit besonderer Kraft (s. T. [RL] „Mana B“) ausgestattet galten Männer von schönem Aussehen (*Mana'ia*). Nicht Mut oder hoher Rang kam dafür in Betracht, sondern einzig und allein das Äußere. Die Familien rühmten sich solcher Persönlichkeiten und unterstützten sie, um dadurch vorteilhafte Beziehungen anzuknüpfen (228).

c) Bei jeder Hochzeit im Gebiete der West-Tibeter wird folgendes Schauspiel aufgeführt. Sieben Freunde des Bräutigams, welche die „Käufer“, die „sieben Brüder“, genannt werden, und die besonders zu diesem Zwecke aus der Zahl der in diesen Zeremonien Sachkundigen gewählt wurden, begeben sich, wenn möglich zu Pferde, zum Hause der Braut, um letztere für den Bräutigam zu „kaufen“. Wenn sie vor dem Gehöft erscheinen, läßt man sie nicht ein, ehe sie durch die Beantwortung einer Reihe von Fragen, die in Form von Liedern an sie gerichtet werden, sich als Zugehörige der gleichen religiös-mythologischen Gemeinschaft erwiesen haben. Wird bei diesem Verhör eine Antwort falsch gegeben, so schlagen die mit Weidenruten bewaffneten Bewohner des Hauses der Braut auf die Brautwerber los. Die Lieder und Antworten enthalten eine Art von Katechismus der vorbuddhistischen Religion des Landes und sind in den westlichen Teilen Tibets mehr in Einzelheiten ausgearbeitet. Dort, wo dieses Frage- und Antwortspiel unvollständiger ist, bildet das Hochzeitsmahl den Höhepunkt der Heirat. Auch bei dem „Bierlied“ des Hochzeitsfestes wird das mythologische Rätselraten fortgesetzt, insbesondere die Herkunft und die Zubereitung des Bieres beschrieben. — Durch ihre Kleidung geben sich die Brautwerber als „Götterkinder“ aus. Der Zeremonie liegt der Gedanke zugrunde, daß diese in das Haus der Braut wollen, während sich bei den Eltern und Brüdern die Frage regt, wie es denn möglich gewesen sei, daß „Götterkinder“ aus dem durch allerlei fabelhafte Tiere bewachten „Götterland“ herauskommen konnten. Vor allem wird beschrieben, wie sie der weißen Löwin mit den türkisfarbigen Locken (Gletscher), der wilden Vogelkönigin, der riesigen bunten Tigerin und dem Fischweibchen mit dem Goldauge entwischten. Die Frage- und Antwortlieder werden von einem Tanz der Beteiligten begleitet, wobei die Brautkäufer einen Schal wie eine Schlange über die Schulter gleiten lassen (Frck. [25] 3ff, 35 Tf. 1).

In der Bevölkerung des alten Peru wurde die Frau durch Kauf erworben. Sowie die Frau das Haus des Gatten betreten hat, nimmt sie aber alle Gewalt an sich. Kein Kauf oder Verkauf konnte ohne ihre Zustimmung stattfinden, und sie ist das anerkannte Haupt des Hauses. Charakteristisch ist hier das Ausfragen des Bräutigams vor der Hochzeit (Rockh. [91] 213). —

Die ähnliche Sitte eines Ausfragens des Bräutigams wurde aus Tibet berichtet, das noch in einer Reihe von anderen Zügen, wie Polyandrie und Ehen auf Zeit, mit dem Lande der Lamas Übereinstimmung zeigt. Die mutterrechtlichen Kennzeichen treten sowohl in den alten mongolischen Ländern und in Tibet wie auch in den großen alt-amerikanischen Staaten scharf hervor.

Bei den Besisi der Malakka-Halbinsel finden wir auch ein Fragespiel mit dem Bräutigam von Seite des Brautvaters, das im wesentlichen sich darum dreht, ob der Bräutigam alle Vorkehrungen getroffen hat, um durch Geräte und Fertigkeiten für seine künftige Frau und seine Familie zu sorgen (Skt. u. Blgd. 1 1789).

Unter den Indianern von Guiana muß ein Mann zeigen, daß er eines Tages Arbeit vollbringen und eine Familie unterhalten kann, bevor er die Erlaubnis erhält zu heiraten (T. [83] 228).

d) Bei den abessinischen Beni-Amer werden die Kinder sehr früh verheiratet. Der Bräutigam macht sich mit seinen Eltern auf, um die Eltern seiner Braut zu sprechen, wenn sie das heiratsfähige Alter erreicht hat, kehrt aber zunächst heim, ohne die Braut gesehen zu haben. Die Braut bleibt dann noch ein halbes Jahr im väterlichen Hause, und erst nach Ablauf dieser Zeit schickt der Bräutigam Frauen und ein Kamel, um die Braut heimzuholen. Sie wird mit ihrem Zelte fortgeführt. Bei dieser Gelegenheit werden die Abgesandten mitunter genarrt, indem statt der echten Braut ein anderes Mädchen geschickt wird, das sich sorgfältig vermummt fortführen läßt. Erst außerhalb des Dorfes gibt es sich zu erkennen und läuft dann fort. Die Frau kann jederzeit in ihr Mutterhaus zurückkehren und verweilt da oft Monate lang. Nach der ersten Niederkunft muß der Mann durch ein Geschenk sich wieder die Gunst der Frau erwerben. Für jedes böse Wort muß der Mann ihr mit seiner Habe büßen, vielleicht auch eine ganze Regennacht außer Hause zubringen, bis er sich versteht, ihr ein Kamel oder eine Kuh zu schenken. So erwirbt sich die Frau ein Vermögen, das der Mann nicht antasten darf. Die Frau melkt nicht, sie ißt nie in Gegenwart ihres Mannes, sie spricht seinen Namen nur vor Fremden aus, sie verbirgt sich, wie auch der Mann, vor der Schwiegermutter (Munz. [83] 324f).

e) Die von zauberischen Gedankengängen durchtränkte Geistesverfassung höherer Naturvölker gelangt in Verbindung mit patriarchalischen Einrichtungen und Auffassungen bei algerischen Stämmen zu einem gewissen Höhepunkt. Der verheiratete Mann wird wie ein heiliges Wesen betrachtet (Gaudfr.-D. [01] 42), man nimmt an, daß er besondere Tugenden und Vorrechte besitzt (46), er überragt alle (59). Der Ehemann sitzt auf einer Art Thron (57), bei der Heirat darf er nicht den Boden berühren, sondern wird auf dem Rücken eines Juden in das Ehegemach getragen (60). Dem steht die völlige Abschließung der Mädchen von der übrigen Welt gegenüber.

Heiratsvermittlung. — Die Persönlichkeit des Heiratsvermittlers tritt bei den paläo-sibirischen Völkern in der Gestalt eines Freundes oder Verwandten des Bräutigams zutage und wird hier bezeichnet als „*newew girkin*" = du suchst eine Frau. Dieser Vermittler gilt zunächst als Repräsentant des Bräutigams so weit, daß er sofort mit der Dienstleistung seines Beauftragten beginnen muß, also gerade so wie dieser für die Familie des Schwiegervaters während der ersten Tage oder Wochen arbeiten und die Zuneigung der Familie der Brauteltern erwerben muß. — Bei den Koryaken findet die Unterhandlung nicht mehr durch symbolische Handlungen statt, sondern mit bestimmt traditioneller Frage- und Antwortfolge, die auf eine geschickte Gewinnung des Brautvaters hinausläuft. — Dieses traditionelle Rede- und Antwortspiel zwischen Heiratsvermittler und Brautvater ist bei den Yukaghiren komplizierter. Hier nimmt der Vermittler außerdem noch bei der Hochzeitszeremonie an der Verteilung der Geschenke des Bräutigams an den Brautvater und dessen Verwandte teil. — Die Rolle des Redners, die dem Heiratsvermittler zufällt, tritt noch stärker bei den südaltaischen Stämmen zutage (Kalmüken mit mongolischer Beimischung). Bei diesen durch Schichtungen und durch nachbarliche Stämme mit höheren Herrschaftsformen beeinflußten Völkern kniet der Vermittler vor dem in Aussicht genommenen Schwiegervater nieder und bittet in blumenreicher Sprache und mit überschwenglichen Worten um das Mädchen, indem er dem Vater eine mit Tabak gefüllte Pfeife anbietet. Die Annahme der Pfeife gilt als vorläufige Einwilligung in das Verlangen des Vermittlers. Darauf folgen noch weitere Zeremonien, die schließlich durch feierliche und umständliche Hochzeitsfeste ihren Abschluß finden (Czap. [14] 73, 83, 93, 114ff).

Zur Heirat schreitet man bei den Kayans und Kenyahs von Borneo erst, nachdem durch eine traditionelle Art des Hofmachens und der Annahme von Seite des Mädchens ein festes Einverständnis unter den Partnern herbeigeführt ist und öffentliche Anerkennung der Verbindung notwendig erscheint. Der Mann beauftragt einen alten Freund, manchmal auch seinen Vater oder die Mutter, dem Häuptling sein Verlangen vorzubringen. Der Häuptling pflegt seine Überraschung auszudrücken und durch Einwendungen sich wichtig zu machen. Zur Einleitung der Heirat bringt der Bräutigam der Familie des Mädchens einen Kupfergong oder eine wertvolle Glasperle als Pfand seiner Aufrichtigkeit. Die Heirat erfolgt ohne viel Aufschub, doch in der Zwischenzeit werden von allen Seiten Vorzeichen im Schreien der Vögel, im Laufen der Spinnen, im Fluge des Habichts usw. beobachtet. Die Heirat findet womöglich zum Schluß der Yams-Ernte statt (Hose u. McD. [12] 1 74ff).

Umständlich sind die Werbe- und Heiratszeremonien unter den abessinischen Stämmen der Arussi-Galla. Sie beginnen mit Besuchen und weitläufigem Herumreden, sowie vorläufigen Geschenken des Bräutigam-Vaters an die Familie der Braut, bestehend in Honig, Butter und Kleidern. Hauptsächlich erfolgen dann große Gaben von Ziegen, Schafen, Kühen und Eseln, die am Hochzeitstage vom Brautvater zum Teil in doppelter Anzahl erwidert werden müssen. Beim Hochzeitszug selbst wird das Vieh vorangetrieben, um damit zu prunken. Eine besondere Rolle fällt hier dem vom Vater ausgesuchten „Brautführer" zu, der als anerkannter Liebhaber alle eheherrlichen Rechte des wirklichen Gatten ausübt und am Hochzeitszuge teilnimmt. Die Braut wird zu ihrer künftigen Schwiegermutter getragen, die sie in den Schoß nimmt und ihr zu essen und trinken gibt (Zahn [23] 173).

Aussteuer, Lehren. — Der Übergang von Geschenkaustausch zur Aussteuer trat bei den mongolischen Völkern in Erscheinung. Wenn ein vornehmer Mann seine Tochter verheiratete, empfing er als Verlobungsgabe 30 Kamele oder andere Kostbarkeiten, 50 Pferde und 400 Schafe. Diese Geschenke mußte er dem Wert nach ersetzen, doch konnte er nach eigenem Gutdünken wählen, was er als Aussteuer gab. Die Geschenke von Seite des Bräutigams waren nach Rang und Reichtum in bezug auf die Zahl von Kamelen genau vorgeschrieben. Der Brautvater pflegte geringe Mengen von Herdentieren zu geben, dafür aber genähte und ungenähte Kleider, Reitzeug, Hausgeräte usw. (Pall. [1776—1801] 20ff).

Wünschte unter den Tlingit-Indianern einer zu heiraten, oder wünschten es seine Freunde, so gingen die Freunde zusammen zur Mutter des Mädchens und ihrer Sippe. Die Mutter, Schwester oder der Onkel pflegte dann zu sagen: „ich schätze eure Rede“, oder: „ich rede in zwei Tagen zu euch“, oder: „ich will bei vierzig Decken reden“. Die Freunde besorgen dann die Decken oder das Geld, das versprochen war. Nachher brachten des Jünglings Mutter und seine Freunde nochmals viele Decken zusammen und gingen damit zu des Mädchens Mutter. Dies nannte man: „Gaben auf den Rücken legen“. Darauf verteilte der Brautvater die empfangenen Gaben unter die Familienangehörigen, mit Ausnahme eines geringen Teils, den er für sich behielt. Doch war er seinerseits verbunden, entsprechende Gegengeschenke an den Bräutigam und seine Freunde zu machen, um damit, wie es hieß, „seiner Tochter Respekt zu erweisen“ und zu zeigen, daß er sie schätze. Ein Teil dieser Gegengeschenke kann als „Ausstattung“ der Tochter aufgefaßt werden. — Das Mädchen wurde dann gefragt, ob sie sich benehmen könne, und gute Lehren ihr erteilt: „Du bist nun imstande, auf dich selbst zu achten, und weißt, wie man wirtschaftet und erwirbt“. Der Onkel sagte zum Bräutigam: „Du mußt zeitig aufstehen und Nahrung suchen, sonst läuft deine Frau bald mit anderen Männern herum und will einen anderen heiraten und du mußt dich schämen. Trink nicht zu viel Wasser, damit es dich nicht faul macht! Sitz nicht mit vor dir ausgestreckten Beinen da, sonst mußt du dich umdrehen, um aufzustehen! Gib immer auf dein Weib acht! Gehe nicht in eines anderen Haus, um etwas zu erbitten, sondern bleib ein unabhängiger Mann, so daß ich mich deiner nicht zu schämen brauche!“ — Benahm sich die junge Frau nicht gut, so schlug sie der Mann. Lief sie dann davon zu ihren Freundinnen, so schlug man sie wieder, „um ihr Schande anzutun“ (Swant. [08] 428).

Heiratszeit, Probeheirat. — a) Bei den Besisi, Mischlingen zwischen Malayen und Negritos auf der Malakka-Halbinsel, findet zur Erntezeit eine Art Karneval statt, bei dem ein Austausch der Frauen vor sich geht. Dies ist auch die Zeit, zu der Heiraten eingegangen werden. Die Hochzeitsfeierlichkeiten bestehen bloß darin, daß der Bräutigam einige Glasperlen, einige Stücke weißen Kalikos, eine Schüssel und ein Trinkgefäß den Eltern und der Braut überreicht. — Bei den Jakun von Johor werden die Heiraten gewöhnlich im Juli und August gefeiert, wenn es reichlich Früchte gibt. Der Bräutigam verständigt sich mit der Braut und wirbt dann erst bei den Eltern. Zunächst macht der Bräutigam an die Braut einige Geschenke, die manchmal durch andere Gaben erwidert werden. Die Braut wird dann vom Vater dem Bräutigam übergeben, worauf Festlichkeiten folgen, insbesondere eine Jagd, deren Ausfall als Omen für das Schicksal der Ehe gedeutet wird (Skt. u. Blgd. [06] 2 70ff, 82).

b) Bei den Maya-Völkern galt ebenfalls das Alter von 20 Jahren als Heiratszeit. Die Geschenke, die gelegentlich der Eheschließung vom Vater des Bräutigams gegeben wurden, waren nicht von großem Wert, sondern die eigentliche Bedeutung für den Erwerb der Braut lag in den persönlichen Diensten, die der Bräutigam für die Familie seiner Frau während fünf oder sechs Jahren zu leisten hatte. Die Heirat wurde ebenso wie bei den Mexikanern durch eine Vermittlerin eingeleitet und dann durch einen Priester geschlossen. — Unter den mexikanischen Otomi war die Ehe nach der ersten Nacht ohne weiteres lösbar (Probeheirat). — Unter den Lacandons bestand eine Probeehe von einem Jahr Dauer. Erst dann fand die eigentliche Vermählung statt. — Unter den Quichê wurde dem Brautpreis eine große Bedeutung beigelegt, und einzelne Väter wurden durch die Gaben, die sie bei der Verheiratung ihrer Töchter erhielten, reich (Joy. [14] 163, 165f).

Obgleich die Khyoungtha strenger sind als die wilden Stämme der Berge von Chittagong in Indien, ist es doch üblich, daß die Mädchen vor ihrer Ehe sehr frei leben und sich mit zwei oder drei Liebhabern abgeben. Sie pflegen im Alter von 16 Jahren zu heiraten. Nach der Heirat ist Untreue der Frauen selten. Der Mann pflegt vor dem neunzehnten Jahre sich zu verehelichen. Das Anerbieten wird oft von Seite der Frauen an die Männer in symbolischer Weise gemacht, z. B. durch Übersenden von Blumen und Reis. Es gehört sich dann für den Mann, ein solches Anerbieten anzunehmen. Eine traditionelle Symbolsprache hat sich herausgebildet. Als Liebeserklärung dient insbesondere ein Blatt mit eingewickelter Betelnuß oder süßen Leckereien, die von einer bestimmten Blume begleitet werden. Ist das Blatt nach einer Richtung umgelegt, so bedeutet es die Aufforderung zu kommen, usw. Bei der Heirat wird für die Geister des Waldes und Wassers ein Schwein geschlachtet. Die Hauptzeremonie besteht darin, daß die Mutter des Mädchens ein Gefäß mit Flüssigkeit füllt und es ihrer Tochter reicht, die sich dann auf die Knie ihres Bräutigams setzt, die Hälfte austrinkt und ihm die andere Hälfte reicht. Darauf haken sie ihre kleinen Finger ineinander. Erfolgt die Heirat mit Zustimmung der Eltern, so hat der junge Ehemann noch drei Jahre im Haushalt seines Schwiegervaters zu dienen, bevor er seine Frau formell erlangt. Während dieser Zeit, die als eine Art Probeehe aufgefaßt werden kann, ist sie durchaus seine Frau. Doch sind die sexuellen Beziehungen des Paares vorläufig nur heimlich. Am Hochzeitstage darf sich der Mann nur in das Haus einschleichen und muß es vor Tagesanbruch verlassen. Dann entfernt er sich und macht bei seinen Freunden Besuche. Am vierten Tage wird er von diesen zeremoniell zurückgeleitet und hat seinen Begleitern ein Fest zu geben (Lew. [70] 47, 80).

Gattenfolge und Gattinnenfolge. — Unter den alten Mexikanern fand die Eheschließung im Alter von ungefähr 20 Jahren bei den Männern statt und etwas früher bei den Mädchen. Frauen wurden von den Eltern des Bräutigams als Vermittlerinnen zur Einleitung der Eheschließung benutzt, und es galt in der Familie der Braut als kein Verstoß gegen die Würde, bei der Zustimmung große Bereitwilligkeit zu zeigen. Der Tag für die Eheschließung wurde auf Grund von Vorzeichen festgesetzt. An dem ausgemachten Tage trug die Vermittlerin die Braut zum Hause des Bräutigams, wo nach einem Weihrauchopfer das Brautpaar sich nebeneinander auf einer Matte niederließ, während ihre Kleider durch einen Priester zusammengeknüpft wurden. Nach einer Ansprache und einem Fest mußte das junge Paar vier oder mehr Tage fasten. Erst nach dieser Tobiaszeit durfte die Ehe vollzogen werden. Wenn ein Paar ohne die erwähnten Zeremonien zusammen lebte und ein Kind geboren wurde, veranstaltete man entweder nachher die Zeremonie, oder die Frau kehrte mit dem Kinde nach dem Hause ihrer Eltern zurück, und das Kind gehörte zur Familie der Mutter. Nur im Falle der vollzogenen Ehezeremonie fielen die Kinder dem Vater zu und beerbten ihn dann. Dabei wurde den Kindern der Hauptfrau ein Vorrang eingeräumt. Der älteste Sohn pflegte dann für seine jüngeren Brüder und Halbbrüder und deren Familien zu sorgen. Der Mann, welcher heiratete, mußte die Erlaubnis von dem Leiter des Erziehungsverbandes, in dem die unverheirateten Jünglinge lebten, durch Geschenke erwirken (Joy. [14] 162f).

Die Ehe gilt auf den Andamanen-Inseln nicht eher als vollständig, als bis ein Kind geboren ist. Ja, der Überlebende einer kinderlosen Ehe wird nicht als der Hauptleidtragende betrachtet. Hat die Frau Kinder geboren, so grüßt der heimkehrende Gatte erst sie, dann die anderen Verwandten. Sind jedoch keine Kinder vorhanden, so grüßt er zuerst seine Blutsverwandten Vater, Mutter, Brüder usw., und dann erst seine Frau (Brown A. R. [22] 71).

Unverheiratete. — Entsprechend den oben geschilderten Verhältnissen gibt es auch bei den Tschuktschen-Jägern und -Hirten keine Unverheirateten. Kommen solche vor, so sind es Leute mit irgend welchen starken Defekten, die von den Ihrigen mit abfälligen Bemerkungen bedacht werden (Czap. [14] 70).

V. SEXUELLE SITTEN

a) Keuschheit.

Auffassung und Bewertung der Keuschheit. — Bei Keuschheit denkt man an eine gewisse Zügelung im sexuellen Verhalten. Die Art dieser Zügelung hängt mit den Bewertungen der Gesellschaft und Kulturgemeinde zusammen und bildet das Eigenartige an der Geistesverfassung der einzelnen Stämme.

Der Begriff ist daher nicht ohne Werturteil zu denken. Anders, wenn man von „Sittlichkeit“ im engeren Sinne sprechen würde, denn in diesem Falle stünde nur das in Frage, was einer gegebenen Sitte gemäß ist, und wie weit die jeweilige Sitte von den Mitgliedern einer Gesellschaft wirklich eingehalten und befolgt wird.

Es handelt sich darum, festzustellen, nicht nur, wie sich das sexuelle Leben und — was damit zusammenhängt — das Verhalten gegen die Menschen des anderen oder gleichen Geschlechts, Kleidung, Redewendungen usw. gestalten, wie die Sitten durch gewisse Auffassungen bedingt sind, sondern auch, welche Folge die Abweichung von einem traditionellen Verhalten mit sich bringt. Die romantische Meinung, daß das Leben der Naturvölker in sexuellen Dingen völlig hemmungslos sei, ist durch die Tatsachen nicht begründet. Im Gegenteil, wir können überall psychische Hemmungen beobachten, die vor, bei oder nach gewissen sexuell gefärbten Situationen sich einstellen, und die wir daher als allgemein menschlich ansehen müssen. Nur die Lokalisierung, die Auswahl der einzelnen Situation, macht das Eigentümliche einer bestimmten Kultur aus, wie z. B. die Verschämtheit des Bräutigams, ein andermal ein Sträuben der Braut, traditionelles Weinen und Klagen und dgl. mehr. Die einzelne Tradition entspringt einem bestimmten Bewertungssystem, dessen Quellen und Zusammensetzung in jedem einzelnen Fall historisch und psychologisch zu untersuchen wäre.

Mit welcher Strenge ein solches Bewertungssystem gehandhabt wird, beweist der Umstand, daß auf Übertretungen oder Nichteinhaltung von Vorschriften, wie z. B. bei gewissen Meidungsgesetzen (s. a. T. [RL] „Meidung“, „Tabu“ B), oft die Todesstrafe steht.

Allenthalben herrscht die Auffassung, daß das eigene, in der Sitte niedergelegte Wertungssystem das einzig mögliche und richtige sei, alles andere „Unsitte“. So ist man auch von unserer Seite fremden Bewertungen zunächst in dieser „befangenen“ Weise gegenübergetreten und steht auch heute fremder Sitte gewöhnlich verurteilend gegenüber. Das sind Erwägungen, die angestellt werden müssen, bevor wir an das so sehr affektbeladene Problem des sexuellen Verhaltens und seiner Bewertung in einzelnen Kulturen herangehen. Die primitive Sittlichkeit geht von ganz anderen Voraussetzungen aus als unsere.

Während z. B. die Heirat bei vielen niedrigen und mittleren Naturvölkern gegenüber den Reifezeremonien zurücktritt, während die Familie in der politischen Gemeinschaft, in der Sippe oder im Klan, oft fast völlig aufgeht oder diesen doch verhältnismäßig untergeordnet ist, während die prinzipielle Monogamie, obgleich sie tatsächlich oft, wo Frauenmangel besteht, vorherrscht, wie vorwiegend bei Jäger- und Sammlerstämmen, so ist das alles kein Anlaß, unter solchen ganz anderen sozialen Voraussetzungen etwa von „Sittenlosigkeit“ zu sprechen. Mutterrechtliche Einrichtungen haben wiederum bei anderen Völkern mit ausgebildetem Feldbau und starkem weiblichen Einfluß zu großer Ungebundenheit des sexuellen Lebens, besonders während der Reifezeit, geführt.

Die politische Herrschaft, die sich an die ethnische Überschichtung knüpfte, hatte auch das Patriarchat in den inzwischen zu großer Selbständigkeit gediehenen Familienverbänden zur Folge. Eine ganz andere Bewertung greift im Zusammenhang damit Platz. In Verbindung mit dem Aufkommen des „Matrona“-Typus werden auch andere Forderungen in bezug auf das voreheliche Verhalten gestellt.

Feste sexuelle Schranken sind bei den meisten Naturvölkern teils durch ausdrückliche Heiratsordnungen aufgerichtet, teils durch Kinderheiraten. An diesen Schranken wird nicht gerüttelt, und ihre Übertretung ist gewöhnlich mit den schwersten Strafen belegt.

Aber auch Zeiten völliger Enthaltsamkeit, wie z. B. bei den Vorbereitungen zu den Jünglingsweihen, kommen vor.

Die bei Festen oder zauberischen Zeremonien vorkommenden Orgien hatten vielfach zu einer falschen Verallgemeinerung über die Sittlichkeit bzw. Unsittlichkeit der betreffenden Stämme geführt.

Es ist dem Denken der Naturvölker naheliegend (s. T. [RL] „Primitives Denken“), daß die Sexualität auch in den Kreis der Zaubermittel gezogen wurde. In dieser Beziehung treten uns vor allem zweierlei Arten von zauberischem Bemühen entgegen. 1. Die eine folgt der Methode des Vorbildzaubers: es ist der Fruchtbarkeitszauber, der durch verschiedene sexuelle Feste begangen wird. Hierher sind z. B. insbesondere die Orgien zu rechnen, die manchmal der Jünglingsweihe folgen, aber auch solcher Sexualzauber, der z. B. im Falle von Mißwachs vorgenommen wird. 2. Der Sexualzauber bei Todesfällen, wobei es sich um einen auch sonst grundlegenden Vorgang, nämlich um die psychische Abreagierung oder Kompensation von Trauer und Schmerz handelt, die in zauberische Form gehüllt auftritt (s. a. T. [RL] „Zauber A“). — Bei höheren Völkern, die bekleidet gehen, kommt dem Ablegen der Kleidung, der Nacktheit, gewöhnlich eine besondere sexuelle Bedeutung zu, die vielfach mit zauberischen Riten verknüpft erscheint.

Sexualleben vor der Ehe. — Unter den Kai-Leuten im Hinterland von Finschhafen im nördlichen Neu-Guinea besteht eine nur beschränkte Freiheit des geschlechtlichen Verkehrs vor der Ehe. Burschen werden im Falle von Übertretungen der Sitte als der schuldige Teil angesehen und gescholten. Die Verwandten des jungen Mädchens, die sich als dessen Besitzer fühlen, drohen dem Burschen mit dem Speer und jagen ihn wohl auch für einige Tage aus dem Dorf. Als Begründung wird angegeben, daß solche Mädchen Kinder bekommen könnten, bevor sie imstande seien, diese zu ernähren. In der Tat sind nur sehr junge Mädchen noch unverheiratet. Im Wiederholungsfall dringt man auf Zahlung einer Buße (Keyss. [11] 89).

Bemerkenswert ist, daß bei den zahlreichen Stämmen, bei denen eine Jünglingsweihe oder auch eine Mädchenweihe vorgenommen wird, trotz verhältnismäßiger Ungebundenheit während der oft über Monate sich erstreckenden Vorbereitungen in der Regel strenge Enthaltsamkeit gefordert wird (vgl. über Melanesien und Polynesien z. B. Brown G. [10] 105ff).

Das Verhalten vor der Ehe war auf den Inseln der Torres-Straße zwischen Australien und Neu-Guinea keinerlei Beschränkungen unterworfen. Nur Beziehungen zu verheirateten Frauen galten als unerlaubt (Hadd. [90] 357). — Bezüglich der Mon-Chmer s. Milne [24].

Bei dem Eγäp-Stamm des Graslandes von Kamerun ist in der Zeit nach Erlangung der Pubertät und vor der Heirat der Verkehr unter den Geschlechtern gemäß der Stammessitte streng verboten. Diejenigen, welche die Sitte verletzen, werden durch den Oberhäuptling streng bestraft, und zwar gewöhnlich durch Schläge, die an beiden schuldigen Parteien vollzogen werden. Mädchen pflegen das Reifealter zwischen 11 und 15 Jahren, Knaben ungefähr mit dem 13. Lebensjahr zu erreichen (Malc. [23] 390). — Uneheliche Kinder müssen im Stamme der Eγāp durch den Vater versorgt werden, der auch eine Strafe an den Oberhäuptling zu bezahlen hat. Die Mutter trägt einen besonderen Namen, und es gilt als Schande, wenn ein Kind geboren wird, bevor die Eltern verheiratet sind (394).

Verkehr mit unbeschnittenen Mädchen wird unter den westafrikanischen Kpelle vermieden, da man solchem schädliche Wirkungen zuschreibt (Westm. [21] 68).

Bei den Kipsikis von Ostafrika ist ähnlich wie unter den Masai freie Liebe unter den Unverheirateten üblich, aber sie geht nicht so weit, daß besondere Hütten für Kriegermädchen vorhanden sind, wie bei den Masai. Jedoch besuchen die Mädchen die Männer in den großen „Klub-Häusern". Jeder Jüngling besitzt außerdem noch seine besondere Auserwählte, mit der er von Zeit zu Zeit für eine Nacht zusammenkommt. Eifersucht gegenüber anderen Liebhabern besteht jedoch in der Regel nicht. Mehrere Jünglinge und Mädchen verbringen die Nächte auch oft gemeinsam in einer Hütte; dabei findet jedoch eine gewisse Zurückhaltung statt. Ihre Gespräche sind oft sehr frei und roh, jedoch niemals so vor einem älteren Mann oder einer älteren Frau. Zwischen dem Liebhaber und der Mutter seiner Auserwählten wird strenge Meidung beobachtet. Der Vater frägt seine Tochter niemals nach ihren Liebhabern, und so auch keine Mutter ihren Sohn. Namentlich verbitten sich beschnittene junge Leute (*Murenik*) die Einmischung von noch Unbeschnittenen in ihre Angelegenheiten auf das entschiedenste. Selten wird ein unverheiratetes Mädchen Mutter. In einem solchen Fall erstickt die Mutter das Kind; der Liebhaber trägt keinen Makel davon. In den letzten Jahren nahm die Zurückhaltung im vorehelichen Verkehr ab, so daß uneheliche Geburten häufiger vorkommen. Am meisten springt bei diesen Freundschaften zwischen jungen Burschen und Mädchen die tatsächliche Neigung ins Auge, die bei verheirateten Paaren vielfach fehlt, bis sie erst wieder älter werden. Der Liebhaber heiratet verhältnismäßig selten seine Auserwählte, sondern diese wird an einen älteren und reicheren Mann vermählt. — Ein Mann darf mit seiner Frau keinen Verkehr haben, wenn sie noch Jungfrau ist. Sie muß zuvor von ihrem früheren Liebhaber defloriert worden sein. Jede verheiratete Frau hat einen Liebhaber, und jeder Mann eine Anzahl von Frauen. Ja, es besteht sogar die Sitte, daß eine Frau Mädchen zur Hütte ihres Mannes bringt. Je mehr der Gatte mit unverheirateten Mädchen Beziehungen unterhält, desto stolzer ist die Frau auf ihn. Alles geschieht nicht nur mit Wissen, sondern oft auch vor den Augen der Frau. Anders ist es jedoch, wenn seine Liebhaberinnen verheiratet sind. — Ein Mann anerkennt nicht die Liebhaber seiner Frau. — So kann man sagen, daß die ehelichen Bande hier rein wirtschaftlicher und zeremonieller Natur sind. — Frauen laufen jetzt auch häufig von ihren Männern weg nach den

Europäer-Siedlungen. Solange sich der ungeregelte Verkehr innerhalb des Stammes abspielt, wird kein Tadel gegen ihn erhoben. Alle sexuellen Verbote werden auf das strengste eingehalten. Jedoch gilt der Verkehr einer Frau mit Männern anderer Stämme als unehrenhaft. Was sie auf solche Weise verdient, bringt oder schickt sie an die männlichen Verwandten ihres Stammes. — Als Ursache für all diese Zustände wird angegeben, daß 1. der Altersunterschied bei der Heirat gewöhnlich sehr groß ist; 2. daß eine Witwe sich nicht wieder verheiraten kann; 3. daß eine Frau, die während ihrer Mädchenzeit sich großer Ungebundenheit und vieler Aufmerksamkeiten erfreute, nach ihrer Heirat mit Arbeit belastet wird, und daß die Männer schlechte Gatten sind. — Die Kinder der Frauen, die in Europäer-Siedlungen geboren werden, fallen auch dem Stamme zu, wie überhaupt der Stammesinstinkt der Frauen groß zu sein scheint (Bart. [23] 68ff).

Unter den Lango, einem nilotischen Stamm von Uganda, Ostafrika, findet keine förmliche Verlobung der Mädchen statt. Der Vater verschafft seinem Sohn eine Frau und verwendet dazu vielfach den Betrag, den er für seine Tochter erhalten hat. Waisenknaben versorgt der Onkel mütterlicherseits. Die Zustimmung des Mädchens ist jedoch wesentlich. Gewöhnlich gehen intime Beziehungen unter dem Paar voraus. Erst nachher werden die Eltern davon unterrichtet, daß eine Heirat beabsichtigt ist. Gelegentlich vermählen Freunde ihre Kinder, und ein Mann bekommt manchmal auf seine kleine Tochter hin Geld geliehen. Die Meidungsgesetze (s. Meidung, Tabu B) in bezug auf die Heirat unter gewissen Verwandten werden streng eingehalten. Alle sexuellen Beziehungen innerhalb des Klans sowohl des Vaters wie auch der Mutter sind streng verboten. Vor allem meiden sich regelmäßig Schwiegersohn und Schwiegermutter. Dies geht so weit, daß, sowie außereheliche Beziehungen zwischen einem Mann und einem Mädchen vorhanden sind, der betreffende Mann die Mutter des Mädchens meidet, wodurch das Verhältnis aufgedeckt wird. Nach einer erfolgreichen Jagd muß ein derartiger heimlicher Liebhaber zwei eßbare Ratten in den Getreidespeicher der Mutter des Mädchens werfen (Dribg. [23] 155, 160). — Während der „platonischen" vorehelichen Beziehungen unter den Lango werden oft Versprechungen eines gegen den anderen gemacht, wie: „Ich will einen Monat lang kein Bier trinken", oder: „Ich will dieses oder das nicht essen" usw. (155).

Über die Keuschheit der Mädchen wird bei den nordostafrikanischen Gala sorgsam gewacht. Diejenige, welche keine Virgo intacta mehr ist, kann sich bei den Gala nicht mehr legal verheiraten. Bei den Nomaden soll die Infibulation die Virginität garantieren (Paulsch. [93] 1 194).

Sexualleben in der Ehe (Frauentausch). — Während bei dem ostafrikanischen Stamm der Lango dem vorehelichen Verkehr keine hohen Schranken gezogen sind, gilt Ehebruch als eine ernste Sache. Der voreheliche Verkehr kann durch Zahlung von Rindvieh oder Ziegen an die verletzte Partei, an den Schutzherrn des Mädchens, gesühnt werden. Der Betrag schwankt je nach dem Ort zwischen einem Stier und 15 Ziegen, beträgt aber wenigstens 6 Ziegen. Nach alter Sitte wurde dieses Vieh auf der Ziegenweide getötet und dort ohne weiteres sowohl von der Familie des Mädchens als auch von den Nachbarn, die gerade dem Fest beiwohnen wollten, verzehrt. War ein Kind die Folge des Verkehrs, so war der Betrag größer. — Ehebrecherische Beziehungen dagegen führen häufig zu Fehden und Blutvergießen. Läßt sich der Mann auf eine Buße ein, so beträgt diese eine Kuh, eine Färse und einen Stier. Letzterer wird getötet und im Pferch gegessen (hier tritt augenscheinlich der Ersatzgedanke des Viehs für den Menschen in Erscheinung). Die Kinder aus derartigen Beziehungen fallen jedoch dem Gatten der Frau und nicht ihrem wirklichen Vater zu (Dribg. [23] 155, 160f). — Das charakteristische Zeichen einer Mutter ist bei den Lango eine Art Lederschwanz, den sie von dem Vater des Kindes erhält, sowie sie sich Mutter fühlt. Niemand darf diesen Schwanz berühren, so wenig wie ihren Schamgurt, weil sonst die betreffende Mutter unfruchtbar werden würde. Der Besitz dieses Schwanzes (wahrscheinlich Nabelschnurzauber) bedeutet Herrschaft über die Produktivität der Frau (164). — Ein fremder Mann, der diesen Lederschwanz berührt, muß eine Ziege bringen, die in einem um die beleidigte Frau gebildeten Kreis geführt wird. Darauf besprengt der Schuldige den Kopf der Frau mit Wasser aus einer kleinen Kalabasse und ebenso die Ziege, vor der der Mann dann niederkniet, auf seine Hände spuckt und damit die Augenbrauen, die Flanken und den Magen der Ziege einreibt, während er die Frau beschwört, fruchtbar zu sein, sich zu vermehren und keine Verhexung von ihm zu befürchten. Die Ziege wird dann getötet und gegessen. (Diese Zeremonie stellt deutlich eine Übertragung der Sühnehandlung auf die Ziege an Stelle des Mannes dar.) Dribg. (162 Anm.) vermutet, daß dadurch auch der Fluch (s. T. [RL] „Fluch A") der Unfruchtbarkeit von der Frau auf die Ziege übertragen werden soll. — Bei den Lango darf während der Zeit, während eine Frau ihr Kind aufzieht und stillt, was bis zum 3. Lebensjahr des Kindes geschieht, keine Kohabitation stattfinden. Dies wird als Grund für die Vielweiberei angegeben (162ff). — Unreife Mädchen zu heiraten, ist nur unter den Akum und Alur, nicht unter den Lango, üblich (155).

Unter den Ba-ila von Nord-Rhodesien bildet die Familie im Vergleich zum Klan eine verhältnismäßig wenig stabile Einheit. Zwar herrscht eine große Zuneigung der Eltern zu den Kindern, doch sind Ehescheidungen außerordentlich häufig. Während man zusammen ist, herrscht verhältnismäßig große Liebe. Aber ein jeder fühlt sich mehr als Mitglied seines Klans, sowohl der Mann wie eine jede seiner Frauen, und wenn die Interessen des Klans mit denen der Familie in Konflikt treten, so sind immer die ersteren den letzteren gegenüber, die als „künstliche Verwandtschaft" aufgefaßt werden, überlegen (Smith u. D. [20] 1 284). — Wenn unter den Ba-ila sich eine Frau in ehebrecherischer Weise vergeht und ein Kind bekommt, so erwartet man eine Totgeburt. Der betreffende ehebrecherische Mann wird jedoch von dem Klan der Frau deshalb für schuldig gehalten, weil er diesen um ein Kind gebracht hat, und in gleicher Weise auch vom rechtmäßigen Gatten der Frau. Man sagt dann: „Dieser Mann hat unser Kind getötet, laßt ihn auch sterben!" Darauf mischen sich die Ältesten ein und verfügen, daß er nur eine Buße zu entrichten hat. Stirbt in einem solchen Falle die Mutter auch, so sind zwei Bußen fällig: für die Mutter und für das Kind (1 418).

Während die Gala ängstlich die Virginität ihrer Töchter hüten, ist das bei den Schoa keineswegs der Fall. Die Gala-Frauen geben jedoch in der Ehe die strenge Zurückgezogenheit völlig auf (Paulsch. [93] 1 195).

Bei den Eskimo-Stämmen des nordischen Grönland wie auch der Behring-Straße ist es üblich, die Frauen an Fremde zu verleihen, ohne daß dabei ihre Wünsche berücksichtigt werden. Es ist indessen eine Sitte, die von besonderer Bedeutung für die Jagdexpedition ist. Der Austausch wird nur im Hause des Mannes vollzogen. Kann z. B. die Frau den Mann aus irgendwelchen Gründen nicht auf die Jagd begleiten, so leiht er sie an einen Mann, der zu Hause bleibt, und erhält von diesem dafür bei einer anderen Gelegenheit dessen Frau. Wenn die Frau ihre Verwandten besuchen will, so gibt er sie einem Mann mit, der in der betreffenden Richtung reist, und übernimmt inzwischen dessen Frau. Manchmal wird dieser Frauentausch auch als Strafe verhängt. Weigert sich die Frau, so wird sie geprügelt. Die Kinder verbleiben immer bei der Mutter (Rasm. [08] 64).

Da das Leben der meisten Naturvölker auf Gewinnung von Nachkommenschaft eingestellt ist, pflegt das Schicksal unfruchtbarer Frauen manchmal, wie z. B. bei den Eskimo (Rasm. 65ff), unglücklich zu sein. Bei anderen Stämmen, bei denen die Zahl der verfügbaren Frauen größer ist, wird Kinderlosigkeit durch Adoption (s. d. A) ausgeglichen, wie z. B. unter den nordostafrikanischen Gala, bei denen die adoptierten Kinder die vollen Rechte erhalten, derart, daß z. B. einem adoptierten Sohne die Rechte eines Erstgeborenen gewahrt bleiben, selbst wenn das adoptierende Paar nachher noch Leibeserben haben sollte (Paulsch. 1 193).

Bedeutung von Heiratsordnungen und Mutterrecht für die sexuellen Sitten. — Die Heiratsverbote halten sich bei den Kai-Leuten Neu-Guineas in engen Schranken. Sie beziehen sich hauptsächlich auf das Sexualverbot zwischen dem Mann und der Schwester seiner Frau, zwischen Mann und Schwiegermutter sowie auf das unter echten Geschwistern und Stiefgeschwistern, wenn sie die gleiche Mutter haben. Gestattet ist die Verbindung zwischen Geschwistern, die verschiedene Mütter haben, ebenso zwischen Bruder und Schwägerin. Ein Vergehen gegen diese Sitte wird zwar nicht bestraft, doch gilt es als Schande. Sexualbeziehungen zwischen Mutter und Sohn, sowie zwischen Vater und Tochter sind zwar selten, doch kommen sie vor. Sie haben keine andere Folge als übles Gerede. Ein grundsätzliches Verbot der Heirat in irgendeine Sippe oder Dorfschaft gibt es nicht. Will ein fernwohnender Mann eine Frau haben, so wird ein besonders hoher Kaufpreis verlangt. Begründet wird dies damit, daß die Verwandten, die sonst noch manchen Vorteil von der Frau haben würden, in diesem Fall gänzlich verzichten müssen. — Regel ist, daß die Frau in das Dorf des Mannes zieht; nur ausnahmsweise kommt das Umgekehrte vor, wobei sich der Mann gelinden Spott gefallen lassen muß, etwa die spitze Bemerkuug, daß die Frau ihn gekauft zu haben scheine, nicht er sie. Heiratet eine Frau nach dem Tode ihres Mannes wieder, und zwar in ein entferntes Dorf, so machen die Onkel und Brüder ihr Besitzrecht auf die Kinder geltend, welche der Mutter abgenommen und zurückbehalten werden (Keyss. [11] 89).

Keuschheit ist unter den Bewohnern der östlich von Neu-Guinea gelegenen Trobriand-Inseln soviel wie unbekannt. Das Sexualleben beginnt zu einem unglaublich frühen Zeitpunkt, und viele der unschuldig scheinenden Spiele der Kindheit sind in Wirklichkeit nicht so harmlos, wie sie scheinen. Während des Heranwachsens herrscht eine promiske freie Liebe, die allmählich in gewisse dauernde Beziehungen ausläuft und mit der Heirat endet. Aber vor diesem Zeitpunkt sind unverheiratete Mädchen durchaus ungebunden in dem, was sie tun; und es gibt sogar zeremonielle Veranstaltungen, bei denen die Mädchen eines Dorfes den Burschen eines anderen gemeinsam einen Besuch abstatten. Dabei stellen sie sich öffentlich aus und lassen sich jede von irgendeinem Burschen des anderen Dorfes wählen, mit dem sie die Nacht verbringen. Umgekehrt finden solche Besuche auch wieder von Seite der Burschen statt. Insbesonders gehen diese Orgien gelegentlich der Totenfeier vor sich (s. a. T. [RL] „Totenkultus A"). — Nach der Heirat ist es wesentlich anders. Die Frau begibt sich nach dem Haus ihres Gatten, wobei ein Austausch von Geschenken stattfindet. Wirtschaftlich wird die Frau von ihrer Familie, vor allem von ihrem Bruder, unterstützt. Dies kommt auch dem Gatten zugute, der hingegen wieder für seine Schwester zu sorgen hat. Trotz allem herrscht die Auffassung, daß die Frau ihrem Manne treu sein muß. Diese Forderung wird indessen nicht streng eingehalten, noch weniger durch Strafen sanktioniert. Die Frau fühlt sich durchaus unabhängig, und ihr Gatte muß sie gut behandeln, sonst verläßt sie ihn und kehrt zu ihrer Familie zurück (Mal. [22] 53; s. a. Mal. [29]).

Bei den schon erwähnten ostafrikanischen Lango folgen die Kinder wohl dem Klan des Vaters, im Falle der Scheidung der Eltern fallen sie jedoch der Mutter zu. Die Gewohnheit, daß im Fall der Ehescheidung die Kinder bei der Frau verbleiben, ohne Rücksicht auf die Schuld der Frau, hat wenig zu tun mit der physischen Notwendigkeit, daß die Mutter für die Kinder sorgt, sondern hängt bei den Lango mit mutterrechtlichen Überlieferungen aus älterer Zeit zusammen. In neuerer Zeit kommt es auf, daß der Vater die Kinder für sich beansprucht (Dribg. 163, 190).

Zu den vielerlei Etikettvorschriften der *Ila*-sprechenden Völker (mit mutterrechtlichen Klans) von Nord-Rhodesia gehört (nach Smith u. D. 1 378ff) z. B., daß ein Mann vor Frauen nicht die Frauen eines anderen Dorfes loben darf. Sonst ist er den gröbsten Beleidigungen ausgesetzt, und es kann dazu kommen, daß die sämtlichen Frauen, die sich gekränkt fühlen, alle Geräte niederlegen und in solidarischen Streik treten, bis die sämtlichen Männer, die dem Dorfe des Beleidigers angehören, sich entschuldigen und Geschenke bringen. Ebenso gilt es als ungehörig, *Faeces* oder *Sexualia* vor Frauen mit Namen zu erwähnen. Dasselbe gilt umgekehrt auch für Frauen Männern gegenüber. Dazu gehören allerdings noch die Meidungen von einer großen Anzahl von Worten und Silben, die irgendwie mit dem Namen der angeredeten Person usw. in Zusammenhang gebracht werden können. Sie bilden den Teil eines weitläufigen Systems von Wort-Tabus (s. T. [RL] „Name A", „Tabu B"; vgl. Talb. [14—15]).

Bedeutung der sozialen Stellung des Mannes, des Patriarchats und der politischen Herrschaft. — Der Kaufpreis, der für eine Frau bei den Kai-Leuten Neu-Guineas bezahlt werden muß, hält die Vielweiberei in engen Grenzen. Die allermeisten Männer können nicht mehr als eine Frau erschwingen. Bloß vermögende Leute leisten sich den Luxus von zwei oder mehr Frauen. Namentlich die Häuptlinge haben so viele gesellschaftliche Verpflichtungen, daß eine Frau die Arbeit allein nicht bewältigen kann. So rät sie wohl selbst dem Manne, sich noch eine Frau zu kaufen. Da die zweite nicht bloß ihre Dienerin, sondern auch die Gattin des Mannes wird, entsteht leicht Streit. Doch bleibt die erste die Hauptfrau, die der anderen Anweisungen gibt, sie z. B. nach Holz, Wasser oder Taro schickt und sie das Essen für Gäste kochen läßt, während sie selbst es austeilt. So sind die Nebenfrauen eine Art Mägde. Zuweilen läuft eine Frau dem Manne ins Haus, und er nimmt sie und bezahlt den Preis, der gefordert wird. In solchen und in allen Fällen, wenn der Mann ohne Vorwissen und Zustimmung seiner ersten Frau eine zweite nimmt, ist das Verhältnis der beiden zueinander meist schlecht. Wegen Verlangens nach Nachkommenschaft nimmt bei den Kai-Leuten kein Mann mehrere Frauen. Doch kommt der Fall vor, daß ein Häuptling oder angesehener Mann eine zweite Frau heiratet, weil er während der Mutterschaft der einen Frau enthaltsam bleiben muß und mit Frauen anderer Männer widerrechtlichen Verkehr nicht unterhalten will. — Frauen, zwischen denen der Mann nicht durch Worte Frieden zu stiften vermag, sucht er auf andere Weise empfindlich zu treffen. Zuzuschlagen wagt er oft nicht. So lädt er seine „Freunde" ein, nämlich seine und seiner Frauen Verwandte. Wenn diese versammelt sind, so gehen sie unter entsetzlichem Schreien daran, in die Hütte, in der die Frauen sitzen, ein Loch zu schlagen und einige Netztaschen und Näpfe zu rauben. Im Felde reißen sie einige Stäbe aus dem Zaun, ziehen Taro aus und zerhacken einige Stöcke Zuckerrohr. Diese „Plünderung" soll Strafe und Warnung sein. Die gleiche Strafe widerfährt einem streitsüchtigen Ehepaar (Keyss. 89ff). — Hierin zeigt sich der soziale Einfluß des Mannes, während er in patriarchalischen Gesellschaften sich gewöhnlich noch mit einer Schätzung der Virginität mit strengen Sexualschranken für die Frauen verbindet. Die Einwirkung der politischen Verfassung tritt in den patriarchalischen Familien mit Knechten und Hofwirtschaft zutage, die sich in der Herausarbeitung des „Matrona"-Typs der Hauptfrau innerhalb eines polygynen Verbandes äußert.

Gleichgeschlechtliche Beziehungen. — Eunuchoide oder Impotente, „*Jo apele*", gelten bei den Lango Ostafrikas als „von Gott geschlagen". Sie werden als Frauen betrachtet und so behandelt, müssen sich auch so kleiden und tragen und verrichten Frauenarbeit. Sie beobachten sogar die Klan-Tabus der Frauen und sind wie diese vom Besitz an Eigentum ausgeschlossen, auch davon, an der Jagd der Männer teilzunehmen. Im übrigen sind sie geistig durchaus gesund und tätig, ja, sie leben ehelich mit Männern zusammen. Die anderen Frauen behandeln sie wie ihre Geschlechtsgenossen (Dribg. 210; s. a. Falk [23]; ferner Carp. [19]; über das Zahlenverhältnis der Geschlechter zueinander in Afrika s. Malc. [24]).

Fälle von Bestialität kommen bei dem ostafrikanischen Stamm der Lango, wenn auch selten, vor. Dann wird Mann und Tier getötet. Das Tier wird zu Asche verbrannt, und dessen Fleisch darf nicht gegessen werden. Man nimmt an, daß nur ein böser Zauberer so etwas tut und der Täter daher ein Feind der Gesellschaft sei. — In der Tat stellt Driberg (209f) fest, daß derartige Handlungen in der Regel nur von Schwachsinnigen begangen wurden. — Vgl. Post [95] 2 375.

Sexualverbote und Meidungen. — Die Ansicht, als herrschte bei den Naturvölkern eine volle Ungebundenheit, findet ihre Einschränkung durch psychische Hemmungen, die sowohl auf männlicher wie auf weiblicher Seite, insbesondere bei Eingehung der Ehe, sich geltend machen. Auf Neupommern flüchtet sich z. B. der Bräutigam in den Busch oder in das hohe Gras (Park. [87] 98) und läßt sich nur mit Gewalt zurückbringen. Eine Reihe ähnlicher Beispiele ist von E. C. Pars. (65ff) zusammengestellt.

Wenn ein Mädchen bei den nilotischen Lango in unerlaubten Verkehr mit einem Mann an einem Platz außerhalb der Hütte getreten ist, und sie beklagt sich darüber, so daß es bekannt wird, so werfen alle Vorübergehenden Gras auf den betreffenden Ort, weil dort angeblich böse Geister spuken. Denn derartiger Verkehr soll niemals bei Tag und im Freien, sondern nur des Nachts und in der Hütte vor sich gehen (Dribg. 161).

Im Falle einer Übertretung der Sexualschranken wird bei den Lango dieses Verbrechen an dem Manne mit dem Tode bestraft, weil er als der schuldige Teil betrachtet wird, während man die Frau nur durchprügelt. Außerdem müssen die Verwandten des Mannes 6 Ziegen bezahlen, die auf der Weide des Dorfes der Frau getötet werden. Vor seiner Hinrichtung hat der Verbrecher der Opferung der Ziegen beizuwohnen und in zeremonieller Weise Wasser auf die Frau auszugießen und durch einen Segensspruch die mystischen Wirkungen seiner Tat zu beseitigen. Denn man sagt, daß er „Gott“ auf die Frau gebracht habe und sie nur durch das Ausgießen von Wasser von dieser unglücklichen Besessenheit befreit werden kann (Dribg. 209).

Sexuelle Sitten in Verbindung mit Zeremonien, Riten und Zauber. — Vielerlei sexuelle Riten haben bei den südafrikanischen Ba-Ronga und bei den Thonga teils den Zweck, im Unglück zu trösten, als Gegengewicht gegen Trauer bei Todesfällen zu dienen, teils als Zauber gegen Mißwachs anzugehen. Insbesondere werden solche Riten auch bei der Gründung eines neuen Dorfes verrichtet (Jun. [12] 1 144, 152, 155, 201, 290, 295, 488ff).

Als Liebeszauber wird z. B. von den Burschen der südafrikanischen Ba-Ronga ein alter Dorfhahn verwendet, den sich der Bursche auf den Kopf setzt und hier eine Weile lang hält. Wenn der Hahn mit seinen Klauen ihm den Kopf zerkratzt hat, läßt er ihn wieder fliegen. Nach dieser Berührung wird es dem Burschen, so wenig wie dem Hahn, an Partnerinnen fehlen. — Mädchen verwenden als Liebeszauber eine gewisse „Medizin“, die in Wasser gekocht viel Schaum (= Sperma) entwickelt. Damit reiben sie ihren ganzen Körper ein und hoffen, dann Liebhaber zu finden (Jun. 1 101).

Die verschiedenen Verhaltungsweisen, die der Islam und die vorislamische Zeit vorschreiben, und die in der Form von „Anstandsregeln“ auftreten, sind nicht ohne religiöse und zauberische Beziehung. Waschwasser und Weihwasser gehen z. B. ineinander über; man wäscht sich das Haupt, um eine Verunreinigung wegzuschaffen, die gar nicht das Haupt betroffen hat. Den alten Arabern eigentümlich ist namentlich das Rasieren der Pubes, der Brust, das Auszupfen der Achselhaare, das Stutzen des Schnurrbarts. Auch das Putzen der Zähne mit dem Sivâk, das Scheiteln und das Nägelschneiden ist vorislamisch. Muhammed sah einen Beweis der theologischen Befähigung seines jungen Vetters Ibn Abbas darin, daß er ihm unaufgefordert Waschwasser auf den Abtritt setzte. Es herrscht die Neigung, allen diesen Bräuchen eine polemische Spitze gegen die Dämonen zu geben; wer sie unterläßt, über den gewinnen die Dämonen Macht. — Die Schamhaftigkeit wird von den Moslemen sehr weit getrieben. Sie ist aber schon den heidnischen Arabern eigen. — Die *Sunna* schreibt vor, man solle sich nicht einmal vor sich selber entblößen und nicht nackt waschen, aus Scheu vor Gott und den Geistern; Hiob tat es und hatte es schwer zu büßen. Wenn im arabischen Altertum Erwachsene sich nackt zeigen, so geschieht es nur bei außerordentlichen Anlässen, um außerordentliche Zwecke zu erreichen. Ihre Notdurft verrichteten die Krieger außerhalb des Lagers, die Bürger außerhalb der Stadt oder des Stadtquartiers. Dabei setzte man sich hin und verhüllte das Haupt (Wellh. [97] 172f). — Vgl. a. für Europa (Nacktheit) z. B.: Durh. [20]; bezügl. Nacktheit in Indien: Crooke [19].

b) Promiskuität.

Begriff der Promiskuität. — Unter Promiskuität versteht man schrankenlosen sexuellen Verkehr ohne Bindung und Beständigkeit. Früher meinte man, daß vor der Schwelle des menschlichen Familienlebens eine nur den Trieben des Augenblicks sich hingebende Paarung „wie bei den Tieren" bestanden habe. Inzwischen zeigten genauere Forschungen, daß sowohl bei den Tieren dauernde Paarungen nicht selten vorkommen (vgl. Alv. [25] 25—39), als auch, daß bei niedrigen Naturvölkern das Sichzusammenfinden zu einem dauerhaften Eheleben das Vorherrschende ist. Unsere bisherigen Rückschlüsse von den Naturvölkern auf die vorgeschichtlichen Menschen müssen daher einer Revision unterzogen werden.

Verwechslung der Promiskuität mit anderen Einrichtungen. — Von verschiedenen „barbarischen" Völkern des Altertums, wie von den Agathyrsen, Nachbarn der Skythen (Herodot IV 104), den Massageten (Herodot I 216), den Auseern in Libyen (Herodot IV 180) und noch einigen anderen, den Galaktophagen und Liburnern und den äthiopischen Garamantiern, wird indessen Promiskuität berichtet. Besonders aber sticht die Nachricht aus Sparta hervor, daß dort in geschichtlicher Zeit bis zu einem gewissen Grad Weibergemeinschaft geherrscht habe, und daß Lykurg sie im Interesse des Staates zusammen mit Kindergemeinschaft wünschte und Eifersucht und Rache deswegen verlachte.

Wenn man die Verhältnisse in Sparta zunächst beiseite läßt, so muß man sich die Frage vorlegen, wie weit Herodots und einiger anderer Reisenden

Nachrichten als ein getreues Spiegelbild der Wirklichkeit zu betrachten sind. Denn die Kritik an modernen und nachprüfbaren Reiseberichten über niedrige Naturvölker hat ergeben, daß es sich gewöhnlich um Mißverständnisse handelte, insofern als die Ehe formlos eingegangen wird, als man geringen Wert auf die Keuschheit der Frauen legt, oder als bei gewissen Gelegenheiten und Anlässen ein Austausch der Frauen vorgenommen wird oder eine weitgehende Schrankenlosigkeit vor der endgültigen Paarung oder bei Festen (s. T. [RL] „Feste A" und „Saturnalien") gestattet ist. Das sind aber erotische Sitten so gut wie andere, sie bedeuten nicht volle, lebenslängliche Promiskuität.

Voreheliche Freiheiten. — Allerdings läßt sich nicht leugnen, daß vor der endgültigen Paarung im jugendlichen Alter bei vielen Völkern vollkommene Liebesfreiheit gestattet ist. Damit ist keinerlei Makel verbunden. Herodot (V 6) erzählt diese Sitte von den Thrakern. Auch von den alten Slaven berichtet der arabische Geograph Al-Bekri Ähnliches. Heute finden wir diese Freiheit bei vielen nordamerikanischen Indianerstämmen (Trokeren, Huronen, Mandan), bei den grönländischen Eskimos, ziemlich allgemein bei den Polynesiern (Tahiti), auch bei einzelnen Melanesiern (z. B. auf den Trobriands-Inseln; vgl. Mal. [22] 53) und in Afrika (Ba-Ronga). Nicht selten schließen sich daran besondere Einrichtungen eines Hetärentums.

Wenn wir aber die Völker in Betracht ziehen, bei denen diese voreheliche Zügellosigkeit herrscht, so zeigt sich, daß es hauptsächlich nicht Wildbeuterstämme, sondern gerade sozial gestaffelte und geschichtete Naturvölker sind.

Nebeneheliche Beziehungen. — Dementsprechend haben wir auch Stellung zu der lykurgischen Weibergemeinschaft in Sparta zu nehmen, nach deren Vorbild wohl auch Plato sein Staatsideal mit Frauen- und Kindergemeinschaft geformt hat.

Wenn wir uns vor Augen halten, daß bei Feldbauern vielfach strenge Heiratsvorschriften bestehen, so sehen wir darin zweifellos das Bestreben, dem sexuellen Verkehr Schranken zu errichten. Diese Schranken sind unter dem Einfluß politischer Herrschaft später gefallen und haben vermutlich unter der Einwirkung von Wanderungen, Kämpfen und Beutezügen neuen Ansichten Platz gemacht.

Die besprochenen sexuellen Freiheiten werden kaum ohne weiteres als Überlebsel aus primitiverer Zeit angesprochen werden können, sondern als unter gewissen Schicksalen und Wertungen zur Geltung gelangte Strömungen, die sogar, wie in Sparta, zweifellos mit rationalistischen Erwägungen und sozialen Theorien verknüpft waren.

Die Stellung der Promiskuität zu den Varianten sexueller Bindungen. — Fassen wir zusammen, so können wir sagen: die Nachrichten über eine vollständige Promiskuität sind derartig unsicher und vermutlich mißverstanden, daß wir sie keinesfalls als Grundlage für die Theorie einer ursprünglich allgemein herrschend gewesenen wahllosen Vermischung verwenden können (vgl. a. Desc. [24] 1ff). Dabei ist einzuräumen, daß möglicherweise bei dem einen oder anderen Stamm weitgehende sexuelle Ungebundenheit als Variante der Gestaltungen sich eingestellt hat. Als eine solche schon rationalistisch begründete Variante sind zweifellos die spartanischen Einrichtungen zu betrachten.

Von dieser allgemeinen Promiskuität ist die voreheliche zu unterscheiden, die jugendlichen Personen vor ihrer dauernden Bindung zugestanden wird. Nicht selten wird die dann erfolgende Paarung um so strenger beobachtet — Zustände und Auffassungen, die in ihrer Grundtendenz auch den europäischen Kulturvölkern nicht fremd sind. Die orgienhafte Promiskuität bei Festen, die überdies manchmal noch allerlei Beschränkungen in der Form unterliegt, als ein Wechsel der Frauen nur unter Brüdern, Vettern oder Freunden stattfindet, muß besonders betrachtet werden (s. Nebenehe, Prostitution), ebenso verschiedene Sitten des Frauenwechsels oder sexueller Freiheit, wie sie unter Verwandten oder Gastfreunden geübt werden.

c) Prostitution.

Die Rolle der Prostitution im sozialen Leben der Naturvölker. — Man hat früher vielfach von Prostitution bei den Naturvölkern gesprochen, wenn Verhältnisse vorlagen, die sich heute bei näherer Untersuchung als Sexualbeziehungen darstellen, die unter einem ganz anderen Gesichtspunkt zu betrachten sind, nämlich als Konkubinat bei Vielweiberei, Nebenehe oder in den Pubertäts- und Nachpubertätsjahren als freie Liebe oder als zeremonielle Förderung der Fruchtbarkeit usw.

Normale Liebesverhältnisse oder selbst eheliche Beziehungen gewinnen für den europäischen Beobachter oft einen Stich nach der Seite der Prostitution hin, wenn festgestellt wird, wie dies bei manchen feldbautreibenden Stämmen mit mutterrechtlichen Tendenzen der Fall ist, daß jede Liebesausübung vom Manne der Frau durch Geschenke in traditionellen Wertträgern vergolten werden muß (s. Ehe, Kauf). Das das ganze geistige Leben der Naturvölker mächtig ergreifende Prinzip der Gegenseitigkeit und Vergeltung erstreckt sich auch auf die Begleitumstände des sexuellen Lebens: bei einfacheren wirtschaftlichen Zuständen beobachten wir den Frauentausch, nach der Heraushebung bevorzugter Wertträger: den Frauenkauf. Der durch die Heiratsordnung auf verwandtschaftlicher Basis genau geregelte, tatsächliche oder potentielle Austausch von Frauen unter gewissen Gruppen (z. B. in Australien) wird häufig von in entsprechender Weise mehr oder minder geregelten nebenehelichen Ordnungen für Feste oder ausnahmsweise Gelegenheiten (Besuch von befreundeten Gästen) begleitet.

Das Aufkommen einer größeren Zahl beweglicher wirtschaftlicher Werte bot den Anlaß, einen Austausch von Frauen *in natura* durch Tausch der Frau gegen wirtschaftliche Werte abzulösen. Der Anlaß war schon dadurch gegeben, daß den Frauentausch Geschenke, die gewechselt wurden, als Freundschaftszeichen zu begleiten pflegten (T. [21] 199ff). Der Frauenkauf war also eine Folge wirtschaftlicher Entwicklung. Dieses Entgelt durch wirtschaftliche Wertträger fand, wie stets wo ein neuer Gedanke Besitz von einer Menschengruppe ergriffen hat, eine einseitige Spezialausbildung, die sich in der geldlichen Vergeltung jeder einzelnen Liebesleistung der Frau, sogar innerhalb der Ehe, zu einem gewissen Maximalpunkt der Möglichkeit steigerte. Hand in Hand damit gingen die Forderungen auch im außer- und nebenehelichen Liebesleben.

Da die Forschung diese ehelichen Vergeltungen in der Regel nicht beachtete, erschien die alleinige Betrachtung eines Entgelts des nebenehelichen Verkehrs, wie z. B. in den Jünglingshallen der mikronesischen Karolinen-Inseln, auf den ersten Blick als Prostitution.

Noch ein anderer Weg führt zu Formen, die wir gewöhnlich als Prostitution zu bezeichnen uns gewöhnt haben: nämlich die Auffassung, daß dem Geschlechtsakt eine besondere Bedeutung im ganzen Zusammenhang des Naturlebens zukommt. Der „Naturmensch" ist in den Zuständen tiefer technischer Unzulänglichkeit mit seiner ganzen Existenz der Natur stärker untertan, ihren Einwirkungen viel intensiver ausgesetzt. Auf diesem Boden erwächst aus dem Wunsche nach Selbstbehauptung, auf Grund des Strebens nach einer „Vergeltung" seiner Abhängigkeit, der Gedanke eines, wie wir sagen, „zauberischen" Verfahrens, nämlich durch Vormachen (s. T. [RL] „Zauber" A) auf die Natur seinerseits einzuwirken. So wie der Mensch durch Vormachen andere zur Nachahmung anregt, so sucht er auch seinerseits die Natur anzuregen. Etwas besonders Wichtiges sind dabei der Geschlechtsakt und die mit ihm zusammenhängende Befruchtung, namentlich nachdem dieser Zusammenhang nicht nur erkannt, sondern auch gesellschaftlich anerkannt ist.

Unermeßlich ist die Menge von derartigen Fruchtbarkeitsriten für Tier und Pflanze, und eine Abart davon ist die heilige Prostitution. Denn diese Gedanken hängen mit dem ganzen Gefühl der Abhängigkeit von höheren Gewalten zusammen und sind darum religiös verankert.

Das sind indessen Ideenketten, die erst bei höheren Naturvölkern, insbesondere in archaischen Kulturen, ihren Höhepunkt erreichen, dort nämlich, wo die Hebung der Fruchtbarkeit von Pflanze und Vieh für eine stark angewachsene Bevölkerung von verhältnismäßig zahlreich gewordenen Gemeinwesen besonders wichtig geworden ist.

Zu unterscheiden ist von der Prostitution die sogenannte Ehe auf Probe oder auf Zeit.

Profane Prostitution in nebenehelicher Form. — Charakteristisch für die verschwommene und viele Möglichkeiten spezieller Ausgestaltung enthaltende Art sanktionierter, nebenehelicher Beziehungen, die je nach den besonderen Umständen zu einer Gruppenehe, zu polyandrischen Formen und auch zum Levirat führen können, sind die Zustände bei den nordostsibirischen Tschuktschen.

Bei diesen kommen nach Bogoras „vergesellschaftete Eheverhältnisse" vor, die manchmal bis zu zehn Paaren umfassen. Die Gatten einer solchen Gruppe bezeichnen einander als „Frauengenossen" (*new-tungit*). Einem solchen Mann steht das Recht auf alle Frauen der betreffenden Gruppe zu, und er kann dieses Recht ausüben, wenn er den Lagerplatz eines seiner Genossen besucht. Gewöhnlich verläßt der eigentliche Gatte in diesem Fall sein Haus für die Nacht. In früheren Zeiten erstreckte sich dieses Recht nur auf Angehörige der gleichen Familie, wobei jedoch Brüder ausgenommen waren. Heute können auch Nichtverwandte, Freunde, in eine solche Gruppe eintreten, wodurch sie die Stellung von Verwandten erhalten und zu gegenseitiger Hilfe und Unterstützung verpflichtet sind. Bei dem Eintritt in diese Gruppe findet eine ähnliche Zeremonie statt wie bei einer Heirat, wobei man zuerst auf dem einen Lagerplatz und dann auf dem anderen einander mit Blut beschmiert. Manchmal dient der Kandidat erst eine Zeitlang bei der Herde. Leute ungleichen Alters und Junggesellen finden nicht leicht Aufnahme in eine solche Gruppe. Zu beachten ist, daß Leute desselben Lagerplatzes sich selten zu einem solchen „Sexualverein" gesellen, weil wegen der Nachbarschaft der Zelte sich leicht ein regelmäßiger Verkehr entwickeln könnte; der Zweck des Zusammenschlusses jedoch liegt augenscheinlich darin, gelegentliche Eheunterbrechungen zu ermöglichen und zu sanktionieren. Manchmal sollen indessen arme Leute, die einem solchen Verein angehören, wie es heißt, in einem einzigen Zelt leben. Mitunter nehmen derartige Zusammenschlüsse einen polyandrischen Charakter an, wenn nämlich ein Junggeselle aufgenommen wird. Bogoras hörte von Fällen, in denen ein jeder Genosse mit der Gattin des anderen für einige Monate und selbst für längere Dauer zusammen war. Gegenwärtig beteiligen sich alle Tschuktschen-Familien an solchen Organisationen, die jedoch nicht immer gleichartig sind: mitunter fallen jedem Mann gleiche Rechte an allen Frauen zu, in anderen Vereinen besitzt ein Mann einige sogenannte Ehegenossen, an deren Frauen ihm ein Recht zusteht, während umgekehrt diese Genossen nicht das gleiche Recht seiner eigenen Frau gegenüber ausüben dürfen. Heute tritt man in diese Vereine ohne jeden weiteren Ritus ein. Jeder kann die Gruppe wieder verlassen, wenn er will; tatsächlich geschieht dies jedoch nur, wenn ein Fall von Syphilis in dem Verein vorkommt. Auch Angehörige fremder Stämme, wie z. B. Eskimos, Tungusen, selbst von der amerikanischen Küste, und auch Russen, können Aufnahme finden. Die Russen sehen in dieser Sitte nur eine Gelegenheit, um Vorteil aus dem Verhalten der Tschuktschen-Frauen zu ziehen, welche Zahlung dafür in Gestalt von geschlachteten Rentieren verlangen. Auf diese Weise kommt die sogenannte „gastliche Prostitution" zustande. Aus alter Zeit wird berichtet, daß die russischen Kaufleute im Frühling die Märkte der Tschuktschen besuchten und Eisen, Kessel und Ballen Tabak brachten, die sie dem Gastfreund als Geschenk gaben. Dieser bot seine Frau den Gästen an, nachdem er den Schlafplatz mit Biber-, Fuchs- und Marderfellen bedeckt hatte, die dem Werte der Gaben des Russen entsprachen. Heute besteht diese Sitte nicht mehr. Fälle, in denen die Tochter den Gast für ein kleines Geschenk willig annimmt, werden von den Tschuktschen als eine Art „Hilfsehe" betrachtet. Bogoras erzählt, daß man ihm in dieser Form Gastfreundschaft niemals antrug, sondern nur, daß er oft ersucht wurde, in die oben beschriebenen Vereine einzutreten. Nach dem Tode eines von mehreren Brüdern folgt ihm ein anderer in den Rechten gegen seine Frau und als Vater seiner Kinder wie auch als Hüter seiner Herden. Wenn die Frau zu alt ist, so übt er sein Leviratsrecht nicht aus. Dieses fällt nur dem jüngeren Bruder, Vetter oder selbst Neffen zu, niemals dem älteren Bruder oder Onkel (Czap. [14] 78f).

Ähnliche Verhältnisse bestehen auch bei den Eskimos der Beringstraße (Nels. [99] 292).

Derartige Einrichtungen von Frauenleihe sind auch bei zeremoniellen Gelegenheiten in Australien üblich, z. B. bei dem westaustralischen Stamm der Kariera (Brown [13] 158; vgl. a. Mal. [13]).

Von dem Jägerstamm der Auin-Buschleute berichtet Kaufmann (157), daß es Frauen gäbe, die für Geschenke gefällig sind. Wenn der Mann davon erfährt, jagt er die Frau jedoch weg. Milder wird indessen ein Fall beurteilt, bei dem es sich um Ehebruch mit einem Liebhaber handelt.

Die Einrichtungen der Palauer (Karolinen-Insel der Südsee) scheinen ursprünglich auf ähnliche „Sexualvereine" zurückzugehen, wie die oben geschilderten der Tschuktschen. Sie sind jedoch durch die aristokratische Staffelung der mikronesischen Gesellschaft kompliziert. Der erste Häuptling nimmt hier die Deflorierung vor. Die Mädchen, die als *armengól*, Hetäre, in ein *kaldebekel*, Jünglingsverein mit Vereinshaus, eintreten, stammen auf Palau wie auf Yap aus einem anderen Dorf und sind nur für das Jünglingshaus bestimmt. Es handelt sich hier also um eine Einrichtung, die nur für die Zeit vor der Ehe getroffen ist. Die Entlohnungen spielen hier bereits eine wichtige Rolle. Auch ist es charakteristisch, daß die Mädchen eines besiegten Dorfes für die *kaldebekel* weggenommen werden, obgleich sonst mit der Stellung als *armengól* keinerlei moralische Entwertung verknüpft ist (für Palau vgl. Kuby. [85—95] 141; für Yap Müll.-W. [17] 232; für Ponape Hahl [01] 11; über die Uritan-Häuser auf den Marianen-Inseln vgl. Fritz [04] 84f; bezüglich der Bánaro von Neu-Guinea vgl. T. [21] 16ff, 219f).

Ähnliche an die Prostitution anklingende nebeneheliche Beziehungen sind auch von den Sunda-Inseln bekannt (bei den Reas und Ndonas, südöstlich von Celebes; vgl. Elb. [12] 1 196).

Bei den Arussi-Galla in Abessinien ist der Frau gestattet, sich einen Freund zu nehmen, der seinerseits verheiratet ist. Dies geschieht in zeremonieller Weise und wird dadurch gesellschaftlich sanktioniert. Der Freund schlachtet ein Schaf und bestreicht die Stirn der Erkorenen nach der Nacht, die sie bei ihm verbracht hat, mit dem noch warmen Blut des Tieres. Als Geschenke gibt er ihr ein Pferd und Kleider für ihren Mann und auch für die Schwiegermutter mit. Der Ehemann empfängt bald darauf den von der Frau ausgesuchten Freund und biedert sich mit ihm an. Ein Mann kann eine dritte, vierte und fünfte Frau nehmen. Die letzte ist gewöhnlich seine Lieblingsfrau. Jede hat wieder ihren anerkannten Liebhaber (*alangé*) und kann sich später noch einen weiteren Hausfreund nehmen. Wird einer von diesen verabschiedet, so tritt ein anderer an dessen Stelle. Doch ist der Frau nicht erlaubt, mehrere Liebhaber zugleich zu haben. Wie weit die anerkannte Stellung desselben ausgebaut ist, geht daraus hervor, daß er sich über schlechte Behandlung im Essen und Trinken beim Ehemann beschweren kann. Der *alangé* kommt bereits zwei Tage nach der Hochzeit das junge Paar besuchen und ißt und trinkt bei ihm. Dann verläßt der junge Ehemann die Frau und überläßt seine Gattin dem Liebhaber. Seine Besuche wiederholt der *alangé*, wenn es ihm paßt. Heiratet der Ehemann nach einiger Zeit eine zweite Frau, so gibt er als Gegenwert die Kühe, die er von der ersten zur Mitgift erhalten hat. Aber auch der *alangé* muß Kühe dem Gatten seiner Geliebten schenken. Ja, der Gatte fragt seine Frau, ob sie einen Freund hat, und wenn sie, wie es sich gehört, diese Frage bejaht, so äußert er den Wunsch, von ihm Kühe zu bekommen. Die zweite und die weiteren Frauen besitzen wieder ihre Liebhaber, von denen der Gatte durch Kuhgeschenke Nutzen zieht (Zahn [23] 173f). Bei diesem Verfahren tritt deutlich die Verflechtung des wirtschaftlichen Austausches von Geschenken mit den erotischen Beziehungen in Erscheinung, namentlich der nebeneheliche Einkauf, wie er durch Sitte und Moral sanktioniert ist.

Paulsch. (I 209) berichtet von den nordostafrikanischen Galla, den *sigbach*, das Borgen von Frauen dem Gastfreund gegenüber, während sonst die beim Ehebruch ertappte Frau ohne Umstände getötet wird. Auch für das Opfer eines Ochsen oder Schafes findet unter den Galla ein Borgen von Frauen statt. Hingegen unter den Oromó-Mädchen, welche ledig geblieben sind, jedoch Nachkommenschaft wünschen, ist Männerborg üblich, somit eine Art „Not-Polyandrie“.

Bei den Bedui Abessiniens gibt es in jedem Dorf Mädchen, die bei Todesfällen als Klageweiber dienen, bei Festlichkeiten unter Begleitung der Pauken und Harfen singen, und die sich mit Bereitung des Honigweins und des Bieres abgeben. Sie werden von Munz. ([83] 150f) als Prostitutierte bezeichnet, obgleich ihre Stellung in keiner Weise gegen die Moral verstoßend aufgefaßt wird. Bei den Habab und in Mensa wird die Einweihung dieser Mädchen zu einem Volksfest gemacht, bei dem mehrere Kühe geschlachtet werden und eine Nacht unter Gesang und Waffentanz zugebracht wird.

Auch aus dem alten afrikanischen Lunda-Reich des *Muata Cazemba* wird von Gamitto Prostitution berichtet, und zwar als ein Erwerb vor der Ehe, anscheinend in ähnlicher Weise wie z. B. auf den Karolinen-Inseln oder in Japan. Je mehr das Mädchen erwirbt, um so mehr ehrt sie der Ausüber der väterlichen Gewalt (Schmidt M. [16] 451). — Bezüglich der westafrikanischen Kpelle vgl. Westm. [21] 478.

Eine eigenartige Form gastlicher Prostitution wird durch Interiano aus der ersten Hälfte des 19. Jahrhunderts von den Tscherkessen berichtet. Der Gastfreund, der bei diesen Völkern eine ganz besonders geheiligte Stellung einnimmt, durfte in früherer Zeit in Gegenwart der Eltern deren erwachsene Töchter vom Kopf bis zu den Füßen berühren; sie erlaubten ihm alles, den Beischlaf ausgenommen. „Es kommen die Jungfrauen zu dem fremden Gastfreund (*konak*), mag er schlafen oder wachen, und säubern ihn unter vielen Schmeicheleien vom Ungeziefer.“ In späterer Zeit war es noch üblich, daß die Tochter des Hauses den Gast begrüßte; der Gast bittet sie, sich zu setzen, und nach kurzem Gespräch entfernt sie sich wieder. Doch geschieht dies nur, wenn der Gast ein Verwandter oder jemand ist, dem man besondere Ehren erweisen will. In der Landgemeinde Achvach (im Gebiet des andischen Koissu) wird der Gast sehr freundlich aufgenommen; der Hauswirt bietet ihm Frau oder Tochter an, die die ganze Nacht bei ihm bleiben muß; ist im Hause keine Frau, so bemüht sich der Hausherr, diese Pflicht einer seiner nächsten weiblichen Verwandten aufzuerlegen. Die Frau bzw. das Mädchen soll das Lager des Gastes teilen, doch darf es nicht zum Beischlaf kommen (Dirr [25] 29).

Die gastliche Prostitution war übrigens auch in Europa bei den Germanen verbreitet (Grimm [40] 3 42, 27), ihre Reste sind in volkstümlichen Ortsgebräuchen noch bis in die letzten Jahrhunderte erhalten geblieben (Schrd. [16] 89).

Von der gastlichen Prostitution muß das Institut der „Zeugungshelfer" unterschieden werden, wie es sich wohl im Anschluß daran an manchen Orten herausgebildet haben dürfte, so z. B. bei den Litauern, Alt-Preußen, Griechen und indischen Stämmen. Es dürfte sogar weit in das arische Altertum hinaufreichen (Gierke [86] 74). Nachbarn und Dorfgenossen erscheinen berufen, für den Ehemann einzutreten.

Wie die Zeugungshelferschaft mit sanktionierten, nebenehelichen Einrichtungen zusammenhängt, geht aus einer Beobachtung von Rivers an dem *punalua*-Verhältnis auf Hawaii hervor. Riv. ([14] 1 387) erzählt: Diejenigen, welche anscheinend eine deutlich umschriebene Stellung als Liebhaber einnehmen, sind gewisse Verwandte, nämlich die Brüder des Gatten und die Schwestern der Frau. Diese bildeten eine Gruppe, innerhalb der alle Männer über alle Frauen eheliche Rechte ausüben durften, und es wird erzählt, daß sogar jetzt noch, beinahe ein Jahrhundert nach der allgemeinen Annahme des Christentums, diese Rechte eines *punalua* mitunter anerkannt werden und Veranlassung geben zu Gerichtsverhandlungen, bei denen man solche Fälle als Ehebruch betrachtet. Außer diesen *punalua*, welche eine anerkannte Stellung gegenüber dem Ehepaare kraft ihrer Verwandtschaft einnehmen, gibt es oft noch frei gewählte Liebhaber des Gatten oder der Gattin. Bleibt die Ehe eines Paares kinderlos, so kommt es vor, daß der *punalua* als Zeugungshelfer geholt wird (385f).

Mit anderen, nämlich gerontokratischen Gedankengängen hängt das russische *snochačestvo* zusammen, das der Schwiegervater zur Schwiegertochter unterhält (vgl. Schrd. 90, 106). Diese Sitte wird außerdem nicht nur von den Osseten berichtet, sondern Spuren derselben finden sich auch bei den Germanen (Herm. [05] 383).

Heilige Prostitution mit mystischer Deutung. — Der heiligen Prostitution liegen gewisse Auffassungen von den Vorgängen der Geschlechtsbeziehung zugrunde, die durch den Glauben der Syrjänen eine Beleuchtung erfahren. Nach der Meinung dieses nordwestsibirischen Volkes entwickelt sich nämlich beim Geschlechtsverkehr eine Art verunreinigende Ansteckung, das *ṕež*. Alle Männer werden bis zur Vornahme einer bestimmten Reinigungszeremonie (s. T. [RL] „Reinigung" D) nach geschlechtlichem Verkehr als von dem *ṕež* angesteckt betrachtet. Das *ṕež* besitzt keine bestimmte Gestalt oder Form, jedoch werden Mäuse und Eidechsen als *ṕež* angesehen. Mit eßbaren Dingen in Berührung gebracht, überträgt es auf diese seine Eigenschaften; es bezeichnet etwas Unerlaubtes, Verborgenes. Vor allem erscheint die Frau als Trägerin des *ṕež*. Schon durch die Berührung einer Frau nehmen Männer, Kinder und einige Tiere für sie schädliche Eigenschaften an. Es genügt auch, daß eine Frau über ein Kind oder z. B. über einen Hund hinwegschreitet oder ihnen mit dem Fuß einen Stoß gibt. Ein Mann, über den eine Frau hinweggeschritten ist, verliert seine Kraft, wird krank, ein untauglicher Jäger und gehorsamer Vollzieher weiblicher Launen. Auch gemeinsame Berührung von dritten Gegenständen, z. B. einer Spindel, reicht hin, um die gefährliche Ansteckung zu übertragen. Selbst leblose Gegenstände, wie eine Deichsel, können dem Einfluß des *pež* unterliegen: schreitet eine Frau über eine Deichsel, so bricht der Deichselring auf der Fahrt. In Netze und Schlingen, über die eine Frau getreten ist, geht kein Fisch und kein Wild mehr. In gewissen Dörfern waschen die Männer den Zwirn, der zur Herstellung von Netzen verwendet wird. Sie lassen dies nie Frauen tun. Die Pferdehaare, aus denen sie die Schlingen herstellen, schützen sie vor der Berührung von Frauen, namentlich davor, daß diese nicht darüber hinwegschreiten usw. Krankheit, Schwäche, aber auch Ausschläge sind die Folge des *pež*, wenn einer sich nicht sogleich nach dem gefährlichen Kontakt reinigt. Die Männer dürfen auf der Jagd auch nicht das Wort Frau aussprechen oder an eine Frau denken. Nur mit Umschreibung können sie, wenn es unbedingt notwendig ist, sich auf eine Frau beziehen. Der gute Ausfall der Jagd hängt davon ab. Außer der Frau sind charakteristischerweise auch noch der Pope (vgl. die Auffassung sibirischer Stämme von den Schamanen) und die Katze Wesen, die in ähnlicher Weise wie die Frau verunreinigen. Diese Verunreinigung geht jedoch nicht von weiblichen Kindern aus, sondern beginnt erst mit dem Eintritt der Geschlechtsreife bei den Mädchen. Nach Abschluß des Geschlechtslebens tritt eine gewisse Beschränkung des gefährlichen Einflusses bei alten Weibern ein. Die Männer müssen, bevor sie irgendeine Arbeit beginnen, z. B. auf die Jagd oder auf den Fischfang ausziehen, sich reinigen. Aber auch die Frauen sind solchen Zeremonien unterworfen, bevor sie zur Aussaat, zur Ernte oder zum Heuschlag gehen. Andererseits kann sich ein Mann durch den Geschlechtsverkehr, wenn er auf der Jagd seine Fähigkeiten, die Sicherheit im Schießen usw. verloren hat, und überhaupt wenn ihn Mißgeschick verfolgt, von dem Bann befreien: er überträgt nämlich dann die unerwünschten Eigenschaften durch Beischlaf auf die betreffende Frau. Wäscht er sich nachher in der Badestube und zieht reine Wäsche an, so ist er wieder ein „echter" tüchtiger Jäger. Aber es gibt auch noch andere Verfahrensarten, sich des *pež*-Bannes zu entledigen (Nalm. [08]).

Bei den Schipaia-Indianern Zentralbrasiliens gibt es Mädchen, die dem Nationaldämon *Kumāφari* geweiht sind und als Frauen des Dämons gelten. Wenn dieser ein Weib haben will, so läßt er das durch seinen Priester dessen Eltern wissen. Falls diese ihre Zustimmung nicht geben sollten, so kann man darauf rechnen, daß das Mädchen krank und unglücklich wird. Die Auserwählten wohnen in dem Haus des Medizinmannes, aber in dem Winkel, der dem Aufenthaltsort des Hausherrn entgegengesetzt liegt, wo ihnen ein Rost aus Stangen als gewöhnlicher Aufenthaltsplatz dient. Niemand darf mit ihnen geschlechtlichen Umgang haben. Sollte einer sich erdreisten, das doch zu tun, so schnürt ihm der Dämon mit einer unsichtbaren

Schlinge die Hüften zusammen, was zu beständigem Samenerguß führt. Nur der Zauberpriester kann den Bann lösen, indem er die Schlinge mit einem Krach absprengt. Wer sich des Nachts einer der Frauen *Kumāφaris* nähert, bemerkt wohl, daß eine Gestalt bei ihr liegt, sie selbst aber empfindet die Anwesenheit des Dämons nicht. Die Kinder, die aus solchen göttlichen Verbindungen geboren werden, sind schön und hellfarbig. Die Dämonenfrauen können sich niemals verheiraten; sie tun keine Arbeit, und ihre einzige Verpflichtung besteht in gewissen Vorbereitungen und Handreichungen beim *Kumāφari*-Kult, wie in dem Ausschmücken des Bildstocks und in dem Halten der Dämonenflöten beim Fest (Nmdj. [19—20] 1026f).

Eine eigentümliche Art des im vorigen Paragraphen erwähnten Schwiegervater-Schwiegertochter-Verhältnisses kommt auch bei den Kágaba-Indianern von Kolumbien vor. Sie ist hier jedoch religiös verbrämt: die Schwiegertochter ersucht den Schwiegervater, mit ihr Beischlaf zu halten und zwar als Entgelt dafür, daß er seinen Sohn religiöse Zeremonien gelehrt hat. Diese Sitte steht dort im scharfen Gegensatz zu der Forderung nach Treue der Frauen (Preuss [19—20] 1087).

Der arabische Kaufmann Sulaymân berichtet von seiner Reise nach Indien in der Mitte des 9. Jahrhunderts n. Chr., daß es in Indien Prostituierte gibt, die man „Kurtisanen des Buddha“ nennt. Wenn eine Frau ein Gelübde getan hat und sie nachher ein hübsches Mädchen zur Welt bringt, so führt sie dieses „zu Buddha“. Dann kauft sie für dieses ein Haus auf dem Marktplatz und errichtet davor ein Zeltdach, unter welches sie das Mädchen auf einen Stuhl setzt, so daß die Vorübergehenden es sehen können. Für das Beilager mit ihm muß eine bestimmte Summe bezahlt werden, welche das Mädchen in bestimmten Zeiträumen an die Hüter des Tempels, dem es geweiht ist, für die Unterhaltung desselben abzuliefern hat (Ferr. [22] 124). — Über die altorientalische Tempelprostitution vgl. Jerm. [13]. Für die Ehe auf Zeit und Probe s. Ehe.

VI. DAS PROBLEM DER HEIRATSORDNUNG

a) Die Heiratsordnungen.

Die romantische Auffassung, als führten die Naturvölker in sexueller Beziehung ein den Impulsen des Augenblicks hingegebenes Leben, wird immer wieder durch Tendenzen genährt, die entweder einer gleichen Ungebundenheit unter uns das Wort reden, oder die damit den Abstand zwischen „Natur- und Kulturvölkern“ betonen möchten, oder aber beabsichtigen, einen besonders günstigen Ablauf der biologischen Auslese in einem „natürlichen“ Sinn unter den Naturvölkern glaubhaft zu machen.

Die Wirklichkeit sieht anders aus. Sie zeigt eine außerordentliche Mannigfaltigkeit verschiedener Ordnungen, nicht nur negativer Beschränkungen der Heiratsmöglichkeit, von Ehehindernissen, sondern auch von einer großen Zahl positiver Vorschriften. Derartige Heiratsordnungen sind gewöhnlich mit dem ganzen Denk- und Vorstellungssystem der Leute innig verknüpft. Sippengruppen lassen z. B. die Heirat unter den Angehörigen ihrer Gruppe, ganz abgesehen von der Tatsache, in was für einem Verwandtschaftsgrad die in Frage stehenden Personen sich befinden, mit der Begründung nicht zu, daß sie „gleicher Herkunft" seien. Die gleiche Herkunft ist jedoch mitunter nur eine mythologische Hypothese.

Zweierlei Beschränkungen der sexuellen Impulse haben wir bei den Naturvölkern festzustellen: 1. durch die Ehe und 2. durch die Auswahl bestimmter Partner für das dauernde Zusammenleben der Geschlechter. Als solche Personen kommen stets nur Verwandte in Betracht. Da ursprünglich der Gatte in erster Linie der Beschützer der Frau und deren Kinder war, erscheint bei der Angst vor allem Fremden und Unbekannten die Wahl eines Verwandten selbstverständlich (s. a. Abrh. [14]). Der Austausch von Frauen spielt für die Aufrechterhaltung freundschaftlicher Beziehungen unter verschiedenen Horden eine wichtige Rolle. Noch heute wird bei den Wahhabi-Stämmen des Nejd, des Gebirgs-Plateaus im Innern von Arabien, der Zusammenhang unter ihnen nur durch Heiraten aufrecht erhalten, die zwischen Geschwisterkindern ersten Grades, gelegentlich auch zwischen Onkel und Nichte, Tante und Neffe, seltener zwischen Halbbruder und Halbschwester geschlossen werden (Pwll. [23]). Das unter den Naturvölkern so tief eingewurzelte Prinzip der Gegenseitigkeit und Vergeltung (s. T. [RL] „Vergeltung") legt den Gedanken nahe, daß die Verwandtschaftsgruppe, welche die Frau gibt, von der empfangenden Seite auch eine fordert. Eine so große Rolle bei der Entscheidung darüber, welche Personen bestimmte Frauen, etwa die jüngeren, erhalten, die Altenherrschaft auch spielen mag, das System der Verdoppelung oder der Halbierung, das zu einer weltweiten Verbreitung gelangt ist, dürfte vielmehr auf diesen Instinkt der Gegenseitigkeit und Vergeltung zurückgeführt werden müssen. Bei der Halbierung müssen wir zweierlei Formen unterscheiden: 1. die des Klans und 2. die des Stammes. Es ist nicht ohne Grund vermutet worden (Webster), daß die „große Halbierung", die man auch mit einem unpassenden Namen als „Zweiklassensystem" bezeichnet hat, auf das Zusammentreffen zweier ethnisch, d. h. rasslich und kulturell, verschiedener Gruppen zurückzuführen sei. Diese Ansicht hat um so mehr Wahrscheinichkeit für sich, als häufig Andeutungen vorliegen, daß die eine Seite in einem gewissen Widerstreit zur anderen sich befindet, sich überlegen dünkt und auch als solche anerkannt wird, oder wenigstens in Symbolen dies zum Ausdruck bringt. Wenn man auch nicht annehmen muß, daß die Halbierung überhaupt darauf zurückgeht, so dürfte dieses Moment doch für die „große Halbierung" von Bedeutung sein. Die „kleine Halbierung" jedoch werden wir, wie oben angedeutet, auf freundschaftlichen Austausch von Frauen innerhalb verwandter Gruppen gemäß einem Prinzip der „Wechselgeschlechtlichkeit" zurückzuführen haben.

Die Entstehung der Klans hat zweifellos zur Ausbildung der Heiratsordnungen beigetragen. Die Verknüpfung mit „totemistischen" Vorstellungen (s. T. [RL] „Totemismus" B) haben wir als Ergebnis besonderer Spekulationen, natürlich vielfach auf dem Wege der Kulturübertragung, der Beeinflussung von Gedanken und von Nachahmung fremder Sitten zu betrachten. Die Verbindung des Halbierungssystems mit einer bestimmten Kulturausstattung läßt sich natürlich niemals restlos durchführen, da jeder Stamm seine eigene, individuelle Geschichte hinter sich hat.

Von großer Bedeutung sind die Heiratsordnungen für die Rassebildung, ein Zusammenhang, der sowohl von anthropologischer wie von ethnographischer Seite gewöhnlich übersehen wurde (s. T. [21] 248ff). Man darf sich ja nicht verhehlen, daß alle sogenannten „exogamen" Vorschriften der Heiratsordnungen in Wirklichkeit auf eine verhältnismäßig starke Verwandten-Inzucht hinauslaufen. Was vom Standpunkt einer Großfamilie, einer Sippe, eines Klans oder einer Hälfte „Exogamie" ist, erscheint von dem der übergeordneten Verwandtengruppe, des Sippen- oder Klanverbandes oder des Stammes aus gesehen als Binnenheirat, als „Endogamie". Es ist klar, daß für die stets so charakteristisch in Erscheinung tretenden Lokaltypen bei den Naturvölkern eben die Heiratsordnungen verantwortlich zu machen sind.

Die Heiratsordnungen kennzeichnen nur eine bestimmte Form der Lebensgestaltung bei den Naturvölkern. Bei Wildbeutern fehlen im allgemeinen die Heiratsordnungen. Sie haben sich dort hinwiederum überlebt, wo eine soziale Schichtung eingetreten ist und die Aufmerksamkeit, die persönliche Auszeichnung durch andere Faktoren in Anspruch genommen wird. Klans, Totemgruppen und Hälften verschwinden oder bleiben nur in Restbestandteilen erhalten. Sie werden durch die Betonung des Rangsystems und der sozialen Unterschiede verdrängt. Übrig bleiben Heiratsverbote, die 1. auf Nähe der Blutsverwandtschaft begründet sind, und 2. auf die Zugehörigkeit zum sozialen Rang. — Die Tendenz, Fremde fern zu halten, wodurch die Heiratsordnungen überhaupt bestimmt wurden, wirkt auch hier weiter. Nur im äußeren Gewande ist ein Unterschied. Wir haben uns gewöhnt, die „Binnenheirat", etwa im Stamme, vom Gesichtspunkt der kleineren Gruppen, also der Klans oder Hälften aus zu sehen und sie als „Exogamie" zu bezeichnen. Wenn wir das Ineinanderheiraten innerhalb der Familien gleicher Rangstufen betrachten, so tritt vor allem die endogamische Tendenz hervor, weil wir den Blick auf das größere politische Gemeinwesen heften, das hier entstanden ist.

Die unter Naturvölkern außerordentlich verbreiteten Kinderheiraten, die auch in höhere Kulturen noch weit hineinragen, dürfen wir als eine Auswirkung der Gedanken betrachten, die durch die Heiratsordnung Wurzel gefaßt hatten.

Teilweise kommt den Heiratsordnungen auch die Bedeutung einer Witwenversorgung zu (s. Levirat, Polygamie, Sororat).

Naturvölker ohne Heiratsordnung. — Heiratsverbote bestehen bei den Auin-Buschleuten keine weiteren, als daß ein Mann nicht seine eigene Schwester oder Mutter, ein Vater nicht seine Tochter heiratet. Andere Verwandtschaftsbeziehungen bilden kein Hindernis. In der Regel finden die Verbindungen nicht innerhalb der eigenen Familie statt, auch nicht innerhalb der eigenen Sippenhorde. Die Frauen werden mit Vorliebe weit hergeholt, oft von Stämmen anderer Sprache, den Naroan, Genkuin oder Hei-Um.

Auch bei den altsibirischen Jäger- und Hirtenvölkern ist die Heirat nicht mit viel Schranken verknüpft. Der Grund dafür dürfte darin liegen, daß der sexuelle Verkehr sehr früh anfängt und der Keuschheit keine Bedeutung beigemessen wird. Die meisten beginnen ihr sexuelles Leben mit den ersten Spuren der Reife zwischen 15 und 16, manchmal zwischen 12 und 13 Jahren, oft auch noch früher. Alle Arten von Verwandtschaftsverkehr kommen (nach Bogoras) in den Familien vor. Doch wird es nicht gern gesehen, wenn sehr junge Mädchen schon Kinder haben, weil man das nicht gut für die Gesundheit von Mutter und Kind hält. Heiraten unter Verwandten, namentlich unter Vettern und Basen, sind bei den Tschuktschen häufig. Auch solche zwischen Onkeln und Nichten kommen vor. Doch wurde im letzteren Falle der Gatte von den Nachbarn lächerlich gemacht. Auch zwei Fälle von Sexualbeziehung zwischen Vater und Tochter wurden von Bogoras beobachtet und viele Beispiele von Geschichten der Tschuktschen angeführt, in denen von einer Heirat zwischen Bruder und Schwester die Rede ist, obgleich heute eine solche als Blutschande betrachtet wird. Vielfach werden jetzt die Kinder von verwandten oder befreundeten Familien einander versprochen. Diese Kinder wachsen zusammen auf und sollen dann später, wenn sie verheiratet sind, sehr anhänglich zu einander sein. Selbst ungeborene Kinder werden für spätere Heirat einander versprochen. Vielfach werden Paare gegeneinander getauscht. Dabei wird auf das Alter der Kinder keine Rücksicht genommen, z. B. ein 5 Jahre alter Knabe an ein Mädchen von 20 Jahren verheiratet, wogegen die Nichte von 12 Jahren an einen Mann von über 20 Jahren gegeben wurde. In manchen dieser Fälle hat die Frau inzwischen einen Bettgenossen und ihr eigenes Kind, für das dann auch ihr rechter Ehemann mit sorgt. Dies geschieht, wie die Tschuktschen sagen, um „die Liebe des Gatten zu sichern" (Czap. [14] 70ff).

Das Doppellevirat, wie es bei den Koryaken Sibiriens herrscht, wird als ein Mittel betrachtet, die durch die Heirat verbundenen Familien weiterhin in Zusammenhang zu erhalten (Jochelson).

Unter den Weddas von Ceylon fehlt eine Stammesexogamie. Doch ist es nicht üblich, innerhalb des Klans zu heiraten (Saras. [92] 485).

Bevorzugte Verwandtschaftsverbindungen. — α) Anknüpfend an die Altenherrschaft. — Klans, die unter den Gilyaken durch Heiratsbande zusammenhängen, nannten einander *Pandf* und bildeten Freundschaftsverbände. Der verschwägerte Klan gilt als befreundet mit allen Angehörigen, auch mit deren Schwiegervätern und Schwiegersöhnen. Diese bildeten zusammen einen Freundeskreis, dessen Pflichten hauptsächlich in Gastlichkeit, Anbieten von Essen und im Austausch von Geschenken bestand. Ein Mann mußte seine Frau aus dem Klan seiner Mutter nehmen, so daß also die Gattin stets eine Blutsverwandte ihres Mannes war. Dieser Grundsatz hing mit der Ahnenverehrung, insbesondere mit dem Mutterkult, zusammen (Stbg. [05] 79ff).

Bei den Unalit-Eskimos der Bering-Straße finden häufig Heiraten zwischen Vetter und Base ersten Grades oder auch unter entfernteren Blutsverwandten mit dem Gedanken statt, daß in einem solchen Fall die Frau dem

Manne näher steht. Im Falle der Not, meint man, würde sonst die Frau den Mann bestehlen und der Mann verhungern. So aber sorgt sie für ihn. Die Frau wird so auch mehr ein Teil der Familie des Mannes. — Unter Brüdern und Schwestern oder Stiefbrüdern und Stiefschwestern findet keine Verbindung statt (Nels. [99] 291).

Einen besonderen Typ von Heirat stellt die Verbindung eines Mannes mit seiner „Enkelin" dar und dementsprechend weiterhin die Verbindung eines Mannes mit seiner „Großmutter". Diese Art von Heiratsordnung erweckt deshalb besonderes Interesse, weil sie gegen die natürlichen Sexualinstinkte zu verstoßen scheint, die stets eine verhältnismäßige Ähnlichkeit des Alters voraussetzen. Indessen ist der Altersunterschied in diesen Fällen tatsächlich nicht so groß wie unter gleichen Verwandtschaftsverhältnissen bei uns, ja er ist manchmal verhältnismäßig gering. Außerdem handelt es sich gewöhnlich um sogenannte „klassifikatorische" Großeltern, bzw. Enkel, praktisch also um Großtante, bzw. Großnichte, usw. — Indessen muß man erwägen, daß, wenn auch eine relative Gleichaltrigkeit oder ein geringer Altersunterschied das Normale ist, wie es insbesondere deutlich unter Naturvölkern dort zutage tritt, wo z. B. in den ersten Pubertätsjahren ganz oder teilweise promiske Zustände herrschen oder Mädchen die Jünglingshäuser besuchen usw. (s. Promiskuität, Nebenehe), dennoch ein sekundärer Typ der Liebeswahl durch Ungleichheit des Alters auf Seite beider Geschlechter gekennzeichnet wird. Letzterer Typ findet, wenngleich nicht in der Mehrheit der Fälle, doch ebenfalls in gewisser Weise seinen Ausdruck in den Heiratsordnungen der Naturvölker.

Im allgemeinen scheint sich herauszustellen, daß bei den Naturvölkern, unter denen die erwähnte Heirat mit einer „klassifikatorischen" Enkeltochter, wie z. B. unter den australischen Dieri oder in Melanesien, üblich ist, diese Einrichtung auf „Gerontokratie", auf den Einfluß der alten Männer, zurückzuführen ist. Die Verbreitung dieser beiden Einrichtungen dürfte nach der Deutung aus den Verwandtschaftsnamen (wie Riv. [14] 2 50ff, 58ff darlegte) in Melanesien auf ein ursprünglich weiteres Gebiet schließen lassen.

In jüngster Zeit wurde auch aus Afrika Material an auf Ungleichaltrige eingestellten Heiratsordnungen beigebracht. Als tatsächliches Ergebnis zeigt sich dabei, daß z. B. die Wa-Yao (im Nyassaland — Sands. [20] 374), Ba-Ila (in Nord Rhodesia — Smith u. D. 1 235, 339), Ba-Kaonde (Mell. [23] 63) mutterrechtlich und exogam geblieben sind, jedoch den gerontokratischen Typ der Heirat annahmen, und daß sie außerdem Bölken-Vettern (Cross-Cousin)-Heirat pflegen. Bei den vaterrechtlichen Wahenga wird die Heiratsgerontokratie durch den Gebrauch der Verwandtschaftsnamen zum Ausdruck gebracht; das Recht zur Bölken-Vettern (Cross-Cousin)-Heirat besteht. Die Wangonde, die sonst ähnlich den Wahenga sich verhalten, erlauben nicht die Bölken-Vettern (Cross-Cousin)-Ehe, sondern werten sie wie die Verbindung zwischen Bruder und Schwester (Dund. [15] 286, Sands. [23] 448). In West-Afrika berechnen die Gbari und Koro die Abkunft nach dem Vater. Bei den Gbari gibt es Anzeichen von Heirats-Gerontokratie, und bei beiden wird die Frau des Großvaters vererbt. Die Kyambu und Ashanti, die ersteren als vaterrechtlich, die anderen als mutterrechtlich zu betrachten, scheinen beide nur wenig beeinflußt durch eine Heiratsgerontokratie (Ratty. [23] 39).

In erster Linie dürfte die Verbindung zwischen Enkelin und Großvater den entscheidenden Ausdruck für die Altenherrschaft geben, und zwar in einer mutterrechtlichen Gesellschaft. Erst in zweiter Linie folgte vermutlich (nach B. Z. Slgm. [24] 247) die Verbindung zwischen Großmutter und Enkelsohn als Ergebnis einer Auffassung, welche die Frau als vererbbares Eigentum betrachtet. — Als Motiv für die Heirat mit der Großmutter sind anzusehen: 1. Daß die jungen Männer infolge der Ansprüche der alten keine gleichaltrigen Frauen zur Verfügung hatten; 2. daß, gerade dank einem System, nach welchem die Alten die jungen Mädchen nahmen, die Großmütter keineswegs alte Frauen gewesen zu sein brauchten, obgleich sie natürlich immerhin älter als die Männer, denen sie gegeben wurden, und zweifellos auch schon Mütter waren; 3. psychologisch kann die „Übertragung" der Zuneigung zur Mutter eben die Heirat mit einer reiferen Frau annehmbar machen; 4. der Glaube an die Reinkarnation des Großvaters im Enkel (Smith u. D. 2 2, 127, 153ff; Mell. [23] 170) mag noch besonders die Phantasie zu einer Identifikation mit dem Großvater angeregt haben.

Die Anzeichen von Heiratsgerontokratie sind in Afrika unter den Bantustämmen des nördlichen Rhodesia und im Nyassaland zu finden. Sollten sie bei diesen Völkern auf hamitischen Einfluß zurückzuführen sein, so sind die ähnlichen Erscheinungen in Westafrika, unter den Hausa und den Koro, wie auch unter den Gbari und den Ashanti, wohl auf die gleiche Quelle zurückzuleiten. Es sind wohl Einwandererwellen von hamitischen Rinderhirten, die sich über andere Stämme lagerten und diese Einrichtungen mitbrachten. Namentlich wird man vaterrechtliche und weiterhin die patriarchalischen Einrichtungen, nach denen z. B. in Nordostafrika ein Mann die Frauen seines Vaters erbt, mit Gedanken in Verbindung bringen, die auch in den erwähnten gerontokratischen Heiratsordnungen lebendig sind. In dem Fall, in dem ein Mann die Frauen des Vaters erbt, kann er natürlich nicht auch die Frauen seines Großvaters bekommen.

Vergleicht man in ihrer Auswirkung auf die Heiratsordnung die Altenherrschaft von Afrika mit der von Melanesiern, so sind die Ähnlichkeiten überraschend. Die Gerontokratie erscheint in der Südsee zunächst verbunden mit Mutterfolge (Riv. 2 28, 60), weist also die ältere Form auf. Insbesondere tritt die Bölken-Vettern (Cross-Cousin)-Heirat hervor. In Melanesien erscheinen die beschriebenen Heiratsgewohnheiten hauptsächlich mit dem Halbierungssystem verknüpft, während in Afrika eine solche Verbindung bisher noch nicht festgestellt wurde. Aber auch in Melanesien wird die Gerontokratie auf eine Einwandererschicht zurückgeführt, die sich über eine ursprüngliche Bevölkerung lagerte. — Die auf Ungleichaltrigkeit beruhende Heiratsordnung wird von Slgm. B. Z. ([24] 247f) auf den Konflikt von Vaterfolge mit Mutterfolge zurückgeführt. Die Vaterfolge wurde vermutlich einer mutterrechtlichen Gesellschaft durch ein hereinbrechendes Volk mit Vaterfolge aufgedrängt. Die Bölken-Vettern (Cross-

Cousin)-Heirat entstand nach Sligm. B. Z. in einer mutterrechtlichen Gesellschaft unter dem Einfluß der Vaterfolge. Aus einem Konflikt der verschiedenen Kulturen kann auch die Auffassung der Frau als vererbbares Eigentum und die Gewohnheit, den Brautpreis in Vieh zu zahlen, abgeleitet werden. Insbesondere ist dabei in Berücksichtigung zu ziehen, daß bei einem Hirtenvolk das bewegliche Eigentum von größerer Bedeutung wurde als bei Jägern oder Hackbauern.

Als eine Variante der gerontokratischen Heirat sind die Gewohnheiten afrikanischer Häuptlinge und reicher Mohammedaner zu betrachten, die viele junge Mädchen zu Frauen in ihre Harems nehmen. Diese Spielart wurde unter einer einseitigen Ausbildung des Patriarchats, der Auffassung vom Reichtum und noch einer Reihe anderer Vorstellungen zu einem besonderen Extrem gebracht (Slgm. B. Z. [24]).

Die verschiedenen Altersgesellschaften der Hidasta der großen Ebene von Nordamerika verhalten sich gegen die nächstälteren übergeordneten stets antagonistisch, dagegen verbinden sie sich mit der übernächsten (Lowie [16]), und zwar wird die übernächste von der jüngeren Altersgesellschaft als „Großväter" bezeichnet. Hoc. [20] weist mit Recht auf die Analogie mit den Großmütter- und Enkelinnen-Heiraten hin.

β) Die Vettern-Basen-Heirat. — Wenn eine Gilyaken-Frau einen Sohn hat, so bittet sie gewöhnlich ihren Bruder, den Jungen mit seiner Tochter zu verheiraten. Hier wird also die Vetternehe ersten Grades bei Stämmlingen verschiedenen Geschlechts bevorzugt. Die Verlobung findet im Kindesalter statt, indem der Vater des Knaben Hundehaare um das Handgelenk des Mädchens als Zeichen der Verlobung bindet. Im Alter von 5 oder 6 Jahren kommt sie bereits in das Haus ihres zukünftigen Gatten, mit dem zusammen sie aufwächst (Czap. 100). — Bei den Yukaghiren war in früheren Zeiten die Heirat nur unter der Vetternschaft ersten Grades verboten, die zweiten Grades wurde jedoch nicht mehr als „blutsverwandt" angesehen. Doch wird in den Mythen oft auf Heiraten zwischen Bruder und Schwester Bezug genommen, und Jochelson hat selbst eine Ehe zwischen Bruder und Schwester kennen gelernt. Derartige Verbindungen werden gegenwärtig geheim gehalten, doch kommen Heiraten zwischen Vetter und Base vor. Nichtsdestoweniger wird eine Reihe von Meidungen unter gewissen schwägerschaftlichen Verwandten beobachtet, die man als „Schamhaftigkeit voreinander" bezeichnet. Sie besteht zwischen: 1. dem Vater und seiner Schwiegertochter, 2. dem älteren Bruder oder den älteren Vettern und der Frau des jüngeren Bruders oder solcher Vettern, 3. zwischen dem älteren Bruder oder den älteren Vettern und der Frau des Sohnes des jüngeren Bruders oder solcher Vettern, 4. zwischen dem älteren Bruder oder den älteren Vettern und der Frau des Sohnes seiner jüngeren Schwester oder seiner jüngeren Base, 5. zwischen der Mutter und ihrem Schwiegersohn. — Aber der Vater spricht auch nicht zu dem Gatten seiner Tochter, und der ältere Bruder nicht zum Gatten seiner jüngeren Schwester. — Die genannten Personen reden einander nicht nur nicht direkt an, sondern sollen einander auch nicht ins Gesicht sehen, sollen ihre Geschlechtsteile nicht vor einander entblößen und über sexuelle Angelegenheiten nicht miteinander reden. Ein Mädchen soll nicht von zwei Männern besucht werden, die untereinander im Meidungsverhältnis stehen (Czap. 91f).

Die Bölken-Vettern (Cross-Cousin)-Heirat zwischen zwei Klans oder Stämmen wird auf Fiji als „*Tauvu*" bezeichnet. Diese Vetternschaft wird im Sinne gemeinsamer Abstammung von den gleichen Ahnen gedeutet. Es ergibt sich weiter, daß diese Beziehungen religiös verankert und zwar mit Ahnenverehrung verknüpft waren. Der eine Klan oder Stamm anerkennt das „*Kalou*" oder „*Mana*", die mystische Kraft, des anderen (Hoc. [13] 101 und [14]).

Riv. [14] 2 50ff, 58ff; [15] 85) glaubt die Heiratsordnungen der Südsee auf drei ursprüngliche Formen zurückführen zu können: die eines Mannes 1. mit der Tochter des Bruders, 2. mit der Frau des Mutter-Bruders, 3. mit der Frau von des Vaters Vater. — Die erste Form erklärt er mit einer Monopolisierung der jungen Frauen durch alte Männer, und zwar zusammen mit einer Spaltung der Gruppe in zwei Hälften mit Mutterfolge. Auch den zweiten und dritten Fall begründet er mit Gerontokratie, bei der die alten Männer ihre Frauen an die jungen Männer, und zwar an ihren Neffen oder Enkel (Sohnessohn), die ihnen nächststehenden Männer, weitergaben. Diese waren die einzigen möglichen Empfänger in einer halbierten mutterrechtlichen Gesellschaft.

γ) Sonstige bevorzugte Verwandtschaftsverbindungen. — Die Heiratsordnung auf den Andamanen-Inseln beruht einzig auf der Verwandtschaft. Die Heirat ist nämlich zwischen nahen Blutsverwandten mütterlicherseits verboten. Ein Mann darf weder seine Schwester noch seine Halbschwester, aber auch nicht seines Vaters oder seiner Mutter Schwester, und auch nicht seines Bruders oder seiner Schwester Tochter heiraten. Die Verbindung unter Vetter und Base ersten Grades scheint im allgemeinen nicht gebilligt zu werden, doch macht man zwischen entfernterer Vetternschaft keine Unterschiede. Auch unter Verschwägerten scheint die Heirat verboten zu sein (Brown [22] 71/72).

Eigentliche Heiratsgesetze gibt es bei den Kayans und Kenyahs von Borneo nicht. Nur „Blutschande" wird als ein Verbrechen betrachtet, sie wird in ähnlicher Weise wie bei uns aufgefaßt: Mutter, Schwester oder Halbschwester und die Tochter seines Bruders oder seiner Schwester sind für die Heirat eines Mannes verboten. Ebenso alle die Frauen, welche in den gleichen Beziehungen kraft Adoption stehen. Vettern und Basen ersten Grades dürfen einander heiraten, obgleich derartige Verbindungen nicht gern gesehen werden und gewisser Zeremonien bedürfen. Man glaubt, daß diese Ehen nicht glücklich werden. Die Verbindungen unter den Angehörigen der oberen Schicht verschiedener Dörfer werden begünstigt, um freundliche Beziehungen zwischen den Siedlungen zu stärken (Hose u. McD. [12] 1 73f).

δ) Heirat unter Bruder-Kindern. — Unter den semitischen Völkern scheint im Gegensatz zur Bölken-Vettern (Cross-Cousin)-Heirat die Verbindung unter Vetter und Base dann, wenn sie Kinder zweier Brüder oder zweier Schwestern („Ortho-Cousins") waren, begünstigt worden zu sein (vgl.

Fraz. [20] 2 98 und Slgm. B. Z. [23] 263). Sie wird darauf zurückgeführt, daß der Wechsel von Mutterfolge zu Vaterfolge nicht stark genug war. Vor allem tritt sie im Zusammenhang mit der mohammedanischen Kultur auf. Wahrscheinlich ist diese Heiratsform später entstanden als die Cross-Cousin-Verbindung; sie kann nur unter einem Volk mit Vaterfolge ans Licht getreten sein. Die neue Sitte der Ortho-Cousin-Heirat dürfte bei der Ausbreitung des Islam dadurch (nach Slgm. B. Z. [23] 278f) Eingang gefunden haben, daß die Auffassung der Frau als Besitzgegenstand ebenfalls angenommen wurde. Auf diese Weise erlitt auch der Begriff des „Inzests" eine Abänderung und erleichterte eine Heiratsform, die man früher als blutschänderisch betrachtet hätte.

Die Heirat zwischen Schwester und Schwestersohn, zwischen Bruder- und zwischen Schwesterkindern, zwischen dem Sohn eines Mannes und der Tochter seiner Schwester ist bei den Nusawele-Alfuren verboten, jedoch nicht zwischen der Tochter eines Mannes und dem Sohn seiner Schwester; letztere sogar sehr beliebt. Auch zwischen den weiteren Verwandten ist die Heirat erlaubt; die Enkel von Brüdern und Schwestern können einander ohne Schwierigkeit heiraten. — In Mansela ist eine Heirat zwischen Brüderkindern und zwischen Schwesterkindern gestattet, sie wird sogar sehr begünstigt, weil sich dadurch die Gelegenheit zu einer Heirat innerhalb der eigenen Sippe (*Uko*) bietet. Den Anlaß scheinen wirtschaftliche Erwägungen zu bieten. Früher scheint es in Mansela anders gewesen zu sein und zwar so, wie jetzt noch in Nusawele (Schad. [15] 133f).

Korrekturen des Systems. — Im allgemeinen kann man sagen, daß bei den australischen Stämmen die Heiratsordnung stets auf Grund des Verwandtschaftssystems geregelt wird (Brown [23] 439). Oft jedoch wird das Verfahren eingeschlagen, daß ein Individuum, welches in einer bestimmten Verwandtschaftsbeziehung zu einem einzelnen Mitglied eines Klans sich befindet, dementsprechend auch in der gleichen Beziehung zu allen übrigen Mitgliedern dieses Klans stehend betrachtet wird, daß es also etwa zu allen im Verhältnis eines Bruder- oder Schwester-Sohnes-Sohn stehend angesehen wird. Die Heiratsordnungen, insbesondere des sogenannten „II. Typs" legen eine starke Beschränkung in der Wahl der Partner auf, mag es sich um Klans mit Vaterfolge oder um solche mit Mutterfolge handeln. Versuche, in dieser Richtung verbessernd einzugreifen, finden sich bei verschiedenen australischen Stämmen.

Ob die Halbierung als ein solcher bewußt unternommener Versuch aufzufassen ist, muß wohl angesichts der sonstigen Zusammenhänge des Halbierungssystems dahingestellt bleiben. Die Teilung des Klans in zwei Hälften bedeutete jedoch immer tatsächlich eine Erweiterung der Heiratsmöglichkeit, weil dann jedenfalls eine Hälfte frei wurde, wenn die andere vermöge der Verallgemeinerung persönlicher Verwandtschaftsbeziehungen zu einem Einzelindividuum, wie oben angedeutet, verbaut war (Brown [23] 444).

Personen von Ansehen, wie einem Häuptling, wird es bei den Aranda z. B. nicht verwehrt, sich über die Heiratsordnungen hinwegzusetzen, z. B. seine eigene Klanschwester zur Frau zu nehmen. Das kann sich immerhin nur ein Mann mit großem Anhang, der auch im Kampfe gewandt ist, gestatten. Man hält sich wohl über eine solche Verletzung der Sitte auf, jedoch geschieht weiter nichts, weil keiner der Männer den Mut hat, dem Gewaltigen öffentlich entgegenzutreten. Höchstens lockt einer bei Gelegenheit den Ahnungslosen in eine Falle und erschlägt ihn meuchlings, oder man veranlaßt den Angehörigen eines fremden Lagerplatzes, den Mann, der die Sitte verletzt hat, zu töten (Strehl. [11] 93, 94).

Wenn ein Mann bei den Aranda Zentralaustraliens eine Frau aus einer anderen Heiratsgruppe nimmt, als er sollte, so wird die betreffende Frau häufig als Glied derjenigen Gruppe angesehen, aus der sich der Mann ein Weib hätte nehmen sollen. Das einer solchen Ehe entsprossene Kind wird in diesem Falle in die Gruppe seines Vaters-Vaters hineingeboren (Strehl. [11] 71).

Das Halbierungssystem — α) des Klans. — Das wahrscheinlich ältere „kleine Halbierungssystem" stellt den in zwei Hälften gespaltenen Klan dar (vgl. Crawl. [02] 479), wie er etwa bei den Bánaro erscheint. In diesem Fall stehen die beiden Hälften (Sippen) des Klans nicht in Heiratsbeziehungen zu einander, sondern nur in einem traditionellen Freundschaftsverhältnis, das durch gewisse nebeneheliche Rechte unterstützt wird (s. T. [21] 134, 184ff, 191ff). Dieser Halbierung begegnen wir in Verbindung mit der Klanorganisation mancher Stämme.

Auch unter die Kubus von Sumatra scheint die Halbierung hineingetragen worden zu sein, denn Hasselt berichtet [78—80], daß sie zwei Gruppen, jede von ungefähr dreißig Familien, bilden, diese Gruppen seien durch Blutsverwandtschaft verbunden und nennen sich *Suku* (Hag. [08] 155).)

β) Des Stammes (Phratrie). — Unter der Bevölkerung des holländischen Teils im südlichen Zentral-Neu-Guinea besteht ein totemistisches Halbierungssystem. Die Leute bezeichnen sich zum Unterschiede von den Fremden, den *bok*, als: *woya-wenda*. *Woya* ist eine Känguruh-Art und *Wenda* ein kleines Beuteltier. Der ganze Stamm ist in diese beiden Gruppen mit totemistischer Kennzeichnung gespalten. Auch bei jedem Fremden wird die Zugehörigkeit zu einer der beiden Halbierungen vorausgesetzt. Sie ist in gewissermaßen philosophischer Weise ausgebildet und erstreckt sich auf das gesamte Tier- und Pflanzenreich, auf alles Existierende überhaupt. Das ganze Universum, jedes lebende Wesen und unbelebte Ding wird unter diesem Gesichtspunkt klassifiziert. Im allgemeinen gelten die *Woya* (Känguruh) als größer und besser, die *Wenda* als minder, wie das schon die Symbolwesen selbst andeuten. Das Verhältnis der beiden Hälften zueinander trägt oftmals den Charakter von Neid und Eifersucht, so daß es zeitweise gespannt erscheint. Eine solche Spannung wird durch den Umstand wett gemacht, daß jede der beiden Hälften streng exogam ist, daß sie also ineinander heiraten. Auch finden bei gewissen Anlässen Verbrüderungszeremonien der Hälften statt. Die Kinder folgen in ihrer Zugehörigkeit stets dem Vater. Die männlichen Bewohner einer Siedlung gehören immer einer und derselben Hälfte an. Infolgedessen spricht man auch von *Woya*- und von *Wenda*-Siedlungen und ebensolchen Festhallen, Das die Hälfte kennzeichnende

Tier darf wohl getötet, aber nicht gegessen werden; man fürchtet sonst zu erkranken. Jede Stammeshälfte zerfällt wieder in viele Klans, die sich nach einem Naturobjekt benennen, mit welchem man in erlesener Beziehung zu stehen glaubt. Häufig sind es Pflanzen, selten Tiere, aber auch anderes, wie z. B. der Sonnenschein. Speiseverbote in Bezug auf diese Klan-Totems scheinen nicht zu bestehen. Der einzelne bezeichnet sich sowohl nach dem väterlichen, wie nach dem mütterlichen Klan. Als Normalehe gilt die zwischen der Mutterbruder-Tochter und dem Vaterschwester-Sohn („Cross-Cousin"). So kommt es, daß von Generation zu Generation immer in ein und denselben Klan hineingeheiratet wird. Wegen der Bezeichnungen sowohl nach dem väterlichen wie nach dem mütterlichen Klan sind die doppelten Klanbenennungen im Laufe der Zeit eine derartig feste Verbindung eingegangen, daß der Einzelne heute kaum mehr weiß, daß es sich dabei um verschiedene Namen handelt. Dies geht soweit, daß selbst in Fällen, in denen die Mutter nicht des Vaters Mutterbruder-Schwester ist, also nicht in orthodoxer Ehe steht, die Kinder trotzdem den doppelten Klannamen des Vaters, d. h. die Klanbezeichnung von Vater-Vater und Vater-Mutter tragen (auch hier siegt, wie in Australien, das dogmatische System über eine andere Gestaltung der Wirklichkeit). Während die Zugehörigkeit zum Klan überhaupt vernachlässigt wird, kommt der Zugehörigkeit zur Stammeshälfte eine um so größere Bedeutung zu (Wirz [24] 46ff). Verboten ist für einen Mann die Geschlechtsbeziehung mit der älteren Mutterbruder-Tochter sowie mit der eigenen und der klassifikatorischen Schwester, also mit den vollen oder Halbbasen oder mit einer als solchen bezeichneten Frau. Dagegen sind ihm Rechte gegen die jüngeren Frauen seiner leiblichen Brüder oder Vettern eingeräumt. Vollständig ausgeschlossen bleibt immer der Geschlechtsverkehr unter Personen der gleichen Stammeshälfte, sowie mit den nächsten Blutsverwandten: mit Mutter, Großmutter, Schwester und Vater-Schwester. Nur bei stattfindenden Orgien, die den Festen und anderen Anlässen folgen, werden diese Schranken niedergerissen (Wirz [24] 75).

Die Abhängigkeit der Klangruppen von mythologisch-totemistischen Vorstellungen tritt bei den Marind-anim von Holländisch-Süd-Neu-Guinea deutlich zu Tage. Innerhalb des Mythenkreises von *Aramem* (Feuer) lassen sich drei mehr oder weniger abgerundete Totem-Verbände (*bōan*) und Klangruppen herausschälen. Ein festes Gefüge bilden sie allerdings nicht, da sich ein Klan bald mit einem anderen oder einem dritten in näherem mythologischen Zusammenhang fühlt. Das sind in einem Fall: 1. der Kasuar, 2. das Känguruh und 3. der Storch (*Xenorhynchus*). Daneben zerfällt jeder dieser *bōan* wieder in zahlreiche Unter-*bōan*, engere Gruppen, die nur einen oder wenige Klans umfassen. Alle werden durch die Mythen zu weiteren Gruppen vereinigt, so daß der ganze mythologisch-totemistische Zusammenhang eine Art Stammbaum bildet. Eine ganze „Totem-Genossenschaft" bildet zusammen eine exogame Gruppe, und alle Klans werden als zusammengehörig betrachtet. Die einzelnen Klans weisen aber oft selbständige neue mythologische Beziehungen auf. Einem Mythenkreise stehen andere gegenüber, die ebenfalls exogamen Charakter tragen und voll totemistischer Beziehungen sind. — Der ganze Stamm der Marind-anim kann in zwei Hauptgruppen geteilt werden: die Geb-zé und die Sami-rek. Beide besitzen untereinander keine Verwandtschaft. Während die Geb-zé einen geschlossenen Verband für sich bilden, zerfallen die Sami-rek in mehrere lockere exogame Gruppen, die man „Totem-Genossenschaften" nennen kann. Das wesentliche Kriterium einer solchen sich als zusammengehörig betrachtenden Gruppe ist die Exogamie. Sie wird, wie oben angedeutet, durch einen bestimmten Mythenkreis gekennzeichnet. Die Verbände (*bōan*), aus denen eine Totem-Genossenschaft sich zusammensetzt, stellen wieder eine exogamische Einheit mit vaterrechtlicher Deszendenz dar. Ein *bōan* umfaßt manchmal mehrere Klans, die untereinander mythologisch-totemistisch verwandt sein können. Die Klans zerfallen in einzelne Familien. die sich nach irgend einem männlichen Vorfahren benennen (Wirz [22] 29f, 100f, 115).

Auch in Neu-Mecklenburg wird die Bevölkerung in zwei exogame mutterrechtliche große Hälften geteilt, unter *Soi* und *Támono*, die stets als einander widerstreitend betrachtet werden und dementsprechend mit einer Reihe von Mythen zusammenhängen. *Soi* gilt als das Oberhaupt der *Maramara* als der Vertreter von Weisheit und Intelligenz, sein Tier ist der Fischhabicht (*Taragau*), *Soi* verzehrt gute Fische und Taro. *Támono* gilt als der Häuptling der Pikalaba, als dumm und verrückt, nährte sich von Wurzeln und besaß keinerlei Handfertigkeit, sein Tier ist der Seeadler (*minigulai*). Da der Seeadler dem Fischhabicht die Fischbeute abzujagen pflegt, so gilt er nicht als echter Seevogel, sondern als „Landtier", *Kaloata*, das denen zugerechnet wird, die nicht zur See gehen können. Von *Soi* wird erzählt, daß er durch Zauberei den *Támono* betrogen und sich seinen Besitz angeeignet habe, und so ein großer und einflußreicher Häuptling geworden sei. *Támono* hingegen hätte sich immer leicht von *Soi* betrügen lassen. — Dieser Mythus scheint auf die Einwanderung eines intellektuell überlegenen Stammes hinzudeuten, der sich mit einer inferioren Eingeborenenbevölkerung vermischt hat (Cox Nr. 106).

Die soziale Organisation der Winnebago-Indianer Nordamerikas beruht auf einer Halbierung des ganzen Stammes (Dhegiha und Tciwere) mit Vaterfolge. Die Hälften zerfallen in Klans, und diese wiederum in Sippen. Die Halbierung wird totemistisch aufgefaßt und steht mit der philosophischen Mythologie in Verbindung. Die eine Hälfte wird als die „obere" (*Wangeregi herera*), die andere als „die auf der Erde" (*Manegi herera*) bezeichnet. Diese Benennungen beziehen sich auf die Tiere, nach denen die Hälften der 12 Klans benannt sind. Die einen Klans haben nämlich Vögel („obere"), die anderen Land- und Wassertiere („auf der Erde") als Totem. Diese Tiere werden wieder entsprechend der traditionellen Auffassung, wie auch bei anderen Sioux- und Algonkin-Stämmen, weiterhin klassifiziert. Der sogenannte „Donnervogel" wird gewöhnlich mit langem Leben und Frieden gedanklich verbunden. Den Bären hingegen wird eine kriegerische Natur zugeschrieben. In früherer Zeit war die soziale Organisation auch innig mit der Gruppierung der Siedlungen verknüpft. Jedes

Dorf war in zwei Hälften geteilt, und zwar durch eine Linie, die von Nordwest nach Südost es durchkreuzend gedacht war. Die *Wangeregi*-Hälfte wohnte auf der Südseite, an der sich die Hütte des Häuptlings vom Donnervogel-Klan befand, ferner die Hütte des Krieger-Klans (im Nordwesten) und des Büffel-Klans im Südosten. Auf der *Manegi*-Hälfte lag die Hütte des Bären-Klans im Norden. — Die hervorstechendste Bedeutung der Halbierung bestand in der Regelung der Heiratsbeziehungen. Ein *Manegi*-Mann hatte eine *Wangeregi*-Frau zu nehmen, und umgekehrt. Hinzu kamen noch verschiedene andere Freundschaftsdienste, ähnlich, wie wir sie bereits oben kennen gelernt haben. Dazu gehört in erster Linie wechselseitiges Begräbnis. Ein *Manegi*-Mann hatte einen *Wangeregi*-Mann zu begraben, denn er gehörte zur „Landabteilung", die den Leichnam in die Erde versenkt. Die *Manegi*-Klans haben jedoch vielleicht erst später diesen Dienst für die andere Hälfte übernommen, denn ursprünglich bestatteten die *Wangeregi* ihre Toten auf Gerüsten. Außerdem bestanden noch besondere freundschaftliche Beziehungen innerhalb zweier Klans verschiedener Hälften. Dazu kam noch eine Gruppierung des Feuerplatzes der beiden Hälften, wenn der Stamm sich auf dem Kriegspfad befand. Ging man nämlich westlich, so ordnete man die beiden Feuerplätze für die *Wangeregi* im Süden und die zwei für die *Manegi* nördlich an. — Nur beim Häuptlingsfest tritt die Halbierung auch in den Zeremonien zutage. Es ist ein Fest, das von den Vogel-Klans (*Wangeregi*) gegeben wird. Möglicherweise ursprünglich vom Klan des „Donnervogels". — Schließlich findet die Halbierung Anwendung bei dem zeremoniellen Ballspiel. Dabei eiferten die *Wangeregi* stets gegen den Klan des „Donnervogels". — Schließlich findet die Halbierung Anwendung bei dem zeremoniellen Ballspiel. Dabei eiferten die *Wangeregi* stets gegen die *Manegi*. Nach einer Mythe sollen die tierischen Vorfahren der Vogelhälfte gegenüber denen der Erdleute ihren Rang durch ein Ballspiel entschieden haben, bei dem die ersteren gewannen. Das wird als Grund angegeben, weshalb die Häuptlinge des Stammes aus der *Wangeregi*-Hälfte entnommen wurden. Übrigens ist diese Halbierung des Stammes im zeremoniellen Ballspiel nicht allein für die Winnebago charakteristisch, sondern sie findet sich auch bei den Omaha-Indianern, bei den Menomini, den Sauk, den Fox u. a. Bei den ersteren zwei sind diese Hälften identisch mit der politischen Halbierung des Stammes, bei den letzteren jedoch, bei denen keine derartige politische Einteilung besteht, scheint sich der Stamm nur zum Zwecke des Spiels in zwei Parteien aufzuspalten.

Im allgemeinen gelten die Tiere der Hälften und Klans als „Ahnen", von denen die Angehörigen der betreffenden Gruppen abstammen. Denn die gemeinsame Abstammung faßt man als das bindende Element für die politische Einheit auf. Blutsverwandtschaft wird stets als Grund für die Exogamie angegeben. Die Blutsverwandtschaft bezieht sich auch auf die Geschlechterfolge des mütterlichen Klans. Jedoch ist diese Erklärung nicht die einzige. Die Bären heiraten nicht in den Wolf-Klan, angeblich darum, „weil sie Freunde sind"; in den Büffel-Klan heiraten sie darum nicht, „weil er zur gleichen Hälfte gehört". Manchmal wird überhaupt kein

Grund dafür angegeben. Blutsverwandtschaft beachtet man nicht über 4 Generationen hinaus, richtiger: nicht über die unmittelbare Kenntnis irgend eines lebenden Individuums hinaus. Ein Mann kann also z. B. in den Klan seines mütterlichen Großvaters, der mütterlichen Großmutter oder in den der väterlichen Großmutter heiraten. Folglich gilt die sogenannte „Blutsverwandtschaft" das eine Mal auf vier und das andere Mal nur auf drei Generationen. Es ist somit eine Fiktion, wenn solche „Blutsverwandtschaft" dieselben Gefühle wie nächste Familien-Verwandtschaft hervorruft. Der ganze Klan der Winnebago wird als „die, welche miteinander verwandt sind" bezeichnet. — Mit der Angehörigkeit zu einem Klan sind noch besondere Funktionen verknüpft, z. B. die Tätigkeit als Friedensvermittler fällt den Angehörigen des Donnervogel-Klans zu, die polizeilichen und disziplinarischen Aufgaben dem Bären-Klan, das Amt eines öffentlichen Ausrufers wird von den Leuten des Büffel-Klans besorgt, die Leute des Wolf-Klans galten als Krieger zweiten Ranges, der Elch-Klan hatte die Feuerplätze zu besorgen, wenn der Stamm sich auf Jagd- oder Kriegspfad befand, usw. — Die Freundschaftsbeziehungen unter den Klans erstrecken sich auf solche der gleichen Hälfte, z. B. Adler-Taube oder Bär-Wolf oder Schlange-Fisch usw. Die Freundschaft bestand in wechselseitigen Diensten, und zwar 1. bei Besuchen eines Angehörigen bei seinem Freund-Klan und 2. in der Rache für erlittenes Unrecht. Bei besonderen Festen wurden auch Namen ausgetauscht. Manchmal wurde die Freundschaft in den Mythen dadurch besiegelt, daß einer des anderen Schwester heiratete (Rad. [15] und [23]).

Das Bestehen zweier exogamer Gruppen führt J. Mathew (165ff) auf Mischung zweier selbständiger Rassen zurück, die auch im Aussehen sich unterschieden haben.

Die Zustände bei den Natchez-Indianern scheinen in dieselbe Richtung zu deuten (Lowie [20] 352).

γ) Ursprung und Zusammenhänge des Halbierungssystems. — Daß das Halbierungssystem in seinem historischen Ursprung auf die alten Kulturen des Orients zurückreicht, insbesondere auf die von Ägypten und Indien, ist neuerlich durch Perry ([23] 271ff) behauptet worden. Er weist darauf hin, daß der staatliche Aufbau des dynastischen Ägyptens auf ein Halbierungssystem von Ober- und Unterägypten zurückgeführt wird: des Königs Krone war doppelt, sein Palast hatte eine Tür nach dem Süden und nach dem Norden, er führte einen doppelten Namen und nahm zwei Throne ein; in der Mythologie herrschte Widerstreit zwischen Set und Horus, usw. In Indien scheint ein ähnlicher philosophischer Niederschlag in der Feindseligkeit zwischen *Garuda* (Himmel) und den *Nagas* (Unterwelt) zu Tage zu treten. Noch stärker, möchte ich hinzufügen, ist der mythologisch-ethische Widerstreit in den alt-persischen Auffassungen niedergelegt. Die Bevölkerung des südlichen Indiens wird in Kasten der rechten und der linken Hand geteilt, die Feldbautreibenden gehören der einen Seite an, Handwerker und Händler der anderen. Perry folgt der Auffassung von Rivers, daß die Bölkern-Vettern (Cross-Cousin)-Heirat auf das Halbierungssystem zurückzuführen sei. Die Halbielung in Birma, auf der malayischen Halbinsel, in Indonesien und Austrarien dürfte wohl gemeinsame Wurzeln haben.

Exogamie. — α) Auf Grund der Verwandtschaftsberechnung. — Die Rentier-Tschuktschen heiraten öfters auch Frauen anderer Stämme: von den Koryaken, den Tungusen und den Yukaghiren. Die Frauen nehmen dann sofort die Sitten der Tschuktschen an. Da die benachbarten Stämme ärmer als die Rentier-Tschuktschen sind, geben erstere ihre Töchter diesen gern in die Ehe (Czap. [14] 47).

Brown A. R. ([18] 224f; [23] 440ff) faßt die zahlreichen australischen Heiratsordnungen unter zwei Typen zusammen: Typ I, bei dem es nur auf zwei Linien der Abstammung ankommt, nämlich die des „klassifikatorischen" (s. Verwandtschaft) Mutterbruders zusammen mit der des Vaters Vater, und dann die Linie von des Vaters Mutter-Bruder zusammen mit der des Mutter-Vater. Dieser Typ wird z. B. bei den Kariera vertreten. — Der Typ II unterscheidet sich vom Typ I dadurch, daß die darin zusammengefaßten Linien hier selbständig für sich auftreten, wodurch sich vier Linien der Abstammung ergeben, und zwar von Vaters Vater, von der Mutter Mutter-Bruder, von der Mutter Vater, und von des Vaters Mutter-Bruder, wenn man durch die Männer rechnet; oder von der Mutter Mutter, von des Vaters Vater-Schwester, von des Vaters Mutter, und von der Mutter Vater-Schwester, wenn man die Linie auf weiblicher Seite beachtet. Der Typ II wird z. B. durch die Aranda vertreten. — Im allgemeinen herrscht der Typ II in den australischen Systemen vor. Unter Berücksichtigung dieser Verwandtschaftsgruppierung löst sich auch die Frage der Zugehörigkeit der Kinder, z. B. bei vier Gruppen: wenn der Mann der Gruppe A angehört, die Frau der Gruppe B, so fallen die Kinder der Gruppe D zu; wenn der Mann B, die Frau A, so gehören die Kinder zu C; wenn der Mann C, die Frau D, so gehören die Kinder zu B; wenn der Mann D, die Frau C, so gehören die Kinder zu A. — Die entsprechende weitere Verflechtung tritt bei dem Achtgruppensystem ein.

Im allgemeinen kann man sagen, daß die südafrikanischen Thonga, was den Stamm anbetrifft, endogamisch sind, vom Standpunkt der Familie aus gesehen „nach außen" heiraten. Verbindungen unter Angehörigen weit voneinander entfernter Klans sind jedoch selten. Dort indessen, wo heute, wie in Lourenço Marques, schwarze Arbeiter verschiedener Herkunft zusammentreffen, findet man Thonga-Frauen mit Männern aller möglichen Stämme verbunden. — Dagegen kamen z. B. zwischen dem Nkuna-Klan der Thonga und dem Khaha-Klan der Pedi seit mehr als 70 Jahren keinerlei Heiraten vor, obgleich beide Stämme, in alter Freundschaft und in Kriegen oft verbündet, miteinander gut nachbarlich leben. Als Grund wird die Verschiedenheit der Sitten angegeben. Die Heiratsvorschriften zwischen den Thonga-Familien müssen in solche: 1. völligen Verbots unterschieden werden 2. von Verbindungen, die bedingungsweise erlaubt sind, von 3. unbedingt erlaubten Heiraten und 4. von besonders empfohlenen. — Zu 1: Unbedingt verboten ist die Heirat unter zwei Personen, die einen gemeinsamen Ahnen von Vaters Seite her beanspruchen. Bei den Mankhelu ist die Heirat zwischen den Abkömmlingen eines Großvaters, also unter der Vetternschaft ersten Grades, verboten. Unter den Vettern und Basen zweiten Grades ist eine Verbindung bedingungsweise erlaubt. Unter Vettern und Basen dritten Grades sind Verbindungen ohne weiteres gestattet. Auf Mutterseite erstreckt sich das völlige Verbot auf die Vetternschaft ersten Grades, wenn die Mütter Schwestern sind. Ein Mann darf nicht die ältere Schwester seiner Frau heiraten, noch auch die Tochter der Schwester seiner Frau. — Zu 2: Die Heirat eines Mannes mit der Tochter seines Großonkels oder des jüngeren Bruders seines Großvaters oder endlich mit der Tochter seines Großvaters von einer anderen Frau als seiner Großmutter kann erlaubt werden, wenn ein entsprechender Ritus, *dlaya-shilongo*, vorgenommen wird. Bei den nördlichen Klans herrscht in dieser Beziehung folgender Gedankengang: ein junger Mann, der eine nahe Verwandte zu heiraten beabsichtigt, wird als „Hexenmeister" angesehen. Man sagt in einem solchen Fall, daß die Blutsverwandtschaft „verzaubert" ist. Geht der Freier zu des Mädchens Vater, der sein Onkel ist, so muß er einen Ochsen mitbringen, um ihn zunächst zu versöhnen. Von diesem Ochsen heißt es, daß er „die Hütte öffnet". Die Gabe kann auch in einer Ziege bestehen, welche als Opfer für die religiöse Zeremonie verwendet wird. Die Verwandten versammeln sich an einem bestimmten Tag im Dorfe des Mädchens. Während das Brautpaar sich in der Hütte befindet, wird die Ziege getötet und das Opfer vorbereitet. Unter verschiedenen weiteren Zeremonien wird das Brautpaar dann gesalbt und die Haut, die von der Ziege abgezogen wurde, über den Kopf von Vetter und Base gelegt; dann reicht man ihnen die Leber roh, die sie mit ihren Zähnen auseinanderreißen müssen. Dabei darf weder ein Messer gebraucht werden, noch dürfen sie beißen, sondern sie müssen an beiden Seiten heftig ziehen und dann die rohe Leber verschlingen. Dies gilt als Opferhandlung, durch die Unglück, insbesondere Kinderlosigkeit, abgewendet werden soll. — In den Ronga-Klans ist diese Zeremonie etwas anders, in allen Fällen ist bei der Zeremonie die ganze Nachbarschaft anwesend, die Stücke des Opfertieres erhält. Die der Zeremonie zu Grunde liegende Absicht läuft darauf hinaus, die eine Art von Blutsverwandtschaft symbolisch zu töten und durch eine andere zu ersetzen. — Zu 3: Verwandte vom achten Verwandtschaftsgrad an können ohne weiteres heiraten. In dieser Beziehung kennt die Wahl eines Mannes keine Schranken innerhalb des Klans oder des Stammes. Gegenheiraten mit entfernt siedelnden Klans ist man aus dem Grunde abgeneigt, weil man fürchtet, daß die Schwiegereltern, falls die Ehe in die Brüche gehen sollte, mit der Frau und den Rindern sich davon machen könnten; oder daß, wenn die Rinderzahl sich im anderen Klan vermehrt, man selber davon nichts hat. — Zu 4: Es gibt Heiraten, die a) auf Grund einer Art Vorkaufsrecht, andere, die b) vermöge Erbgangs geschlossen werden. — Zu a): Hierin liegen zweifellos Reste einer älteren positiven Heiratsordnung. Es gibt nämlich Frauen, die ein Mann klassifikatorisch „Gattinnen" nennt. Es sind dies die jüngeren Schwestern seiner Frau oder die Töchter des Bruders seiner Gattin. Heiraten dieser Art gelten als besonders „richtig". Ferner gelten die Verwandten mütterlicher

Seite als bevorzugt. Solange es sich nicht um eine zu nahe Verwandte handelt, wird die Heirat mit der Familie, unter der der Vater die Mutter gefunden hat, ganz besonders empfohlen. Eine Ausnahme von diesem traditionellen Ratschlag wird nur dann gemacht, wenn die erste Frau zänkisch war. — Zu b): Bei der Vererbung handelt es sich nicht um unverheiratete Frauen, sondern um Witwen, die nach dem Tode ihrer Gatten einem Manne zufallen, der sie zu versorgen hat (s. Levirat). Jedoch werden hier gewisse Unterscheidungen gemacht. Die Witwe eines jüngeren Bruders soll ein Mann nur dann nehmen, wenn sie nicht mehr Kinder bekommt. Das Gegenteil widerspricht dem Stammesempfinden, und zwar deshalb, weil dann Schwierigkeiten im Vorrange der Kinder entstehen können. Dagegen dürfen ohne weiteres Witwen des Mutterbruders von einem Manne übernommen werden. Sollten Kinder aus einer solchen Verbindung hervorgehen, so gehören sie derjenigen Familie an, welche den Kaufpreis gezahlt hat, nicht aber dem Manne, der die Witwe erbt, also nicht dem leiblichen Vater. Ein Mann kann auch eine von seines Vaters Frauen erben. Es ist das gewöhnlich eine der jüngsten Nebenfrauen, ja mitunter vermacht der Vater dem Sohn eine solche Frau unmittelbar. Hat ein Mann keine jüngeren Brüder, so erben hier und da die Enkel, nicht die Söhne, die Frauen, und zwar aus dem Grunde, wie man sagt, „damit nicht die Söhne sich vorzeitig mit den Frauen ihres Vaters einlassen und dadurch den Frieden im Dorfe stören". Auch liebt man nicht die Komplikation, die dann entsteht, wenn durch die Vaterschaft von Söhnen Kinder solcher Frauen zur Welt kommen, die schon dem Vater Kinder geboren hatten (Jun. [12] 1 240ff, 200).

β) In Sippengruppen mit Halbierungssystem. — Auch bei den Aranda- und Loritja-Stämmen des zentralen Australien tritt eine philosophische Verknüpfung der Gesellschaftsordnung mit der Natureinteilung zu Tage. Nach einer alten Anweisung sollten die zwei Gruppen, die schon von Anfang an genau unterschieden und geschieden waren, ineinander heiraten: auf der einen Seite des Klans: Purula, Kamara, Ngala und Nbitjana, die den „Landbewohnern" angehörten, auf der anderen Seite die Klans Panaka, Paltara, Knuraia und Bangata, die den „Wasserbewohnern" zugerechnet wurden (Strehl. 1 1, 6). Später, wird berichtet, kamen die Heiratsordnungen, besonders im Süden unter den Emu-Männern, in Verfall, so daß ein Mann seine Mutter oder die Schwester der Mutter heiraten konnte, oder auch der Vater seine Tochter nach dem Tode seiner Frau. Darauf seien die Ehegesetze von neuem verschärft worden (Strehl. 1, 3, 1, 8).

Die östlichen und südöstlichen australischen Stämme setzten sich aus den verschiedenen exogamen Gemeinden zusammen, die von Zeit zu Zeit auf einander stießen und die Jünglingsweihen wechselseitig veranstalteten, und zwar in der Weise, daß die Männer der Gruppe, von der ein Jüngling seine Frau nehmen durfte, das Fest für die anderen veranstalteten. Die Mitglieder einer Hälfte oder eines totemistischen Klans nahmen nie selbst die Weihe für ihre eigenen Jünglinge vor. Bei diesen Jünglingsweihen kamen nicht nur die Angehörigen des eigenen Stammes, sondern oft auch noch einiger verschwägerter Nachbarstämme zusammen (Webst. [11] 484).

Unter den Wagawaga-Stämmen des südlichen Neu-Guinea herrschten früher Heiratsgesetze auf totemistischer Grundlage. Weder ein Mann noch eine Frau durfte eine Heirat mit einem Mitglied des eigenen Klans (mit Mutterfolge) eingehen, noch auch mit einem Angehörigen von des Vaters Klan. Unter Umständen mußte daher außerhalb der Siedlung geheiratet werden. Die Klans zerfielen früher in zwei Hälften, welche die Heiratsordnung so beeinflußten, daß ein jeder in eine andere als seine „Hälfte" zu heiraten hatte, vorausgesetzt, daß die betreffende Hälfte nicht gerade die war, aus der sein Vater stammte. Im übrigen scheint ein Zustand des Übergangs von der Mutter- zur Vaterfolge geherrscht zu haben. Zu den geschilderten Beschränkungen in der Wahl der Partner traten noch solche der Blutsverwandtschaft, die so weit gingen, daß Vettern dritten Grades ihre Basen nicht heiraten durften. Ferner war es einem Manne nicht erlaubt, die Schwester seiner Frau zu nehmen, auch nicht als Witwer. Die Heirat mit des Bruders Witwe war ebenfalls verboten. Hier handelt es sich offenbar um späteren fremden Einfluß, denn es wurde erzählt, daß die Leute aus den Waldbergen von Buhutu und vom Hinterland von Milne-Bai die Schwestern ihrer Frauen heiraten. Obgleich heute die meisten dieser Beschränkungen niedergebrochen sind, werden die Klanschranken doch weiterhin beachtet, sie sind also am tiefsten verankert (Slgm. [10] 435f, 507).

Unter den Lolos, Hirten und Jägern der Berge des südwestlichen Chinas, werden die Ehen unter drei exogamen Klans geschlossen. Der Mann sucht seine Frau in der Familie seiner Großmutter von Mutterseite (Legd. [11] 572).

γ) In Gruppen ohne Halbierung. — Die innere Verflochtenheit der Heiratsordnung mit dem gesamten Gesellschaftsbau tritt bei den Mekeo-Stämmen des südlichen Neu-Guinea in Erscheinung (Slgm. [10] 315ff). Die Angehörigen der Siedlung sind Mitglieder verschiedener auf Vaterfolge aufgebauter Klans (*pangua*). In dem Dorf Inawi sind z. B. sieben verschiedene Klans vertreten (317). Jeder Klan rühmt sich gemeinsamer Herkunft (*ngopu*) und besitzt ein Stammestier oder eine Stammespflanze. Herkunft und Totem (*iauafangai*) sind manchmal mehreren Klans gemeinsam. Mitunter hat ein Klan auch mehrere Totems. Außer dem Totem beansprucht jeder Klan auch noch bestimmte Schmuckzeichen (*kangakanga*), hauptsächlich in der Gestalt großer Kopfaufsätze. Jeder Klan unterhält in seiner Siedlung eine besondere Festhalle (*ufu*). Die Bezeichnungen für Festhalle, Totem und Schmuckzeichen werden heute von den Eingeborenen vielfach durcheinander geworfen (320f). Eine Anzahl von Klans sind der Ansicht, gemeinsamer Herkunft zu sein, wie bereits angedeutet wurde. In jedem der Mekeo-Stämme gibt es zwei Herkunfts(*ngopu*)-Gruppen, die gleichzeitig den Namen der ältesten Klans tragen, die zu ihnen gehören. Diese Namen bezeichnen auch Dörfer (327). Das Klansystem erscheint hier mit der Halbierung des Stammes verbunden. Außer der Festhalle befinden sich in jedem Dorf Fremdenhäuser (*ngove*). Die Einheit innerhalb des Klans bildet die Sippe (*ikupu*). Kleine *ikupu* bestehen nur aus wenigen Haushaltungen, starke aus dreißig bis vierzig. Diese Sippen führen ihren Ursprung immer auf einen gemeinsamen

Ahnen zurück. Die Sippen der größeren Klans werden wieder in zwei Hälften geteilt, deren eine die „Erstgeborene" (*fäangiau*) genannt wird, die andere die „Spätergeborene" (*ekeig*). Neben der Stammeshalbierung findet sich also noch eine Sippenhalbierung. — Starke Sippen erklären mitunter ihre Unabhängigkeit vom Klan. Dazu werden Häuptlinge verschiedener Festhallen eingeladen, die durch Erscheinen bei dem Fest die Unabhängigkeit der betreffenden Sippe und ihre Umwandlung in einen Klan zum Ausdruck bringen können (334, 336). Jeder Klan (*pangua*) oder in manchen Fällen auch Sippen (*ikupu*) innerhalb eines Klans stehen in besonderer Beziehung zu einem anderen Klan oder zu anderen Sippen in einem oder mehreren Klans. Der Klan oder die Sippe nennt seinen befreundeten Klan oder Sippe „*ufuapie*" = Festhalle von der anderen Dorfseite. Diese Freundschaftsbeziehungen decken sich jedoch nicht mit der erwähnten Halbierung des Klans in „Erstgeborene" und „Spätergeborene". Es handelt sich um eine neue Art von Verdoppelung, die in gewissen wechselseitigen Diensten ihren Ausdruck findet: Die „Freundschaft" (*ufuapie*) soll vor allem bei der Errichtung der Festhalle (*ufu*) helfen (349). Ferner veranstaltet die „Freundschaft" die Totenfeier für ihre „Freunde", sie mästet für Feste Schweine und Hunde, bereitet für sie Essen, wogegen die anderen zu entsprechenden Gegenleistungen bei anderen Gelegenheiten verbunden sind. Hauptsächlich aber sollen die beiden Freundschaften in einander heiraten. Das *Connubium* steht auf dem Programm dieser Freundschaftsbündnisse. Nur im Falle der Entführung wird diese Forderung durchbrochen, oder wenn die Eltern des Mädchens jetzt zu geizig sind, die Brautgaben zu leisten. Innerhalb des gleichen Klans ist die Heirat keinesfalls erlaubt; sonst geraten die sexuellen Schranken heute in Verfall (Slgm. [10] 363ff).

Unter den den Wagawaga benachbarten Tubetube ist kein Halbierungssystem nachweisbar. Ein Mann darf nicht innerhalb seines Klans oder des Klans des Vaters heiraten. Aber auch gewisse nahe Blutsverwandte werden von der Heirat ausgeschlossen. Erst die Enkelkinder zweier Brüder können heiraten und die Enkelkinder zweier Schwestern (Ortho-Cousins), vorausgesetzt, daß sie nicht zu dem gleichen Totem gehören (Slgm. [10] 507f).

Die exogame Klanorganisation und das Halbierungssystem sind keineswegs in einheitlicher Weise mit Vater- oder mit Mutterfolge verknüpft. Das totemistische Halbierungssystem verbindet sich z. B. bei den Stämmen des mittleren und südlichen Kaliforniens mit Vaterfolge. Innerhalb dieses Systems besitzen z. B. die Cahuilla des Südens nicht-totemistische Klans innerhalb der totemistischen Hälften. Die Miwok und Yokuts halbieren den ganzen Stamm ohne Klan-Unterteilung, jede Hälfte mit einem Totem. Die Mono hingegen unterteilen jede Hälfte noch einmal in zwei Unterhälften, doch sind hier weder die Hälften noch die Unterabteile exogam. Hälften und Klans beobachten Vaterfolge. Nicht alle Stämme mit Klanorganisation besitzen Totems, einige verbinden die Klanbildung mit einer Halbierung. Diese Verbindung des Klan- und Halbierungssystems dürfte als ein Ergebnis der Berührung verschiedener Kulturen aufzufassen sein. Auch hier geht das Halbierungssystem Hand in Hand mit einer entsprechenden „Naturphilosophie", die sich auf die Menschen, Tiere und unbelebten Dinge erstreckt (Giff. [18] 215ff).

δ) Übertretungen der Ordnung. — Für die australischen Stämme, bei denen eine Teilung in 4 Gruppen oder in 8 Untergruppen vorhanden ist, muß man, so lange nur die regelmäßigen „orthodoxen" Heiraten ins Auge gefaßt werden, die Abstammung sowohl durch den Vater als durch die Mutter berechnen. Wenn ein Ippai-Mann eine Kubbitha-Frau heiratet, so sind die Kinder Murri. Die Kinder einer Kubbitha-Frau sind Murri, aber die Kinder eines Ippai-Mannes sind gleichfalls Murri. Man kann daher in diesem Zusammenhang allein nicht von mütterlicher oder väterlicher Berechnung sprechen. Besteht außerdem noch eine Halbierung in solchen Fällen, wie z. B. bei den Kamilaroi, so wird die Abstammung nach der Mutter berechnet. Aber bei anderen Stämmen, von denen Spencer und Gillen berichten, in denen es 8 Unterklassen gibt mit Abteilungen von je 4 Unterklassen, die als Phratrien (= Hälften) bezeichnet werden, herrscht hingegen Vaterfolge, wie bei den Warramunga, Tjingilli u. a. — Häufig finden nun aber in Australien regelwidrige, unorthodoxe Heiraten statt: statt daß ein Mann also eine Frau aus der Gruppe nimmt, in die er nach dem Stammesgesetz heiraten sollte, erwirbt er eine Frau aus einer der anderen Gruppen, und zwar mit der Zustimmung seiner Stammesgenossen. Bei diesen regelwidrigen Heiraten handelt es sich um eine Art entschuldigter Ungesetzlichkeit. Bei einer solchen Heirat entscheiden die Stammesmitglieder, ob das Kind seiner Abstammung nach auf dem Wege über den Vater oder die Mutter bestimmt werden soll. In Gegenden von Westaustralien fanden regelwidrige Heiraten schon vor der Ankunft der Weißen statt, und bei diesen Stämmen wurde das Kind in einem solchen Fall nach dem Klan seiner Mutter, nicht seines Vaters bestimmt. Das würde etwa einem Verfahren entsprechen, wie es z. B. bei uns in der Vergebung des Familiennamens an uneheliche Kinder befolgt wird, denn bei diesen westaustralischen Stämmen wird das Totem durch den Vater vererbt. Von nordaustralischen Stämmen, wie den Waramunga, bei denen der Stamm in 8 Unterklassen eingeteilt ist, berichten Spenc. u. G. ([64] 107), daß die Untergruppe eines Kindes im Falle regelwidriger Heirat ebenfalls durch die Mutter, nicht durch den Vater bestimmt wird. In allen Fällen regelwidriger Heiraten in West-, Ost- und Nord-Australien wird die Gruppe des Kindes nach der der Mutter und nicht nach der des Vaters festgesetzt, und zwar unabhängig davon, ob die Totems in der männlichen oder weiblichen Linie vererbt werden. Ein anderes Verfahren scheinen nur die zentralaustralischen Aranda einzuschlagen (Brown A. R. [12] 123f).

Der Einfluß der politischen Staffelung und Schichtung. — Die Heiratsordnung wird bei den in drei soziale Schichten gestaffelten Kayan- und Kenyah-Stämmen von Borneo hauptsächlich durch die Tradition aufrecht gehalten, die unter den Alten und den Häuptlingen lebt. Die Mitglieder einer jener dieser Schichten heiraten innerhalb dieser Schicht. Die Heiraten der jungen Leute der oberen Kaste werden sorgfältig beaufsichtigt. Obgleich sie in der Wahl ihrer Partnerinnen frei sind, müssen sie sich doch an die allgemeine Ordnung halten. Häufig finden bei dieser Oberschicht Heiraten unter benachbarten Dörfern statt. Die anderen Schichten bleiben dagegen innerhalb ihrer Dörfer. — Hat ein junger Mann der Oberschicht sich mit einem Mädchen der Mittelschicht eingelassen, das er nicht heiraten darf (ausnahmsweise wird allerdings eine solche Verbindung gebilligt), so lebt er mit ihr für ein oder zwei Jahre zusammen. Kommt dann die Zeit zur Heirat, die vielleicht wegen übler Vorbedeutungen oder mangels Mittel oder wegen Fehlens eines Hauses aufgeschoben worden war, so muß er sich entscheiden und darf sie verlassen. Die Kinder aus einer solchen Verbindung bleiben bei ihr. Außerdem muß er ihr ein gewisses Eigentum übergeben, wie das durch die öffentliche Meinung in solchen Fällen gefordert wird. Sie heiratet dann gewöhnlich einen Mann ihrer Schicht, aber die Kinder aus ihrer ersten Verbindung beanspruchen gewisse Vorrechte der Kaste ihres Vaters. Auf diese Weise entsteht in den meisten Dörfern eine Gruppe von Personen zweifelhafter Zugehörigkeit, die indessen von der vollen Mitgliedschaft an der Oberschicht ausgeschlossen sind. Je nach ihren persönlichen Fähigkeiten werden sie dann später der oberen oder der mittleren Schicht zugerechnet. — Auch zwischen der mittleren Schicht und der untersten, den Sklaven, finden Heiraten statt. In einem solchen Fall versuchen die Besitzer der Sklavin den Mann zu überreden, bei ihnen zu wohnen. Dadurch wird er ein untergeordnetes Mitglied ihres Haushalts. Dann fallen ihnen auch die Kinder eines solchen Paares zu. Besteht der Mann dagegen darauf, seinen eigenen Raum zu bewohnen, so kann es ihm gelingen, namentlich wenn er imstande ist, ein gewisses Entgelt zu leisten, seine Frau frei zu machen. In diesem Fall gelten auch die Kinder als frei geboren. — Im übrigen sind Kinder von Sklaven wieder Sklaven, doch ist es für einen energischen Knecht möglich, seine Freiheit zu erkaufen. — Selten sind Verbindungen zwischen einem Mann der Unterschicht und einer freien Frau der mittleren Kaste. In einem solchen Fall sucht der Mann seine Befreiung zu bewirken und einen eigenen Wohnraum zu bekommen. So vermag er in die mittlere Schicht zu gelangen (s. a. T. [RL] Kaste A). Die Kinder von Angehörigen der Sklaven verschiedener Haushalte werden unter diesen aufgeteilt (Hose u. McD. [12] 1 71 f).

Zwischenheiraten unter den Negrito-Stämmen der Malakka-Halbinsel und den benachbarten Malayen sind nicht selten. Malayen haben z. B. häufig Benua-Frauen, die durch die Heirat Mohammedanerinnen werden. Doch werden die Benua abgehalten, sich Frauen unter den Malayen zu suchen. Auch die einwandernden Chinesen verheiraten sich mit Benua-Frauen, so daß die ursprüngliche Bevölkerung dadurch absorbiert wird (Skt. u. Blgd. [06] 2 58).

Die Bildung von endogamen Gruppen scheint in Indien verhältnismäßig jung zu sein, und sogar zur Zeit der Manu-Gesetze im dritten Jahrhundert unserer Zeitrechnung wurde das Verbot, außerhalb seiner Gruppe zu heiraten, in bestimmten Fällen gemildert. Die ursprünglichen „Farben“ (*Varna*), nämlich die Unterschiede in der Hautfärbung, waren die Vorläufer des gegenwärtigen Kastensystems. Änderungen der Gruppen waren häufig, und das Gesetz des Connubiums scheint wenigstens unter der dravidischen Bevölkerung nicht auf den Agnaten, den väterlichen Verwandten, gegründet zu sein, sondern auf der Zugehörigkeit zur Siedlung. — Heute werden Mischungen unter den Kasten teils durch Laxheit der Sippen hervorgerufen, teils durch den Einfluß der Fürsten. In einigen Teilen von Indien, namentlich im Norden, ist der Stammesbegriff ganz unsicher (Crooke [14] 271).

Vetternheirat war unter den alten Mexikanern erlaubt, nur unter näheren Verwandten verboten. Unter den Tarascanern der höheren Rangstufen herrschte Endogamie. Aber auch unter dem gewöhnlichen Volk wurde die Heirat unter den Angehörigen desselben Gaues begünstigt. Unter den Maya-Völkern war dagegen die Heirat unter Personen des gleichen Namens verboten, weil man in diesem Falle Blutsverwandtschaft annahm. Ein Mann trug nämlich außer seinem persönlichen Namen auch noch den von Vater und Mutter. So entstand ein System von Namen, in dessen Folge man aus der Gleichheit des Namens auf Blutsverwandtschaft schloß (s. T. [RL] „Name"); ähnlich wie in China. Ein Mann durfte auch nicht seiner Mutter Schwester heiraten. Die Ehe war ferner verboten mit der Schwester der verstorbenen Frau, oder von weiblicher Seite: mit dem Bruder des Gatten (Joy. Th. A. [14] 162, 284f).

Heiratsverbote. — Um uns eine Vorstellung komplizierter Heiratsverbote zu machen, mögen die der Khonds, eines dravidischen Bergstamms in der Provinz Bengalen, angeführt werden. Eine Reihe von exogamischen Kreisen, die immer weiter wachsen, bedingen die Schranken, innerhalb deren nicht geheiratet werden darf. Die kleinste Einheit stellt die Siedlungsgemeinde (*Gochi*) dar, die größte das weitverzweigte Totem. Ein Mann darf also nicht innerhalb seiner Siedlungsgemeinde heiraten, obgleich sie aus sehr verschiedenen Totem-Bestandteilen zusammengesetzt ist. Er darf auch nicht eine Frau eines anderen Totems heiraten, wenn sie zu einer Gemeinde gehört, die mit seiner eigenen verbündet ist und mit ihr für Verteidigung und Angriff eine Wahlbrüderschaft bildet. Diese wird gleich der auf Abstammung beruhenden echten Brüderschaft betrachtet. Der Mann darf aber auch nicht die Frau einer anderen Gemeinde heiraten, was immer ihr Totem sein mag, wenn es bekannt oder auch nur vermutet oder geglaubt wird, daß sie dem Blute nach ursprünglich der gleichen Herkunft ist wie er selbst, z. B. wenn sie denselben Totem-Namen trägt, obgleich ihr Totem anerkanntermaßen verschieden ist. Ebenso besteht ein Heiratsverbot, wenn man glaubt, daß zwei Sippen einen gemeinsamen Ahnen haben. Auch wenn nur die Vermutung besteht, daß zwei Sippen nach einem gemeinsamen Ahnen benannt worden sind, ist die Heirat unter ihren Angehörigen verboten. Selbst wenn eine Frau vollkommen fremd dem Manne gegenüber ist, so darf er sie nicht heiraten, wenn sie dasselbe Totem hat wie er. Im allgemeinen aber heiratet einer niemals eine Frau, deren Familie ihm nicht bekannt ist. Die Verwandtschaft wird nach der mütterlichen Linie berechnet (Friend-P. [04] 40).

Während auf den Tonga-Inseln (polynesische Südsee) dem Manne der oberen Schichten, den Häuptlingen, gelegentlich die Annahme von Frauen niedrigen Ranges erlaubt war, durfte doch nur ganz ausnahmsweise ein niedriger Mann eine Frau höherer Kaste gewinnen. Dies führt dazu, daß die oberste Frau des Landes, die *Tui-Tonga*, an Fremde verheiratet wurde und zwar an ein oder zwei Familien, die aus Fiji stammten. Sie mußte streng monogam leben. Im übrigen hatten große Frauen viele Liebhaber, wie aus den Genealogien und Überlieferungen hervorgeht. Ja, man bewunderte die Frauen, welche vielen Männern Kinder gebaren. Insbesondere galt es als Ehre für ein Mädchen, die Aufmerksamkeit eines Häuptlings zu erregen. Manchmal wählte ein Dorf eine Schöne aus, um sie vorübergehend einem Häuptling zur Frau zu geben, damit sie dann einem Kind von edler Abstammung das Leben schenkte. Ein solches Kind erhielt einen besonderen Namen, der andeutete, daß es dem ganzen Dorfe gehörte. Bei den verschiedenen fürstlichen Familien herrschte ziemlich viel Freiheit unter den Vettern und Basen. Diese Verbindungen scheinen vorbildlich für die niederen Rangstufen gewesen zu sein. Insbesondere galt die Heirat unter den Kindern von Bruder und Schwester (= „Cross-Cousin") als Ideal. Die Kinder folgten im Rang der Mutter. Dieser war einzig und allein durch die Geburt bestimmt und konnte nicht durch fürstliche Gunst verliehen werden. Es kam nicht selten vor, daß die Frau eines Häuptlings für ihren Gatten andere Frauen besorgte, und zwar aus der Zahl ihrer eigenen jüngeren Verwandten, über die sie Einfluß besaß. Obwohl in der Theorie der Häuptling Recht auf alle Frauen seines Stammes hatte, ließ er sich doch selten mit niedrigeren ein. Liebeshändel mit Frauen höheren Ranges waren eine ernste Sache (Collc. [23] 225ff).

Bei den Wahehe Ostafrikas bestehen folgende Eheverbote: 1. in direkter Linie, zwischen Mutter und Sohn, zwischen Großvater und Enkelin. Doch gilt das Verbot nur gegenüber der leiblichen Mutter. Der erwachsene Sohn kann andere Frauen seines Vaters zu sich nehmen, außer seiner leiblichen Mutter und deren Schwestern. — 2. Unter Geschwistern, und zwar nicht nur unter Vollgeschwistern, sondern auch unter Stiefgeschwistern, nämlich unter allen Kindern verschiedener Frauen desselben Vaters. — 3. Die Kinder zweier Brüder oder zweier Schwestern (*Wahadsa*) dürfen nicht heiraten. Dagegen ist die Heirat zwischen dem Kind eines Bruders und dem einer Schwester (*Wahadsi*) = „Bölkenvetter" = „Cross-Cousin" (s. T. [21] 107, 201ff) gestattet, ja sehr häufig (Nigm. [08] 59).

Die Heirat zwischen Onkel und Nichte, zwischen Vettern und Basen war bei den Pima-Indianern von Arizona verboten, sonst gab es aber keinerlei Beschränkungen. Der Witwer heiratete gewöhnlich die Schwester der verstorbenen Frau (Russ. [08] 183).

Unter den Omaha-Indianern sollen Mann und Frau verschiedenen „Gentes" angehören und von Mutterseite her nicht in naher Verwandtschaft stehen (Flt. u. La Fl. [11] 325).

Ein eigenartiges Heiratshindernis findet sich außerdem bei den Omaha-Indianern: Die Heirat mit einem Mann, der auf Kriegspfad sich befand oder gehen wollte, war nicht erlaubt. Sie würde als „Vergehen gegen die Naturordnung" betrachtet worden sein und wäre von übler Vorbedeutung gewesen, denn: „Krieg bedeutet Vernichtung von Leben, Ehe Fortsetzung des Lebens". In diesem Zusammenhang galt umgekehrt, wenn ein Jäger das Wild fehlte, dann die Vorbedeutung, daß seine Frau ein Kind gebäre (Flt. u. La Fl. 325).

Das chinesische Prinzip verbot die Heirat zwischen zwei Leuten desselben Familiennamens. Da es in ganz China nur etwa 530 verschiedene Familiennamen gibt, so ist in diesem großen Volk die Heiratsmöglichkeit dadurch erheblich eingeschränkt. Die chinesischen Anschauungen in diesem Punkt strahlten nach verschiedenen peripherisch gelegenen Gegenden dieses Zentrums aus, wie z. B. nach den Riu-Kiu-Inseln. Die Ehen zwischen Kindern von Brüdern (Ortho-Cousins) waren auf den Inseln erlaubt, nicht jedoch die zwischen Kindern von Schwestern. Auch in der Urzeit Japans hat das gleiche Prinzip gegolten, das hier übrigens noch mit verschiedenen anderen Maßregeln verknüpft war (Furn. [99]; — Ast. [07] 249—250).

Nach einer alten chinesischen Quelle, T'ang Hsiang, durfte bei den alten Tibetanern ein Sohn die Frau seines verstorbenen Vaters oder Onkels heiraten, ein jüngerer Bruder die Frau des verstorbenen älteren Bruders, nicht aber eine Frau aus einer Familie gleichen Namens wie er (Rockh. [91] 213).

Ehen zwischen Vater und Tochter können im alten Ägypten aus der Zeit des sogenannten „alten Reiches" belegt werden, und zwar für den Fall des *Snefru*. Dieser König erzeugte mit seiner Tochter den Prinzen *Nefre-ma't*. Ähnliche Fälle königlicher Ehen zwischen Vater und Tochter werden noch von Ramses II. und seinen Töchtern *Bint-'anat* und *Hnwb-tawj* bezeugt (Sethe [18] 45—66).

Die in Ägypten verbreitete Geschwisterehe wird von den Römern verboten. Findet dennoch eine Verehelichung statt, so wird der Besitz eingezogen. Jedoch bleibt den Kindern von Geschwistern die Ehe erlaubt (Schub. [20] 88).

b) Blutschande.

Dieser Begriff, der bei uns gesetzlich festgelegt und moralisch umschrieben und gebannt ist, schwankt unter den Naturvölkern, die wir kennen, außerordentlich. Nach allem, was wir aus dem frühen Altertum wissen, war er auch da nicht eindeutig bestimmt. Ist doch bekannt, daß unter den Ägyptern die Ehe zwischen Geschwistern üblich war. Die Geschwisterehe scheint dort in der Oberschicht verbreitet gewesen zu sein. Aus Siam, aus dem alten Persien, von den Inkas, von Hawaii und den Marshall-Inseln wird uns von der Geschwisterehe gleicherweise als von einer Institution des Königshauses und der Häuptlingskaste berichtet. Aber nicht nur als aristokratisch-exklusive Einrichtung kennen wir sie, sondern auch als Stammessitte unter den Hokloleuten von Amoy und Swatau im südöstlichen China und unter den Agbede in Südnigerien, Westafrika, insbesondere auch unter kleinen, isoliert lebenden Gruppen, wie solche des brasilianischen Waldgebiets oder der Feuerländer (Martius).

Darüber hinaus hören wir von Verbindungen auch in auf- und absteigender Linie, z. B. von den alten Britanniern (Caesar Bell. Gall. V, 14), von den Hawaiiern, den Fiji-Inseln usw.

Auf der anderen Seite gilt z. B. bei den Massai als Blutschande, wenn ein Mann sich mit einer Base 4. oder 5. Grades eingelassen hat, die in einem anderen Distrikt wohnt, aber der eigenen „Sippe" angehört, ohne daß er von dieser Verwandtschaftsbeziehung etwas weiß (Hll. [10] 480). Wenn wir uns weiterhin die verschiedenen Ehehindernisse unter oft weit entfernten Verwandten vergegenwärtigen, die nicht allein gegen die legale Verbindung gerichtet sind, sondern jeden sexuellen Verkehr, ja nicht nur Berührung, sondern sogar Ansehen, Aussprechen des Namens untersagen, so ergibt sich ein ganz anderes Bild der Blutschande bei den Naturvölkern, das mit ihren Auffassungen von der Verwandtschaft zusammenhängt. Dieser Begriff von Blutschande ist aber keineswegs einheitlich, sondern wechselt sehr, je nach der Besonderheit des Stammes. Der Begriff der Blutschande hängt von den eigentümlichen Heiratsordnungen und Verwandtschaftsvorstellungen, sowie von den Gedanken über das Sexualleben ab, die bei einem Stamm Wurzel gefaßt haben.

Als blutschänderisch gelten aber auch Verbindungen, denen keinerlei Verwandtschaft durch gemeinsame Abstammung unter den in Betracht kommenden Partnern zugrunde liegt. So besteht auf Seran (Sunda-Inseln) zwischen Dörfern, die miteinander „Pela" geschlossen, d. h. eine feierliche Verbrüderung unter einander eingegangen sind, das Verbot der Heirat. Eine Ehe zwischen Angehörigen zweier Orte, die derart verbündet sind, gilt als Blutschande. Man ist überzeugt, daß sie kinderlos bleibt, oder daß Krankheit oder Ungemach das Paar trifft (Stresm. [23]). Ähnliches finden wir auch in Bulgarien.

Dabei darf man nicht vergessen, daß es in der Tat heute noch Stämme gibt, denen der Zusammenhang zwischen Kohabitation und Konzeption nicht klar zu sein scheint oder die doch dogmatisch ihn zurückweisen (Mal. [22] 71, 178f, 223). Unter solchen Umständen fehlt die Grundlage für den Begriff der Blutschande. Darum gehen die Heiratsordnungen von Voraussetzungen anderer Art aus, hauptsächlich von Gesichtspunkten des Zusammenlebens, der wirtschaftlichen Hilfeleistungen, der Freundschaft oder von abergläubischen Annahmen zauberischer Beziehungen. Man kann sagen, die Heiratsordnungen sind auf rationalistischer Basis gewollt, nicht ohne dabei oft arg in die Irre zu gehen. Darum ist es unrichtig zu meinen, daß die Blutsbande allein die ausschlaggebende Rolle im Leben der Naturvölker spielen; sie sind nicht immer ganz klar erkannt. Man wird daher vielfach richtiger von „Gesellschaftsschande" denn von Blutschande in unserem Sinne sprechen müssen.

c) Tobiaszeit.

Nach der Bibel heiratet der junge Tobias die Tochter von seines Vaters Bruder, eine Eheschließung, wie sie der semitischen Auffassung entspricht (s. Slgm. B. Z. [23] und [24]). Die Braut wird als Jungfrau bezeichnet, obgleich sie bereits 7 Männer zuvor hatte, die jedoch alle in der Hochzeitsnacht gestorben waren, und zwar durch einen bösen Geist. Ein Riechzauber, der im Verbrennen von Herz und Leber eines Fisches besteht, verhilft dazu, den bösen Geist in der Hochzeitsnacht zu vertreiben. Beide beten und enthalten sich des geschlechtlichen Umgangs in dieser Nacht.

Letztere Tatsache hat den Ausdruck „Tobiasnacht" als eine Nacht der Enthaltsamkeit, insbesondere unter neuverheirateten Ehepaaren, gezeitigt. Bei verschiedenen Naturvölkern finden sich derartige Enthaltsamkeits-Vorschriften, teils für neuvermählte Ehepaare, teils für bereits länger in Ehe lebende Paare, als Vorbereitung für besondere Riten, Feste, Kämpfe und dgl. Die Enthaltsamkeit wird aber nicht immer bloß auf eine oder einige Nächte gefordert, sondern ist manchmal für Wochen und Monate geboten. Daher redet man nicht nur von „Tobiasnächten", sondern von „Tobiaszeiten" als Perioden der ehelichen Enthaltsamkeit.

Es mag sein, daß eine der Wurzeln dieser Einrichtung auf das Abverdienen der Braut zurückgeht. Hat bei den Bergdama Südwestafrikas der Jüngling seine Zeit beim Schwiegervater als Jäger abgedient und sind Geschenke unter den beiden Sippen getauscht worden, so bereiten die weiblichen Verwandten der Braut eine dürftige Hütte für das Paar, in die es sich des Abends zurückziehen und 5 bis 6 Tage dort zubringen kann. Darauf begibt sich der junge Mann zu seinen Eltern und wartet nun ab, ob man ihm die Braut zuführt. Beiden Seiten steht bis dahin die Ablehnung des anderen ohne Nachteile noch frei (Vedd. [23] 53; vgl. auch Trem. [15] 37).

VII. VERWANDTSCHAFT

Die Verwandtschaft als Grundlage für freundschaftliche und politische Zusammenschlüsse. — Der Verwandtschaft wird unter den Naturvölkern große Bedeutung beigemessen, weil die politischen Zusammenschlüsse vorwiegend darauf aufgebaut sind. Sie bildet derart den Kern der verschiedenen Ballungen, daß das Denken auch den Anschluß und die Befreundung fremder Personen auf Grund der verwandtschaftlichen Beziehung (s. Adoption, Blutbrüderschaft, Sklaverei) nach dem Muster der auf Blutsverwandtschaft beruhenden Verhältnisse auffaßt. Dies ist verständlich, wenn man die Kleinheit der primitiven politischen Verbände berücksichtigt, die oft nur aus wenigen Dutzend Seelen bestehen. Da die Heiraten tatsächlich innerhalb dieser oder nur weniger miteinander systematisch (auf Grund einer Heiratsordnung) oder nicht-systematisch vergesellter Gruppen vor sich gehen, so führen sie zu dem Ergebnis einer gewissen „Verwandtenzüchtung", somit lokal und familial bedingter einseitiger Gestaltungen. Diese wird weiter durch eine bestimmte Auslese und soziale Siebung von Eigenschaften gefördert, die sich aus dem ganzen Stande der Technik und Zivilisation zu den Naturbedingungen der Örtlichkeit ergeben. So entstehen Lokalrassen oder Lokalsippen eines bestimmten Typus, bei denen auch ein gewisser Gleichgewichtszustand zwischen Veranlagung und der durch die Zivilisation bedingten Lebenslage herbeigeführt ist, ein Gleichgewichtszustand, den wir gewöhnlich als „Anpassung" bezeichnen und der sich in der „Kultur" abzeichnet.

Die Bedeutung der Verwandtschaft tritt z. B. bei dem Jäger- und Sammlerinnenvolk der Bergdama Südwestafrikas in Blutrache-Angelegenheiten zutage. Ist das Blut von Verwandten geflossen, so ist, wie man meint, auch ein Teil des Blutes der Lebenden mitvergossen worden; nicht nur am Toten, sondern auch an den Überlebenden wurde gefrevelt. Die Frau wird vom Mann, der Vater vom ältesten Sohn gerächt, immer vom nächsten Blutsverwandten (Vedd. [23] 150). Bei Streitigkeiten hat derjenige Aussicht, für schuldlos gehalten zu werden, der viele Verwandte besitzt und damit großen Anhang, während dem Mann ohne Verwandte gern die Schuld beigemessen wird, denn er hat keinen Rückhalt (148). — Wie weitgehend die Verwandtschaft alle übrigen Erwägungen ausschaltet, geht daraus hervor, daß die Angehörigen nicht daran denken, gegen denjenigen, der es wagt, seine Gruppe in eine Blutrache-Fehde zu verwickeln, Vorwürfe zu erheben, auch dann nicht, wenn etwa ein anderer aus der Verwandtschaft bei dieser Gelegenheit getötet wird.

Fast allen sozialen Regelungen liegen, wie gesagt, bei den Naturvölkern die Verwandtschaftsverhältnisse zu Grunde. Ganz besonders ist dies bei den nicht-geschichteten Stämmen der Fall. Vielleicht ist überhaupt die älteste Unterscheidung die, welche die Angehörigen der eigenen Verwandtschaftsgruppe von den Fremden trennt, wie etwa aus gewissen Ausdrücken der Weddas von Ceylon abgeleitet werden könnte (Slgm. [11] 65). — Bei dem australischen Murawari-Stamm ist das gleiche der Fall, ganz ähnlich wie bei den übrigen Australiern (Brown [23] 439).

Nicht-verwandtschaftliche Beziehungen werden bei den Zuñi- oder Ashiwi-Indianern Nordamerikas durch Verwandtschaftsworte symbolisiert (Pars. [17] 1ff). In ähnlicher Weise ist das auch nach den Hindu-Gesetzen der Fall (Rose [22] Nr. 87, 96). Im Sanskrit wird die Bezeichnung „Bruder" ebenso für Befreundete und „Wesensähnliche" angewendet (Delbr. [90] 462). Auch muß auf die verschiedenen Arten der Verbrüderung hingewiesen werden, insbesondere auch durch die Milch, z. B. bei den Bulgaren (Bar. [15] 99). — Ferner kommen verwandtschaftsähnliche Beziehungen bei den nebenehelichen Berechtigungen in Betracht (vgl. Slgm. [10] 470ff), sowie auch beim L e v i r a t und beim Sororat.

Verwandtschaftsgruppierungen und Verwandtschaftsbezeichnungen. — Wenn man die Bedeutung der Großfamilien, Sippen und Klans für die Gestaltung der einzelnen politischen Gemeinden, für das Netz von wirtschaftlichen und zeremoniellen Verpflichtungen und für die Wechselbeziehungen unter den Gemeinwesen selbst ins Auge faßt, so drängt es sich als naheliegend auf, daß die Art dieser Beziehungen auch entscheidend sein muß für die Gruppierung der V e r w a n d t s c h a f t s b e z e i c h n u n g e n, daß sich somit ganz andere Unterscheidungen für die Verwandtschaftsgruppen ergeben müssen. Diese Unterscheidungen schlagen sich in primitiven Gesellschaften sprachlich in verschiedener Weise nieder. Die Verwandtschaftsnamen sind in einem erheblichen Maße Ausdruck bestimmter Verbindlichkeiten, somit von einer gewissen juristischen Bedeutung. Werden doch auch die Verwandtschaftsnamen vielfach an Stelle der Eigennamen gebraucht. Wenn man bedenkt, daß die Zustände bei den Naturvölkern gewöhnlich von viel größerer Dauer zu sein pflegen, darum innerlich viel ausgeglichener und harmonisierter sind als bei uns, so wird man verstehen, daß auch die Sprache in der Regel den Bedürfnissen des sozialen Lebens Rechnung tragende Sprachsymbole zu schaffen Zeit genug hatte. Dazu kommt, daß die nicht durch Lautschrift festgelegten Sprachen bildsamer und plastischer sind als unsere: sie vermögen sich den augenblicklichen Bedürfnissen schneller anzupassen, sind daher stärkeren Wandlungen unterworfen als solche, die schulmäßig gelehrt und in systematischen Grammatiken gepflegt werden. Bestehen doch schon oft in der Rede- und Ausdrucksweise der ältesten und der jüngsten Generation nicht unerhebliche Abweichungen.

Allerdings wirkt gerade dieses Moment einer sozialhistorischen Deutung der Verwandtschaftsnamen entgegen, derart, daß wir nicht, wie Riv. [14/b] hoffte, unbedingt darauf bauen dürfen, aus den Verwandtschaftsnamen in exakter Weise die soziale Gestaltung einer bestimmten Gesellschaft ableiten zu können.

Doch besteht kein Zweifel, daß im großen Ganzen die Verwandtschaftsnamen auch das Verwandtschaftssystem spiegeln und gewisse Rückschlüsse auf die Heiratsordnungen, Vaterrecht oder Mutterfolge zu ziehen gestatten. Eine Ergänzung und Kontrolle durch die tatsächlichen Sitten und Gebräuche wird indessen stets unabweisbar sein (s. T. [21] 167f).

Das Problem der klassifikatorischen Verwandtschaftssysteme. — Die Aufmerksamkeit der völkerkundlichen Wissenschaft wurde zunächst durch die abweichenden Auffassungen über die Zusammengehörigkeit verwandter Personen hervorgerufen, wie sie sich in den Heiratsordnungen, der Auffassung von der Blutschande, der familialen Zusammengehörigkeit und insbesondere den Nachfolgeordnungen in der männlichen oder weiblichen Linie ausdrückt.

Man stellte einen allgemeinen Gegensatz zwischen den fremden Verwandtschaftssystemen und unserer Art der Gruppierung und Gradstaffelung auf. Die Systematisierung der Verwandtschaft auf einer anderen Grundlage als der unsrigen nannte man „klassifikatorisch". Letztere Bezeichnung rührt daher, daß nicht wie bei uns eine strenge Einteilung nach Verwandtschaftsgraden, ihrer Nähe oder Ferne, vorgenommen wird, daß es also nicht immer und wesentlich auf die genaue, rechnerisch festgestellte Zahl von Geburten ankommt, durch die einer von einem anderen dem Blute nach entfernt ist. Ähnlich wie bei den primitiven Zahlbegriffen, die sich an konkrete Gegebenheiten knüpfen, wie: ein übliches Häufchen Taro, ein Korb voll Sago, eine Traglast Salz, ein Bündel Pfeilspitzen und dgl., kommt es auch bei den „klassifikatorischen" Verwandtschaftssystemen auf die Gruppe von Menschen an, denen bestimmte zeremonielle, wirtschaftliche, politische oder sonstwie sozial-wichtige, Verbindlichkeiten oder Ansprüche zukommen.

Das klassifikatorische System ist nicht wie das unsrige auf der Zugehörigkeit zur Einzelfamilie aufgebaut, sondern auf der zu einer Verwandtschaftsgruppe von gleichzeitig politischer Bedeutung. Daher stehen alle Mitglieder, etwa der Sippe des Sprechers, die der gleichen Generation angehören, zu diesem in derselben Beziehung wie seine eigenen Brüder und Schwestern; die Mitglieder der Sippe seines Vaters gehören der älteren Generation an und stehen zum Sprecher in dem gleichen Verhältnis wie der Vater bzw. des Vaters Schwester; die der vorhergehenden Generation stehen im Range eines Großvaters und umgekehrt. Tritt neben der Altersstaffelung noch eine lineare Gruppierung hinzu, so werden z. B. alle Angehörigen der Muttersippe in der Generation der Mutter mit dieser oder, bei Beachtung des Geschlechtes, mit dem Mutterbruder klassifiziert; alle Angehörigen der Sippe der Gattin und ihre Generation stehen in der gleichen Beziehung wie ihre Brüder und Schwestern, während die der vorherigen Generation mit ihren Eltern zusammengetan werden.

Die Anwendung derartiger Verwandtschaftsbenennungen für verschiedene Gruppen kann noch weiter bestehen, nachdem die soziale Verfassung sich inzwischen geändert hat. Auch kann die Bedeutung und Tragweite der einzelnen Namen im Laufe der Zeit sich verändern.

Nebenbei darf nicht unerwähnt bleiben, daß unsere heute gebrauchten Verwandtschaftsnamen keineswegs restlos mit der Berechnung nach Verwandtschaftsgraden übereinstimmen. Diese Berechnung beherrscht zwar unser juristisches Leben, hat jedoch in dem Wortschatz unserer Sprache trotz der langen Zeit geordneten Rechtslebens keinen adäquaten Niederschlag gefunden. Die Ausdrücke der indogermanischenSprachen weisen vielmehr dahin, daß auch in diesen früher „klassifikatorische" Gesichtspunkte herrschend waren.

Da die klassifikatorischen Verwandtschaftssysteme, wie angedeutet, in inniger Beziehung mit den verschiedenen Seiten der Wirklichkeit stehen, so weichen sie unter sich außerordentlich voneinander ab, je nach der besonderen Art der einzelnen Gemeinwesen. Wir haben es also tatsächlich mit einer ebenso großen Buntheit von Verwandtschaftssystemen und -bezeichnungen klassifikatorischer Art zu tun wie mit primitiven Kulturen, politischen und sozialen Gebilden bei Naturvölkern überhaupt.

Dafür ist z. B. die sorgsame Zusammenstellung der Verwandtschaftssysteme kalifornischer Indianer bezeichnend, die Giff. [22] beibrachte. Trotz mannigfacher Ähnlichkeiten im sozialen und wirtschaftlichen Aufbau und in den Lebensbedingungen, ja zum Teil auch in ihrer kulturellen Ausstattung zeigen sich erhebliche Abweichungen unter den einzelnen Stämmen.

Die Entstehung des Problems und die früher daraus gezogenen Folgerungen. — Als Entdecker der Bedeutung der Verwandtschaft für das soziale Leben der Naturvölker sind die Amerikaner L. Morgan und J. F. Mac Lennan zu betrachten. Von besonderem Einfluß wurde die Morgansche Auffassung, die das Verwandtschaftssystem der Hawaiier als das niedrigste betrachtet, weil es besonders arm an Verwandtschaftsbenennungen ist und hier Bezeichnungen für ganze Gruppen von Personen gelten, für die wir unterschiedliche Verwandtschaftsnamen anwenden. Nicht nur seine leiblichen Geschwister nennt der Hawaiier „Brüder" und „Schwestern", sondern auch alle Seitenverwandten, die wir als „Vettern" und „Basen" bezeichnen, und zwar nicht nur die ersten, sondern auch die zweiten, dritten, vierten und fünften Grades usw. Sie werden alle mit dem gleichen Ausdruck benannt wie seine Geschwister. Jedoch wird eine andere Unterscheidung vorgenommen, und zwar je nachdem die Verwandten älter oder jünger als der Sprechende sind. Der Unterscheidungsgesichtspunkt ist also anders als bei uns. Ferner bezeichnet der Hawaiier alle Kinder der eigenen und der „kollateralen“ Geschwister als „seine Kinder“ und alle Nachkommen dieser Kinder als „seine Enkel“. Dementsprechend sind auch die Eltern seiner Kollateral-Geschwister seine Eltern, die er nur in männliche „Ältere“ (*makua kana*) und weibliche „Ältere“ (*makua wahina*) unterscheidet, und alle Vorfahren dieser Eltern seine „Ahnen“ (*kupuna* = alte Angehörige), die ebenfalls wiederum als männlich und weiblich unterschieden werden können.

Aus diesen Bezeichnungen schloß Morgan auf die frühere Existenz eines kollektiven Geschlechtsverkehrs, einer sogenannten Gruppenehe. Er meinte, daß ein Hawaiier, der Eltern und Kinder von den entsprechenden Kollateral-Verwandten nicht scharf unterscheidet, in Sitten verwurzelt gewesen sei, die eine strenge Unterscheidung der Abstammung gar nicht gestatteten.

Morgan ging noch einen Schritt weiter, und gemäß der damals herrschenden Lehre, daß das Einfachere immer ohne weiteres das Ältere sein müsse, gelangte er zu dem Ergebnis, daß die hawaiische Auffassung von der Verwandtschaft als etwas „Ursprüngliches“ zu betrachten sei. Daran knüpfte er die Hypothese, daß einstens eine durch keine Schranken gehemmte Promiskuität herrschte, die er noch vor der hawaiischen Gestaltung der Verwandtschaft und der Familie ansetzte. Auf Hawaii fand er jedoch eine Spaltung des ganzen Stammes in zwei exogame Gruppen vor und bezeichnete diese, die er mit gewissen nordamerikanischen und asiatischen Verwandtschaftssystemen in Verbindung brachte, als das „Turanisch-Ganowanische“ System und die entsprechende Familienform als die *punalua*-Familie (*punalua* = Mitehegenosse; s. Nebenehe). An diese kollektive Stufe schließt er die „syndasmische“ oder Paarungsfamilie mit Mutterrecht, sodann die vaterrechtliche, patriarchalische Familie und schließlich die monogamische Familie.

Es ist hier nicht der Ort, diese Aufstellungen eingehend zu kritisieren. Gelegentlich der Erörterungen über Familie und Familienformen, die Heiratsordnungen, die Promiskuität und die Nebenehe, das Mutterrecht und Vaterrecht und Patriarchat usw. wird der heutige Stand dieser Fragen eingehend behandelt.

Die Auffassungen Morgans wurden deshalb hier ausführlich dargelegt, weil sie einerseits beinahe ein halbes Jahrhundert lang die Geister beherrschten, andererseits den Ausgangspunkt für die Erörterung der Verwandtschafts-Beziehungen und -Bezeichnungen bilden.

Heutige Auffassungen über die Verwandtschaft. — In den letzten $1^1/_2$ Jahrzehnten hat sich eine wachsende Kritik gegen die Auffassung Morgans und seiner Nachfolger geltend gemacht. Durch die Untersuchungen von Andrew Lang, H. W. Thomas, Rivers, Kroeber, Gifford und Lowie, in letzter Zeit von Brenda Z. Seligman, Evans-Pritchard und neuerdings insbesonders auch von Malinowski [30] hat sich gezeigt, daß wohl eine Wechselbeziehung zwischen gewissen sozialen Einrichtungen und den Verwandtschaftsbeziehungen besteht, daß aber die geringe Zahl von Verwandtschaftsbezeichnungen sich keineswegs mit einer besonders niedrigen Entwicklungsgestaltung deckt. Ganz im Gegenteil. Inzwischen sind nämlich die Verwandtschaftssysteme der Australier und auch anderer niedriger Jägerstämme bekannt geworden, die oft eine große Zahl von Verwandtschaftsbezeichnungen aufweisen, eine unverhältnismäßig größere, als sie etwa bei den kulturell verhältnismäßig hochstehenden polynesischen Hawaiiern sich findet. Gerade dort, wo, wie in Australien, manchmal komplizierte Heiratsordnungen herrschen, die auch noch von nebenehelichen Beziehungen begleitet werden, ähnlich wie in verschiedenen Gegenden von Neu-Guinea (T. [21] 199ff) macht sich unter den Angehörigen einer Gemeinde ein starkes Interesse geltend, die erwähnten Beziehungen auch durch bestimmte Ausdrücke kenntlich zu machen. Dazu kommt, daß diese Gesellschaften nicht geschichtet sind und die ganze Aufmerksamkeit auf die persönliche Sonderstellung, auf auszeichnende Rechte und Pflichten durch die Verwandtschaft sich richtet.

Die Australier aber mit ihrer gerontokratischen und patriarchalischen Tendenz und ihrer starken Ausbildung der Heiratsordnungen auf Grund wenigstens teilweiser systematisierter Vergesellung ihrer Jägerhorden stellen sicher auch nichts ganz „Ursprüngliches" dar, sondern eine nach bestimmter Richtung ausgebildete, einseitige Entwicklung. Die Verwandtschaftssysteme anderer, nicht durch Heiratsordnungen vergesellter Jägerstämme, wie etwa der Bergdama Südwestafrikas, weisen hinwiederum eine geringere Zahl von Bezeichnungen auf. Gerade hier treten die Beziehungen zwischen Eltern und Kindern viel schärfer in Erscheinung als etwa bei den Hawaiiern. Der Altersunterschied wird hier z. B. dadurch ausgedrückt, daß der erstgeborene Sohn *χeiřob* = kleines Kudu, genannt wird, weil dieses Tier als Sinnbild der Kraft gilt und ein Vater den ältesten Sohn als Erstling seiner Kraft betrachtet. Der jüngste Sohn heißt *!gou-/goab* = der Sohn (*/goab*), der bei der Mutter zurückgeblieben ist (*!gou*), nachdem die anderen bereits das Nest verlassen haben und eine eigene Hütte in der Werft besitzen (Vedd. [23] 44). Jedoch ist es auch hier üblich, daß sich die Gleichaltrigen als Geschwister bezeichnen und behandeln, die Älteren als Vater und Mutter bzw. Großvater und Großmutter und umgekehrt die jüngere Generation als Kinder oder Enkel. Ähnlich ist es mit der Bezeichnung Bruder und Schwester. Nichtsdestoweniger herrscht auch bei den Bergdama (50), in diesem Fall übrigens ähnlich wie bei den Polynesiern und Mikronesiern, eine ausgesprochene Geschwisterscheu.

Wie durch die Verwandtschaft die Rechte und Pflichten der Einzelnen umrissen werden, zeigt folgende Bemerkung C. G. Seligmanns ([11] 66) über die Weddas von Ceylon: jeder hilft den übrigen Mitgliedern seiner Gemeinschaft und teilt mit ihnen seine Jagdbeute oder den Honig in so freigebiger Weise, daß es anfangs schwer war, festzustellen, welche Individuen ein besonderes Anrecht gegenüber anderen ihrer Gruppe besaßen. Zunächst schien es so, als würden alle in gleicher Weise beteiligt werden, doch stellte es sich bei genauerer Untersuchung heraus, daß ein unverheirateter Mann besonders den Unterhalt seiner Mutter im Auge hatte. Der Schwiegervater machte aber wenigstens den gleichen Anspruch gegen seinen Schwiegersohn geltend und erhielt tatsächlich mehr Aufmerksamkeit zugewendet, weil ein Mann gewöhnlich die meiste Zeit bei der Familie seiner Frau verbrachte. Die Beziehungen zwischen Schwiegervater und Schwiegersohn kamen in mannigfacher Weise zum Ausdruck. Schon dadurch, daß die Weddas lieber eine Tochter bekommen als einen Sohn, weil sie auf diese Weise einen Schwiegersohn zu erlangen die Aussicht haben. Mutter und Mutterbruder (= Schwiegervater) werden bei der herrschenden Vettern-Basen-Heirat als gleich wichtig betrachtet, und ihnen gegenüber bestehen dieselben sozialen Verpflichtungen. Der Vater eines Mannes und seines Vaters Brüder treten gegenüber dem Mutterbruder zurück, der von seinen tatsächlichen oder zukünftigen Schwiegersöhnen stets den größten Beuteanteil bekommt. Auch die Kameradschaft zwischen Schwiegervater und Schwiegersohn wird deutlich betont. Nicht nur, daß sie sehr häufig gemeinsam jagen, sondern der Mutterbruder sorgt auch als Schwiegervater für seinen Neffen und Schwiegersohn in offensichtlicher Weise durch Gaben oder Abtretung von Landstücken. Zu den erwähnten Verpflichtungen kommen bei den Weddas noch gewisse zeremonielle Meidungen, die sich auf Angehörige verschiedenen Geschlechts beschränken und diejenigen Männer und Frauen umfassen, die miteinander in keine sexuelle Beziehung treten, einander nicht heiraten dürfen. So besteht eine strenge Meidungsvorschrift zwischen Schwiegermutter und Schwiegersohn, vor allem ist jede körperliche Berührung und sogar jede Annäherung verboten. Essen darf er von ihr nicht unmittelbar empfangen. Ebenso vermeidet ein Mann jede Berührung mit der Frau seines Sohnes oder seines Bruders und eine Frau mit dem Gatten ihrer Schwester. Auch muß ein Mann die Berührung mit den Töchtern der Schwestern seiner Mutter und der Brüder seines Vaters vermeiden, wie er überhaupt allen Mädchen ausweichen muß, die er als „Schwestern" bezeichnet, sofern diese das Pubertätsalter erreicht haben. Doch kann er zu diesen Verwandten sprechen. Indessen darf ein Mann seine Schwester nicht aufheben, wenn sie z. B. zu Boden gefallen ist und sich verletzt hat.

Die Unterscheidung nach älteren und jüngeren Geschwistern ist namentlich in Gebieten mit Vorherrschaft des Mutterrechts sehr verbreitet.

Eine solche Unterscheidung zwischen verschiedenen Altersstufen bezieht sich z. B. bei den Fanti der Westküste von Afrika auch auf den Unterschied zwischen älterer und jüngerer Schwester der Mutter (die Totem-Gruppen, *septs*, leiten ihren Ursprung von einer gemeinsamen Stammutter ab (Ffk. [07—08] 405).

Die Heiratsschranken werden bei dem nilotischen Stamme der Lango sehr streng eingehalten. Niemand darf ein Mädchen heiraten, das auch nur entfernt durch Blutsbande nach der Vater- oder Mutterseite hin verwandt ist. Somit ist jede Heirat innerhalb des mütterlichen oder väterlichen Klans verboten, und ebenso bilden gewisse entfernte Stiefverwandtschaften, bei denen keinerlei Blutsbande vorhanden sind, ein Heiratshindernis. Wahrscheinlich ist dieses Verbot darauf zurückzuführen, daß die Kinder nach dem Tode des Mannes bei der Mutter bleiben, und, wenn sie sich wieder verheiratet, sie, obgleich zum Klan ihres Vaters gehörend, als Kinder des neuen Gatten der Mutter betrachtet werden (Dribg. [23] 156).

Unter den Pomo-Indianern war das Land im Besitz von vaterrechtlichen Familien und ging nur dann in das Eigentum Einzelner über, wenn die Zahl der Familienmitglieder zusammenschrumpfte. Insbesondere hat sich dort das Familieneigentum vom Klanbesitz der östlichen Stämme losgelöst, wo, wie im Südosten, Inseln der dortigen großen Seen von Einzelfamilien besiedelt wurden (Giff. [23] 84, 92).

Ganz anders in den geschichteten Gesellschaften, wie in der polynesischen. Hier kreist das Interesse um die Auszeichnung in der Rangstaffelung und um den Besitz. Die Verwandtschaft tritt an Bedeutung zurück. Dazu kommt noch im Falle der Polynesier das stark ausgebildete Mutterrecht, das zweifellos mit der selbständigen Stellung der Frau durch die Ausbildung des Gartenbaues zusammenhängt. Das von Morgan erwähnte und oben beschriebene Hawaiische System wird man somit eher als eine Rückbildung denn als eine ursprüngliche Form der Verwandtschaftsberechnung zu betrachten haben.

Gewisse mutterrechtliche Züge bedingen ein besonderes Verhältnis zwischen Mutterbruder und Schwestersohn, die daher oft durch besondere Verwandtschaftsbezeichnungen hervortreten. Dort, wo wie auf den Trobriand-Inseln, östlich von Neu-Guinea (Südsee), das Mutterrecht zu einer extremen Ausgestaltung gelangt ist, gibt es echte Verwandtschaft nur zwischen einem Mann und den Verwandten seiner Mutter. Nach diesen stehen ihm am nächsten seine Brüder und seine Schwestern. Die Brüder gehören der gleichen Blutgruppe an und sind für die politische Seite der Vergesellung von grundlegender Bedeutung. Bei den Schwestern tritt ihre wirtschaftliche Bedeutung hervor, denn sie haben für ihn in den Pflanzungen zu arbeiten, sowie sie aufgewachsen und verheiratet sind. Dem steht nicht die strenge Meidung entgegen, die im übrigen zwischen Bruder und Schwester herrscht (Mal. [22] 71). Das extreme Mutterrecht geht bei den Trobriandern so weit, daß es jedes Band der Verwandtschaft zwischen Vater und Kind dogmatisch leugnet. Trotzdem gilt der Vater als der nächste und liebreichste Freund der Kinder, sogar mehr als der Mutterbruder. Nur in bezug auf Erbe und Besitz ist nach alter Tradition letzterer ausschlaggebend (74). Die Verwandtschaft wird bei den Trobriandern durch verschiedene zeremonielle Gaben betont, die zwischen Mann und Frau, Eltern und Kindern, unter der Schwägerschaft und dem Häuptling dargebracht werden (191). Den sozialen Gruppen (Klan, Sippe, Familie, Dorf, Gau, Stamm) entsprechen gewisse Bande der Verwandtschaft: 1. die mütterliche (*veyola*), die Blutsverwandtschaft in der mütterlichen Linie, welche allein als die echte betrachtet wird; 2. die Eheverwandtschaft zwischen Gatte und Gattin, zwischen Vater und Kindern; 3. die Schwägerschaft zwischen dem Gatten und den Verwandten der Frau in weiblicher Linie. — Diesen Verwandtschaftsgruppen entsprechen bestimmte Vorstellungen und Gewohnheiten und weiterhin auch eine feste Terminologie in der Sprache. Durch die Zugehörigkeit zu einer Sippe oder einem Klan werden auch die traditionellen Beziehungen, Freundschaft, sexuelle Rechte oder Handelsgewohnheiten übernommen. — Zu den erwähnten drei Gruppen kommen noch folgende Typen persönlicher Einstellung: 4. wie sie sich aus der Angehörigkeit zu Klan oder Sippe ergeben; 5. die persönlichen Freundschaften beim Kula- oder Fischhandel; 6. aus der Zugehörigkeit zu den Dorfgenossen und weiterhin unter befreundeten Dörfern; 7. die Rangordnung in bezug auf die Häuptlingschaft und die Gemeinen, sowie die mit dem Vasallitätsverhältnis verbundenen Dienste und Tribute; 8. die Beziehungen aus der Stammeszugehörigkeit und den dadurch bedingten Zahlungen, Geschenken und Handelsverbindungen (193).

Der Fortschritt vom klassifikatorischen Verwandtschaftssystem zum Rechnen nach Graden der Blutsverwandtschaft stellt also einen Fortschritt in der analytischen Richtung des Denkens dar, der soziologisch damit begründet werden muß, daß in den primitiven Gesellschaften die Angehörigkeit des Einzelnen vor allem gruppenmäßig und da wieder verwandtschaftlich gebunden ist, während in den höheren Gesellschaften eine Individualisierung Platz gegriffen hat, bei der die Stellung des Einzelnen gleichzeitig zu vielerlei Gruppen in Betracht gezogen werden kann. Die verwandtschaftliche Seite vermag hier also von den übrigen Beziehungen des Menschen isoliert zu werden.

Analyse der Verwandtschaft. — Durch Kroeb. [09] wurde versucht, in das Chaos der Verwandtschaftsbeziehungen dadurch eine Klärung zu bringen, daß er die Bezeichnungen nach verschiedenen Kriterien untersuchte. Dieses sind folgende acht: 1. die Verschiedenheit zwischen Personen der gleichen und verschiedenen Generation; 2. die Verschiedenheit zwischen linealer und kollateraler Verwandtschaft; 3. die Altersverschiedenheit innerhalb der gleichen Generation; 4. das Geschlecht des Verwandten; 5. das Geschlecht des Sprechers; 6. das Geschlecht der Person, durch deren Vermittlung die Verwandtschaft hergestellt wird; 7. die Verschiedenheit zwischen Blutsverwandtschaft und Schwägerschaft; 8. die Lebensbedingungen der Person, durch welche die Verwandtschaft besteht (Tod, Scheidung, illegitime Ehe, Vorhandensein oder Mangel an Nachkommenschaft).

Zweifellos werden die Verwandtschaftsnamen durch alle diese Faktoren beeinflußt. Doch kein einziges Merkmal ist imstande, einseitig bestimmend durchzugreifen. Denn es ist ja gerade das Bezeichnende der primitiven Auffassungen, daß sie nicht analysierend sind, sondern auf der Gestaltung der einzelnen Gruppen beruhen. Sie sind soziologisch verankert, jedoch nicht nur allein in der sozialen Verfassung, wie sie uns heute entgegentritt, sondern in der ganzen Geschichte von Abfolgen sozialer Verfassungen, welche der betreffende Stamm im Laufe der Zeiten historisch durchgemacht hat.

In bemerkenswerter Weise hat die ungleiche Verteilung auf die genannten acht Unterscheidungsmerkmale Giff. ([22] 267) für die kalifornischen Indianer zusammengestellt. Bezüglich der ersten sieben Merkmale trat für diese genannten Stämme am stärksten hervor: die Bedeutung der Generation (79%), sodann das Geschlecht des vermittelnden Verwandten — etwa die Bedeutung von Vater- oder Mutterrecht — (67%), hierauf die Bedeutung von Blut oder Heirat, Schwägerschaft (64%), hernach die Unterscheidung linealer und kollateraler Verwandtschaft (49%), sodann das Geschlecht des

Verwandten (46%), hierauf der Altersunterschied in der Generation (39%), zuletzt das Geschlecht des Sprechers (37%).

Zu diesen soziologischen Unterscheidungen tritt noch die Frage der sprachlichen Verwandtschaft und Ausdrucksform, deren nähere Untersuchung Giff. ([22] 283ff) in seiner Arbeit über die kalifornischen Verwandtschaftssysteme allerdings nicht vorgenommen hat.

Den Verwandtschaftsnamen kommt eine eigenartige Stellung zwischen Eigennamen und Pronomen zu. Ist es doch vielfach verboten, die Eigennamen auszusprechen (s. T. [RL] „Name" A). Wie schon erwähnt, gibt es unter den Verwandtschaftsnamen solche, die einer anderen sozialen Struktur entsprechen. Die Namen führen ihr Eigenleben und können ihre Bedeutung im Laufe der Zeit wechseln (T. [21] 161ff, 153 Anm. 1; 163, 127 Amn. 1).

Auch fremder Einfluß macht sich gelegentlich unter den Verwandtschaftsnamen geltend. Gerade Heiraten sind ja geeignet, Kulturbeeinflussungen zustande zu bringen. Bei den westlichen Mono-Indianern von Kalifornien dürfte sich in sechzehn Fällen, bei den östlichen Mono in neun Fällen das Ergebnis eines Kontaktes mit den Penuto zeigen usw. (Giff. [22] 243).

Solche Übertragungen von Verwandtschaftsnamen haben wir ja auch in der deutschen Sprache in den aus dem Französischen übernommenen Worten „Cousin" und „Cousine". Die deutsche Phonetik hat das Wort „Cousine" als „Kusine" assimiliert, begegnete jedoch bei dem Wort „Cousin" Schwierigkeiten, so daß diese übernommene Verwandtschaftsbezeichnung durch das frühere „Vetter" zurückgedrängt wurde. In das Englische gingen dieselben Worte aus dem Französischen über, doch verloren sich hier die Geschlechtsunterschiede, wahrscheinlich auch infolge der Phonetik. Dieses Beispiel zeigt Veränderungen, denen die Aufnahme fremder Verwandtschaftsbezeichnungen selbst bei gleichem sozialen System ausgesetzt ist. Bei Naturvölkern kommt aber häufig hinzu, daß selbst benachbarte Stämme in ihrer sozialen Struktur nicht unerheblich abweichen. Daher bedeutet die Übernahme einer Verwandtschaftsbezeichnung von einem Stamm auf den anderen keineswegs die gleiche Verwandtschaftssymbolisierung (T. [21] 173ff, 175ff).

Die Bedeutung der Verwandtschaftsnamen besteht insbesondere auch darin, daß sie innerhalb der politischen und sozialen Ballungen noch auf besondere Gruppierungen von Verwandten hinweisen, wie sie namentlich durch mutterrechtliche oder vaterrechtliche Betonungen in Erscheinung treten. Dazu gehören einerseits reziproke Ausdrücke (vgl. Giff. [22] 274), bei denen bestimmte Verwandte, z. B. Enkel und Ahne, sich mit den gleichen Namen bezeichnen (wie z. B. im Deutschen; denn Enkel ist das Wort Ahne mit Diminutiv-Endung; vgl. näheres T. [21] 103, oder sogenannte „Asymmetrie der Geschlechter", wobei die Verwandten in männlicher oder weiblicher Linie durch besondere Benennungen ausgezeichnet werden (Giff. [22] 278).

Wie noch verschiedene andere Umstände die Verwandtschafts-Nomenklatur beeinflussen können, zeigt das Beispiel von Nordwest-Kalifornien, wo es Umschreibungsausdrücke gibt für tote Verwandte, während Ehescheidung und illegitime Ehe ebenfalls in einer gewissen Terminologie niedergeschlagen erscheinen. Hier wird im ersteren Fall ein besonderes Affix der üblichen Verwandtschaftsbezeichnung vorangestellt, etwa wie wenn wir sagen würden „ex-Gatte“ (Giff. [22] 258; vgl. a. Zimmermann).

Bei Veränderung der sozialen Struktur scheinen sich alte Verwandtschaftsbeziehungen manchmal in der Weise zu erhalten, daß sie in der Form von traditionellen Neckereien (s. Scherzbeziehung) weiterleben (s. Hoc. [24] Nr. 132), ähnlich etwa wie veraltete religiöse Auffassungen zu Schwänken und witzigen Anekdoten umgestaltet werden (s. T. [27] 409ff). Mit diesen Neckereien sind gewöhnlich geschlechtliche oder anderweitige Lizenzen verbunden (T. [21] 135).

Die sozialen Sondergruppen, aus denen sich eine Sippe zusammensetzt, oder die sie durchschneiden, bilden die Zellen des gesamten Gesellschaftsorganismus. Die Struktur der Sondergruppen ist nach dem sexuell Erlaubten und Verbotenen, nach den zeremoniellen Verpflichtungen und Rechten und schließlich nach praktischen Vorteilen und Nachteilen abgestimmt. In dieses Gewebe von Beziehungen wird der Einzelne teils durch seine Abstammung verkettet, teils durch Heirat, Verschwägerung oder Freundschaft. Es beruht auf der Verwandtschaft und ihrem Vorbild. Danach regelt man das Verhalten zu seinen Mitmenschen (T. [21] 159).

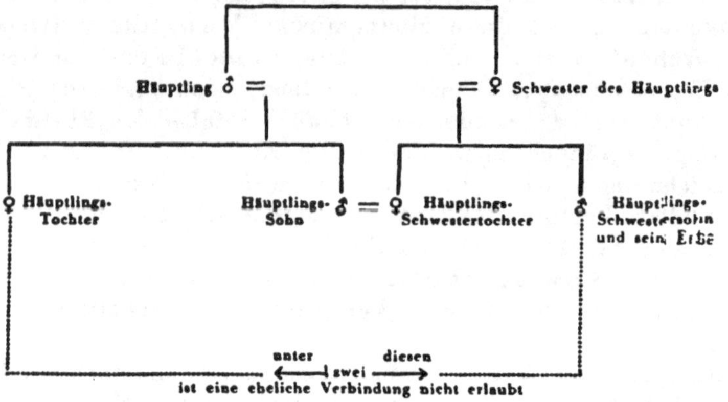

Schematischer Überblick über die Vetter-Basen-Heirat unter Beziehung auf die Trobriand-Inseln. Aus Malinowski [29].

Vetternheirat unter Kindern von Bruder und Schwester. — Von besonderer Bedeutung ist eine Form der Heiratsschließung, die auch von großer Tragweite für den Aufbau der Verwandtschaft und weiterhin für die Gruppierung der Verwandtschaftsnamen ist. Es handelt sich um die sogenannte *cross-cousin*-Ehe, die man etwa mit „Wechsel-Vetterschafts-Ehe“ oder auch „Bölken-Vettern-Ehe“ wiedergeben könnte (T. [21] 107f). Zugrunde liegt die Tatsache, daß die Kinder oder Enkel von Bruder und Schwester einander zur Heirat bestimmt sind. Ohne hier auf die weiteren Konsequenzen dieser Sitte eingehen zu können, sei nur auf die außerordentliche Verbreitung derselben hingewiesen, namentlich bei den Völkern, unter denen die Männer der Jagd und dem Fang nachgehen, die Frauen Gärten anlegen.

Diese Form der Vetternheirat hat sich auch noch bei höheren Völkern, die längst über die angedeutete Wirtschaftsform hinaus sind, in traditionellen Heiratsgewohnheiten, insbesondere von Kinderehen, erhalten. Vor allem aber gab diese Vetternheirat wohl den Grund für die Halbierung des Klans in zwei Sippen ab, der wiederum beim Kontakt mit anderen ethnischen Gruppen die Stammeshalbierung nachgebildet wurde.

Solche Zusammenhänge macht z. B. die Teilung in eine männliche (*ta*) und eine weibliche (*na*) Hälfte bei den Loritja in Australien wahrscheinlich (Strehl. [07—20] 4 1 78f); oder die Tradition der Omaha-Indianer, die im Laufe der Zeit die zwei Hälften ihres Stammes als Verkörperung des männlichen und weiblichen Prinzips betrachten (Flt. u. La Fl. [11]), ähnlich wie das auch von den Irokesen im Ersten Abschnitt geschildert wurde. Auch der GeschlechtsTotemismus dürfte darauf hinweisen (vgl. T. [21] 192ff; Lowie [20] 125; Brown [13] 159; Riv. [14] 2 500, 570f; Slgm. [10] 78; Quev. [19] 434; Dempw. [24/25] 104; Hoc. Nr. [14] 2; Slgm. [11] 64f; Ratty. [25] 83ff; Fraz. [19] 2 98ff).

Als eine Variante dürften die Heiraten mit Ungleichaltrigen aufzufassen sein, die aus verschiedenen Gegenden bekannt wurden (T. [12] 131, 184, 186, 188; s. a. Heiratsordnung). Vielleicht hängen sie mit dem Abverdienen der Braut in gerontokratischen Gesellschaften oder mit Anfreundungen unter Sippen zusammen. Selbstverständlich führen aber gerade derartige Zusammenschlüsse zu eigenartigen Verwandtschaftsbeziehungen, die sich auch in den Bezeichnungen niederschlagen. Zu diesen besonderen Beziehungen gehören auch die nebenehelichen.

Bezüglich der melanesischen Formen vgl. Riv. [15] Nr. 85; ferner T. [21] 199ff; bezüglich der Marind-anim Wirz [22] 1 50; für Fiji s. Hoc. [15] 631; über die Gerontokratie (ein Mann ist sein wiedergeborener Großvater) auf den neuen Hebriden vgl. Riv. [15] Nr. 85. Die sehr häufige Auffassung, daß die dritte Generation als Fortsetzung der ersten gilt, lebt in China noch bis heute fort (Quist. [15] 45ff). Über die Stellung des Schwestersohnes auf Fiji vgl. Hoc. [23] Nr. 4 u. [24] Nr. 132; ferner über das Levirat in Indien s. Chttp. [22] Nr. 25.

Vetternheirat unter Kindern von Brüdern. — Die hauptsächlich und ursprünglich von Hirten getragenen geschichteten vaterrechtlich-patriarchalischen Gesellschaften, die vielfach ein familiales Privateigentum ausgebildet haben, betrachten die Verwandtschaftsverhältnisse anders und verwenden andere Benennungen als die mutterrechtlichen Gesellschaften. Diese veränderte Grundeinstellung kommt auch für die orthodoxen Heiraten zur Geltung. Sie besteht dort darin, daß die Kinder und Enkel von Brüdern einander heiraten sollen. Als Repräsentanten der geschichteten und gestaffelten Hirten können die Völker betrachtet werden, die uns in der Geschichte als Semiten, insbesondere als Araber begegnen, und deren Einfluß sich bekanntlich einerseits in großen Teilen Afrikas, andererseits östlich bis zu den Sunda-Inseln und den Philippinen durchgesetzt hat.

Am ausführlichsten ist diese Frage von Slgm. B. Z. [23] [24] behandelt worden. Bei den nordost-afrikanischen Dinka kauft der Mann mit der Frau auch ihre Frucht, die Kinder. Dadurch erhält die Ehe einen wirtschaftlichen Charakter (O'Sullv. [10] 173, 184). — Bei den Wahenga im Nyassa-Land erfolgt der Kauf der Frauen mit Sklaven, Zeug, Salz und Ziegen. Daneben kommt aber auch Frauenraub vor, der also die traditionellen Heiratsbeziehungen außer acht läßt, bei dem Verwandtschaft nicht berücksichtigt wird (Sands. [22/23] 131f).

Doch zeigt sich bei den meisten dieser Völker noch eine ältere Schicht mutterrechtlichen Charakters, die namentlich von den feldbauenden Gruppen getragen wird (Paulsch. [93] 1 187ff). — Bezüglich der Nandi, Masai und Thonga vgl. Slgm. B. Z. [17] Nr. 46.

Bei den meisten indischen Kasten gilt als die richtige Braut eines jungen Mannes die Tochter seines mütterlichen Oheims. Nach dieser kommt die Tochter seiner väterlicher Tante, und in manchen Kasten hat er ein Vorrecht, die Tochter seiner Schwester zu heiraten. Unter den Korachers herrscht der Brauch, daß die ersten zwei Töchter einer Frau an ihren Bruder gegeben werden, damit dieser oder seine Söhne sie heiraten. Auch in Indien hat es den Anschein, als wenn alte mutterrechtliche Gewohnheiten einer Gärtnerinnenkultur von patriarchalischen Sitten, die wohl auf den Einfluß der Hirten-Brahmanen zurückgehen, überlagert worden wären (Rich. [14] Nr. 97).

Von erheblicher Bedeutung für die Auffassung der Verwandtschaft und auch für die Umklassifizierung der Verwandtschaftsnamen sind vaterrechtliche Gesichtspunkte. Zweierlei Dinge sind hier in Betracht zu ziehen; vor allem die Aufnahme fremder Frauen bei räuberischen Stämmen, wodurch einerseits die Stellung der Frau heruntergedrückt wird, andererseits der Mann zum Beschützer der Frau wird, die früher ihren Rückhalt in ihrer Sippe fand, wodurch wieder die patriarchalischen Tendenzen unterstützt werden (s. T. [21] 190). Andererseits hängt damit ein stärkeres Hervortreten wirtschaftlicher Güter zusammen. Dieses fördert den Gedanken an eine Verwirtschaftlichung der weiblichen Arbeitskraft.

Verwandten-Ehe. — Die obigen Ausführungen haben erwiesen, welche Bedeutung den Heiratsformen für die Verwandtschaft zukommt. Im allgemeinen zeigte es sich, daß die Verbindung unter Vettern und Basen als das Gehörige galten, daß also die Ehen innerhalb nahe verwandter Personen geschlossen wurden. Wir haben es sonst überall mit Verwandtenehe zu tun, die man als etwas sehr Altes aufzufassen berechtigt ist.

Dabei drängt sich die Frage auf, wie man sich zu Verbindungen unter noch näheren Verwandten gestellt hat oder gestellt haben dürfte. Zweierlei Tatsachen stehen einander beinahe widersprechend gegenüber: auf der einen Seite eine ausgeprägte Geschwisterscheu, auch schon bei Jäger- und Fängerstämmen, bei denen die Frauen Sammlerinnen sind, wie etwa bei den Bergdama oder bei den Weddas (Slgm. [11] 66 Anm. 1), andererseits Nachrichten über Verbindungen nächster Verwandter. Von den Hoklo-Leuten von Amoy und Swatau in China (Whyte [10] Nr. 54) und von den Agbede in Süd-Nigerien, Westafrika (Thom. [10] Nr. 72) wird z. B. die

Sitte des Geschlechtsverkehrs unter Brüdern und Schwestern berichtet. Auf den Marschall-Inseln fand durch den Häuptling die Defloration auch seiner eigenen Tochter statt (Erdl. [14] 264, insbesonders 266 Anm. 1).

Eine gewisse Unsicherheit und Hemmung äußert sich in einer Sage der paläo-sibirischen Tschuktschen, die von Bogoras berichtet wird: danach sollen die See-Tschuktschen einmal durch Hungersnot bis auf ein Geschwisterpaar vernichtet worden sein. Das erwachsene Mädchen zog ihren kleinen Bruder mit gestampftem Korn auf. Als er herangewachsen war, forderte sie ihn auf, sie zu heiraten. „Denn sonst", sagte sie, „bleiben wir ohne Nachkommen und die Erde ohne Menschen. Wer sieht uns? Wer will uns daraus einen Vorwurf machen? Wer wird es in der Welt erfahren? Wir sind allein." Der Bruder jedoch hatte Bedenken, weil es „verboten" war. Das Mädchen begab sich daraufhin nach einem entfernten Ort, errichtete dort ein Haus, das anders aussah als ihre Hütte, traf alle Vorbereitungen und machte sich neue Kleider. Der Bruder fand beim Herumstreifen dieses Haus und seine Schwester, die er jedoch in der anderen Kleidung nicht wiedererkennt. Nach einigem Zögern nimmt er sie zum Weib, kehrt jedoch inzwischen wieder nach seinem Hause zurück, wo die Schwester in der alten Tracht sich einstellt. So spielt sie einige Zeit eine doppelte Rolle. Schließlich bekommt sie ein Kind, und von da an kehrt der Bruder nicht mehr nach dem schwesterlichen Hause zurück. Von diesem Paar leitet sich der erwähnte Stamm der Tschuktschen her (Czap. [14] 71f).

Der *Mugabe*, der Fürst der Banyankole im zentralen Ostafrika, konnte Frauen der obersten Sippen der *Basambo* oder *Bagahe* heiraten, aber auch seine Schwestern, obgleich derartige Verbindungen nicht anerkannt waren und er nie diejenige Schwester heiratete, die er zum Amt der „Fürstenschwester" erhob, der *Munyanya Mukama*. In den übrigen Hirtensippen durften die Prinzessinnen nur ihre Halbbrüder heiraten (Rosc. [23] 58, 60).

Dies führt uns zu den aus Ägypten berichteten Geschwister- und Vater-Tochter-Ehen, die jetzt auch auf Grund der ägyptologischen Forschungen bestätigt sind. Prinz *Nfr-m'ˁt* wurde vom König *Snefru* mit seiner eigenen Tochter erzeugt. Ähnliche Fälle königlicher Ehen zwischen Vater und Tochter sind von *Ramses II.* und seinen Töchtern *Bint-'anat* und *Ḥnwt-t'wj* berichtet. Auch die Göttersage kennt den „Stier seiner Mutter", den Gott, der sich mit seiner Mutter vermählte und mit ihr sich selbst neu zeugte. Die Geschwisterehe scheint in Ägypten zu allen Zeiten, von Osiris und Isis bis zu den Ptolemäern, in Übung gewesen zu sein. Was Herodot (II 131) von Mykerinos erzählt, er habe seine eigene Tochter verführt, die sich darauf aus Kummer das Leben genommen habe, klingt wohl wie eine Reminiscenz an die alten Zustände, setzt aber eine inzwischen eingetretene Verurteilung dieser Dinge zu Herodots Zeit voraus (Sethe [12] 57ff, [18] 54f). — Über ähnliche Fälle in Persien vgl. Masp. M. [28] I 50; — vgl. dazu auch Murr. [15].

Die in Agypten verbreitete Geschwisterehe wird von den Römern verboten. Kinder von Geschwistern dürfen einander ehelichen. Wenn aber Geschwister heiraten, wird der Besitz eingezogen (Schub. [20] 88). — Bei den Griechen war die Vermählung zwischen Halbgeschwistern erlaubt (s. a. Blutschande).

Auch aus Amerika werden von den Feuerländern Verbindungen mit der Mutter oder Tochter (Coop. [17] 182) und von brasilianischen Stämmen des 16. Jahrhunderts Geschwisterehen berichtet (Thev. [1575] 2 931).

Im Arosi- und Bauru-Gau von San Cristoval (Salomo-Insel, Südsee) wurden auf Grund genauer Untersuchungen Fälle von Heirat mit der Schwester, der Tochter, der Mutter und der Großmutter festgestellt. Jedenfalls ist in San Cristoval Beweis für die Sitte erbracht, daß alte Leute ihre Frauen als zweite Gattinnen jüngeren Männern überantworten. Auch herrscht dort die Sitte, daß Männer und Frauen verschiedener Generationen miteinander in Verbindung treten. Auf diese Weise entstehen starke Unklarheiten auch in der Anwendung der Verwandtschaftsnamen. Somit bedeutet die Verbindung eines Mannes mit Schwester oder Mutter nicht notwendig einen Inzest in unserem Sinne (Fox [24] 24, 31, 56, 60, 204ff).

Getrennt von diesen Heiraten muß man gewisse nebeneheliche Verbindungen betrachten, wie sie gelegentlich von Festen und Besuchen stattfinden, oder wie sie z. B. in bestimmten Vorrechten der Alten oder des Adels niedergeschlagen sind, etwa in dem russischen *snochačestvo*, in dem Recht des Schwiegervaters an der Schwiegertochter (T. [21] 119, 125, 127, 153, 204ff, 226ff). Vielleicht wird man diese Beispiele in der Weise zu interpretieren haben, daß trotz aller Meidungen und Verbote, die wir auch schon bei niedrigen Jäger- und Sammlerinnenstämmen finden, unter besonderen Umständen Verbindungen unter Nächstverwandten immer wieder zur Sitte werden können. Insbesondere aber scheint dort, wo eine exklusive plutokratische Aristokratie Platz gegriffen, eine Neigung zur engsten Verwandtenheirat sich durchgesetzt zu haben, wie beinahe in allen archaischen Staaten des Orients von Ägypten bis Siam und Peru.

Nach allem, was wir gesehen haben, ist die Verwandtschaft ein entscheidender Faktor im Leben der Naturvölker, den Verwandtschaftsnamen kommt die Bedeutung eines „Passes" für die verschiedenen Beziehungen eines Menschen zu den Angehörigen seiner Gruppe und den Fremden zu. Auch von den Vertretern dieser Völker selbst wird dem Einfluß der Verwandtschaft große Bedeutung beigemessen (s. a. T. [RL] „Totemismus" B).

Scherzbeziehungen. α) Im Schwägerschaftsverhältnis. — Bei manchen Völkern mündet das Schwägerschaftsverhältnis in ein traditionelles Necken, das mitunter mehr oder minder brutale Formen annimmt. Die besonderen Neckbeziehungen zwischen Mutterbruder und Schwestersohn wurden gelegentlich der Erörterung des Mutterrechts geschildert. Hier sollen die Fäden, die den Scherzbeziehungen zugrunde liegen dürften, verfolgt werden.

Mit der Schwägerschaft ist auf Vanua Levu (Fiji) gegenseitiges Necken verbunden. Dieses erstreckt sich auf den ganzen Stamm, zwischen dem eine solche Schwägerschaftsbeziehung (*tauvu*) herrscht. Ja, dieses Verhalten geht so weit, daß man die Dinge sogar umkehrt und sagt: wir stehen mit diesem und diesem Stamm aus dem Grunde in Schwägerschaft (*tauvu*), weil unsere Ahnen sich gegenseitig geneckt haben. Dabei handelt es sich nicht nur um gewisse Freiheiten, die man sich nimmt, sondern, wie das ja bei den festen Sitten von Naturvölkern gewöhnlich der Fall ist, um ein geradezu pflichtmäßiges Benehmen, das z. B. in der Landschaft Korodhu gewissermaßen zu einem Ritus geworden ist (Hoc. [14] Nr. 96).

Besonders die australischen Verhältnisse scheinen lehrreich zu sein. Sie weisen darauf hin, daß die Scherzbeziehungen einer gewissen Spannung unter den Geschlechtern entspringen, wie sie in ähnlicher Art auch in der Befangenheit und dem Sichsträuben der Brautleute vor dem Eingehen dauernder sexueller Bindung durch die Ehe auftritt.

In eigenartiger Weise dürfte man nämlich die Scherzbeziehungen unter der Schwägerschaft ihrem Ursprung nach auf das gegenseitige konventionelle Sträuben bei der Verheiratung zurückführen können, wie das aus einer Sitte vielleicht erschlossen werden kann, von der Hwtt. ([04] 151) erzählt. Am nördlichen Pine-River in der Landschaft von Brisbane, Nordaustralien, findet gelegentlich ein Kampf der Geschlechter statt, bei dem die Männer, um das andere Geschlecht zu necken, die Schwester einer Frau töten, während umgekehrt die Frauen den Bruder eines Mannes erschlagen. Es kommt dann zu einer Art von „lustigem Krieg“, bei dem die einen den anderen einen Schabernack spielen — wenn dieser auch ein bißchen derb und blutig verläuft.

Howitt bringt diese Sitte mit dem Geschlechter-Totem in Verbindung und weist darauf vor allem hin, daß das Geschlechter-Totem Anlaß zu Kämpfen unter Männern und Frauen sowohl bei den südostaustralischen Kurnai als auch bei anderen Stämmen mit Geschlechter-Totems gegeben hat. — Unter den Kurnai entstand öfter eine gewisse Spannung zwischen den Männern und den Frauen, die sich dahin zuspitzte, daß einige Frauen einen der Brüder ihrer Männer töteten, „um sie zu ärgern“. Wenn sie mit dem Opfer nach dem Lager zurückkehrten, so griffen die Männer die Frauen mit ihren Keulen an, während letztere sich mit ihren Grabstöcken verteidigten. Waren die Männer ausgezogen und hatten die Schwester einer ihrer Frauen getötet, so griffen die Frauen die Männer nachher an. — Die Beziehungen dieser Neckkämpfe unter den Geschlechtern zu der in dem Artikel Heirat geschilderten Zurückhaltung, zu dem Sträuben der Brautleute, tritt namentlich darin zutage, wie das Problem gelöst wurde, wenn heiratsfähige Mädchen vorhanden waren, ohne daß ein Bewerber sich fand, oder wenn die in Betracht kommenden Junggesellen zögerten. In einem solchen Falle zogen nämlich die Frauen aus und töteten einen „älteren Bruder“. Wenn sie dann nach dem Lager zurückkehrten und ihre Tat offenbar wurde, gerieten die Männer darüber in Zorn. Darauf bewaffneten sich die jungen Männer und Frauen mit Keulen und Stöcken und prügelten einander. An diesen Kämpfen nahmen jedoch nur die jungen Männer teil, die heiratsfähig waren, und denen die Heirat von den alten Männern erlaubt worden war, von denen sich also die Frauen beleidigt fühlten. Am folgenden Tage zogen dann die jungen Männer aus und töteten eine „ältere Schwester“, woraus wieder nach ihrer Rückkehr eine Prügelei entstand. Nachher, wenn die Beulen und Wunden der Kämpfe ausgeheilt waren, mochte ein junger Mann zu einem Mädchen, das er traf, etwa so sprechen: „Ältere Schwester! Was ißt die ältere Schwester?" Dies galt als Werbung, und ihre Antwort: „Sie ißt Känguruh, Opossum", oder irgendein anderes Wild, war ein Zeichen ihrer Annahme. Die Folge war dann Entführung zwecks Heirat. Daß bei vielen Stämmen mit Geschlechts-Totemismus das Töten des brüderlichen oder schwesterlichen Totems zu Prügeleien führte, muß wohl als eine abgeleitete Sitte betrachtet werden, die aus dem eigenartig entwickelten Solidaritätsgefühl der Geschlechter entsprungen ist (148ff).

Ein harmloserer Neckkampf zwischen den Geschlechtern spielt sich gelegentlich der Jünglingsweihe bei dem Stamm der Bánaro am Töpferfluß, Nebenfluß des Augusta-Stromes, in Neu-Guinea ab. Dort treiben die Frauen die Männer bei einem Tanze ins Wasser, und zwar, wie es heißt, aus Vergeltung dafür, daß diese die Jünglinge ins Wasser stießen. Die Männer, die dabei zunächst keinen Widerstand leisten, springen ins Wasser, jedoch mit Bogen und Pfeil. Die Frauen holen vorher bereitgelegte Kokosnüsse und werfen sie auf die Männer im Wasser. Die Männer schießen mit Pfeilen zurück und suchen dabei die Frau ihres Sippenfreundes (*mundu*) zu treffen, diejenige Frau also, mit der ihnen bei Festen in der Geisterhalle Umgang zu haben erlaubt ist. Hierauf klettern die Männer ans Ufer, und derselbe Kampf wiederholt sich mit vertauschten Rollen unter den Geschlechtern: die tanzenden Frauen werden mit einem Rotang-Seil von den Männern ins Wasser gedrängt, die Frauen hatten sich inzwischen der Bogen und Pfeile ihrer Gatten bemächtigt, während die Männer die Frauen mit den übriggebliebenen Kokosnüssen bombardieren. Jetzt suchen die Frauen aus dem Wasser ihren „Sippengatten" oder „Festgatten" zu treffen (T. [21] 31).

β) Bei sonstigen Gelegenheiten. — Auch halbfreundschaftliche Beziehungen führen oft zur Äußerung von Spott, der jedoch nicht übelgenommen, sondern nur in gleicher Form vergolten werden darf.

Die Feuerzeremonie der südlichen Diegueño-Indianer Kaliforniens war von einer merkwürdigen Verspottung begleitet. Bei der Einweihung wurde der Kandidat von zwei Frauen darüber belehrt, daß er beim Tanz die Toten eines Klans (*gens*), zu dem weder er noch die Frauen gehörten, lächerlich machen müsse. Gleichzeitig wurde er verspottet, während er *toloache* (= Stechapfel, vgl. Spier [23] 316ff; s. a. T. [RL] „Rausch") trank; er seinerseits beabsichtigte, bei Gelegenheit diesen Spott zurückzugeben. Die Verspottung bildete auch wieder den Gegenstand einer anderen Zeremonie. In einer Erzählung wird gesagt; „Wir sangen von diesem und diesem Stamm, weil wir ihn gern hatten, wir machten ihn lächerlich. Er war mit uns nicht verwandt, wir singen nicht, wenn der Verstorbene ein Verwandter ist, Wir verspotteten die Trauernden in einem Lied (wegen ihres Zeremoniells)". Um den Spott zu vergrößern, kommt es vor, daß ein Mann oder eine Frau, insbesondere die letztere, alle Kleider auszieht. Ist ein Angehöriger des verspotteten Klans (*gens*) anwesend, so ärgert er sich nicht darüber, aber bei gelegener Zeit gibt er den Spott zurück (Spier 323). — Diese merkwürdige Verspottung von Trauernden entspringt wohl einem gewissen Genugtuungsgefühl, daß ein fremder Stamm durch den Verlust eines Angehörigen geschwächt wurde, drückt sich mythologisch hauptsächlich in der Form der Abwehr von Geistern des Verstorbenen aus und überbetont die Nichtteilnahme an den Vorkehrungen des betroffenen Stammes gegen die eigenen verstorbenen Angehörigen.

Über ähnliche Sitten bei den Menomini-Indianern vgl. Sk. [11] 563 und [13]; ferner bei den Mandan-, Hidatsa- und Crow-Indianern vgl. Lowie [17] 42; bei den Winnebago vgl. Rad. [23] 133.

Die Neckereien und Verspottungen, die sich noch in verschiedenen Gegenden Deutschlands erhalten haben, sind bekannt und drücken sich teils in Spitznamen, teils in Versen oder Anekdoten aus (vgl. Pfst. [25/b.] 21, 34).

VIII. KÜNSTLICHE VERWANDTSCHAFT

a) Adoption. — Die Annahme an Kindesstatt ist eine bei Naturvölkern sehr verbreitete Einrichtung und ihrer Entstehung nach offenbar uralt. Kinder, deren Mutter gestorben ist oder nicht stillen kann, ferner uneheliche Kinder werden von der Schwester, Base oder einer anderen nahen weiblichen Verwandten für kürzere Zeit oder längere Dauer aufgenommen. Schon deshalb, weil Kinderlosigkeit in der Regel als Unglück oder Schande gilt, besteht eine große Bereitwilligkeit zur Aufnahme von Kindern durch kinderlose oder kinderarme Frauen. Adoptierte Kinder werden gewöhnlich den eigenen völlig gleichgestellt und auch in bezug auf die Verwandtschaftsbezeichnungen nicht unterschieden. Dort, wo Sippenorganisationen bestehen, fällt das adoptierte Kind, wenn Vaterfolge herrscht, in die Sippe des Adoptivvaters, bei Mutterfolge in den Verband, dem die Mutter angehört. In einer Gesellschaft, in der des Vaters Anteil an der Erzeugung des Kindes unbekannt ist, wie auf den Trobriands-Inseln östlich von Neu-Guinea (vgl. Mal. [22]) „adoptiert" der Gatte die Kinder seiner Frau. Wenn die Frau Kinder einer anderen Frau aufnimmt, so nimmt der Gatte diesen gegenüber auch keine andere Haltung an, wie gegen die echten Kinder seiner Frau.

Die Sitte der Adoption, die auf der Murray-Insel (in der östlichen Torres-Straße zwischen Neu-Guinea und Australien) heimisch ist, wonach allenthalben Kinder, auch schon vor ihrer Geburt adoptiert werden, läßt nicht vermuten, daß sie in der ursprünglichen Unkenntnis der physiologischen Vaterschaft wurzelt. Die Folge dieser Adoption ist die, daß die Kinder häufig ihre echten Eltern überhaupt nicht kennen, sondern nur ihre Adoptiv-Eltern. Unter den Bánaro im Innern von Neu-Guinea adoptieren die Gatten der Frauen deren Kinder, die von dem als „Geist" funktionierenden Sippenfreund des „Vaters" des Gatten stammen. Ebenso verhalten sie sich als (Adoptiv-)„Väter" gegenüber den Kindern ihrer Frauen, die nebenehelichen Verbindungen entsprießen (T. [21]).

Nicht unähnlich ist die Sitte des Kindertausches unter den Mutterbrüdern auf Lambutjo (Admiralitätsinseln). Die Brüder und Vettern tauschen ihre Schwesterkinder untereinander, adoptieren sie voneinander (T. [12]). Auch von der Marind-anim im südlichen Teil des westlichen Neu-Guinea hörten wir im ersten Abschnitt über solche Sitten.

Die freundschaftliche Adoption unter Erwachsenen führt zur Fiktion von Verwandtschaftsbeziehungen unter ihnen. So fand Lowie, daß unter den Hopi-Indianern die Angehörigen einer Sippe, die sich alle als von einem gemeinsamen Ahnen abstammend betrachten, keineswegs auf dem Blutwege mit einander verwandt sind, sondern in zwei oder drei der Mutter folgende Linien aufgespalten werden, deren Angehörige einander als „Brüder" oder „Schwestern" adoptiert hatten. Deren Abkömmlinge behandelten einander, „als ob" sie Kinder echter Schwestern wären und eine gemeinsame Ahnmutter besäßen.

Nicht selten hängen mit solchen Adoptivbrüderschaften sexuelle Rechte zusammen, wie etwa unter den Eskimos der Beringstraße (Nelson). Die Folge ist, daß, da einer dem anderen das Bett seiner Gattin überläßt, in keiner Familie der physiologische Vater der Kinder bekannt ist. Auch hier „adoptiert" der Vater alle Kinder seiner Frau.

Wir ersehen daraus, daß sowohl die physiologische Vaterschaft (wie auch auf den Andamanen-Inseln) als auch die Elternschaft überhaupt von Naturvölkern oft beiseite gelassen wird und man an Stelle davon eine soziologische oder theoretische Vaterschaft, Elternschaft oder Abstammung konstruiert.

In besonderer Weise kommt das bei den Todas in Indien zum Ausdruck, wo die Frau von der Sippe des Mannes, der sie heiratet, adoptiert wird, ähnlich wie bei den alten Griechen die Gattin in die Phratrie des Mannes aufgenommen wurde. In beiden Fällen handelt es sich wohl um eine Auswirkung kastenmäßiger, streng exklusiver Auffassungen. Unter dem Eindruck solcher soziologischen Vorurteile unterschätzt man den Anteil des Bluts, in den letzteren Fällen den der Frau.

Dazu kommen bei höheren Völkern wirtschaftliche und auch religiöse Erwägungen für die Adoption in Betracht. So z. B. kannten die alten Perser eine Adoptivehe, die „Satar"-Ehe, die darin bestand, daß die Verwandten eines kinderlos verstorbenen über 15 Jahre alten Mannes ein Mädchen mit einer Mitgift ausstatteten und sie an einen anderen Mann verheirateten. Dieses Mädchen galt als die Frau des Verstorbenen und ihre Kinder wurden dem Manne im Jenseits zur Hälfte zugerechnet, von ihm „adoptiert".

Bei den Dinkas am oberen Nil muß die Witwe eines kinderlosen Mannes sich mit dem Bruder oder einem nächsten Verwandten ihres verstorbenen Gatten verbinden, um Kinder für ihren Mann zu bekommen. Alle Kinder der Witwe werden dem Verstorbenen gutgeschrieben. Bekommt die Witwe selbst keine Kinder, so stattet sie ein verwandtschaftlich nahestehendes Mädchen mit den Kühen des Verstorbenen aus und heiratet sie im Namen des Verstorbenen. Ein nächster männlicher Verwandter des Verstorbenen wohnt diesem Mädchen bei, und deren Kinder gelten als die des Verstorbenen und als seine Erben (Hartland, O'Sullivan).

Der geistige Angelpunkt für diese Adoptionssitten liegt in dem Zusammengehörigkeitsgefühl von Geschwistern und anderen nahen Verwandten, das weiterhin auf Freunde oder Siedlungsgenossen ausgedehnt wird. Darum führt ein Zweig der Adoption zu den Gebräuchen von Levirat und Sororat, zu dem Ausdruck der Solidarität unter Geschwistern in bezug auf das sexuelle Leben und die Nachkommenschaft.

b) Milchverwandtschaft. — Sie knüpft an die zauberische Bedeutung an, die bei vielen Kuhhirtenstämmen der Milch zugeschrieben wird (z. B. Rosc. [23] cap. V, VII, X).

Vor allem aber ist es die menschliche Brust, durch deren Berührung beim Stillen ein besonderes Band hergestellt wird. Gelingt es z. B. unter den Kaukasiern, ebenso wie unter den Arabern, einem Flüchtling, einem Schutzsuchenden, die Brust einer Frau mit den Lippen zu berühren, so wird durch diese Tatsache allein eine Adoption begründet, und der betreffende tritt dadurch weiterhin zu deren Verwandtschaft (Kvlk. [93]). — Bei den Osseten der kaukasischen Gebirge gilt dasselbe. Flüchtet ein Mörder vor den Verwandten des Ermordeten, und berührt er mit seinen Lippen die nackte Brust der Mutter des von ihm Getöteten, so wird er dadurch Milchbruder desselben und unterliegt als Verwandter nicht mehr der Blutrache (Dirr [25] 44; s. a. Asyl, Blutrache, s. a. T. „Gastfreundschaft").

Die Milchverwandtschaft wird also empfunden wie eine Blutsverwandtschaft, und daraus leitet sich die gleiche Solidarität wie unter Blutsbrüdern ab, sie birgt aber auch die gleichen Schranken unter den so verbundenen Personen. Die Folgen zeigen sich insbesondere auf dem Gebiete der Heiratsvorschriften. Die Milchverwandtschaft kann ebenso ein Ehehindernis begründen wie die Blutverwandtschaft, so z. B. bei den Armeniern und Truchmenern, aber auch in Rawas, Süd-Sumatra (Kohler [89] 193; 494; [06] 123; Post [94] 1 98; 2 67; [95] 2).

Aus dem Altertum wird die Milchverwandtschaft bei der Adoption des Herakles durch die Hera (Diodor IV 39) berichtet und soll auch bei den Etruskern bestanden haben (Kohler [05]).

Im allgemeinen findet sich die Milchverwandtschaft bei höheren Hirtenvölkern und in peripherischen Ausstrahlungsgebieten dieser Kulturen, insbesondere im Bereiche des Islam und der von ihm beeinflußten Völker.

c) Verbrüderung. — Die künstliche Verbrüderung besteht in der Stiftung eines Freundschaftsbundes, der dieselben Rechte und Pflichten auferlegen soll, wie sie durch die Beziehungen unter Brüdern oder brudergleichen Verwandten begründet sind. Sie bildet ein Gegenstück zur Adoption, mit dem Unterschied, daß letztere das Verhältnis zwischen Eltern und Kindern nachahmt, sich also auf verschiedene Altersstufen bezieht, während sie hier innerhalb der gleichen Generation und gewöhnlich auch unter Angehörigen desselben Geschlechts Beziehungen aufrichtet, die so gestaltet werden, als besäßen die Betreffenden gleiche Abstammung, wären mithin blutsverwandt.

Man spricht häufig von „Blutsbrüderschaft" — eine etwas irreführende Bezeichnung. Denn die „Blutsbrüder" sind gerade nicht blutsmäßig verwandt. Ihre Beziehungen erhalten nur einen besonderen Charakter durch Zeremonien, bei denen oft irgendwie Blut vergossen wird. Das Wesentliche in den Beziehungen unter den „Blutsbrüdern" besteht vielmehr in der Fiktion, „als ob" sie Brüder oder doch Schwäger wären.

Daß in der Regel Blut zur Schließung des Treubundes gebraucht wird, ist auf die besondere Bedeutung zurückzuführen, die diesem „Saft" im naiven Denken beigemessen wird.

Blut als Zaubersaft. — Verschiedene Denkwege und Handlungen führen dem gleichen Ziel entgegen: einer Bekräftigung der Verbrüderung durch Blut. Als vermutlich älter dürfte man den Komplex von Gefühlen und Gedankenbildern bezeichnen, der aus dem Anblick und der Erinnerung von Blut nach verschiedenen Richtungen hin ausstrahlt. Vor allem sind die Vorstellungen von Schmerz und Tod mit dem Blutvergießen verknüpft, und das Blut gilt oft als Sitz des Lebens, als geheimnisvolle, wunderkräftige Substanz (s. a. T. „Kannibalismus", „Menschenopfer").

In diesem naiven Sinn wird das Blut direkt als Zaubermittel verwendet, etwa so wie bei den Hehe (im Bezirk Iringa des ehemaligen Deutsch-Ostafrika), von denen Dempw. ([14] 104—5) einen Mann selbst erzählen läßt: „„Man schneidet sich in die Hand (d. h. schließt künstliche Blutsbrüderschaft), weil man sich lieb hat . . . „Blutsbrüderschaft" ist die Verwandtschaft durch Heirat, denn man hat sich lieb wie angeheiratete Verwandte. Wenn ein „Blutsbruder" in der Ferne weilt, so erfährt er doch, was vorgeht. Denn die Leute, die in die Ferne reisen, erzählen es ihm, als wenn jener Freund ein Verwandter wäre. — Wenn man „Blutsbrüderschaft" schließt, so beredet man zuerst diese Angelegenheit miteinander. Wenn der eine sich in die Hand schneidet, so sagt er „wir wollen uns in den kleinen Finger schneiden" Wenn der eine sich geschnitten hat und das Blut herauströpfelt, sagt er „komm und trinke das Blut". Und sein Freund schneidet sich auch, und auch jener kommt und trinkt. — Wenn sie mit Bluttrinken fertig sind, so bedeutet das: was der eine haben will, muß ihm der andere geben. Die „Blutsbrüderschaft" fordert ebenso Geschenke, und wenn sie noch so groß sind, die zu verweigern religiöses Verbot ist; sogar wenn der eine Rinder besitzt, gibt er sie dem andern. — Sie helfen sich bei allen Gelegenheiten, und wenn man Bier trinkt, setzen sie sich zueinander."" — Wird einer krank, so kauft der andere eine Medizin, um ihn zu heilen. — „„Die Menschen, welche Blutsbrüderschaft geschlossen haben, lassen nicht voneinander, bis der eine gestorben ist. — Wenn einer gestorben ist — angenommen, daß er Besitz gehabt hat —, so geben die Hinterbliebenen dem anderen ein Stück Erbe."" — Auch wenn einer einem anderen, der krank ist, ein heilkräftiges Zaubermittel gibt, so entsteht eine Art Verwandtschaft, wie durch Heirat.

Begründet wird hier die besondere Freundschaft durch das Bluttrinken. Die Beziehungen werden mit der Schwägerschaft verglichen. Als eine der Verpflichtungen der Verbrüderung wird die Hilfe im Krankheitsfall bezeichnet. Umgekehrt wird aber wieder aus der Hilfeleistung auf besondere Freundschaft zurückgeschlossen und diese im Sinne einer Verbrüderung gedeutet.

Das gegenseitige Bluttrinken findet sich häufig, so z. B. aus Wunden, die am Arm gemacht werden, bei den Rubunga oder Rovuma, einem der westlichen Bantu-Völker (Stly. [78] 2 286), oder unter den Rokka auf Flores.

(Bast. [89] 65), auf Madagaskar und bei den Wanyoro. Herodot erzählt (I, 74) von den Mudern und Lydiern, daß sie sich am Arm Wunden zufügten und gegenseitig das Blut saugten.

Tacitus berichtete in den Annalen (XII 47) von den Iberern und Armeniern, daß es Gewohnheit ihrer Fürsten war, bei Bündnissen ihre rechten Hände zu vereinigen und die Daumen mit Fäden fest aneinanderzubinden. Wenn sie dann vollgeblutet waren, wurden sie angestochen und einer sog vom anderen das Blut. Ganz ähnliches meldet Bar. ([13] 457) aus dem heutigen Bulgarien.

Bei den Balunda-Stämmen (westliche Bantu-Völker), die große Bienenkorbhütten bewohnen, legen die Partner die Hände zusammen, und in die zusammengeschlagenen Hände werden kleine Einschnitte gemacht, außerdem noch auf die rechte Backe, die Stirne und die Magengrube. Das heraustäufelnde Blut wird in einem Biertopf aufgefangen, und einer trinkt aus des anderen Topf seines Freundes Blut im Bier. Unterdessen schlagen die Begleiter den Boden mit Keulen und sprechen Beschwörungsformeln. Sie gelten nunmehr als Blutsverwandte und sind verpflichtet, drohende Gefahren einander mitzuteilen (Lvgst. [57] 488). Die zeremonielle Mitverwendung von Bier entspringt den zauberischen Eigenschaften, die Rauscherregern in der Regel beigelegt werden.

Nicht immer wird Blut getrunken, oft besprengt man sich gegenseitig mit Blut, wie unter nord-zentralaustralischen Stämmen (Spenc. u. G. [04] 372, 598), oder läßt Blut, wie bei den Watschaga, auf ein Stück Fleisch tropfen oder taucht eine Bohne in Blut, wie in Uganda und bei den Bukeba, und bringt es mit dem Munde des anderen in Berührung (Kohler [00] 40f) usw.

An die Gedankengänge des „Restezaubers" knüpft vielleicht die alte skandinavische Sitte an, wie sie in der Geschichte von Gisli, dem Friedlosen, erzählt wird, wobei der Rasen mit Speeren ausgehackt und hochgehoben wurde. Darunter krochen die Verbündeten, ritzten sich, daß Blut floß, ließen dieses dann zusammen auf die Erde laufen und berührten es, worauf sie auf die Knie fielen, sich an der Hand nahmen und Rache dem Verräter des Bruders schwuren. Vielleicht kommen noch Vorstellungen anderer Art hinzu, ähnlich wie in Australien, nach denen in der Erde weilende Geister zum Leben zurückgerufen werden sollen (Grimm [81] 119). Möglicherweise beabsichtigte man durch den geschilderten „Rasengang" eine gemeinsame Wiedergeburt als Blutsbrüder darzustellen. Dabei hatte man wahrscheinlich auch eine Übertragung der Körperkraft des einen Beteiligten auf den anderen im Sinn (Ppph. [24] 117ff).

Bekräftigung auf dem Wege über Geister. — Diese Denkart weist auf eine Komplikation hin. Der Brüderschaftsbund wird unter Beziehung auf dritte übernatürliche Mächte geschlossen, die durch Blut oder andere „Körpersäfte", wie Speichel, oder durch Vornahme sonstiger Zeremonien geweckt oder gebannt werden, und die über den Bund als Rächer der Untreue wachen. Wenn die Zeremonien auch äußerlich ähnlich sind, liegt ihnen doch ein anderes Raisonnement zugrunde, eine andere Art, Zusammenhänge zu konstruieren. Dieses Verfahren leitet zu Eid und Fluch hin (s. Eid, Fluch).

Den Ausgangspunkt bildet auch hier die Auffassung vom Blut oder ähnlichen anderen „Körpersäften" als Träger des Lebens oder besonderer Kräfte, insbesondere auch des Mana (s. T. [RL] „Mana" B). Unter den Aranda lassen die alten Männer bei den Kulthandlungen Blut auf die Orte fließen, wo der Sage nach die Totem-Ahnen in den Felsen oder in der Erde verborgen ruhen, um sie dadurch lebendig zu machen und aus ihrem Aufenthalt herauszulocken (Strehl. [09—11] 1 3, 1, 7). Nach Spenc. u. G. ([99] 461; [04] 598) werden bei verschiedenen Kulthandlungen unter Beziehung auf die Totem-Ahnen Verbrüderungen zur gegenseitigen Unterstützung geschlossen.

An derartige Gedankengänge knüpfen Handlungen bei der Begründung einer Verbrüderung an, die auf Geister oder Ahnen, Dämonen oder Götter Bezug nehmen, wie wir das namentlich bei höheren Völkern finden, deren Denken beziehungsreicher geworden ist. So wenn nach altarabischer Gepflogenheit die Hände in Blut getaucht werden (Smith [03] 57—59) — gilt bei den Arabern das Blut doch als Sitz der Seele —, oder wenn Herodot (IV 70) von den Skythen erzählt, daß sie bei Stiftung der künstlichen Blutsbrüderschaft die Waffen: Bogen, Pfeile, Schlachtbeil und Wurfspeer, in Blut tauchen, eine Sitte, die übrigens auch bei den Benuas der Malakka-Halbinsel vorkommt (Newb. [1839] 2 395). Auch das Beißen ins Schwert bei den Dayaks (John [63] 1 55) oder das Halten des Endes eines Gabelzweiges durch je einen der vertragschließenden Parteien (Stly. [78] *2* 88, 106) unter Verwünschungen gegen den etwaigen Verletzer des Vertrags weist auf Rache für Untreue. Gleichzeitig sind die Zeremonien als Vorbildhandlungen für die Begründung einer Kampfgemeinschaft zu deuten.

Der Gedanke einer Verbindung von Blut und Erde kommt auch in Seran auf den Molukken zum Ausdruck. In einen großen irdenen, mit Wasser gefüllten Topf tut man einen Brocken Erde. Hierauf träufeln die Parteien Blut aus ihrem Arm, den sie ritzten, hinein und tauchen die Spitzen verschiedener Waffen in die Flüssigkeit. Dann wird unter Anrufung von Dämonen ein Eid geschworen und verflucht, wer den Bund brechen sollte. Zum Schluß nimmt jeder der Beteiligten einen Schluck und bringt den Rest nach seinem Lokalheiligtum, um ihn dort auszugießen. Die Feier wird mit einem gemeinsamen Mahl und Austausch von Geschenken beschlossen (Stresm. [23] 416).

Voll weitläufiger Symbole und begleitet von Reden eines Zeugen ist die Verbrüderung unter den Bewohnern des Landes Kiziba am Westufer des Viktoria-Nyanza in Ostafrika. Nach Rehse ([10] 97) wird dort „Blutsfreundschaft" sowohl unter Männern wie auch unter Frauen geschlossen, aber nur innerhalb des gleichen Geschlechts. „Die Freunde ritzen sich in Gegenwart eines älteren Zeugen mit dem Messer oder einem scharfen Halm in der Nähe des Nabels, welcher als Sitz des Lebens gilt". Die Begründung der Lebensgemeinschaft wird also durch das lebentragende Blut vorgenommen. Nun ranken sich Arabesken um diese fundamentale Handlung: „Der herausquellende Blutstropfen wird mit einer halben Kaffeebohne aufgefangen.

Hierauf tauscht man die Bohnenhälften aus, und jeder ißt diejenige mit dem Blut des anderen. Darauf setzen sich die also Verbundenen nebeneinander auf Matten, und zwischen sie werden Zweige des *murinzi*-Strauches gelegt. Der Zeuge hält jetzt eine Ansprache, erst an den einen, dann an den anderen der Beteiligten. Er läßt sie dabei einen Stamm des Hausgerüstes anfassen und hält ihnen vor, daß sie in dieser Haltung verweilen sollten, bis sie verhungert seien, wenn einer von ihnen die Gesetze der Blutsfreundschaft verletzen würde, ferner droht er, daß man in diesem Falle ihre Leiber auf die Straße werfen würde, damit wilde Tiere sie fräßen usw." Denn die Verletzung der blutsbrüderlichen Treue gilt als gemeines Verbrechen, als Mord (vgl. auch die Geschichten bei Rehse 332, 346, 354, 355, 387, 389). „Die Blutsfreunde versprechen beim Antlitz des Königs, der Blutsfreundschaft sich würdig zu zeigen und sich, wie es echten Blutsfreunden geziemt, im Leben gegenseitig beizustehen. Darauf nehmen sie wieder auf den Matten Platz, binden sich gegenseitig nacheinander um jedes Handgelenk 90 Kaurimuscheln, da 90 die heilige Zahl ist. Der Zeuge erhält gleichfalls 90 Kaurimuscheln, und den etwa verbleibenden Rest teilen die übrigen Anwesenden unter sich." — „Blutsbrüder sind verpflichtet, einander in jeder Lage, besonders in Armut und in Gefahr, beizustehen und eventuell den Tod zu rächen." „„Du mußt jetzt mir und allen meinen Freunden Nahrung geben"", sagen die Blutsbrüder zum Schluß zueinander. Zu gleicher Zeit kann Blutsfreundschaft nur zwischen zwei Personen geschlossen werden, doch darf ein Mann oder eine Frau sonst mit beliebig vielen anderen den Bund eingehen. Die Blutsbrüder dürfen nicht miteinander verwandt sein (Autr. [08] 375).

Bei den Suaheli ist eine Hühnerleber Trägerin des ausgetauschten Bluts (Niese [03] 240). — Manchmal drohen die Partner selber einander Flüche an, falls einer das Bündnis brechen sollte, statt wie im Falle von Kiziba der Zeuge. Bei ausgebildetem Götterglauben werden Gottheiten als Rächer oder als Zeugen der Verbrüderung angerufen. Dabei wird z. B. bei den Kumi von Chittagong in Indien eine Ziege geopfert (Lew. [70] 228). In Syrien werden schriftliche Dokumente mit Blut beschmiert mit der Absicht, den anderen dadurch zu bannen, daß im Sinne des Vorbildzaubers der, welcher täuscht, von Gott getäuscht wird (Trb. [87] 5f).

Oft wird auch nicht das Blut der vertragschließenden Parteien verwendet, z. B. tauschen die Blutsbrüder ihre Hände in das Blut des geschlachteten Tieres (Lew. 228, Schuv. 50). Dazu tritt dann oft noch ein Auswechseln der Kleider oder der Waffen (Kohler [89] 40) oder von Ringen (Hildb. [78] 386) usw.

Das Blut tritt manchmal ganz zurück, es wird durch Wasser oder Wein ersetzt oder durch andere „Säfte", wie Speichel (Paulsch. [96] 246ff). Besonders spielt auch das gemeinschaftliche Essen von denselben Nahrungsmitteln, z. B. bei den Pehuenchen in Chile (Ppg. [1835] 384), von Reizmitteln wie Pfeffer und Kola (unter den Bali von Nordkamerun) oder Anbieten von Trunk, von Milch oder Wasser, eine nicht unerhebliche Rolle. Die Sitte des gegenseitigen Zutrinkens dürfte mit Recht auf derartige Verbrüderungsformen zurückzuleiten sein.

Nicht selten ist der Name zum hervorstechendsten Bedeutungsträger für das Leben und die Persönlichkeit geworden, wie bei den Pehuenchen (Ppg. 384f), auf den Marshall-Inseln (Mein. [75—76] 2 342) oder früher auf Hawaii. Unter den Yahgans von Kap Horn bezeichnen sich die durch Austausch von Geschenken und gegenseitige Bemalung Verbrüderten als Bruder, Vetter, Onkel, Neffe und benehmen sich dementsprechend (Brdg. [84] 182).

Bei höheren Völkern, namentlich wo sich die Blutrache erhalten hat, lebt auch die feierliche Form des Freundschaftsbundes in Gestalt künstlicher Verbrüderung weiter und bezweckt vor allem das Gefühl erhöhter Sicherung durch Vermehrung der etwaigen Bluträcher. Die Aufrichtung einer allgemein anerkannten und ausgleichend wirkenden Rechtsautorität macht die besondere Feierlichkeit des Freundschaftsbandes überflüssig.

Darum ist es kein Zufall, daß unter den Albaniern und Südslaven, unter denen sich die Blutrache bis auf die Gegenwart erhalten hat, auch die künstliche Verbrüderung gepflegt wird. Bezeichnenderweise hat sie sich, wie auch viele Zeremonien der Blutrache, unter den Schutz geheiligter Formen gestellt, die dort sich dem Christentum und einem Teil seiner Riten angepaßt haben (Krauss [85] 628). In Bulgarien treten die Beziehungen zum Frauenraub in den Vordergrund. Dort dehnt sich die Verbrüderung sogar auf ganze Familien aus und hat zur Folge, daß die Kinder aus solchen Familien einander nicht heiraten können. Die Verbrüderten dürfen einander nicht beim Namen nennen (Bar. 457ff). Hier schließen sich also Meidungsgebote in Verhalten und Wort an, wie sie sonst besonders als Folge der Verschwägerung bekannt sind (s. T. [RL] Meidung). Auch Verschwesterungen begegnet man in diesen Gegenden allenthalben (Krauss [85] 641). Das Weintrinken ersetzt hier vielfach den Gebrauch des Blutes.

Die Übermacht der materiellen Beziehungen. — Die Übermacht der materiellen Beziehungen beherrscht die Gedankengänge in der Welt des primitiven Geistes derart, daß rein zufällige Berührungen der Leben und Kraft tragenden Substanzen gesellige Beziehungen und moralische Verpflichtungen nach sich ziehen.

Schon der Umstand, daß gemeinsames Bestehen der Jünglingsweihe z. B. bei vielen melanesischen und papuanischen Stämmen (Kohler [00] 366) auch ein Band der Zusammengehörigkeit unter den Genossen knüpft, weist auf die Folgen gemeinsamer Berührungen hin. In ähnlicher Weise auch unter den Kurnai Australiens (Hwtt. u. F. [80] 198f) und auf den Inseln der Torresstraße (*Report* V 211). In Indien wird der Milchbrüderschaft besondere Bedeutung beigelegt (Kohler [89] 103). In Bulgarien betrachtet man heute noch Kinder, die im selben Wasser getauft wurden, als durch besondere Mächte an einander gebunden. Ja Brüder und Schwestern, die im gleichen Monat verschiedener Jahre geboren sind, oder gar Zwillinge, gelten als so innig in ihrer Existenz miteinander verflochten, daß besondere Zeremonien angewendet werden, um diese engen, „naturgegebenen" Beziehungen zu brechen. Solche „zufällig" sich anspannenden Verkettungen entstehen auch dadurch, daß einer den anderen vom Tode, sei es durch Ertrinken oder auf dem Schlachtfelde, rettet (Cszk. [97] 4ff, 101ff).

Damit hängt der besondere Schutz zusammen, der zur Gewährung von Freundschaft „zwingt", wenn z. B. unter den Wakamba der Flüchtling das Glied seines Feindes berührt. Er gewinnt so das Anrecht auf Schutz auch der ganzen Sippe. Auch durch Küssen der Brüste einer Frau wird ein unlösbares Band mit der Sippe der Frau hergestellt, die nun den Hilfesuchenden beschützen muß (Hildb. [78] 386f). Wir begegnen hier ähnlichen Gedankenwegen wie im Falle des Asyls.

Der Charakter der künstlichen Brüderschaft. — Der Charakter der Verbrüderung wird durch die gesellschaftlichen Lebensbedingungen vorgezeichnet. Vor allem handelt es sich um eine Art von Offensiv- und Defensivbündnis zweier nicht verwandter Personen. In der Regel erschöpfen sich die Beziehungen unter den Individuen und ziehen keinerlei Konsequenzen für die Sippe oder irgendeinen anderen Verband nach sich. Sie sind also wesentlich geselliger, nicht politischer Natur.

Aber die gedankenmäßige Angleichung der Freundschaft an verwandtschaftliche Verhältnisse und Benennungen wirkt doch häufig so weit hin, daß die Sexualschranken, vor allem die Heiratsverbote, auch auf die „brüderlich" verbundenen Personen ausgedehnt werden. Auf einigen Inseln der Torres-Straße darf ein Mann weder die Schwester seines brüderlichen Freundes heiraten noch auch seines Genossen in der Jünglingsweihe (Hadd. [89] 315, 356) In einzelnen Gegenden der Südslaven, wie z. B. in Prilep, verhindert Blutsfreundschaft nicht nur die Heirat unter den Partnern, ihren Familien und ihren Kindern, sondern schließt in das Verbot auch die Zeugen ein (Cszk. [97] 86ff).

Auf Seran (Molukken) gilt eine Ehe unter Angehörigen zweier miteinander durch Blutsbrüderschaft verbundener Orte als „Blutschande" (s. d.), die durch Kinderlosigkeit, Krankheit oder anderes Unglück „sich rächt". Die Verbrüderung bringt auch Ansprüche wirtschaftlicher Natur mit sich: im Freundesdorf kann man sich nach Belieben mit Lebensmitteln versehen, allerdings nur unter Beobachtung gewisser Formen, z. B. darf man Bananen nicht mit einem Messer vom Fruchtstand abschneiden, sondern muß sie abbrechen (Stresm. [23] 414ff).

Sachlich enthält die Verbrüderung außer der Einbeziehung in die Blutracheverkettung auch weitgehende Rechte an Vermögen und Eigentum des Freundes. Nicht selten erstrecken sich des „Bruders" Rechte auch auf die Frau des anderen, wie z. B. auf Timor (Forbes [85] 452). Die brüderliche Solidarität, die z. B. auf dem Gebiet der nebenehelichen Beziehungen und des Eigentums hervortritt, wird hier künstlich nachgeahmt. Das „Vorbild" brüderlicher Solidarität wird in der Mischung oder in der Vereinheitlichung solcher das Leben enthaltenden oder darstellenden Säfte oder Kräfte gegeben, wie sie der gerade bei einem Volk herrschenden Anschauung entsprechen. Die betreffenden Handlungen sind als von materiell zwingender Gewalt gedacht, sie beherrschen das Verhalten der Personen in der Zukunft. Weicht das Verhalten von der vorgezeichneten Richtung ab, so vergeht er sich gegen die Ordnung der Dinge und beschwört die Rache der diese Ordnung lenkenden Mächte automatisch herauf. Darin liegt die besondere Sanktion der Blutsbrüderschaft und ähnlicher Befreundungen.

Gesellschaftlich ist die künstliche Brüderschaft als Einrichtung bedingt durch starke Selbständigkeit der Einzelnen sowie durch einen gewissen Mangel an Rechtssicherheit. Daher finden sich Verbrüderungen bei sehr vielen Naturvölkern und überall dort, wo der Staat noch keine Rechtsautorität aufgerichtet hat. Nach einer besonderen Richtung drängte die Entwicklung der künstlichen Brüderschaft in der mittelalterlichen Gesellschaft Europas. Das kriegerische Lehenswesen dieser Zeit benutzte sie als Band für Treudienste (*fara*), bei der Aufnahme in die Familie eines starken Heerführers, bei der Commandation und in der Compagnonnade mit Gemeinsamkeit des Vermögens (Flach [93] 2).

Die feierliche Verbrüderung verschwindet in der Atmosphäre vielseitiger Beziehungen des Einzelnen in komplizierten Staatswesen. Ihren zeremoniellen Gehalt aber zieht sie aus dem Glauben an materiell bindende Kräfte des Verhaltens. Die „Blutsbrüderschaft" und ihr ähnliche Formen sind also an eine gewisse primitive Methodik des Denkens gebunden, und sie vergeht, wenn diese überholt wird. Diese Verbrüderungen bezeugen, daß neben den verwandtschaftlichen und gesellschaftsordnungsgemäßen Beziehungen solche aus freier persönlicher Initiative anerkannt und mit allen ihren tief in das Leben und die gewohnten Verhältnisse eingreifenden Besonderheiten zugelassen werden. Daß Adoption und feierliche Verbrüderung sich bei den Naturvölkern so häufig finden, ist ein Beweis dafür, daß freie persönliche Akte bei Naturvölkern die Schranken verwandtschaftlich-gesellschaftlicher Bindung gelegentlich durchbrechen können. In besonderer Weise findet eine ähnliche Befreundung in den Männerbünden und geheimen Gesellschaften statt.

IX. DAS MUTTERRECHT

a) Erscheinungsformen des Mutterrechts.

Die Bedeutung des Mutterrechts. Unter Mutterrecht versteht man ein System von Sitten und Gebräuchen, dem eine Berechnung der Abstammung in mütterlicher Linie, Mutterfolge, zugrunde liegt. Soziologisch versteht man unter „Abstammung" die Überleitung von Würden, Rang oder Eigentum, insbesondere die Methode, nach der ein Mensch einer sozialen Gruppe zugerechnet wird. Im allgemeinen handelt es sich dabei um ein herkömmliches Verfahren, das sich nach gewissen Grundsätzen richtet. Die Mutterfolge besteht nun darin, daß die leibliche Abstammung von der Mutter zur Grundlage für das erwähnte Verfahren gemacht wird. Dabei muß gleich vorweg bemerkt werden, daß dieses Verfahren keineswegs auf alle Arten soziologischer Abstammung sich zu beziehen braucht, daß also für die Übertragung von Würden andere Grundsätze maßgebend sein können als etwa für die von Besitz, daß somit in der einen Beziehung Mutterfolge, in der anderen Vaterfolge herrschen kann. Damit hängen mannigfache Verhaltungsweisen einer Person zu anderen Mitgliedern der Gemeinde zusammen; eine Reihe von Gebräuchen und Wertungen knüpft sich daran. Die Beziehungen zwischen Mutterbruder und Schwesterkindern, die in auszeichnender Weise hervortreten und auch im Erbgang oft derart zum Ausdruck kommen, daß das Verhältnis zwischen Vater und Kind in den Hintergrund gerückt wird, werden als „Mutterrecht" bezeichnet.

α) Schon äußerlich tritt das Mutterrecht durch eine bestimmte Gruppierung der Verwandtschaftsnamen in Erscheinung, vor allem dadurch, daß die Bezeichnungen für Mutterbruder und Schwestersohn oder -tochter für sich stehen. Überdies werden oft auch die Beziehungen unter bestimmten anderen Verwandten oder Verschwägerten in ein eigenartiges Licht gerückt, wie z. B. die des Schwestersohnes zur Frau des Mutterbruders, die oft als „Gattin" bezeichnet wird usw. Durch die angedeutete Bevorzugung gewisser Verwandter wird sowohl der Erbgang in den Besitztümern als auch die Nachfolge in Würde und Rang beeinflußt. Jedoch nicht immer in gleicher Weise. Es kann vorkommen, daß etwa die Übertragung von Gütern nach mutterrechtlichen Gesichtspunkten vorgenommen wird, während die Häuptlingsschaft vom Vater auf den Sohn übergeht.

Der Verwandtschaftsbau, wie ihn das Mutterrecht gestaltet, dient auch den Sexualverboten und Heiratsordnungen als Grundlage. Daraus ergibt sich die Bedeutung des Mutterrechts für das Verhältnis zur Familie, zu Sippe und Klan; denn häufig stellt es die Ordnungsgrundlage für die betreffenden Verbände dar, obgleich es keineswegs immer folgerichtig in einer jeden solchen Organisation eines Stammes gleichmäßig durchgebildet ist. Doch tritt das Mutterrecht nicht selten in Verbindung mit der einen oder anderen sozialen Organisationsform innerhalb gewisser Gegenden überwiegend auf, wie z. B. häufig in Verbindung mit dem Halbierungssystem auf den melanesischen Inseln der Südsee.

Die Verwandtschaftsberechnungen nach Mutterrecht führen manchmal zu einseitigen Übertreibungen, in der Weise nämlich, daß z. B. die ganze Verwandtschaft mütterlicherseits bis zu sehr fernen Graden, ja oft mit Einschluß Fremder, die nur einen bestimmten gleichen Namen tragen oder etwa das gleiche Totem-Tier besitzen, von jeder sexuellen Verbindung ausgeschlossen wird, während gegen andere nahe Verbindungen, z. B. selbst zwischen Vater und Tochter, keinerlei Schranken bestehen.

Unter extremem Mutterrecht fehlt nämlich jedes Verwandtschaftsband zwischen Vater und Kindern, und die Beziehungen zwischen dem Gatten der Mutter und den Kindern seiner Ehefrau tragen einen schwägerschaftlich-freundschaftlichen Charakter: der Vater gilt als nächster und bester Freund seiner Kinder.

Mit dem Mutterrecht geht ein stärkerer Einfluß der Weiblichkeit Hand in Hand. Dadurch wird auch eine größere sexuelle Ungebundenheit für das weibliche Geschlecht bedingt, die manchmal bis zu einer gewissen Promiskuität der Jugendzeit sich auswächst. Die entgegengesetzte Tendenz zeigt sich unter der Herrschaft des Patriarchats. Mit den ganz anderen Sitten und dem eigenartigen Bau der mutterrechtlichen Familie sind andere sexualpsychische Hemmungen bei Kindern und Erwachsenen verbunden, worauf Mal. [24], [25] mit Recht hingewiesen hat.

Die Art der Verwandtschaftsberechnung, wie sie das Mutterrecht bedingt, ist von großer Bedeutung für die Umgrenzung des Blutracheverbandes. Vor allem sind es der Schwestersohn oder der Mutterbruder, die wechselseitig zur Blutrache miteinander verbunden sind (z. B. in Neukaledonien; Lamb. [00] 115—16). Darin liegt auch die politische Tragweite des Mutterrechts. Denn die Mutterfolge bringt oft die Übertragung der politischen Führerschaft mit sich. Damit wird zunächst die Nachfolge unter den Männern geregelt. Manchmal ist damit indessen der Rat, Vorschlag oder selbst die direkte Ernennung von Häuptlingen oder Fürsten durch alte Frauen verbunden. Der politische Einfluß der Frauen spielt sich im allgemeinen auch in mutterrechtlichen Gemeinden mehr hinter den Kulissen ab, ohne offizielles Hervortreten und ohne formelle Übernahme der Verantwortung (vgl. z. B. Gibbs [77] 209 bezügl. der Nootka Nordwest-Amerikas). Nur sehr selten sind Frauen Häuptlinge, offizielle Träger der politischen Macht. Die Auswirkung des Mutterrechts in der Richtung auf das Matriarchat ist früher überschätzt worden. Mutterrechtliche Gebräuche vertragen sich selbst mit nicht unerheblicher väterlicher Autorität. Man darf jedoch in dieser berechtigten Ablehnung einer Verbindung von Mutterrecht mit matriarchalischer Tendenz nicht zu weit gehen und sich nicht der eigentlich selbstverständlichen Tatsache verschließen, daß Mutterrecht die Stellung der Frauen im gesamten Stammesleben begünstigt; ist das Mutterrecht doch höchstwahrscheinlich sogar als Ergebnis eines Hervortretens der ganzen weiblichen Tätigkeitssphäre aufzufassen, wie weiter unten gezeigt werden soll.

Das Mutterrecht verbindet sich vielfach mit bestimmten Auffassungen von der Fortpflanzung, insbesondere von dem Verhältnis der Beteiligung des Mannes und der Frau daran. Bei konsequenter Mutterrechtslehre wird der Anteil der Frau am Kinde betont, während der des Mannes geleugnet oder doch nur als sehr gering eingeschätzt wird, wie in der parthenogenetischen Theorie oder in der Bluttheorie.

Ob in diesen Theorien wirklich urtümliche Gedankengänge zu finden sind, muß dahingestellt bleiben. Daß sie sich bei technisch und geistig verhältnismäßig hochstehenden Naturvölkern finden, wie z. B. bei den Trobriandern (Mal. [23]), ist eine Warnung zur Behutsamkeit gegen auf diesem Gebiet wuchernde Phantasterei. Die nicht allzu weit entfernten australischen Stämme gleichen Glaubens können ihre Lehre vielleicht aus ähnlicher Quelle geschöpft haben wie die Trobriander (Mal. [13] 179).

Es mag sich in diesen Fällen um einen Niederschlag mutterrechtlicher Einrichtungen in gewissen Dogmen handeln, zumal ja das „orthodoxe" Mutterrecht überhaupt als eine extreme Sondergestaltung aufzufassen ist. Auch nach anderen Richtungen hin zeigt sich die Auswirkung mutterrechtlicher Lehren, und zwar in Bezug auf religiöse und zauberische Gebräuche.

β) Als Bachf. [61], [70], [97] in der Mitte des vorigen Jahrhunderts mit seiner Entdeckung des Mutterrechts, besonders bei kleinasiatischen Stämmen der Antike, hervortrat, erregte er bei den in der Ideenwelt des justinianisch-römischen Rechts befangenen Kreisen große Verwunderung. Seitdem hat sich die Bekanntschaft mit Völkern mutterrechtlicher Einrichtungen über den ganzen Erdball hin erweitert. Gleichzeitig damit sind indessen auch allerlei Korrekturen an den Theorien über das Mutterrecht notwendig geworden.

Die Entdecker des Mutterrechts, wie Bachf, Morg. [77] und Mac Lenn. [76], sowie ihre Schüler und Nachfolger: Kvlk. [90] und Darg. [83], [92], Starcke und Grosse, Schurtz und Cunow verallgemeinerten, wie das gewöhnlich geschieht, die Ergebnisse der Forschung und stellten im Anschluß an die einlinige Entwicklungstheorie die Hypothese auf, daß das Mutterrecht überall dem Vaterrecht vorausgegangen sei. Wo immer sie Spuren mutterrechtlicher Einrichtungen fanden, deuteten sie sie als „Reste" eines früher allgemein herrschenden, konsequenten und extremen Mutterrechts, ein Verfahren, das übrigens auch heute noch nicht verschwunden ist. — Ausgedehntere und vertieftere Kenntnis der Naturvölker ließ aber andere Gesichtspunkte hervortreten. Es zeigte sich, daß auch bei verschiedenen niedrigen Naturvölkern, z. B. in Australien (Brown, Spenc., Spenc. und G. Thom. [06], [07]), sich vaterrechtliche Einrichtungen finden, wie vor allem Hartland und Lowie gegen die ältere Schule geltend machten.

Außerdem stellte sich heraus, daß das konsequente Mutterrecht gar nicht bei den niedrigsten Naturvölkern heimisch ist, sondern gerade bei besonders hochentwickelten, wie bei Mikronesiern und Polynesiern, bei den Pueblo-Indianern usw.

Sicher gibt es große, mehr oder minder geschlossene Komplexe der Verbreitung mutterrechtlicher Einrichtungen. Sicher spielt auch die Übertragung solcher Einrichtungen eine nicht unerhebliche Rolle. Für die Entstehung des Mutterrechts selbst vermag jedoch die Übertragungstheorie das Problem nur hinauszuschieben, nicht zu lösen.

γ) Bei genauerer Untersuchung der verschiedenen Lebensbeziehungen zeigt sich, daß die Mutterfolge selten nach allen Richtungen hin sich geltend macht. Kaum je kommt sie ohne jegliche Beimischung von Gesichtspunkten der Vaterfolge vor: manchmal werden die Vermögensstücke nach dem einen Gesichtspunkte, Würden oder Fertigkeiten nach dem anderen Gesichtspunkte übertragen, oder die Meidungen und Heiratsvorschriften weichen wieder von der Art der Nachfolge in der Häuptlingsschaft ab. So findet man, wenn von Mutterrecht gesprochen wird, häufig nur einige oder mehrere der eingangs gekennzeichneten Sitten vor, denen nicht immer gleicher Wert beigemessen werden kann.

Das weist uns darauf hin, daß wir an das Problem von einer ganz anderen Seite herantreten müssen. Für die Entstehung des Mutterrechts und namentlich für dessen einseitige Ausgestaltung sind gerade die „ambivalenten" Normen bei den Jäger- und Sammlervölkern, wie z. B. bei den Bergdama, außerordentlich lehrreich: die Söhne erben das Fang- und Jagdgerät des Vaters, die Töchter die Koch- und Sammelgeräte der Mutter. Wir sehen dabei, daß die Gegenstände des Erbguts an die charakteristische Tätigkeit des betreffenden Geschlechts gebunden sind. Bei Völkern, bei denen die Frauen von der Sammeltätigkeit zum Grab-, Hack- oder Gartenbau übergingen, wurde der Besitz an weiblichem Gut gerade dadurch erweitert und deshalb die Vererbung der Gegenstände unter den Frauen, also in der mütterlichen Linie, wichtiger. Da die Bedeutung der Frauen weiterhin vermöge des Feldbaues noch dadurch hervortrat, daß sie eine verhältnismäßig gesichertere und oft auch reichhaltigere Nahrung zur Verfügung stellen konnten (wohl ausgehend von der Sorge für das Kind), fand bei den Völkern, bei denen der Grab- oder Hackbau Verbreitung gewonnen hatte, die Übereignung des weiblichen Besitzes, insbesondere auch ihrer Kinder, in Gestalt einer Nachfolge nach der Mutter vorwiegend Beachtung und gelangte zur systematischen Entfaltung und Ausbildung in den Einrichtungen und Gedankensystemen. In der Tat sehen wir das Mutterrecht als eine Spezialentwicklung bei Feldbau-Völkern besonders ausgebildet. Natürlich sind späterhin, wohl durch Heiraten, Auffassungen, Gedankengänge und Vorstellungen von den einen zu den anderen Stämmen übertragen worden, namentlich dort, wo eine starke Berührung, wie unter den Indianerstämmen der großen nordamerikanischen Ebene, stattgefunden hatte. Dabei fehlt es bei allem Zurücktreten der Vaterfolge doch niemals ganz an vaterrechtlichen, ja mitunter nicht an patriarchalischen Zügen, sogar in diesen vorwiegend mutterrechtlichen Geweinwesen. Für Südamerika s. Steinen [97] 258f; für Australien Brown [10], Thom. [07] 48ff, 55, 59; Spenc. [14] 263, 324, 347.

Den Ausgangspunkt für das Mutterrecht bildet somit die scharfe Arbeitsteilung und das Sonderleben der Geschlechter, die Trennung der weiblichen von der männlichen Lebenssphäre, namentlich in den nomadischen Familien der Wildbeuter. Unter günstigen Umständen, wie sie die Entwicklung des Feldbaues mit seiner Vergrößerung der zusammenlebenden Gemeinschaft zu Großfamilie, Sippe oder Klan ermöglichte, wurden die weiblichen Beziehungen einer Person stärker betont. Damit konnten sich gut gerontokratische Heiratssitten verbinden, wodurch die verschiedenen sexuellen Beschränkungen und Heiratsordnungen ihre Prägung erhielten.

Das Bestehen des Avunkulats, die bevorzugte Beziehung zwischen Mutterbruder und Schwestersohn, braucht unter diesen Umständen keineswegs als Überbleibsel eines früher stärker ausgebildeten Mutterrechts angesprochen zu werden. Nach den obigen Ausführungen genügt es, wenn wir sie als Rückstand aus einer Zeit auffassen, in der allerdings die Anlehnung der Frau an ihre Sippe, insbesondere an ihren Bruder, stark war, in der auch Sippe und Bruder sich der Frau und ihrer Kinder in besonderer Weise annahmen. Eine weitere Ausdehnung mutterrechtlicher Sitten und Auffassungen ist darin in keiner Weise inbegriffen, eine solche Annahme wäre unberechtigte Verallgemeinerung. Diese bevorzugte Beziehung braucht keineswegs von einem konsequent und extrem durchgeführten Mutterrecht „übrig" geblieben zu sein.

δ) Für die Erschütterung des Mutterrechts ist teils der Zusammenstoß mit patriarchalischen Hirtenräubern von großer Bedeutung gewesen und die daraus sich ergebende Zerschlagung der Sippen, teils die größere Wichtigkeit, die bewegliche wirtschaftliche Werte erforderten. Es fällt z. B. auf, daß die Väter gewissermaßen ihre Kinder „verdienen" müssen, denn die Kinder gelten nach mutterrechtlichen Anschauungen als ein Produkt der Frauen, werden aber dann wirtschaftlich eingeschätzt. — Vgl. dazu Pall. [1776] 1 314ff.

Damit, daß auch die Frauen, und zwar im Anschluß an ihre Leistungen als Pflanzerinnen und Kindergebärerinnen wirtschaftlich bewertet werden und der Frauenkauf aufkommt, wird mit der Frau auch ihre Frucht, das Kind, gekauft und erworben. Eine bis dahin nicht gekannte wirtschaftliche Einstellung greift Platz. Die Vaterfolge hängt häufig von der Zahlung des Brautpreises ab.

Wenn Übertragungen von Vaterrecht oder Mutterrecht hier und da auch auf ganz enge lokale Einwirkungen zurückzuführen sind, so dürfte doch der allgemeine Übergang von betontem Mutterrecht zu einer nachdrücklichen und konsequenten Hervorhebung der Vaterfolge und des Patriarchats in gewissen Zentren vor sich gegangen sein, von denen die eine oder die andere Auffassung ausgestrahlt und sich verbreitet hat. Als solchen Mittelpunkt für die Betonung des Mutterrechts dürfen wir die Feldbau treibende Lebenssphäre der Frau auffassen, für die Ausgestaltung des Patriarchats das Wander- und Räuberleben von Hirten. Dabei ist das erstere mit im allgemeinen friedlicher Seßhaftigkeit und konservativem Sinn verbunden, während das letztere Beweglichkeit und Veränderungen mit sich bringt.

Es ist unter diesen Umständen nicht verwunderlich, daß wir unter den aktiveren und aggressiveren europäischen Stämmen der Frühzeit, die wir als vielfach viehzüchterisch lebend kennen, nur vereinzelt mutterrechtlichen Spuren begegnen, und daß diese am stärksten in dem bevorzugten Verhältnis von Mutterbruder zu Schwestersohn auftreten.

Aus Europa ist das Mutterrecht der Basken bekannt. Frauen besitzen Eigentum und vererben ihre Rechte an ihre Kinder. Die väterliche Autorität ist gering (Cord. [69] 42f s. a. Hrsp. [29] 165). Höchstwahrscheinlich handelt es sich hier um sehr alte Sitten, auf die schon Strabo (165) anspielt, wenn er sagt, daß in Spanien Frauen an der Spitze der Familien ständen. — Auch von den alten Pikten an der schottischen Grenze wird Mutterecht berichtet (Zimm. [94] 209). Königtum und Zauberei wurde bei den alten Kelten dem Schwestersohn vererbt (Rhys [01] 637; Meyer K. [20]; Poky. [11—12], Castillejo [05]).

Verschiedenen Gestalten einer Urmutter oder Stammutter begegnen wir in Griechenland in der Persönlichkeit der Rhea, der Frau des Kronos (Homer Il. XV 187, Hesiod Theog. 634, 485ff), die in Kreta lokalisiert wurde. Ein alter Muttergotteskult fand sich auch in Athen (Agora; Äsch. I 60), mit dem Feste zusammenhingen. Seit dem 5. Jahrhundert wird Rhea mit der phrygischen „großen Mutter“ (Euripides Bacch. 58ff, 127ff) identifiziert. Doch auch Demeter wurde als Tochter der Rhea mit dieser zusammengeworfen (Hes. Theog. 454); Rhea wurde auch der Kybele gleichgesetzt, und diese wieder mit Ištar (s. d.; Lucian, de Dea Syria 15; vgl. Meyer Ed. [07—09] 1/2 649). In Rom wurde der Kult der großen Mutter schon durch die Decemvirn eingeführt (Livius XXIX 10), und zwar zusammen mit einem heiligen Zauberstein, der für das Gottesgericht gebraucht wurde.

Bekannt ist, was Tacitus (Germ. 20, Ann. XII 29) von den Germanen über die Autorität des Mutterbruders berichtet. An der Spitze des Stammbaumes stand bei den Langobarden eine Frau. Auch im Nibelungenlied und in der Edda kommen wiederholte Anspielungen auf mutterrechtliche Einrichtungen vor (vgl. a. Dargun, Delbrück, Hirt, Schrader, Vinogradoff 1, sowie § 8 in „Germanen“ B, Reallex. d. Vorgesch.).

Mutterrechtliche Einrichtungen sind z. B. bei den amerikanischen Feldbauern ziemlich verbreitet und gelangten in einzelnen Gegenden zu extremer Ausbildung: bei den Huronen waren die Frauen die Häupter der Haushaltungen; sie wählten die Häuptlinge und bildeten die Mehrheit im Stammesrat: ähnlich war es bei den Pueblo-Indianern (Tewa). Das Haus galt als Eigentum der Frau, die Heirat war matrilokal, und die Kinder wurden der Mutter zugerechnet. Analoge Zustände herrschten bei den Caddoan (Pawni, Arikara), bei den Muschkogi (Crik, Choctaw, Seminole), bei den Yuchi und Timucua. Manchmal gehen aber auch Mutter- und Vaterfolge durcheinander, oder einzelne Stämme beobachten die eine, andere die andere. Während die Sioux-Stämme hauptsächlich vaterrechtlich sind, neigen doch die ihnen angehörigen Biloxi, Tutelo, Crow, Hidatsa, Oto und Mandan zu Mutterrecht usw. (Morg. [51] 84ff, 325f; Wissl. [22] 162ff; Rad. [10] 214). — Bezüglich Indiens vgl. u. a. O'B. [11], Rich. [14], Riv. [13] und [06], Vinogd. [20], Heine-G. [21]. — Über Mutterrecht in China s. Quist. [15]; bei den Mandschus Shirok. [24]; bei den Semiten Kohler [89] [05]; vgl. a. Slgm. B. Z. [24].

Die Fortpflanzungstheorie. — Bei Berechnung der Abstammung für die Nachfolge im Rang und in der Mitgliedschaft der sozialen Gruppen und Schichten sowie für den Erbgang im Besitz ist auf den Trobriands-Inseln, östlich von Neu-Guinea (Südsee), die mütterliche Verwandtschaft allein entscheidend. Es ist ein Gebiet scharf durchgeführten Mutterrechts, das außerdem durch ganz bestimmte Lehren über die Bedeutung der Mutterschaft gestützt wird. Der Mutterbruder gilt als der wahre Beschützer des Knaben, und eine Reihe von gegenseitigen Rechten und Pflichten verstärkt das Band zwischen den beiden, während der Vater nur der Freund von seiner Gattin Kindern ist, mit denen er sich jedoch gefühlsmäßig verbunden zeigt. Die physiologische Vaterschaft ist bei den Trobriandern nicht nur unbekannt, sondern sie wird auf das nachdrücklichste geleugnet. Die Empfängnis der Mutter findet nach der Auffassung der Trobriander durch Geister statt, die aus der See kommen. Trotz dieser Lehre und trotz der starken Bande von Sitte und Recht, die zwischen Mutterbruder und Schwesterkindern bestehen, herrscht doch selbst hier eine Tendenz von seiten des Vaters, für die Kinder seiner Frau soviel zu tun, als es innerhalb der herrschenden Schranken möglich ist (Mal. [22] 71f).

Bei den Aschanti Westafrikas wird die Abstammung in weiblicher Linie berechnet, und die Autorität in der Familie liegt hauptsächlich in den Händen des Mutterbruders (*wofa*). Das „Blut“ wird nach Ansicht der Aschanti nur durch die Frauen übertragen, nicht durch die Männer, und zwar deshalb, weil es sinnlich wahrnehmbar bei der Geburt und Menstruation der Frauen in Erscheinung tritt. Der Ausdruck für Sippe = *abusua* wird gleichbedeutend mit dem Ausdruck für Blut (*mogya* oder *bogya*) gebraucht. Klan oder Blut entscheidet die Nachfolge im Erbgang, mag es sich um Würden oder um Besitz handeln. Dem Manne wird nur die Übertragung von *ntoro* = Geist, in eigentlicher sinnlicher Bedeutung = Samen, zugeschrieben. *Ntoro* wird als von geringerer praktischer Bedeutung erachtet, außer für die unmittelbare Verbindung der Geschlechter. Der Wert der Frauen wird in dem Sprichwort formuliert „Eine Frau hat einen Mann geboren". Sie pflegt zu sagen: „Nur ich kann Blut eines Königs übertragen. Wenn mein Geschlecht im Klan ausstirbt, so geht er zugrunde." — Die Lebenden hängen aber, auch nach den Anschauungen der Aschanti, mit den Toten und ihren Geistern zusammen. Da die Geister der Abgeschiedenen auf der Erde wiedergeboren werden, haben sie Interesse daran, daß ihr Klan nicht ausstirbt. Aus diesem Grunde soll auch niemand anders auf dem Thron des Klans sitzen als ein Mitglied desselben oder wenigstens einer, der den Namen des Klans trägt und darum als Angehöriger betrachtet wird (Ratty. [23] 77ff).

Bedeutung des Mutterrechts für Heirat und Ehe. — Ein mutterrechtlicher Zug ist auch die Abhängigkeit der Frau von ihrem Bruder. Namentlich nimmt dieser vielfach den Kaufpreis entgegen. Für die Frage der Rückkehr einer geschiedenen Frau zu ihren Kindern ist bei den Wadschagga Ostafrikas das Einverständnis des Bruders der Frau wichtiger als die Stimme des zweiten Ehemanns. In der Regel wenden sich deshalb die Kinder zuerst an den Mutterbruder und bitten ihn um Beistand für ihr Vorhaben (Gutm. [26] 207f).

Dieses Verhältnis zwischen Bruder und Schwester wird man nicht mit Unrecht, wie es Gutmann tut, darauf zurückführen, daß ursprünglich die Sippe endogam war, daß also die Verbindung zwischen Sippenbruder und Sippenschwester erlaubt war. Gutmann meint, daß die Endogamie wegen der Blutrache verboten wurde. Eine Frau der eigenen Sippe, die keinen Bluträcher für ihre Angehörigen hatte, war innerhalb ihrer Gruppe der Willkür des Mannes preisgegeben. Auch konnte eine Frau hinwiederum ohne eine für sie bürgende Verwandtschaft leichter Unheil anrichten: etwa Mann oder Kinder töten, ohne daß etwas gegen sie unternommen werden konnte. Die Energie, mit der die Ehe mit der Sippenschwester verpönt wird, läßt deutlich erkennen, daß sie einst eine Gewohnheit war. — Der entsprechende Wechsel des Gedankensystems dürfte nach Gutmann (158) mit der Erweiterung der nomadischen Jäger-Großfamilie zur (seßhaften Feldbau-)Sippe eingetreten sein, die sich um den Gedanken der Abstammung von einem Elternpaare scharte.

Die Stellung des Mutterbruders gegenüber dem Schwestersohn wird nicht allein durch die nicht seltene Art der Verwandtschaftsbeziehungen von seiten der Frau oder Frauen des mütterlichen Onkels zum Neffen als ihrem „Gatten" gekennzeichnet, sondern außerdem noch durch charakteristische Redensarten, wie sie herkömmlicherweise geführt werden, z. B. bei den südafrikanischen Thonga. Manchmal weist der Mutterbruder auf eine seiner Frauen und sagt zum Neffen: „Dies ist deine Frau. Behandle sie gut!" Die betreffende freut sich darüber und bereitet ein Festmahl für den Neffen, den sie „Gatten" nennt. Dieses Necken geht so weit, daß der Neffe zum

Onkel manchmal sagt: „Beeile dich und stirb bald, damit ich deine Frau haben kann!" Der Onkel erwidert: „Willst du mich etwa mit einer Flinte töten?" Vielerlei Freiheiten nimmt sich der Neffe gegenüber der Frau seines Mutterbruders heraus, insbesondere in den Klans der Ronga. Indessen kommt es nie zu geschlechtlichem Verkehr, solange der Onkel lebt; sollte sich das indessen doch ereignen, so hat der Neffe eine hohe Strafe zu zahlen, wie für Ehebruch. Nach dem Tode des Mutterbruders erbt er vielleicht die Tante, doch wird sie nie sein volles Eigentum; sie wird ihm nur überlassen, aber die Kinder fallen den männlichen Verwandten des Mutterbruders zu. Im ganzen Stamme wird das Recht anerkannt, die Frau des Mutterbruders zu erben, und bei den Ronga wird sie aus diesem Grunde vom Neffen schon immer als *nsati* (Gattin) bezeichnet (Jun. [12] 1 228).

Der Schwestersohn ist bei den südafrikanuschen Thonga stets Gegenstand besonderer Fürsorge von seiten seines Mutterbruders: ist er das erstgeborene Kind, so bereitet er auch in zeremonieller Weise aus Antilopenhaut das Tragleder (*ntehe*) des Kindes (Jun. 1 44). Wird das Kind nicht mehr gestillt, so hält sich der Schwestersohn jahrelang im Dorfe der mütterlichen Verwandtschaft auf, die Schwestertochter so lange, bis sie herangewachsen ist. Heiratet letztere, so beansprucht der Mutterbruder einen Anteil am Kaufgeld. Der Vater darf ihm diesen nicht vorenthalten, sonst ermahnt ihn der Mutterbruder mit den Worten: „Fürchtest du nicht die Geister? Der Mutter Geister werden dich töten! Deine Tochter wird keine Kinder bekommen! Hast du sie allein in die Welt gebracht? Haben unsere Leute nicht Anteil daran, daß sie herangewachsen ist? Und ist deine Frau nicht durch die Hilfe dieser Geister geworden? Ihr Bruder hat ein Recht auf seinen Anteil!" Wenn der Kaufpreis abgeliefert wird, werden der mütterliche Onkel und alle Verwandten der Mutter zu dem Fest geladen; für sie wird ein besonderer Teil vom Festrind (*njimba*) reserviert, und zwar besteht dieses Stück aus dem Bauchteil vom Sternum bis zu den Hinterbeinen. Die anderen mütterlichen Verwandten erhalten an dem Tage, an dem die Braut in das Dorf ihres Bräutigams geleitet wird, eine besondere Gabe in Gestalt einer jungen Kuh und das Fell, in dem die Braut von der Mutter getragen wurde, als sie ein kleines Kind war. Anderseits statten die mütterlichen Verwandten die Braut mit Hacke, Salböl, Matte, Kleidungsstücken und manchmal auch noch mit Armringen aus; Tante oder Onkel väterlicherseits geben nichts. Sollten die mütterlichen Verwandten keinen Beitrag zu der üblichen Aussteuer leisten, so bekommen sie auch nichts vom Anteil an den Geschenken. Vor allem aber tragen die mütterlichen Verwandten zu den Opfern des Schwestersohnes bei. Dies wird in folgender Weise formuliert und begründet: „Die mütterlichen Verwandten verrichten die Opfer, weil sie den Stamm darstellen. Der Vater bildet nur wegen der Ochsen den Stamm. Die Mutter ist jedoch der wahre Stamm; in ihr wohnen die Ahnengeister, sie macht das Kind wachsen." Stirbt sie, wenn das Kind noch klein ist, so lebt dieses nicht weiter. Im Dorfe der Mutter sind die Ahnengeister. Auch bei den Todeszeremonien fällt den mütterlichen Verwandten die Hauptrolle zu (Jun. 1 164, 253ff). — Vgl. Hoc. [14], [15], [23] für die Fiji-Inseln der Südsee;

sowie Hahl [07] 313; Collc. [23] 223; Peek. [08]; auch Fraz. [10], O'Br. [11] für Indien.

Bei den Bergdama Südwestafrikas ist des Vaters Schwester die Hauptperson, welche die Brautwerbung für ihren Neffen leitet (Vedd. [23] 52). Irgendwelche Vorschriften in bezug auf die Wahl der Ehepartner bestehen nicht. — Für Australien vgl. Brown [10].

Unter den südamerikanischen Aruaken herrscht Mutterfolge, und niemand darf einen Partner des gleichen Familiennamens wählen. Die Mutter vererbt den Familiennamen auf ihre Tochter und diese wieder ihren Kindern. Doch sind von weiblicher Seite immer Verbindungen mit der Familie des Vaters erlaubt, z. B. mit dem Bruder des Vaters oder mit dem Vetter väterlicherseits. — In etwas veränderter Weise kommt das Mutterrecht bei den Makusi zur Geltung: hier darf der Oheim väterlicherseits seine Nichte nicht heiraten, weil sie als nächste Verwandte seiner Brüder und Schwestern gilt, und weil er von ihr „Vater" genannt wird. Doch darf er sich mit der Tochter seiner Schwester, der Frau seines verstorbenen Bruders oder mit seiner Stiefmutter nach dem Tode seines Vaters verbinden. Bei den Taurepang kann ein Mann sich nicht mit der Tochter seiner Mutter Schwester verbinden, er darf dies aber mit der Tochter seines Vaterbruders und der seiner Vaterschwester usw. (Roth W. E. [24] 672f). — Vgl. a. Boas [22]; Pars. [21].

Kind, Adoption und Erbgang im Rahmen des Mutterrechts. — Trotz des verhältnismäßig geringen Besitzstandes der Wildbeuterstämme der Bergdama von Südwestafrika wird das Erbe doch nach festen Regeln verteilt. Die Erbmasse besteht in der beweglichen Habe: in Jagdgeräten des Mannes, in den Holzschüsseln, Eimern, Töpfen, jetzt auch in Messern und Beilen, in Kleidungsstücken, soweit sie dem Verstorbenen nicht mit ins Grab gegeben werden, endlich auch noch in persönlichem Besitz an Ziegen und Hunden; in neuster Zeit kommen auch Rinder in Betracht. Gemäß der strengen Arbeitsteilung unter den Geschlechtern sind auch die verschiedenen Geräte und Werkzeuge gewissermaßen an das Geschlecht gebunden. Darum ist der älteste Sohn Erbe des Vaters, die älteste Tochter Erbin der Mutter. Ist der Sohn noch zu jung, um sein Erbe antreten zu können, so nehmen der Großvater, die Brüder des Vaters oder die Männer der Schwestern des Vaters nach Altersrang die Gegenstände in Gebrauch und Verwahrung. Ähnlich ist es bei der Tochter, bei der die Großmutter mütterlicherseits, die Schwestern der Mutter oder die Frauen der Brüder der Mutter die Dinge in Verwahrung nehmen. Nicht vererbt wird die Hütte, die entweder angezündet oder abgebrochen wird, da man sich scheut, den Ort, der durch den Tod verhängnisvoll wurde, wieder zu bewohnen. Auch die Ziegen, die im Besitz der ganzen Sippe stehen, werden natürlich nicht zur Erbmasse gerechnet (Vedd. [23] 143f).

Die Jäger- und Sammlervölker nehmen gegenüber dem Mutterrecht keine einseitig akzentuierte Stellung ein. Manchmal tritt stärker die Neigung zur Vaterfolge, manchmal mehr die zur Mutterfolge hervor. Das erstere ist zum Beispiel bei den Bergdama der Fall. Der erstgeborene Sohn wird bei diesen *χeirob* = 'kleines Kudu' genannt, da dieses Wild als Sinnbild der Kraft gilt. Der jüngste Sohn gilt als „Muttersöhnchen", das bei der Mutter zurückgeblieben ist, nachdem die anderen bereits das Nest verlassen haben und eine eigene Hütte in der Werft besitzen (Vedd. [23] 44). — Der Familienname wird in eigenartiger Weise vererbt: nämlich vom Vater auf die Tochter, von der Mutter auf den Sohn. Bei Knabennamen kommt es jedoch vor, daß mit dem von der Mutter ererbten Familiennamen auch der des Vaters verbunden wird und manchmal der Kürze halber der Muttername wegfällt (ebd. 48).

Bei den Kai-Leuten im Hinterland der Nordküste von Neu-Guinea, Jägern und Fängern, deren Frauen aber schon zum Grabstockbau übergegangen sind, tritt das Mutterrecht bereits deutlich hervor. Kinder, Schweine und Schmuckstücke bilden die wertvollste Hinterlassenschaft. Die Schweine werden beim Trauermahl für die ganze Verwandtschaft geschlachtet. Die Schmuckstücke, wie Eberhauer und Taschen mit Hundezähnen, erben die Brüder und allenfalls die Mutterbrüder des Mannes. Die Kinder fallen beim Tode der Mutter an deren Brüder und Onkel. Die Mädchen werden ihnen sofort ausgeliefert, die Knaben läßt man dem Vater zur Ernährung, wofür sie ihm bei der Arbeit helfen. Aber wenn sie erwachsen sind, müssen sie auch den Mutterbrüdern an die Hand gehen. Dafür kaufen die Verwandten zusammen den Burschen eine Frau. Erst dadurch, daß der Vater den Sohn ernährt, versorgt und großzieht, also alle Mühe mit ihm hat, erwächst für ihn der Hauptanspruch auf ihn. Bei seinem Tode fallen die Söhne ganz den Mutterbrüdern zu. Die Eingeborenen begründen das Mutterrecht mit den Beschwerden der Schwangerschaft und den Schmerzen der Geburt, das Bruder- und Onkelrecht mit der Verwandtschaft. Die Brüder und Onkel erben die ganze Hinterlassenschaft einer Frau, ihre Töpfe, ihre Tragnetze und ihr Feld, soweit die Früchte nicht beim Trauermahl aufgezehrt wurden. Die Tochter erhält weder von der Mutter noch vom Vater etwas, der Sohn jedoch die Fruchtbäume, die sein Vater gepflanzt hat (Betel- und Kokospalmen, Pandanus- und Brotfruchtbäume). Sind die Söhne beim Tode des Vaters schon erwachsen, und leben keine Angehörigen desselben mehr, so sind sie die nächsten Erben. Der nächste Erbe nach dem eigenen Sohn ist der Sohn der Schwester. Die Häuptlingschaft geht immer vom Vater auf den erwachsenen Sohn über. Falls ein solcher nicht vorhanden ist, auf den Sohn der Schwester. Der nächste Erbe nach diesem ist das Enkelkind (Keyss. [11] 92f, 100). — Vgl. a. Chinn. u. Beav. [15].

Die Stellung der Muttersippe ist bei den Dschagga-Negern Ostafrikas zu jedem Kinde anders. Auf den erstgeborenen Sohn ihrer Schwester hat sie, wie erwähnt, keinen Anspruch; der jüngste gilt als der Verkörperer ihres Anteiles und wird „der fürs Großmütterchen" (*lja kekuje*) genannt. Der Erstgeborene wird mit dem Namen seines väterlichen Großvaters begrüßt. Dem liegt der Glaube zugrunde, daß der Großvater im Enkel sich verkörpere. Bei der Geburt eines Mädchens sagt man noch heute: „Wir haben Großmütterchen auf dem Hofe". Bewußt geglaubt wird die Wiedererscheinung des Großvaters heute wohl kaum noch unter den Wadschagga, sondern man deutet sich diesen Brauch nunmehr als ein Werben um Gunst bei den Ahnen. Der Jüngste wird mit dem Namen seines Großvaters mütterlicherseits begrüßt. Die bevorrechtete Stellung des erst- und letztgeborenen Sohnes bei der Erbteilung hängt wohl auch mit diesem Glauben zusammen (Gutm. [26] 233ff).

Bei den Dschagga bestand früher die Sitte des Anerkennens des ersten Kindes durch die Schwiegereltern der Mutter. Insbesondere herrscht zwischen dem Schwiegervater und der Schwiegertochter vor der Geburt ein strenges Meidungsverhältnis, das Gutmann auf die Angst vor dem neidischen Blick des Schwiegervaters zurückführt. Unter bestimmten zeremoniellen Reden und Handlungen wird das neugeborene Kind etwa eine Woche nach der Geburt, nachdem der Nabel abgeheilt ist, den Schwiegereltern gezeigt, die u. a. fragen: „Laß sehen, ob du uns etwas zugebracht hast, das ein Fremdzeichen trägt, wie es bei uns nicht vorkommt?" Nachdem das Fehlen eines solchen festgestellt wurde, zerkaut der Schwiegervater eine Banane im Mund und überführt den Brei in den des Kindes. So füttert er es mit „zwei Backen voll" und spricht danach: „Ich ergreife Besitz von meinem Enkelkinde, nun gehe ich ins Alter mit meiner Frau usw." Beim Mädchen vollzieht letzteren Akt die Schwiegermutter. (Es gilt als ungehörig, daß eine Frau, die Großmutter geworden, noch Kinder bekommt; ebd. 133). Nach weiteren Zeremonien vereinigt der Schwiegervater am folgenden Tage seine Sippenbrüder und gibt ihnen bekannt: „Ich habe ein Kind bekommen hier auf unserem Grunde, jetzt denke ich daran, wie ich die junge Mutter mit Fett salbe." Darauf werden zwei Ziegen geopfert usw. Den Kern dieser Feier bildet die Aufnahme des Neugeborenen in die Sippengemeinschaft und seine Anerkennung als „gleichgeboren". Bezeichnenderweise geschieht die Aufforderung zur Darstellung des Kindes nicht durch den Schwiegervater der Frau, sondern durch seinen Bruder, der also noch heute die weitere Sippengemeinschaft innerhalb der Familie darstellt. Hierin zeigen sich Ansätze zur väterlichen Gewalt neben Resten mutterrechtlicher Einrichtung (Gutm. 217ff). — Vgl. a. Niese [03].

Der tatsächliche Einfluß der Frauen geht bei den Aschanti darauf zurück, daß hinter der Frau ihre gesamte Familie steht, mit der sie durch Blutbande verknüpft ist, und die sie vor schlechter Behandlung durch ihren Gatten oder dessen Sippe schützt; denn auch ihre Kinder gehören ihr und ihrem Klan, nicht dem ihres Gatten an. Ihr ererbtes oder erworbenes Eigentum schützt ihr Klan; es darf nicht von ihrem Gatten berührt werden. Stirbt sie, so dürfen nicht die Männer ihres Klans sie beerben, sondern alle weiblichen Angehörigen ihres Klans gehen voran (Ratty. [23] 77ff).

Die verschiedene Stellung zwischen den Nachkommen männlicher und weiblicher Linie gelangt bei den südafrikanischen Thonga darin zum Ausdruck, daß der mütterliche Großvater, der ob seines Alters respektiert wird, viel milder gegen das Enkelkind von seiten seiner Tochter als gegenüber dem Sohn seines Sohnes ist: macht es Unfug, so sagt der Alte: „Das geht mich nichts an, denn es handelt sich um Eigentum des Vaters des Kindes, nicht um mein Dorf." Die Begründung bezieht sich also auf die Sippenangehörigkeit des Besitzes. Dagegen verfährt er hart gegenüber seinem Enkelsohn männlicher Linie. Nimmt sich aber ein Enkelkind ihm gegenüber zuviel heraus, so verweist er es an seinen Mutterbruder (Jun. [12] 1 227).

Ein besonderes Recht des Mutterbruders bei den südafrikanischen Thonga besteht darin, mit Hilfe seiner Schwesterkinder sein Dorf vor der Gefahr des Aussterbens zu bewahren, wenn er selbst keine Kinder hat. In einem solchen Fall holt er seine unverheiratete Schwester in sein Dorf und nimmt keinerlei Kaufpreis (*lobola*) für sie an. Er sagt dann zu ihr: „Fürchte nichts, wenn du stirbst, werde ich dich begraben!" Diese Pflicht liegt nämlich dem Gatten ob; und der Bruder übernimmt damit die Pflichten des Gatten. Sie kann Liebhaber haben und gebiert vielleicht einen Sohn. Da keine *lobola* entrichtet wurde, fällt das Kind der Familie der Mutter zu, wie allgemein nach afrikanischer Sitte, wenn kein Entgelt für die Frau und ihre Kinder bezahlt wurde, und der Onkel gelangt so in den „Besitz" eines Sprößlings seiner Schwester, der auch den Familiennamen weiterträgt und so die Familie seiner Mutter vor dem Verschwinden bewahrt (Jun. 1 255).

Auf der mikronesischen Karolinen-Insel Yap wird die Angehörigkeit zum Totem in der mütterlichen Linie vererbt. Diese Totems leiten sich von Stammmüttern ab. Die Totems sind exogam und haben ihre traditionellen Meidungen. Die Groß-Familien dagegen besitzen ein Oberhaupt in Gestalt ihres Ältesten. Auch die Zugehörigkeit zu diesen Familiengruppen legt insofern Ehebeschränkungen auf, als Kinder desselben Vaters, ja sogar solche von zwei Brüdern, nicht einander heiraten dürfen. Die Kinder erhalten je nach dem Geschlecht den Namen des Vaters, der Mutter des Vaters oder der Mutter der Mutter des Vaters. Im Falle einer Scheidung bleiben die Kinder in der väterlichen Familie (Müll.-W. [17] 222ff).

Politische Zusammenhänge und Folgen des Mutterrechts. — Die Würde des Sippenhauptes (Werftoberhauptes) wird bei den Bergdama in derselben Weise vererbt wie die sachliche Erbmasse der Männer. Der älteste Sohn der Hauptfrau übernimmt die bevorzugte Stellung in der Werft. Im Falle der Unmündigkeit geht die Würde vorläufig an den über, der das Erbe verwaltet. Sind keine Söhne der Hauptfrau vorhanden, und versagt die Linie der nächsten älteren Verwandten, so geht die Häuptlingschaft an den ältesten Sohn der ältesten Schwester des Verstorbenen über (Vedd. 146).

Die verwandtschaftliche Berechnung nach der Mutter hängt gewöhnlich noch mit verschiedenen anderen Einrichtungen zusammen. So finden wir z. B. im melanesischen Gebiet der Südsee die Zweiteilung des Stammes überwiegend mit Mutterfolge verknüpft. — Andere Einrichtungen hingegen sind bald mit Mutterfolge verknüpft, bald nicht. So zeigen sich auf Sippengruppen begründete Heiratsbünde in Melanesien wohl sehr verbreitet, außer in St. Cruz, wo die Vaterfolge wenigstens auf einem Teile der Insel herrscht; ebenso besteht Vaterfolge in Verbindung mit sogenannter „totemistischer Exogamie" in der Landschaft Lau auf Malaita, und auf Fiji gehört ein Mann zu der Sippe (*matanggali*) seines Vaters usw. (Riv. [14] 2 91ff).

Das erwähnte Halbierungssystem ist indessen, wie angedeutet, nicht überall mit der Mutterfolge verknüpft, so z. B. nicht unter den Stämmen des zentralen Neu-Guinea im holländischen Teil. Die beiden Hälften sind streng exogam und totemistisch; jedoch folgen die Kinder in der Zugehörigkeit zur Gruppe dem Vater, und sämtliche männlichen Bewohner einer Siedlung gehören stets der gleichen Hälfte an. Dementsprechend werden die Siedlungen auch in *woya* (Känguruh)- und *wĕnda* (Beutelmarder)-Siedlungen unterschieden und ebenso auch die Männerhäuser bezeichnet (Wirz [24] 46ff).

Die Häuptlingswürde ist auf der sonst mutterrechtlichen Karolinen-Insel Yap mit dem Besitz eines bestimmten Grundstücks verbunden und wird mit diesem vererbt, und zwar, wie es scheint, vom Vater auf den Sohn. Müllers Darstellung ist hier nicht ganz klar; er erwähnt einen Oberhäuptling, der seine Würde als Mann seiner Frau, der Tochter eines früheren Häuptlings, bekleidet, und deren Sohn sein Nachfolger werden soll. Im allgemeinen wird das väterliche Vermögen vom Vater auf die Söhne vererbt. Sind Söhne nicht vorhanden, so erbt die Tochter. Von vier Grundstücken auf Yap wird jedoch berichtet, daß sie immer im gleichen Totem bleiben, somit durch Mutterfolge übertragen werden (Müll.-W. [17] 216, 222f, 227, 245, 251f). — Vgl. a. Erdl. [14].

Unter den *Ila*-sprechenden Völkern des nördlichen Rhodesiens gibt es dreierlei soziale Gruppen: die Familie, den Klan und die Gemeinde. Die Familie ist eine Großfamilie, die aus einem Mann, seinen Frauen, deren Kindern und noch anderen Anverwandten besteht. Der Vater leitet die Familie, obgleich seine Macht durch die Klangesetze beschränkt wird, vor allem dadurch, daß der Mutterbruder eine größere Macht über die Kinder besitzt als der Vater. Die Familiengruppe bildet nichts sehr Beständiges, denn Scheidung ist häufig. Solange jedoch die Mitglieder zusammenleben und gemeinsam in ihren wechselseitigen Interessen arbeiten, besteht auch Neigung unter ihnen. Der Vater bleibt jedoch immer Angehöriger seines Klans. Bei allen Konflikten zwischen Familie und Klan überwiegt der letztere gewissermaßen wie eine natürliche Verwandtschaft über eine künstliche. Die Kinder des Mannes verbleiben ihm wohl im Falle der Scheidung, werden jedoch nicht seinem, sondern ihrer Mutter Klan zugerechnet. Darum besitzt er auch weniger Macht über sie als deren Mutterbruder. Folgende Wendung wird unter den Ba-Ila gebraucht: „Dein Klan ist der der Mutter, deine Familie die des Vaters." Der Klan ist streng mutterrechtlich und totemistisch, d. h. er wird mit dem Namen eines Tieres, einer Pflanze oder eines Naturgegenstandes bezeichnet, mit dem man sich verwandt betrachtet, und gegen den man Respekt bezeugt; diese Klans sind exogam. Eine Hörige, die mit einem Freien verheiratet ist, wird zwar nicht selbst frei, jedoch ihre Kinder (ähnlich wie in Loango). Allein von dieser Regel gibt es ebenso Ausnahmen wie auch von der strengen Mutterfolge im Klan. — Darin scheinen sich wenigstens heute Änderungen zu vollziehen. Zum mindesten macht sich jetzt eine gewisse Unsicherheit geltend, und ein Nützlichkeitsprinzip tritt in den Vordergrund, wenn die Äußerung fällt: „Der wahre Klan ist der, dessen Angehörige dir helfen, wenn du in Not bist". — Die Gemeinde ist eine Siedlung unter einem Häuptling, worin hauptsächlich der Unterschied zwischen Hörigen und Sklaven gemacht wird (Smith u. D. [20] 1 283ff). — Vgl. a. Wing [21], Murr. M. [15], Mac Ld. [23], Slgm. B. Z. [25].

Auch im herrschenden Klan tritt unter den Aschanti die Bedeutung insbesondere der Fürstenmutter (*ohema*) hervor, wenn auch heute ihr Einfluß abnimmt. Namentlich beteiligt sie sich an der Wahl des Häuptlings, der auf den Thron kommen soll. Eigentlich gibt es zweierlei Throne: den älteren Thron (*okonua panyin*), welcher der der Fürstenmutter (*ohema*) ist, und den ihres Anverwandten, den Häuptlingsthron. Nur der letztere wird wirklich politisch anerkannt; der erstere kann nur von alten Frauen eingenommen werden, die nicht mehr den mit der Menstruation verbundenen Meidungen ausgesetzt sind. Der erwähnten „Mutter" fällt die Leitung der Beratung bei der Fürstenwahl zu, die sie mit den Kleinhäuptlingen und alten Männern verabredet, und wobei sie ein Vetorecht besitzt. Dem neugewählten Fürsten gibt sie in Gegenwart des ganzen Klans ihre Ratschläge als „Mutter", obgleich sie nicht in Wirklichkeit seine Mutter, sondern manchmal seine Schwester ist. Bei der Einkleidungszeremonie des neuen Fürsten leistet er ihr den Eid und sitzt zu ihrer Rechten nieder, wenn er die Huldigungen und Treuschwüre der versammelten Häuptlinge empfängt. Solange er Fürst ist, sitzt sie zu seiner Linken. Reist er weg, so begleitet sie ihn, außer in den Krieg. Auch wenn er Gericht hält, ist ihr Platz neben ihm; nur sie darf ihn, seine Sprecher oder Räte bei Gericht zurechtweisen, an den Gerichtshof sich wenden oder die Parteien ausfragen. An sie werden auch Bitten um Begnadigung und Milderung der Strafen gerichtet. Sie darf auch eine Frau für den Fürsten wählen, die seine „ältere Gemahlin" und ihre Nachfolgerin wird, wenn sie stirbt. Diese „ältere Gemahlin" oder, wenn sie schon sehr alt ist, deren Tochter übt die Regierung aus, wenn der Fürst im Felde ist. Sie nimmt dann auch des Fürsten Namen an, und die Fürstenmutter bezeichnet sie als „mein Kind" (*me'ba*), während sie die Fürstinmutter als „Mutter" (*ena*) anredet. Die betreffende „Gemahlin", ursprünglich eine Frau aus dem fürstlichen Harem, besitzt keinerlei Kenntnis der Sitten und Gebräuche wie auch des Gerichtsverfahrens, und daher fallen der „Fürstinmutter" tatsächlich alle erwähnten Obliegenheiten zu: sie hält Gericht ab und entscheidet die Fälle mit der vollen Macht des Fürsten. Ist jedoch der Fürst daheim, so scheint die „Fürstenmutter" die Jurisdiktion wenigstens über die Frauen und Dienerinnen ihres Hofes auszuüben, jedoch auch in Streitfällen zwischen dem Fürsten und seinen Frauen. Sie bedient sich auch ihrer eigenen „Sprecherinnen". In gewissen Fällen übt sie Gerichtsbarkeit bei Streitigkeiten unter Männern aus, wenn sich nämlich beide Parteien an sie wenden, was nicht selten deshalb geschieht, weil das Verfahren vor ihr billiger ist. Von den Prozessen, die vor dem Fürsten geführt werden, fällt ihr ein Teil der Gebühren bei der Eidleistung zu, und zwar ein Drittel. — Die Fürstinmutter soll täglich im „Palast" des Fürsten anwesend sein; erscheint sie nicht, so schickt der Fürst täglich einen Boten, um sich nach ihrem Befinden zu erkundigen. Nach den Zeremonien für die Geister der Ahnen darf der Fürst in sein Gemach nicht zurückkehren, bevor die Fürstinmutter ihn nicht begrüßt hat; ist es eine sehr alte Frau, so läßt sie ihn manchmal erhebliche Zeit warten. Die

Fürstenmutter übte früher einen großen Einfluß auf alle Frauen aus und nahm besonders an den Zeremonien bei der Geburt und bei der Reifeweihe teil, wie sie überhaupt den Wandel der jungen Generation überwachte. Dieser Einfluß ist jedoch in der letzten Zeit infolge der Europäer zurückgegangen, die sich immer nur an die Männer wandten (Ratty. [23] 77ff). — Vgl. für das Japan der Vortaikawazeit Heber [16].

Der Großfürst besaß bei den Loango des zentralen Westafrika früher eine Art Mitregentin, die auch das heilige Feuer zu bewachen hatte und oberste Beraterin in Rechts- und Staatsangelegenheiten war. Insbesondere galt ihre Person als Asylstätte für den, der sich vor ihr niederwarf und dann — wie bei Stämmen des Kaukasus — an ihren Brüsten saugen durfte (Pech.-L. [07] 162f).

Mutterrecht, Zeremoniell und Religion. — Der Schwestersohn nimmt sich bei den Thonga Freiheiten jeder Art gegen seinen Mutterbruder heraus, „wie ein Häuptling" — ähnlich wie auf den Fiji-Inseln. Kommt der Schwestersohn mit seinen Gefährten in das Dorf des Onkels, und riechen sie Fleisch, so locken die Frauen des Mutterbruders den Neffen, den sie als „Gatte" (*nkata*) titulieren, in die Hütte und verraten ihm, wo der Onkel, etwa in einem Korb hinten in der Hütte, Fleisch versteckt hat, und fordern ihn auf, es zu nehmen. Der Junge stiehlt das Essen, rennt damit weg und verzehrt es mit seinen Freunden. Kommt der mütterliche Oheim zurück und erfährt von dem Vorfall, so ist er zunächst böse; hört er jedoch, daß sein Neffe ihm den Streich gespielt hat, so zuckt er die Schultern und sagt: „Gut, wenn es der Schwestersohn getan hat, darf er nicht geschlagen werden!" Erscheint der Schwestersohn das nächste Mal, so sagt der Onkel zu ihm: „Du hast uns neulich beinahe verhungern lassen." Der Junge aber antwortet: „Gibt es noch mehr Essen, das ich nächstens wieder holen kann?" (Jun. [12] 1 227f). Junod (1 255ff und 2 535ff) sieht in diesem Verhalten den Überrest aus einem Zustand, da überhaupt die starke Hand eines Vaters fehlte und die Familienbeziehungen loser als jetzt waren. Insbesondere bei den religiösen Zeremonien erscheinen die Schwesterkinder als diejenigen, die geradezu die Ahnengeister vertreten, die bei den Opfern helfen und vor allem sie verzehren. Bei dem großen Regenopfer der nördlichen Klans wird Bier dargebracht, zu dem die Schwestertochter die Körner aus dem Getreidespeicher holt und in einen Topf schüttet, die erste Hand voll im Mörser stößt, den ersten Stoß mit dem Klöppel vollzieht und überhaupt jeden der komplizierten Akte des zeremoniellen Brauens einleitet. Sodann wird ein schwarzes Opfertier herangebracht und ihr ein Messer in die Hand gedrückt, um das Tier zu erstechen. Sie ist diejenige, die es den Ahnengeistern übergibt. Ähnliches vollzieht sich bei den großen Familienfesten. Dabei verfügen die Schwesterkinder über die Stücke, die den Ahnengeistern geopfert werden. Sie unterbrechen das Gebet, stehlen dann die Fleischstücke oder das Opferbier und rennen damit weg. Als Grund wird angegeben: „weil ein Schwesterkind den Speichel seines Mutterbruders nicht fürchtet" (Jun. 1 156ff, 255ff). — Bedenken wir die eigenartige verwandtschaftliche Beziehung, die zwischen Enkelkindern und Großeltern besteht, so hat es den Anschein, als wenn die Enkelkinder ursprünglich als Ahnen fungierten und agierten, und daß daraus ihre „Vertretung" herzuleiten ist. — Auch bei dem Unterricht der Jünglingsweihe ist es der Schwestersohn des Häuptlings, der die Vorbereitung für die Beschneidung beaufsichtigt, desgleichen auch für die Reinigungszeremonie des Totenessens (Jun. 1 146, 256).

Als religiös ist auch eine gewisse mystische Verbundenheit zwischen Mutterbruder und Schwestersohn zu betrachten, wie sie von Lambert (115—16) geschildert wird. Wenn einer unter den Neu-Kaledoniern beim Fischfang verletzt oder im Kriege verwundet wurde oder von einer Kokospalme fiel, so veranstaltete der mütterliche Verwandte ein Fest bei der Heilung des andern. — Zahlreich sind die Mythen, welche die Abstammung auf eine Urmutter zurückführen. So insbesondere in der Südsee, z. B. im Gebiet von Bogia (Neu-Guinea, Nordküste), unter den Sepa. Dort erscheint der Kasuar als solche Urmutter, von dem zwei Söhne als Stammväter der beiden Hälften (Taube und Schmetterling) der Klans auftreten, Jede der Hälften zerfällt in mehrere (vier) Sippen und diese wieder in Großfamilien, die sich aus Großvater, Vater und den Söhnen zusammensetzen, also vaterrechtlich orientiert sind (Schbst. [21—22] 1054; vgl. a. Peek. [10].

Eine ähnliche Mischung zwischen vater- und mutterrechtlichen Gesichtspunkten finden wir auch sonst in Neu-Guinea (Slgm. [10] 435—36, Anm. 458).

Die sexualen Sitten bei Mutterrecht. — Zwischen Bruder und Schwester wird bei den Bergdama Südwestafrikas strenge Meidung beobachtet. Einer darf nicht mit demselben Löffel wie der andere essen, nicht des anderen Sandalen gebrauchen oder aus derselben Pfeife rauchen. Aus der Hand der Schwester darf der Bruder keine Speise entgegennehmen; nur was sie für ihn auf den Boden legt oder in einer Schüssel hinstellt, nimmt er auf und genießt es usw. Indessen kommen trotz der strengen Meidungsvorschriften Geschwisterverbindungen vor. Sie sollen jedoch mit Züchtigung, ja manchmal durch Vertreibung der Geschwister bestraft werden (Vedd. 50f).

Bei den Kai-Leuten von Neu-Guinea, bei denen die Männer Jäger und Fänger sind, die Frauen aber Feldbau betreiben, herrschen nicht die Sitten des extremen Mutterrechts. Verboten ist hier die Heirat zwischen dem Mann und der Schwester seiner Frau, zwischen Mann und Schwiegermutter, endlich zwischen echten Geschwistern und Stiefgeschwistern, wenn sie die gleiche Mutter haben; gestattet ist jedoch die Verbindung zwischen Halbgeschwistern, die verschiedene Mütter haben, ebenso zwischen dem Bruder und der Schwägerin. Ein Vergehen gegen diese Sitte wird zwar nicht bestraft, doch gilt es als etwas, dessen man sich „schämen" muß. Verbindungen zwischen Mutter und Sohn, wie auch zwischen Vater und Tochter, sind zwar selten, doch kommen sie vor. Sie unterliegen nur übler Nachrede. Ein grundsätzliches Verbot der Heirat in irgendeine Sippe oder Dorfschaft gibt es nicht (Keyss. [11] 89).

Der Kampf zwischen Mutterrecht und Vaterrecht tritt auch bei den Loango der zentralafrikanischen Westküste in Erscheinung. Die Blutrache-Verpflichtung war mutterrechtlich gebunden (Pech.-L. [07] 468). „Fürst" wurde, wer eine „Fürstin" zur Mutter hatte (ebd. 175). Die Stellung dieser Fürstinnen war namentlich in sexueller Beziehung außerordentlich frei: sowie eine junge Dame ihr Reifealter erlangt hatte, fiel ihr Sitz und Stimme bei politischen Verhandlungen zu; sie wurde Richter und hielt den Blutbann auf ihrem Grund und Boden. Gatten konnte sie sich unbeschränkt ernennen und wieder entlassen, allerdings unter Beobachtung gewisser Zeremonien (ebd. 186ff).

Die Beziehungen zwischen Bruder und Schwester sind bei den Trobriandern von strengem Sexual-Tabu beherrscht: ein Bruder darf in Gegenwart der Schwester weder scherzen noch irgendwie freie Reden führen, sie auch nicht anblicken. Wenn sich ein Mann einer Gruppe nähert, in der seine Schwester plaudert, so kehrt er sich sofort ab und geht weg (Mal. [22] 71). — Die Heirat wird unter den Trobriandern weder als öffentliche noch als private Zeremonie gefeiert. Nach einer Zeit ungebundener Promiskuität finden sich Paare zusammen, die dann dauernd miteinander leben. Die Frau begibt sich dabei in das Haus des Mannes, und später geht ein Austausch von Geschenken vor sich, der jedoch keineswegs im Sinne eines Kaufs gedeutet werden kann. Die wichtigste Seite der „Ehe" ist die, daß die Familie der Frau ihren Unterhalt für ihr Haus zu bestreiten hat, auch verschiedene Dienste für den Gatten der Frau. Im allgemeinen nimmt man an, daß die Gattin dem Mann treu bleibt, doch behält sie ein großes Maß von Unabhängigkeit, während ihr Gatte sie gut behandeln muß, sonst verläßt sie ihn und kehrt zu ihrer Familie zurück. Dabei ist der Gatte gewöhnlich der wirtschaftlich verlierende Teil, denn er muß sie durch Geschenke und Überredungen zur Rückkehr zu bestimmen suchen. Bleibt sie nicht bei ihm, so findet sie einen anderen. Die Stellung der Frau im Stammesleben ist auch sonst außerordentlich günstig. Zwar nehmen Frauen nicht an den Beratungen der Männer teil, jede tut aber im allgemeinen, was sie will, und der weibliche Einfluß auf das Geschick der Gemeinde ist nicht zu unterschätzen. Die Bestellung der Gärten ist vor allem Frauensache, sowohl ihre Pflicht wie ihr Recht. Frauen beaufsichtigen auch gewisse Zeremonien bei den festlichen Verteilungen von Speisen sowie auch bei den Totenfeiern und der Zauberei. Da ein Kind dem Klan und der Dorfgemeinde seiner Mutter angehört, wird sowohl Besitz wie soziale Stellung und Rang nicht vom Vater auf den Sohn, sondern vom Mutterbruder auf den Schwestersohn übertragen (Mal. [22] 53ff). — Aus der Verpflichtung der Familie der Frau, für ihren Unterhalt zu sorgen, ergibt sich eine eigenartige Schwägerschaftsbeziehung. Die Familie der Frau arbeitet nämlich im wesentlichen für ihre Töchter und Schwestern, insbesondere arbeitet der Bruder für die Schwester, der Sohn für die Mutter. Allerdings werden die Geschenke durch Gegengaben, jedoch von geringerem Werte, vergolten. Der Gatte ist jedoch nicht für seine Frau, sondern für seine Schwester tätig (ebd. 180).

Das stark mutterrechtliche System der Natchez-Indianer verbindet sich mit außerordentlicher sexueller Freiheit, von der die alten Berichte voll sind. Indessen fehlt es auch hier nicht an väterlicher Autorität innerhalb der Familie (Swant. [11] 94ff, 108).

Mutterrecht und Vaterfolge. — Die Unsicherheit zwischen Vater- und Mutterfolge tritt bei einigen kalifornischen Stämmen zutage, wie bei den Pomo. In den nördlichen, östlichen und zentralen Gegenden dieser Stämme behauptet man, daß der Sohn dem Vater folgt. Bei den südlichen scheint sich dagegen für die Nachfolge in der Häuptlingschaft die Abstammung vom Mutterbruder erhalten zu haben, womit auch die Art der Verwandtschaftsnamen in Einklang steht. Die östlichen Pomo anerkannten auch weibliche Häuptlinge und besondere Häuptlingskinder, die für wechselseitige Heirat bevorzugt waren (Kroeb. [25] 259ff, vgl. a. 363).

Ein Verbot, sowohl in die Mutter- wie in die Vatergruppe zu heiraten, finden wir z. B. bei den Luiseño-Indianern Kaliforniens. Jede dieserGruppen galt als verwandt mit dem Kinde (Kroeb. 686, 835).

Bei den abessinischen Marea ist der Tochtersohn mit seiner mütterlichen Familie noch enger verbunden als bei den Bogos (Munz. [59] 75), da er seinen mütterlichen Onkel rächen darf; ein Verhältnis, das seine höchste Ausbildung bei den Barea und den Bazen erhalten hat. Doch werden die aus der Verwandtschaftsberechnung in der mütterlichen Linie sich ergebenden Ehehindernisse seit der Einführung des Islam nicht mehr streng eingehalten, und es ist vorauszusehen, daß in kurzem das mohammedanische Ehegesetz die alten Gewohnheiten verdrängen wird (Munz. [64] 207). Auch bei den Kunama gehört Leben und Freiheit eines Kindes dessen Mutterbruder, jedoch fällt das erworbene Gut des Kindes, ebenso wie das der Mutter, dem Vater zu. Über das Haus hinaus besteht kein Familienzusammenhang mehr. Das Haus ist die Grenze der Familie. Die einzelnen Familien bilden die Gemeinde (ebd. 477).

Obgleich bei den Trobriandern unter der Herrschaft orthodoxen Mutterrechts der Sohn den Mutterbruder beerbt, nicht den Vater, und obgleich die physiologische Vaterschaft geleugnet wird, gibt der Vater doch seinem Sohn Geschenke und vererbt ihm insbesondere seine Handelsfreundschaft im *Kula*-Spiel. Auch die zauberischen Kenntnisse werden frei und ohne Gegengabe vom Vater dem Sohne anvertraut; ferner kann der Besitz an Bäumen und von Gartenstücken im Dorfbereich vom Vater bei Lebzeiten dem Sohne zugewendet werden. Schließlich teilt der Vater besondere Leckerbissen wie Betelnuß oder Tabak gern mit Kindern und Frau (Mal. [22] 173). — Ebenso sorgt auch der Vater im Krankheitsfall für das Wohl der Kinder (ebd. 72).

Der Widerstreit zwischen Mutterrecht und Männeransprüchen erscheint bei den Thonga Südafrikas vor allem bei der Sitte des Frauenkaufes (*lobola*). Die Söhne eines Verstorbenen haben allein das Anrecht auf den Besitz ihres Vaters, auf seine Frauen und seine Geräte. Indessen treten auch hier die Schwesterkinder überall in Erscheinung und suchen etwas für sich zu ergattern. Die Schwestersöhne erheben Anspruch auf die Frauen ihres Mutterbruders (Jun. 1 206, 157). Wenn die Geräte verteilt werden, so verlangen sie ihren Anteil und erhalten z. B. ein kleines Messer, während das große dem Sohn gegeben wird. Dabei fällt das gewissenlose Verhalten der Schwestersöhne auf; sie machen den Eindruck von Leuten, die hypnotisiert sind, und denen ein bestimmter Auftrag zuteil wurde, wie durch einen mystischen Zwang getrieben und ohne zu wissen warum. Dieser hypnotisierende Faktor ist die mächtige Überlieferung, die immer noch im Stamme lebendig ist. — „Doch ist die Zeit des unbeschränkten Mutterrechts bei den Thonga vorbei", und die Stammbäume erwähnen nur die väterlichen Ahnen (Jun. 1 222). Die Sitte des Frauenkaufes, nämlich die wirtschaftliche Wertung der Frau, hat dort, wo der Mann auch bereits zu „arbeiten" anfing, zu einer Betonung des vaterrechtlichen Einflusses geführt (Jun. 1 357f).

Gegenüber dem herrschenden Mutterrecht macht sich bei den Loango eine patriarchalische Tendenz geltend. Den Anstoß scheinen Verbindungen mit Hörigen gegeben zu haben, also die soziale Schichtung. Die Kinder einer leibeigenen Frau können unter Umständen des freien Vaters fahrende und atmende Habe, nämlich Stoffe, Geräte, Handelsgüter, Haustiere und Hörige, erben. Die Kinder aus einer Verbindung mit einem Adligen gelten als „frei geboren", sie werden als „Vaterkinder", nicht als „Mutterkinder" betrachtet und „haben keine mütterliche Familie". Der Vater sorgt für sie bei Lebzeiten und sichert ihre Zukunft oft auf Kosten seiner Familie. Die Einreihung solcher Vaterkinder in einen rechtmäßigen Erbgang läßt sich durch folgende Berührungszeremonie herbeiführen: eine leibliche Schwester des Vaters oder eine andere gültige Verwandte seiner Muttersippe stützt die kreißende Mutter und legt nach der Geburt das Kind zuerst an ihre Brust. In gleicher Weise kann ein Herr auch seine Kinder aus standesgemäßer Ehe adoptieren. Ein solches durch die Geburt begünstigtes Kind einer Leibeigenen wird als „Erdkind" oder als „Gotteskind" bezeichnet. Gönnt der Vater ihm nicht die ganze Erbschaft, so muß er bei Lebzeiten eine entsprechende Verteilung vornehmen. Auf diese Weise vermag ein Adliger seine ehelich geborenen Kinder zu unmittelbaren Erben einzusetzen, ohne dafür besondere Bestimmungen treffen zu müssen. Er einigt sich mit seiner freien Frau und deren Familie zur Aufhebung des Mutterrechtes und kauft zu diesem Zwecke die Frau mit den Kindern regelrecht los, wodurch sie allen Rückhalt in ihrer Sippe verliert und mit ihren Nachkommen ihm leibeigen wird. Nachher schließt er mit ihr oft nochmals eine Ehe, aber eine von untrennbarer Art mit Blutbrüderschaft oder Seelenbündnis. Sie gelten dann als eine Person, und die Kinder können in der geschilderten Weise später das väterliche Vermögen erben. Gegen diese Umgehung hergebrachter mutterrechtlicher Sitte machen sich jedoch oft Ränke und Verbrechen geltend (Pech.-L. [07] 242f, 250ff).

In einem nicht unbedeutenden Teil der Fiji-Inseln besteht das Recht des Schwestersohnes darin, daß er die Opfergaben, die den Geistern und Göttern der Verwandten seiner Mutter dargebracht wurden, wegtragen darf. Ursprünglich stahl er diese Gaben bei dem Opferfest. Er allein konnte das nämlich tun, ohne Gefahr zu laufen, von den Angehörigen der Muttersippe deswegen bekämpft zu werden. Hoc. ([15] 642ff, 645) zieht aus den betreffenden Einrichtungen den Schluß, daß der Schwestersohn ursprünglich die Gaben wegtrug, die den verstorbenen Verwandten seiner Mutter dargebracht wurden. Diese Sitte hätte bei den Anverwandten der Häuptlinge begonnen, und da die Häuptlinge den Göttern und Geistern gleichgesetzt wurden, hätte sich diese Sitte überhaupt auf alle Opfer an die Götter und Geister der Muttersippe ausgedehnt. Neben diesem Weg wäre auch der über die verschiedenen Klanhäuptlinge möglich. Von diesem Vorrecht ausgehend, hätte sich die Sitte ausgebildet, daß der Schwestersohn nicht nur heilige, sondern auch säkulare Gegenstände von der Muttersippe stehlen darf. Denn der Schwestersohn nimmt auch das Erbe mit Gewalt und rücksichtslos: er tötet Schweine und verwüstet die Pflanzung. Ja, wenn der Onkel ein Häuptling ist, so benimmt er sich noch übermütiger, so daß sein Verhalten wie eine Revolte aussieht; die anderen sehen zu, und er ist stolz darauf. Insbesondere gilt diese Sitte innerhalb des Adels, und die anderen ahmen diese Gebräuche nach. Nur der Sohn des Onkels darf in diesem Falle Widerstand leisten und den plündernden Neffen schlagen (Hoc. [15], [23] 641). — Man hat den Eindruck, daß es sich bei dem Widerstande des Sohnes des Onkels gegen den Neffen um das Aufkommen der Forderung einer Kindernachfolge gegenüber dem Erbrecht des Schwestersohnes handelt, die sich jedoch noch nicht voll durchsetzen kann. Überhaupt dünkt mich, daß diese betonte Gewalttätigkeit auf eine Unsicherheit der Berechtigung in der Erbfolge des Schwestersohnes zurückzuführen ist, gegen die die Kinder zwar ankämpfen, die sie jedoch nicht unter allgemeiner Billigung zu durchbrechen vermögen.

Bei den ostafrikanischen Wadschagga zeigt sich, daß sozusagen der materielle Wendepunkt von einem früher überwiegenden Mutterrecht zu einem Hervortreten vaterrechtlicher Gesichtspunkte Hand in Hand mit dem Frauenkauf geht. Ein Anrecht auf die „Früchte der Ehe" besteht für die Sippe der Frau nur dann, wenn die Brautgabe (*ngosa*) für sie noch nicht völlig gezahlt wurde. Dafür nimmt der Bruder der Frau eines ihrer Kinder so lange zu sich, bis die Rückstände eingehen. Für dieses Geiseltum kommt niemals der erstgeborene Sohn in Frage. Er muß unter allen Umständen dem Vater zur Sicherung von Grund und Boden belassen werden. Meistens ist es der mittlere Sohn, der für seines Vaters Brautschulden zur Muttersippe in Schuldhaft geht. Wenn der Vater auch nicht so bald seinen Sohn durch Zahlung der Schulden loskauft, hindern doch religiöse Bedenken, daß der Sohn in die Muttersippe hinübergleitet. Das Kind darf nicht auf dem Grund und Boden seines mütterlichen Oheims beschnitten werden (was darauf deutet, daß die Beschneidung eine mit Vaterrecht — der Hirten — zusammenhängende Einrichtung ist). Läßt der Vater die Beschneidung selbst vornehmen, so verstärkt er damit sein Anrecht auf den Sohn. Der Oheim erhebt dann aber auch dringlicher seine Forderung auf Leistung der Rückstände. So mancher Vater überläßt es darum dem mütterlichen Oheim, das ihm vergeiselte Kind zu beschneiden. Diese Zeremonie findet gewöhnlich mit anderen Kindern zusammen auf einem Nachbarhofe statt. Insbesondere gilt dies für Mädchen; denn die Knaben werden später beim Häuptling beschnitten. Auch die Verheiratung überlassen diese Väter dem Mutterbruder des Kindes. Der Oheim darf dem Schwestersohn aber kein Heim auf dem eigenen Sippengrunde geben, weil man sonst den Untergang der eigenen Sippe herbeizuführen fürchtet. Mancher der Muttersippe vergeiselte Sohn löst sich selber durch Hirtendienste, nicht selten mit Hilfe des eigenen Mutterbruders, aus. Manchmal aber hängt das Herz eines Kindes so sehr an seinem mütterlichen Verwandten, daß es sich der Auslösung widersetzt. Dann bleibt der Betreffende wohl in Eß- und Gastgemeinschaft mit seines Vaters Sippe, wird auch mit seines Vaters Sippengruß, nicht mit dem des Mutterbruders, gegrüßt, seine Kinder aber gelten ganz als Glieder der Sippe seines Mutterbruders und wechseln auch den Sippennamen. Diesen Übertritt in die Muttersippe vollziehen auch solche, die sich auslösen konnten und es taten. Denn ein Bursche, der beim Mutterbruder sehen konnte, wie klug und tüchtig die Leute der Muttersippe sind, während die Vaterbrüder vielleicht weniger geschickt waren, schließt sich der Muttersippe an. (Man ersieht aus dieser rationalistischen Auffassung die Erschütterung der alten gebundenen Einstellung.) — Aus der Erbverpflichtung kann sich der Sohn auch durch eine nachgeborene Schwester lösen, über die er die Muntschaft erlangt hat, weil er keinen Bruder mehr besitzt. Das Mädchen bleibt dann beim Mutterbruder, und dieser empfängt bei ihrer Verheiratung die Brautgaben. Mit der Vergeiselung der Schwester erkauft sich der Schwestersohn oft die Hilfe des Mutterbruders zur Erwerbung einer Hofstätte (Gutm. [26] 231ff).

Der Angriffspunkt für die Einführung vaterrechtlicher Einrichtungen scheint überwiegend vom Sonderbesitz der Männer auszugehen. Heute dürfte die europäische Einwirkung für den Übergang von der Mutterfolge zur Vaterfolge stark ins Gewicht fallen. Das zeigt sich z. B. auf der melanesischen Insel Pentecost in den neuen Hebriden. Obwohl sonst das Verwandtschafts- und Heiratssystem durchaus mutterrechtlichen Charakter trägt und früher Land und persönliches Eigentum eines Mannes nach seinem Tode nicht seinen Kindern, sondern den Angehörigen seiner mutterrechtlichen Hälfte, insbesondere den Schwesterkindern, zufielen, stellt sich jetzt unter dem europäischen Einfluß seit der letzten Generation die Sitte ein, Eigentum, wenigstens solches gewisser Art, den Kindern unmittelbar zu übertragen. Zu Codringtons Zeit, vor ungefähr 30 Jahren, erhielt der Sohn nichts weiter, als was der Vater ihm während seiner Lebenszeit selbst gegeben hatte, und auch eine Pflanzung, die ein Mann angelegt hatte, ging damals an seinen Schwestersohn über (Riv. [14] 2 96f, Wi. 60f). — Die Häuptlingschaft und das damit zusammenhängende *Mana* (s. T. [RL] „Mana".) wird dagegen auf Pentecost in anderer Art übertragen. Diese Nachfolge hängt nämlich mit der Kenntnis gewisser zauberischer Fertigkeiten zusammen, die ein Älterer einen Jüngeren lehrt. Dazu wird in dcs Regel nicht der Schwestersohn, sondern der eigene Sohn gewählt, so daß auf diese Weise wenigstens der Eindruck einer Vaterfolge erweckt wird. Im Grunde scheint es sich jedoch nicht um eine eigentliche Übertragung von Rang zu handeln und nicht um eine bestimmte soziale Ordnung, sondern vielmehr um eine flüssige und unbestimmte Form der Nachfolge überhaupt, die jedoch immerhin in einer patrilinearen Form in Erscheinung tritt. — Derartige Unbestimmtheiten sind nicht selten, gerade bezüglich der Nachfolge in der Häuptlingschaft. Im allgemeinen besteht aber vielfach, wie z. B. auch in den Würden der geheimen Gesellschaften (*sukwe*) der Banks-Inseln (innerhalb einer sonst mutterrechtlichen Gesellschaft) die Neigung, dem Sohn die Würde zukommen zu lassen (Riv. 2 100; s. a. 179f). — Vgl. Park. [67] 932ff, 481, 649, 653; ferner Slgm. B. Z. [23].

Unter altaischen Turkstämmen spielt der Mutterbruder eine eigenartige Rolle bei einer gewissen Knabenweihe (s. Jünglingsweihe). Bis zum siebenten Lebensjahre trägt nämlich der Knabe zwei Schläfenzöpfe vor den Ohren. An seinem siebenten Geburtstage schickt der Mutterbruder an seinen Schwestersohn die Botschaft: „Komm, ich will dir die *barky*-Gabe einhändigen". Darauf begibt sich der Junge zu seinem Onkel, der ihm die Zöpfe abschneidet und gewissermaßen dafür ihm ein Pferd schenkt. Unterläßt dies der Mutterbruder, so kann die Familie des Knaben dieses Geschenk durch die Stammesbehörden fordern (Czap. [14] 54). — Zweifellos handelt es sich hier um einen Rest mutterrechtlicher Gedankengänge. Das Haarabschneiden bringt das Recht des Mutterbruders an dem Schwestersohn zum Ausdruck, während das Pferdegeschenk des Mutterbruders wahrscheinlich eine Ablösung der Forderungen des Schwestersohnes für einen Verzicht auf das Erbrecht gegen den Mutterbruder darstellt.

Mutterrecht und Wirtschaft. — Für Sumatra gilt als Grundlage der sozialen Einrichtungen das Mutterrecht. Gesellschaftlich bleibt jedoch der Mann die aktive Kraft, die Frau das passive Element. Für die Heiratsordnungen gelten teils mutterrechtliche, teils aber auch vaterrechtliche Gesichtspunkte. Der Mann gehört zu einem Klan, nicht weil man auf der gleichen gemeinsamen Scholle wohnt, sondern weil die Gruppe einen gemeinsamen Urahnen besitzt. Jeder Klan verzweigt sich in Sippen (*boewa parseit*), diese in Großfamilien (*djoerati*). Letztere weiterhin in einzelne Haushaltungen oder „Herde" (*samandai*). Die Kinder folgen der Mutter und werden, selbst wenn von verschiedenen Vätern, als Geschwister angesehen. Die erwachsenen Männer besitzen, getrennt von der mütterlichen Wohnung, ihr eigenes Schlafhaus, namentlich die unverheirateten — etwa wie bei den *Marind-anim*. Die weiblichen Mitglieder finden ihren dauernden Sitz in der Familienwohnung auch nach der Heirat. Sie besitzen darin eine Art Familieneigentum an der Scholle, an der es keinen persönlichen Grundbesitz gibt. Die politische Gemeinschaft, die sonst demokratisch orientiert ist, wird von Häuptlingen geleitet, die als *mannak* = Onkel bezeichnet werden. Der Bruder oder Onkel ist der Träger der Autorität, dem man Gehorsam schuldet. Doch trifft dieser seine Entscheidungen auf Grund von Beratungen mit den Familienangehörigen unter Leitung der Großmutter oder Großtante (*indoea* = mater familias). Diese verschiedenen Familienhäuptlinge schließen sich gelegentlich zu einem Rat (*balei*) zusammen, bei dem einer den Vorsitz führt. Jedoch werden diese wieder ein jeder von seiner Familienmutter kontrolliert (Coll. [22—23] 171ff).

Unter den *Edo*-sprechenden Völkern von Nigeria (Westafrika) finden sich vielerlei mutterrechtliche Züge: vielfach wird kein Brautpreis entrichtet, namentlich nicht bei der Verlobung der Kinder. Eine Frau, die ein Kind hat, wartet ein Jahr, bis sie wieder „heiratet", und ihr Vater empfängt dann zwölf Schilling in Kauri-Schnecken. Die Heiratszeremonie ist sehr einfach und besteht hauptsächlich in einem Opfer an die Ahnen der Frau. Die Fran gilt auch nicht als Eigentum des Mannes. Die Kinder verbleiben unter allen Umständen in der Familie des Mädchens, bis sie sich dauernd mit einem Manne verbindet. Überhaupt gibt es vielfach zeitweise Verbindungen, bei denen der Mann die Frau als *ose* = „Freundin" bezeichnet. Es kommt nicht selten vor, daß verheiratete Frauen ihre Männer verlassen und manchmal Jahre lang in dieser Art von Verbindungen leben (s. a. Nebenehe). Ist jedoch ein Brautpreis bezahlt worden, so fallen die Frau und ihre Kinder dem Manne von Rechts wegen zu (Thom. [10] 48ff). — Ist eine Frau in Okpe außerhalb des Landes verstorben, so verlangt ihre Familie, daß ihr Leichnam zum Begraben zurückgesandt wird. Dasselbe ist auch bei den *Isomi*-Frauen der Fall. An manchen Orten müssen auch die Leichen der Kinder zurückgeschickt werden. Die Kinder einer *Isomi*-Frau gehören immer zur Sippe der Mutter, und wenn ein Kind im Lande des Vaters zu bleiben wünscht, so verliert es dadurch nicht die Angehörigkeit zur Muttersippe. Außerdem besteht die Vorschrift, daß kein Mann die Frau seiner eigenen Sippe heiraten darf (ebd. 55). — Läuft eine Frau von dem Mann, der einen Brautpreis gezahlt hat, weg, so hat dieser das Recht, sie zurückzufordern, und wendet sich zu diesem Zweck an ihre Mutter. Gelingt es den Eltern nicht, sie zur Rückkehr zu bewegen, so muß der Brautpreis zurückgezahlt werden. Ist ein Kind vorhanden, und wird der Brautpreis zurückgezahlt, so geht das Kind mit der Mutter. — In der Landschaft Sobo besteht die Sitte, daß der Mann bei der Familie der Frau wohnt, während es auch Leute gibt, bei denen die Frau zum Manne zieht; wieder bei anderen wohnt der Mann zunächst bei den Angehörigen der Frau und siedelt später nach seinem eigenen Landstrich über. In Sobo ist es üblich, daß der Gatte nicht eigentlich bei den Verwandten der Frau wohnt, sondern die Frau nur jeden Abend im Hause des Vaters besucht und das Haus bei Tagesanbruch verläßt. Das dauert ungefähr drei Monate, und dann wird die Frau von den eigenen Angehörigen zum Hause des Gatten gebracht (ebd. 59). — In Uzaitui wird der Hauptsohn einer *Amoiya*-Frau der Erbe, und die übrigen Söhne erhalten Anteile, die ein alter Mann festsetzt (ebd. 80). — Vgl. a. Dann. [06] 33.

Auch bei den Kpelle Westafrikas ist entscheidend für die Zugehörigkeit des Kindes, ob ein Kaufpreis für die Frau bezahlt wurde. Gehen die Gatten auseinander, und wird die Ehe aufgelöst, so fällt das Kind der Mutterfamilie zu, wenn kein Kaufpreis bezahlt wurde. Ist jedoch die Frau durch eine Gabe erworben, so geht sie in das Eigentum der Familie des Mannes über und auch ihre Sprößlinge. Nach dem Tode des Mannes fällt sie dem Bruder oder Vetter des verstorbenen Gatten zu (s. Levirat). Hierbei (vgl. Westm. [21] 59f) tritt deutlich hervor, wie durch wirtschaftliche Faktoren die Mutterfolge in eine Vaterfolge umgebogen werden kann.

Mutterrecht und Matriarchat. — Wie bei vielen Wildbeuterstämmen, leiten sich die Gruppen, Klans und Sippen bei ostsibirischen Jägern und Fischern (z. B. Tschuktschen) von einem gemeinsamen Ahn ab, berechnen die Abstammung von ihm jedoch vorwiegend nach der väterlichen Linie.

Manchmal wird die Person, von der man abstammt, weiblich gedacht, wie z. B. bei den Giljaken. Im allgemeinen ist trotz dieses überwiegenden Vaterrechts die Stellung der Frauen verhältnismäßig selbständig und günstig (Czap. [14] 28f, 34f, 44).

Die einzigen nordsibirischen Stämme mit ausgeprägtem Mutterrecht sind die zweifellos schon stark durch andere Kulturen beeinflußten Ainu. Verwandtschaft durch die Mutter wird wenigstens gewöhnlich für wichtiger gehalten als die durch den Vater; der Mutterbruder stellt oft das wichtigste Mitglied der Familie dar. Heirat geht nicht durch Kauf vor sich, und häufig verlebt das junge Ehepaar die ersten Jahre, wenigstens die Zeit, bis das erste Kind geboren ist, bei den Eltern der Frau. Während die Frau ein Kind erwartet, wird sie mit Sorgfalt und geradezu mit Verehrung umgeben. Als Gattin führt sie keinen eigenen Namen, sondern wird nur die Frau des Soundso genannt. Stirbt ihr Mann, so bezeichnet man sie wieder mit dem Mädchennamen oder als Mutter des oder der Soundso (Czap. [14] 104f). — Vgl. a. Hobh. M. T. [23] 47.

b) Avunkulat.

Die bevorzugte Stellung, die dem Mutterbruder bei den meisten Naturvölkern eingeräumt wird, bezeichnet man als Avunkulat. Auch bei Altertumsvölkern finden sich Spuren, die auf eine vor anderen Verwandten ausgezeichnete Beziehung zwischen Mutterbruder und seinen Neffen und Nichten hinweist. Für die Inder, Germanen und Kelten ist (Feist [13] 117) ein besonderes Band zwischen Mutterbruder und Schwestersohn nachweisbar, und der Bruder gilt als Hüter der Keuschheit seiner Schwester (111, 112). Die Verwandtschaftsbeziehungen der Frau zur Familie des Mannes werden viel genauer bezeichnet, als die des Mannes zur Familie der Frau (114 und Schrd. [05] 11ff).

Der Mutterbruder pflegt bei der Erziehung des Jünglings und bei seiner Einführung in die Männergesellschaft besonders hervorzutreten, wie z. B. auf den Inseln der Torres-Straße im Süden von Neu-Guinea. Ja unter den Bewohnern dieser westlichen Inseln läßt ein Mann auf Wunsch seines mütterlichen Onkels vom Kampfe ab, während er das gleiche Verlangen seines Vaters nicht erfüllen würde. Auch bei den Ewe-Stämmen des oberen Guinea ist des Mutteronkels Autorität größer als die des Vaters. Bei den Hopi-Indianern unterrichtet der Mutterbruder die Kinder seiner Schwester in den zeremoniellen Pflichten und in den Stammesüberlieferungen. An der Küste von Britisch-Kolumbien lebt der Neffe bei dem Bruder seiner Mutter, arbeitet für ihn, heiratet seine Tochter und wird sein Erbe (Teit [00/a]). Unter den Omaha-Indianern ist es Sache des Mutterbruders, den Neffen zu verteidigen und zu rächen. Anderseits trifft den Schwestersohn häufig die Verpflichtung der Blutrache.

In bezug auf das Eigentum finden sich hier und da Sitten, die eine Gemeinsamkeit der Besitzansprüche in geradezu bizarrer Weise betonen. Bei den Winnebago-Indianern oder auf den Fiji-Inseln darf der Schwestersohn alles nehmen, was dem Bruder seiner Mutter gehört. Aber nicht nur das, sondern der Neffe erschlägt die kostbaren Schweine und zerstört die Pflanzungen seines mütterlichen Onkels „zum Spaß“, wenn er ihm einen Besuch abstattet. Dafür kann er bei anderer Gelegenheit von des Onkels Söhnen Prügel bekommen (Hoc. [13] 101; [15] 631). Ähnlich geht es bei den Winnebago zu (Rad. [23]). Auch von den Thonga und den Hottentotten wird Ähnliches berichtet.

Ob durch derartige Übertreibungen die eigentümlich abgestimmten Beziehungen zwischen Onkel und Neffe lächerlich gemacht werden sollen, wie es geschieht, wenn eine Zeit über ihre Traditionen hinaus zu wachsen beginnt (man denke an die orientalischen Schnurren und Schwänke, die Ansichten einer ältere Epoche verhöhnen), wäre näherer Untersuchung wert.

Die hier und da vorkommende Sitte einer Verbindung zwischen Onkel und Nichte scheint in der besonderen Erlaubnis auszuklingen, die z. B. bei den Kai-Leuten in Neu-Guinea oder bei den Makonde in Ostafrika der Mutterbruder zur Verheiratung seiner Nichte erteilen muß. Die Schutzbeziehungen zwischen mütterlichem Onkel und Neffen sind gegenseitig. Diese Solidarität scheint darin einen Ausdruck zu finden, daß bei den Thonga in Südafrika der Neffe die verwitwete Gattin des Mutterbruders erwirbt.

Die häufige Verbindung des Avunkulats mit der Vettern-Ehe scheint darauf hinzudeuten, daß der Sohn des Mutterbruders der Nichte gegenüber als Beschützer und Gatte auftreten durfte. Die Beziehungen des Avunkulats zur Mutterfolge sind daher wohl nicht ganz fest, weil Mutterfolge und Vaterfolge selbst nicht immer konsequent und einseitig durchgeführt erscheinen und die Berechnungsweise von verschiedenen Annahmen und Gedankengängen durchzogen wird.

Im Avunkulat haben wir es aber wohl nicht mit einer zufälligen Sitte in den verwandtschaftlichen Beziehungen zu tun, sondern mit einer tief eingewurzelten alten Übung, die auch mit der Auffassung von dem überwiegenden Anteil der Frauen an dem Ursprung der Kinder zusammenhängen dürfte. Daß seßhafte Lebensweise bei Feldbauern der Frau überhaupt als dauernder Versorgerin mit Nahrung eine bevorzugte Stellung einräumt und damit auch ihrem Bruder ihrer Nachkommenschaft gegenüber Einfluß sichert, dürfte zu einer Vertiefung des Einflusses des Mutterbruders zweifellos nicht unerheblich beigetragen haben. Das Verhalten des Mutterbruders hat übrigens ein teilweises Gegenstück in dem der Vaterschwester.

c) Sororat.

Den Anteil der einen Schwester am Geschlechtsleben der anderen bezeichnet man als Sororat. Heiratet ein Mann eine, die älteste der Schwestern, so gelten auch die übrigen als seine Frauen. Formal bildet das Sororat das Gegenstück zum Levirat. Entwicklungsmäßig führt das Sororat zur Polygynie, zur Vielweiberei. Ähnlich wie das Levirat findet es sich hauptsächlich dort, wo keine Sippenbildung vorhanden ist.

Das Sororat ist sehr verbreitet unter den Feldbau treibenden Naturvölkern aller Erdteile. Häufig tritt eine Schwester oder Base automatisch als Mitgattin ein, wenn die erste Frau kinderlos bleibt, so z. B. bei den Schasta-

Indianern, bei denen auch Levirat in der Weise besteht, daß die Brüder des Mannes sich zum Kaufe der Braut zusammenschließen. Wenn der Mann sich von seiner Frau trennt, besteht die Verpflichtung, sich einen Ersatz aus der Familie der entlassenen Frau zu suchen. Man hat es also hier mit der Verheiratung einer Brüderschaft mit einer Schwesterschaft zu tun. Dieses überwiegend häufige Zusammentreffen von Sororat mit Levirat veranlaßte E. B. Tylor und J. G. Frazer zur Aufstellung der Hypothese, daß diese beiden Einrichtungen auf gruppeneheliche Gewohnheiten zurückzuführen seien. In der Tat spricht viel für diese Annahme. Doch wird man die Frage hinzufügen müssen, welchen Umständen gruppeneheliche Beziehungen ihre Entstehung verdanken.

Das Sororat, wie das Levirat, zeichnet sich in den beiden Grundformen ab, daß 1. ein Partner entweder noch bei Lebzeiten des anderen mit dessen Geschwistern in eheliche Gemeinschaft treten darf, eine Einrichtung, die man auf Grund der erwähnten Hypothese als „ursprünglich" betrachten muß, oder daß 2. der Witwer sich mit der Schwester der verstorbenen Gattin erst nach deren Tode verbindet. Diese letztere Form findet sich hauptsächlich bei höheren, sozial geschichteten Naturvölkern.

Anderseits zeitigen Sororat und Levirat ein Meidungsgebot gegenüber Nichten und Neffen von Seite des anderen Geschlechts. Bei den südamerikanischen Tupi und den Caraiben-Indianern der Antillen (vgl. Quev. [19]) darf der Bruder des Vaters seine Nichte weder heiraten noch mit ihr in Verkehr treten. Er wird wie der Vater selbst behandelt: sie gehorcht ihm, und nach seinem Tode nennt sie ihn „Vater". Der Grund für diese Sitte ist offenliegend: der Bruder des Vaters war unter Umständen in der Tat der wirkliche Vater. Denn der Bruder übernimmt die Witwe des Verstorbenen. Und der Witwe Bruder heiratet deren Tochter. Daher bezeichnen die Brüder und Vettern der Eltern ihre Neffen und Nichten als „Söhne" und „Töchter".

Levirat und Sororat finden ihren unverkennbaren Ausdruck in den Verwandtschafts-Benennungen. Sie führen zur Gleichsetzung von Stiefvater und Onkel der väterlichen Seite und zu der von Stiefmutter und Schwester der Mutter. Anderseits wird das Kind des Bruders eines Mannes sein Stiefkind und bei einer Frau das Kind ihrer Schwester ihr Stiefkind. Diese Identifikation findet sich z. B. bei den Wischram-Indianern des südlichen Staates Washington in Nord-Amerika. Die zweite Grundform spiegelt sich in dem Verwandtschaftsnamen für den väterlichen Onkel wieder, der zugleich mit dem „Vater" Gatte derselben Mutter ist und daher vom Vater nicht weiter unterschieden wird. Entsprechend wird auch die Schwester der Mutter mit dem Namen für Mutter belegt. Die Kinder eines Mannes werden aus denselben Gründen auch nicht von denen seines Bruders unterschieden, so wenig wie die einer Ehefrau von denen ihrer Schwester. Das erklärt die häufige Unterscheidungslosigkeit zwischen echten Geschwistern und den Vettern und Basen ersten Grades. Da ein Mann oft die Schwestern seiner Frau heiratet, verschmilzt auch die Benennung zwischen Gattin und Schwägerin, während von Seite einer Frau eine einzige Bezeichnung für ihren Gatten und dessen Bruder ausreicht, der auch ihr Gatte werden kann.

Diese Art der Namengebung herrscht z. B. unter den Nahir-Indianern Nord-Kaliforniens und wiederholt sich außerordentlich häufig in allen Teilen der Welt. Daraus erklärt sich auch die häufige Schwierigkeit für den Europäer, dem von einem Eingeborenen oft eine Menge Personen als „Vater" oder „Mutter" vorgeführt werden; und vielfach kann von diesem in der Tat nicht angegeben werden, wer sein wahrer Vater ist.

Die Rolle, welche dem Levirat bei archaischen Völkern zukam, wird bei Erörterung des Levirats ausgeführt. Der Entwicklung des Levirats kam, wie erwähnt, die wirtschaftliche Verselbständigung der Familie mit der Entwicklung des Privateigentums und der väterlichen Gewalt, mit ihrer religiösen Begründung und ihrem ethischen Ausbau zugute.

Es dürfte kein Zufall sein, daß bei den Hirtenvölkern die Vielweiberei im Prinzip weiterlebte. Wenn wirtschaftliche oder erotische Faktoren für die Entstehung dieser Sitte auch förderlich waren, so ist die traditionelle Begründung doch wohl richtungweisend gewesen. Ihr kommt bei diesen Völkern ja eine große Bedeutung zu. Höchstwahrscheinlich ist sie der Komplementär-Institution des Levirats, dem Sororat, entnommen. —

d) Die Couvade.

Im Zusammenhang mit den mutterrechtlichen Fragen ist auch eine uns besonders bizarr anmutende Sitte, die der „Couvade" oder des „Männerkindbetts" zu erörtern. Bekanntlich ist im frühmittelalterlichen französischen Epos von „Aucassin und Nicolette" davon die Rede. Da es auch trotz Ableugnung bei den Basken festgestellt wurde und von den alten Pikten Schottlands, sowie aus irischen Landschaften usw. berichtet wird, dürfte es in diesen Gegenden einer vorkeltischen Bevölkerung zuzuschreiben sein. Auch auf den Balearen, auf Korsika, sowie bei den alten Tibarenern Kleinasiens bestanden ähnliche Sitten.

Die Frage wurde aufgeworfen, wie diese merkwürdige Gewohnheit zu erklären sei. Eine Untersuchung ähnlicher Verhaltungsweisen bei den Naturvölkern wird uns zur Aufhellung behilflich sein. Denn auch unter den Naturvölkern, z. B. der Südsee und Amerikas, finden wir die *Couvade*.

Wir dürfen sie nicht als eine isolierte Erscheinung ansehen, sondern müssen sie in den Zusammenhang des sonstigen Verhaltens und Denkens bringen. Die besondere Lebenslage, die durch das Alter, die Zugehörigkeit zu einer Gruppe, durch bestimmte Umstände oder Beziehungen entsteht, enthält den Grund für ein starres und herkömmliches Verhalten. So kommt es z. B. in der Regel nicht darauf an, wie sich etwa die junge Mutter nach der Geburt persönlich fühlt, sondern ganz unabhängig davon, wie es ihr individuell geht, hat sie sich der Sitte zu fügen, die eine bestimmte Ruhezeit nach der Geburt vorschreibt oder auch nicht (s. T. [RL] „Geburt"). Dieses Verhalten steht wieder unter dem Einfluß traditioneller Gedankengänge. Insbesondere wird z. B. Essen oder eine gewisse Betätigung der Mutter mit dem Schicksal des Kindes in Verbindung gebracht. Aber nicht in der Weise, wie wir das heute tun, sondern in der Form des Vorbild- und Vormachezaubers (s. T. [RL] „Zauber" A).

Diese Gedankengänge einer mystischen Beeinflussungsmöglichkeit des Lebens und Schicksals des Kindes wurden, offenbar „später", vom Vater sich zu eigen gemacht. Auch hier wird nun eine mystische Beeinflußbarkeit durch ein Vormachen des Verhaltens im Interesse des Kindes konstruiert: der Vater darf sich nicht bewegen, damit das Kind sich nicht bewegt. Und er darf heilige Orte nicht betreten, die auch das Kind meiden muß, etwa deswegen, weil es noch nicht in die Gemeinschaft aufgenommen ist, usw.

Diese lebhafte Sorge des Vaters für das Kind hat vor allem die offizielle Anerkennung der Vaterschaft überhaupt zur Voraussetzung. Diese ist zweifellos eine „spätere" Erscheinung. Soziologisch setzt die Sitte des „Männerkindbetts" ein stärkeres Hervortreten der Männer, patriarchalische Tendenzen, voraus. So ganz unrecht dürfte Bachofen mit seiner Auffassung nicht haben, daß der Vater durch die Couvade bestrebt war, den Anteil an seinem Kinde vor der Welt dadurch festzustellen, daß er das Wochenbett der Mutter nachahmte. Natürlich ist diese Formulierung reichlich rationalistisch. Auch handelt es sich nicht um ein bloßes „Nachahmen" des Wochenbettes, vielmehr, wie oben angedeutet, eher um einen Vorbildzauber. Indessen sind die Hypothesen über den Zusammenhang von Kindesseele und Vater erst auf Grund der praktischen Geltendmachung des väterlichen Einflusses im Leben überhaupt verständlich. Erst dadurch konnte die Theorie von der Beteiligung des Vaters am Kind zum Durchbruch und zur allgemeinen Annahme gelangen. Nicht mit Unrecht wird ja die „ältere" mutterrechtliche Hypothese einer einseitigen Herkunft der Kinder (durch einen Geist) mit dem Totemismus in Zusammenhang gebracht (vgl. Casas).

Es ist sicher kein Zufall, wenn man die Couvade an der Schwelle des sich geltend machenden Männereinflusses gegenüber einem herrschenden Mutterrecht findet. Dabei ist keineswegs ausgeschlossen, daß gelegentlich auch ein „Mitleiden" nebenherläuft, das aus einer Erkenntnis seiner „Schuld' bei dem Manne entstanden ist. Die verschiedenen Vorsichtsmaßregeln im Interesse des Kindes und die aufgestellten Kausalhypothesen von Verhaltungsweisen können nur als Einkleidung aufgefaßt werden, denen die angedeuteten Motive in letzter Instanz zugrunde liegen.

Einige Beispiele, besonders aus der Südsee und von Amerika, mögen diese Ausführungen beleuchten.

Südsee. — Das Verhalten des Mannes bei der Geburt ist sehr verschieden. Manchmal muß er sich völlig fernhalten, oft aber ein bestimmtes Verhalten befolgen, von dem man das Schicksal des Kindes mehr oder minder in Abhängigkeit bringt. In Ost-Santo soll der Vater die matrix von den Frauen in Empfang nehmen, sie auf dem offenen Feuer braten und verzehren (Speiser [23] 283).

Auf San Cristoval (südöstlich Salomo-Insel, Südsee) wird nach Codrington (228f) Couvade gehalten. Und zwar in einer Gegend, in der das Kind dem Vater folgt. Der Vater legt sich nach der Geburt des Kindes hin. — In Saa muß nicht nur die Mutter vor der Geburt in dem, was sie ißt, vorsichtig sein, sondern sich auch der Vater, sowohl vor wie nach der Geburt des Kindes, gewisser Speisen enthalten. Er darf kein Schweinefleisch genießen und soll sich nicht bewegen, weil man fürchtet, daß dadurch Bewegungen des Kindes beinflußt werden. Auch harte Arbeit oder das Heben von schweren Sachen oder Fahren auf der See ist ihm verboten; er verhält sich ruhig, damit das Kind sich nicht überanstrengt; damit es nicht um sich schlägt, so wie der Vater im Kanu paddelt. — Auf den Banks-Inseln sind auch beide Eltern vorsichtig in dem, was sie um die Zeit herum, wenn das Kind geboren wird, genießen. Sie nehmen nur das zu sich, was auch das Kind vertragen kann, ohne krank zu werden. Vor der Geburt des ersten Kindes darf die Mutter keinen mit der Angel, dem Netz oder einer Reuse gefangenen Fisch verzehren. Nach der Geburt des ersten Kindes verrichtet der Vater einen Monat lang keine schwere Arbeit. Nach der Geburt weiterer Kinder vermeidet er, heilige Plätze (*tano-rongo*) zu betreten, auf die nämlich auch das Kind sich nicht ohne Gefahr begeben könnte. — In derselben Weise wird auf den Neuen Hebriden verfahren. Auch dort meidet der Vater noch vor der Geburt des Kindes die heiligen Orte (*ute sapuga*) und betritt auch nicht sein eigenes Haus. Nach der Geburt arbeitet er wohl und kümmert sich um Weib und Kind, aber er darf keinen Schellfisch und andere Produkte der See genießen, weil sonst das Kind Geschwüre bekommen könnte. — Auf der sogenannten „Aussätzigen-Insel" (*Lepers-Island*) verhält sich der Vater 10 Tage nach der Geburt sehr vorsichtig: er verrichtet keinerlei Arbeit, er klettert auf keinen Baum und begibt sich beim Baden nicht zu weit in die See hinaus, denn als Folge seiner Anstrengung würde das Kind leiden. Wenn er während dieser Zeit irgendwohin, z. B. an den Strand geht, so bringt er einen kleinen Stein mit sich zurück, der die Seele des Kindes vorstellt, die ihm gefolgt sei. Daheim angekommen ruft er „komm her!" und legt den Stein im Hause nieder; nun wartet er, bis das Kind niest, und ruft dann „hier ist sie!", womit er andeutet, daß die Seele nicht verloren wurde.

Auf den Neuen Hebriden scheint gerade an denjenigen Orten die zeremonielle Betätigung des Vaters für das Kind stärker in den Vordergrund zu treten, wo sich patriarchalische Tendenzen gegenüber mutterrechtlichen geltend machen. Auf der Insel Mota trägt der Vater (nach Cb. [11] 84) das Erstgeborene am ersten Tage aus dem Hause. Die beiden werden von den Freunden mit wilden Orangen beworfen, wobei der Vater aufpassen muß, daß das Kind nicht getroffen wird, da dies sonst ein Omen wäre, daß das Kind dereinst einen Pfeilschuß erhält. Nachher muß der Vater kleine Geschenke an die Freunde verteilen, und zwar, wie Codrington bemerkt, an die Angehörigen der Muttersippe, so daß man also mit Recht den Schluß zieht, daß das Kind vom Vater der mütterlichen Sippe abgekauft wird. Bis das Kind gehen kann, wohnt der Vater im Männerhaus und darf mit seiner Frau während dieser Zeit nicht verkehren. Bei der ersten Geburt wohnen alle Altersgenossinnen der gleichen Sippe bei der Mutter; dabei stehlen sie sich das Essen von den Feldern der anderen Sippe. Kann das Kind gehen, und darf der Vater wieder zu seiner Frau zurückkehren, so macht er diesen Frauen Geschenke und veranstaltet ein Festessen, worauf die Frauen sich zurückziehen.

Ähnliches berichtet Riv. ([14] 1 146f) von den Banks-Inseln. Noch vor der Geburt des ersten Kindes gibt dort der Gatte der Frau ein Fest, das mit einem eigenartigen Ritus, *valugtokwa*, verbunden ist, und das darin besteht, daß der Bruder der Frau 4 männliche Verwandte wählt, von denen er jedem einen halben Faden Muschelgeld gibt. Der Bruder selbst fügt jedem noch einen halben Faden hinzu, so daß es im ganzen 4 Faden sind. Der Vater des Kindes bringt hierauf 8 Faden. Auf einen Yams-Kuchen legt dann der Bruder der Frau 4 Faden so, daß sie von Osten nach Westen zu liegen kommen. Hierauf geht er um Wasser aus einer bestimmten Quelle und bringt etwas davon in Taro-Blättern. Nach verschiedenen weiteren Zeremonien, die alle in völliger Stille vor sich gehen müssen und daher während der Nacht veranstaltet werden, legt der Gatte und künftige Vater seine 8 Fäden auf den Yams-Kuchen in der Richtung von Norden nach Süden. Er nimmt sie sodann wieder weg, übergibt sie seiner Frau und diese ihrem Bruder. Letzterer gießt nun von hinten das Blatt mit dem Wasser über den Kopf der Frau aus, bis es ihr vom Kinn träufelt. Dabei hält die Frau vollkommen still. Daran knüpft sich ein Orakel über das Geschlecht des erwarteten Kindes. — Nach der Geburt darf der Vater 5 Tage lang (bis die Nabelschnur ganz abgetrennt ist) keinerlei Arbeit verrichten und während weiterer 100 Tage sich an schwerer Arbeit nicht beteiligen. Er darf auch keine Speisen von irgendwelchen geheiligten Plätzen genießen und sich selbst nicht auf solche begeben. Ist so etwas trotzdem vorgekommen, so muß er sich gewissen Zeremonien unterziehen, damit vom Kinde Gefahr abgewendet werde. Auch Besucher, die sich von der Küste oder von sonst weit her einfinden, dürfen nicht ohne weiteres gleich das Haus betreten, sondern müssen eine Zeitlang erst außen warten. — Eine Reihe weiterer Zeremonien werden insbesondere mit dem erstgeborenen Kind vorgenommen, namentlich wenn es ein Knabe ist. In diese wird auch noch die ihm zugedachte künftige Frau mit einbezogen.

Amerika. — Unter den Uitoto des Orteguasa, eines Zuflusses des Amazonas in Südamerika, beobachten Mann und Frau nach der Niederkunft Ruhe und eine Enthaltsamkeit von Fleisch, und zwar zu dem Zweck, damit das Kind am Leben bleibt. Kommt die Frau nieder, so wird das Kind mit lauem Wasser gewaschen, der Mann feiert 5 Tage und bleibt solange bei der Frau; letztere arbeitet 14 Tage hindurch nicht. Unterdessen dürfen beide kein Fleisch essen und bemalen sich Hände und Füße rot mit *achiote*. Beobachten sie diese Regel nicht, so würde das Kind sterben (Preuss [21] 1 164).

Crévaux (526) erzählt von den Piapoco am unteren Guaviar, einem der oberen linksseitigen Nebenflüsse des Orinoko: die Entbindung findet in einer Hütte statt, wo die Mutter die folgenden 7 Tage verbleibt. Während der gleichen Zeit hält sich ihr Gatte in seiner Hängematte auf. Beide nehmen nur wenig *cassava* (kartoffelähnliche Frucht) und Wasser zu sich (s. a. T. [RL] „Nahrung" A 1).

Unter den Siusi, einem Stamm der südamerikanischen Arawak-Indianer an einem der oberen Nebenflüsse des Rio Negro, hält die Mutter 5 Tage Kindbett, und während dieser Zeit darf weder Mann noch Frau arbeiten oder sich waschen, und beide essen nur *cassava*-Kuchen und Pfeffer.

Auf der gleichen Wasserscheide herrschen ähnliche Sitten unter den Tukuya und den Kobéua, die zum Stamm der Betoya gehören. Östlich erstreckt sich die Sitte durch die Landstriche von Guiana, durch Demerara, Surinam, Cayenne, und noch weiter über die benachbarten Inseln. — Penard berichtet von den Surinam-Kariben: nachdem die Mutter mit dem Kinde, das sie im Wald geboren und wo sie das Kindbett verbracht hat, zum Hause zurückgekehrt ist und ihre Haushaltpflichten wieder auf sich genommen hat, legt sich der Vater in seine Hängematte, um zu faulenzen. Dies findet in der Annahme statt, daß wohl der Leib des Kindes von der Mutter stammt, dessen Geist aber vom Vater, und daß ein mystischer Zusammenhang den Geist des Kindes mit dem des Vaters für einige Wochen nach der Geburt verbindet. (Möglicherweise hängt diese Auffassung mit dem Umstand zusammen, daß bei neugeborenen Kindern die mittlere Schädelnaht noch nicht verwachsen ist und das Gehirn durch die Haut pulsiert.) Aus diesem Grunde nimmt man auch an, daß das Embryo die Nahrung durch das Gehirn und nicht durch die Nabelschnur empfängt. Solange nun die große Schädelnaht nicht verwachsen und erhärtet ist, glaubt man, daß der Geist des Kindes noch in Verbindung mit dem Vater steht. Darum meint man, daß das Leben des Kindes völlig von dem des Vaters abhängt. Infolgedessen wird dem Vater schwere Arbeit oder Jagen verboten, denn sein Pfeil könnte das Neugeborene treffen. — Wenn der Vater über einen Baumstamm kletterte, so legte er immer zwei kleine Stöcke als eine Art Brücke für den Geist des Kindes, der ihm angeblich stets folgte. Setzte er über einen Fluß oder einen Bach, so diente eine Frucht- oder Kürbisschale dem Geist des Kindes, um über das Wasser zu gelangen. Überall trat er vorsichtig und behutsam auf und vermied dornige Stellen. Traf er zufällig einen Jaguar, so flüchtete er nicht weg, sondern ging mutig auf das Tier zu, denn seines Kindes Leben hing davon ab. Der Geist des kleinen Kindes konnte sonst Angst bekommen, flüchten und im Wald sich verirren. Selbst bei Nacht hatte der Vater für sich zu sorgen, um seinem Kind Schmerz zu sparen. Wenn ihn juckte, so mußte er sich behutsam kratzen, weil seine Nägel dem Kinde sonst Schmerz zufügen könnten. Auch durfte er sich nicht vergessen und zu kräftig nach einer Laus fassen, weil darunter der kahle Kopf seines Kleinen leiden konnte. Aus diesem Grunde waren auch verschiedene Speisen dem Vater verboten; nämlich, um nicht das Kind dadurch zu schädigen. Unter anderem glaubte man, daß gewisses Fleisch Flecken verursache. Darum enthielt er sich dessen sowohl vor wie nach der Geburt des Kindes. Wurde trotz aller Vorsichtsmaßregeln des Vaters das Kind krank, so besuchte der letztere den Zauberer, der die Geister in der üblichen Weise anrief und bald die Ursache des Übels, gewöhnlich in Gestalt eines Fremden, feststellte. War die Ursache ein Schlangengeist (*kanaima*), so mußte der Vater an Brust und Armen sich Einschnitte machen. Das Kind bekam dann das Blut davon, mit Wasser gemischt, zu trinken. Manchmal wurde auch der böse Geist mit Hilfe von Ameisen aus dem Körper des Kindes herausgebissen oder mit Hilfe des *tulala*-Talisman weggezaubert usw. — Pen. ([07] 1 159f) glaubt, daß die Sitte der Couvade als Probe dafür dient, um den Mann in die Lage zu setzen, zu entscheiden, ob das betreffende Kind von ihm stammt. Man meint, daß, wenn der Vater sich nicht an die Regeln der Sitte hält, der Tod des Kindes die Folge ist. Tut er dies aber und bleibt das Kind am Leben, so ist alles in Ordnung; wenn aber nicht, so wird das als Beweis für einen anderweitigen Verkehr der Mutter aufgefaßt. Ein anderer natürlicher Vater hält aber keine Couvade aus berechtigter Angst vor dem Zorn des getäuschten Gatten (Roth [24] 695f).

Abarten und Ausläufer. — Als eine eigenartige Variante von Vorsichtsmaßregeln, die nach der Geburt von den Eltern ergriffen werden, ist die Sitte der indischen Bashgeli-Kafirs (welche die *Kalasha*-Sprache reden) zu verzeichnen. Wird in einer Familie ein Sohn geboren, so herrscht große Freude, und die Mutter schließt sich für 20 Tage ein; ist das Kind jedoch eine Tochter, so schließt sich der Mann in einem Haus für 20 Tage ein (Ltn. [81] 148).

Das Männerkindbett wird auch aus der Landschaft von Ulster (Irland) berichtet und ist wohl als ein Überrest der vorkeltischen Bewohner Irlands zu betrachten (Meyer K. [20] 100).

X. DAS VATERRECHT

a) Erscheinungsformen des Vaterrechts.

Die Stellung des Vaterrechts zu anderen Sitten. — Ebenso wie man Mutterrecht und Mutterfolge von Mutterherrschaft, Matriarchat oder Frauеneinfluß unterscheiden muß, so darf man auch nicht, wie es häufig geschieht, Patriarchat, also Vaterherrschaft, mit Vaterrecht und Nachfolge in der väterlichen Linie verwechseln.Darum ist auch z. B., wie noch gezeigt werden wird, Mutterrecht und Patriarchat keineswegs unvereinbar. Wenn wir uns die sozialen und psychischen Vorgänge vergegenwärtigen, die zu der Ausbildung der einen oder anderen Einrichtung führten, und nicht an irgendeinem einlinigen Entwicklungs- oder an einem mechanischen Kulturkreisschema kleben, so ist das auch keineswegs erstaunlich.

Bei denjenigen Völkern, bei denen die Männer der Jagd und dem Fang nachgehen, die Frauen Sammeltätigkeit ausüben, kommt ein Erbgang verhältnismäßig wenig in Betracht. Die Werkzeuge und Geräte sind im allgemeinen geschlechtsgebunden und werden, sofern sie nicht als höchst persönlich bewertet mit dem Toten bestattet oder vernichtet werden, innerhalb jedes männlichen oder weiblichen Geschlechts vererbt, zumal eine scharf getrennte Arbeitsteilung herrscht. Häufig werden die Wohnplätze, auf denen ein Todesfall sich ereignete, verlassen, so daß eine Vererbung des Hauses kaum in Frage kommt.

Überdies ist die Führerschaft zumeist an die Persönlichkeit gebunden, höchstens kommt noch die Familienangehörigkeit in Betracht. Gewöhnlich spielen allerdings die Alten eine bedeutende Rolle, und unter diesen kann wohl einer besonders hervorragen. Seinem Sohn wird man aber nur dann entscheidenden Einfluß einräumen, wenn er auch persönlich den Anforderungen der Gemeinde entspricht. Höchstens kommt die Familienangehörigkeit bei der Nachfolgeschaft in der Führung in Betracht. Die so häufigen Widersprüche und Unklarheiten von Berichterstattern sind hauptsächlich darauf zurückzuführen, daß sie unsere Idee einer persönlichen Erbfolge in Zustände hineintragen, für die ganz andere Gesichtspunkte, vor allem solche der Familien- und Sippenzugehörigkeit, entscheidend sind. Dazu kommt, daß für die primitiven Gemeinwesen keineswegs die politische Führung allein entscheidend ist, sondern daß sich die Menschen um Persönlichkeiten verschiedener Fähigkeiten, also etwa auch ideell-religiöser, rednerischer, künstlerischer, zauberischer, kriegerischer usw., ballen.

Dort, wo neben den männlichen Jägern und Fängern die Frauen zur Anlage von Gärten und Feldern mittels des Grabstocks übergegangen sind und der Boden fruchtbar ist, wurden die Frauen in den Stand gesetzt, eine regelmäßige Ernährung sicherzustellen, was auch für ihre Kinder von Wichtigkeit war. Schon früh kommen im Zusammenhang mit den oft verhältnismäßig weit von einander entfernten Erntezeiten Konservierungsmethoden der Nahrung vor (s. T. [RL] „Nahrung" A 1). Die Regelmäßigkeit der Versorgung bildete natürlich einen erheblichen Vorteil gegenüber dem Glück oder Mißgeschick der Jäger oder Fänger, sie hob die Bedeutung der Frau. Da auch das Vererben der Frauengeräte nnd Fertigkeiten, sowie der von ihr bearbeiteten Grundstücke in ihrer Sippe wichtig wurde, so bildeten sich Gepflogenheiten aus, die heute unter dem Namen „Mutterrecht" zusammengefaßt werden.

Doch führte die eben gekennzeichnete wichtige Stellung der Frau auch zu ihrer Ausnutzung als Arbeitskraft. Der Besitz einer tüchtigen Frau wurde nicht nur die Quelle von Nahrung, sondern auch von sozialer Geltung und Einfluß für den Mann. Die Vielweiberei knüpfte gerade hier an. Denn mehrere Frauen bedeuteteten auch eine mehrfache Ernte, durch die der Mann Feste bestreiten konnte, wofür er Geschenke bekam und persönliches Ansehen erwarb.

Um so mehr suchte die Frau gegen Übergriffe des Mannes Anlehnung an ihre eigene Familie, und um so entschiedener sehen wir in solchen Fällen frauen- und mutterrechtliche Einrichtungen in den Vordergrund treten. Obwohl z. B. die Frau auf der Gazelle-Halbinsel von Neu-Pommern (Südsee) auch noch nach geschlossener Ehe Mitglied derjenigen Familie blieb, aus der sie stammte, galt sie doch als Eigentum des Mannes und mußte für ihn arbeiten (Hahl [97] 79).

Das Vaterrecht hängt fernerhin mit dem Hervortreten der politischen Führung gegenüber anderen Formen und Interessen der Gemeinschaft zusammen. Diese politische Führung erscheint in der Form von Gerontokratie und patriarchalischem Despotismus. Daß die politische Führung besondere Bedeutung erlangt, ist gewöhnlich auf Wanderungen oder — aggressive oder defensive — Kämpfe zurückzuleiten, die einen strafferen Zusammenschluß bedingen. Aus diesem Grunde sehen wir überhaupt bei aktiveren Stämmen eine Neigung zu patriarchalischen Gestaltungen und infolgedessen zu vaterrechtlichen Einrichtungen.

Diese vaterrechtlichen Einrichtungen können entweder von der Kleinfamilie getragen werden oder von der Sippe. Dementsprechend führen sie zu den zwei Haupttypen vaterrechtlicher Nachfolge: der Kinderfolge und der Bruderfolge.

Überwiegt der Einfluß der Einzelfamilie, so tritt das Kindererbrecht, besonders das der Söhne, und darunter wieder das des ältesten, in bevorzugter Weise hervor. Das ist namentlich dort der Fall, wo verhältnismäßig unabhängige Familien oft über weite Länderstrecken verstreut leben. Das Brudererbrecht knüpfte an die Bedeutung der Sippe, also eines breiteren Verwandtschaftsverbandes mit selbständigem Besitz an.

Vaterrecht und Mutterrecht lassen sich nicht allein nach geographischen Grenzen umreißen, vielfach durchsetzen sie sich geradezu unauflösbar. Es ist nicht zulässig, sie bloß mit Verwandtschafts- oder Heiratsorganisationen in Beziehung zu bringen, sondern sie hängen auch mit der Wirtschaft, der Arbeitsteilung der Geschlechter, der politischen Organisation und ihrer Auswirkung zusammen. Neben dem extremen Mutterrecht gibt es auch ein extremes Vaterrecht, dazwischen aber zahlreiche Misch- und Übergangsformen. Immer aber müssen wir uns vor Augen halten, daß ein jeder Stamm, den wir untersuchen, das Ergebnis komplizierter historischer Schicksale darstellt.

Das Vaterrecht bei Wildbeutern. — Wie bei der Erörterung des Mutterrechts und des Patriarchats erwähnt, ist unter Stämmen, bei denen die Männer Jäger, die Frauen Sammlerinnen sind, z. B. unter den Bergdama Südwestafrikas, jedes Geschlecht an seinen besonderen Lebenskreis gebunden und bedient sich dementsprechend eigener Gegenstände und Werkzeuge. Diese das Leben der Naturvölker in hohem Maße bestimmenden Bindungen führen dazu, daß vorwiegend nur das gleiche Geschlecht für die Nachfolge in dem Besitz der einzelnen Gegenstände in Betracht kommt. Das zweite Moment für die Formung der Nachfolgeordnung bildet die politische Führung. Wo diese unter Jägern in Gestalt von Altenherrschaft zutage tritt, gibt sie leicht den Ausschlag für eine Vaterfolge. Sind die Verbände dabei klein und isoliert, so kommt es häufig vor, daß dem ältesten Sohn bevorzugte Ansprüche im Verhältnis zu seinen übrigen Brüdern nach der Überlieferung zustehen.

Die Miwok-Indianer der Sierra Nevada des mittleren Kalifornien leben in vaterrechtlichen Familienverbänden oder Vatergeschlechtern, die ursprünglich selbständige politische Einheiten darstellten und *nena* genannt werden. Als *nena* wird aber gleichzeitig auch die Heimat der Ahnen bezeichnet, von der das Geschlecht sich herleitet. Der Geschlechtername ist immer ein Ortsname. Heute leben allerdings nur noch wenige *nena* auf ihrem Ahnenheim, doch kennt ein jeder Miwok den Ort, von dem er herstammt. An der Spitze des *nena* steht ein Häuptling, der Patriarch des Geschlechts. Diese Häuptlingsschaft wird vom Vater auf den ältesten Sohn, also in der direkten männlichen Linie, vererbt. Das Geschlecht stellt eine landbesitzende Gruppe dar. Jedes *nena* gehört einer von zwei exogamen vaterrechtlichen Stammeshälften an, die als „Land“ und „Wasser“ bezeichnet werden. Sowohl die

Geschlechter als auch die Hälften sind vaterrechtlich aufgebaut. Kinder gehören niemals dem Geschlecht ihrer Mutter an. Durch die heutigen Verhältnisse kommt es allerdings vor, daß die Angehörigen eines Geschlechts nicht mehr zusammen wohnen, sondern verstreut leben.

Mit den beiden vaterrechtlichen Hälften hing die sogenannte *pota*-Zeremonie zusammen. Auf ein bis drei Pfählen wurden Bilder von Individuen eines Geschlechts und eine Bärenhaut aufgehängt. Diese behandelte die eine Hälfte als Feinde, während sie die anderen, zu deren Geschlechtern die Bilder gezählt wurden, zu verteidigen hatten. In ähnlicher Weise hing auch der Fang eines Prärie-Falken mit einem Geschlechterfest zusammen.

Die Frauen, welche von den Männern eines Geschlechts nach dem Weiler gebracht wurden, waren die einzigen Fremden in der Siedlung, die sonst die männlichen Angehörigen ihres Geschlechts, deren Söhne und Sohneskinder umfaßte und eine unabhängige Existenz führte. Das Land eines *nena* hatte immer eine Quelle oder einen kleinen Bach in seinem Gebiet; der Hauptteil des Landes jedoch war gewissermaßen „Stammes-Almende", auf der Leute aller Geschlechter vegetabilische Nahrung suchen und Tiere jagen konnten. Im Sommer zogen diese Jäger- und Sammlergeschlechter in die höheren Berge, so daß sie immer einmal im Jahre ihren Wohnort veränderten.

In ganz ähnlicher Weise lebten die Cahuilla der Wüste, ein Stamm der Shoshonean-Indianer, die in wenigstens 44 Mannesgeschlechter zerfielen und ebenfalls bestimmte Örtlichkeiten an frischem Wasser als Geschlechterheime in Anspruch nahmen. Auch diese waren in zwei vaterrechtliche Hälften geteilt, die Geschlechter wurden von je einem patriarchalischen Häuptling geleitet, der gewöhnlich der älteste Sohn des letzten Häuptlings war. Diese Geschlechter stellten ebenfalls politische Einheiten dar.

Nicht anders ist es bei dem benachbarten Stamm der Serrano, die auch zu den Shoshonean des südlichen Kaliforniens gehören. Ihre Geschlechter sind gewöhnlich nicht stärker als etwa fünfzig Köpfe, wenn man die eingeheirateten Frauen anderer Geschlechter ausnimmt.

Die südlichen Diegueño von Süd-Kalifornien sind in ganz ähnlicher Weise nach vaterrechtlichen Geschlechtern gruppiert, doch fehlt ihnen die Scheidung in zwei Heiratshälften, und auch noch bei anderen mittel- und südkalifornischen Jäger-Sammlerinnenstämmen finden sich ähnliche Gestaltungen.

Bei den Pomo dagegen wird die Häuptlingsschaft mutterrechtlich vererbt, und auch sonst herrschen dort mutterrechtliche Grundsätze (Giff. [26] 389ff). In gewisser Beziehung erinnern die Frauengeschlechter der Pomo an die der Männergeschlechter der Cupeño und Luiseño. — Gehen wir den Existenzbedingungen nach, so finden wir, daß diese bei den Pomo-Indianern günstiger waren. Sie wurden weniger von Hungersnöten heimgesucht als die andern. Ja, sie scheinen in einem gewissen Wohlstand gelebt zu haben. Dazu kommt noch, daß, dank den günstigen Ernährungsbedingungen, auch die handwerklichen Leistungen, z. B. die Herstellung von Körben, besser als bei ihren Nachbarn waren (Kroeb. [25] 238ff). Die Stellung der Frau gestaltete sich hier besonders günstig: nicht nur, daß es weibliche Häuptlinge gab, sondern die Frauen wurden gelegentlich auch zu den geheimen Gesellschaften zugelassen, die erste Weihe von Jünglingen und Mädchen wurde gemeinsam abgehalten, das Haus gehörte bei den östlichen Pomo der ältesten Frau unter den verschiedenen weiblichen Bewohnerinnen desselben. Jedenfalls herrschte eine erheblich bessere Stellung der Frau als bei den nordwestlichen Stämmen. Es mag auch erwähnt werden, daß in der Sprache das Demonstrativpronomen in bezug auf Weiblichkeit eine Abänderung erfährt, ein Punkt, der deshalb besondere Aufmerksamkeit verdient, weil er in indianischen Sprachen nur selten zu verzeichnen ist.

Giff. ([26] 399f) weist darauf hin, daß unter den Mohave-, Yuma- und Cocopa-Indianern Kaliforniens die streng zusammengefaßten Stämme ohne lokalisierte Sippen dadurch, daß sie später über ein neues Land zerstreut wurden, ihre ursprüngliche Lokalisation verloren. Insbesondere begründet er diesen Vorgang damit, daß diese Stämme bei dem Übergang von ihrer Wüstenheimat nach dem fruchtbaren Tal des Colorado-Flusses sich entfalten konnten.

Ohne Zweifel sind wir berechtigt, derartige geschichtliche Vorgänge zur Erklärung der überaus bunten Gestaltungen, in denen uns auch die vaterrechtlichen Institutionen entgegentreten, zu berücksichtigen. Vgl. a. Spier [25].

Das Vaterrecht bei Hirten; mutterrechtliche Einstreuungen. — Wenn wir Hirten vorwiegend vaterrechtlich orientiert finden, so ist das teils eine Folge der Tatsache, daß sich die Altenherrschaft oder das Patriarchat hier gewöhnlich — aus den oben erörterten Gründen — erhalten hat, teils aber einer frühen Beeinflussung durch benachbarte archaische Hochkulturvölker, unter denen eine Loslösung der Einzelfamilie vom Sippenverbande erfolgte. Doch spielen mitunter auch hier mutterrechtliche Züge in vaterrechtliche Institutionen herein. Solche mutterrechtlichen Einstreuungen können verschiedenen Ursprung haben:

1. Sie können aus einer strengen Absonderung des weiblichen Wirkungskreises vom männlichen (Arbeitsteilung) sich erhalten haben.
2. Sie können Folge der Anlage von Feldern oder anderer lebenswichtiger Frauenarbeit sein.
3. Sie können benachbarten Stämmen, etwa dank der Einheirat von deren Frauen, nachgebildet sein.

Unter den ostsibirischen Hirten und Jägern herrschte überwiegend eine durch ein mildes Patriarchat unterstützte vaterrechtliche Tendenz. Bei den Gilyaken wurde nach dem Tode eines Mannes dessen Witwe einem seiner jüngeren Brüder gegeben, und zwar nach der Entscheidung des Klans. Dabei darf man nicht vergessen, daß sie nominell und oft auch tatsächlich überhaupt schon mit diesem Bruder ehelich verbunden war und ihre Kinder auch als die seinigen galten. War ein jüngerer Bruder nicht vorhanden, so wurde ein älterer gewählt, um für die Witwe und ihre Kinder zu sorgen, doch hatte er nicht das Recht, sie als Gattin zu betrachten. Die Kinder gehörten dem Vater an und folgten ihm im Besitz nach seinem Tode. Ja, nach der Geburt des ersten Kindes wurde der Vater sogar nicht mehr nach seinem eigenen Namen benannt, sondern als der Vater des Kindes Soundso bezeichnet (Czap. [14] 101).

Bei den Ba-Ila ist die Familie vaterrechtlich, der Klan mutterrechtlich geordnet. Der Mann bleibt sein Leben lang Angehöriger seiner Sippe, und eine jede seiner Frauen bleibt Mitglied ihrer Sippe. Falls die Belange der Sippe mit denen der Familie in Konflikt geraten, so überwiegen die ersteren über die letzteren. Wir haben hier den ausgesprochenen Fall einer patriarchalischen Mutterfolge, denn die Kinder fallen in die mütterliche Familie. Trotzdem bestehen aber auch Beziehungen zur Familie des Vaters, wie aus den Verwandtschaftsnamen hervorgeht; denn ein Mensch gibt den Angehörigen seiner Mutter, ja sogar auch den verschwägerten, die gleichen Bezeichnungen wie denen seines Vaters (Smith u. D. [20] 1 283ff, 316ff). Gegen das herrschende Mutterrecht des Klans wird aber anscheinend von den Familienhäuptern angekämpft. Daher wählt man häufig bei Lebzeiten Erben aus, denen man gewisse Güter zuteilt. Beim Tode eines Häuptlings wählen die übrigen Häuptlinge unter den Kindern und Neffen des Verstorbenen denjenigen, den sie für geeignet halten. Es kommt hier also nur auf eine gewisse Verwandtschaft mit dem Verstorbenen an, nicht auf einen bestimmten Grad der Blutsnähe (300, 390ff).

Patriarchalische gruppenweise Überschichtung. — Bemerkenswert für das Umsichgreifen vaterrechtlicher Ansichten im Zusammenhang mit adligem Häuptlingtum gegenüber mutterrechtlichen Volkstraditionen scheint das Beispiel von Yap zu sein. Für die Angehörigkeit zur totemistischen Sippe ist die Berechnung nach der Mutter entscheidend, dagegen wird die Häuptlingsschaft und auch das Vermögen, das liegende wie das bewegliche, vom Vater auf den Sohn vererbt, und auch die Töchter bekommen ihr Teil. In den Landschaften *Tamíl* und *Rul* scheint der älteste Sohn bevorzugt zu werden. Wenn Söhne nicht vorhanden sind, erbt die Tochter, nicht der Bruder. Stirbt die Frau, so erben nur die Kinder, nicht der Mann. Eine Ausnahme bilden nur die im letzten Jahr auf den Feldern gepflanzten Früchte. Diese scheinen der Sippe der Frau (die sie bearbeitet hat) zuzufallen. — Bemerkenswert ist auch, daß bei der Aufstellung von Genealogien nur die männlichen Inhaber der Grundstücke im Gedächtnis bewahrt werden, ohne indessen deren Verwandtschaftsgrade zu berücksichtigen (Müller-W. [17] 230, 245, 251).

Bei den Baganda Ostafrikas war die Überwachung der Erbfolge Sache des Klans. Obgleich ein Mann über seine Güter für den Todesfall verfügen konnte, verlor er doch praktisch die Verfügung darüber im Augenblick seines Todes, und von da an war es Sache des Klans, über diese Güter zu verfügen. Der Klan wählte den Erben, und zwar hatten die Angehörigen der Sippe, welcher der Verstorbene angehörte, die wichtigste Stimme dabei. Den Witwen, die Kinder vom Verstorbenen geboren hatten, wurde die Sorge für das Grab ihres Gatten überlassen, obgleich sie sich wieder verheiraten konnten. — Die jüngeren Witwen fielen dem Erben zu, außer solchen, die etwa an den König oder andere Angehörige des Klans als Erbteil abgegeben wurden. Wieviel von der Erbschaft an Frauen und Vieh dem König gegeben werden mußte oder dem Klan zufiel, darüber bestand kein festes Gesetz, doch nahm der Klan gewöhnlich ein Zehntel des Besitzes in Anspruch. Der Sohn und der Enkel des Verstorbenen, die von den Klanmitgliedern zur Vollziehung der Begräbnisriten auserwählt worden waren, hatten das Recht, je eine Witwe zu erhalten und der Schwestersohn des Toten erbte eine Frau für die Veranstaltung der Zeremonie, mit der die Trauerzeit beendigt wurde. Der Rest an Besitz fiel dem Erben zu, der auch die Kinder des Verstorbenen erhielt, die er als seine eigenen betrachtete; zwischen den einen und den anderen machte er keinerlei Unterschied. Die einzigen Personen, die überhaupt Eigentum erben konnten, waren Söhne und Enkel (unter denen der Klan, wie oben erwähnt, seine Wahl traf), niemals jedoch Frauen (Rosc. [11] 270).

Hirten und Feldbauern. — In der sakralen aristokratischen Hirtendespotie der B a k i t a r a Ostafrikas folgt zwar der Sohn dem Vater, doch ist das vaterrechtliche Patriarchat durchsetzt mit mutterrechtlichen Einflüssen. Die Geburt eines Kindes war mit vielerlei Zeremonien verbunden (Rosc. [23/a] 160ff, 242ff). Im allgemeinen wurde bei dem Hirtenvolk derjenige unter den Prinzen Nachfolger in der Herrschaft, von dem bekannt war, daß ihn der Verstorbene als seinen Nachfolger wünschte. Ein solcher Wunsch wurde von den übrigen Großen, namentlich des Anwärters Brüdern gegenüber, die Ansprüche geltend machen mochten, unterstützt (123). Der betreffende Prinz gehörte immer der königlichen Familie an. Verstarb ein Prinz, so wurde er durch seinen Sohn beerbt (174). Die Nachfolge in dem höchsten Adelsrat, der sogenannten heiligen Gilde, erfolgte zwar auch durch Nachfolge nach dem Vater, doch mußte der Kandidat erst durch eine Zeremonie besonders in diesen Rat aufgenommen werden (51f). Der Erbe, der nicht dem Hochadel der Hirten angehörte, mußte vom König erst zeremoniell eingesetzt werden und übernahm gewöhnlich die Witwen des Verstorbenen. Dabei trat eine Bruder- und Vetternfolge innerhalb der Sippe zutage (303). Das Erbe bestand hauptsächlich in der Herde und in Sklaven (303). — Vgl. a. Slgm. [25] 3, 10, 28.

Unter den Feldbauern, die in Einzelfamilien leben, herrschte jedoch ein strenges Sohnes-Erbrecht mit Bevorzugung des ä l t e s t e n. Auch hier mußte indessen der Erbe noch durch den Hirtenhäuptling seines Gaues zeremoniell bestätigt werden. Doch konnte der älteste Sohn zugunsten eines jüngeren Bruders verzichten. In diesem Falle erbte der jüngere Sohn die Witwen und Kinder, für die er zu sorgen hatte. Frauen besaßen im allgemeinen kein Eigentum und hatten infolgedessen keine Erben. Wenn eine Frau starb und Kinder hinterließ, so schickte ihre Sippe eine andere Frau, um ihren Platz einzunehmen, diese Frau galt als die Erbin der Verstorbenen und wurde gewöhnlich vom Witwer geheiratet. Sie nahm alle Gegenstände der Verstorbenen in Besitz und besorgte deren Kinder. Waren keine Kinder vorhanden, so konnte der Mann eine andere Frau aus demselben Klan nehmen, für die er jedoch zu bezahlen hatte (304).

Diese Sitte zeigt, wie sehr das Frauengut als besondere Wirkungssphäre betrachtet wurde und daher ganz unabhängig von der übrigen Nachfolge zu besonderer Besorgung veranlaßte.

Individualisierung der Familien. — Die mehrfachen Nahrungsquellen, Hirsebau, Halten von Herden, Jagd, wie wir sie z. B. bei dem nilotischen Stamm der Lango antreffen, weisen auf mannigfaltige Beeinflussungen hin und haben auch zu einer weitgehenden Auflösung und Verstreuung der Sippen geführt, aus denen Dorfgemeinden mit einem Almende-Land sich zusammengeschlossen haben (Dribg. [23] 170ff). Daneben aber hat sich persönliches Eigentum ausgebildet. Doch bestehen die Sippen mit verschiedenen Meidungsgeboten usw. noch fort. Es zeigt sich somit eine Tendenz zur Individualisierung.

Bei diesen Lango ist der älteste Sohn eines Mannes sein Erbe. Wenn dieser älteste aber ein Tunichtgut oder sonst nicht geeignet ist, wird ein anderer Sohn gewählt; fehlt es an männlicher Nachkommenschaft, so fällt das Erbe dem Sohn des Bruders zu oder in Ermangelung dessen dem Sohne der Schwester des Verstorbenen, subsidiär tritt also die Sippe ein. Der betreffende Erbe ist aber verpflichtet, seinen mütterlichen Brüdern entsprechende Anteile zu geben, auch an solche Stiefbrüder, die das Pubertätsalter erreicht haben und bisher nicht für die Verheiratung ihrer Schwestern sorgen konnten; jedenfalls muß er ihnen auch dazu verhelfen, sich aus dem Erbe Frauen zu beschaffen. Die Frauen des Verstorbenen gehen an seine Brüder über, sind solche nicht vorhanden, an den Sohn seiner Schwester. Hat der Verstorbene eine junge Frau hinterlassen, so wird sie von einem Sohne des Verstorbenen geerbt, der jedoch nicht ihr eigener Sohn sein darf. Eine alte Frau, die nicht mehr Kinder bekommt, lebt gewöhnlich mit ihrem Sohn. Auf alle Fälle haben die Frauen die entscheidende Stimme darin, welchen von den verschiedenen Männern, die Ansprüche auf sie erheben, sie als Gatten annehmen. Sollte eine Witwe sich weigern, mit einem der sie beanspruchenden Verwandten zu leben, und zu ihrer eigenen Familie zurückkehren, so muß der Kaufpreis, den der Verstorbene gezahlt hat, ersetzt werden und fällt den Erben zu. Wenn ein Mann eine Frau erbt, so muß er einen Stier an ihre Familie bezahlen, um deren Zustimmung zu erhalten (174). — Vgl. a. Stnm. [03] 147, 165.

Doppelte Berechnung. — Daß die ambivalente Beerbung noch weit in die Reihen der höheren Naturvölker hinein wirksam ist, zeigt das Beispiel der westafrikanischen Aschanti. Hier gibt es einige Sprichwörter, die den Wert von Gesetzen haben. Der erste Satz heißt: „Eine Frau beerbt eine Frau, und ein Mann einen Mann" (Ratty. [23] 40). Der zweite Satz lautet: „Solange eines Mannes Brüder nicht erschöpft sind, kommt das Geschwisterkind nicht ans Erbe." Die Mannessippe kommt also zunächst dran. Ein drittes Sprichwort besagt: „Wenn die Freien (nämlich der Blutsverwandtschaft) nicht erschöpft sind, darf der Sklave nicht folgen." Schon Bowdisch schreibt, daß die Frauen ein von ihrem Gatten besonderes und unabhängiges Eigentum besitzen.

Man kann sagen, daß im allgemeinen nur eine männliche oder weibliche Person der Sippe oder des Blutes (*abusua*) von einem anderen Mitglied seiner Sippe (*abusua*) erben kann. Infolgedessen kann einen Mann zunächst sein Mutterbruder beerben, das Haupt seiner Familie. Dieser pflegt jedoch von diesem Recht nicht Gebrauch zu machen, sondern es fällt dann tatsächlich dem älteren Bruder des Verstorbenen zu. An dritter Stelle folgt der Sohn der Mutterschwester, an vierter der Sohn der eigenen Schwester. Hierauf kommt noch eine Reihe weiterer Ersatzerben in Betracht. Und zwar zunächst männliche Nachkommen der Schwester. Erst wenn diese erschöpft sind, folgt die älteste Schwester selbst oder deren Tochter usw. Ist die ganze Blutsippe (*abusua*) erloschen, so geht das Eigentum an einen Sklaven über. Dieser erbt das Eigentum, wenn auch Kinder des Erblassers oder Bruderkinder usw. vorhanden sind. — Ähnliches gilt für die Nachfolge in der Häuptlingsschaft, im „Stuhl"; bloß mit der Ausnahme, daß in Ermangelung männlicher Nachkommenschaft weder eine Frau noch ein Sklave einen „Stuhl" einnehmen darf, sondern daß ein männlicher Nachfolger aus der Verwandtschaft irgendwoher gebracht werden muß. — Nach einer Frau tritt folgende Erbordnung ein: Zuerst kommt die Mutter der Verstorbenen, die aber ihr Recht gewöhnlich auch abtritt, und zwar zugunsten der älteren Schwester (im Seniorat), sodann an die eigenen Töchter der Verstorbenen und hierauf an die Töchter der Schwester. Danach kommt die Enkelin der Verstorbenen und die Enkelin der Schwester der Verstorbenen. Nun folgt die Schwester der Mutter der Verstorbenen, die das Erbe gewöhnlich ihrer eigenen Tochter abtritt, und schließlich deren Enkelin. Damit ist die weibliche Linie erschöpft und das Eigentum geht auf die männlichen, schon oben benannten Erben über; sind auch diese erschöpft, so fällt es einer Sklavin zu, nämlich der Tochter eines Sklaven. — Handelt es sich um einen sogenannten weiblichen „Stuhl", so tritt, wenn die weibliche Linie erschöpft ist, eine Nachfolgerin ein, die den Klannamen der Verstorbenen trägt. — Bei der geschilderten Nachfolge kann ein Erbe übersprungen werden, wenn die Familie das aus irgendwelchen Gründen wünscht. — Was nun die Nachfolge von Sklaven anlangt, so muß daran erinnert werden, daß es von seiten des Familienoberhauptes üblich war, weibliche Sklaven zu kaufen. Hatten die betreffenden Männer Kinder mit diesen Sklavinnen, so gehörten letztere keiner *abusua* an, sondern nur der *ntoro* (zeremonielle Familiengeistgruppe) des Vaters. Da letztere sich in der Vaterlinie vererbt, so hat ein solches Kind einer Sklavin ebenfalls einen *ntoro*, geradeso wie ein legitimer Sohn oder eine solche Tochter. Die Sklavenkinder wuchsen mit der übrigen Familie auf und wurden so wie die Angehörigen der Familie behandelt. Derartige Kinder und Nachkommen von solchen Sklavenkindern traten also, wenn die mütterliche Blutlinie der Familie erlosch, an deren Stelle, und zwar vor der rein vaterrechtlichen *ntoro*-Linie. Von diesen Sklavenkindern, die keiner anderen *abusua* angehörten, wurde erwartet, daß sie das Heim auf demselben Ort fortsetzten und auch die Riten zu Ehren der Geister der Verstorbenen beobachteten. Aus diesem Grunde hatte der Aschanti-Mann der alten Zeit auch immer Angst, daß seine Familie aussterben könnte. — Das, was bei den Aschanti in strenger Vaterlinie vererbt wird, ist die Angehörigkeit zu der Ritengemeinschaft *ntoro*, die sich vom gemeinsamen Ursprung herleitet, eine bestimmte historische Tradition, gemeinsame Mythen kennt und gleiches Verhalten den transzendenten Dingen gegenüber beobachtet. Es ist also ein gewisser religiöser Glaube und ein diesem entspringendes zeremonielles Verhalten, das von dem Vater auf den Sohn vererbt wird. Die Frau übernimmt bei der Heirat auch die religiösen Verhaltungsweisen, die *ntoro*-Tabus, ihres Gatten, so daß man sagen kann, daß die geistigen Güter in männlicher Linie, die materiellen in weiblicher vererbt werden (45ff).

In den Gegenden, in denen die Frauenkraft zu einem anerkannten wirtschaftlichen Faktor geworden ist und Frauen regelmäßig auf dem Wege des Kaufs erworben werden, fallen die Kinder gewöhnlich dem Vater zu, wenn der Kaufpreis für die Frau vollständig entrichtet wurde; ist dies jedoch nicht geschehen, so werden sie der mütterlichen Sippe zugerechnet.

Als Beispiel dafür, wie mit dem Kauf der Frau auch Anrecht auf deren Nachkommenschaft erworben wird, mögen die Zustände von Akpafu in Togo gelten. Ist nämlich der Kaufpreis für die Frau bezahlt, so bleiben die Kinder bei dem Gatten, andernfalls fallen sie dem Vater der Frau zu (Asm. [11/a] 46).

Vaterrecht und Heiratsordnung. — Eine Heiratsordnung, die mit dem Vaterrecht zusammenhängt, ist die sogenannte *ortho-cousin-*, gleichgerichtete Vetterschafts-Heirat, deren Verbreitungszentrum vor allem im Islam zu suchen ist. Durch den Islam hat sich diese Heiratsform östlich weit nach Afrika hinein, westlich bis in das Gebiet der Sunda-Inseln ausgedehnt und Heiratsformen, insbesondere die mutterrechtlich eingestellte sogenannte *cross-cousin-*, Vetterschafts-Wechsel-Heirat, überlagert (Slgm. B. Z. [24] 264f).

Der Islam faßte stellenweise die Frau als Wirtschaftsgut des Mannes auf. Daher war damit auch der Kauf der Frau verbunden. Dafür konnte sie nicht ohne weiteres weglaufen und weggenommen werden. Dadurch, daß der Vater für den Kaufpreis seiner Schwiegertochter aufzukommen hatte, wurde seine Stellung als Patriarch besonders wichtig. Dementsprechend traten die Angehörigen des Vaters stärker in Erscheinung, und auch die Auffassungen über die wünschenswerten oder nicht zulässigen Eheverbindungen wurden davon in Mitleidenschaft gezogen.

Wenn Smith R. ([03] 104ff) meint, „die alten Araber beachteten schon einige Verbote des Korans, denn sie heirateten nicht Mütter oder Töchter oder Tanten von irgendwelcher Seite; die auffälligste Sache war aber, daß ein Mann zwei Schwestern gleichzeitig zur Ehe hatte, oder daß der Sohn seines Vaters Gattin übernahm", so knüpft er an die Bedeutung der brüderlichen Solidarität an, wie sie in der Nebenehe, in dem davon abgeleiteten Levirat und Sororat, zum Ausdruck kommt.

In dem Falle nun, in dem ein Vater den Sohn beerbt, fallen ihm auch dessen Frauen zu. In Marokko gehört nach der mohammedanischen Schule der *Malikī* eine Frau ihrem Beschützer oder Mundmann (*wali*) an. Das ist in erster Linie ihr Sohn aus einer früheren Ehe, in zweiter Linie dieses Sohnes Sohn, in dritter Linie ihr Vater und endlich mangels dieser Personen irgendein väterlicher Verwandter in folgender Reihenfolge: 1. der Vollbruder, 2. der Neffe, 3. der Großvater, 4. der Oheim, 5. der Vetter. Hat sie auch diese Verwandten nicht, so tritt dafür der *Kadi* ein (Westmck. [14] 14f).

Es handelt sich also hier in erster Linie immer um die Erben ihres Gatten, von denen sie abhängt, und deren Erlaubnis für eine Wiederverheiratung sie erwirken muß. Sie wird also gewissermaßen diesen Persönlichkeiten vererbt. Nur ist an Stelle einer direkten Vererbung die Zustimmung der betreffenden Erben für die Wiederverheiratung der Witwe getreten (Slgm. B. Z. [24] 271).

Obgleich nun diese Vererbung der Witwe sowohl in Gesellschaften mit Mutterfolge wie in solchen mit Vaterfolge Platz greift, wird sie doch durch das Hervortreten einer patrilinealen Ordnung in besondere Bahnen gelenkt.

Die Ausbildung des Vaterrechts bei den altorientalischen Völkern und in Fortsetzung davon bei den Mohammedanern ist wohl auf die frühere Verselbständigung der Familien und die Ausstattung dieser mit unabhängigem Privateigentum zurückzuführen, was wieder mit der Staatsbildung im alten Orient durch das Zusammentreffen von Hirten mit feldbauenden Stämmen erklärt werden muß.

b) Das Patriarchat.

Die Leitung der Familie und die Führung des politischen Verbandes. — Oft hört man von Reisenden die Zustände bei Naturvölkern als „patriarchalisch" kennzeichnen. Dabei denken die Berichterstatter keineswegs an das strenge, römisch-rechtliche Patriarchat, sondern wollen damit mehr einer Stimmung von väterlicher Fürsorge des Hauptes von Familie, Sippe oder Siedlung Ausdruck geben. Sie unterscheiden auch dabei unter den betreffenden Häuptern nicht scharf. — Das Patriarchat muß ebenso von der Vaterfolge getrennt behandelt werden, wie das Matriarchat oder der Fraueneinfluß von Mutterfolge und Mutterrecht.

Die Verhältnisse bei niedrigen Wildbeutern weisen, wie schon bei Erörterung des Mutterrechts dargelegt, auf Zustände hin, in denen die Arbeitsgebiete der Geschlechter für sich fest umschrieben sind und auch keinerlei organisierte Herrschaft ausgeübt wird. Die Kleinfamilie macht bei diesen Stämmen einen Bestandteil der Horde aus. Diese Horde ist ein politischer Verband, der je nachdem eine mehr oder minder zahlreiche Großfamilie, eine Sippe oder einen Klan darstellt. Die Leitung dieser Verbände liegt gewöhnlich in der Hand von Alten oder bei einer einzelnen besonders einflußreichen Persönlichkeit derselben.

Die Führung dieser politischen Verbände muß von der Ausübung der Herrschaft in der Kleinfamilie unterschieden werden. Vermöge der Wirtschaftsführung tritt die Selbständigkeit dieser Familienhäupter gegenüber dem Leiter der Horde oder der Sippe sowohl bei Jägern wie auch bei vielen Feldbauern zurück.

In den geschichteten Verbänden, in denen die alte Horden- und Sippenverfassung erhalten geblieben ist, finden wir gleiches. Dort jedoch, wo die Sippen aufgelöst oder zerschlagen wurden, und selbständige, gewöhnlich noch mit Hörigen oder mit Sklaven ausgerüstete Großfamilien sich herausgebildet hatten, wird jene Geistesverfassung vorbereitet, aus der eine Herrschaft des Familienhauptes emporkeimt, das hier die Funktionen eines politischen Häuptlings übernimmt.

Der Despotismus und die politische Einzelherrschaft begünstigen überdies eine Geistesverfassung, die dem Patriarchat förderlich ist.

Obwohl das Mutterrecht dem Einfluß der Frauen förderlich ist, fehlt es jedoch auch da nicht an Männerherrschaft namentlich auf politischem Gebiet. Da Mutterrecht in sehr verschiedenen Varianten und Abstufungen vorkommt, z. B. bloß in gewissen, oft nur zeremoniellen Verpflichtungen oder Beziehungen zwischen Mutterbruder und Schwestersohn, so stehen derartige Sitten keineswegs mit einem manchmal sogar ausgebildeten Patriarchat in Widerstreit.

Das familiale Patriarchat hält sich an gewisse Entscheidungen, die bei der Geburt eines Kindes als Anerkennung der Vaterschaft, bei der Verheiratung des Kindes mit der Wahl des Ehepartners durch den Vater getroffen werden und durch die Form der Erbfolge zum Ausdruck kommen; vor allem aber drückt es sich in den Rechten gegenüber der Frau aus. Man kann sagen, daß, während das Züchtigungsrecht ziemlich allgemein verbreitet ist, die Tötung der Frau vor allem durch den Schutz ihrer Sippe in Schach gehalten wird. Ähnlich verhält es sich mit den Rechten des Vaters gegen seine Kinder. Auch hier schreitet bei einer Tötung derselben die Familie der Frau häufig ein, zumal in stark von mutterrechtlichen Gedankengängen beherrschten Gesellschaften; außerdem aber auch der Häuptling, der die Interessen des politischen Verbandes vertritt, und dem an der Erhaltung der Volkszahl gelegen ist. Dieser Gesichtspunkt gelangt gewöhnlich nur in höheren Gemeinschaften zur Geltung. Manchmal weiß man sich in solchen Fällen nicht zu helfen, und alle Verbrechen bleiben innerhalb der Familie ungestraft — was jedoch nicht mit der moralischen Billigung (s. T. „Moral") derartiger Taten verwechselt werden darf.

Die scharfe Ausprägung der römisch-rechtlichen *patria potestas* stellt eine einseitige Gestaltung dar, ähnlich wie etwa an anderen Orten das extreme Mutterrecht.

Das Patriarchat bei Wildbeutern. — Die exogamen Klans der ostsibirischen Gilyaken sind patriarchalisch organisiert. Doch besteht auch eine Verwandtschaft auf dem Wege über die Mütter insofern, als jeder Klan einen gemeinsamen Schwiegervater-Klan besitzt und die in einen Klan eintretenden Frauen untereinander im Verwandtschaftsverhältnis von Schwester, Tante oder Nichte zueinander stehen. Ein Mann muß nämlich seine Frau vom Klan seiner Mutter nehmen, derart, daß seine Gattin eine Blutsverwandte ist, ein Grundsatz, der religiös begründet wird und mit dem Ahnenkult, insbesondere dem der Mütter, zusammenhängt (Czap. [14] 44).

Auch bei anderen paläo-sibirischen Stämmen, wie z. B. bei den Rentier-Tschuktschen, bildet jedes Lager die ökonomische und politische Einheit unter einem Meister oder Häuptling, dem „starken Mann". Die individuelle Familie besteht aus einem Mann mit einer oder mehreren Frauen und deren Kindern. Seine Eltern und deren unverheiratete Kinder leben gewöhnlich in der Nähe. Alte Leute erfreuen sich großer Achtung, und der Vater behält seine Viehherde, solange er lebt. Jedoch kommt es vor, daß ein Mann oder eine Frau sich von der Familie trennt, um allein eine neue Heimstätte zu suchen, etwa zu den Meer-Tschuktschen wandert oder zurück. Die Betonung der Verwandtschaft in väterlicher Linie überwiegt erheblich die nach der mütterlichen Seite. Die väterlichen Verwandten werden auch die des „gleichen Blutes" (*ennenmulilit*) genannt, womit jedoch das Blut gemeint ist, mit dem das übliche Beschmieren bei der Opferzeremonie vorgenommen wird. Man pflegt zu sagen, daß ein ferner Verwandter väterlicherseits dem Herzen näher steht als ein mütterlicher Vetter (23, 27ff).

Auch von den australischen Eingeborenen wissen wir, daß die Gruppenhäupter weitgehende Befugnisse in Ehe und Heiratssachen ausüben. Von dem Dieri-Häuptling *Jalina-piramurana* berichtet z. B. Gason, daß er es nicht nur in der Gewalt gehabt habe, junge Mädchen, auch ohne daß sie näher mit ihm verwandt gewesen wären, beliebigen Männern zur Ehe zu geben, sondern daß er auch dazu befugt gewesen wäre, Ehen, die nicht harmoniert hätten, nach eigenem Ermessen zu trennen und die Geschiedenen wieder anderweitig zu verheiraten. Von östlichen Stämmen weiß Howitt sogar mitzuteilen, daß die Gruppenvorsteher gelegentlich zur Beilegung von allerlei Differenzen mit benachbarten Stämmen und Gemeinwesen „auf diplomatischem Wege" Eheschließungen zwischen Stämmen vereinbart hätten und dabei völlig willkürlich über die Wünsche und Neigungen der betreffenden Personen hinweggeschritten wären (Hwtt. [04] 185, 298; Mal. [13] 37 69f; Knabh. [19] 125).

Von dem Jäger- und Sammlervolk der Bergdama Südwestafrikas berichtet Vedder (39), daß der Mann unbedingtes Oberhaupt der Familie ist. Ihm gehören auch die Kinder, sofern er für sie sorgt. Versäumt der Vater die Fürsorge, wenn er seine Frau z. B. wegen Unverträglichkeit zu ihren Eltern entläßt, so kann ihm die Mutter die Herausgabe der Kinder verweigern. Doch verwaltet die Frau während der Ehe das Ergebnis ihrer Sammeltätigkeit und läßt den Mann nur ebenso an der von ihr nach Hause gebrachten Nahrung Anteil nehmen, wie auch er ihr nur gewisse Stücke aus dem Ertrag seiner Jagdbeute abgibt, die im übrigen von den Männern am heiligen Feuer verzehrt wird. Die Tochter erbt den Familiennamen des Vaters, der Sohn den der Mutter (s. T. [RL] „Name" A). Bei Knabennamen ist es jedoch gebräuchlich, dem von der Mutter ererbten Familiennamen auch den Familiennamen des Vaters mit der vorgesetzten Partikel *ma* hinzuzufügen (48). Die tatsächliche Macht liegt vor allem in der Hand des sogenannten Werfthäuptlings, der als „großer Mann", von den Kindern der Werft als „Großvater" angeredet wird. Für ihn sorgen Männer, Frauen und Kinder, soweit sie der Jagd, dem Fang oder dem Sammeln nachzugehen vermögen. Er entscheidet auch darüber, ob und wie weit etwa ein Fremder in das Sippenlager vorübergehend Aufnahme finden soll. Mit den ergrauten Männern sitzt er zusammen am heiligen Feuer und berät mit ihnen Jagdzüge oder Überfälle, das Weiden der Ziegen oder die Veranstaltung von Festen, wie die Jünglingsweihe oder die Abschließung von Ehen. Auch zeichnet er sich durch eine bessere Fellkleidung vor den anderen aus, da ihm die Auswahl unter den eingebrachten Tierhäuten zusteht (17).

Männerherrschaft in mutterrechtlicher Gesellschaft. — Von den Eingeborenen des alten Lunda-Reiches in Westafrika gegen Ende des 15. Jahrhunderts wird berichtet, daß der Ehemann den Mädchen von den Herrschern, von den Familienvätern oder in deren Ermangelung von den älteren Brüdern bestimmt wurde. Insbesondere hatten die Töchter des Fürsten (*Muatiânvua*) sowie alle zu seinem Haushalte gehörigen Frauen keine Wahl, sich frei zu verheiraten, sondern waren den Bestimmnngen des Fürsten hierin unterworfen. Ein Züchtigungsrecht stand den Männern im alten Lunda-Reiche gegen ihre Frauen zu. Tötete einer seine Gattin, so wurde er vom Herrscher abgeurteilt, und nur, wenn bewiesen war, daß der Ehemann einen berechtigten Grund hatte, wurde er freigesprochen und brauchte nicht irgendwelche Strafe zu zahlen. Andererseits stand dem Fürsten die Gerichtsbarkeit auch zu, wenn eine Frau sich schlecht betrug, sei es, daß sie ihre Pflichten als Ehefrau verletzte, oder daß sie ihre häuslichen Pflichten versäumte. Erklärte die Frau, aus irgendeinem Grunde mit einem anderen Manne zusammen leben zu wollen, so hatte dieser eine hohe Strafsumme zu zahlen, zumal wenn sich bei der Untersuchung irgendein erschwerender Umstand ergab. Als besonders schlimmes Vergehen galt der Ehebruch einer Frau während der Jagdzeit, weil ihre Untreue dem Gatten das Jagdglück benahm. Mißerfolg während der Jagd wurde auf das Verhalten der Gattin geschoben, die durch ein bestimmtes Zaubermittel in den Stand gesetzt sein sollte, den Erfolg der Jagd zu beeinflussen. Nach der Rückkehr band ihr der Ehemann die Hände auf dem Rücken zusammen, um sie zum Bekenntnis der vermuteten Verfehlungen zu zwingen. (Sind hier zauberische Gedankengänge im Spiel, so muß man sich doch auch klarmachen, daß die Aufstellung der erwähnten Zusammenhänge selbst mit den patriarchalischen Tendenzen zusammenhängen, die wieder durch das sakrale Fürstentum gefördert wurden). — Die Kinder blieben bis zum 7. oder 8. Jahre in Verbindung mit der Mutter. Eine Züchtigung der Kinder durch die Mutter fand nur selten statt. Dem herrschenden Mutterrecht wurde durch das starke, sakral verankerte Fürstentum die Waagschale gehalten. Die Erbfolge in der Herrschaft war jedoch nicht in allen Adelsgeschlechtern gleich, nämlich nicht überall in der mütterlichen Linie (Schmidt M. [18] 9ff).

Bei den südamerikanischen Aruaken herrscht Mutterrecht, und der junge Ehemann folgt der Frau nach ihrem Wohnsitz, wo er für den Schwiegervater, wie das so häufig geschieht, arbeitet und einen Bestandteil der Familie seiner Frau bildet (T. [83] 185f). Doch wird jede Familie, die aus den Frauen, Töchtern und deren Gatten sowie aus den unverheirateten Söhnen zusammengesetzt ist, durch den Vater beherrscht. Mutterrecht und Patriarchat gehen also nebeneinander her. Jeder dieser Hausväter gehorcht dem *peaiman*, dem Priester oder Zauberer, und dort, wo mehrere Familien in einer Siedlung zusammen leben, auch noch einem besonderen Dorfhaupt. Die Autorität des *peaiman* hängt von dem Ansehen ab, das er über die verschiedenen Geister besitzt, und wie er insbesondere Krankheiten zu behandeln versteht. Das Dorfhaupt ist gewöhnlich der erfolgreichste Jäger, der „primus inter pares" der verschiedenen Hausvorstände, der ohne formelle Berechtigung doch tatsächlich die Fischerei- und Jagdunternehmungen leitet und auf diese Weise sich eines nicht unerheblichen Ansehens unter den Dorfgenossen erfreut und darum auch ihre Streitigkeiten schlichtet. In früheren Zeiten pflegte er auch — nach Schomburgk — den Beginn der Feindseligkeiten zu bestimmen. Aus diesem Grunde leistete man ihm Gehorsam, und nach erfolgreichen Fängen oder Jagden erhielt er einen größeren Anteil von der Beute als die anderen (211f).

Unter den Ijca-Indianern der Sierra Nevada de Sante Marta (Südamerika, Columbien) bestimmten früher die Eltern vollständig, wen ihr Sohn heiraten sollte. Ungehorsam gegen ihren Willen wurde bestraft. Noch heute haben sie in dieser Hinsicht viel zu sagen. Auch der Häuptling mischt sich oft in die Wahl ein. Die Stellung der Frau in der Ehe erscheint vor allem infolge der Feldarbeit schwer zu sein. An den Beratungen darf die Frau nicht teilnehmen, und wo viele Indianer versammelt sind, müssen sich die Frauen etwas abseits halten. Dagegen hat die Frau das Recht, hinsichtlich des Hausstandes Bestimmungen zu treffen. Ein Mann veräußert keinerlei Hausrat ohne die Zustimmung der Frau. Andererseits kann die Hausfrau die Gerätschaften und Waffen ihres Mannes nicht ohne seine Genehmigung verkaufen. Bei der Wahl der Frauen kommt es vor allem auf wirtschaftliche Gesichtspunkte an, nämlich um Besitztümer zu vereinigen und eine tüchtige Arbeitskraft zu erhalten. Insbesondere nimmt der Indianer eine Nebenfrau dann, wenn seine Gattin kinderlos bleibt. Die Mädchen werden von der Mutter erzogen, ebenso die Knaben bis zu ihrem 7. Jahre. Dann übernimmmt der Vater deren weitere Ausbildung. Trennen sich Vater und Mutter, so kann der Vater den Sohn fordern, wenn er 7 Jahre alt ist. Schläge bekommen die Ijca-Kinder sehr selten. Sicher gibt es keinen unbedingten Gehorsam. Der Besitz wird unter die Söhne des verstorbenen Vaters verteilt. Bei den Arhuaco soll es kein Erbrecht für die Kinder geben, sondern der Häuptling den Besitz übernehmen, der die Kinder mit dem Notwendigsten versorgt. Die Rechtsprechung wird durch den Häuptling ausgeübt (Bold. [25] 108ff).

Bei den Neu-Kaledoniern (Südsee) gab es ein Fest, bei dem jüngere Väter der Oberschicht einen Stab als Zeichen ihrer Macht erhielten. Nichtsdestoweniger herrschten ausgesprochene Vorrechte des Mutterbruders gegen den Schwestersohn, die als *kut* bezeichnet wurden, und die in einer Reihe von wechselseitigen Vermögens- und sonstigen Ansprüchen an das Verhalten des einen gegenüber dem anderen ihren Ausdruck fanden (Lamb. [00] 111ff). Trotzdem war die Familie des Häuptlings von außerordentlichem Respekt umgeben. So sagte man z. B. von einem Häuptling, der den letzten Atemzug getan hatte: „Die Sonne ist untergegangen". Doch erfreuten sich auch die kleineren Sippenhäupter großen Ansehens (79ff).

Diese an die polynesischen Verhältnisse anklingenden Einrichtungen werden für das zentrale Polynesien von Williamson (III 396ff) dahin zusammengefaßt, daß die verschiedenen Häupter der größeren und kleineren Sippen, die manchmal wieder, wenn sie groß waren, in Untergruppen aufgeteilt wurden, diejenigen waren, die den Titel oder Namen der Gruppe führten. Je nach dem Rang der Gruppe und seiner besonderen Familie staffelte sich des Oberhauptes Grad von Ansehen und Heiligkeit (vgl. Hoc.). Denn er war auch der natürliche Oberpriester seiner Gruppe. Die Macht ging auf diese Häupter dadurch über, daß die betreffenden Männer aus einer beschränkten Zahl von Anwärtern gewählt wurden. Je nach den Orten und den Zeitläuften, vor allem aber entsprechend der Persönlichkeit des Trägers schwankte der Einfluß dieser Häupter. Während z. B. die Macht der samoanischen Häuptlinge verhältnismaßig gering war, scheint es in Tonga und auf sonstigen Inseln anders gewesen zu sein. — Aus alledem geht hervor, daß bei dieser Art von Sippenverfassung und Mutterrecht der Einfluß der Männer sich vor allem auf das politische Gebiet erstreckte. Dabei galten die Häupter der Großfamilien von Söhnen, Töchtern, Vettern, Onkeln, Neffen und Nichten trotz des herrschenden Mutterrechts als durchaus mit Autorität ausgestattete Personen (Willms. [24] 1 41, 343f; II 54f). — Bezüglich des Patriarchats auf Lombock, Sunda-Inseln, vgl. Elb. [11] 1 108.

Wenn man die Frage der Autorität eines Familenhauptes erwägt, so muß man vor allem sich darüber klar sein, was in jedem einzelnen Fall als „Familie“ bezeichnet wird. Bei den Herero gehören dazu die Schwägerinnen und Schwiegertöchter, nicht auch die Schwäger und Schwiegersöhne. Ansehen und Sippe vererben sich bei ihnen nach zweierlei Richtungen: die erstere heißt *oruzo* (Herkunft von weit her), die letzere *eanda* (Ursprung). Die Kinder folgen der *eanda*, dem Familienstamm der Mutter, und der *oruzo*-Sitte des Vaters. Letztere besteht in gemeinschaftlichem Halten von Vieh bestimmter Farbe- und Hörnerbeschaffenheit sowie in gemeinschaftlichen Festmählern, wobei nur Tiere dieser *oruzo* geschlachtet werden dürfen. Die *otuzu* (Plural von *oruzu*) werden meist durch das Familienoberhaupt in Stämmen zusammengehalten. Die *omaanda* (Mutterstämme) wohnen zerstreut durcheinander, weil die Frau, welche die *eanda* (Mutterstamm) forterbt, nach der Heirat ihrem Manne folgt. Man kann sagen, daß die *oruzo* (Sittengemeinschaft) alle Kinder des Mannes ergreift, die *eanda* ausnahmslos alle Kinder der Frau. Die Kinder gehören somit gleichzeitig zweierlei Gemeinschaften, Totemgruppen an (s. T. [RL] „Totemismus“ B). In der *eanda* wird das Mutterrecht, in der *oruzo* das Vaterrecht verkörpert, beide bestehen vollkommen getrennt und gleichwertig nebeneinander. Doch bleiben die Töchter nur bis zur Verheiratung in der *oruzo* des Vaters und treten dann in die ihres Gatten ein. Auch übernehmen sie dessen *eanda*, jedoch nur für ihre Person, während ihre Kinder wieder zur ursprünglichen *eanda* der Mutter gehören (Dann. [06] 11ff). — Unter den von verschiedenen Müttern stammenden Kindern eines Mannes wird in bezug auf ihre väterliche Herkunft kein anderer Unterschied gemacht als der, daß der älteste Sohn der zuerst geheirateten Frau, der Großfrau, beim Tode des Vaters der *oruzo*-Erbe und dadurch Besitzer der Werft, des Sippenlagers, somit politisches Oberhaupt wird. Die Familiengewalt liegt in den Händen des Werfthäuptlings und Sippenvaters. Von diesem wird auch die Erziehung der Kinder geleitet. Stirbt ein Kind, so haftet dieser der Familie der Frau, die ihn zum Schadenersatz anhalten kann, und dasselbe ist auch der Fall, wenn dem Manne die Frau stirbt. Man unterstellt nämlich in einem solchen Fall schlechte Behandlung von seiten der Vatersippe. Infolge dieser Schadenersatzpflicht des Mannes ist auch die ihm prinzipiell zustehende *patria potestas* tatsächlich beschränkt und besteht lediglich in einem Züchtigungsrecht gegen Frau und Kinder. Bei zu starken Züchtigungen kann auch hier der Mutter Bruder, der *ongundue*, schützend eingreifen und die Kinder etwa für einige Zeit auf seine Werft nehmen. Der Mutter steht jedoch nur ein sehr beschränktes Züchtigungsrecht gegenüber ihren Kindern zu, nämlich nur während deren erster Lebensjahre (47). Eheliche minderjährige Waisen und die Frauen eines Verstorbenen gehen in der Regel an den Bruder des Vaters oder an den sonstigen Werfterben, uneheliche Kinder an die Familie des Vaters der Mutter über (63). Die Sklaven fallen dem *oruzo*-Erben zu. Sie sind nicht veräußerlich (65).

Kindestötung, Machtkampf der Geschlechter, Herrschaft der zeremoniellen Ordnung. — Die Macht des Vaters über das ihm geborene Kind ist bei den ostafrikanischen Dschagga nicht unbeschränkt. Die Fälle, in denen ein Dschagga sein Kind tötet, sind durch die Sitte genau vorgeschrieben. Bei einigen ist das Herkommen allerdings zwiespältig. Falls sich der Vater für das Töten entscheidet, ist er der Muttersippe oder dem Häuptling verantwortlich. Einige Fälle von Mißgeburten müssen dem Häuptling zwecks Anordnung besonderer Maßregeln sofort gemeldet werden. Im Falle einer Zwillingsgeburt wurde eines der beiden Kinder stets getötet. Unter Einflüssen von außen entstand durch zugewanderte Frauen die Sitte, solche Kinder zu töten, bei denen die oberen Schneidezähne zuerst durchbrechen, weil die Zähne in besonderem Maße die Seelenkraft sichtbar machen sollen. Man betrachtet ein solches Kind als Eigentum der Geister, als etwas Ungewöhnliches bei den Dschagga. Weiterhin tötete man eine Fußgeburt, weil ein solches Kind sonst den Tod seines Vaters herbeiführt, sobald es „papa" sagen kann. Die gleiche Ansicht hält man von einem Kinde aufrecht, das seine Finger in die Welt voranstreckt, so daß das Weiß seiner Nägel vor ihm sichtbar wurde. Die Geburtshelferin sagte in einem solchen Fall: „Ich sehe Bienen (die Nägel), denen der Weisel (der Kopf) nicht vorangeht." Beide Haltungen im Augenblick der Geburt deutete man als Angriffsbewegungen, die eine dem Vater gefährliche Richtung der kindlichen Lebenskraft erkennen lassen (s. a. T. [RL] „Omen" A). Auch läßt ein Vater einen Knaben töten, den eine Frau zur Welt brachte, die früher einem anderen Mann angehört hatte und bei diesem unfruchtbar geblieben war. Sofortiger Tötung verfielen Zwitter oder mißgestaltete Kinder oder solche, die irgendwie unnormal waren. Dagegen wagte man eigentliche Krüppel nicht zu töten, z. B. solche mit verkrümmten Beinen oder Armen, Klumpfüßen oder Klammfingern, mit einer Überzahl von Fingern oder Zehen, sowie auch Tölpel (s. T. [RL] „Auslese"). Ja, man sieht im Krüppel die Vergeltung eines bösen Schicksals, welche dem guten Geschick wieder die Bahn öffnet usw. Jedenfalls hat der Vater, wie aus dem Gesagten hervorgeht, das Recht, sein Kind zu töten, wenn die Geburt Erscheinungen aufweist, die sein eigenes Leben als durch das Kind bedroht anzeigen. Ein Kind, das ohne Mund oder

Leibesöffnung zur Welt kommt, muß jedoch sofort dem Häuptling gemeldet werden. Großen Schrecken verbreitete ein Kind, das die obere Hälfte wohlgestaltet, die untere jedoch mit Flaum bedeckt hatte, „wie ein Hundsaffe". Es galt als böses Vorzeichen für das ganze Land und mußte daher dem Häuptling mitgeteilt werden, worauf Gebet und große Opfer erfolgten, die bis zu 2 Jahren hin dauerten. Während dieser Zeit muß das Kind gesäugt und gepflegt werden. Verliert sich der Flaum, so betrachtet man das als Wirkung der Opfer, und das Kind kann am Leben bleiben, will der Flaum aber nicht weichen, so hat bei einem Knaben ein alter, kinderloser Mann die Tötung in zeremonieller Weise zu vollziehen (Gutm. [26] 122ff).

Eine lebendige Schilderung, die man wohl als ziemlich typisch für Naturvölker betrachten darf, entwirft Rasm. ([08] 56ff) von einem Machtkampf, einem Ehestreit zwischen Mann und Frau unter den grönländischen Eskimos. Bezeichnenderweise kommt es hier nicht zum Äußersten, und der Streit endigt schließlich in dem Abreagieren der Wut des Mannes durch Zerstörung des Streitobjektes und Steinigen eines Teils seines kostbaren Hundebesitzes.

In den Familien der höheren Feldbauer und Handwerker, wie z. B. bei den Omaha-Indianern Nordamerikas, zieht die zeremonielle Tradition, die das gesamte Alltagsleben durchdringt, sowohl der Regelung der Beziehungen zwischen Mann und Frau als auch zwischen Vater und Kindern feste Bahnen. Man kann sagen, daß es sich bei diesen Völkern (vgl. z. B. Flt. u. La Fl. [11] 325ff) weniger um eine Herrschaft von Persönlichkeiten gewisser Stellung handelt als vielmehr um eine solche herkömmlicher Ordnungen, welche die unzähligen Einzelheiten des täglichen Lebens und das Verhalten in jedem fast nur denkbaren Falle festsetzen. Damit wird das Institutionelle in den primitiven Gesellschaften angebahnt.

Die gestaffelte und geschichtete Gesellschaft und das Patriarchat. — Strenges Patriarchat herrscht bei den abessinischen Bogos. Namentlich gruppiert sich um die Familie (Vater, Söhne, Brüder) die Blutrache, zu der jedoch auch noch die Sippe väterlicherseits bis zum siebenten Grade verpflichtet ist (Munz. [59] 28). Die Frau bleibt, ob ledig oder verheiratet, rechtsunfähig: sie kann nicht erben, bürgen, Zeugnis leisten oder Eid schwören, sie hat auch keine Rechtsverantwortlichkeit, kann z. B. nicht des Mordes angeklagt und dafür vor Gericht gezogen werden. Die Scheidung hängt vom freien Entschluß des Mannes ab (60). Damit ist weiterhin eine strenge, durch Tabu-Vorschriften geheiligte Arbeitsteilung verknüpft: so wird ein weibliches Wesen niemals melken oder bei der Ernte Getreide schneiden. Die Frau spricht niemals den Namen ihres Gatten noch ihres Schwiegervaters aus; der Gatte nicht den Namen seiner Schwiegermutter, deren Gesicht er niemals sieht, und deren Begegnung er vermeidet. — Im benachbarten Barka ist es jedoch anders: der Mann muß seiner Frau bei jeder Gelegenheit Geschenke machen, die Frau verwaltet sich selber, erbt mit den männlichen Kindern zu gleichen Teilen, kann bei jeder Gelegenheit den Mann verlassen, und niemand kann ihr Vermögen antasten, während bei den Bogos die mißhandelte Frau kein Klagerecht hat. Die Kinder sind gewöhnlich mehr der

Familie der Mutter zugetan als der des Vaters (63ff). Die Söhne sind für die Schulden ihres Vaters verantwortlich, wenn man ihnen nachweisen kann, daß sie irgend etwas von ihm geerbt haben. Die weiblichen Kinder sind vom Erbe ausgeschlossen, der älteste Sohn wird bevorzugt. Mit diesem strengen Patriarchat vereinigt sich ein deutlicher Zug des Mutterrechts; wer von der Familie seines Mutterbruders eine Sache entwendet, wird von diesem dafür nie zur Rechenschaft gezogen. Neffe und Onkel mütterlicherseits stehen sich nie vor Gericht gegenüber (75).

Die scharfe Durchführung des Patriarchats hängt bei den Bogos mit der aristokratischen Schichtung und dem Lehensystem zusammen. „Bei den Bogos unterwirft sich der Schwache dem Starken, auf daß er ihn beschütze (Munz. [83] 316)". Bei den Bogos, Marea, Habab steht auch die geschiedene Frau in ihres Vaters Hause noch zu ihres früheren Mannes Verfügung, bis sie zeremoniell frei und ledig erklärt ist (489). Ganz anders bei den Barea und Bazen im Lande der Kunama. Bei letzteren herrschen weitgehende mutterrechtliche Einrichtungen. So geht z. B. die Blutracheverpflichtung nur Bruder- und Schwesterkind an, während die eigenen Kinder für den Vater nicht einzutreten brauchen. Der bevorzugte Erbe ist der Bruder der gleichen Mutter, nicht vom gleichen Vater. Indessen hat der Vater die Pflicht, seine Kinder zur Heirat auszusteuern, andererseits hat der Mann das Recht, soviel Frauen zu heiraten, als er will, und sich von seiner Frau ohne weiteres scheiden zu lassen. In diesem Fall erhält die Frau die Hälfte des gemeinschaftlichen Vermögens. Auch besitzt die Frau keine bürgerlichen Rechte, kann nicht Zeugnis leisten, bürgen, klagen oder beklagt werden, geradeso wir bei den Geez-Völkern (489ff). Eigentümlich ist bei den Bazen, daß Frau und Kind bei einem feindlichen Überfall durch eine andere Tür fliehen als die Männer und getrennt von den Männern kämpfen. Die Barea, Bazen und Kunama besitzen „demokratische" Einrichtungen, wobei sich jeder dem anderen gegenüber gleich und frei fühlt, keiner besser als der andere sein oder werden will. Die persönliche Freiheit wird nur durch den Ausspruch der Greise eingeschränkt, denen keiner widerspricht. Die Familie geht völlig in der Gemeinde auf (533f).

Unter den ostafrikanischen Kiziba folgt das Kind der Sippe des Vaters und nimmt dessen Totem an. Das Vermögen vererbt sich vom Vater auf den Sohn. Der Familienvater gilt als unumschränkter Gebieter über Frau und Kinder; jedoch findet ein Verkaufen oder Verpfänden der Frau nicht statt. Eine leihweise Überlassung der Frau an den unverheirateten Bruder kommt jedoch vor. Ein Verkaufen der Kinder ist nicht möglich, doch kann der Vater in Teuerungszeiten sein Kind gegen Speise verpfänden, zumal Mädchen, die der Besitzer, wenn sie groß geworden sind, zu heiraten pflegt (Rehse [10] 92f).

Im Lande der Chané- und Chiriguano-Indianer herrscht strenge Arbeitsteilung zwischen Männern und Frauen. Auch essen Männer und Frauen nicht zusammen. Zu Hause geht es gewöhnlich so zu, daß die Männer zuerst essen und dann die Frauen und Kinder (Nord. [12] 180ff). Die Stellung der Häuptlinge ist bei diesen südamerikanischen Indianern einflußreich; die

Festhalle, bestehend aus einem schiefen Turm, an dessen Innenseite Malereien auf Sagorinde in Schwarz, Rot und weiß, Geistergesichter darstellend, darunter „Oale“ und „Augenlöcher“ (vulva), die von den Jünglingen mit Pfeilen beschossen wurden; die Pfeile sind sichtbar). Aus dem Dorfe Gaimalé der Steppengegend zwischen mittlerem Augustastrom und Küstengebirge (nördliches Neuguinea).

Eine andere Festhalle, wie die links beschriebene, von vorne gesehen. Dorf Kaŕá derselben Gegend.

Inneres einer offenen Männerhalle rechts mit geschnitztem Kobold und großer Holztrommel mit Krokodilkopf, aus dem Dorf Burui. Steppengebiet nördlich vom Augustastrom, aber aus anderer Kultursphäre als die obigen Bilder.

Aufnahmen Thurnwald.

Festhalle mit die Jünglinge bei der Weihe verzehrendem Ungeheuer (mit Krokodilskopf) aus dem Küstendorf Derbuab des Mündungsgebietes des Augustastromes (Sepik) an der Nordküste von Neuguinea.

Inneres einer Festhalle in Kámboa am mittleren Töpferfluß, dem ersten großen südlichen Nebenfluß des Augustastromes. Die ganze Halle ist mit Schnitzereien von Geisterfiguren und heiligen Tieren, wie Kakadu und Kusu („Baumbär") bedeckt. Ein Drittel wird durch einen Vorhang aus Sagofransen abgesperrt. Dahinter sind heilige Schilde zweierlei Art, 1. längliche Federschilde mit durch Zusammenstellung von bunten Federn hervorgebrachten Mustern, und mit Zeichnungen von Gesichtern, Figuren und Tieren, und 2. runde Holzschilde mit eingelegten Muscheln. Die heiligen Speere befanden sich in der Mitte vor dem Vorhang.

Aufnahmen Thurnwald.

Häuptlingsfamilien bilden hier eine Aristokratie. Der Häuptling besitzt das Land für die Seinigen, und jeder der Angehörigen der Häuptlingschaft baut auf dem Boden an, was er will (228ff).

Wirtschaftliche Wertungen und Patriarchat. — Im westlichen Afrika beherrscht die wirtschaftliche Auffassung die Ehe- und Familienverhältnisse. Der Vater des zukünftigen Ehemannes bespricht sich mit den Eltern des Mädchens; sind diese einverstanden, so hat der Brautwerber, z. B. in Akpafu (Togo), 20 Töpfe Palmwein, ein Tuch, eine Ziege und in der deutschen Zeit 16 Mark an die Eltern des Mädchens (Asm. [11] 45) zu bezahlen. Die Höhe dieser Preise und die Art der Naturalleistungen wechseln von Ort zu Ort. Schon in früher Jugend findet die Werbung und die allmähliche Abzahlung des Kaufpreises statt, deren Schlußleistung mit der Hochzeit erfolgt. Damit erlangt der Ehemann prinzipiell Rechte über die Frau wie über Sklaven, jedoch mit erheblichen Einschränkungen. Zahlt z. B. in Akpafu die Frau 30 Mark an den Ehemann, so kann sie ihn dauernd verlassen. Die Kinder bleiben jedoch überall bei dem Vater, wenn einmal der Kaufpreis gezahlt ist. Stirbt der Ehemann, so muß die Frau in Akpafu 7, in Baglo und Worawora 8 Tage im Hause bleiben. Gebiert ein unverheiratetes Mädchen ein Kind, so gehört es dem Vater des Mädchens, es sei denn, daß das Mädchen einem Manne zur Frau versprochen ist (46). Wenn jemand stirbt, so ist der Älteste der Familie der Erbe; auch die Kinder des Erblassers gehen in seinen Haushalt über; sie erhalten jedoch nichts von den Nachlaßgegenständen. Derjenige, der den Nachlaß erhält, muß auch die Schulden des Erblassers tragen. Begründet wird diese Erbfolge damit, daß durch sie der Familienbesitz besser zusammengehalten werde. Der gesetzliche Erbe ist in Akpafu berechtigt, eine der Frauen des Erblassers zu sich zu nehmen. Die übrigen Frauen werden an die Söhne verteilt, und zwar so, daß niemand seine eigene Mutter erhält. In Baglo und Worawora bekommt der Älteste der Familie neben dem sonstigen Nachlaß auch sämtliche Frauen. Sind in Akpafu die Söhne noch nicht alt genug, so werden die Frauen unter die sonstigen Erwachsenen verteilt. Die Söhne heiraten deshalb die Frauen des Vaters, weil sonst das Geld, das aus dem Familienbesitz als Heiratsgut gezahlt ist, verlorengehen würde. „Diese Frauen sind für die Söhne viel billiger, deshalb nehmen die Söhne zuerst, wenn sie noch nicht viel Geld verdienen, die Frauen des Vaters und kaufen sich später, wenn sie über mehr Mittel verfügen, andere junge Frauen hinzu." Die ererbte Frau wird aber nicht Oberfrau; diese Stellung hat stets die selbstgewählte Frau. Die Frau erbt von ihrem Ehemann nichts. Wenn die Frau stirbt, so erben in erster Linie die Schwestern der Frau und nur, wenn solche nicht vorhanden sind, ihre Brüder und sonstigen Verwandten. Auch der Ehemann hat an dem Nachlaß seiner Ehefrau kein Erbrecht (47, 48). — Man ersieht hieraus deutlich, wie stark hier die Verwandtschaftsbande durch die wirtschaftlichen Faktoren bedingt werden, wie sich insbesondere die Stellung der Frau und der Kinder in der Familie unter diesen Gesichtspunkten gestaltet.

Wenn bei den Yoruba Westafrikas ein Mann seine Frau wegen Ehebruchs wegschickt, so kann er die Rückerstattung des für sie bezahlten Geldes verlangen, nicht jedoch, wenn er dies aus einem anderen Grunde tut. In jedem Falle jedoch behält er ihre Kinder zurück (Ellis [94] 187). — Anders indessen bei den Tshi-Stämmen, bei denen die Mutter die Kinder erhält, jedoch verpflichtet ist, dem Mann zu ersetzen, was er für die Kinder aufgewendet hat. Die Macht der Eltern reicht bei den Yoruba jedoch nicht so weit, um ein Mädchen veranlassen zu können, einen ihr nicht genehmen Mann zu heiraten. Indessen können sie verhindern, daß ein Mädchen einen Mann heirate, den sie nicht wünschen. Sie können sie auch züchtigen, falls sie sich nicht gut beträgt. Hier werden die Frauen des Verstorbenen ebenfalls unter seine Söhne verteilt, und zwar so, daß keiner seine eigene Mutter bekommt (185).

Die Ehe erscheint bei den Dschaggas als eine Arbeitsgemeinschaft, bei der durch ihren starken Kräfteeinsatz der Frau ein hohes Maß von Selbständigkeit und Mitbestimmungsrecht über alles gewahrt bleibt, das ihre Hände mitbetreuen. Ein Mann, der sich darüber hinwegsetzt, genießt keinen guten Ruf bei seinen eigenen Geschlechtsgenossen. Es verstößt gegen die gute Sitte, aus dem Hause etwas wegzuschenken, ohne die Frau um ihre Zustimmung zu befragen. Gegen den festen Willen seiner Frau wagt der Mann nur selten zu handeln, vor allem auch deshalb nicht, damit durch ihre Verstimmung (*mtsuko*) Vieh oder Frucht nicht unheilvoll beeinflußt werde. In der Verwertung des Gewinnes aus der Milchwirtschaft ist die Frau an die Zustimmung des Ehemannes gebunden. Doch pflegt er darüber so zu verfügen, daß die Frau immer mitbeteiligt ist. Hat sie z. B. auf dem Markte Eleusine-Korn mit saurer Milch eingetauscht, so ladet er zu dem davon gekochten Bier Schwiegervater und Schwager ein. Oder er kauft ihr für einen Teil des Erlöses der süßen Milch ein Baumwollgewand und dgl. Frei verfügt die Frau über den Ertrag des Bananenhaines, soweit sie ihn für die Beköstigung der eigenen Familie verwendet. Auf dem Markte darf sie auch selbständig Bananen zum Eintausch der nötigen Lebensmittel verhandeln, sobald aber jemand aus der Nachbarschaft oder Verwandtschaft kommt und um eine Bananentraube bittet, sagt sie: „Komme wieder, wenn mein Eheherr daheim ist!“ Zwar wird der Mann, wenn sie ihm davon berichtet, sie fragen: „Pflege ich denn die Bananen abzuschneiden; ist es nicht deine Sache?“ Schließlich fragt er aber doch: „Wann wird er wiederkommen?“ Er ist es, der dem Ersuchen Folge leistet und für den Nachbarn die Bananentraube herunterschneidet. Einige der besten und größten Bananentrauben werden von der Frau für den Mann stets reserviert gehalten, damit er sie unerwarteten Besuchern anbieten kann. Eine Frau, die kluge Selbstbeschränkung übt, erfreut sich meist voller hauswirtschaftlicher Unabhängigkeit, und ihr Mann ist stolz auf ihre Selbständigkeit. Kümmert sich ein Mann jedoch zuviel um die Bananen, so wird er als kleinlicher Pedant betrachtet. — Der Mann wagt es auch nicht, ohne Vorwissen der Frau oder in ihrer Abwesenheit Milch aus einer Kalebasse zu trinken. Eine Mißachtung dieser Gepflogenheit führt leicht zu einem Ehestreit. Andererseits darf die Frau kein Korn aus dem Speicherkorbe nehmen. Braucht sie solches für den Mehlbrei der Kinder, so bittet sie ihren Mann, es ihr zu geben, der ihr dann so viel zuschüttet, wie er es für nötig oder tunlich hält. Über die Verwendung des Zugeteilten ist sie dem Manne keine Rechenschaft mehr schuldig. Alle Erdfrüchte und die Bohnen unterliegen der freien Verfügung der Frau, mit Ausnahme der rankenden, dornigen Yamswurzel (*Dioscorea abyssinica*), die nur der Mann ausgraben darf. — Der ganze Verkehr unter den Ehegatten wird durch die Vorbedeutungen und den Ahnendienst bestimmt, und Verstöße dagegen erscheinen daher sühnebedürftig. Auch die Sicherung des Eigentums geschieht z. B. dadurch, daß der Mann seinen Ahnen ein Beschwörungsopfer in Gestalt einer Ziege darbringt und sie bittet, jeden Eindringling so mit Krankheit zu strafen, daß das Vergehen offenbar werde. Hat die Frau z. B. gewagt, in den Speicherkorb für Korn hineinzusteigen, so muß dieser Bruch der Sitte durch eine Ziege gesühnt werden. Das Tier dazu erbittet sie sich entweder von ihrem Bruder oder vom Häuptling, der es wieder von dem Nachwuchs des Dracänen-Schafes nimmt, das bei der „Ehelehre" geopfert wurde (155). Die Bitte verstärkt sie durch ein Knäblein aus seiner Sippe, das sie vor sich hinhält. Als Zeichen der Verzeihung läßt sich der Schwiegervater von ihr eine Perlenkette mit angehängten Dracänen-Blättern um den Hals legen, die sie ihm bittend entgegenstreckt. Das Sühnetier wird vor dem Ausgang zum Speichertor niedergelegt und unter Fürbitten für das schuldige Weib und den betroffenen Hof den Ahnen geopfert. Zum Schluß muß die Frau Blut und Bansenbrei des Tieres an den Korb sprengen. — Läßt sich der Mann von seiner Frau dabei überraschen, wie er eine Milchkalebasse aufstöpselt oder sich selber etwas Fleisch im Topfe kocht, dann kommt er auch nicht um ein Sühneopfer herum. Die Frau geht tief gekränkt zum Häuptling oder gar nach Hause zu den Ihrigen. Bei Wiedereinführung der Frau wird die Sühneziege, zu deren Stellung der Mann sich bereit erklärt hat, vor der geschlossenen Haustür von beiden bespeichelt und vom Manne beschworen. Nach dem Opfer besprengen sie Tür und Hausinneres, vor allem auch die darin festgebundenen Tiere, mit Blut und Bansenbrei. Dann übernimmt die Frau wieder ihren Wirkungskreis. Jede von mehreren Frauen eines Mannes hat ihren eigenen Hof und ihr eigenes Heim. Zwischen diesen bewegt sich der Mann hin und her. Eine junge Frau darf sich nicht erlauben, frühmorgens die Tür ihrer Hütte selbst aufzubinden, sondern sie soll das stets dem Manne überlassen und ihn dazu durch Klopfen an seiner Lagerstätte ermuntern. Eine Frau, die sich über diese Rücksicht mehrmals hinwegsetzt oder sich gar einer Warnung des Mannes zum Trotz an die Vorschriften der Sitte nicht hält, muß nach einer Verhandlung vor dem Häuptling dem Manne eine Sühne in Bier leisten. „Denn wie die männlichen Tiere zuerst den Morgen besuchen, so muß auch der Mann zuerst ins Freie treten." Begegnete dem Manne einer Frau, die selbständig die Tür öffnete, etwas Unangenehmes, so hieß er: „Das kommt von der Unglückshand der Frau, sie zerreißt." — Diese verschiedenen, durch den Glauben gefestigten Verhaltungsmaßregeln für das Zusammenleben der Eheleute bilden den Inhalt der „Ehelehre" für Burschen und Mädchen (Gutm. [26] 174ff).

Eine ganze Reihe weiterer mit Sühneaktion belasteter Vorschriften regelt das Verhalten der Eheleute, ohne daß, wie aus den angeführten Beispielen ersichtlich, von der einseitigen Vorherrschaft etwa des Mannes geredet werden könnte. Die Frau besitzt ihren Rückhalt teils an ihrer Sippe, teils am Häuptling (*mngari*), der über die geheiligte Sitte wacht.

Die Großfamilie, der Herrenhof mit Dienern, Knechten und Mägden. — Die Ausbildung der römischen *patria potestas* stellt eine durchaus einseitige Entwicklung dar, der nicht nur im germanischen Recht keine Parallele erwachsen ist, sondern für die auch im griechischen sogar jeder entsprechende Begriff fehlt. Insbesondere liegt der Unterschied darin, daß die väterliche Gewalt bei den Griechen mit der Erreichung der Mündigkeit des Sohnes erlosch. Im römischen Recht dagegen ist die Stellung des Sohnes geradezu der eines Sklaven nachgebildet, denn der Familienvater behält das *jus vitae ac necis* über die erwachsenen Kinder. Doch soll auch in Griechenland das Kind nicht ohne den Willen des Vaters heiraten. Die römische Tochter kann dem Vater widersprechen, wenn dieser ihr einen unwürdigen Gatten aussucht, während der Sohn sogar ausdrücklich seine Einwilligung geben soll. Selbst wenn der Sohn bei den Griechen durch Mündigkeit aus der väterlichen Gewalt getreten ist, sucht ihm der Vater die Frau aus. In Rom wurde bekanntlich die Entlassung des Sohnes aus der väterlichen Gewalt, die *emancipatio*, nur durch ein kompliziertes Zeremoniell ermöglicht. Der sklavenartigen Abhängigkeit des römischen Sohnes entspricht auch das *peculium*, das Wirtschaftsvieh. Stirbt der Patriarch, so folgt der älteste Sohn, entsprechend der gerontokratischen Verfassung (Leist [84] 59ff).

Es ist bezeichnend, daß das griechische Wort für Hausherr: δεσπότης sprachlich dasselbe ist wie der Ausdruck, der für den staatlichen Herrscher gebraucht wird, ja, daß letzterer Ausdruck die ältere Bedeutung enthält. Erst später wird das Wort auch für den Machthaber über das familiale Eigentum angewendet. Ebenso wird das lateinische *imperium* vom staatlichen Machthaber auf den Hausherrn übertragen (58).

Bei den kaukasischen Bergstämmen wird Mord an Sohn oder Tochter in manchen Gegenden nicht gerächt oder nur mit ganz geringfügigen Strafen (zwei Ochsen an die Gemeinde bzw. den Gemeindeverwalter) geahndet. Auch bei den Osseten hatten die Eltern volle Gewalt über ihre Kinder; sie konnten sie ungestraft verstümmeln und sogar töten, ohne daß jemand das Recht hatte, sich einzumischen. Der Mann hatte auch über seine Frau das Züchtigungsrecht bis zur Verstümmelung, ohne daß dies jemand ahnden durfte, nicht einmal ihr Vater oder ihr Bruder. Mit der Formel „niemand ist sich selbst feind" motivieren die Inguschen das Fehlen von Vorschriften über den Mord durch Vater oder Mutter an Kindern oder umgekehrt. Die Verantwortung dafür bleibt eben in der Familie (Dirr [25] 58). Kovalewsky weist indessen darauf hin, daß man aus der Straflosigkeit solcher Handlungen nicht etwa auf ein moralisches Recht und eine Billigung desselben zurückschließen darf. — Die geschilderte Sitte ist jedoch nicht allgemein herrschend unter den Kaukasusvölkern. Bei einzelnen Stämmen übt die Sippe der Frau ein Recht auf sie aus, solange kein Kind geboren wurde. Erst nachher gilt die Frau als vollberechtigtes Mitglied der Sippe ihres Mannes und entgeht so der Oberhoheit der Ihrigen. Sie erlangt ihre Berechtigung durch die Mutterschaft dadurch, daß sie sich als Mehrerin des Sippen- bezw. Familienstandes zeigt. Bei den Tschetschenen des Wladikawkaser Kreises muß der Mann, der seine kinderlose Frau erschlägt, ihren Verwandten 35 Kühe zahlen. Hatte sie aber Kinder, so zahlt er bloß 12 Kühe, diejenige Summe nämlich, die jeder Mörder, unbeschadet der Blutrache, zu zahlen hat. Doch fällt der Mörder seiner Frau der allgemeinen Verachtung anheim und kann sich nirgends mehr zeigen. — In einigen Dörfern der Tilitl-Hidatler Naibschaft wird der Vater, der Sohn oder Tochter erschlägt, wie ein gewöhnlicher Mörder als Blutschuldiger behandelt. Ebenso hat in den Landgemeinden Kulla, Batsada, Schulany und Unty der Mörder an Sohn oder Tochter die Verfolgung durch die nächsten Verwandten in männlicher Linie des oder der Erschlagenen zu gewärtigen usw. In den Gebieten von Akuscha, Balchar und Tsumkan im Darginer Kreis wird der Täter Blutschuldiger der Familie des erschlagenen Sohnes bzw. der Familie seiner Frau. Das bedeutet, daß die Verwandten der Frau ein gewisses Anrecht auf deren Kinder besitzen, solange diese kein eigenes Hauswesen begründet haben (60f).

c) Das Levirat.

Das Levirat besteht darin, daß der jüngere Bruder an der Ehe des älteren insofern Anteil nimmt, als er dessen Witwe heiratet und versorgt. Bei vielen australischen Stämmen gilt der Mann, der die älteste von mehreren Schwestern heiratet, ohne weiteres als der Gatte auch der anderen. Er kann sein Recht an seinen jüngeren Bruder abtreten. Sind z. B. 4 Schwestern vorhanden, und heiratet ein Mann die älteste von ihnen, so stehen ihm Rechte an den übrigen jüngeren Schwestern seiner Frau zu. Läßt der Mann nun seinen jüngeren Bruder die zweitjüngste heiraten, so verliert der ältere Bruder damit seine Rechte an dieser Frau und deren jüngerer Schwester. Stirbt einer der Brüder, so fallen dem Überlebenden die Frauen des Verstorbenen zu und auch dessen Kinder. Polyandrie besteht dagegen nicht (Brown [13] 158). — In formaler Beziehung ist das Levirat das Gegenstück zum Sororat (s. d.). Bei beiden handelt es sich um Beteiligung von Geschwistern am Geschlechtsleben untereinander. Durch die wirtschaftliche Verselbständigung und das Privateigentum der Familie hat bei patriarchalischer Tendenz das Levirat eine besondere Bedeutung erlangt, teils um die Versorgung der Witwe und ihrer Kinder festzulegen, teils um unter religiösen Gesichtspunkten das Weiterleben der Familie oder Sippe und dadurch die Ahnenverehrung zu sichern.

Das Levirat ist bei Naturvölkern sehr verbreitet und hat sich zweifellos in Anlehnung an mutterrechtliche Vorstellungen herausgebildet. Wir hören häufig, daß ein Mann die Frau des verstorbenen älteren Bruders zu sich genommen hat, z. B. auf den Trobriands-Inseln (Mal. [14] 22, 281). Dabei wird die Witwe nicht immer beansprucht, sondern vielmehr gemäß einer Verpflichtung vererbt. Bei den Thonga in Südafrika darf die Witwe unter den Verwandten ihres verstorbenen Gatten den wählen, der sie nehmen soll. In Verbindung mit dem Sororat treffen wir bei den Hidatsa von Nord-Dakota, ähnlich auch bei den Krähen-Indianern, das Levirat an, wobei der

Mann auch die jüngeren Schwestern seiner Frau heiratete (Lowie [17] [19].) Auf den Andamanen-Inseln herrscht ein strenges und einziges Tabu zwischen einem Mann und der Frau seines jüngeren Bruders, während keinerlei Beschränkungen gegenüber der Frau des älteren Bruders auferlegt werden ganz ähnlich wie bei den Thonga in Südafrika.

Das Levirat in der jüdischen Geschichte. — Die Entwicklung des Levirats tritt deutlich in der jüdischen Geschichte hervor. 1. Zunächst heiratet der jüngere Bruder die Witwe des älteren Bruders. Die Kinder aus dieser Verbindung gehören nach Gen. 38, 9 dem Verstorbenen. 2. Später wird nur der erste Sohn aus dieser Verbindung dem verstorbenen Bruder zugerechnet. Er trägt den Namen des Verstorbenen, damit dessen Name in Israel nicht aussterbe. Wenn kein Bruder vorhanden ist, hat der Vater des Verstorbenen einzutreten und seine Schwiegertochter zur Frau zu nehmen. 3. Im Lauf der Zeit wurde die Schwagerehe eingeschränkt, weil in Ermanglung von Söhnen das Erbe der Tochter zufiel. Wirtschaftliche Momente und patriarchalische Tendenzen machten ihren Einfluß geltend. 4. Schließlich wurde die Schwagerehe verboten. — Die herrschende Auffassung in Israel kennzeichnet Deut. 25, 9 folgendermaßen: „Wenn jemand sich weigert, seiner Pflicht zu genügen, die Witwe des verstorbenen Bruders zu heiraten, so soll sie zu ihm gehen, ihm ins Gesicht spucken, die Sandale von seinem Fuße abziehen und sagen: so ergeht es dem, der die Familie seines Bruders nicht aufbaut" (vgl. Pds. [14] 96; s. T. [RL] „Fluch" A).

Levirat und Kleinfamilie. — Levirat und Sororat finden sich hauptsächlich dort, wo keine Sippenbildung vorhanden ist, wie bei den nordamerikanischen Salish und im großen Becken Nordamerikas bei Stämmen niedriger Kultur (vgl. Sapir [16]). Das scheint darauf hinzudeuten, daß sich die Anteilnahme der Brüder und Schwestern am Sexualleben des anderen als besondere Variante herausgebildet hat, vielleicht gerade dort, wo kleine Brüdergemeinschaften ein gemeinsames Jäger- und Hirtenleben führten. Nach den ältesten Reiseberichten aus der Mitte des 18. Jahrhunderts über das Groß-Nama-Land in Südwest-Afrika war der älteste Bruder gehalten, die Witwe und die Kinder seines verstorbenen Bruders zu sich zu nehmen und zu unterhalten (Mor. [15] 183). — Das Levirat finden wir auch bei den ostsibirischen Stämmen (vgl. Czap. [14] 44, 85; z. B. auch bei den Koryaken, nach Jochls. [05—08] 749—752); ferner in Afrika z. B. bei den abessinischen Bogos (Munz. [69] 59).

Das Levirat bei den Indogermanen. — Auch von den indogermanischen Stämmen wird bezeugt, daß Brüder gemeinschaftlich Frauen besaßen (Schrd. [16]; [05] 20, 73, 89), eine Gemeinschaft, die auch auf den Blutbruder und Freund ausgedehnt wurde (Schrd. [16] 89). Levirat und Sororat finden auch einen Niederschlag im urzeitlichen indogermanischen Verwandtschaftswort **sveliones* = altn. *svilar* = Männer, die Schwestern geheiratet haben, und lateinisch *janitrices* = Frauen, die Brüder geheiratet haben. Schrader vermutet, „daß die genannte Gleichung ursprünglich Brüder oder Vettern, d. h. Söhne von Brüdern (die in derselben Hausgemeinschaft wohnten), die Schwestern heimgeführt hatten, bezeichnen mochte".

Dem mag bei einzelnen Stämmen ein ähnlicher Zustand zugrunde gelegen haben wie der, den Cäsar (Bell. Gall. V 14) von den alten Britanniern berichtet, von denen 10 oder 12 gemeinschaftlich Frauen besaßen, „besonders Brüder mit Brüdern und Väter mit Söhnen".

Wirtschaftliche Gesichtspunkte. — Soll bei den westafrikanischen Kpelle die Frau nach dem Tode des Mannes in dessen Familie verbleiben, also des Mannes Bruder oder Vetter heiraten, oder überhaupt an den Erben übergehen, so muß eine höhere Morgengabe gezahlt werden. Sonst fällt die Frau in das Eigentum ihrer eigenen Familie zurück (Westm. [21] 60). — An dieser Bestimmung sieht man, wie wirtschaftliche Gesichtspunkte zusammen mit der wirtschaftlichen Bewertung der Kinder eine Bresche in die älteren Gedankengänge legen.

Die Bedeutung des Besitzes, besonders in Gestalt von Vieh bei Hirtenvölkern, hat nun der dort schon heimischen sexuellen Brüdersolidarität eine besondere Note verliehen. Aber eng damit verschmolzen lebt der Gedanke, daß die Übernahme des Gutes des Verstorbenen durch seine oder ihm doch zuzurechnende Kinder geschehen und auf diese Weise die Seele des Verstorbenen Befriedigung erlangen soll. Diese „Befriedigung" der Seele verwandelt sich dann in Verrichtung ethisch guter Werke, wie etwa in der Priesterlehre der Perser (*Sacred Books* V 345): „Das, was ein Sohn an guten Werken vollbringt, ist, als wenn es sein Vater getan hätte." Daher werden im Shâyast La-Shâyast die Gläubigen ermahnt „zu trachten, Nachkommenschaft zu bekommen, denn so erlangen sie viele gute Werke auf einmal".

Anrechnung der Kinder. — Darum spielt die Anrechnung der Kinder bei dem Levirat, besonders bei höheren Völkern, eine große Rolle. So kann z. B. bei den alten Persern nach den Rivâyats (*Sacred Books* V 142, 143) durch die „Satar"-(Adoptiv-)Ehe für einen kinderlos Verstorbenen eine Frau dadurch erworben werden, daß sie von seinen Verwandten mit einer Mitgift ausgestattet und an einen anderen Mann verheiratet wird. Von den Kindern, die sie gebiert, wird die eine Hälfte der Kinderzahl dem Verstorbenen angerechnet, die andere Hälfte gehört dem lebenden Mann. Die Frau gilt als Gattin des Verstorbenen im Jenseits. — Wenn bei den afrikanischen Dinkas ein Mann „kinderlos", d. h. ohne Sohn, stirbt und eine Witwe hinterläßt, die über das Alter des Kinderbekommens hinaus ist, so muß sie (oder ihre Tochter, wenn eine solche da ist) im Namen des Verstorbenen eine jüngere Frau „heiraten", welche dem Verstorbenen nachträglich einen Erben gebären soll. Zu diesem Zweck versorgt die Witwe die betreffende „geheiratete" Frau mit einem anderen Mann, einem Verwandten des Verstorbenen. Die aus solcher Verbindung entsprießende Nachkommenschaft „gilt" nun als die des Verstorbenen (Hartl. [12] Nr. 12). — Vgl. a. Chttp. [22] Nr. 25.

Brüderliche Solidarität. — Eine andere Seitenentwicklung des Levirats führt zu der Ausdehnung der brüderlichen Sexualsolidarität auf Blutbrüder und Freunde und schließlich auf Gastfreunde (s. a. T. [RL] „Freundschaft", „Gastfreundschaft"). Nelson berichtet von der Einrichtung der Blutverbrüderung mit Frauenwechsel bei den Eskimos der Behring-Straße. Auch von den Eskimo-Stämmen der Ostküste Grönlands wird eine derartige Frauenauswechslung, hier noch mit Auswechslung des Eigentums verbunden, gemeldet. — Die nebenehelichen Beziehungen, die sich an die Solidarität der Brüder knüpfen, wurden, als von Nebenehe die Rede war, erörtert.

XI. DAS KIND

Die Stellung des Kindes bei Naturvölkern im allgemeinen. — Das Leben der Kinder steht bei den Naturvölkern in vielfacher Beziehung zu dem der Erwachsenen. Dem Nachwuchs wird schon deshalb große Beachtung zuteil, weil man sich bewußt ist, daß von dessen Zahl und Tüchtigkeit das Schicksal der Gemeinschaft abhängt. Die Wege allerdings, die zur Sicherung und Förderung der Kinder eingeschlagen werden, sind oft kraus und führen nicht selten zum Gegenteil dessen, was man beabsichtigt.

Zu diesen manchmal merkwürdigen Maßnahmen, die man glaubt im Interesse der Gemeinschaft unternehmen zu sollen, gehören auch die Kindestötungen bei verschiedenen Anlässen. Die verbreitete, durch romantische Gedankengänge veranlaßte Auffassung, als herrschte bei den Naturvölkern eine konsequenze Ausmerze der Schwachen, Krüppel und Lebensuntüchtigen, ist, in dieser Allgemeinheit wenigstens, unrichtig. Denn der Aberglaube veranlaßt daneben auch noch die Tötung gesunder Kinder. Ja, mitunter werden mißgebildete auferzogen, während man gesunde, die aber unter Umständen zur Welt kamen, die unglückverheißend gedeutet werden, der Tötung anheimfallen läßt.

Die Kindersterblichkeit ist bei den meisten Naturvölkern wegen des Mangels hygienischer Vorkehrungen verhältnismäßig groß. Allerdings findet man im Zusammenhang mit der verbreiteten Vielweiberei manchmal eine vernünftige Schonung der Frauen nach der Geburt, die zweifellos dem Wohle der Kinder zugute kommt. Bei der Kindersterblichkeit unter den Naturvölkern tritt zutage, daß der Mensch niedriger Kulturstufen auch nicht einer gewissen Fürsorge entraten kann, daß er also Lebenserleichterungen, „Kultur" benötigt und unter ihrem Mangel schlechter abschneidet, als wenn er sie besitzt; allerdings muß er sie auch zu gebrauchen verstehen. Dieser Umstand widerspricht ebenfalls den noch immer verbreiteten romantischen Auffassungen von einem „idealen" Zustand der Naturvölker. Der Mensch ärmerer Technik und geringerer Einsicht in die Kausalzusammenhänge ist nicht imstande — trotz seiner immerhin größeren physischen Widerstandskraft als etwa der des weißen Mannes —, den Mangel an Fertigkeiten der Hand und Kenntnissen des Kopfes damit wettzumachen.

Das Verhalten der Erwachsenen den Kindern gegenüber wird durch die Geistesverfassung und die traditionellen Anschauungen und Gedankengänge in erheblichem Maße bestimmt. Das Zur-Welt-Kommen der Kinder selbst ist nach den Umständen ihrer Geburt mit Vorbedeutungen aller Art erfüllt. Auch die Sorge für die Kinder ist in denselben Gedankengängen befangen. Auf der einen Seite trägt man für Dinge Sorge, die nach unserer

Ansicht überflüssig oder nebensächlich sind, während man Wesentliches vernachlässigt.

Das Leben der Kinder der Naturvölker ist ganz anders als das, wie wir es etwa unseren Kindern gestalten oder zu gestalten wünschen. Den Kindern fehlt gewöhnlich das, was wir gerade als „kindlich" bezeichnen, die Sorglosigkeit. Die individuelle Nahrungssuche beginnt außerordentlich früh, fast gleich nachdem ein Kind laufen kann und der Mutterbrust entwöhnt ist, was allerdings oft erst nach dem 4. Lebensjahr eintritt. Hieran schließt sich eine Vorbereitung auf das Leben der Erwachsenen, die zunächst auf die Notwendigkeiten der Lebenserhaltung gerichtet ist. Daher auch die überraschende Selbständigkeit und Altklugheit der Kinder, andererseits aber auch ihr Mangel an „Gehorsam" gegenüber den Eltern oder anderen Erwachsenen, wobei es indessen keineswegs an Achtung vor besseren Kenntnissen der Alten überhaupt zu fehlen braucht.

Schon darin lassen sich die Schranken erkennen, die der Erziehung gezogen sind. Dazu kommt häufig Ungeschicklichkeit und beschränkte Einsicht der Eltern. Gewöhnlich erschöpft sich die Erziehung in einem Vormachen. Den Höhepunkt erreicht sie in den Jünglingsweihen, die jedoch von zauberischem Beiwerk derartig überwuchert sind, daß der erzieherische Wert dieser Prüfungsperioden und Feiern sehr ungleich hoch zu veranschlagen ist, obwohl es sich dabei häufig um eine Einführung in die Geheimnisse, Fertigkeiten und Glaubensauffassungen von übernatürlichen Kräften, ihrer möglichen Beeinflussung und deren Lenkung handelt.

Die Kindheit endigt nicht nur dank der Selbständigkeit der Lebensfürsorge schon sehr früh, sondern sie erhält auch durch das gewöhnlich lange vor Eintritt der Pubertät einsetzende Sexualleben ihre besondere Färbung. Nicht nur, daß oft bei dem engen Zusammenleben in einem Raum nichts verborgen bleibt und die Kinder zur Nachahmung angeregt werden, sondern die Verlobungen bzw. Verheiratungen erfolgen häufig schon in den ersten Lebensjahren, ja manchmal sogar vor der Geburt. Wenn auch gewöhnlich die Verlobten oder Verheirateten vor Eintritt der Reife nicht zusammen leben, so wird damit doch nicht selten eine sexuelle Beziehung gefördert. Die Kinderheiraten haben den Zweck, dem Kinde einen Partner zu sichern. Damit wollen die Eltern weitere Nachkommenschaft verbürgen. Es ist diejenige Richtung, in der die Fürsorge der Naturvölker sich am weitschauendsten und energischsten zeigt: die Lebensbehauptung der Sippe. Die Heiratsordnungen entspringen vermutlich solchen herkömmlichen Abmachungen unter den Familien. Doch haben sich die Kinderheiraten weiter noch dort erhalten, wo Heiratsordnungen längst abgekommen und durchbrochen worden sind. In der Partnerwahl der Eltern bei der Verheiratung ihrer Kinder werden aber immer noch alte Überlieferungen eingehalten, durch die praktisch eine lokale Rassenzucht herbeigeführt werden soll oder doch tatsächlich erfolgt. Die Kinderheiraten erhalten sich bis tief hinein in das Leben der höheren Hirten-, Ackerbauer- und Händlervölker, namentlich dort, wo ethnische Einheiten ihren Kulturbestand bewahrt haben. Erst der einer vielfachen ethnischen Überlagerung und Mischung entspringende Individualismus sträubt sich dagegen und verlangt eine persönliche Verfügung in den Liebesangelegenheiten.

Vorbedeutungen. — Der Ernst des Lebens tritt an die Kinder der Naturvölker frühzeitig heran. Nicht nur in Gestalt von Krankheit und Tod, nicht nur in dem Mangel rechter Sorgfalt von seiten der Erwachsenen, sondern auch darin, daß sie, wie z. B. unter den Kai-Leuten von Neu-Guinea, oft mit quälendem Hunger Bekanntschaft machen, der ihnen derart zusetzt, daß sie nur aus Haut und Knochen bestehen. Wenn Feinde das Dorf überfallen, so haben sie in der Regel weder Mitleid noch Schonung zu gewärtigen. Die Kinder müssen sich dann auf eigene Faust vor dem Feinde zu retten suchen. — Wie die Kinder von den Alten wissen, wimmelt es von bösen Geistern und schrecklichen Wesen aller Art, welche die kindliche Phantasie aufs stärkste erregen. Diesen Platz zu betreten, ist ihnen verboten, und wenn sie jenem nahen, kostet es das Leben. An diesem Orte drohen Krankheit und Tod; und wenn sie jenen prächtigen Wasserfall betrachten, schießt aus dem Loch daneben ein Geist seinen Pfeil ab, der mit unfehlbarer Sicherheit dem Neugierigen das Augenlicht raubt. — Auch allerlei Feldfrüchte und Fleischsorten sind ihnen zu essen untersagt. Von manchem Taro sollen sie Elephantiasis bekommen, von anderen Früchten die Auszehrung. Das Fleisch vom weißen Kakadu macht die Kinder ungeschickt und tapsig, so daß sie nicht imstande sind, dem Speere des Feindes mit gewandten Sprüngen auszuweichen. Das Fleisch des Kuckucks soll bewirken, daß die Mädchen später ein Kind nach dem anderen in ununterbrochener Reihenfolge bekommen, oder daß die Knaben später eine Witwe heiraten müssen. Vom Kasuar- oder Känguruhfleisch bekommen die Kinder lange Hälse und dicke Bäuche, die Mädchen keine Brüste. Lassen sich die Mädchen in der Entwicklungszeit zum Genuß von Muscheln und Krebsen verleiten, so ziehen sich die Brüste wieder zurück, wie diese Tiere in die Erdlöcher.

Bei den indianischen Todas beginnen die Zeremonien für das Gedeihen des Kindes schon vor der Geburt, und sie setzen sich nachher fast ununterbrochen in gewissen Zeitabständen bis zur Verlobung, die im Alter von 2 bis 3 Jahren erfolgt, fort. Die Geburt selbst findet in einer abgeschlossenen, vom Dorf weit entfernten Hütte statt, in die sich die Frau schon 2—4 Monate vorher begeben hat, und wo sie noch Wochen nach der Geburt zusammen mit dem Kinde, dem Gatten und der Hebamme verbleibt. Später gehen die Zeremonien für das Kind im Dorfe vor sich. Daran nehmen auch die Verwandten teil, die das Kind mit bestimmten herkömmlichen Gaben beschenken. Insbesondere erfolgt die Namengebung (s. T. [RL] „Name" A) nach feierlichem Ritus (Riv. [14] 313ff).

Groß ist bei den nordostafrikanischen Oromó die Verehrung der Erstgeborenen. In kleineren Ansiedlungen nennt man die erstgeborenen Knaben: „Vater des Zepters" (*abba-bukû*). Zwei Drittel alles Eigentums des Vaters fällt dem Erstgeborenen zu, während die späteren Kinder alle zusammen nur ein Drittel des Nachlasses bekommen. Die jüngeren Brüder ehren den Ältesten und gehorchen ihm, selbst wenn er schwächer oder minder veranlagt ist als sie. Auch bei minder wichtigen Anlässen wird der Erstgeborene immer zunächst um seine Meinung gefragt (Paulsch. [93] 1 192).

Die besondere Verehrung der Erstgeborenen, wie wir sie z. B. bei den Oromó finden, ist zweifellos auf den Einfluß des Islam zurückzuführen (Paulsch. 1 192). Dabei bleibt natürlich die Frage ungelöst, wie und warum dort diese Verehrung entstanden ist. Sie trifft jedenfalls mit der Verehrung anderer Erstlinge, sowohl bei Tieren wie bei Früchten, zusammen und ist offenbar darauf zurückzuführen, daß das erste Erscheinen einer Sache selbst von besonderer Bedeutung ist und diesem daher auch eine besondere Kraft zugeschrieben wird (s. T. [RL] „Mana“ B). Natürlich können auch Nebenumstände wie die Beaufsichtigung der Kleinen durch die überlegeneren größeren Kinder diese Stellungnahme gefördert haben.

Zwillinge. — Einer besonderen Auffassung über die Zwillinge begegnen wir in der Gegend von Lagos bis zur Landschaft von Benin in Westafrika. Männliche Zwillinge gelten als Unglücksfall, weibliche als glückverheißend. Ist einer männlich, der andere weiblich, so wird der Fall als neutral angesehen. Der erstgeborene Zwilling wird auf dem Wege absonderlicher Konstruktion als „jünger“ betrachtet, der zweite als der „Ältere“, und zwar darum, weil es heißt, der zweite hätte den ersten vorausgeschickt, um die Welt zu sehen; von dem zweiten sagt man, daß er gewöhnlich stirbt. Tritt dieser Fall ein, so muß ein Bildwerk von ihm gemacht werden, weil man sonst glaubt, daß die Mutter dann kein Kind mehr bekommt (Thom. [21] Nr. 85). Hierbei scheinen ähnliche Gedankengänge vorzukommen wie bei den ostsibirischen Stämmen.

Die Geburt von Zwillingen wird unter den westafrikanischen Kpelle wohl nicht als etwas Unheilvolles betrachtet, aber doch als ein Ereignis von derartiger Ungewöhnlichkeit, daß es Sorge hervorruft und Mutter und Kind durch Opfer- und Zauberhandlungen vor Schädigungen bewahrt werden müssen. Zwillinge werden als geborene Hexenmeister betrachtet und nehmen als solche ihr Leben lang eine Sonderstellung ein. Man begegnet ihnen mit Achtung und Scheu und gibt ihnen, um sich ihr Wohlwollen zu sichern, gelegentlich Geschenke, aber nie einem allein, sondern stets jedem von beiden, und zwar dem zuletzt Geborenen zuerst, denn dieser wird ebenso wie bei den Bambara, als „Erstgeborener“ angesehen; auch in den Wundermärchen von Zwillingen ist stets der Jüngere der eigentliche Held. Stirbt bei den Gbande einer der Zwillinge, so fertigt man dem Überlebenden eine Holzpuppe, die den Namen des Verstorbenen erhält und die der Überlebende mit sich herumträgt, ja, mit der er auch noch seine Geschenke teilt. Man betrachtet die Zwillinge als Zauberkinder und schreibt ihnen allerlei überirdische Kräfte zu. Nie werden Zwillingskinder durch ihre Eltern geschlagen, und man glaubt allgemein, daß derjenige früher sterben werde, welcher einen Zwilling auf den Kopf schlägt. In Krankheitsfällen sucht man gern Hilfe bei Zwillingen, und dies ist der Grund, daß beinahe alle Ärzte sind (Westm. [21] 68).

Kindermord. — Der Kindermord wurde unter den *Ila*-sprechenden Völkern von Nord-Rhodesia bis vor kurzem in bestimmten Fällen geübt, weil man glaubte, daß sonst Unglück über die Familie hereinbrechen würde. Diese Fälle waren folgende: 1. wenn ein Kind zufällig während der Entbindung defäzierte; 2. wenn das Kind mit den Füßen voraus zur Welt kam; 3. wenn ein Kind schon mit einem durchgebrochenen Zahn zur Welt kam; 4. wenn ein Kind von einer Frau geboren wurde, die noch nicht das reife Alter erlangt hatte; ein solches Kind wurde „Faustkind" genannt. Alle diese Kinder wurden sofort nach der Geburt vernichtet. Ferner wurden Kinder aber auch getötet, wenn später gewisse Ereignisse eintraten, nämlich: 5. wenn ein Kind mit etwa 3 Jahren noch nicht gehen konnte; es mochte sonst kräftig und gesund gewesen sein. Insbesondere wenn irgendein Mißgeschick in der Familie der Mutter oder des Vaters vorgekommen war, wurde die Schuld auf das Kind geschoben und gesagt: „Siehe, das Kind bringt Unglück über uns; laßt es uns beseitigen, sonst gehen wir alle zugrunde!" Endlich 6. wird ein Kind getötet, bei dem die Zähne zuerst am Oberkiefer durchbrechen. Es mag sonst durchaus gesund sein. Zunächst sagt die Mutter nichts, auch ein Fremder, der das bemerkt, schweigt darüber, um sich keinen Unannehmlichkeiten auszusetzen. Aber wenn ein Verwandter der Mutter das sieht, erzählt er es gleich anderen Verwandten. Die Mitglieder des Klans lassen die Frau rufen und ihr Kind bringen. Sie tadeln die Mutter ob der Verheimlichung, und die Klan-Leute beschließen das Kind zu beseitigen, einfach weil es als Tabu (*tonda*) gilt, daß einem Kind zuerst die Zähne am Oberkiefer durchbrechen. Sträuben der Mutter hilft nichts, denn derartige Kinder „bringen Mißgeschick" nach der Meinung der Ba-ila, und es ist besser, ein solches Kind zu beseitigen, als daß die ganze Familie und der Klan darunter leiden. In einem solchen Fall geht die Mutter mit dem Kind in einem Fellsack auf dem Rücken an den Fluß oder zu einem Loch im Veldt, bindet den Sack zu und läßt das Kind in das Wasser oder Loch hineinfallen (Smith u. D. [20] 1 419 f).

Bei den Kipsiki oder Lumbwa, einem Hirtenstamm, der sich dem Feldbau zugewendet hat und hauptsächlich aus einer Mischung mit den Nandi besteht, in Nachbarschaft der Masai in Ostafrika, ist Kindesmord an der Tagesordnung. Das Kind eines unverheirateten, beschnittenen Mädchens wird dadurch erstickt, daß von der Mutter des Mädchens ein Kuhfladen über den Mund des Kindes gelegt wird. Als Ursache gibt man an, daß das Kind ohnehin nicht leben könnte, nachdem das Mädchen einmal der Beschneidung an der Klitoris unterzogen worden ist. Doch besteht auch die Spur einer Sitte, nach der eine kinderlose Frau das Kind einer unverheirateten Mutter als ihr eigenes Kind aufnimmt. — Kindesmord nimmt man auch dann vor, wenn ein Kind schreit, bevor es ganz entbunden ist. Desgleichen tötet man ein Kind, das mit Zähnen geboren wird, weil man annimmt, daß ein derartiges Wesen später große Schwierigkeit hat, einen Ehepartner zu finden. — Hingegen werden mißgestaltete Kinder nicht getötet (Bart. [23] 50).

Obgleich unter den Akikuyu Ostafrikas Kinder hochgeschätzt und geliebt werden, schreitet man doch unter Umständen zum Kindermord, und zwar dann, wenn Zwillinge geboren werden, weil man diese für unglücklich hält. Sind die erstgeborenen Kinder Zwillinge, so werden beide getötet oder doch wenigstens das Zuletztgeborene. Man glaubt nämlich, daß sonst eine Frau nicht wieder Kinder bekommt. Falls später, wenn schon andere Kinder da sind, Zwillinge zur Welt kommen, so hat man das zuerst erwähnte Vorurteil nicht. Auch Drillinge gelten als unglücklich, und zwar werden sie ohne Rücksicht auf ihre Reihenfolge entweder alle oder doch eines von ihnen getötet. Das gleiche gilt auch für ein Kind, das mit den Füßen zuerst zur Welt kommt. Wenn ein Kind mit Zähnen geboren wird, wird es entweder getötet, oder der Vater bringt ein Opfer dar, indem er zwei kleine Stücke Fleisch von einem jungen Schaf abschneidet und wegwirft. Berührt ein Kind bei der Entbindung den Boden, so tötet der Vater sogleich ein Schaf, die Hebamme kommt und nimmt den Inhalt des Schafmagens in ihre beiden Hände und reibt damit des Kindes Magen und Brust ein, während das Kind sich auf dem Boden befindet. Dann nimmt sie es auf, wäscht es und reibt in gleicher Weise Stirn und Lippen des Kindes ein, läßt es zunächst auf dem Boden liegen und gibt es dann seiner Mutter. Alle Kinder von übler Vorbedeutung werden von der Mutter entweder erstickt oder auf das Brachland gelegt, und Gras wird ihnen in Mund und Nase gestopft (Routl. [10] 149f).

Mißgeburten werden bei den westafrikanischen Kpelle umgebracht, und das Haus, in dem sie geboren sind, wird abgerissen und verbrannt (Westm. [21] 68). Solchen Abscheu rufen sie hervor.

Bei den Kai-Leuten von Neu-Guinea werden krüppelhafte Kinder gleich nach der Geburt als „schlecht" und für das Leben untauglich weggeworfen, meist in ein Erdloch, wo sie sofort ersticken. Wer die zu einem vollen Leben mit all seiner Arbeit nötigen Fähigkeiten nicht besitzt, hat nach der Meinung der Kai-Leute kein Recht zu leben. Aber auch ein normales Kind wird gelegentlich umgebracht; z. B. wenn die Mutter eine ungewöhnlich harte und langwierige Geburt auszuhalten hatte und dabei dem Tode nahe kam. Man glaubt, daß die Mutter in einem solchen Falle unfähig sei, für das Kind in der ersten Zeit Sorge zu tragen, und beseitigt es daher. Über das Schicksal eines neugeborenen Kindes entscheiden neben der Mutter die Schwester der Wöchnerin. Der Vater und überhaupt die Männer haben dabei nichts zu sagen und mischen sich in solche Frauenangelegenheiten auch nicht ein (Keyss. [11] 91).

Von den Inseln der Torres-Straße zwischen Australien und Neu-Guinea berichtet Haddon (359), daß der Kindermord durchaus in Übung sei. Bei der Geburt entscheidet der Vater, ob das Kind leben soll oder nicht. Im letzteren Falle wird es lebendig im Sande beerdigt. Im allgemeinen ist man mehr geneigt, Knaben am Leben zu lassen als Mädchen. Als Grund wird angegeben, daß die Aufziehung zu viel Mühe macht. Der kleine Umfang der Inseln und die Schwierigkeit, sich Nahrung, insbesondere an Pflanzenkost, zu beschaffen, dürfte in diesem Falle als Hauptgrund für eine künstliche Beschränkung der Kinderzahl anzusehen sein.

Eine große Zahl von Fällen von Kindermord im indischen Archipel findet sich bei Kleiw. Z. ([25] 22ff).

Bezüglich Europas vgl. Murr. [18] (s. a. T. [RL] „Menschenopfer" C).

Kindersterblichkeit. — Die Kindersterblichkeit ist bei den Kai-Leuten des Hinterlandes von Finschhafen an der Nordküste von Neu-Guinea, wie bei den meisten Naturvölkern, sehr groß. Nach den Aufzeichnungen des Missionars Keyss. [29] sterben 60 v. H. in den ersten Lebensjahren. Schuld daran trägt sehr eine ungeeignete Ernährung. Säuglinge von 2 Monaten werden bereits neben der Milch mit Taro gefüttert, den, zu Brei zerkaut, die Mutter dem Kleinen in den Mund schiebt. Das Stillen der Kinder durch die Mutter dauert, wie ebenfalls ziemlich allgemein bei den Naturvölkern, sehr lange an und erstreckt sich manchmal bei den Kai bis in das 4. Lebensjahr. Die Kleinen werden auch oft überflüssigerweise dem Regen und Wind ausgesetzt. Dazu kommt eine Unfähigkeit, einzusehen, was dem Kinde not tut, auch Denkfaulheit und Bequemlichkeit der Mutter, so z. B. wenn eine Frau im kalten Winde das Kind, das sie im Netz trug, als Windschutz benutzte, oder wenn eine andere den Netzsack mit dem Säugling an einem im Boden steckenden Bambuspfahl so nachlässig aufhing, daß der Stab zerbrach und das Kind zu Boden fiel.

Uneheliche Kinder. — Uneheliche Kinder verbleiben bei den ostafrikanischen Akikuyu in der Familie der Mutter, wenn der Gatte, der die Frau kauft, die Kinder nicht besonders mit erwirbt (Routl. 126f). — Im Falle der Ehescheidung (s. d.) bleibt das Kind bei seinem Vater (ebd. 217).

Außereheliche Kinder wurden z. B. auch auf Neu-Kaledonien mit Verachtung genannt, man bezeichnete sie als „Kinder des Krautes" (Lamb. [00] 73).

Beziehungen der Kinder zur Geisterwelt. — Das von den Erwachsenen verschiedene Leben der Kinder, ihr plötzliches Erkranken und eine oft ebenso überraschende Erholung hatten bei einzelnen Völkern, wie z. B. bei den Irokesen (Smith [83] 69) Nordamerikas zu der Annahme geführt, daß die Kinder eine besondere Beziehung zur Geisterwelt unterhalten, daß sie durch sie teils von besonderen Gefahren bedroht werden, während sie durch andere einen besonderen Schutz erfahren. — Das führte überdies dazu, daß die Kinder auch nicht besondere Vorsichten und Meidungen, denen etwa Erwachsene unterworfen sind, anzuwenden brauchen. So dürfen (nach Flt. [88] 120) bei den Ohama-Indianern Geschichten im Sommer nicht erzählt werden. Doch sind die Kinder dieser Beschränkung nicht unterworfen, „denn sie tragen die Gesänge zu den Sommerblumen, und die Schlangen fügen ihnen kein Übel zu".

In eigentümlicher Weise wird der Tod von Kindern bei den Salisch-Indianern mit der Aussicht der Mutter, wieder Kinder zu bekommen, in Zusammenhang gebracht. Die verstorbenen Kinder müssen nämlich entfernt von alten Gräbern bestattet werden, weil sonst die Mutter angeblich keine Kinder mehr bekommt (Hill-T. [07] 205).

Ob mit einem ähnlichen Vorurteil die Sitte des prähistorischen Volkes der Calchaquis von Nordagentinien zusammenhängt, die Kinder allein (nicht auch die Erwachsenen) in Urnen beizusetzen, mag dahingestellt bleiben.

Beim Begräbnis von Kindern, die noch nicht das Reifealter erreicht haben, findet unter den Lango Ostafrikas keine Schlußfeier (*apuny*) bei der nächsten Ernte statt wie sonst beim Tode Erwachsener (Dribg. [23] 167).

Bedeutung der Kinder für die Eltern. — Im Grasland von Kamerun trägt bei dem Stamme der Eγāp die Mutter als Zeichen, daß sie ein Kind geboren hat, ein kleines viereckiges, geflochtenes Täschchen mit kurzen, geflochtenen Griffen, das zwei hellblaue, vertikale Streifen von ungefähr 2 Zoll Breite hat. Wurden Zwillinge geboren, so wird ein Blatt der *Alchornea Cordata* an einem Stück Faden befestigt und von jedem Zwilling auf der Stirn getragen. Diese Blätter werden von Zeit zu Zeit mit einem Holzpulver besprengt. Der Vater steckt 5 Federn eines Vogels in sein Stirnhaar, so daß die Spitzen vorn fächerartig auseinandergehen. Diese besprengt er ebenfalls mit Holzpulver. Manchmal setzt der Vater jetzt eine Zeugmütze auf, in welche die 5 Federn gesteckt werden. Außerdem trägt er zwei kleine, viereckige Grastäschchen mit blauen vertikalen Streifen, ähnlich dem der Mutter (Malc. [23] 389).

Es ist charakteristisch für die Bedeutung, die bei vielen Naturvölkern der Erhaltung des Volksbestandes beigemessen wird, daß z. B. bei den ostafrikanischen Akikuyu ein Mann die erste offizielle Rangstufe in der Altersgliederung dann erhält, wenn er Vater eines zweiten Kindes geworden ist. Die zweite Rangstufe wird erreicht, wenn das erste Kind eines Mannes alt genug ist für die formelle Zulassung in den Stamm; erst dann wird er ein Mitglied der Altenschaft, der regierenden Schicht (Routl. [10] 197f).

Unter den *Ila*-sprechenden Völkern von Nord-Rhodesia darf ein Mann den Namen seiner Frau so lange nicht aussprechen, bis sie ihm ein Kind geboren hat. Bis dahin benennt er sie mit einem besonderen Namen, den er ihr als Braut gab. Auch die Frau darf bis dahin nicht den Namen ihres Mannes aussprechen. Denn man glaubt, daß durch die Nennung des Namens Unglück über die betreffende Person oder über den Sprecher gebracht werden könnte (Smith u. D. [20] 1 368f).

Bei den Ainu des östlichen Asiens soll das Kind immer im Hause des Vaters der Mutter geboren werden. Die ersten Jahre nach der Eheschließung wenigstens werden gewöhnlich von dem jungen Paar bei den Eltern der Frau verbracht (vgl. Czap. [14] 104f).

Auf Neu-Kaledonien erlangte, wie auch an manchen anderen Orten, die Ehe erst Stabilität durch die Geburt eines Kindes (Lamb. 92).

Bei den Osseten des Kaukasus ist die Geburt eines Stammhalters mit einer Veränderung in der Stellung der jungen Frau verbunden. Bis dahin mußte sie es vermeiden, die älteren Verwandten ihres Mannes zu sehen und mit ihnen zu sprechen; von nun an darf sie das. Jetzt darf sie auch das der Frau gebührende Kopftuch umbinden (Dirr [25] 69).

Sorge für die Kinder. — α) Bei den Lango wird das Kind erst mit 2 bis 3 Jahren, wenn es schon gehen und sich selbst versorgen kann, von der Brust entwöhnt. Bis dahin pflegt es die Mutter auf dem Rücken zu tragen. Vom sechsten Monat ab wird es indessen schon an Kuhmilch gewöhnt. Bis zu dieser Zeit soll die Frau nicht in Hoffnung auf ein neues Kind kommen. Diese lange sexuelle Enthaltsamkeit wird als Grund für die Vielweiberei angeführt (Dribg. 162f).

Unter den Ba-ila von Nord-Rhodesien trennt eine Kluft den Mann von seinen Kindern, obgleich sie ihm im Falle einer Scheidung zufallen. Sie werden jedoch nicht seinem, sondern ihrer Mutter Klan zugerechnet, und der Vater übt weniger Einfluß auf die Kinder aus als deren Mutter-Bruder. Es ist der Fall einer Vaterfamilie innerhalb mutterrechtlicher Klans (Smith a. D. 1 284).

Bei den Aruaken von Südamerika unterstehen die Kinder den der Herrenkaste angehörenden Verwandten der Mutter. Dem Vater steht keine Hausgewalt zu (Schmidt M. [17] 63).

Unter dem nordwestlichen Stamm der kanadischen Indianer, den Shushwap, darf ein anderes Kind nicht in die gleiche Wiege gelegt werden, in der eines lag, das gestorben war. Sonst nämlich würde auch das andere Kind sterben (Boas [88] 89).

β) Nach der Geburt findet bei den Tschuktschen des nordöstlichen Asiens eine Blutzeremonie statt, die darin besteht, daß ein Rentier geschlachtet wird, mit dessen Blut das Gesicht von Mutter, Kind und anderen Mitgliedern der Familie beschmiert wird. — Daraufhin erfolgt die Zeremonie der Namengebung (s. T. [RL] „Name“ A). Dabei hält die Mutter einen Wahrsage-Gegenstand, wie einen Stein oder ein Stück von ihrer eigenen oder des Kindes Kleidung balanzierend vor sich und sagt dabei die Namen von Ahnen der Familie her. Wenn bei einem Namen das Stück sein Gleichgewicht verliert, so soll das Kind diesen Namen tragen. Manchmal wird der Name auch aus in Träumen gewonnenen Anzeichen gewählt. Gedeiht das Kind mit einem bestimmten Namen nicht, so wird dieser mit Hilfe eines Schamanen gewechselt. — Auch zahlreiche Besprechungen und Beschwörungen werden während der ersten Jahre des Kindes vorgenommen und durch Befestigung von Halsbändern und dgl. unterstützt. Das ist besonders notwendig, wenn das erste Kind nicht am Leben geblieben ist und das zweite nun als dessen Nachfolger seinen Platz einnimmt. Diese Beschwörungen finden hauptsächlich zur Zeit des Neumonds, aber bei Tage, statt. Bogoras (512) beschreibt eine solche Zeremonie folgendermaßen: ein kleines Feuer wird vor dem Eingang der Hütte errichtet und eine Zahl von Schüsseln mit verschiedenen gekochten und getrockneten Fleischstücken zu beiden Seiten aufgestellt. Der Veranstalter der Zeremonie gibt jedem der Eltern einen kleinen roten Stein, der in Leder eingewickelt ist und um den Hals gehängt wird. Dann spricht er seine Beschwörungen in etwa folgender Weise: „Ihr seid nicht auf dieser Erde, ihr seid in diesem Stein. Kein Wind kann euch erreichen, kein Eisberg kann euch zerdrücken, sondern im Gegenteil, er wird an den Kanten des Steins in Stücke brechen. Ihr seid nicht auf dieser Erde. In der offenen See befindet sich ein großes Seetier gleichzeitig mit der Erde und der Welt. Dieses Tier ist ein Seelöwe. Sein Rücken ist wie eine Insel, er ist mit Erde und Steinen bedeckt. Ihr befindet euch auf seinem Rücken,“ usw. — Stirbt die Mutter im Kindbett, so wird das Kind gewöhnlich erstickt und mit der Mutter begraben. Doch manchmal versucht man es aufzuziehen (Czap. [14] 134f).

Unter dem Buryaten-Stamm der Uriankhai (Tuba) im Ulukhem-Distrikt wird nach Potanin (4 27) eine merkwürdige Zeremonie vorgenommen, um

Haus eines Mannes von hohem Suquegrade in Gana mit Schnitzereien und Malereien; eine Leiter führt aufs Dach, wo angeblich manchmal Schweine geopfert werden sollen. Rechts Feuerstelle. (Neue Hebriden, Südsee; aus Speiser [23] Tf. 89, 4).

Zeremonie bei der Jünglingsweihe eines australischen Stammes von Arnheim-Land. (Aus F. Birtles in „Asia“ [29] 200).

Jünglinge mit einer Schweinemaske in Angorman am mittleren Augustastrom (Sepik), nördliches Neuguinea.

Jünglinge mit kleinen Schweinemasken in Angorman (ähnlich auch in Kumbragumbra), ebenda.

Aufnahmen Roesicke.

Kinder am Leben zu erhalten, falls die früher geborenen jung verstorben waren. Das später zur Welt gekommene Kind, dessen Leben man unter allen Umständen erhalten möchte, wird zunächst unter dem Kochkessel versteckt und darüber ein Ahnenbild aus Hasenfell gelegt sowie eine weitere Figur aus Teig von Gerstenmehl, welche das Kind darstellt. Darauf wird der Schamane (*kam*) gerufen und beginnt seinen Zauber über der Gestalt aus Teig. Auf diese Weise soll nach den Erzählungen der Uriankhai die Gestalt Leben bekommen. Deren Unterleib wird aufgeschnitten, und angeblich beginnt das Blut zu fließen, und sie fängt an, unter den Schmerzen zu schreien. Der Körper wird in drei Stücke zerschnitten und fern vom Hause begraben. Dieses Ersatzopfer (s. T. [RL] „Gelübde" A) soll das lebende Kind vor dem Tode bewahren. — Eine ähnliche Zeremonie findet bei den Diurbiut statt. Dort wird das Kind von einigen Verwandten gestohlen und unter dem Kessel versteckt, während dieselben Verwandten unterdessen eine Puppe aus Gras machen und sie in das Zelt der Eltern werfen, die, wenn sie es finden, sich so verhalten, als ob sie ihr eigenes Kind tot sehen würden, und es unter Aufwand von großem Getue beweinen und begraben. Das wird veranstaltet, um den bösen Geist (*Chitkur*) zu täuschen, damit er glaube, das Kind sei tot und begraben, und so dem Kind kein weiteres Übel zufüge (Potanin 28, nach Czap. [14] 140).

Kinder müssen bei den balaganskischen Buryaten eine Reihe von Opfern an die „westlichen *Khas*", wohlwollende Geister, „Gotteskinder", darbringen. Diese Opfer sind verschiedener Art und werden bis zur Erreichung ihrer Reife veranstaltet. Hauptsächlich müssen Knaben diese Opfer verrichten; von seiten der Mädchen sind sie nicht unbedingt erforderlich. Aber einige müssen von allen Kindern ohne Unterschied des Geschlechts dargebracht werden. — Die Zeremonie *Ukhan-Budla*, zu der gewöhnlich ein Schamane herangezogen wird, vollzieht sich folgendermaßen: Wasser wird aus einer Quelle von einem See oder Fluß geholt, und vorher wurden einige Kupferstücke dorthin geworfen, woher man das Wasser nahm. Darauf werden ein Bündel aus grobem Steppengras, eines aus Binse und neun Fäden aus Seide zugerichtet. Der Schamane gießt nun eine Libation unter Aussprechen folgender Worte aus: „Die Knaben wie Binsen, die Mädchen wie Pilze; aus Steppengras haben sie Geißeln gemacht; mit dem Wasser der Quelle haben sie eine Abwaschung (*Budla*) vorgenommen; mit den neun seidenen Fäden haben sie eine Geißel gemacht." — Darauf wird das Wasser in einen Topf gegossen und erhitzt. Das Gras wirft man in den Topf, während die Binsen zu einem Besen gebunden werden. Das Kind wird auf ein hohles Gefäß gesetzt und von neun Steinen umgeben. Dazu sagt der Schamane: „Der schwarze Stein ist das Tor, der lohfarbige Stein ist der Hof." Dann ergreift er den Besen, taucht ihn in das Wasser und schlägt damit leicht das Kind, wobei er ihm sagt, es müsse nicht weinen, sondern rasch wachsen. Nun werden neun Knoten in die neun Fäden gemacht, die um den Hals des Kindes gelegt werden. Das Wasser wird auf den Boden der Yurta (Zelt) ausgegossen und der Besen über der Tür befestigt, um das Eintreten böser Geister zu verhindern (Gml. [1751—52] 3 333, nach Czap. 305f).

Bei der Namengebung meinen die Menomini-Indianer Nordamerikas, daß das Kind bereits einen Namen besitze und es Aufgabe der Eltern sei, diesen herauszufinden.

Bei den ostafrikanischen Akikuyu wird zur Begründung des Haarscheerens an reifenden Mädchen angegeben, daß die Gesundheit in diesem Alter unnormal sei und daher das Haar geschnitten werden muß, weil das für die Gesundheit von wohltätiger Wirkung ist. Danach richtet sich auch die Weihezeremonie, von der wieder die Möglichkeit der Verheiratung abhängt (Routl. 155).

γ) Hat ein Kind die ersten Monate seines Lebens glücklich überstanden, kann es „mit der Hand winken", so wird es bei den Kai-Leuten der Nordküste von Neu-Guinea durch die „Umarmung" in den Kreis der Sippschaft aufgenommen. Alle Verwandten kommen zusammen und schließen das Kind an ihre Brust. Später soll es sich dieser Handlung erinnern und der Zugehörigkeit zur Verwandtschaft eingedenk bleiben. Zu dem Festmahl, das bei dieser Gelegenheit veranstaltet wird, liefert der Vater des Kindes ein Schwein (Keyss. [11] 30).

Für die Aufnahme eines Kindes in den Stamm findet bei den Akikuyu Ostafrikas eine Zeremonie statt, wenn das Kind noch sehr klein, ein paar Wochen alt ist. Zu dieser Feier tötet der Vater eines Tages ein Schaf, und am nächsten Tage legt er dem Kinde Armbänder an. Am gleichen Tage läßt er zwei Kinder im Alter von ungefähr 6 Jahren aus der Nachbarschaft zwei Kürbisse mit Wasser holen und nach dem Hause bringen. Die Kürbisse müssen sorgfältig aufrecht gehalten werden. Der Vater belohnt jedes Kind mit dem Bein eines Schafes; sie bleiben diesen Tag über im Dorf, weil es ein übles Zeichen wäre, wenn sie beim Heimweg sich etwa den Fuß verletzten, so daß Blut käme. Die Verwandtschaft bringt Speisen, und man ißt innerhalb und außerhalb der Hütte. Manchmal gibt die Mutter dem Kinde bei dieser Gelegenheit eine Halskette. Von diesem Tage an nehmen die Eltern auch wieder das sexuelle Eheleben auf. — Die erste weitere Stufe im Leben eines Knaben tritt dann ein, wenn er alt genug ist, um die Ziegen zu unterscheiden. Dies ist im Alter von ungefähr 5 Jahren der Fall. Er erhält dann vom Vater ein geschlachtetes Schaf, von dem er seiner Mutter den Bauch gibt, ein Bein und die Haut, seinem Vater jedoch den Kopf, während der Junge und seine Freunde das übrige verzehren (Routl. 150f) — Eine merkwürdige Zeremonie ist bei den Akikuyu die der sogenannten zweiten Geburt, die etwa im Alter von 9 Jahren stattfindet. Sie wird ungefähr folgendermaßen geschildert: An einem Tage schlachtet man des Nachmittags eine Ziege oder ein Schaf. Dies tut jedoch nicht der Vater. Der Magen und die Eingeweide des Tieres werden beiseite gelegt. Des Abends schneidet man ein rundes Stück Haut ab, das man über eine Schulter des Knaben und unter seinen anderen Arm legt. Der Magen der Ziege wird in der gleichen Weise behandelt und über die andere Schulter und unter den anderen Arm gelegt, während der Schmuck des Knaben, nicht jedoch seine Kleidung, entfernt wird. In der Hütte befinden sich nur Frauen; Männer dürfen darin nicht anwesend sein. Die Mutter sitzt auf einem Fell am Boden mit dem Knaben zwischen ihren Knien. Der Darm des Schafes wird um die Mutter gelegt und vor die Stirn des Knaben gebracht. Dabei stöhnte die Frau wie in Wehen. Nun schneidet eine Frau den Darm ab (der die Nabelschnur vorstellen soll), und der Knabe macht jetzt das Schreien eines neugeborenen Kindes nach. Die anwesenden Frauen klatschen dazu in die Hände, und nachher wäscht die Mutter und eine Helferin den Knaben. In der Nacht schläft der Knabe in der gleichen Hütte wie die Mutter. Den zweiten Tag verbringt der Knabe an der Wohnstätte der Mutter. Am dritten Tage werden Speisen gebracht, und die Verwandten und Freunde kommen des Abends zu einem Fest, an dem aber kein Eingeborenen-Bier getrunken wird. Wenn alles vorbei ist, wird die Hütte ausgekehrt. Der Knabe schläft wieder in der Hütte der Mutter, und diese Nacht darin auch der Vater. Der Knabe erhält, wenn er anfängt, die Ziegen zu weiden, vom Vater ein Armband; vorher trägt er gewöhnlich nur eine Halskette aus Glasperlen von der Mutter (Routl. Es handelt sich hier um eine deutliche Wiedergeburtszeremonie, wie sie in Verbindung mit den Jünglingsweihen in sonst anderen Formen bekannt ist 151ff).

Bei der Adoption der Kinder wird unter den Gala Nordostafrikas eine Art Wiedergeburtszeremonie vorgenommen. Der Vater führt das Kind in den Wald, in dem er mit dem neuen Adoptivvater zusammentrifft. Dort sagt er sich von dem Kinde feierlich los, indem er sich für tot erklärt. Hierauf wird ein Stier (offenbar stellvertretend für den Vater) getötet, mit seinem Blute die Stirn des Kindes bestrichen und ein Teil des Fettes auf des Kindes Hals gelegt, während mit der Tierhaut die Hände des Kindes bedeckt werden. In Kambat muß das adoptierte Kind Blut aus der Brust des Adoptivvaters saugen (Paulsch. 193f).

Verhalten und Betätigung der Kinder (Spiele, Kinderarbeit). — α) So etwas wie Gehorsam der Kinder gegen die Eltern ist bei Stämmen ohne soziale Schichtung und Herrschaft, also bei Jägern und Sammlern sowie bei niedrigen Hackbauern, völlig unbekannt. Sagen die Eltern dem Jungen, er soll in den Garten gehen oder irgendeine Arbeit verrichten, so läuft dieser, wenn er keine Lust dazu hat, einfach weg nach dem Strand oder in den Wald und kommt heim, wann es ihm gefällt, wie Brown G. ([10] 50f) z. B. aus Neu-Pommern (Südsee) berichtet. Dafür geht der Knabe aber auch aus, seine Nahrung selbst zu suchen. Ich habe auf Bougainville (Salomo-Inseln) einzelne Jungen kennengelernt, die in einem Alter von 10—12 Jahren ihre eigenen kleinen Bananenpflanzungen unterhielten und mit deren Erträgnissen Handel trieben.

Manchmal errichten die Kinder, z. B. auf der Gazelle-Halbinsel von Neu-Pommern (Südsee), am Strande kleine Unterstände, um da in seichtem Wasser Kerbtiere und Fische zu sammeln, oder sie veranstalten mit Kinderspeeren aus Schilf Scheinkämpfe und üben sich so außerordentlich früh in der Handhabung der Waffen und in der Geschicklichkeit des Kämpfens. Dazu kommen noch Wettkämpfe mit Schleuder und Stein, im Kanu-Fahren, Fischen und allerlei Spiele, sowie Übungen im Singen und Tanzen. Im allgemeinen sind es die älteren Kinder, welche die Erziehung der jüngeren leiten (Brown 51). — Vielleicht trug dieser Umstand dazu bei, die Bedeutung der Erstgeborenen in den Vordergrund zu rücken.

Durchaus charakteristisch ist das Verhöhnen von körperlich oder geistig Schwachen oder Faulen oder Gebrechlichen durch Kinder, wie es Rasm. ([08] 51) bei den Nordgrönländern beobachtet hat.

β) Die Kinder befinden sich bei den südafrikanischen Thonga ungefähr vom 3.—14. Jahr in der Hut ihrer Großeltern. Dabei verbringen sie die Zeit mit dem Hüten von Ziegen, dem Fangen von Wild, dem Sammeln von Nahrung im Veldt und mit Spielen. Die Knappheit des Lebens läßt sie nicht viel Rücksicht auf das Eigentum anderer nehmen. Sie sind in dieser Zeit schon fast völlig mit ihrem Lebensunterhalt auf sich selbst angewiesen und müssen oft hungern. Erst wenn der Knabe älter geworden, betraut ihn der Vater mit dem Hüten des Großviehes, der Kühe und Ochsen. Dann kommt aber schon die Zeit der Jünglingsweihe (s. d.) und der Beschneidung heran (Jun. [12] 1 61ff).

Die Beschäftigung der kleinen Knaben besteht bei den Akikuyu Ostafrikas im Hüten der Ziegen, während die jungen Mädchen Taschen aus Schnüren verfertigen. Zarte Mädchen kann man sehen, wie sie neben ihren Eltern einhergehen und ihre entsprechenden Lasten an Feuerholz, Bananen und dgl. tragen (Routl. 121). — Auch bei der Gewinnung von Eisenerz sind Kinder neben den Frauen tätig (82).

Bei dem Stamm der Lango von Ostafrika pflegen die Knaben des Dorfes die zu einer Herde vereinigten Ziegen und Schafe der Siedlung zu hüten (Dribg. 94). — Die Knaben übernehmen auch das Melken der Kühe während der Abwesenheit ihres Vaters, denn in keinem Fall darf eine Frau dies vornehmen (93) — Kleine Jungen fischen mit Angel und Schnur (nicht aber tun das Erwachsene). Sie gebrauchen dazu Haken verschiedener Größe, und der Köder besteht aus Würmern oder Maden (123).

Waisenkinder ohne Verwandte haben unter den nördlichen Grönländern eine oft schwierige Stellung und müssen vollkommen sich selbst versorgen (Rasm. 51).

γ) Die Spiele der Kleinen bei den Kai-Leuten Neu-Guineas lehnen sich vielfach an die Nachahmung der Beschäftigung der Erwachsenen an. So ahmen sie die Eltern bei der Feldarbeit nach. — Ein beliebtes Spiel ist der sogenannte Geisterfang, wobei sich die Kinder im Kreise niederlassen und auf ihre Hände und Füße spucken, so daß überall ein Häufchen Speichel liegt (s. T. [RL] „Idol" A1). Auf einen Ruf erheben sich alle. Zerfließt das Häufchen Speichel, so ist das betreffende Kind ein „Geist", die anderen sind die „Menschen". Die „Geister" flüchten vor den sie verfolgenden „Menschen", müssen aber gesucht, eingeholt und gefangen werden. — Die Kinder ahmen die heimkehrenden Jäger nach, indem die kleinsten das Wild vorstellen, die größeren die Jäger; letztere heben die ersteren hoch und hängen sie wie die Beute um die Schulter. Andere tragen Ruten als Speere, andere ein Bündel Blätter, welches das Wildnetz bedeutet (Keyss. 31).

Unter den Weddas von Ceylon ist das Spiel der Kinder (nach Stevens). von einer gewissen gedrückten Art, nicht lärmend, sich balgend und lebhaft, sondern als stünden sie unter dem Eindruck, daß sie nicht lärmen dürfen. Die Spielsachen werden (wohl aus Furcht vor dem „Restezauber"; s. T. [RL] „Zauber" A) sorgfältig weggebracht, wenn man fertig ist. Nur abends, nachdem die Eltern zurückgekehrt sind, spielt man; bei Tag, wenn die Kinder allein sind, haben sie wohl Angst (Saras. [92] 551).

Die Kinder der Lango von Ostafrika pflegen eine große Zahl von Spielen, namentlich solche, bei denen Geschicklichkeit und Geschwindigkeit von Hand und Auge geübt werden, um künftige Jäger und Krieger heranzubilden. Insbesondere werden Spiele mit kleinen Speeren und Schilden aufgeführt und andere mit Kindertrommeln. Die Mädchen spielen mit Puppen, werden jedoch von ihren Müttern schon früh zur Hausarbeit und zur Beaufsichtigung der kleineren Kinder herangezogen. — Vor allem werden Tänze und Gesänge in großer Zahl von ihnen gepflegt, ferner Wort- und Satzspiele, mit denen der Ruf und die Stimme von Vögeln oder Insekten nachgeahmt wird. Eine besondere Rolle spielt dabei das Rätselraten, das konventionelle Formen angenommen hat (Dribg. 130ff).

Die Erziehung durch die älteren Geschwister spielte auch in Japan eine große Rolle (Crass. [07] 57).

Erziehung. — Der Erziehung der Kinder fehlt bei den meisten Naturvölkern, so bei den Kai-Leuten der Nordküste von Neu-Guinea, jeder Zwang. Aber es fehlt auch an einer Geschicklichkeit in der Behandlung der Kinder selbst, so daß es manchmal dazu kommt, daß Kinder von 3—5 Jahren ihre Mütter tyrannisieren, indem sie nicht laufen wollen. Ist die Mutter einmal verärgert, so schlägt sie wohl dem Kind etwa die Nase blutig oder wirft mit einem Stück Holz oder Taroknollen nach ihm. Dabei kann es vorkommen, daß das Kind versehentlich getötet wird, oder die Frau faßt im Ärger ihr Kind, hebt es drohend hoch und ruft: „Mond, laß uns tauschen! Wirf mir doch dein braves Kind herunter, ich will dir dafür mein böses hinaufschleudern!" (Keyss. 30).

Bezüglich der Erziehung der Kinder auf den Inseln der Torres-Straße zwischen Australien und Neu-Guinea sagt Haddon (3,59), daß allerdings kein überlegtes System zur Unterweisung der Kinder besteht, daß aber eine gewisse spontane Bereitwilligkeit von seiten der Kinder erwartet wird, z. B. Muscheln und Fische am Riff bei der Ebbe zu sammeln und so früh, wie sie nur einen Grabstock zu gebrauchen verstehen, für sich selbst zu sammeln und zu sorgen. Die Knaben verwenden kleine Bogen und Pfeile, mit denen sie Vögel schießen, und bedienen sich kleiner Speere, um damit Fische zu fangen. Die Knaben und Mädchen spielen zusammen, bis sie das Reifealter erreichen. Die Unterweisung der Mädchen besteht hauptsächlich darin, daß sie Matten, Körbe und Gürtel flechten lernen, indem sie die Handgriffe der Erwachsenen beobachten und nachahmen. — Ganz ähnliche Erfahrungen machte ich selbst sowohl in melanesischem wie in papuanischem Gebiet von Neu-Guinea und den benachbarten großen Inseln des Bismarck-Archipels und der Salomo-Inseln.

Bei den Kai-Leuten von Neu-Guinea besitzt der Vater kein Strafrecht über seine Kinder, weil diese als Eigentum der Mutter gelten. Schlägt er die Kinder, so bekommt er Streit mit seiner Frau und schließlich auch mit deren Verwandten (Keyss. 91ff).

In drastischer Weise tritt die Tragweite mutterrechtlicher Zustände unter den Bewohnern der Trobriand-Inseln (östlich von Neu-Guinea) in Erscheinung. Hier ist der Vater nur der Gatte der Mutter und der Freund der Kinder, der seinen Einfluß auf die letzteren mit dem Mutterbruder der Kinder teilt (Mal. [22] 52ff, 71f).

Daß die Kinder bei den Großeltern aufwachsen, scheint in Zusammenhang mit mutterrechtlichen Einrichtungen gebracht werden zu müssen (vgl. die Trobriander der Südsee; Mal. 267),

Die Erziehung der Kinder durch die Großeltern findet sich z. B. auch bei den südlichen Maidu in Kalifornien (Faye [23] 45).

Die Kindererziehung zeichnet sich bei den westafrikanischen Kpelle nach Westermann (68ff) durch Milde aus; man überläßt die heranwachsende Jugend im wesentlichen sich selber. Zärtlichkeiten betätigt man gegenüber den Kindern nur in den ersten Jahren. Bis zu einem Alter von 5—6 Jahren spielen Knaben und Mädchen zusammen; von da ab ergibt sich eine allmähliche Trennung schon daraus, daß die Mädchen früh der Mutter bei der Arbeit helfen müssen; sie werden angelernt, Wasser, Brennholz und Feldfrüchte zu holen und andere Hilfeleistungen zu verrichten. Die Knaben bleiben länger sich selbst überlassen und betätigen sich schon deshalb mehr in Spielen. Am beliebtesten sind bei den Knaben Pfeil und Kinderbogen, mit denen sie erfolgreich Jagd auf Vögel und kleines Wild machen. Bald gehen die Kinder auch mit den Eltern aufs Feld, erhalten eine kleine Hacke oder ein Buschmesser und gewöhnen sich so spielend an die Beschäftigung der Eltern. Sie bauen sich Hütten, fertigen alle Hausgeräte an, verloben und verheiraten sich, veranstalten Trommelfeste, Tänze, Gesang, halten Palaver ab, stellen Zauber her, bringen Opfer dar, lernen allmählich die Brettspiele und dringen so in das Leben der Erwachsenen spielend ein. Doch sieht man sie selten kindlich ausgelassen. Dank diesem Nachahmungstrieb erziehen die Kinder mehr unbewußt sich selber, als daß sie von den Eltern erzogen werden; die Übergänge vom Spielen zum Arbeiten sind fast unmerklich. Heute flicht sich der Junge einen Tragkorb aus Palmenblättern, in den sein Vater eine kleine Last tut; er empfindet nicht dessen Schwere, sondern nur die Freude, den Vater zu begleiten und Fremdes zu sehen. In einem halben Jahr ist sein Tragkorb ebenso groß wie der des Vaters, und aus dem Spiel ist Ernst geworden. Er wird auch nicht vom Vater unterwiesen, wie man einen Korb flicht, einen Bogen anfertigt, sondern er hat es, ohne daß dabei ein Wort gesprochen und eine Absicht bemerkbar wurde, dem Vater abgeguckt. Ermahnungen und Strafen sind selten, man läßt die Kinder in das Leben und Tun der Älteren hineinwachsen. Das Ergebnis ist, wie Westermann meint (69), ein ebenso befriedigendes wie bei unserer andersartigen europäischen Erziehung. Mißratene Kinder sind Ausnahmen. Die Zuneigung zu den Eltern kommt allerdings wenig zum Ausdruck, desto mehr aber die Achtung vor ihnen und der älteren Generation. Jeder ältere Mann wird mit „Vater“ oder „Großvater“, die Frauen als „Mutter“ oder

„Großmutter" angeredet. Ihr Wort ist maßgebend, und es würde sich bei den Kpelle niemand der Rede eines Alten widersetzen. Wird jemand vor Gericht gestellt, so muß er bei den Kpelle stest seine Eltern mitbringen, und ihnen legt der Häuptling die Sache vor, damit sie, wenn möglich, die Angelegenheit mit ihren Kindern allein erledigen.

Die heranwachsenden Jünglinge haben bei den südlichen Gala-Stämmen des nordöstlichen Afrikas verschiedene Stufen bis zur Jünglingsweihe durchzumachen (Paulsch. 1 194).

Den Kindern ist es gewöhnlich verboten, heilige Räume zu betreten oder großen Festen beizuwohnen. — Bei den ostafrikanischen Akikuyu darf z. B. weder eine Frau noch ein Kind bei dem großen Opferfest zugegen sein. Geschieht es dennoch, wenn auch nur zufällig, so ist die Strafe der Tod (Routl. 235).

Kindertausch. — Unter den Tungusen von Nerčinsk und Verchnij-Udinsk besteht die Sitte des Kindertausches: eine Familie gibt ihren Sohn hin gegen die Tochter einer anderen Familie zwecks Heirat. Bei diesem Austausch empfängt indessen der Vater der Braut immer eine kleine Gabe an Rentieren von seiten des Bräutigams (Czap. 105).

Auch unter den Buryaten ist der Kinderaustausch üblich. Dort wird jedoch die Tochter der einen Familie gegen die Tochter einer anderen ausgewechselt. In diesem Fall machen die Eltern in einem Vertrag (*chal*) aus, daß die Tochter den Sohn der Familie, in die sie aufgenommen wurde, heiratet und setzen sogleich den Tag für die Hochzeit fest (Czap. 118). Der Kindertausch läuft also auf einen Frauentausch hinaus (s. Frau, Heiratsordnung).

Kinderheirat. — Daß sowohl bei vielen Naturvölkern als auch bei Hirten-Ackerbauern, die in archaischen Kulturen leben, Kinder oft schon im frühesten Lebensalter einander versprochen oder miteinander verehelicht werden, hat vielfach die Aufmerksamkeit der Reisenden und Forscher erregt. Solche Verbindungen werden gewöhnlich nach einem gewissen Herkommen von den Eltern veranstaltet. Für die Wahl des Partners ist eine gewisse Verwandtschaft oder die Angehörigkeit zu gewissen Familien oder Sippen oder sonst eine freundschaftliche Verbindung erforderlich. Entscheidend ist dabei, daß die Verbindungen von der älteren Generation bestimmt werden, während den sich vereinigenden Paaren keine Initiative zusteht. — Zwischen der Verheiratung im Kindesalter und den Heiratsordnungen besteht ein zweifacher Zusammenhang: 1. Die Beeinflussung der jüngeren Generation durch die ältere in Bezug auf die Partnerwahl scheint etwas sehr Altes zu sein und dürfte den Anlaß zu einer kanonischen Festlegung der Gepflogenheit gegeben haben. Den Niederschlag derselben stellen die Heiratsordnungen dar. In dieser Hinsicht scheint die Kinderehe also an der Schwelle zu den Heiratsordnungen zu liegen. 2. Dort, wo aus verschiedenen Gründen Heiratsordnungen in Verfall gerieten, erhielt sich wenigstens die Gepflogenheit, daß die ältere Generation für eine bestimmte Paarung ihrer Nachkommenschaft Sorge trug. — In jedem Fall führte die Verheiratung des Nachwuchses schon im Kindesalter, ähnlich wie die Heiratsordnungen, zu einer mehr oder weniger bewußten Beeinflussung der „Züchtung“, zur Gestaltung der Rasse. Die Verheiratungen der Kinder stellen also teils eine unentwickelte, teils eine abgeschwächte oder in Verfall geratende Heiratsordnung dar.

Bei den Kai-Leuten Neu-Guineas sind Kinderverlobungen üblich. Als Grund wird die Sorge des Vaters angegeben, seinem Sohn beizeiten eine Frau zu sichern. Ein- bis zweijährige Mädchen werden deshalb oft schon mit Beschlag belegt, doch entrichtet man in diesem frühen Alter noch keine Geschenke, sondern erst später, wenn das Mädchen etwa 8—10 Jahre alt ist. Diese bestehen in nur geringwertigen Sachen, wie Töpfen, Speeren und dgl. Von da an gilt aber das Mädchen schon nach Recht und Sitte als die Frau des Knaben. Sie bleibt aber noch bei ihren Eltern. Erst nach Eintritt der Geschlechtsreife wird der volle Preis gezahlt, dann wird sie dem Manne übergeben (s. Heirat). Stirbt das Mädchen vorher, so müssen seine Verwandten die erhaltenen Gegenstände zurückerstatten (Keyss. 89).

Die Verheiratung der Kinder erfolgt bei den indischen Todas (nach Rivers) schon im 2. bis 3. Lebensjahr. Nur wenn ein Mann von seinen Eltern nicht rechtzeitig mit einer Frau versorgt wurde, trifft er später seine Wahl. Es scheint, daß die Verheiratung in so frühem Lebensalter vor allem dahin zielt, daß die traditionelle Heiratsordnung eingehalten wird, die bei den Todas darin besteht, daß ein Mann die Tochter seines Mutterbruders oder seiner Vaterschwester heiratet.

Bei den Lango finden, wie auch sonst hier und da, Kinderverlobungen selbst vor der Geburt statt; natürlich unter der Voraussetzung, daß das Kind von dem entsprechenden Geschlecht ist (Dribg. 155).

XII. DER ALTERSABLAUF

a) Altersstufen und Altersgenossen.

In niedrigen politischen Verbänden ohne oder mit nur unbedeutender sozialer Staffelung oder Schichtung ist die biologische Unterscheidung nach Alter und Geschlecht ausschlaggebend. Diese zweifellos ursprüngliche, „natürliche“ Gliederung ist zu einer Einrichtung geworden, die, wie jede andere, ihr Eigenleben führt und auch noch nachwirkt, ja hier und da formal erst ausgebaut und kompliziert wird, nachdem bereits soziale Schichtungen eingetreten waren. Das Schicksal der gesellschaftlich sowie politisch anerkannten und mit Zeremonien umgebenen Altersgliederung war ein verschiedenes und hing von der Wucht ab, mit der etwa infolge großer ethnischer Unterschiede die soziale Schichtung das Leben des Verbandes einseitig beeinflußte. Darum ist das Bild, das uns in dieser Hinsicht die heutigen Naturvölker, namentlich nach der zeremoniellen Seite hin bieten, ungleichartig.

Die Altersstufen. — Die Bedeutung der Altersstufen fällt den Beobachtern und Reisenden vor allem dann in die Augen, wenn der Übergang von einer Stufe zur anderen in Formalitäten eingekleidet wird. Das geschieht meistens bei höheren Naturvölkern, deren Geistesverfassung dem Zeremonialismus zuneigt. Deshalb tritt die offizielle Gestaltung von im Gesellschaftsbau formal eingezimmerten Altersstufen bei so hohen Naturvölkern auf, wie es etwa die Massai in Ostafrika und die Zulus in Südafrika sind.

Bei den Massai findet eine räumliche Absonderung der Junggesellen und jungen Mädchen von der übrigen Gemeinschaft statt. Jeder Jüngling wird bei der Jünglingsweihe einer Beschneidung unterworfen, durch die er die Stellung eines Kriegers erwirbt. Während der Weihezeit und bis die Wunde geheilt ist, gilt er nicht mehr als Knabe, sondern als „zurückgezogen von der Welt". Während der folgenden zwei Jahre wird er als „Lehrling" („Geschorener") betrachtet. Bis zum 28. oder 30. Lebensjahr ist er ein „tapferer Soldat", hierauf heiratet er und verläßt den Junggesellen-Kraal, um hinfort die Würde eines „Alten" anzunehmen. Man erkennt drei Stufen für einen Mann: das Knabenalter, die Soldatenzeit und die Altenwürde. In ähnlicher Weise wird auch das Leben des weiblichen Teils der Bevölkerung abgestuft. Nur dehnt sich der mittlere Grad bis zum Eintritt des Klimakteriums aus. (Merker [10]).

Unter den Bewohnern der Andamanen-Inseln im Indischen Ozean dagegen treffen wir in jeder Siedlung besondere Häuser für Junggesellen, unverheiratete Frauen und verheiratete Paare an. Unter den unverheirateten Frauen befinden sich auch Witwen. Die Altersfrage ist also nicht allein ausschlaggebend. Doch tritt die Bedeutung der Staffelung nach dem Alter insofern hervor, als die weibliche Jugend bald nach Erlangung der Reife verheiratet wird und die Jünglinge auch nicht lange zu warten brauchen. Überdies wird jeder Mensch mit einer anderen Bezeichnung je nach Alter, Geschlecht und Verheiratung belegt. Ein Kind wird während seines ersten Lebensjahres anders benannt als im zweiten; dann wieder anders im dritten und im vierten, vom vierten bis zum zehnten und vom elften zum zwölften. Zur Zeit der Pubertätsweihen treten neue Bezeichnungen für Jünglinge und Mädchen ein. Der einige Monate verheiratete Ehemann wird unterschieden von dem, der erst ein paar Tage beweibt ist, und dieser wieder von dem, dessen Frau ein Kind erwartet, und wieder von dem, der Vater eines neugeborenen Kindes geworden ist. Entsprechend werden auch die Gattinnen und Mütter unterschieden. Die Mädchen hatten den Namen einer Blume angenommen, die zur Zeit ihrer ersten Menses blühte, und behalten diesen Namen bis zur Geburt des ersten Kindes bei. — Man ersieht aus diesen knappen Angaben, daß es nicht allein das Alter an sich ist, das entscheidet, wie ein Mensch klassifiziert wird, sondern sein gesamter „Stand" in der Gesellschaft, Es ist bezeichnend, wie bei diesem verhältnismäßig niedrig stehenden Naturvolk ohne ethnisch-soziale Schichtung die Aufmerksamkeit den besonderen, biologisch wichtigen Zuständen und Funktionen zugewendet wird und (ganz in der Art primitiver Sprachen) eine Fülle von Bezeichnungen für die wichtigen Besonderheiten der Erscheinungen und Bilder zur Verfügung steht, ohne daß aber mit diesen klassifikatorischen Benennungen die soziale Organisation in formaler Beziehung wesentlich beeinflußt wird (Brown [22]).

Auch in Australien spielt die Sonderstellung gewisser Lebensalter eine nicht unerhebliche Rolle. Die Kariera und Kurnai weisen den Junggesellen besondere Plätze außerhalb des Lagers an. Die Kinder erhalten nach dem Stand ihrer Entwicklung abgestufte Bezeichnungen, ebenso die Jünglinge in den Stadien der Weihen, die erwachsenen jungen Männer und die würdigen Familienhäupter. Mit den Lebensaltern hängen ebenso wie bei den Leuten der Andamanen verschiedene Speisebeschränkungen (Tabus) zusammen. Die Jünglingsweihe verhilft nur zur Heiratserlaubnis, berechtigt aber noch nicht zur Zulassung in den Rat der Alten. Indessen hat diese Heiratserlaubnis insofern nichts mit den Altersstufen zu tun (wie gegen die Ableitungen von H. Cunow bemerkt werden muß), als ein Mann später ohne weiteres eine jüngere Frau nehmen mag. Denn überhaupt sind die australischen sogenannten Heiratsklassen im wesentlichen darauf zurückzuführen, daß ein Mann die Tochter seines mütterlichen Oheims heiratet, wie A. R. Brown auf Grund seiner Forschungen an Ort und Stelle nachwies. — Die australischen Verhältnisse zeigen gleicherweise, daß die Altersstaffelung keineswegs allein die soziale Gliederung der anscheinend ethnisch homogenen Gemeinschaft beherrscht, sondern daß sie außer durch Geschlecht und Ehestand noch durch Totemangehörigkeit, durch Klan- und Sippenmitgliedschaft kompliziert wird (Hwtt. [04]).

Die militärischen Vereine der nordamerikanischen Hidatsa nehmen die sich einkaufenden Mitglieder kollektiv nach Altersgenossenschaft auf. Die einzelnen Vereine haben Mitglieder verschiedener Altersstufen. Spielgegenossen z. B. kaufen sich in einen Verein ein. Die gemeinsam Eingekauften bleiben zusammen und bilden eine besondere soziale Gruppe. Hier handelt es sich, wie bei den Massai, um echte „Altersklassen". Die Frauen der Hidatsa besitzen ähnliche Vereine, und die gleichaltrigen Frauen helfen den Männern beim Einkauf in ihren Verein. Während die niedrigen Vereine einen vorwiegend kriegerischen Charakter tragen und Siegerfeste oder Feiern zu Ehren der Gefallenen veranstalten, sind die höheren Vereine mit magisch-religiösen Ideen verknüpft, wie z. B. mit dem Zauber zum Wachsen von Mais oder mit dem Anlocken von Büffelherden in Fällen der Not (Lowie [20]). — Die Altersklasse ist auch hier nicht die einzige Gemeinschaft, der einer angehört, sondern der einzelne ist noch Mitglied einer Sippe, er durchläuft mit seinen Altersgenossen die gradmäßig unterschiedenen Vereine und ist durch den Ankauf von sogenannten „Ahnenbündeln" mit den religiösen Ritengemeinschaften seines Dorfes verbunden.

In einer Bevölkerung, in der ein Mann weder seine Lebensjahre zählt, noch das Lebensalter des anderen genau kennt, hat eine formale Festlegung der Altersstufen mehr als nur erotische Bedeutung: nicht nur ändert sich mit der physiologischen Reife das Erscheinungsbild des Menschen, sondern auch die Leistungsfähigkeit und Betätigungsart des einzelnen wird dadurch umschrieben. Am schärfsten gelangt der Stufenwechsel mit dem Eintritt der Mannbarkeit in die äußere Erscheinung und wird bei dieser Gelegenheit fast bei allen Völkern von Feierlichkeiten umrankt. Aber es gibt noch eine Reihe anderer Gelegenheiten, wie Namengebung bei Kindern, Eintritt der vollen Reife und des Greisenalters, bei denen eine Änderung in den gesellschaftlichen Funktionen beobachtet und diese Änderung mit Zeremonien umgeben wird. Die Altersstufung wirkt sich in ihrer Gesamtheit als der Unterschied unter den Generationen aus, der überliefernden älteren und der empfangenden jüngeren, den Vätern und den Söhnen. Dieser Unterschied ist selbst in verhältnismäßig so konservativen Gesellschaften, wie es die primitiven zu sein pflegen (solange sie nicht mit einer ganz fremdartigen Kultur plötzlich in Berührung gelangen), nicht zu unterschätzen.

Organisierung von Altersstufen. — Die Annahme von H. Schurtz, daß die Altersstufen ursprünglich immer in formeller Weise organisiert gewesen seien, ist eine Verallgemeinerung, die, weil sie den komplizierten Vorgängen, die zur Bildung bestimmter Einrichtungen führen, nicht gerecht wird, auch der Wirklichkeit nicht entspricht. Gerade in den Gemeinschaften niedriger Naturvölker fehlt eine derartige formale Festlegung ungeachtet des Umstandes, daß den Altersstufen tatsächlich eine große Bedeutung zukommt und sie auch in den Verwandtschaftsnamen entsprechenden Ausdruck finden. Nur der Übergang von der Kindheit zur Mannbarkeit wird auch bei niedrigen Naturvölkern durch die Jünglingsweihen zeremoniell betont, z. B. wird bei den Bergdama-Jägern Südwest-Afrikas (Vedd. [23] 34ff) durch drei je drei Jahre voneinander entfernte Weihen das Anrecht erworben, mit den Alten zusammen am heiligen Feuer zu sitzen.

Ähnlich verhält es sich in den papuanischen und melanesischen Gebieten der großen Südsee-Inseln. Die Annahme von Schurtz, daß die Festhallen ursprünglich als Schlafhäuser der Junggesellen gedacht seien, trifft nicht zu. Wir finden sie in Verbindung mit wechselnden Sitten, denen sie vorwiegend gewidmet erscheinen: z. B. der Beschneidung, der Beratung, dem Aufenthalt der verheirateten Männer, Festen aller Art. Man kann nur sagen, daß sie der Zusammenkunft und den Veranstaltungen der Männer dienen, daß ihnen also wohl in bezug auf die Sonderung der Geschlechter, nicht aber hinsichtlich der Altersstufen Bedeutung zukommt. Da in der Regel nur die, welche zu den „Männern" gerechnet werden, Zutritt zu diesen Festhallen besitzen, so wird dann abgeleiteterweise der Zutritt allerdings an die Erreichung einer gewissen Altersstufe geknüpft. Derartige allgemeine Formulierungen im Sinne einer einlinigen Entwicklung erweisen sich stets unhaltbar.

Für die Annahme einer besonderen Alters„klasse" von Junggesellen, wie sie Schurtz annimmt, fehlen bei genauerer Betrachtung die Unterlagen. Nebenbei bemerkt, handelt es sich keinesfalls dabei um eine „Klasse", in dem Sinn, der dem Wort zukommt, sondern höchstens um eine formal anerkannte Altersschicht oder Altersstufe. Die hier und da vorkommende Einrichtung besonderer Schlafräume für Junggesellen bedeutet noch keineswegs ihre allgemeine sozial organisierte Zusammenfassung, weder in Afrika noch in Nordamerika. Überdies zeigt sich, daß die Einführung formaler Altersstufen zwischen Jünglingen und Erwachsenen mitunter erst durch Übertragung von Einrichtungen gezeitigt wurde, wie z. B. im Falle der oben erwähnten Hidatsa oder der Omaha-Indianer der nordamerikanischen Ebene (vgl. Lowie [20] 322, 329 u. 333). Noch weniger dürfte es angehen, die geheimen Gesellschaften von ursprünglich organisierten Altersstufen abzuleiten, wie Schurtz will. Diese Sachverhalte müssen für die Interpretation frühgeschichtlicher Zustände beachtet werden.

b) Mannbarkeit.

Der Charakter der Mannbarkeitsweihen. — Der Gedanke, der den Pubertätsweihen zugrunde liegt, ist ein Nachhilfezauber, wie er auch sonst Naturerscheinungen gegenüber betätigt wird. Das egozentrische Selbstgefühl, namentlich der Leiter der Gemeinwesen, der Alten und der Zauberer, strebt oft dahin, den anderen glaubhaft zu machen, daß etwa der Wechsel des Jahres, der Winde, der Regen- und Trockenzeiten, der Phasen des Mondes usw. von ihrer Kunst abhängt. Eine ähnliche Deutung wird auch dem biologischen Ablauf des Menschenlebens, insbesondere dem so wichtigen Eintritt der Reifezeit, aber z. B. auch dem Eintritt von Krankheit oder Tod, gegeben. Damit soll natürlich nicht gesagt sein, daß diese Interpretation ursprünglich zu wohlüberlegten und beabsichtigten Machtzwecken erfunden wurde. Man wird vielmehr anzunehmen haben, daß die Riten, die bei einer so starken Veränderung der Persönlichkeit vorgenommen werden, wie sie der Eintritt der Pubertät mit sich bringt, zunächst einem Unsicherheitsgefühl entsprangen und vor allem die Gemeinschaft vor Gefahren schützen sollen. Später ergab sich aber die Möglichkeit, sie rationalistisch zu verwerten.

Die Methode, die bei den Jünglingen und bei den Mädchen eingeschlagen wird, ist nicht gleichartig, obgleich es sich zumeist um eine Vorbereitung für das Geschlechtsleben handelt. Im Falle der jungen Männer tritt der Gedanke in den Vordergrund, daß der Kandidat Mitglied der Gemeinschaft der Männer wird und später an der hergebrachten Tätigkeit der übrigen Männer teilnehmen, vor allem, daß er Mitglied der politischen Gemeinschaft werden und zum Schutze derselben beitragen soll. Die vielfach betonten „Wiedergeburtszeremonien“ und Beschneidungsriten stellen nur einige der verschiedenen Formen der Jünglingsweihe vor. Ihnen kann daher nicht diese verallgemeinernde Bedeutung beigemessen werden, wie das häufig geschieht (Róh. [23]).

Einen besonderen Charakter tragen die Mädchenweihen, die vielfach eine Vorbereitung für die Ehe sein sollen und manchmal von den Heiratszeremonien kaum abzutrennen sind.

Gefahren der Mannbarkeit. — Ihrem Sinne nach sind die Mannbarkeitszeremonien zum Teil, namentlich bei höheren Völkern, als „zauberische“ Zeremonien und Vorkehrungen gegen die Gefahren des Liebesgenusses zu betrachten. Über die Gefahren herrschen die bizarrsten Ansichten, wie sie z. B. in dem Sagenkreis vom „Giftmädchen“ lebendig zutage treten. Daraus leiten sich auch weiterhin die verschiedenen Vorsichtsmaßregeln bei den Hochzeitsfeierlichkeiten usw. ab. Dahin gehört auch die Defloration durch einen Alten, wie z. B. bei den Bânaro, oder durch Priester, wie in Hinterindien, oder durch einen Angehörigen einer mit besonderen Fähigkeiten ausgestatteten Adelsschicht usw. (Herz [94] 115, 123ff).

Ihren Ausläufer haben diese Ansichten in allerlei Sagen gefunden, die im Hexenglauben mündeten.

Trachtenwechsel. — Eine eigenartige Reifeweihe wird von der Insel Mangaia in der Landschaft Keia, Neuseeland, berichtet, die dort ähnlich ist wie in Birma, Siam und Indo-China. Man läßt nämlich in bestimmten Familien den heranwachsenden Knaben zunächst das Haar lang wachsen wie den Mädchen. Während dieser Zeit trägt der Knabe auch Mädchenkleider, und zwar bis zum Eintritt der Reifezeit. Dann werden an einem bestimmten Tage Schweine und Hühner geschlachtet und Verwandte und Nachbarn geladen. In der Mitte des Dorfplatzes sitzt der Junge, dem sieben Haarlocken oder Zöpfe zurechtgemacht sind, und sieben Verwandte nähern sich der Reihe nach dem Knaben, beschenken ihn und scheeren einer nach dem anderen eine Locke ab, bis alle sieben weg sind. Während der Zeremonie trägt der Jüngling einen feinen Mantel mit besonderen Zeichnungen über dem Rücken (J. P. S. [20] 29).

Vorbereitung für Ehe und Nachkommenschaft. — Bei einigen Sippschaften in Afegame am Agu unter den Kpando von Togo, Westafrika, werden die Mädchen nach Eintritt der Pubertät sechs Tage in einem Hause eingesperrt. Während dieser Zeit erhält das Mädchen ein reiches, ausgesuchtes Essen (vermutlich als Mastkur), zu dem die ganze Verwandtschaft beitragen muß. Die Altersgenossen dürfen die Abgeschlossene währenddem nicht sehen, nur eine alte Frau besorgt das Mädchen und leitet das Zeremoniell. Sie legt eine Matte auf den Boden des Zimmers, auf der das Mähchen sitzen oder liegen muß. Unter die Matte legt die Alte eine Pfefferart (*ataku* und *ala*) und die jungen Triebe von einer Ölpalme, wie sie zu Fetischzwecken gebraucht werden. In einem Gehöfte nahe bei der Wohnung der Abgeschlossenen versammeln sich morgens und abends die jüngeren Mädchen und singen Lieder. Am siebenten Tage kommt die alte Frau zu dem Entlassungszeremoniell in das Zimmer. Sie faßt das Mädchen, legt es auf die Matte nieder und spricht: „Was die Großväter taten, das tue ich jetzt für dich, gebier Kinder, eins nach dem andern, gebier viele Kinder!" Sodann läßt die Alte das Mädchen auf einer Bank niedersitzen und legt ihr ein Stück *fufu* vor die Füße, heißt es aufstehen und zur Tür hinausgehen. Bald danach wird das Mädchen von der Frau zu dem Manne, dem es schon lange versprochen ist, geführt. Bei diesem Besuche schert der Mann dem Mädchen die Kopfhaare. Darauf wird es geschmückt und der Verwandtschaft gezeigt. Am Abend desselben Tages holt das Mädchen einen Topf Wasser und bringt ihn ihrem Manne usw. (Witte [19—20] 983).

Religiöse Gedankengänge. — Die Verknüpfung der Reifeweihen mit religiösen Vorstellungen tritt bei höheren Naturvölkern und unter dem Einfluß von ausgebauten Kulturen stark in Erscheinung. Dazu gehört z. B. die Abschließung der Mädchen vom Licht der Sonne, wie das auf dem Balkan üblich war. Die Mädchen scheinen hier vom Eintritt der Reifezeit an bis zu ihrer Verheiratung in einer Art Käfig gehalten worden zu sein, der sie vor Sonne und Mond abschloß. Möglicherweise lagen diesem Verfahren Gedankengänge zugrunde, die eine Konzeption durch den Einfluß der Sonne annahmen, wie sie auch sonst im Mittelmeerbecken verbreitet gewesen sein dürften (Durh. [23] Nr. 61).

c) Das Alter.

Das Alter nimmt, sofern es nicht greisenhaft verfällt, bei fast allen Naturvölkern eine führende Stellung ein. Bei heute lebenden Völkern minderer Kultur fällt uns auf, daß das Altern unverhältnismäßig früh, oft schon nach dem 35. Lebensjahre einsetzt. Es ist eine Frage, wieweit daran rassenmäßige Faktoren schuld sind, oder inwiefern unhygienische Lebensweise, einseitige Ernährung, ungehemmter Sexualverkehr, gelegentliche Entbehrungen oder Schwierigkeiten des Lebens als kulturelle Momente verantwortlich gemacht werden müssen. Zweifellos fällt diesen letzteren Momenten eine große Bedeutung zu, und wir werden sie auch für die frühgeschichtliche Bevölkerung nicht ausschalten dürfen.

Die „alten" Männer etwa von 35—60 Jahren üben den entscheidenden Einfluß in den Sippen, in den großen und kleinen Verbänden aus, sie sind die Hüter der Überlieferung und bilden gewöhnlich einen Rat der Alten, der die oberste Instanz für Streitigkeiten darstellt. Auch in den Klans und Kasten ruht die oberste Gewalt in der Hand der Alten.

Nicht nur auf politischem Gebiet, auch auf dem des Lebensgenusses fallen den Alten große Rechte zu: so der Genuß bevorzugter Jagdtiere, z. B. bei den Bergdama die besten Tiere: Steinbock, Hartebeest oder gute Stücke, ebenso auch bei den Australiern und anderen. Diese Tiere oder Bissen sind für die Jünglinge oder für die Frauen dann verboten, „tabu". Vielfach beanspruchen auch die Alten, allein mehrere Frauen besitzen zu dürfen, oder sie üben sexuelle Rechte an den herangereiften Mädchen aus.

Der Kränklichkeit und Hinfälligkeit des Greisenalters begegnet man allerdings hier und da mit der egozentrischen Einstellung der Rüstigen und Gesunden, die uns brutal und rücksichtslos erscheint. Während seßhafte Völker kranke Alte in den Hütten oft verkommen lassen, wenden Wandervölker manchmal drastische Mittel an, um sich von der Last der Greise zu befreien. Nichtsdestoweniger üben hervorragende Persönlichkeiten oft großen Einfluß bis ins hohe Greisenalter aus.

In kriegerischen Stämmen tritt leicht eine Mißachtung des Alters auf, wie unter den Massai, unter denen die soziale Hegemonie in der Hand der kämpfenden Junggesellen liegt, oder bei einigen Indianerstämmen der großen nordamerikanischen Ebene, bei denen eine gewisse Feindseligkeit zwischen den Alten und Jungen herrscht, weil letztere auf Unternehmungen gegen Nachbarn brennen, vor denen die bedachtsameren Alten warnen.

d) Altenherrschaft.

Bei den meisten Naturvölkern ist der Einfluß der bejahrten Männer ausschlaggebend in der Leitung der Gemeinwesen. Mitunter stehen ihnen dabei die alten Frauen zur Seite. Aber nicht immer kommt dieser Einfluß des Alters in den Organisationen auch formal zu eindeutigem Ausdruck. In der Regel tritt eine Komplikation mit weiteren Siebungsfaktoren ein, die zur Beschränkung auf nur gewisse Alte führen. Insbesonders in den zusammengesetzten Gemeinschaften halten in jeder Schicht, Kaste, Gruppe die nach besonderen Gesichtspunkten gesiebten Alten die Führung in ihren Händen, indem diese „Geronten" untereinander in bestimmter Beziehung stehen: sei es in genossenschaftlicher, wie etwa in Australien, oder herrschaftlich eingeordnet, wie z. B. im polynesischen Inselgebiet.

In der überwiegenden Zahl der Gemeinwesen von Naturvölkern sind Frauen und Jugendliche von der politischen Leitung ausgeschlossen. Eine Ausnahme in bezug auf die Jugendlichen bilden nur einige kriegerische, soldatisch organisierte Stämme, wie die Massai Ostafrikas oder ehrgeizige Indianerverbände der großen Ebene Nordamerikas. Hier kommen Abweichungen der Art vor, daß bei der Frage von Krieg oder Frieden die jungen Krieger oft im ausgesprochenen Gegensatz zu den überlegenden Alten das entscheidende Wort zu sprechen vermögen.

Bei niedrigen Naturvölkern mit homogenen Gemeinschaften, wie etwa bei den Bergdama von Südafrika, ruht die Leitung des Klans ausschließlich in den Händen der Alten (Vedd. 17 18). Ähnlich ist es in vielen papuanischen und melanesischen Gemeinschaften.

Die Alten bilden in Australien eine Art geheime Gesellschaft für sich. Die Beratungsgegenstände wie Mord durch Verzauberung oder Strafunternehmungen gegen unbeliebte Zauberer, Übertretung der Sexualordnung oder der zeremoniellen Veranstaltungen, besonders bei den Jünglingsweihen, werden z. B. bei den Dieri mit Verschwiegenheit für die Außenstehenden behandelt. In diesen Versammlungen wird nicht formell abgestimmt, sondern man ist gefühlsmäßig einig oder nicht. Im letzteren Fall kommt es zu keinem Beschluß, sondern die Angelegenheit wird zu neuerlicher Beratung vertagt. Diese Gerontenversammlung wird gewöhnlich von einem ihrer angesehensten Mitglieder einberufen.

In anderer Weise setzt sich der Altenrat bei den Aranda und Warramungastämmen Zentralaustraliens zusammen. Dort vereinigen sich die Häupter von 5 bis 12 Totem-Gruppen, deren Würde vom Vater auf den Sohn übergeht, zu einer politischen Versammlung, die sich formlos trifft. Die jüngeren Männer stehen dieser Alten-Oligarchie machtlos gegenüber (Spenc. u. G. [04]).

Der Lager-Rat der Eingeborenen von Nord-Queensland umfaßt alle älteren Männer von einiger Bedeutung, solche, die die Jünglingsweihen durchgemacht haben, die als Kämpfer angesehen sind, oder die, im Besitze mehrerer Frauen, vermöge vielfacher Verschwägerung über einflußreiche Beziehungen verfügen oder endlich durch ihre Persönlichkeit wirken. Gegenstand der Beratungen bildet, ähnlich wie bei den Dieri: Verlegung des Lagers, Bestrafung von Übertretungen der Sexualvorschriften, Beseitigung von Uneinigkeiten im Lager, während z. B. Kindermord oder Züchtigung eines ehebrecherischen Weibes als private Angelegenheiten gelten, um die sich der politische Altenrat nicht kümmert (Roth E. [03] [06]).

Wir sehen, daß Alter allein gewöhnlich nicht ausreicht, um die Anerkennung für die politische Führung, selbst in so sehr auf die Geltung der Jahre eingestellten Gemeinwesen, zu verbürgen. Nichtsdestoweniger bleibt das Ansehen von einmal einflußreich gewordenen Alten, sogar wenn sie schon greisenhaft verfallen, noch erhalten, wie in dem von Howitt erwähnten Fall des Yaurorka, der schon kindisch geworden war und herumgetragen wurde. Unter den Kurnai wird oft der Rat der alten Frauen eingeholt, und ihr Ansehen im Stamm ist groß. Sie sind hauptsächlich Bewahrerinnen der Sitten, Heiratsgesetze und Sagen des Stammes. Während sich in Australien die Altenherrschaft in mehr oder weniger genossenschaftlichen Formen, also ungefähr auf demokratischer Basis, vollzieht, ist sie in den polynesischen und mikronesischen Gegenden ein Teil der aristokratischen Herrschaftsformen.

Die Großhäuptlinge, die man dort antrifft, sind die Ältesten ihrer Kaste oder ihres Klans oder der Familie (Dynastie), welche an der Spitze des politischen Verbandes steht. Diese Ältesten verbinden oft auch die Würde eines obersten Priesters und Zaubereres, ja sie gelten als Inkarnationen oder Teilhaber göttlichen Wesens. In dieser Eigenschaft sind sie selbst „tabu" und können je nach ihrer Erleuchtung auch über Dinge, über Wege, Wälder und Flüsse Meidungsgebote verhängen. Sie führen ihr Amt aber nicht in despotischer Form, sondern vielfach „parlamentarisch", wie etwa auf Samoa (ähnlich auch auf Tonga und Fiji), nämlich zusammen mit der Dorfversammlung, die aus sämtlichen Unterhäuptlingen, den Geronten der Sippen, den Sprechern und den Helfern der Häuptlinge besteht.

Auch in den despotischen Dynastien pflegt die Ausübung der Königsmacht in der Regel an die Person des Ältesten einer Familie geknüpft zu sein. Der Patriarch der aus den adligen Familien abgezweigten Dynastie wird gewöhnlich der Despot. Bei den wirtschaftlich verselbständigten Familien ist die Altenherrschaft im Patriarchen konzentriert.

e) Die Witwe.

Schicksal der Witwe. — Für die niedrigen Naturvölker wird man zwei Haupttypen des Frauenerwerbs aufstellen können: der 1., der hauptsächlich für die gerontokratischen Jäger-Sammlerinnenstämme gilt, besteht darin, daß der Bräutigam die Braut durch Arbeit bei seinem Schwiegervater abverdient. Er erwirbt sie somit durch eigene Arbeit, manchmal erst nach Jahren, die er beim Schwiegervater zubringen muß. Kehrt er mit seiner Frau schließlich zu seiner Sippe heim, so verfügt er über sie und ihre Kinder, auf die er individuelle patriarchalische Ansprüche erhebt. Dementsprechend wird gewöhnlich auch die Ehescheidung vom Standpunkt einer Beeinträchtigung am Eigentum des Mannes angesehen. Nach dem Tode des Mannes kann aber die Frau gewöhnlich ohne weiteres, wenn sie will, zu ihrer Familie oder Sippe zurückkehren.

Unter den nordkanadischen Kupfer-Eskimo fällt der Witwe ein hartes Los zu. Sie ist darauf angewiesen, sich von ihren Verwandten unterstützen zu lassen und von ihnen aufgenommen zu werden. Aber ein Mann, der selbst für Weib und Kinder zu sorgen hat, ist nicht erfreut, wenn er noch mit einer verwitweten Schwester belastet wird. Dazu kommen oft noch Reibungen zwischen den beiden Frauen. So bietet sich die Witwe mitunter verschiedenen Männern für einen Tag oder eine Woche an, in der Hoffnung, dauernd bei einem Mann bleiben zu können. Bekommt sie ein Kind, so wird ihr daraus allerdings keinerlei Vorwurf gemacht. Junge Witwen brauchen gewöhnlich nicht lange auf einen Mann zu warten, der sich ihrer annimmt, dagegen ist das Los der älteren oft schwer. — Dabei muß bemerkt werden, daß die Eheschließung sehr formlos ist und kleine Geschenke von Seite des Bräutigams oder andere Leistungen genügen, um eine Frau zu erwerben, die sich zuerst der Sitte nach sträuben muß (Jess. [22] 159, 163).

Unter den australischen Stämmen, z. B. der Aranda, beschmiert sich die Witwe Haar, Gesicht und Brust mit weißer Tonerde und verweilt schweigend, bis die sogenannte Totenfeier (*aralkililima*-Zeremonie) vorbei ist. Die Witwe erhält einen besonderen Namen. Auch bei einigen der nördlichen Stämme verharrt sie in Schweigen, z. B. bei den Warramunga zwölf Monate hindurch, während der sie sich nur durch Zeichensprache verständigt. Bei den Aranda zieht sie sich in das Frauenlager zurück und setzt in erheblichem Maße ihre gewöhnliche Beschäftigung aus. Wünscht sie den Bann des Schweigens zu brechen, so muß sie eine öffentliche Zeremonie ausführen, die hauptsächlich in der Opferung von vegetabilischer Nahrung an den jüngeren Bruder und die Söhne des Verstorbenen besteht. Dies soll andeuten, daß die Witwe dadurch, daß sie sich wieder an das Sammeln von Wurzeln und Kräutern macht, die gewöhnliche Tätigkeit des Frauenlebens aufnimmt. Ähnliche Zeremonien von nahezu derselben Dauer und Entsagung herrschen unter einigen anderen Stämmen. Bei den Kaitish und Unmatjera wird der Witwe das Haar geschoren, sie schmiert ihren Körper während der Trauerzeit, die mehrere Monate dauert, mit Asche ein und muß sich schweigend verhalten. Unter allen diesen Stämmen fügen sich die Frauen grausame Wunden zu. Sie scheinen sich in eine Ekstase hineinzusteigern und ganz unachtsam zu werden, in welcher Weise sie sich schneiden und hacken. Indessen geben sie wenigstens so weit acht, daß durch die Verwundungen kein lebenswichtiger Teil verletzt wird, sondern nur Schultern, Kopfhaut und Beine. So verwundete eine Witwe ihren Kopf mit einem brennenden Feuerstock (Spenc. u. G. [99] 500ff, 510; [04] 506ff, 510, 521ff).

Bemerkt muß werden, daß bei diesen Stämmen gewöhnlich ein Austausch von Frauen unter den Familien oder Sippen stattfindet, obgleich allerdings stets der Vater über seine Tochter verfügt, nicht die Gruppe als solche. Das ist auch der Fall, wenn Frauenkauf stattfindet oder Dienst für den Schwiegervater (vgl. Mal. [13] 51).

Diese Verstümmelungen ohne weiteres als adäquaten Ausdruck des Schmerzes zu betrachten, würde, wie bei einer Reihe ähnlicher Bräuche (s. T. [R. L.] „Primitives Denken"), viel zu weit gehen. Es handelt sich dabei vielmehr um die Erfüllung einer Sitte, mögen die Gefühle der Frau wie immer sein. Es ist eine gesellschaftliche Forderung, sich so zu benehmen, ähnlich etwa wie in China der Leidtragende, von zwei Freunden gestützt, jeden Augenblick zusammenzubrechen scheinen muß. Wie streng in dieser Beziehung die Sitte ist, geht daraus hervor, daß ein jüngerer Bruder, der während der Trauerzeit die Witwe des älteren bei der Sammeltätigkeit im Busch antrifft, berechtigt wäre, sie auf der Stelle zu speeren (Spenc. u. G. [99] 502). — Nach der Trauerzeit fällt die Witwe zunächst dem jüngeren Bruder zu. Nach weiteren Zeremonien und dem Ablauf einiger Zeit kann sie ein weißes Band an ihre Stirn malen, wodurch sie zu erkennen gibt, daß sie noch um den Mann trauert und sich vorläufig nicht wieder verheiraten will. Daß diese gesellschaftlich getragenen Sitten religiös unterbaut sind, geht daraus hervor, daß man annimmt, der Geist des Toten überwache vom Grabe aus alle Trauerzeremonien (Spenc. u. G. [99] 507; vgl. a. Mal. [13] 84ff).

Wiederverheiratung. — Die 2. Hauptform des Erwerbs von Frauen besteht darin, daß die ganze Großfamilie oder die Sippe sich daran beteiligt, sei es dadurch daß sie die fremde gegen eine Frau der eigenen Sippe eintauscht, oder daß der Bräutigam den Kaufpreis mit Hilfe der ganzen Verwandtschaft aufbringt. Aus dieser Beteiligung der engeren oder weiteren Verwandtschaft leiten sich Ansprüche derselben auf die Frau ab. Derartige Ansprüche können wieder wirtschaftlicher Art oder sexueller Natur sein. Solche sexueller Natur haben sich in sogenannten gruppen-ehelichen und neben-ehelichen Einrichtungen niedergeschlagen. Aus ihnen ergibt sich vor allem auch das Levirat, nämlich der Anspruch oder die Pflicht der Brüder, die Frau des Verstorbenen, gewöhnlich des älteren Bruders, zu übernehmen und für sie und ihre Kinder zu sorgen. In den Gemeinden, in denen die Frauen Felder anlegen, bedeutete der Erwerb einer Witwe eine Förderung des wirtschaftlichen Wohlstandes des betreffenden Mannes. Ähnliches gilt auch für die Fälle der Heirat von Ungleichaltrigen, wobei natürlich verhältnismäßig früh ein Partner verwitwet. Die Wiederverheiratung erfolgt hier gewöhnlich nach festen Regeln innerhalb der Verwandtschaft.

Unter den kalifornischen Yurok hing der Rang von Mann, Frau und Kindern von dem Betrag ab, der für die Frau bezahlt worden war. Es kam nicht nur darauf an, was einer besaß, sondern was von dem Vater für die Mutter gezahlt worden war. Deshalb entrichteten reiche Leute gern große Beträge für ihre Bräute. Starb nun der Mann, so heiratete die Witwe nach einem Jahr ihren Schwager. Bis dahin trug sie ihr Haar kurz, ging nicht viel aus, weinte oft, lebte im Hause ihres verstorbenen Gatten und hielt da seinen Besitz zusammen. Diese Sitte des Levirats herrschte allgemein in Kalifornien, obgleich die Zahlung für die Frau bei manchen Stämmen nur sehr gering war oder sogar ganz fehlte (Kroeb. [25] 29ff). — Unter den kalifornischen Yuki heiratete die Witwe manchmal den Bruder ihres Gatten, manchmal aber auch einen anderen Mann, ohne daß es feste Gesetzesregeln gab; vielleicht hing es davon ab, ob Kinder vorhanden waren oder nicht (179). — In der Gruppe der Shasta-Indianer war das Levirat auf der Basis des Frauenkaufs errichtet, und aus diesem Grunde wurde die Witwe an einen Bruder oder einen anderen Verwandten der Familie weitergegeben, während sie, wenn sie ohne Nachkommen starb, durch eine Schwester oder andere weibliche Verwandte ersetzt werden mußte. Im letzteren Falle gab man für die neuerworbene Frau noch eine Kleinigkeit. Der Witwer mußte innerhalb der Familie seiner Frau heiraten, wenn er von ihr nicht davon entbunden wurde. Der Mann bekam aus dieser Familie eine Frau für geringere Kosten (297f). — Unter den Maidu bestand auch Levirat, und in den Bergen hatte der Mann den ersten Anspruch auf die Schwestern seiner Frau. Übte er dieses Recht nicht aus, so ging es an seinen Bruder über (402). — Mit Ausnahme der Indianer des Kolorado-Flusses herrschte, wie schon erwähnt, bei allen kalifornischen Stämmen das Levirat, und der Witwer heiratete die Schwester seiner verstorbenen Gattin, auch in Fällen von Polygamie mit zwei Schwestern oder mit einer Mutter und ihrer Tochter. Man wird diese Sitten daher für Kalifornien als verhältnismäßig alt bezeichnen dürfen (839).

Auch bei den Maori Neuseelands und auf Tahiti war es früher üblich, daß die Frauen bei Ableben ihres Mannes sich an Rumpf, Gliedern und Gesicht schwere Wunden zufügten, so daß das Blut den Körper herunterlief. Auch hier bestand der Grund der Sitte nicht so sehr im intensiven Schmerz als in alter Gewohnheit. Die Verwandten schnitten sich das Haar und fasteten (Best [24] 2 55ff). Die Witwe wurde vom Bruder als Frau übernommen. War der überlebende Bruder jünger als der verstorbene, so gab er manchmal seinen eigenen Namen auf und nahm den des toten Bruders an, gerade so, wie noch jetzt der älteste Sohn den Namen seines verstorbenen Vaters annimmt. Das Altersverhältnis zwischen Witwe und überlebendem Bruder kam nicht weiter in Betracht. Der letztere nahm den Trauerbann (*tapu*) von der Witwe hinweg (s. T. [R. L.] „Meidung“, „Tabu“). Wenn die Witwe diesen Bruder zurückgewiesen hatte und einen anderen Mann heiratete, so lief der letztere Gefahr, sich ausgeplündert und sein Haus verbrannt zu sehen. Doch konnte die Witwe nach der Heirat mit dem Schwager eine Scheidung von ihm erzielen und sich anderweitig wieder verheiraten. Eine Witwe konnte auch für mehrere Monate „sich in ein Trauerhaus (*whare potae*) zurückziehen“, was allerdings mehr eine figürliche Ausdrucksweise war. Sie mochte aber auch wohl Selbstmord beim Tode ihres Gatten begehen, was aber nur selten vorkam, wenn kleine Kinder vorhanden waren (Best 1 476).

Unter den Yoruba wird eine Witwe 40 Tage lang eingeschlossen und darf ihre Kleider unterdessen nicht waschen (Ellis [94] 161). — Vgl. a. Thom. [10] 80.

Witwentötung. — Erst die patriarchalische Familie der Hirten mit ihrer strengeren Abhängigkeit der Frauen, die hier wirtschaftlich gegenüber dem Manne als Viehhälter zurücktreten, zeitigt besondere Konsequenzen auch für die Witwe, namentlich dort, wo mit der Überschichtung des Hirtentums sakral-despotische Auffassungen einhergehen.

Wenn bei den Bakitara Ostafrikas die Leiche eines Häuptlings in Hockerstellung zusammengebunden war, erschien seine Witwe mit einem neuen Rindentuch, das sie für die folgende Zeremonie erhalten hatte. Sie legte sich neben die Leiche hin, deckte einen Teil des Rindenstoffs über dieselbe und streckte sich neben der Leiche aus wie im Bett; so verblieb sie ein paar Minuten. Wenn der Tod während der Nacht eingetreten war, so verharrte die Frau in dieser Lage bis zum Morgen. Wenn sie sich dann erhob, riß sie das Rindentuch in zwei Stücke, von denen sie das eine während der Trauerzeit trug, während das andere um den Leichnam gewickelt wurde. Diese Zeremonie wurde als Abschied vom Toten betrachtet. Nach Ablauf der

Trauerzeit gab die Witwe das Rindentuch entweder einem ihrer Kinder zum Tragen oder verbrannte es. — Die Feldbauerbevölkerung der Bakitara befolgte die Zeremonien der Hirten mit wenig Abänderungen; bei ihnen wurde die Witwe am Ende der Trauerzeit geschoren und ihr Haar in den erwähnten Teil vom Rindenstoff eingewickelt und dem Grabe beigegeben (Rosc. [23/a] 292). — Nach dem Tode eines Prinzen, der in einem besonderen Haus bestattet war, verblieb eine seiner Witwen in diesem Grabgebäude, das niemals ausgebessert wurde und zuletzt einstürzte (175). — Nach dem Tode eines Königs spielten seine Witwen eine merkwürdige Rolle. Häufig entstanden Thronstreitigkeiten, für welche die königlichen Prinzen sich die Unterstützung der verschiedenen Gaugrafen und kleineren Häuptlinge usw. zu sichern suchten. Bevor es zu einem Kampf kam, begannen die rivalisierenden Prinzen sich ihre Mutter unter den Witwen des Königs herauszusuchen und sie nach einem verborgenen Platz unter die Hut eines Häuptlings zu bringen. Eine Mutter, die wußte, daß ihr Sohn um den Thron kämpfen würde, versuchte vorher gewöhnlich aus der Zahl der Witwen des Königshofes zu entkommen, weil die Mütter, deren Söhne sich um den Thron bewarben, eine der anderen nach dem Leben trachteten. Die Mutter eines Prinzen, der verlor, wurde immer auf Befehl der Mutter des siegreichen Prinzen getötet, bevor der neue König ausgerufen wurde. — Kämpfende Prinzen versuchten oft, einige von den jungen Witwen ihre Vaters für sich selbst zu stehlen. Ein erfolgreicher Prinz übernahm oft einige von seines Vaters Witwen als seine Frauen. Die Bestattung des Königs fand in einem besonderen Bau statt, und wenn der Leichenzug an dem ausgehobenen Grab angekommen war, wurde dieses mit Kuhhäuten eingesäumt und darauf Rindenstoffe gelegt. In der Mitte formte ein Haufen von Rindenstoffen eine Art Bett. Der Leichnam wurde auf das Bett gelegt und mit Rindenstoff zugedeckt. Zwei auserwählte Witwen begaben sich in das Grab, hoben die Rindenstoffe hoch und legten sich eine jede an einer Seite des Leichnams hin und deckten sich zu wie im Bett. Eine dieser Ehren-Frauen stammte aus der *Bakwonga*-Sippe, die andere aus der *Balisa*-Sippe. Sie wurden mit Rindenstoffen zugedeckt und starben dann entweder durch Ersticken oder Hunger. Eine Frau soll auch im Grab niedergesessen haben, wie einige angeben, und den Kopf des Königs in ihren Schoß genommen; sie wurde auch mit Rindenstoffen zugedeckt und verblieb da. Sodann wurde das Grab mit Rindenstoffen ausgefüllt, jedoch keine Erde darauf getan usw. (123ff).

In ganz ähnlicher Weise, wie wir das von den ostafrikanischen Hirtenstämmen der Bakitara gehört haben, scheinen sich auch die Trauerriten bei den alten indischen Ariern des *Ṛg-Vēda* (X, XVIII, 7f) vollzogen zu haben. Die Frau legte sich auf die Bahre neben ihren toten Mann. Der Bruder des Verstorbenen forderte sie dann auf, den Toten zu verlassen und ihm als Braut zu folgen. Ähnlich ist es auch nach dem *Atharva-Vēda* (XVIII, III 1). Zum erstenmal wird die Witwenverbrennung im späten *Vaikhanasa Gṛhya-Sūtra* (VII 2) und einer interpolierten Stelle der *Viṣṇu Smṛti* (XXV 14, XX 39) erwähnt. Die späteren Smṛtis billigen sie, jedoch nicht ohne gelegentliche Ablehnung. Erst in der noch späteren romantischen Literatur und in den historischen Werken wird sie oft erwähnt. Mitunter starben auch noch andere Personen, Diener, mit den Witwen der Fürsten. Denn diese Sitte scheint sich zunächst im Anschluß an den Tod von Fürsten ausgebildet zu haben. (Ähnlich ist es in dem Beispiel der Bakitara.) Erst daran knüpfte sich die normale Sitte, daß die Witwe mit dem Manne bei seinem Tode verbrannt wurde, ja auch, wenn er fern von Hause verstarb; dann wurde sie allein verbrannt. Nur das Verbrennen einer schwangeren Frau oder einer Frau mit einem kleinen Kind war verboten. Doch scheint dieser Brauch stets mehr oder weniger willkürlich gehandhabt worden zu sein, mit Ausnahme der königlichen Familien. — Blieb die Witwe am Leben, so war dieses erfüllt von Fasten und Opfern für ihren verstorbenen Gatten, von Pilgerfahrten und Enthaltungen jeder Art von Bequemlichkeiten, wie Bett, Schmuck usw. Hatte die Witwe erwachsene Söhne, so fiel sie später unter deren Vormundschaft und Obhut, sonst unter solche der Verwandten ihres Mannes. Dies galt, so lange sie dem Verstorbenen treu blieb. In noch späterer Zeit knüpfte sich daran ihr Erbrecht nach dem Gatten, sofern sie unverheiratet blieb. — Die Sitte der ungleichaltrigen Kinderheiraten, wie sie oben gelegentlich der Erörterung der Heiratssitten erwähnt wurde, vermehrte außerordentlich die Zahl der Witwen. — Wie erwähnt, heirateten nach dem Ṛg-Vēda und den Sūtra der Bruder oder Verwandte des Verstorbenen die Witwe. Daran wurde der Gedanke geknüpft, daß der Betreffende mit der Witwe einen Sohn haben soll, um die Familie fortzusetzen und dem Verstorbenen Opfer darzubringen, wofür der Sohn seines Vaters Vermögen erbt, das, bis der Sohn herangewachsen ist, durch die Mutter verwaltet wird. Hier spielen auch Gedanken an Zeugungshelfer herein (s. Nebenehe; vgl. Macdonell, Keith, Mayne, West und Bühler, Jolly).

Künstliche Witwe. — In ganz ähnlicher Weise gestatten auch die altpersischen *Rivāyats* gewissermaßen die Konstruktion einer künstlichen Witwe. War nämlich ein Mann von über 15 Jahren kinderlos oder unverheiratet gestorben, so konnte ein Mädchen von seinen Verwandten erwählt und mit einer Mitgift ausgestattet werden. Man verheiratete sie an einen anderen Mann, und die eine Hälfte der Kinderzah laus dieser Verbindung wurde dem Verstorbenen, die andere Hälfte dem lebenden Mann angerechnet; doch galt diese Frau als die Witwe des Verstorbenen, dessen Verwandten sie mit Mitgift ausgestattet hatten (West [84] 142, 143 Anm. 10).

Eine ähnliche Sitte ist ferner von dem Hirtenstamm der Dinka am oberen Nil bekannt. Stirbt ein Mann ohne Sohn, so muß die hinterlassene Witwe für solchen dadurch sorgen, daß sie sich mit dem Bruder des Verstorbenen verbindet oder mit einem anderen der nächsten männlichen Verwandten des Toten. Die so geborenen Kinder werden dem Verstorbenen zugeschrieben. Ist aber die Witwe zu alt, um Kinder zu bekommen, oder sind keine anderen Witwen des Verstorbenen mehr vorhanden, so stattet die Witwe ihre Tochter oder in Ermanglung einer solchen ein anderes ihr verwandtschaftlich nahestehendes Mädchen mit den Kühen des Verstorbenen aus und „heiratet“ sie im Namen des Verstorbenen. Ist kein nächster männlicher Verwandter des Verstorbenen vorhanden, so wird ein solcher durch einen männlichen

Verwandten der Witwe ersetzt, der mit dem Mädchen in Verbindung zu treten hat. Die Nachkommenschaft wird dem Verstorbenen zugerechnet, und das Mädchen gilt nun als Witwe, ihre Kinder als Erben des Verstorbenen (Hartland, O'Sullivan). Hier überall handelt es sich um Erhaltung von Familie und Vermögen des Verstorbenen, die zu besorgen der Witwe zur Pflicht gemacht wird. — Vgl. a. T. [21] 207ff.

Der religiöse Hintergrund bei der Witwenbehandlung. — Zusammenfassend mag gesagt werden, daß die Verstümmelungen der Witwe nicht nur in den vaterrechtlich-patriarchalischen Gesellschaften vorkommen, sondern auch in extrem mutterrechtlichen, wie z. B. bei den Maori. Daraus geht hervor, daß sie als Bestandteil religiöser Auffassungen zu betrachten sind, die auch keineswegs auf die Witwe allein beschränkt sind, sondern sich auch auf andere Verwandte und die Dienerschaft beziehen (s. T. [R. L.] „Menschenopfer" C, „Totenkultus" A). Auffällig erscheint, daß die Witwentötung von dem Schicksal ausging, das einem Teil der Frauen der Fürsten zuteil wurde. Der besondere Nimbus, mit dem die Persönlichkeit der sakralen Herrscher umgeben wurde, bedingte, daß alles, was in besonderer Beziehung zu diesen gesetzt wurde, auch das Schicksal dieser „Übermenschen" teilte. — Dazu kommt die Vorstellung einer wechselseitigen transzendenten Bedingtheit des Lebens des miteinander in Ehegemeinschaft lebenden Paares. Der Ausfall der Jagd (s. T. [R. L.] „Zauber" A) oder einer Schiffsexpedition des Mannes erschien mit einem bestimmten Verhalten der daheimgebliebenen Frau zusammenzuhängen, wie das umgekehrt auch bei den Zeremonien des Männerkindbetts in Erscheinung tritt. — Psychologisch dürfte vor allem die Angst vor dem Neid des Toten dazu geführt haben, daß die Überlebenden glauben, sich entsprechende Leiden zufügen zu müssen, um auch sein Schicksal wenigstens nominell zu teilen. Bei dem Ausbau der Jenseitsvorstellungen wird diese Teilhaberschaft für die Nächstangehörigen starker Persönlichkeiten auf das Leben im Jenseits, die Nachfolge in den Tod, ausgedehnt.

SCHLUSS.

Für die Gestaltung von Familie und Verwandtschaft steht im Mittelpunkt die Sorge um die Fortpflanzung als ein noch ungebrochener Instinkt. Es ist nicht richtig, dafür der Erotik eine überwiegende Rolle einzuräumen, wie das von gewissen Seiten geschieht. Die Sexualität kommt vielmehr außerhalb der organisierten Verzahnung der Geschlechter zu ihrem Recht: bei Festen, Spielen, Freundschaftsbeweisen in der Form verschiedener Sitten und Gebräuche. Namentlich aber tritt auch sie im Glauben an Naturbeeinflussung auf magischem Wege hervor.

B. DIE BÜNDE

EINLEITUNG

Das Heranwachsen einer neuen Generation, der Generationswechsel, ist ein Vorgang, der beim Menschen an das Gefühl der Veränderlichkeit der Dinge, an das Hinschwinden, den Tod rührt und damit die Tore der Religiösität öffnet. Dazu gesellt sich die instinktive Sorge für das neue Geschlecht, der die primitiven Pädagogen auf magischem Wege Rechnung zu tragen suchen. Religion und Zauber beherrschen denn auch die Einführung der heranwachsenden Jugend in das Leben der Gemeinde. Dazu kommt noch eines: das religiöse und zauberische Verhalten ist untrennbar vom Leben der Familie und Sippe. Dies um so mehr als auch die Nachkommenschaft in der zusammenlebenden Gemeinde gewöhnlich nicht als dem individuellen Vater oder der individuellen Mutter allein angehörig betrachtet wird. Die Gemeinde fühlt sich als etwas Dauerndes, Beständiges, das über das Werden und Vergehen ihrer einzelnen Mitglieder hinausreicht. Zwischen Vergangenheit und Zukunft, zwischen Ahnen und Jungmannschaft leben die Erwachsenen als augenblickliche Träger der Gemeinde in der Sonne des Seins, die für den einen dämmert für den andern anbricht. Daraus quillt die Religiösität als Familien-, Sippen- und Gemeindeangelegenheit.

Hierin liegt auch der Ausgangspunkt für die Untersuchung der Bünde, die daher am richtigsten der Darstellung von Einrichtungen angeschlossen werden, die sich mit Familie und Fortpflanzung befassen.

Bei den einzelnen Völkern haben die Bünde indessen verschiedene Gestaltungen angenommen: bald treten sie als festere, bald als losere Organisationen auf, mit nur vorübergehender Verdichtung zur Zeit der Geschlechtsreife, als Zusammenschluß der mannbar gewordenen Knaben, die eine gemeinsame Erziehung erhalten. In diesem Zusammenhang interessiert uns nur ihre soziale Funktion, nicht ihr Gehalt an religiösen Vorstellungen und magischem Verfahren, etwas, das wegen seiner Verflechtungen mit dem geselligen Leben allerdings hier auch nicht ganz außer Acht gelassen werden kann.

Die Berührung zwischen Reifeweihen, Altersklassen und Männerbünden ist derart, daß sie oft schwer von einander zu trennen sind. Aber jedesmal umfassen sie die ganze Gemeinde, die durch Zeremonien die Erhaltung und Fortpflanzung der heranwachsenden Generation fördern und sichern will. Besonders kommt dies z. B. bei den verschiedenen Beschneidungsriten zum Ausdruck von denen eine Methode sich ziemlich parallel mit den Gebräuchen des Islam verbreitet zu haben scheint; ohne dessen Glaubensgehalt selbst zu übernehmen.

Die geheimen Gesellschaften nehmen insofern eine Ausnahmestellung ein, als sie prinzipiell nicht die Gesamtheit des Volkes umfassen, wie die Bünde.

Die ersteren treten dort auf, wo Stämme verschiedener Herkunft miteinander in Berührung kamen und wobei der eine Stamm die ihm eigenen überlieferten Erhaltungs- und Förderungszeremonien gegenüber Außenseitern wahrte. Höchstens Mischlinge oder wirtschaftlich Hochgekommene können dann gewöhnlich in den unteren Graden Aufnahme finden. Die Erhaltung, Ernährung und Fortpflanzung der Gemeinde (vgl. Speiser, „Über Initiationen in Australien u. Neu-Guinea", Verh. Natf. Ges. Basel 1929) bildet auch dann den ausschlaggebenden Gedanken, wenn durch Vermittelung eines Geistes oder Fetisches, dem man Opfer darbringt, der Zweck erreicht werden soll. Bei Völkern mit durchgebildetem Häuptlingtum und sozialer Staffelung tritt das Kultische oft überwältigend in den Vordergrund, wie etwa in den Leopardbünden von Westafrika (Btty. [15]). Die Versorgung des Fetisches mit Fett und Blut von Menschen und weiterhin zauberische Vorstellungen von der Erhaltung der sexuellen Kraft der alternden Männer führt zu kannibalistischen Zeremonien, ähnlich wie letzteres z. B. auch auf Nissan in der Südsee (T., Z. E. [08] 107f.).

Durch die Betonung des Kultischen und magisch Wirkungsvollen wandeln sich solche Bünde zu einer Art religiöser Gemeinschaften. Namentlich dort scheinen sie sich durchzusetzen, wo stammesentwurzelte Angehörige verschiedener ethnischer Herkunft durch einen besonderen Glauben zusammen geschlossen werden können. Auf diese Weise wirken bestimmte Gedanken und Vorstellungen gemeinschaftsbildend, so daß aus ihnen primitive „Kirchen" entstehen.

Dort wo ihre Entwicklung durch besondere Ereignisse unterbunden wurde, wie etwa bei den germanischen Stämmen, die unter christlichen Einfluß gerieten (s. L. Weiser, „Altgermanische Jünglingsweihen und Männerbünde"; in: Baust. z. Volks. u. Religionsw. 1927) oder in Indien, wo höhere Religionssysteme die älteren Vorstellungen in den Hintergrund drängten, hat sich ihr Gehalt in späterer Zeit in Märchen verkapselt.

1. Männerbund.

Männerbund und Altersstufen. — Man kann von Bünden nicht sprechen, ohne zu den weitverbreiteten Ansichten, die Heinrich Schurz in seinem [02] erschienenen Werk vertritt, Stellung zu nehmen. Darin wurde gewissen Charakteristiken einiger Indianerstämme der großen Ebene grundsätzliche und allgemeine Bedeutung beigemessen. Hutton Webster knüpfte in seinem *Primitive Secret Societies* [08] daran den Gedanken, daß die Männerbünde aus den Zeremonien bei der Jünglingsweihe hervorgegangen seien. Beide Auffassungen stellen einseitige Verallgemeinerungen dar. Die umfangreichen und eingehenden Forschungen, die von der Leitung des New Yorker „American Museum of Natural History" angestellt wurden und in dessen „Anthropological Papers" Band 2 [12/16] zusammengestellt sind, haben ganz andere Eigenschaften dieser Bünde in den Vordergrund gerückt. Am hervorstechendsten sind dabei die polizeilichen und militärischen Funktionen der genannten Bünde. Die Bünde spielen zum Teil in die politische Organisation hinein. Die erwähnten Funktionen sind ziemlich allgemein verbreitet, scheinen also das Wesen vieler solcher Bünde zu treffen. Im übrigen sind jedoch mannigfache Verschiedenheiten vorhanden. Der Zusammenhang mit einer Altersstaffelung dürfte erst eine spätere und nur vereinzelt auftretende Variante des Bundes sein. Gemeinschaftlichkeit des Alters findet verschiedenen sozialen Ausdruck, obgleich nicht zu leugnen ist, daß sie hier und da zu Altersgesellschaften führt. Unter den Indianern der großen Ebene gibt es indessen keine Altersklassen, welche die gesamte Gemeinschaft in drei Schichten zerlegen würden. Die zahlreichen Altersbünde, die hier auftreten, sind eine ziemlich vereinzelte Erscheinung und unterscheiden sich völlig von denen der Omaha-Indianer und von anderen (Lowie [12/16] u. [24] 156f, 975f, 983ff). — Bemerkenswert ist der Umstand, daß die Tänze, die von den Bünden veranstaltet werden, käuflich sind, so wie wir es auch in der Südsee und in Afrika finden. Als Käufer treten in Amerika nicht Dörfer, sondern die betreffenden Bünde auf, um die sich das soziale und politische Leben in erheblichem Maße dreht.

Männerbund und Masken. — Die Bünde tragen vielfach geheimen Charakter. Das Geheimnis ist aber vielfach nur gegen die Kinder, oft auch noch gegen das weibliche Geschlecht gerichtet, so daß der Männerbund in der Tat alle erwachsenen Mitglieder der Gemeinschaft umschließt, welche durch die Jünglingsweihe gegangen sind. Männerbünde solcher Art bilden nicht einen Staat im Staate, sondern sie vereinigen alle Träger der politischen Macht im Gemeinwesen, also ganz anders, als das im Zusammenhang mit verfallenden Aristokratien, etwa in Westafrika oder auf den Neuen Hebriden, der Fall ist. Charakteristischen Ausdruck finden die eben gekennzeichneten Männerbünde in Nordamerika, wo sie gewöhnlich Masken anwenden. Die maskierten Personen erscheinen nicht als Menschen, sondern stellen irgendwelche Geistererscheinungen vor. Kroeb. ([23] 366) sagt mit Recht, daß die Masken und die Männerbünde dieselbe Sache, von verschiedenen Gesichtspunkten gesehen, darstellen, obgleich sie nicht notwendigerweise unzertrennlich sind. So benutzen z. B. die Eskimo-Stämme Masken, doch haben sie keine geheimen Gesellschaften oder Männerbünde, während es in der großen amerikanischen Ebene und auch sonst noch Bünde gibt, die keine Masken verwenden. Vermutlich haben die Eskimo, die mit der „Maskenkultur" der Bünde in Verbindung traten, nur die Masken übernommen, während die ganze Art ihres Zusammenlebens in verhältnismäßig kleinen Gemeinschaften nicht dazu angetan war, daß eine Absonderung der erwachsenen Männer von der übrigen Bevölkerung Anklang bei ihnen fand.

Varianten. — Der Charakter der Männerbünde selber ist wieder verschieden, indem z. B. unter den Pueblo-Indianern alle erwachsenen Männer durch eine Jünglingsweihe, bei der sie geprügelt werden, Eingang in den Bund finden und später Masken tragen, die Geister darstellen, welche im Gemeinschaftsinteresse tanzend erscheinen. — Es ist durchaus möglich, wie mir scheint, daß gerade in dieser stark mutterrechtlichen Gegend mit außerordentlicher Betonung des weiblichen Einflusses diese Bünde von den Männern benutzt und ausgebaut wurden, um die Interessen ihres Geschlechts zur Geltung zu bringen. — Außerdem spielt in die Männerbünde die Anwendung zauberischer Fertigkeiten hinein, die sie den geheimen Gesellschaften annähert. So kommen z. B. bei den Pueblo-Indianern neben dem die Gesamtheit der erwachsenen Männer umfassenden Bund noch besondere, kleinere Gesellschaften mit geheimen Riten vor, die nur Krankheiten heilen und sich aus der Zahl der Geheilten ergänzen, ohne Masken zu gebrauchen.

Der religiöse Charakter. — Häufig tritt in Verbindung mit den Bünden und Tänzen der nordamerikanischen Indianer noch das „Schwitzhaus" auf (Lowie [24] 23f.). Ein kuppelartiges Holzgebäude aus Weiden wird z. B. bei den Krähen-Indianern in zeremonieller Weise errichtet, dann erhitzt man außerhalb des Baues Steine, die in eine Grube in der Mitte des Hauses gelegt werden. Das Haus hüllt man hierauf mit Decken so ein, daß es drinnen stockfinster ist. Die im Hause befindlichen nackten Leute lassen ihren Schweiß auf die heißen Steine triefen. Nach einigen Minuten werden plötzlich die Decken entfernt, damit sich die Schwitzenden etwas abkühlen. Viermal werden die Decken auf das Haus gelegt und jedesmal immer länger daraufgelassen. Jedesmal spricht man auch gewisse Zaubergebete. Dieses Schwitzen ist mit Visionen verbunden, die wieder in herkömmlicher Weise ausgelegt werden. Manchmal werden die Träume den anderen verkündigt, während die Decken noch darauf sind, manchmal, nachdem sie entfernt wurden. In ähnlicher Weise wird auch das Tabakrauchen in Hütten von den Tabakbünden dazu verwendet, um Visionen herbeizuführen. Besonders wichtig sind die Visionen bei den Sonnentänzen. Bei den östlichen Dakota erhofft der Mann, der fastet, betet und den Kreistanz aufführt, vor dem Kriegszug eine Vision der Feinde zu haben, die er wird töten können (Lowie [13] 128).

Während der „Männerbund" sich auf das gesamte Gemeinwesen erstreckt, so weit es durch die erwachsene männliche Bevölkerung repräsentiert wird, bezieht sich die „Geheime Gesellschaft", von der weiter unten die Rede sein wird, nur auf einen Teil oder eine Schicht der erwachsenen Männerwelt.

2. Jünglingsweihe.

Beziehungen zur Geistesverfassung und zur Gesellungsform. — Bei einer großen Anzahl von mittleren und höheren Naturvölkern, doch hie und da auch bei Wildbeutern, finden sich Feste in Verbindung mit einer bestimmten Verhaltungsweise, die den Jünglingen, manchmal auch den Mädchen, von den älteren Leuten auferlegt wird, wenn die heranwachsende Generation in das Pubertätsalter tritt.

Im wesentlichen handelt es sich dabei ursprünglich um die Betätigung des bei Naturvölkern immer und immer wiederkehrenden Gedankens einer Nachhilfe, die man glaubt zur Unterstützung aller natürlichen Abläufe leisten zu müssen. Dem Wechsel der Mondphasen, dem Regen und der Trockenheit glaubt man geradeso nachhelfen zu müssen wie dem Wachstum der Tiere und Pflanzen (Spenc. u. G. [12] 218f., 220f., 366). Bei den Tjingilli des nördlichen Zentralaustraliens bezweckt eine Reihe von totemistischen Zeremonien das Wachstum der Knaben und Mädchen zu sichern und zu fördern: die ersteren sollen stark werden, fähig, zu kämpfen und Strapazen auszuhalten, die Mädchen dagegen im Sinne der Eingeborenen voll und wohlgestaltet (451).

Diese Nachhilfe zu den biologischen Funktionen wird häufig durch Vorbildhandlungen geleistet, man bedient sich der durchaus unter Naturvölkern verbreiteten Methode des Vorbildzaubers. Darauf sind zweifellos auch die häufig mit den Pubertätsfesten verbundenen sexuellen Orgien zurückzuführen; s. T. [R. L.] „Zauber" A.

Dafür, daß viele Zeremonien dazu dienen, die Autorität der erwachsenen Leute gegenüber der jüngeren Generation zu wahren, scheint mir als Bestätigung folgende Art der Bestrafung eines Knaben unter den Warramunga zu dienen. Sie erinnert an das Verfahren bei den amerikanischen Pawnee-Indianern. Ein großes Feuer war eines Abends im Hauptlager angezündet, und eine Zahl von Männern stand um dasselbe herum, die alle mit lauter Stimme schnatterten, während dazwischen die durchdringenden Schreie eines Knaben zu hören waren. Es stellte sich heraus, daß der letztere geängstigt werden sollte. Der Junge hatte sich irgendwie gegen das Stammesgesetz vergangen, und es war ihm gesagt worden, daß er auf dem Feuer gebraten werden würde. Der Knabe war von Angst erfüllt, daß man dies wirklich mit ihm tun werde, und schrie jämmerlich, als man ihn näher an das Feuer heranbrachte. Nachdem man ihn so ungefähr eine halbe Stunde lang in Furcht versetzt und zurecht gewiesen hatte, und sah, daß er innerlich stark erschüttert war und versprach, in Zukunft sich nicht mehr zu vergehen, ließ man das Opfer laufen (Spenc. u. G. [12] 383).

Außerdem spielen in die Feiern aber die verschiedensten anderen Gedanken hinein, die im Leben einer Gruppe zu besonderer Bedeutung emporgestiegen sind. Bei Jägern und Sammlern steht die Nahrungsfürsorge an erster Stelle, wie bei den vielerlei Fruchtbarkeitszaubern der Australier, auf den Andamanen-Inseln und unter den Bergdama Südafrikas. — Die Gedankenwelt der Feldbauern ist bereits reicher und komplizierter. Totemistische Vorstellungen, Beziehungen zu Tieren, Pflanzen und Naturkräften erfüllen auch die Zeremonien der Jünglingsweihe. Das asketische Fasten, das in Amerika zum Hervorbringen der Visionen behilflich sein soll, dient dazu, Beziehungen zu den übernatürlichen Mächten zu finden (vgl. T. [R.L.] „Askese", „Fasten").

Weitläufig sind die Zeremonien bei den Hirten und bei den von diesen beeinflußten Völkern. Zweifellos hat die Beobachtung an den Tieren auch in bezug auf die Deutung und Erkenntnis der Sexualzusammenhänge bei den Menschen eingewirkt. Daher die Hypothesen über den Sinn der Beschneidung, die ursprünglich als Kraft- und Fruchtbarkeitszauber zu deuten ist.

Indessen dürfen wir uns bei der Deutung der Symbole nicht einseitig einstellen, wie das z. B. von Seite der Psychoanalytiker (vgl. Reik [16], Róh. [23] oder Zeller [23]) geschieht. Die einzelnen Handlungen können nicht aus dem Zusammenhang gerissen, sondern sie müssen innerhalb der gesamten sozialen Gestaltung betrachtet werden, die das Leben und Denken angenommen hat, und die auch tiefe Unterschiede in der Geistesverfassung der verschiedenen Naturvölker erkennen läßt.

Nicht selten findet sich ein Ritus des Tötens oder Sterbens des Kandidaten, der dann vermöge vielerlei Zeremonien (vgl. Crawl. [02], Fraz. [13], van Genn. [09] — älter: Schurtz [02], Pl.-B. [13]) neu geboren wird. Manchmal geschieht das in der Form des Verschlingens durch ein Ungeheuer. Es ist stark zu bezweifeln, daß die Interpretation der Psychoanalytiker in diesem Falle recht hat. Denn wir finden vielfach die Auffassung, wie wir das auch im Falle der Heirat gesehen haben, daß der Übergang in einen anderen Lebensstand mit einem Wechsel der Persönlichkeit verbunden erscheint. Ein solcher Wechsel der Persönlichkeit findet dann, gemäß den traditionellen Vorstellungen, innerhalb der Sagen- und Mythenwelt seinen Ausdruck.

Dieser Wechsel der Persönlichkeit wird gerade mit dem Eintritt der Pubertät als kritischer Augenblick für die Gemeinschaft empfunden. Die Änderung im Verhalten wirkt mächtig auf die Umgebung ein und wird von ihr als latente Gefahr aufgefaßt, als eine Zaubermacht, die ebenfalls nur durch Zauber gebannt werden kann (Pars. [16], van Genn. [09]). Zweifellos knüpfen die Bekleidungs-, Fasten- und Askesezeremonien eben daran an.

Der Schauplatz der Feste ist entweder ein besonderes Männerhaus oder abgelegene Örtlichkeiten mit Hütten u. dgl. und zeigt überwiegend eine verhältnismäßige Absperrung gegen das andere Geschlecht (Webst. [08]).

Gerade bei den höheren Völkern, mit ihrem starken Forschen und vielen tastenden Versuchen zur Aufstellung von Kausalzusammenhängen, mit ihrer Angst vor Irrtümern und unrichtigem Handeln, erlangen die Zeremonien eine außerordentliche Bereicherung und Buntheit.

Bei der Überlagerung verschiedener ethnischer Schichten hat sich gewöhnlich das Wissen der führenden Schicht in Geheimbünde zurückgezogen. Die Jünglingsweihe gewinnt hier den Charakter einer Aufnahme in die geheime Gesellschaft. Vielfach verbindet sich hier aber damit ein richtiges Lernen geheimer Zauberkünste. Ein solcher erzieherischer Charakter tritt z. B. in Westafrika hervor, weniger auf den Neuen Hebriden, Südsee. Im östlichen und zentralen Afrika und auch noch anderswo macht sich die Verbindung mit den dort sich abhebenden Altersstufen bemerkbar.

So sieht man, daß die politische Gestaltung, die Angehörigkeit zu einer sozialen Schicht, der Zerfall der Klan- und Sippenverbände auch die Bedeutung der Jünglingsweihe verschiebt. Während bei den niedrigeren Stämmen die Hochzeit gegenüber der Jünglingsweihe fast verschwindet, ist bei den höheren Verbänden das Umgekehrte der Fall: die Hochzeits- und die Heiratszeremonien übertreffen an Wichtigkeit die Jünglingsweihe. In den einfacheren Verbänden stellt die Jünglingsweihe die Aufnahme der heranwachsenden Generation in den Verband vor. Dort, wo die Familie dagegen an Bedeutung gewonnen hat, wird die Hochzeit zum ausschlaggebenden Faktor.

Bei Wildbeutern. — Die Jünglingsweihe fehlt bei primitiven und von Kulturzentren abliegenden Jägerstämmen, wie etwa bei den Kubus von

Sumatra oder bei den Weddas von Ceylon. Bei den letzteren ist jedoch die Sitte der Jünglingsweihe unter diejenigen Stämme eingedrungen, welche durch die Tamilen und Singhalesen beeinflußt werden. Bei den Unicha-Weddas findet eine Zeremonie nur mit den jungen Mädchen statt. Eine ältere Verwandte stellt dem Mädchen bei der ersten Menstruation einen Topf mit Wasser auf den Kopf und geht mit ihr zu einem Platz mit einem *Mega*-Baum. Dort nimmt sie ihr den Topf vom Haupt und läßt ihn auf den Boden fallen, daß er zerbricht. Nachher wird das Mädchen für einige Tage, so lange ihr Unwohlsein dauert, in einer besonders errichteten Unterkunft isoliert und währenddessen von anderen verwandten Geschlechtsgenossinnen versorgt (Slgm. C. G. [11] 94). Offenbar haben wir es hier mit einem Vorbildzauber zu tun, der auf die Defloration anspielt.

Jochelson beobachtete bei den Yukaghiren Sibiriens keine Mannbarkeitsfeier. Doch werden gewisse Tabus beobachtet, die z. B. Mädchen während der Jagdunternehmung ihres Bruders beobachten müssen. Doch handelt es sich dabei um einen „Gedenkzauber". — Ein Knabe gilt dann als Mann, wenn er das erstemal an einer Jagd auf Großwild, auf Bär oder Renntier, teilgenommen hat. Dann wird er „Vierfüßer-Töter" genannt. Das Mädchen erhält nach Eintritt ihrer Pubertät ein besonderes Schlafzelt und kann dann Besucher der gleichen Wohngruppe des Nachts empfangen (Czap. [14] 90).

Bei den Bergdama wurde die sog. „Jägerschule", die Jünglingsweihe als festliche Veranstaltung, wohl von ihren Nachbarn übernommen. Wenn bei einem Jüngling die ersten Barthaare sprießen, beraten die Alten, ob in der Werft (Sippenlager) und in der Nachbarschaft genügend gleichaltrige Genossen vorhanden sind, so daß es sich lohnt, die Weihezeremonien an einer Schar der Stammesnachkommenschaft vorzunehmen. Die Nachbarn stellen sich mit ihren Söhnen und jede Gruppe mit je einer Ziege oder einem Stück erlegten Wild ein. Am Tage vor dem Feste geht der Häuptling der Werft, welche die Zeremonie veranstaltet, allein ins Feld, um dort bittere Kräuter zu suchen. Diesen Gang nennt man „Liebesgang". Der Häuptling bringt die bitteren Wurzeln und Blätter in einem Holzeimerchen heim und zerstampft sie in einem Mörser. Dann gießt er Wasser auf den Brei und stellt die Mischung weg. Die übrigen Männer der Werft sammeln Äste, um auf dem für religiöse Tänze bestimmten Platz der Werft eine Laubhütte zu errichten, die jedoch kein Dach erhält und nach der Seite des heiligen Feuers hin offen bleibt (s. T. [R. L.] „Feuer" A). Beim Morgengrauen des folgenden Tages werden die Jünglinge geweckt, und die Väter überreichen den Söhnen Bogen, Köcher mit Pfeilen und, soweit vorhanden, auch Lanzen. Die als Jäger ausgerüsteten jungen Leute eilen hinaus, stellen sich außerhalb der Werft auf und veranstalten einen mehrfach wiederholten Umzug um die Werft, bei dem ein Alter vorangeht und ein anderer den Zug beschließt. Während des Umzugs wird laut der Kriegsruf: *Hm hoooo! Hm hoooo!* ausgestoßen. Darauf kehren die Jünglinge in die Werft zurück und begeben sich in die Laubhütte, die sie vorläufig nicht verlassen dürfen. Der Speisemeister hat inzwischen das heilige Feuer angefacht, und einige Alten schlachten die herbeigeführten Ziegen, deren Zahl noch durch ein Geschenk des Häuptlings vermehrt wird. Das Schlachten muß nach einem bestimmten Ritus vor sich gehen. Die Ziege wird auf den Rücken gelegt und an Kopf und Beinen festgehalten. In der Magengegend wird mit einem Messer aus Stein ein Einschnitt gemacht, und der Schlächter fährt mit seiner Hand in die Wunde, stößt mit der Faust das Zwerchfell durch und dringt bis zum Herzen vor, dessen Schlag er mit starkem Griff hemmt, so daß das Tier dadurch zugrunde geht. Dann wird es abgehäutet, und die zerteilten Fleischstücke werden sofort in die bereitstehenden Töpfe gefüllt. Die Gedärme samt der Blase werden oberflächlich gereinigt und stückweise mit dem Munde prall aufgeblasen und mit Sehnenfäden zugebunden, so daß die Luft nicht entweichen kann. Jedem der Jünglinge binden die Alten eine Blase oder ein Stück Darm an den Schopf des Vorderhauptes. Mit dem im Herzen zurückgebliebenen Blut der Tiere salbt der Häuptling Bogen, Pfeile und Speere der jungen Mannschaft in der Hütte: „um der Waffen willen wird dieses Fest veranstaltet". Mit dem Festschmuck auf dem Kopfe treten die Jünglinge dann um den Häuptling, der jedem einzelnen den bitteren Jägertrank reicht, den er tags zuvor bereitete. Während die übrigen von den in den Töpfen inzwischen gar gekochten Fleischstücken speisen, begibt sich einer der Alten mit den Jungen ins Feld, um sie in die Künste des Jägers einzuführen. Was bei dieser Gelegenheit erlegt wird, darf nur von den Alten genossen werden. Nach beendeter Mahlzeit gehen die Zurückgebliebenen auch auf die Jagd, und was sie heimtragen, genießen die Jünglinge. Etwa drei Wochen lang dauert diese „Jägerschule". Während der Zeit verbringen die Jünglinge die Nacht in der Laubhütte. Nach etwa drei Jahren werden alle abermals zusammengerufen, und die gleiche Festlichkeit wiederholt sich. Dieser zweite Kursus heißt „*horas*", während der erste „*gōs*" genannt wird. Nach abermaligem Verlauf von etwa drei Jahren wiederholt sich die Feier nochmals, und zwar unter dem Namen „*hurus*". Bei der letzten Weihe findet die Jägerschule nicht mehr statt, und die gewissermaßen zum „Meister" gewordenen Anwärter dürfen sich zu den Alten um das heilige Feuer lagern. Den ersten Bissen, den sie von dem dort gekochten Fleisch der Festmahlzeit erhalten, führt ihnen der Speisemeister zum Munde. Damit sind sie in die Gemeinschaft der die Jagd betreibenden Mannschaft aufgenommen und haben hinfort das Anrecht auf den Sitz bei den Alten. — Unter den in einem „Jägerkursus" vereinigten Jünglingen befinden sich manchmal Knaben von 12—16 Jahren, mitunter aber auch verheiratete junge Leute. Doch sind die Extreme Ausnahmen, und im allgemeinen sind die Teilnehmer gleichaltrig. Alle die, welche gleichzeitig an der Jägerweihe teilgenommen haben, bleiben lebenslang gute Kameraden und haben die Pflicht, einander in jeder Notlage in der Werft, im Jagdgelände oder im Kriege beizustehen, und man glaubt, daß, wenn einer aus einem solchen Bunde stirbt, der andere ihm bald nachfolgt. Aus dem erwähnten Grunde schickt ein Vater nie zwei Söhne zugleich zur Jägerschule. Selbst Zwillingsbrüder werden getrennt, damit der Tod den Eltern nicht beide entreiße (Vedd. 34ff.). — Ähnlich geht es bei den Buschmännern zu (Kaufm. [10] 157).

Das Leben der Andamanen-Insulaner wird in drei scharf voneinander geschiedene Abschnitte geteilt, die im allg. mit den physiologischen Perioden der Kindheit, des Jugendalters und der Reife übereinstimmen. Die erste Periode dauert bis zum Eintritt der Pubertät, die zweite bis nach der Heirat, und die dritte umfaßt den restlichen Teil des Lebens. Die Kindheit wird bei den Eltern verbracht. Während die Mädchen bis zu ihrer Heirat im Elternhause verbleiben, beziehen die Jünglinge vom Eintritt der Reife an ein besonderes Jünglingshaus und nehmen dort auch ihre Mahlzeiten ein. Jeder Junge und jedes Mädchen wird einer Schröpfzeremonie schon als Kind unterworfen, die später mehrmals wiederholt wird, bis eine gewisse Narbenzeichnung entstanden ist. Als Grund dafür wird angegeben, daß sie sowohl ein besseres Aussehen verleiht, als auch, daß dadurch der Mensch kräftiger wird. — Das Weihefest beginnt bei den Jünglingen mit einem Tanz, der die ganze Nacht hindurch fortgesetzt wird. Am folgenden Morgen hat der Kandidat in der See ungefähr zwei Stunden lang zu baden. Dann wird er an einen bestimmten Platz geführt, muß niederknien und sich so beugen, daß seine Ellenbogen auf dem Boden ruhen, während ein Mann mit einem Pfeil zum Schweineschießen eine Reihe von 20—30 Schnitten auf den Rücken des Jungen macht, die horizontal geführt werden und in drei Vertikalreihen eingeteilt sind. Dann setzt man den Jungen mit dem Rücken gegen ein Feuer, bis das Bluten der Wunden aufhört. Unterdessen muß sich der Junge durchaus schweigsam verhalten. Die Wunden werden nicht weiter behandelt, um Narben zu hinterlassen. Sind die Wunden am Rücken geheilt, so werden ähnliche Einschnitte auf seiner Brust gemacht. — Erst ein paar Wochen hernach verliert der Kandidat seinen bisherigen Namen, wird von da an als *ejido* bezeichnet und muß gewisse Speisen meiden. Verboten sind vor allem Schildkröte, Dugong, der *Komar*-Fisch, der Nashornvogel, zwei Arten eßbarer Regenwürmer, eine große Eidechse, der fliegende Hund, mehrere Fische, gewisse Muscheltiere, Mangroven-Früchte, dreierlei eßbare Wurzeln und eine große Menge weiterer Pflanzenkost usw. Diese Periode wird durch ein großes Schildkrötenessen abgeschlossen. Nun folgt eine Zeit, während der er Schwein und wieder bestimmte andere Tiere und Pflanzen nicht genießen darf. Diese zweite Periode findet ihr Ende durch ein großes Schweineessen, womit er von jetzt ab das Schwein, aber noch nicht die Schildkröte, genießen darf. Nach dem Schweinefestessen wird der Junge durch größere und kleinere Festessen von den verschiedenen Speiseverboten allmählich mehr und mehr befreit. Dann findet eine große Jagdexpedition auf Schildkröten statt, die eine bevorzugte Nahrung auf den Andamanen darstellen. Der Junge wird auf Blätter, mit über den Bauch gekreuzten Armen, die Füße vor sich ausgestreckt, und zwar so, daß die Zehen einander umfassen, auf die offene See hinblickend, neben einem Feuer hingesetzt. Dann naht sich ihm ein alter Mann, der Fett der gekochten Schildkröte erst auf des Kandidaten Lippen und hierauf über seinen ganzen Körper schmiert, während die weiblichen Anverwandten nahebei sitzen und laut weinen. Hernach wird er mit roter Erdfarbe eingerieben, und der Alte steckt ihm in den Mund ein Stück Schildkrötenfett, das der Junge schweigend verzehrt. Darauf brechen die weiblichen Verwandten von neuem in Geheul aus. Der Junge wird nun von dem Alten massiert, wobei der letztere das Bauchfleisch des Jungen schüttelt, gleichsam als wollte er das, was er gegessen hat, hinunterbefördern. Der Alte massiert dann die Arme und zieht die Knöchel des Jungen so, daß sie in den Gelenken knacken. Das gleiche wird an den Beinen und Füßen vollzogen. Hierauf taucht der Alte in eine Mischung von Erde und Wasser seine Hand und besprengt den Jungen vom Kopf bis zum Fuß damit. Nun wird Schildkrötenfleisch und -fett neben den Kandidaten gestellt, das er aber nicht mit den Fingern berühren, sondern nur mit dem spitzen Holzstäbchen einer Hibiskus-Art in den Mund stecken darf. So bleibt er, umgeben von Hibiskus-Laub, sitzen und darf nur einen Arm bewegen, um das Essen zu sich zu nehmen. Er darf sich nicht hinlegen und 48 Stunden weder sprechen noch schlafen. Während dieser Zeit muß er nichts anderes als Schildkröte essen und Wasser trinken. Der beaufsichtigende Alte sitzt hinter ihm und weist ihn an, wie er sich zu verhalten hat. Verschiedene Männer und Frauen, die einander ablösen, sitzen daneben und erhalten ihn durch Sprechen und Singen wach. Am Morgen des dritten Tages wird ein Gürtel und eine Halskette aus einer Schlingpflanze verfertigt und ihm angelegt. Von jetzt ab darf er schlafen. Darauf nimmt er gewöhnlich am nächsten Morgen ein Bad in der See, um die rote Farbe und die Erde abzuwaschen, und wird dann mit rotem Ocker, Schildkrötenfett und weißer Erde von den weiblichen Angehörigen bemalt. Am Morgen des vierten Tages bricht das ganze Dorf zum Feste auf. Der Junge tritt aus der Hütte auf den Tanzplatz, fünf oder sechs Männer stellen sich im Kreise um ihn, jeder mit einem Bündel von Hibiskus-Zweigen herum, ein Mann stimmt einen Gesang an und schlägt den Takt dazu mit dem Fuß in der üblichen Weise, und die Frauen fallen ein und klatschen den Rhythmus mit den Händen auf ihren Schenkeln. Damit beginnt ein Tanz- und Gesangfest in bestimmten herkömmlichen Formen. Dann kehrt der Junge nach der Hütte zurück; manchmal wird der Tanz am Nachmittage wiederholt. Man nimmt an, daß der Junge so angegriffen ist, daß er für Wochen der besonderen Bewachung durch seine Freunde bedarf. Bei der Schildkrötenspeise-Zeremonie erhält der Jüngling einen neuen Namen. Dieser Name wird jedoch späterhin nicht mehr gebraucht (s. T. [R. L.] „Name“ A). Unter den Küstenstämmen des Nordens darf der Junge oder das Mädchen nach der Schildkrötenspeise-Zeremonie ungehindert Schildkrötenfleisch genießen. — Außer dieser gibt es noch eine Honigspeise-Zeremonie u. a. (Brown A. R. [22] 91ff.). — Im Mittelpunkt der Aufmerksamkeit steht bei den Andamanen die Nahrungsgewinnung. Damit hängt es zusammen, daß der Genuß verschiedener wichtiger Speisen durch eine Reihe von Vorsichtsmaßregeln umgeben wird. Jede Art von Speise birgt ihre besonderen Gefahren, und daher bedarf ein jeder Mensch einer besonderen Macht, diesen Gefahren zu entgehen. Dies wird durch die geschilderten Zeremonien beim Eintritt in das reife Alter zu bewirken gesucht (276ff.).

Die Einführungsfeier in die Mannbarkeit wird im Urabunna-Stamm des südlichen Australiens *Wilyaru* genannt, und die gleiche Bezeichnung erhalten auch die Leute, die sie durchgemacht haben. Der wichtigste Teil der Zeremonie besteht hier, nicht unähnlich wie der auf den Andamanen-Inseln, darin, Ein-

Mann in Karadjundo schwingt an langer Angelstange das Schwirrholz nach Abebben der Überschwemmung (unterer Augustastrom, Neuguinea).

Knabe auf der Baumschaukel in Kopar (an der Mündung des Augustastromes, Neuguinea).

Knaben beim Kreiselspiel nach Abflauen der Überschwemmung in Karadjundo am unteren Augustastrom, Neuguinea).

Aufnahmen Thurnwald.

Schwerttanz der jungen Männer (Ikizu, östlich vom Viktoriasee, Ostafrika).

Gemeinsamer Tanz von jungen Männern und Frauen in zwei Reihen einander gegenüber, jedoch ohne sich zu berühren. Dabei werden ächzende und gröhlende Laute ausgestoßen, besonders wenn zwei Partner sich zusammengefunden haben (ebenda).

Speer- und Schwerttanz, der mit wilder Erregung verbunden ist (ebenda).

Aufnahmen Thurnwald.

schnitte auf den Rücken zu machen, und zwar hier einen in der mittleren Linie des Nackens und vier oder sechs weitere auf jeder Seite des Rückgrats. Zur Erklärung dieser Verwundungen wird gesagt, daß sie an den „Glockenvogel" erinnern bzw. daß sie abkürzend den ganzen Mythus, der sich daran schließt, darstellen sollen. Diese umständliche und weitläufige Sage führen sie als Grund an, weshalb man auf den Rücken der *Wilyarus* die Einschnitte macht, und weshalb diese auch keine Habichte essen dürfen (Spenc. u. G. [12] 24—28; vgl. Brown [23] 440).

Bei Feldbauern; namentlich unter dem Einfluß des Gedankens an eine Wiedergeburt. Um uns die ganzen Zusammenhänge der Jünglingsweihe mit dem religiösen und gesellschaftlichen Leben klarzumachen, wollen wir die *Pairama*-Zeremonie im Purari-Delta des südlichen Neu-Guinea beobachten. Dieses Fest wiederholt sich zu gewissen Zeiten und steht in Verbindung mit dem Kult eines in den Männerhäusern aufbewahrten Ungeheuers, etwa vom Aussehen eines riesigen, krokodilartigen Schweines, das aus einem Gerüst von Rotangstäben besteht, die mit einem Gewebe aus Pflanzenfasern umflochten und mit einer Reihe von Schmuckstücken ausgestattet sind, welche die Augen, Ohren, Zähne und einen Rückenkamm darstellen. Dieses Ungeheuer, *Kaiemunu*, gilt als eine Art Donnergeist. Man stellt sich vor, daß an einzelnen Flüssen bestimmte solcher *Kaiemunu* spuken. Jedes Ungeheuer in einem Männerhaus gehört dort einer bestimmten Hälfte und Nische an, nämlich einer Sippe mit Vaterfolge, welche besonderen Anspruch auf diese Hälfte und Nische erhebt. Diese Sippe beobachtet bestimmte Meidungen von Speise und enthält sich der Tötung gewisser Tiere. Jedes dieser Ungeheuer wird wie ein persönliches Wesen behandelt und trägt einen Namen, dem auch noch der seines „Vaters" hinzugefügt wird. Es wird gefürchtet und verehrt, und niemand außer alten Häuptlingen würde wagen, es zu berühren, während es in der Nische des Männerhauses steht. Es wird beständig durch Darbietungen von Speise in guter Stimmung erhalten, wobei der Opferer mit lauten singenden Tönen den Namen seines *Kaiemunu* anruft und ihm seine Gabe bekanntgibt (s. a. T. [R. L.] „Idol" A 1). Diese Speisen werden nachher von den Männern des Hauses, insbesondere der betreffenden Hälfte und Nische, verzehrt. Man glaubt, auf diese Weise sich Erfolg auf der Jagd und Gesundheit der Angehörigen zu sichern. In Krankheitsfällen opfert man dem Ungeheuer ein Schwein. Wenn ein Ungeheuer alt und schlecht wird, verbrennt man es und baut ein neues in zeremonieller Weise auf. Man glaubt, daß ein neues *Kaiemunu* besser die Interessen seiner Leute vertritt als ein altes und schadhaftes. — Die Feier der *Pairama*-Zeremonie fällt den zwei Häuptlingen des Männerhauses, und zwar dem der rechten und dem der linken Hälfte, in Verbindung mit dem Dorfhaupt zu. Diese Personen wachen vor allem darüber, daß die herkömmlichen Riten ordentlich beobachtet werden. In den Dörfern von Koriki gibt es noch erbliche Zeremonialhäuptlinge, die ganz besonders über die Ausführung der Riten wachen. Das *Pairama*-Fest bildet den Höhepunkt der Jünglingsweihe, und zwar nach einer Periode der Abschließung der Knaben, die gegen Zahlung an Schweinen von ihrer oder ihrer Eltern Seite in die Geheimnisse des Ungeheuerdienstes, des Schwirrholzes und noch anderer

Zeremonien eingeführt werden. Wenn die Knaben eingeschlossen werden, sind sie gewöhnlich nicht älter als sieben Jahre, manche noch viel jünger. Die Knaben dürfen aber nicht das Männerhaus betreten, weil es als gefährlich für sie gilt, in die Nähe des Ungeheuers zu kommen. Erst bei den Vorbereitungen zum *Pairama*-Fest führt man sie in das Männerhaus, und von da an dürfen sie diesen Ort nicht verlassen, ehe die Zeremonie, in einem Zeitraum von ungefähr sechs Monaten, beendigt ist. Die Einführung des Knaben findet ohne weitere Festlichkeit durch den mütterlichen Onkel statt, der auch weitere zeremonielle Tätigkeiten ausübt, insbesondere Nase und Ohr noch während der Knabenzeit durchbohrt und dafür in Schweine- oder Hundezahn-Schmuck von den Eltern des Knaben bezahlt wird. Unter gewissen Umständen wird der Junge in die Hälfte seines Oheims aufgenommen, der immer der entgegengesetzten Hausseite angehört als der Vater. Während der Anwesenheit im Männerhause soll bewirkt werden, daß die Knaben „rasch wachsen". Während sie vorher mit geschorenem Haupthaar herumlaufen, läßt man es ihnen während der Einschließungszeit wachsen. Unterdessen sollen die Jungen streng vor den Augen der Frauen verborgen bleiben, und zwar hauptsächlich vor den Augen derjenigen weiblichen Wesen, die für den Geschlechtsverkehr mit ihnen in Betracht kommen, denn das würde ihnen schaden. Die Dauer der Abschließung richtet sich im allgemeinen danach, wann alle Vorbereitungen für das *Pairama*-Fest beendigt sind. Unterdessen werden die Knaben gut behandelt und genährt. Insbesondere finden während der Zeit gewisse Spiele und Gesänge statt. Von einer methodischen Erziehung oder von Unterricht während dieser Zeit kann nicht die Rede sein. Jedoch haben die Knaben Gelegenheit, sich im Männerhaus umzusehen, vom Dorfleben zu hören und den Gesprächen der Alten zu lauschen. Offiziell wissen sie während dieser Zeit noch nichts von *Kaiemunu*. Ältere junge Leute überwachen die Knaben während ihrer Abschließung und sorgen namentlich für ihre Ernährung. Die Vorbereitungen zu dem großen Fest beginnen mit einer entsprechenden Ausstattung des Männerhauses. Eines Morgens beginnt eine große Expedition von mehreren Kanus (etwa 18) sich in Bewegung zu setzen. In jedes Kanu ist einer der für die Weihe bestimmten Knaben hineingenommen worden und sitzt auf den Knien seines Wächters. Die Knaben glauben eine Jagdexpedition zu begleiten. An einer bestimmten Stelle flußaufwärts wird haltgemacht, worauf der Zeremonialhäuptling sich rittlings auf ein Kanu stellt, in der rechten Hand ein Messer, in der linken eine Axt, und die Namen der zur Weihe bestimmten Knaben ausruft. Danach sagt er: „wir gehen nicht auf die Jagd"; nach einer Weile „wir gehen nicht Bäume für Kanus fällen"; nach einer weiteren Pause „wir gehen Rohr schneiden". Darauf beginnen die Kanus im Wasser zu schaukeln, und ein wildes Geschrei erhebt sich. Teils freuen sich die Jungen darüber, teils bleiben sie indifferent. Das Schaukeln der Kanus gilt als Zustimmung des *Kaiemunu* zu dem Vorschlag, als Omen eines guten Ausgangs der Unternehmung. Mit dem Schaukeln der Kanus scheint es übrigens eine ähnliche Bewandtnis zu haben wie etwa bei dem unter uns gepflegten Tischrücken. — Man schneidet darauf Lianen ab, die, zu Bündeln gepackt, in den Kanus verstaut werden. Unterdessen strömen von verschiedenen Richtungen Eingeborene der Festhalle zu, während die Frauen sich in ihren Häusern verbergen. Sind die Kanus beim Festhaus angekommen, so springen die Männer mit den Lianenbündeln heraus und rennen damit zur Halle. Die Knaben werden von ihren Wärtern auf die Schultern genommen und mit größter Hast ebenfalls hineingetragen. Einige Leute, die im Kanu zurückbleiben, verüben großen Lärm dadurch, daß sie mit ihren Paddelrudern auf die Boote schlagen. Als Grund für die Eile wird angegeben, daß die Frauen das Rohr nicht sehen sollen, aus dem das neue Ungeheuer gebaut wird. Den Knaben fällt eine gewisse Arbeitsleistung beim Bau des neuen Ungeheuers zu, und zwar müssen sie beim Flechten des Bauches des *Kaiemunu* helfen. Dabei spielen sie unbehindert und unbefangen etwa um den Rachen des Ungeheuers herum. Unter den zwei Hälften des Männerhauses herrscht ein gewisser Wettbewerb, das schönere Ungeheuer zu erbauen. Die Konstruktion eines Ungeheuers erfordert etwa 5—6 Tage. Auf kleinen, tragbaren Herden aus Lehm in Palmbast wird ein Feuer aus trockenen Kokosblättern angemacht, die starken Rauch entwickeln, und darüber das neue *Kaiemunu* gehalten. Die zur Weihe bestimmten Knaben, die vorher Betelnuß und eine Pfefferrinde gekaut hatten, beginnen nun mit aller Heftigkeit auf das neue Ungeheuer zu spucken und mit der Hand den Speichel auf dieses zu reiben. Durch das Verfahren der Räucherung und Bespuckung soll das *Kaiemunu* gewandt, tätig und energisch gemacht werden, damit es gute Hilfe leistet und insbesondere seine Leute mit Schweinen versorgt. Es folgt dann ein Spiel, bei dem gemimt wird, daß zwei Ungeheuer einander nach der Art von Schweinen bekämpfen.— Das alte Ungeheuer wird zerstört und dann nachts am Ufer verbrannt, während die Männer so nahe, wie es die Hitze erlaubt, an das Feuer herangehen und es umringen. Dabei kehren sie ihm vielfach den Rücken zu und kratzen sich heftig. Auch die Jünglinge befinden sich in der Menge. Die Asche wird in den Kanus gesammelt und am nächsten Tage mit in den Sagobusch genommen, wo man sich die Körper damit bestreicht. Nachdem sie hier einen Tag verbracht haben, fahren sie am nächsten Morgen ein Stück weiter mit den Kanus und springen dann alle plötzlich ins Wasser, indem sie für ungefähr 10 Minuten unter großem Vergnügen schwimmen und spielen und die Körper abwaschen. Dann kehren sie in den Sagobusch zurück und schmükken sich mit Pandanus-Blättern. Nun geht man auch an das Schmücken der Knaben insbesondere mit Halsketten aus Hundezähnen, wofür besonders der Mutterbruder des Jungen Sorge trägt. Inzwischen haben die Frauen Essen vorbereitet. Alles ist in freudiger Erregung und geschmückt, nur die Jungen sehen gedrückt und unglücklich aus, und zwar, wie sie sich nachträglich äußerten, weil sie sich schämten und befangen waren. Sie werden nun, rittlings auf den Schultern von tanzenden Männern sitzend, durch die Menge im Triumph getragen. Am nächsten Tage werden die Gaben an Hundezähnen und anderem Schmuck vor dem mütterlichen Onkel, der die Geschenke machte, gezeigt. Von jetzt an darf der Junge auf der Plattform des Männerhauses sitzen und frei im Dorfe herumgehen. Der Vater des Knaben bringt in das Männerhaus mit Pfeil und Bogen getötete Schweine, die vor das Ungeheuer, an dessen Einweihung der Junge teilgenommen hat, niedergelegt werden. Der Geist dieser getöteten Wesen geht in den Rachen des Ungeheuers ein, wie angenommen wird. Am Nachmittag werden die Schweine abgesengt und in zeremonieller Weise zerlegt. Früher sollen Menschenopfer dargebracht worden sein, die später erst durch Schweine ersetzt wurden. Der Kannibalismus in Purari-Delta scheint hauptsächlich zeremonieller Art gewesen zu sein (s. T. [R. L.] „Menschenopfer" C. und „Kannibalismus" A.). Brauchte man ein Opfer, so veranstaltete eine Männerhalle einen Raubzug. Der eigentliche Erleger des Menschen hatte in einem solchen Fall eine Reihe von Riten zu erfüllen. Er mußte es leiden, daß in zeremonieller Weise seine Frau in der der Tötung folgenden Nacht mit so vielen Männern Umgang hatte, als Männer diese Gelegenheit zu benutzen Lust hatten. Am nächsten Tage wurde der Totschläger im Triumph durch das Dorf gebracht, rittlings auf einem Kanu sitzend mit einem Speer in der Hand. Ihm fiel dann der Schädel des Toten zu. Dieser wurde dem *Kaiemunu* dargebracht (Will. [23] 361ff.; vgl. a. Chinn. und Beav. [15] sowie Vrm. [15/16].)

Visionen bei Jägern — Feldbauern. — Die Reifefeste waren unter den Iowa-Indianern völlig getrennt von der Aufnahme in die Tanzgesellschaft. Die Eltern begannen, ihre Kinder früh, wenn sie noch sehr jung waren, abzuhärten, um sie für das heilige Fasten vorzubereiten (vgl. a. T. [R. L.] „Fasten"). Erst wurde das Kind daran gewöhnt, einen halben Tag ohne Nahrung auszuhalten, dann einen ganzen Tag und schließlich mehrere Tage. Kam der Junge in die Pubertätszeit, so schwärzte er sein Gesicht und begab sich an einen entlegenen Ort, um dort volle vier Tage und Nächte zu fasten. Als solche Plätze wurde eine Landschaft mit hohen Felsen oder engen Tälern gewählt, wo, wie man annahm, gute Mächte hausten. Der Fastende klagte ununterbrochen und betete um Überlegenheit im Kampf, Erfolg im Leben und um viele Pferde. — Die Aufforderung zur großen Fastenzeit ging von dem Vater oder einem alten Mann aus, der dann zu sagen pflegte: „Es ist jetzt Zeit für dich, die Holzkohle zu benutzen (d. h. dein Gesicht mit Holzkohle einzureiben), laß deine Tränen auf unsere Mutter, die Erde , fallen, damit sie Erbarmen mit dir hat und dir in der Zukunft hilft. Such deinen Weg; der Schöpfer wird dir helfen. Er schickt dir vielleicht eine Stimme und prophezeit dir, ob du zu Bedeutung im Stamme gelangen wirst oder nicht. Vielleicht wirst du vom Donner träumen oder von einem anderen Wesen oben, einem seiner Helfer oder Diener. Mögen sie dir langes Leben bescheren! Erflehe Hilfe von der Sonne! Die Sonne ist eine große Macht. Kommt dagegen etwas heraus aus dem Wasser oder aus der Erde, so nimm es nicht, laß es sein, wende ihm deine Aufmerksamkeit nicht zu! Höre nicht darauf, sonst wirst du bald sterben! Denn so mußt du dich verhalten: sei behutsam, es gibt himmlische und böse Mächte, und die letzteren versuchen dich zu täuschen. Du mußt willens sein zu fasten, denn wenn *Wakanda* (s. a. T. [R. L.] „Mana" B) dir hilft, wirst du ein großer Mann und ein Schutz für dein Volk sein, und du wirst Ruhm erlangen." — Ein Mann, der folgenden Traum beim Fasten hatte, wurde, wie es heißt, ein mächtiger Heilkünstler, so daß, wenn immer er über einem Kranken seine Sprüche sang, dieser sofort Besserung verspürte, bevor die Medizinen selbst angewendet wurden. Dies war der Traum: Er soll zu dem himmlischen

Büffel in seinem Traum gesprochen haben. Dieses Tier war weiß und hatte schwarze Hörner, Augen und Hufe. Der Büffel sprach: „Ich bin der Anführer aller Büffel. Ich gehöre zu *Wakanda*, und ich gab die Büffeltänze den Menschen durch die geringeren Büffel. Ich habe ihnen alle Wurzeln und Kräuter und andere Mittel zur Heilung der Krankheiten gezeigt." Der betreffende Heilkünstler, der so geträumt hatte, machte sich eine Pfeife und Rasseln aus Büffelhufen, eine Kopfbedeckung mit Büffelhörnern usw. Er galt als über den anderen stehend, die nur von gewöhnlichen Tieren geträumt hatten (Sk. [12/16] 739f.). — Für die Aufnahme in die Büffeltanzgesellschaft mußte sich der Kandidat an eine der 6 oder 7 leitenden Persönlichkeiten der Gesellschaft wenden, die alle heilige Büffelbündel besaßen. Der Bewerber hatte zu warten, bis diese Häupter der Tanzgesellschaft zusammenkamen, sich von ihm festlich bewirten ließen und dann ihre Meinung äußerten. Fand seine Bewerbung Beifall, so mußte er der ganzen Gesellschaft in vier aufeinanderfolgenden Jahren im Juli, wenn sie tanzten, ein Fest geben, und am Ende dieser Periode wurde er formell aufgenommen usw. (710ff.).

Die jungen Leute der Büngi (Ojibway-Indianer der großen Ebene) wurden, wenn sie in das Pubertätsalter kamen, in die Wildnis zum Fasten geschickt, wo sie zwei bis vier Tage verweilten, um eine Vision zu erlangen, durch welche sie übernatürliche Kraft erwerben sollten. Denn nur durch diese, meinte man, könne ein Mann einen Jagdpferch für Büffel errichten, die im Winter in eine solche Falle gehetzt wurden (496f.).

Unter dem kleinen Stamm der Kansa (Sioux-Indianer) wurde das Fasten begonnen, wenn die Knaben 12 oder 13 Jahr alt waren. Der Vater bemalte dann das Gesicht seine Sohnes mit Erde und schickte ihn in die Einsamkeit, um dort Träume zu haben, die sich auf seine Zukunft beziehen sollten. Da erschienen die Geister seiner Ahnen, die Krieger waren, und weissagten ihm seine Zukunft: z. B. „sei tapfer und mutig! Ich werde dir Kraft verleihen, wenn du mit einem Feind zusammentriffst, damit du ihn schlägst!" Bevor sich einer auf den Kriegspfad begab, pflegte er dann den Leuten seinen Traum zu erzählen. Außer solchen Visionen von Ahnen hatten die Jünglinge auch oft Träume von Tieren oder übernatürlichen Wesen: vom Bär, vom Büffel oder vom Donner, der in menschlicher Gestalt erschien und zu ihnen redete. Diese Träume wurden nicht weiter kontrolliert, sondern ohne jeden weiteren Versuch hingenommen, um eine Vision mit günstigerer Vorbedeutung zu erlangen. Die Erscheinung wurde dann der Schutzgeist des Träumers, und in seinem ferneren Leben träumte er auch immer von Zeit zu Zeit weiter davon. War er krank und träumte er von Schutzgeist, so erholte er sich; erschien dieser jedoch nicht mehr, so war das die Vorbedeutung, daß er bald sterben werde, weil sein Schutzgeist ihn verlassen hatte. Auch stellte sich eines Mannes Schutzgeist im Traume ein, wenn er sonst in Not und Gefahr sich befand (s. [R. L.] "Totemismus" B). — Von einem Mann, der den Bär als Traum-Schutzgeist hatte, wird erzählt, daß er seine Seiten schwarz bemalt hatte, um das Tier darzustellen. Er ließ dann andere Indianer auf sich schießen, um ihn zu töten. Als er nun eine Zeitlang wie tot dagelegen hatte, sprang er auf, als wäre er nicht durchschossen. — Aus einem anderen Mann, der bei einem Kampfunternehmen getötet wurde, schlüpfte, als er dalag, eine große Schlange heraus, die sein Schutzgeist war. — Von einem Mann, dessen Schutzgeist der Donner war, wird erzählt, daß er schließlich vom Blitz erschlagen wurde, usw. (Skinner 69f.).

Bei der Aufnahme in die Zaubergesellschaft der Pawnee-Indianer in Nebraska wurde der Kandidat erst in ein Bad und dann mit Gewalt zum Feuerplatz geführt und auf das Feuer gesetzt. Bekam er Blasen, so war das ein Zeichen, daß er sich nicht vorschriftsmäßig gereinigt hatte, und wurde dann abermals in das Feuer gestoßen, um seine Blasen zu heilen. Verhielt sich ein Bewerber dabei feige, so steckte man ihn sofort in die Schlammhütte. Hatte einer seine Proben bestanden, so wurde gesungen und getrommelt, und alle neuen Mitglieder tanzten, usw. (Murie [12/16] 615). Ähnliches finden wir z. B. auch bei den Tillamook-Indianern des Staates Oregon (Boas [23] 6).

Die Einführung in eine sonderbare Gesellschaft wird von den Arikara in Nord-Dakota berichtet. Der Kandidat wird entkleidet und muß auf Büffelhörnern wie auf Stelzen gehen, während er sich auf einen Stock stützt. Sein Gesicht und Kopf werden bemalt, und er selbst nimmt schwarze Farbe in die Hand, die er gegen den Westen hält, und betet dabei. Sein Kopf wird z. T. geschoren, während an den übrigen Haaren ein langes Fell befestigt und mit allerlei Federn geschmückt wird usw. Von dem Büffelkopf, der zu seiner rechten Seite gelegt worden war, wird der Kandidat zu Holzschüsseln geführt, von denen man ihm eine zum Trinken anbietet. Die Flüssigkeit darin wirkt berauschend. Diese im übrigen weit ausgesponnene Zeremonie der Gesellschaft knüpft an eine Sage an und hängt wieder mit entsprechenden Einrichtungen der Pawnee-Indianer zusammen (Lowie [12/16] 673ff.; vgl. a. La Fl. [21] über den Osaga-Stamm und Hg. [10] bezügl. Mexiko).

Bei Hirten und in Verbindung mit Beschneidung. — Sobald sich bei den Ama-Xosa-Kaffern Südafrikas mehrere Burschen im Alter von 17—20 Jahren vorfinden, die der Beschneidung sich zu unterziehen haben, beruft der Häuptling eine Versammlung seiner Männer ein, um ihnen die Sache vorzulegen. In diese Versammlung werden der Beschneider (*incibi*) und der Aufseher (*amakankata*) der Jungen und noch einige andere Männer gewählt, welche sonstige Besorgungen zu verrichten haben. Dabei wird auch bestimmt, wer das Haus für die Jünglingsweihe baut, usw. Die Burschen werden an einen abgelegenen Platz mit ein oder zwei Hütten gebracht, von dem sich die Personen des anderen Geschlechts fernhalten müssen. Nur der Aufseher und der Operateur befinden sich während dieser Zeit bei ihnen. Nach der erwähnten Versammlung der Männer bereitet ein jeder der Jünglinge aus den Blättern der wilden Dattelpalme ein Kleidungsstück, eine Art Röckchen, vor, sowie auch eine das Gesicht verhüllende Kopfbedeckung aus Pflanzenfasern. Um Oberarme, Knie und Fußknöchel werden Bänder, die früher aus Tierhäuten bereitet waren, befestigt. Die Frauen helfen bei der Beschaffung des Materials, insbesondere für die zwei Isolierhütten, die unter Beobachtung besonderer Riten eingeweiht werden. Sind alle Vorbereitungen getroffen worden, so versammeln sich die Jünglinge, gewöhnlich nachdem die Eltern den Schutzgeistern geopfert haben, in ihrer gewöhnlichen Kleidung und mit etwas Vorrat an Mais und Kürbissen, sowie mit einigen Kühen, welche sie sich selbst zu melken haben, bei den Hütten. Sie können von allen Dingen essen, nur wird ihnen geraten, sich des Honigs und der Bohnen zu enthalten. Im übrigen erfreuen sie sich der größten Freiheit und können sogar nach Belieben stehlen. Ein derartiges Zugeständnis, das auch von mancherlei anderen Gegenden, z. B. aus dem indischen Archipel (Kleiw. Z. [22]) oder aus der Torres-Straße bekannt ist (L'Anthropologie [23] 436), mag darin wurzeln, daß die Gemeinschaft, in die der Jüngling aufgenommen wird, für die kritische Zeit der Weihefeste die Eigentumsschranke fallen läßt und den Gedanken des gemeinsamen Besitzes in den Vordergrund rückt. — Werden die Kandidaten beim Stehlen ertappt, so bestraft man sie nicht. — Die Beschneidung selbst beginnt gewöhnlich im Dezember. An dem betreffenden Tage wird zunächst gewartet, bis die Sonne hoch am Himmel steht. Dann müssen die Jungen sich zum Fluß begeben, um dort zu baden. Die Beschneidung findet vor der Hütte statt und muß nach einem traditionell vorgeschriebenen Verfahren vorgenommen werden. Während der Operation dürfen die Burschen nicht schreien. Das abgeschnittene Häutchen wird in einen Ameisenhaufen vergraben, damit kein Restezauber ausgeübt werden kann. Die Aufseher pflegen die Wunden ihrer Schützlinge und verbinden sie mit einer Art Gras, welches aber brennende Schmerzen verursacht. Irgendein Unterricht oder eine Unterweisung in geschlechtlichen Dingen findet nicht statt. Alles kommt nur darauf an, daß die traditionellen Zeremonien streng eingehalten werden. In dieser Beziehung findet gelegentlich eine Züchtigung mit Stockschlägen auf die Hände oder auf die Arme, ausnahmsweise auf den Rücken statt. Begegnen die Burschen, solange sie noch nicht ausgeheilt sind, einem weiblichen Wesen, so müssen sie ihr Gesicht mit dem oberen Teile ihres Schaffelles bedecken. Unterlassen sie es, so werden sie gezüchtigt. — Man glaubt, daß, wenn ein Bursche mit seiner Blutsverwandten geschlechtlichen Verkehr unterhalten hat, die Wunden der Beschneidung nicht zur üblichen Zeit heilen können. In einem solchen Fall wird von ihm ein öffentliches Bekenntnis dieses Vergehens gefordert, und er wird so lange geschlagen, bis er es eingesteht. — Im allgemeinen dauert die Ausheilung ein bis zwei Wochen. Während dieser Zeit bestehen keine weiteren Verbote; nur die Gesichtsverhüllung muß streng durchgeführt werden, und zwar insbesondere der eigenen Mutter gegenüber. — Nach der Ausheilung beginnen Tänze und Feste, die sich mehrere Monate lang Tag für Tag hinziehen. Zu diesem Zweck werden die Körper mit weißem Lehm beschmiert, ein schwarzer Schnurrbart angemalt und die eingangs dieses Absatzes erwähnte Festtracht angelegt. Die Tanzmusik dazu besorgen die Frauen, die in einiger Entfernung von den Tanzenden mit Stöcken auf eine trockene Ochsenhaut schlagen und dadurch Töne hervorbringen, die dem Wirbeln einer großen Trommel nicht unähnlich sind. Andere Weiber und Mädchen klatschen unterdessen in die Hände und singen. Dazu wird sog. Kaffernbier getrunken. Nach Sonnenuntergang begeben sich die Männer und Frauen in eine eigens für sie bestimmte Hütte, die das „Haus der Mütter der Beschnittenen" heißt. Für die Mädchen ist eine andere Hütte hergerichtet, dorthin begeben sich auch die Burschen und verbringen da die Nächte mit ihnen gemeinsam. Die Orgien und Festlichkeiten werden einige Tage und Nächte fortgesetzt. Dann begeben sich die Jünglinge und alle Teilnehmer am Feste zu einem anderen Kral, und dort spielen sich die gleichen Tänze und Orgien ab. So werden der Reihe nach alle befreundeten Krals besucht. — Diesen Festen wird in formeller Weise vom Häuptling und seinen Räten ein Ende gemacht. Unter den Burschen wird einer gewählt, der ihr Oberhaupt vorstellt, und an seinem Heimatskral findet am letzten Tage eine Zusammenkunft der Neugeweihten und der übrigen Angehörigen statt. Jeder Vater der Geweihten bringt eine neue Decke für seinen Sohn mit. Gegen Mittag werden die Burschen an einem passenden Platz in Reih und Glied aufgestellt und von dort aus von den Männern zum nächsten Fluß gejagt. Dabei entspinnt sich ein Wettrennen, wer als erster und wer als letzter am Flusse ankommt. Es gilt als große Schande, nicht nur für den Jungen, sondern auch für seine Eltern, letzter bei diesem Wettrennen zu werden. Am Flusse wird eine gründliche Waschung vorgenommen und ein gemeinsamer Freudengesang von den Männern und Jünglingen angestimmt. Dann begibt man sich gemeinsam nach dem Beschneidungsplatz, an dem die Burschen von einem dazu bestimmten Mann mit Butterfett eingerieben und damit zu Kriegern gesalbt werden. Hernach erhalten sie neue weiße Decken und einen Stab als Zeichen ihrer Mannbarkeit. Das Salben mit Butterfett soll auch jedes Merkmal des weißen Lehms hinwegnehmen, denn von dem alten Menschen darf bei dem neu gewordenen Manne nicht das geringste mehr zurückbleiben. Er hat jetzt ein ganz neues Leben zu beginnen und muß sich von allem, was er als Knabe und Bursche besaß, trennen. Die alten Kleider, Schmuckgegenstände und jede andere Sache wird ihm weggenommen und in die Hütte geworfen, in der er während der Beschneidungszeremonie gewohnt hat. Die Hütte wird dann angezündet und mit allen Sachen darin verbrannt. Keiner darf auf die in Brand gesetzte Hütte zurückblicken, ohne nicht Gefahr zu laufen, sich dadurch in ein großes Unglück zu stürzen. Unter Kriegsgesang kehrt man zu dem Kral zurück. Dort halten die alten Männer feurige Ansprachen, bei denen sie den jungen, in ihre Mitte aufgenommenen Leuten ihre Pflichten als Männer mit ungefähr folgenden Worten ans Herz legen: „Ihr seid jetzt erwachsene Leute, wahre Männer mit allen Rechten und Pflichten, und habt euch danach zu verhalten. Ihr sollt euch nicht mit dem Weib des Nachbarn einlassen. Ehret eure Eltern, respektiert eure Häuptlinge und dient ihnen mit Treue. Schaut auf eure Rinder und bebaut eure Felder!" — Zum Schluß erhalten die neuen Männer von ihren Eltern und Freunden Geschenke an Ochsen, Ziegen, Geld, Schmucksachen, Kleidungsstücken, Messern, Assegais, Perlenschnüren, Feuerzeug usw. Dann kehren alle am nächsten Morgen nach Hause zurück (Schw. [14] 58ff. — Vgl. a. Stow [05] 415 und Willghb. [09]).

Jedes Individuum gilt bei den ostafrik. Akikuyu zunächst nur als zur Familie gehörig: die Kinder werden als Eigentum der Eltern betrachtet. Erst durch die zeremonielle Jünglingsweihe und durch die Weihe der Mädchen (vgl. a. Boyle [15/16]) erlangt die heranwachsende Generation gewissermaßen die „Nationalangehörigkeit", wird in den Kreis der mit vollen Rechten und

Pflichten ausgestatteten Persönlichkeiten des Stammes aufgenommen. Diese Aufnahme erfolgt bei den Akikuyu entsprechend der sozialen Verfassung durch Zahlungen in Ziegen an die Beamtenklasse, welche die Herrschaft ausübt, und durch Geschenke an alle Teilnehmer der Feier. Sie ist derartig Bedingung für die heranwachsende Jugend, daß z. B. ein Vater seine Tochter nicht verheiraten darf, ehe sie nicht die Weihe-Riten durchgemacht hat. Diese sind überhaupt das wichtigste Fest im Leben der Akikuyu, ihnen stehen Heirat oder Todesfeier an Bedeutung nach. Zwar ist das Alter für Empfang der Weihe ungleich, aber im allgemeinen schwankt es bei den Knaben zwischen 15 und 18 Jahren, bei den Mädchen zwischen 12 und 15. — Der Altersrang unter den Männern richtet sich nach dem Datum ihrer Beschneidung. Jede einzelne Feier wird besonders benannt, und man merkt sich die Reihenfolge der Feiern. — Auf einmal werden oft viele junge Leute beiderlei Geschlechts zum Weihefest herangezogen, z. B. 70 Jünglinge und Mädchen im Jahre 1903. Nicht alle Jahre findet eine solche Feier statt, insbesondere nicht, wenn die Ernte schlecht ausgefallen ist, weil dies als ein böses Vorzeichen gilt (Rout. [10] 156). — Die Feier selbst besteht in einer Reihe von Tanzfesten, bei denen die Jünglinge, wie bei solchen Gelegenheiten üblich, in einem traditionellen Festschmuck erscheinen, der in diesem Fall aus in besonderer Weise gefertigten Hüftröckchen und Leopardenfellen besteht, während ihre Köpfe geschoren und ihre Körper bemalt werden. Eine besondere Medizin wird für die Tänze, die vorher sorgfältig eingeübt werden, von der Mutter jedes Jünglings bereitet. Bei den Tänzen sind auch die Mädchen sowie Verwandte und Freunde zugegen. Im Mittelpunkt der Vorbereitungshandlungen steht das zeremonielle Pflücken der Blätter von einem bestimmten Baum. Diese Blätter dienen nachher zum Verbinden der Wunden. Die Kandidaten erhalten hierauf einen besonderen Kopfschmuck und lange Stöcke. Ein alter Mann schmiert ihnen mit Kalk eine Linie auf die Nase, den Nabel und die zwei großen Zehen und bläst ihnen Bier ins Gesicht, während eine alte Frau eine ähnliche Zeremonie an den Mädchen vollführt. Dann kriecht ein Junge auf das Dach einer Hütte und holt verschiedene Geschenke heraus, die er an Freunde und Verwandte verteilt. Dabei handelt es sich um Symbolandeutungen für sein künftiges neues Lebensalter. Messer und Keule vergibt er z. B. mit der Begründung: „Ich werde jetzt andere schlagen, denn ich bin jetzt nicht mehr Freund der Kinder, sondern der Krieger." Geld verteilt er mit der Erklärung: „Morgen werde ich ein junger Mann sein." Frauen und Mädchen erhalten Geschenke an Speisen, wie Salz, Bananen, Zuckerrohr. Eine eigentümliche Zeremonie spielt sich daran anschließend ab, wenn einer der älteren Leute auf einen der Jungen zuspringt, die auseinanderstieben. Er sucht einen zu fassen und zu prügeln. Früher soll er den getötet haben, welchen er bei dieser Gelegenheit erhaschte. — An dem Vorabend der Beschneidung setzen die Jungen die Tänze noch bis zur höchsten Erregung weiter fort, während alle übrigen sich nach Hause zum Schlafen begeben. Gegen Morgengrauen kehren auch sie zurück und veranlassen zunächst die Mädchen, wiederum zu tanzen. Das dauert jedoch nicht lange, denn sie müssen noch vor Anbruch des Morgens baden. Die Zeremonie der Beschneidung selbst soll vor Sonnenaufgang beendigt sein. Die Krieger passen auf, daß das Baden, das ungefähr eine halbe Stunde dauert, nach rechtem Ritus vor sich geht. Dann werden die Kandidaten in eine Reihe hingesetzt, und jeder wird von seinem Wärter gehalten, der die obenerwähnten Blätter bereit hält. In wenigen Schritten Entfernung gegenüber befinden sich die Mütter und hinter ihnen die übrigen Zuschauer. Die Operation selbst wird durch einen Fachmann ausgeübt, der von einem zum anderen geht und in zwei Bewegungen die Schnitte ausführt. Sowie er mit einem Jüngling fertig ist, wirft der Wärter seinen Mantel über den Jungen und verhüllt ihn völlig. — In ähnlicher Weise wird die Operation durch Frauen und Wärterinnen bei Mädchen (an nymphae und clitoris) vorgenommen. Alle bewahren völlige Ruhe und zeigen keine Zeichen von Schmerz oder Erregung. Die Beschnittenen kehren zunächst nach Hause zurück, wo sie von Freunden besucht werden. Die jungen Männer errichten dann eine Hütte für die Rekonvaleszenten, und zwei Männer übernehmen die Sorge für sie. In ähnlicher Weise behandelt man auch die Mädchen. — Im allgemeinen nimmt man an, daß die Wunden bei den Jungen in 2—3 Tagen, bei den Mädchen in 4—5 Tagen ausgeheilt sind. Aber die gesamte Rekonvaleszenz dauert 8—10 Tage, und weitere drei Monate sind die frisch Beschnittenen von jeder Arbeit befreit. — Unmittelbar an die Beschneidung knüpft sich die Zeremonie der Ausdehnung eines Ohrläppchens durch drei alte Männer, wobei die Ermahnung gegeben wird: „Du bist nun nicht mehr Knabe, sondern bist Mann geworden." Am vierten Tage der Rekonvaleszenz werden die Haare geschoren, wobei ein kleines Mädchen beginnt und eine alte Frau, eine Verwandte des Jungen, aber nicht seine Mutter, die Schur beendet. Der Knabe wird dann mit Perlen geschmückt, die eine Gabe des Mädchens sind. Während des Scherens pflegt der Junge mehrmals den Kopf zu schütteln, worauf die Frau innehält und jedesmal mehr Perlen zulegt. Nachdem der Junge eine Nacht mit dem Perlenschmuck geschlafen hat, wird er wieder an die Geberin zurückerstattet. Die Feierlichkeiten begleitet gewöhnlich Biertrinken (Rout. 154ff,; über ähnliche Zeremonien vgl. Hobl. [10], Bart. [23], Brown J. T. [21] sowie Stnn. u. D. [13]). — Die Meinung, daß diese Reifeweihen mit ihren Erregungen in der Pubertätszeit dafür verantwortlich zu machen seien, daß die geistige Entwicklung der Negerkinder und -jünglinge verhältnismäßig plötzlich abbricht, dürfte nicht zu verteidigen sein. Denn sie ist eine Erscheinung, die auch bei vielen Naturvölkern zu beobachten ist, die entweder keinerlei oder nur geringfügige Weihefeste veranstalten, während anderseits bei höher begabten Völkern keineswegs solche Feste oder Orgien fehlen (Frk. [15]; vgl. a. Falk [23]).

Bekannt sind in dieser Beziehung die Jünglingsgeißelungen der Spartaner und die Bacchus-Feste des alten Hellas. Überhaupt fehlt es keineswegs in den archaischen Kulturgebieten, wie z. B. in Persien, Indien oder China (Quist. [15] 8), an zeremoniellen Jünglingsweihen. — Die „Mündigkeit" wird, wie es dem form- und symbolgebundenen Denken entspricht, im Mittelalter vielfach von der Erfüllung gewisser Prüfungen oder Zeremonien abhängig gemacht (Br. [05]).

Im Einflußbereich der Kopfjägerei. — Von den Jägerstämmen des Inneren Borneos, den Punans, sind keinerlei Jünglingsweihen bekanntgeworden (Hose u. McD. [12] 2 185). Dagegen bestehen die Jünglinge der Hackbauerstämme mit aristokratischer Schichtung eine Reihe von Einführungszeremonien in das Mannesalter. Diese hängen mit der Abhaltung von Kriegstänzen und Fechtübungen zusammen, die in besonderer Ausschmückung vorgenommen werden und als eine Ausstrahlung der in den weiteren Nachbargebieten verbreiteten Kopfjägerei aufzufassen sind. Insbesondere muß der Bursche nämlich auf Köpfe schlagen, die im Kampfe erbeutet wurden. Schon als kleiner Knabe wird er dazu angeleitet, aber in dem Alter zwischen 8 und 15 Jahren kommt dieser Handlung eine besondere Bedeutung zu. Wenn, wie seit Ausdehnung des europ. Einflusses, Köpfe zu diesem Zwecke in einer Sippe fehlen , so können sie von einer anderen dazu geliehen werden. Jetzt werden Scheinkriegszüge unternommen, bei denen der Junge ein Huhn in bestimmter Weise töten muß, worauf er dann mit dem Blute des getöteten Tieres beschmiert wird. Bei der Rückkehr von einer solchen Kampfexpedition wird den einzuweihenden Jünglingen ein Schädel hingehalten, auf den ein jeder dieser Burschen mit einem Messer schlagen muß. Darauf wird ein Bad im Fluß genommen. Kein Junge, der sich nicht diesen Ritus unterzogen hat, darf an einem Kriegszug teilnehmen (Hose u. McD. 2 167; vgl. a. Ling-R. [96] 2 159).

Jünglingsweihe — Altersstufen — Geheimbünde. — Die Absolvierung der Reifeweihe bewirkt bei den Ila-Leuten des nördlichen Rhodesia ein besonderes Freundschaftsverhältnis, das in einem Zusammenschluß von Altersgraden mündet, wie sich das bereits bei den ostafrikanischen Akikuyu angedeutet vorfindet. Die bevorzugten Freunde eines Mannes oder einer Frau sind diese Weihegenossen gleichen Alters. In zweiter Linie gelten diejenigen als befreundet, welche Weihegenossen des Vaters oder der Mutter sind. Diese Weihefreunde erfreuen sich einer gewissen Freiheit der Rede gegeneinander. Denn in dieser Beziehung herrscht ein ausgesprochenes Feingefühl unter den Ba-ila. Die Weihefreunde beaufsichtigen einander streng. Wer feig oder faul ist, wird verlacht, verachtet und beschimpft, denn er gilt als Schande für die ganze Gruppe. Umgekehrt bringt man Liebe und Ehrerbietung dem Tapferen entgegen. Eine solche Kontrolle wird auch gegen den eigenen Vater ausgeübt, weil er zur gleichen Weihegenossenschaft gehört. Selbst dem Fürsten gegenüber ist die freieste Sprache erlaubt, wenn er ein Weihegenosse ist. Die Beschimpfungen und Verhöhnungen drücken eine oft derbe und unbequeme Familiarität aus, die ihre Kehrseite in wechselseitiger Hilfe unter den Weihefreunden findet. Durch Geschenke kann ein Mann sich übrigens auch in andere Altersgrade einkaufen (Smith u. D. 308).

Dort, wo Geheime Gesellschaften bestehen, verbindet sich die Jünglingsweihe vielfach mit der Aufnahme in diese Geheimbünde, wie z. B. im Falle der melanesischen *Suque* (Speiser [23] 405ff.) oder der westafrikanischen *Poro-*, *Sande-* und anderer Zauberbünde (Westm. [21] 243ff.). In diesen Gesellschaften finden sich soziale und religiöse Elemente vermischt, wie in dem Artikel über Geheime Gesellschaften auseinandergesetzt wurde. Diese

Bünde bedienen sich gewöhnlich besonderer Abzeichen, die Mitglieder unterstützen einander und beobachten insbesondere strenge Zeremonien bei der Aufnahme neuer Mitglieder, die hauptsächlich im Jünglingsalter vor sich geht. Ähnliche Verhältnisse finden wir auch bei den ostafrikanischen Masai-Stämmen (Merk. [04] 60ff.). In allen diesen Zügen gleichen die afrikanischen und melanesischen Bünde denen der Dorfstämme in der großen Ebene von Nordamerika (Lowie [12/16] 962, 967). Sowohl bei den melanesischen *Suque*, bei den Indianern der nordamerikanischen Ebene und bei den Masai wie auch bei den oben angeführten Kikuyu und den Ila-Völkern tritt noch eine Gradabstufung hinzu, die in gewisser Weise mit Altersunterschieden verknüpft ist (Lowie 983f.). Zur Aufnahme in die neuen Grade sind besondere Weihezeremonien erforderlich. Auf den Neuen Hebriden tragen die Gradabstufungen, wie erwähnt, einen aristokratischen Charakter, während die indianischen Altersgesellschaften in rein biologischer Weise eine Gruppe von gleichaltrigen Leuten, eine Generationsklasse, zusammenfassen und ihr Leben lang umschließen.

3. Mädchenweihe.

Ebenso wie bei der Jünglingsweihe handelt es sich bei der Mädchenweihe um ein zauberisches Nachhelfen an den Naturvorgängen, mit dem nicht unwichtige Auswirkungen auf die Gesellungsgestaltung verknüpft sind. Das „Nachhelfen" geschieht in verschiedener Weise und hängt in der Durchführung von anderen Einrichtungen und Vorstellungen ab. Hervortretend ist die Tendenz, sich zu verbergen oder sich verbergen zu lassen. Bald werden die betreffenden Zeremonien freudig hingenommen, bald nur widerwillig und mit Schmerz. Die emotionelle Einstellung dazu ist also ungleich und traditionell bedingt. Gewöhnlich handelt es sich um eine Vorbereitung für den Sexualverkehr, insbesondere für die Ehe.

Indessen nicht überall findet sich die Mädchenweihe. Fehlen schon bei mancherlei Stämmen, z. B. Australiens, ganz oder teilweise die Jünglingsweihe, die Beschneidung und ähnliche Verfahren, wie z. B. in einem erheblichen Teile des sog. Northern Territory von Australien (Spenc. [24] 90), so mangelt die Mädchenweihe verhältnismäßig noch häufiger, und zwar auch bei vielen Stämmen, bei denen die Jünglingsweihe geübt wird. — Man kann sagen, daß die Mädchenweihe in der Regel kürzer an Dauer und mit weniger Zeremoniell ausgestattet ist als die Jünglingsweihe. Nur ganz ausnahmsweise kommt es vor, daß sie vollzogen wird, ohne daß in der gleichen Gemeinde auch Weihen an den jungen Männern vollzogen werden. —

Obgleich bei den Australiern eigentliche Mädchenweihen selten vorkommen, gibt es doch verschiedene Zeremonien, die in Verbindung mit anderen Festen, z. B. mit dem Yams-Fest, das Wachstum der Mädchen fördern sollen, so, wenn der Vater im Verlauf des erwähnten Festes das Haar seiner Tochter mit Wasser reibt, das diese aus einem Korb von Palmblättern gießt, usw. (Spenc. [24] 103). Unter den Eingeborenen der Inseln Melville und Bathurst im Norden Australiens schienen junge Mädchen als Partner der Knaben bei der Weihe der letzteren eine Rolle zu spielen (93, 101, 107).

Der kritische Zustand und traditionelle Emotionen. — Bei den Vorgängen der Reifeweihe sticht unter den kalifornischen Indianern (nach Kroeb. [23] 301) der Gedanke hervor, daß sich ein Mädchen in einem kritischen Zustand befindet, der nicht nur für sie selbst, sondern auch für die Gemeinde, der sie angehört, vermöge der Zaubermacht, die von ihr ausgeht, eine latente Gefahr bildet. Diese mystische Auswirkung wird mit der äußeren Naturumgebung, namentlich soweit sie von Bedeutung für das Leben des Stammes ist, in Zusammenhang gebracht : vielleicht fehlt es deshalb das nächste Jahr an Eicheln, oder die Lachse kommen nicht den Fluß herauf! Deshalb, gewissermaßen um es vor den treibenden Mächten der Natur zu verbergen, wird das heranwachsende Mädchen mit einer Decke verhüllt oder unter einen großen Korb gesetzt, oder es muß unter Federn die Augen verstecken oder doch das Haar sich über das Gesicht fallen lassen und mit gesenktem Kopf herumgehen. Um diese gefährlichen Kräfte zu bannen, werden Sprüche über sie gesungen oder Tänzer bewegen sich des Nachts um sie herum. Im Süden von Kalifornien wurde das Mädchen sogar in eine Grube gesetzt und mit heißem Sand bedeckt. Mit diesen Vorsichtsmaßregeln sind auch häufig Speisevorschriften verknüpft, die sich auf Enthaltsamkeit von Fleisch, Fett oder Salz usw. beziehen. Auch trifft man hier die Vorschrift, daß sie ihren Kopf nicht mit den Fingern kratzen darf, sondern einen Stock oder einen Knochen dazu verwenden muß.

Bei Eintritt der Pubertät unter den nördlichen Stämmen der Andamanen-Inseln „weinen" die Eltern über das Mädchen. Sie muß allein, für 1 oder 2 Stunden, in der See baden gehen und kehrt dann entweder zur Hütte ihrer Eltern oder zu einer besonderen anderen Unterkunft, die eigens für die Gelegenheit errichtet wurde, zurück, braucht aber das Lagerdorf nicht zu verlassen. Aller Schmuck wird von ihr entfernt, nur ein Gürtel aus Pandanus-Blättern und ein Schürzchen aus anderem Laub ihr gelassen. Jedoch befestigt man Pandanus-Blätter an ihren Armen und an ihren Knöcheln und von der Schulter quer über die Brust nach den Lenden hinunter auf beiden Seiten. So muß das Mädchen mit untergeschlagenen Beinen und gefalteten Armen dasitzen, während ein Stück Holz oder Bambus ihr als Rückenstütze bereitet wird. Zur Erholung darf sie einmal ein Bein oder einen Arm ausstrecken, aber nicht beide zu gleicher Zeit. Ebenso darf sie zur Nahrungsaufnahme eine ihrer Hände freimachen, sie darf das Essen aber nicht mit ihren Fingern nehmen. Sie darf auch für 24 Stunden weder sprechen noch schlafen; ihre Wünsche werden von ihren Eltern und Freunden erfüllt, die nahebei sitzen und sie wach halten. So verbleibt das Mädchen drei Tage. Nur jeden Morgen früh verläßt sie die Hütte, um eine Stunde in der See zu baden. Nach Ablauf von drei Tagen nimmt sie ihr gewöhnliches Leben im Dorf wieder auf. Aber den ganzen folgenden Monat hindurch badet sie immer bei Sonnenaufgang in der See. Während der ganzen Zeremonie und kurze Zeit danach wird das Mädchen nicht mit ihrem Namen genannt oder mit ihm angesprochen, sondern nur als *alebe* oder *toto* bezeichnet. Letzteres Wort ist der Name der Pandanus-Art, von der die Frauengürtel gemacht werden, die bei der Zeremonie Verwendung finden. Gelegentlich der Weihe erhält das Mädchen einen neuen Namen, ihren „Blumennamen", mit dem sie von diesem Zeitpunkt bis zur Geburt ihres ersten Kindes angesprochen wird. Der betreffende Name wird von einer Pflanze oder einem Baum genommen, der zur kritischen Zeit gerade in der Blüte steht. Einige Zeit nach der Zeremonie darf auch der Kopf des Mädchens nicht geschoren werden, und sie darf auch weder mit roter noch mit weißer Farbe sich bemalen. — Es herrscht der Glaube, daß der Eintritt der Pubertät die Folge geschlechtlichen Verkehrs sei, der Atem des Mannes in ihre Nase eindringe und dies den erwähnten Zustand, die menses, herbeiführe. Von dem Zeitpunkt ab ist das Mädchen rituellen Meidungen unterworfen, die sich hauptsächlich auf bestimmte Speisen beziehen (Brown A. R. [22] 92ff., 276). Man ersieht daraus, daß die Auffassungen von einem fehlenden Zusammenhang zwischen Kohabitation und Konzeption auch keineswegs so fernliegend sind, wie es auf den ersten Blick scheinen möchte.

Das heranwachsende Mädchen steht bei den Bergdama Südwestafrikas mehr als der Knabe unter Aufsicht und Obhut der Mutter. Die kaum sechsjährige Tochter begleitet die Mutter zum Sammeln der Feldkost, und auf dem Lagerplatz, der „Werft", muß sie die Familie mit Trinkwasser versorgen, das sie von einem Brunnen oder einer Quelle holt. Schon früh beginnen die verschiedenen Speisegesetze sich geltend zu machen. Das heranwachsende Mädchen darf von den erbeuteten Turteltauben, Pfefferfressern, Springhasen und anderen Hasen, auch von einer weintraubenartigen Beere oder von im Mörser zerstoßener Feldkost nichts genießen, wenn sie nicht Gefahr laufen will, später ihren Säugling nicht stillen zu können. Diese Vorschriften gelten so lange, als sie unverheiratet ist. Nach der Verheiratung und ersten Niederkunft darf sie von den genannten Speisen essen, jedoch muß die Mutter sie beizeiten auf diese Genüsse „vorbereiten", damit sie „nicht schädlich" wirken. Wenn die Brüste sich zu entwickeln beginnen, macht die Mutter oder eine ältere Anverwandte eine Reihe zentimeterlanger Einschnitte unterhalb der Brüste. In die Wunden wird sodann ein Pulver gestreut, das aus ganz geringen Mengen alles dessen besteht, was dem Mädchen zu essen nicht erlaubt ist. Hat diese „Impfung" stattgefunden, so „schaden" ihr nach erfolgreicher Mutterschaft die bisher verbotenen Speisen nicht mehr.
— Bei Eintritt der Pubertät hat sich das Mädchen am ersten Tage in der Hütte einer Tante oder der älteren Schwestern aufzuhalten. AlleAnverwandten bringen an Schmuckgegenständen herbei, was in der Werft aufzutreiben ist: Perlenschnüre aus Wurzeln, aus geschmiedetem Eisen, heute auch aus Glas, Ohrringe aus Draht, Hand- und Fußringe aus Wildleder, Messing, Kupfer usw. Das Mädchen soll wenigstens diesen Tag schweigend verbringen, denn sonst besteht die Gefahr, daß sie als Ehefrau geschwätzig wird. Knaben und Männern ist der Zutritt zu der Hütte versagt, auch dürfen sie keinerlei Schmuckgegenstände beisteuern; doch Mädchen, ihre Spielgefährtinnen, besuchen sie. Besitzt man Ziegen, so wird eine geschlachtet und das Fleisch von allen Mitgliedern des Sippenlagers (Werft) ohne Unterschied des Geschlechtes verzehrt. Auch das Mädchen erhält davon. Nur von den Eingeweiden darf sie nichts genießen. — An diesem Tage zeigen ihr die Frauen, wie man das beliebte Parfüm, *san* genannt, aus allerlei Rinden und Wurzeln zusammen-

setzt, auch darf sie reichlich Brust und Achselhöhlen damit pudern. Schon am folgenden Tage geht sie mit den Sammlerinnen wieder der gewohnten Beschäftigung nach. Doch erwartet man von ihr, daß sie sich nicht mehr als Kind beträgt, sondern ihre Arbeit ernst und wortkarg verrichtet (Vedd. [23] 51f.).

Bei den Buschmännern muß das Mädchen erst die große Feier der Weihe durchgemacht haben bis sie eine Ehe eingehen kann (Krafft [14] 22).

Verknüpfung mit Jünglingsweihe. — Die Weihe der Mädchen ist bei den papuanischen Monumbo der Nordküste von Neu-Guinea mit den dreifachen Zeremonien der Jünglingsweihe verknüpft. Wenn die Knaben bei der zweiten Stufe der Jünglingsweihe, die dann vorgenommen wird, wenn sie schon gut herangewachsen sind und die Barthaare sich zu kräuseln beginnen, den *karäun*-Gürtel anlegen, teilt man ihnen ihre Frauen zu. Schürzchen (*kon*) aus Fasern junger Sago-Palmwedel, die braun, gelb, rötlich und schwarz gefärbt oder bunt sind, legen Mädchen auch schon vor Eintritt der Pubertät an. Bei Eintritt des ersten menses, „wenn der Mond es schlägt", sondert sich das Mädchen ab und sitzt einige Tage, nur mit einer schlechten Schürze von Bananenblättern bekleidet, in einer Kammer unter dem Hause. Nach 5 Tagen gehen die Weiber mit ihr an irgend ein Wasser und bringen ihr mit einem Bambusmesser, oder jetzt mit Flaschenscherben, auf dem Rücken, den Oberarmen, der Brust und den Schenkeln Schnitte bei. Oft wird in die Wunden etwas hineingetan, damit sie mit großemWulst vernarben. Nun behängt man das Mädchen mit großen gestrickten Taschen, hält sie aber verborgen. Sonst ist sie unbekleidet. Sind die Wunden ausgeheilt, so gehen die Weiber wieder mit ihr ans Wasser. Sie muß sich ins Wasser legen und die ganze Nacht darin bleiben. Ihre Badestelle ist mit Ziersträuchern und Blumen abgesteckt. Die anderen Frauen baden sich, wärmen sich, essen, singen und spielen. Nach Tagesanbruch kehren sie zurück ins Dorf. Die Jünglinge salben und schmücken das Mädchen, und zum Schluß legt sie einen großen Frauenrock an. Der Schmuck an Muschelringen, Ketten und Hundezähnen, und jetzt auch an europäischen Gegenständen, ist so schwer, daß sie bald gebückt unter der Last geht, während es bei jedem Schritt klirrt. — Des Nachmittags, wenn die Sonne zum Untergang neigt, wird das Mädchen im feierlichen Zuge in das Haus ihres künftigen Mannes geführt (Mädchenweihe und Hochzeit fallen also in eins zusammen). Bei diesem Gange trägt das Mädchen in der Rechten einen nachgemachten Bogen. Bemerkenswert ist, daß im Lande der Monumbo selbst Bogen nicht verwendet werden, sondern Pfeilschleudern. Im Hinterlande sind jedoch Bogen heimisch. In der Linken trägt die Braut eine imitierte Tür, an der einige gebratene Fische baumeln. (Diese Symbolik ist bekanntlich sehr verbreitet, wenn auch im vorliegenden Einzelfalle nichts über deren Bedeutung festgestellt wurde.) Die begleitenden Frauen tragen die Mitgift des Mädchens in Gestalt von Töpfen, Schüsseln, Taschen, Röcken und auch einigen Lanzen. Ist ein anderes Dorf das Ziel der Wanderung, so betritt man es nicht, ohne sich vorher durch Geräusche u. dgl. bemerkbar gemacht zu haben, bewegt sich auch nicht geraden Weges auf das bestimmte Haus zu, sondern macht einen Bogen an anderen Häusern vorbei, als suche man das richtige Haus, während die Bewohner des Dorfes dasitzen, als ginge sie die ganze Sache nichts an. Beim richtigen Hause angelangt, ersteigt das Mädchen mit Hilfe anderer Frauen ein Gestell, setzt sich auf dessen Rand, stiert verlegen und kaut Betel. Allmählich kommen die Dorfbewohner heran, setzen sich nieder und kauen ebenfalls Betel. Gesprochen wird wenig. Dann erscheinen auch die Frauen des Dorfes mit großen Schüsseln voll Taro- und Sago-Brei, belegt mit Kokosnußflocken und Bratfischen oder gerösteten Schweinskeulen oben darauf. Nachdem man sich dem Essen zugewendet hat, kommt Leben in die Gesellschaft. Man rückt eine Trommel heran und schlägt das Streitsignal, und einer nach dem anderen läßt seinen Unmut über die Frauen freien Lauf. Dabei reden sie immer auf das Mädchen ein. Es soll alles hören und daraus die Nutzanwendung ziehen. Sie wird aufgefordert, alles zu tun, um groß und stark zu werden, gastfreundlich, fleißig und freigebig zu sein usw. Damit ist dieser Tag zu Ende gegangen. — Die Braut muß nun von Rechts wegen im Hause ihres Mannes verbleiben. Sie arbeitet für ihn, kocht für ihn, hat aber sonst keine Gemeinschaft mit ihm. Er schläft im Jünglingshause oder im Männerhause, sie reden nicht miteinander, kennen sich scheinbar nicht. Ein gewisser promisker Zustand scheint zunächst auf beiden Seiten fortgesetzt zu werden. Keuschheit wird nicht geschätzt. (Vrm. [15/16] 178f.).

Mädchenweihe und Mutterrecht; Sexualwahl. — Unter den mutterrechtlichen Maori von Neuseeland fehlte zwar eine Mädchenweihe im engeren Sinne des Wortes. Dafür war die erste Reifezeit durch große Freiheit der Sitten gekennzeichnet. Sie war jedoch durch ein gewisses Zeremoniell beschränkt, das darin bestand, daß alljährlich unter der heranwachsenden Jugend feierliche Feste veranstaltet wurden. Man versammelte sich dazu in einem Festhause (*whare matoro*) in großem Schmuck. Alt und Jung war erschienen. Ein alter Großhäuptling eröffnete die Versammlung durch die Erklärung, daß heute nur die Jugend zu Worte kommen soll. Darauf begann sofort eine Art Wahlspiel: ein junger Mann erhob sich und erklärte, er möchte die Soundso haben. Schweigen von Seite des Mädchens bedeutete Zustimmung. Lehnte sie ihn ab, so sagte sie: „du hast lange Fingernägel", mit der Bedeutung „du arbeitest nicht viel, du bist faul", oder machte eine ähnliche Bemerkung. Hierauf stand ein Mädchen auf und äußerte: ich möchte den Sohn des Soundso haben. Antwortete der junge Mann nicht, so wurde das als Zustimmung gedeutet. Sonst aber erwiderte er vielleicht scharf: „ich bin nicht kräftig, mein Singvogel ist die Soundso". Darauf erhob sich wieder ein anderer Mann und drückte seinen Wunsch aus. Sollte der abgelehnt werden, so erhob sich etwa eine alte Häuptlingsfrau und sagte: „die Soundso schläft" oder: „er schläft noch immer". Dies bedeutete, daß ein Anverwandter des Mädchens gefallen war, ohne bis jetzt gerächt worden zu sein. Darin lag ein Wink für den Mann, vorher die Ehre der Familie seiner Umworbenen wiederherzustellen. Die Verbindungen selbst erfolgten ohne weitere Förmlichkeiten (Treg. [04] 286ff.).

Verbindung mit Unterricht. — Bei dem Stamm der Nanzela, der zu den *Ila*-sprechenden Völkern von Nord-Rhodesien gehört, geht die Veranstaltung des Weihefestes *(kudivhunga)* von den Mädchen selbst aus. Sie sehen sich zunächst nach einem Platz im Busch um, den sie roden. Die erste Nacht schlafen sie noch zu Hause, stehen aber bei Sonnenaufgang auf, nehmen ihre Schürzchen ab und werfen sie auf das Dach ihrer elterlichen Hütte. Darauf begeben sie sich nackend zur Buschrodung, legen sich dort hin und kräuseln ihr Haar. Nach dem „Haarekräuseln" (*badivhunga*) trägt das Fest seinen Namen. Wenn die Mütter der Mädchen des Morgens die Schürzen finden, wissen sie, daß sich die Mädchen zur Einleitung der Weihefeier begeben haben und gehen sie suchen. Haben sie sie gefunden, so freuen sie sich und kleiden ihre Töchter neu ein, dann tanzen sie bis in den Nachmittag. Bei Sonnenuntergang setzen sie sich die Mädchen auf ihre Schultern und tragen sie zurück in das Dorf, wo sie sie alle in eine Hütte stecken, in der sie zu verbleiben haben. Dann wählen sie einen Jüngling, den *Shakamwale* = den „Mädchenmeister", der in dieselbe Hütte kommt und von den Mädchen mit Respekt behandelt wird. Sie bekommen auch Essen, aber vor der Einnahme der Speisen müssen sie ihre Augen schließen. Der Mädchenmeister ißt zuerst. Tagsüber sitzen sie an einem schattigen Platz in den Feldern mit ihrem *Shakamwale*, der sie bewacht, und, wenn er jemand nahen sieht, den Mädchen ein Zeichen gibt, damit sie ihre Gesichter verhüllen. Denn in Gegenwart eines Fremden unverhüllt zu bleiben, hätte ihr Verderben zur Folge. Der Fremde aber, der die Mädchen entdeckt, plagt irgendwie die Mädchen: ein Mann schlägt sie mit dem Stock, eine Frau kneift sie in die Lenden. Den Schmerz müssen sie jedoch, ohne einen Laut von sich zu geben oder zu weinen, ertragen. Würden sie das nicht tun, so fiele die Schuld auf den Mädchenmeister. — Während des Tages sind sie mit dem Flechten von Matten und Körben beschäftigt. Erst in der Dunkelheit stehlen sie sich zurück zu ihrer Hütte mit verhüllten Köpfen. Dort dürfen sie nicht auf einem Bett schlafen, sondern müssen auf der Erde oder unter dem Bett ruhen. — Nach einiger Zeit bringen die Eltern und Verwandten der Mädchen Hühner und Speisen und sonstige Dinge zur Vorbereitung für ein Tanzfest, das *kuhololwa* genannt wird. Dazu werden Tänzer und Trommler geladen, die mit Glasperlen, Tabak und Speeren entlohnt werden. Der Tanz dauert die ganze Nacht hindurch. — Nach einem weiteren Monat findet wieder ein solches Tanzfest statt. Während der ganzen Zeit, in der sich die Mädchen in der Weihe-Hütte befinden, werden sie „unterrichtet": in der Weise nämlich, daß sie einander selbst mitteilen, was sie wissen, und eine alte Frau noch als ihre besondere Lehrerin (*mubudi*) ständig herangezogen wird. — An dem Platz, wo sie im Felde sitzen, unterziehen sie sich noch verschiedenen Operationen, die sie für die Heirat vorbereiten sollen. „Genitalibus medicinas applicant, rimam pudendi distendentes, metientesque vel spica farris quod vocatur *Indiani*, vel arboris fetu quam *musekese* vocant, id sciscitantes num, si nubunt, viro aditum sat largum praebiturae sint." Das wird 10 oder 20 Tage fortgesetzt, bis, wie es heißt, „sie finden, daß sie herangewachsen und Frauen geworden sind". Die alte Frau gibt ihnen dazu noch verschiedene Belehrungen für ihr Verhalten nach der Heirat. Um recht gehört zu werden, faßt sie die einzelne am Ohr und sagt: „Der Mann muß respektiert werden, und du mußt nach ihm im Hause sehen, auch nach deinen Schwiegereltern." Das Mädchen darf auf derartige Ermahnungen nicht antworten, sondern nur mit dem Kopf zum Zeichen ihrer Zustimmung nicken. — Im Hause lernen die Mädchen ein Spiel mit einer Zahl von Topfscherben, zu dem sie die *mantimbwa* (Klangstäbe aus Holz) spielen und dazu singen. — Nach dem dritten Monat brauen die Verwandten des Mädchens große Mengen Bier und häufen andere Vorräte für ein Fest auf. Dazu ziehen sie auch Beiträge von den Klan-Verwandten des Mädchens ein. Die Mädchen werden vor dem Fest gesalbt, bekleidet und geschmückt. Erst nachdem der Tanz schon begonnen hat, erscheinen die Mädchen. Vorher aber empfangen sie ihre letzten Unterweisungen, vor allem auch die, die Buschrodung immer in Verehrung zu halten, auf der sie ihre Haare gekräuselt haben, sowie auch ihren Mädchenmeister, dem sie in allen Dingen gehorchen sollen. Bei ihrem Erscheinen in der Tanzgesellschaft bilden sie den Mittelpunkt allgemeiner Bewunderung. Rasch verbreitet sich im Lande die Kunde, daß die Töchter des Soundso die Weihezeremonien beendigt haben und nun richtige „Frauen" seien. — Bei den eigentlichen Ba-Ila findet die Zeremonie erst nach dem Eintritt der ersten menses statt, während sie bei dem oben geschilderten Fest der Nanzela vorher vor sich geht. Und während bei diesen die Mädchen gemeinschaftlich in die Feier eintreten, unterzieht sich ihr bei den Ba-Ila jedes Mädchen individuell. Auch sonst verläuft die Weihezeremonie in etwas abweichenden Formen. Namentlich tritt hier das Spiel mit den Topfscherben stark hervor. Das Mädchen befindet sich die meiste Zeit abgeschlossen in einer Hütte unter Bewachung einer alten Frau. Die *mantimbwa* besteht hier aus zwei Bogen, ist also ein Saiteninstrument. Das Mädchen spielt das Instrument, indem es einen Topf als Resonanzkasten zwischen den Knien hält. Die *mantimbwa* erhält sie von ihrem Verlobten, der ihr auch eine mit Perlen geschmückte Puppe bringt, die aus einem bestimmten Holz verfertigt sein muß. Der Verlobte sitzt in der Hütte, wenn er die Geschenke abgeliefert hat, nieder und spielt mit dem Mädchen das Topfscherbenspiel usw. (Smith u. D. [20] 2 18ff.).

Die Gedankengänge, welche der Mädchenweihe zugrunde liegen, sind in den geheimnisvollen funktionellen körperlichen Erscheinungen zu suchen, die mit dem Eintritt der Reifezeit sich geltend machen. Man betrachtete das Mädchen z. B. unter den Pima-Indianern, ähnlich wie das bei den Kaliforniern der Fall ist, als mit Gefahr für die Gemeinschaft „geladen". Die Mutter brachte ihre Tochter beim Eintritt der ersten menses zunächst für ungefähr 4 Tage zu einer Freundin, nicht zu einer Verwandten. Während dieser Zeit unterrichtete diese Frau das Mädchen in den Aufgaben des Haushalts und erteilte ihr gute Lehren. Beide nahmen unterdessen die Mahlzeiten abgesondert von ihren Familien ein. Das Mädchen verfertigte einen Korb, den sie nachher der Frau zum Geschenk machte. Sie sollte während dieser Zeit nur wenig reden und durfte ihren Kopf nur mit einem Stock kratzen; wenn sie das mit den Fingern täte, so würde sie Läuse bekommen. Auch durfte sie nicht in das Feuer blasen, sonst würden ihr die Zähne ausfallen. Sie durfte ihren Zustand nicht etwa verheimlichen; denn sonst bestand die Gefahr, daß, wenn irgendein Unglück sich ereignete, ihr die Schuld daran vom Medizinmann, dem Hexenmeister, zugeschrieben wurde, wenn man doch erfuhr, wie es um sie stand. Hatten die Eltern genügend Vorräte an Speisen zur Hand, so veranstalteten sie ein Tanzfest für 4 Nächte, zu dem sie Freunde und Nachbarn einluden. Vater und Mutter tanzten dabei selber nicht mit, aber sie waren bestrebt, die besten Mädchen zu veranlassen, mit ihrer Tochter zu tanzen, „des guten Einflusses wegen". Die Männer und Frauen bildeten zwei Reihen, die einandergegenüberstanden. Einer umfaßte den Nachbarn dabei mit den Armen, und die Decken waren nicht um die einzelne Person gewickelt, sondern wurden von einem zum anderen in der Reihe ausgebreitet, um so viele wie möglich auf einmal zu bedecken. Während die beiden Reihen sich einander rhythmisch näherten und zurückwichen, wurden die Pubertätslieder gesungen. Diese lebten in der Überlieferung bestimmter Einzelpersonen. Die ganze Nacht hindurch wurde getanzt und gesungen ohne Unterlaß und ohne irgendwelche Speise dabei einzunehmen. Des Morgens kehrten alle nach Hause zurück und verbrachten den Tag im Schlaf (Russ. [08] 182f.).

Fälle von Überwiegen der Mädchenweihe gegenüber der Jünglingsweihe. — Die Weihe der Lala-Mädchen in Ga-anda (Westafrika) ist viel weitläufiger als die Jünglingsweihe. Denn die letztere ist eine einmalige Zeremonie bei den siebenjährigen Opfern. Die Mädchenweihe dagegen erstreckt sich über 5 oder 6 Gelegenheiten in verschiedenen Lebensaltern. Diese Zeremonien beginnen schon oft am 10. Tage nach der Geburt, wenn die Verlobung mit einem kleinen Knaben von vielleicht 4 Jahren unter Beobachtung gewisser Formalitäten stattfindet. In den verschiedenen Intervallen werden immer Tätowierungen anderer Körperteile vorgenommen. Die ersten auf der Stirn des Mädchens im Alter von ungefähr 5 Jahren; mit 7 Jahren wird die Außenseite der Vorderarme tätowiert; im Alter von 9 Jahren der Nacken, die Außenseite der Arme und der Bauch; mit 11 Jahren kommen die Hüftenteile dran und der untere Teil des Rückens. Hat zweimal ein Abortus stattgefunden, so werden die Beine und Hüften tätowiert usw. (Boyle [15/16] 361ff.).

Auch unter den Matabele Westafrikas wird der Mädchenweihe eine größere Aufmerksamkeit zugewendet als der der Knaben. Während die Jünglingsweihe nur zwei Tage dauert, erstrecken sich die Zeremonien mit den Mädchen dort über 4 Tage und sind wesentlich komplizierter: 3 Tage wird gesungen, außerdem werden noch Spiele veranstaltet (Nev. [21] Nr. 92).

Vorbereitung für die Ehe. — Eine Sitte, die teilweise die Züge der Mädchenweihe trägt, teils als Vorbereitung für die Ehe aufgefaßt wird, besteht in der Abschließung und Mästung der Mädchen unter den Efik von Alt-Calabar in Westafrika. Im Ekoi-Land werden die Mädchen wohlhabender Eltern verschieden lange Zeit in eine Mästungshütte gesperrt. Die Dauer richtet sich nach der Wohlhabenheit der Eltern. Kein wohlhabender Mann würde ein Mädchen heiraten, das nicht diese Mästungskur gründlich durchgemacht hat. Nach Eintritt der Pubertät wird das Mädchen in herkömmlicher Art mit Arm- und Fußbändern, Hals- und Hüftgehängen geschmückt und dann von ihrer Mutter zur Masthütte, die sich am Rande des Dorfes befindet, geleitet. Dort verbleibt sie 6 Monate bis zwei Jahre, je nach dem Wohlstande der Eltern. Während dieser Zeit bekommt sie hauptsächlich in Palmöl gekochte Yams zu essen und darf unterdessen keinerlei Bewegung machen, vor allem nicht schwitzen. Auch das Waschen ihres Körpers ist ihr verboten, und sie wird mit Lehm eingeschmiert. Weiße Bänder werden ihr um den Hals und um die Hand- und Fußgelenke gebunden, um böse Geister abzuhalten, die den Mästungsprozeß beeinträchtigen könnten. Sie darf auch nichts in der Hütte berühren, insbesondere nicht den Boden, und muß sonst noch verschiedene Vorsichtsmaßregeln beobachten. Vor dem Abschluß ihrer Kur wird sie einer Operation (Klitoritectomie = *ana m-bobi*) durch ihre Mutter unterworfen. Nach Beendigung der Zeremonie erscheint sie wiederum im Stamm, wo sie mit großer Freude begrüßt wird, während ihre Eltern Geschenke empfangen. Sie tritt in einem neuen Schmuck auf, und ihr Haar ist in der Form von drei Kronen frisiert und mit Perlen und Federn geschmückt. Dann singt und tanzt sie und begibt sich nach dem Ahnenplatz mit einem weißen Huhn, das an ihrem Nacken herunterhängt und dort geopfert wird. Nachdem sie bei den Ahnen geschworen hat, ihrem Gatten treu sein zu wollen, wird sie dem Bräutigam übergeben (Malc. [25] Nr. 69).

4. Geheime Gesellschaften.

Wesen und Funktion der Geheimen Gesellschaft. — Die geheimen Gesellschaften haben das Augenmerk der Ethnologen schon lange auf sich gezogen. Man hat beobachtet, daß bei manchen Naturvölkern besondere Gesellschaften mit geheimen Aufnahmezeremonien bestehen. Manchmal üben diese Gesellschaften terroristischen oder auch richterlichen Einfluß nebenher aus. Die geheimen Gesellschaften sind indessen nicht immer ganz eindeutig von der politischen Organisation einer Gruppe zu unterscheiden, da manchmal vielerlei Vorgänge und Zeremonien innerhalb der politischen Einheit nur den eingeweihten älteren Männern vorbehalten sind, so z. B. der Besuch des Männerhauses, namentlich aber die ganze Menge von Zeremonien, die mit der Jünglingsweihe zusammenhängen, und wobei es sich um eine Einführung der jungen Leute in das als geheim betrachtete Wissen der älteren Leute des Stammes handelt. Dort also, wo die Gesamtheit der heranwachsenden männlichen Jugend einer Gruppe eine mit allerlei Geheimnissen umgebenen Jünglingsweihe durchzumachen hat, wird man, streng genommen, nicht von einem „Geheimbund" sprechen können.

Die geheimen Gesellschaften scheinen im Zusammenhang mit gewissen Kulturströmungen namentlich dort einen günstigen Boden für ihre Ausbreitung gefunden zu haben, wo ein Zusammentreffen verschiedener ethnischer Bestandteile stattgefunden hat, wobei die eine Gruppe besonderes Wissen und besondere Kenntnisse nicht preisgeben oder gegen das eigene Volkstum bedrohende, fremde Übergriffe bewahren will, sondern sich durch Reserviertheit eine gewisse Überlegenheit dem anderen gegenüber zu sichern versucht. Die geheime Gesellschaft erscheint daher gelegentlich als eine Vor- oder Zwischenstufe für die Entstehung einer ausgesprochenen sozialen Schichtung. Die Ausbildung der sozialen Organisation, namentlich durch ein allgemein anerkanntes Rangsystem und die Entstehung des Fürsten- und Königtums, scheint im allgemeinen zerstörend auf die geheimen Gesellschaften zu wirken.

Der geheime Charakter politisch-religiöser Veranstaltungen von Jägern. Im östlichen und südlichen Australien bringen die Reifeweihen alle lokalen Gruppen eines Stammes zusammen, manchmal auch die verschiedener Stämme, wenn diese durch Zwischenheiraten eine Gemeinschaft oder „Nation" gebildet haben. Hier fällt den an sich geheimen Riten eine durchaus allgemeine politische Funktion zu. Im mittleren und nördlichen Australien, wo die Totem-Klans sich scharf von den zwei exogamen Hälften abheben, werden die dramatischen Zeremonien der Weihen als das Eigentum der ganzen Totem-Gruppe betrachtet. Sie werden hier immer nur auf Verlangen der anderen Hälfte des Stammes aufgeführt. Bei dem Aranda-Stamm gehören sie einem einzelnen Individuum vermöge des Erbgangs von einem früheren Besitzer oder als Gabe des Geistes eines Vorfahren (Webst. 484ff.). Mit diesen Organisationen ist vielfach ein starker Einfluß der Alten verbunden, die eine polizeiliche, richterliche und scharfrichterliche Gewalt ausüben.

Geheimbünde bei häuptlingloser Stammeshalbierung in West-Melanesien. — Auf den Inseln des Bismarck-Archipels und der Salomonen-Gruppe, wo es zweifellos Spuren von Einwanderungen aus dem Westen her gibt, spielen die Geheimbünde im Zusammenhang mit der Anwendung von Masken eine große Rolle, wie z. B. auf der Gazelle-Halbinsel von Neu-Pommern. Zu den bekanntesten dieser Geheimbünde gehört der *Ingniet*- und der *Duk-Duk*-Bund. Bei den *Ingniet*-Leuten wird zur Aufnahme eine Art von Seelensteinen angefertigt. Die Zusammenkünfte veranstaltet man im geheimen im Walde. Der Versammlungsplatz wird als „Bauch" bezeichnet. Im allgemeinen scheint die Angehörigkeit sich in den Familien zu vererben, jedoch muß ein bestimmter Betrag an Muschelgeld bei dem Eintritt bezahlt werden. Die Mitglieder sind im Besitz bestimmter Zauberfertigkeiten und üben dadurch einen nicht geringen Einfluß auf die andere Bevölkerung aus (Parkinson 598ff. — auch eigene noch unveröffentlichte Ermittlungen). — Der *Duk-Duk*-Bund, welcher gewöhnlich einmal im Jahr große Festtänze veranstaltete, war mit einem gewissen Einsammeln von Tribut an Nahrungsmitteln, besonders aber an Muschelgeld verknüpft. Auch hier ist die Angehörigkeit hauptsächlich durch Erbgang zu erwerben gewesen, womit aber Zahlungen an Muschelgeld verbunden werden mußten. Der Bund war so organisiert, daß verschiedene Personen mit ausgezeichnetem Rang an der Spitze standen (ebd. 569). — Solche Geheimbünde bestehen auch bei den Sulka (ebd. 635ff.) von Neu-Pommern und haben selbst bis zu den Baining-Leuten der Berge hinübergegriffen (ebd. 613). Zweifellos hängen sie mit ganz ähnlichen Einrichtungen von Neu-Mecklenburg (Peekel) und den umliegenden Inseln zusammen (Parkinson 641ff., Brown 59ff.). Überall in diesen westmelanesischen Gegenden finden wir Stammeshalbierung ohne ausgeprägtes Häuptlingtum. Auf Samoa mit seinem aristokratischen Rang- und Häuptlingsystem kommen dagegen Geheimbünde nicht vor.

Geheime Gesellschaften neben aristokratischem Häuptlingtum, in naher Nachbarschaft, auf den Neuen Hebriden im östlichen Melanesien. — Von den Neuen Hebriden liegen verhältnismäßig ausführliche Untersuchungen über die geheimen Gesellschaften durch Rivers und Speiser vor. Hier gibt es zweierlei Arten von Geheimbünden: die *Tamate* und die *Suque*. In allen geheimen Gesellschaften gab man an, daß die „Ahnenseelen" anwesend seien. In die *Tamate* kann jedes männliche Wesen eintreten, das die Kosten des Eintritts bezahlen kann. Die Nichtmitglieder glauben, daß die Mitglieder in direkte Verbindung mit den Ahnenseelen treten; doch wird in Wirklichkeit in der Gesellschaft kein anderes Wissen mitgeteilt, als wie man die Masken herstellen müsse. Irgendwelche religiöse Aufklärung erfolgt nicht. Die Novizen werden auch gelehrt, wie man die Töne hervorbringt, mit denen man den Uneingeweihten Geisterstimmen vortäuscht. Einen besonderen Kult oder eine besondere Form des Glaubens gibt es in diesen Gesellschaften nicht. Obszönitäten, wie z. B. im *Ingniet*, kommen nicht vor. Jedoch tritt auch hier die Terrorisierung der Nichteingeweihten zutage. — Auf den Banks-Inseln gibt es eine große Anzahl derartiger Gesellschaften, von denen einige sehr bedeutend sind und eine weite Verbreitung haben. Neben diesen findet sich eine Zahl kleiner und lokal begrenzter Gesellschaften, die als Nachahmungen der großen Bünde zu betrachten sind. Sogar bei den zum Christentum bekehrten Eingeborenen haben sie sich weiter erhalten und besitzen dann eine Bedeutung als soziale Organisation. Auf den Torres-Inseln im Norden gibt es etwa 100 Gesellschaften, und ein Mann kann zugleich Mitglied von mehreren sein. Die bedeutendste Gesellschaft ist die *Tamate Liwoa* von der Insel Mota. Eine andere, die *Quat*-Gesellschaft, kommt auf allen Banks-Inseln vor, und ihr Ritual besteht in einem Tanz, der öffentlich aufgeführt wird. Ein besonderes Versammlungshaus haben diese *Quat*-Gesellschaften nicht, sondern man trifft sich an einer W a l d l i c h t u n g. — Jede Gesellschaft nimmt ihr besonderes Abzeichen in Anspruch, ein Blatt oder eine Blume. Die kleineren Gesellschaften nennen sich meistens nach einem Vogel, sie sind lokal begrenzt und sicherlich jungen Alters. Die Eintrittsbedingungen sind verschieden schwer. Einige Gesellschaften werden nur von jungen Leuten, andere nur von Alten besucht. An den Zugängen zum V e r s a m m l u n g s h a u s von Gesellschaften, die ein solches besitzen, sind Tabu-Zeichen angebracht, die jedem Uneingeweihten das Betreten des Platzes verbieten. Wer dawider handelt, wird bestraft und unter Umständen getötet. Das Geheimnis wird streng bewahrt, namentlich wenn neue Mitglieder aufgenommen werden. Die Frauen haben sich fern zu halten, wenn sie nicht Gefahr laufen wollen, lebendig begraben zu werden. Im Versammlungshaus bewahrt man die Masken auf, die bei dem öffentlichen Auftreten der Gesellschaft gebraucht werden. Die Männer verbringen die Tage dort und nehmen da auch ihre Mahlzeiten ein. Für die Aufnahme muß ein Schwein bezahlt werden, und der Bewerber muß noch außerdem verschiedene Zahlungen leisten, die an die Gesellschafter gehen, und einige Zeit fasten. Der Neu-Eingeweihte bleibt für längere Zeit von der Außenwelt abgeschlossen und muß währenddem für die älteren Mitglieder kochen. — In Ureparapara treten an die Stelle der *Tamate*-Gesellschaften drei andere, in welche der Eintritt ziemlich schwierig ist. — Die Aufnahme in die oben erwähnte *Quat*-Gesellschaft findet erst nach längerer Absonderung und nach Erlernen eines besonderen Maskentanzes statt. Die *Quat*-Gesellschaft findet sich noch auf einigen anderen Inseln. Auf Pentecôte vollzieht sich die Aufnahme eines Kandidaten in diese Gesellschaft erst nach harter Kasteiung. Die Mitglieder nehmen dabei einen neuen Namen an. Die Aufnahmezeremonie dauert dort bis zu 5 Monaten, und jedermann muß der Gesellschaft beitreten (Cod. 69ff.; Speiser 375ff.).

Einen mehr öffentlichen Charakter tragen die *Suque*-Bünde. Der wesentliche Unterschied zwischen ihnen und den *Tamate*-Gesellschaften besteht darin, daß die Rangabstufungen in den *Tamate*-Gesellschaften keine Bedeutung im täglichen Leben haben, während die der *Suque* von Wichtigkeit für die gesamte soziale Organisation der Bevölkerung sind. Der *Suque*-Bund hängt innig mit dem religiösen Leben und dem Kult zusammen. Für die *Suque*-Bünde scheinen die Rangabstufungen wesentlich und ursprünglich zu sein. Die Regel und das Zeremoniell der höheren Rangordnungen ist den niedrigeren Stufen nicht bekannt, der Besitz an übernatürlicher Kraft und Macht („Mana“) nimmt mit der Rangerhöhung automatisch zu. Als „Kaste“ sind die *Suque* gerade nicht zu bezeichnen, weil sie beständig geändert werden. Die *Suque* sind auf den Banks-Inseln und in den nördlichen Neuen Hebriden hauptsächlich verbreitet, während auf den südlichen ein aristokratisches Häuptlingtum besteht, so daß man den Eindruck gewinnt, als lebten die Traditionen einer besonderen Schicht, getrübt durch später entstandene wirtschaftliche Unterschiede, in den Rangabstufungen der *Suque* weiter fort. — Die *Suque*-Bünde bedienen sich für ihre Feste verschiedener Masken und pflegen in besonderen Männerhäusern sich zu versammeln. Die Tanzplätze werden nach traditioneller Weise ausgestattet. Eng mit dem *Suque*-Ritual sind die großen Holztrommeln verknüpft, sowie auch sog. „Schädelstatuen“, bei denen auf den Schädel eines Toten das Gesicht mit plastischer Masse aufgesetzt und dann der Körper mit Stangen und Reisig nachgebildet wird, wohl in der Nachahmung einer ursprünglichen Mumifizierung. — Das Prinzip der *Suque* besteht darin, daß man durch sukzessives Opfern von Schweinen, Matten und Geld sich im sozialen Range erhöht und dadurch Kraft und Macht („Mana“) erlangt. Diese Graderhöhung kommt auch dem Leben nach dem Tode zugute. Das Ansehen eines Mannes hohen Grades gründet sich sowohl auf seinen wirtschaftlichen Einfluß, als auch auf den Glauben an sein „Mana“. Es ist also die Quelle für soziales Ansehen. Die geopferten Schweine sollen der Seele im Jenseits als Nahrung dienen, sie kommen also dem Opferer dereinst zugute. Die ersten Grade sind recht leicht zu erlangen, daher gibt es nur wenige Männer, die nicht zur *Suque* gehören: solche, die geistig zurückgeblieben sind, oder die aus sehr armer und verachteter Familie stammen. Wer nicht in der *Suque* ist, gilt als eine besondere Art von fliegendem Hund (*Lusa*), der als Einsiedler lebt. Der Außenstehende ist im Männerhaus nur geduldet und darf nicht mit den anderen Männern zusammen essen, kann an ihren Unternehmungen und Belustigungen nicht teilnehmen und ist freudlos. Er muß sich alle Mißhandlungen gefallen lassen, weil niemand sich für ihn einsetzt, und weil seine niedrige Stellung ein Beweis dafür ist, daß er kein „Mana“ und keinen Ahnengeist hat, der ihn beschützen könnte. Im Jenseits geht es ihm entsprechend ebenso schlecht, und seine Seele hat keine Lebenskraft. Wer in der *Suque* aber ist, trachtet beständig danach, seinen Rang zu erhöhen, um dadurch sein Dasein im Diesseits und Jenseits zu verbessern. Darüber, wie lange ein Mann in einem Grade bleiben muß, gibt es keine Regel. Es hängt nur davon ab, wie er durch Opfergaben, Geschenke und Dienstleistungen imstande ist, den guten Willen der oberen Grade zu erringen. Die Söhne angesehener Männer erreichen meistens schon als Kind einen ziemlich hohen Grad, wenn der Vater dafür die Kosten trägt. In die höchsten Grade zu gelangen ist schwierig, weil die Bedingungen stets schwerer d. h. kostspieliger werden, also: eine Verbindung aristokratischer mit plutokratischen Grundsätzen. Die meisten Männer erreichen daher nur die untere Grenze der mittleren Grade, die höchsten bleiben wenigen vorbehalten. — Mit der Graderhöhung tritt an vielen Orten auch eine Änderung des Namens ein. Der Unterschied der Rangstufen spiegelt sich in der Trennung der Herdfeuer der einzelnen Grade. Auch an äußeren Zeichen unterscheiden sich die Grade. Die dunkelgefärbten Varietäten der *Kroton-* und *Hibiskus*-Arten sind die Abzeichen der hohen Grade. Die höchsten tragen fast schwarz gefärbte Blätter, die hinten in den Gürtel gesteckt werden. Die Zeichnungen der Ohrstäbe entsprechen ebenfalls den Ranggraden im *Suque*, besonders aber die Tätowierungsmuster, an denen auch die Frauen teilhaben. Im persönlichen Verkehr der Männer verschiedener Grade untereinander wird eine strenge Etikette eingehalten, die in einzelnen Zügen derjenigen gegenüber Häuptlingen auf den mikronesischen und polynesischen Inseln entspricht. Die Zusammenhänge zwischen *Suque* und Sippe treten im Ahnenkult zutage. Insbesondere ist auf die Teilung der *Suque* in zwei miteinander rivalisierende Sippengruppen bei Festen und Bestattungszeremonien hinzuweisen (Speiser 382ff., 416; Rivers 2 205ff.).

Der religiöse Charakter der amerikanischen geheimen Gesellschaften. — Die geheimen Gesellschaften tragen in Amerika überwiegend den Charakter von kulturellreligiösen Verbänden, unter mutterrechtlichen, vielfach auf Halbierung aufgebauten Stämmen, mit einer Reihe von Übungen und Verrichtungen, durch welche in geheimer Weise der Einfluß einer auserlesenen Gruppe auf die Umgebung ausgeübt wird. Besonders treten dabei Tänze in den Vordergrund. Vielfach führen unter den zentral-kalifornischen Stämmen zwei Weiheriten zur Aufnahme in die Gesellschaft: einer im Knabenalter, der zweite nach Eintritt der Reife. Große, 4 Tage dauernde Tänze werden in erdbedeckten Häusern veranstaltet, zu denen mit den Füßen der Takt auf einer großen Holztrommel geschlagen wird. Die Tänzer erscheinen in prunkvollen Federmasken, die sie den nicht eingeweihten Frauen, Kindern und Fremden verbergen, und geben vor, Ahnengeister zu sein, die für das Wohl ihrer Nachfahren erscheinen. Als der hervorragendste dieser Geister gilt der angebliche Gründer des Ritus: *Kuksu*. — Unter den Maidu, Wailaki und einigen Yokut-Stämmen kommen die Medizinmänner zusammen, um öffentlich ihre magische Fertigkeit auf dem Wege eines Wettbewerbes in dem „Werfen“ von Krankheit gegeneinander oder im Klapperschlangenzauber zu zeigen, der verhindern soll, daß während des folgenden Jahres einer ihrer Angehörigen gebissen werde. In diesen Versammlungen kommen also Leute zusammen, die mehr oder minder für das Wohl der Gemeinschaft tätig sein wollen. Es ist nach Kroeber wahrscheinlich, daß die eigentlichen geheimen Gesellschaften aus derartigen Übungen geschickter Zauberer hervorgingen, daß sie also ein Art primitive „Kirchen" darstellen, wie ja ihr religiöser Charakter allenthalben zu beweisen scheint (Kroeb. 306ff.).

Zu den Tabakgesellschaften der Krähen-Indianer werden auch Frauen zugelassen, und zwar zusammen mit ihren Männern, so daß ein Paar eine Einheit bildet. Die Medizinbündel der Krähen-Indianer werden an den Käufer hauptsächlich durch seine Frau übertragen, welche zuerst diese „Fetische" mit ihrem Körper berühren soll (Lowie [20] 305). Hier sehen wir unter starkem mutterrechtlichen Einfluß gelegentlich die Teilhaberschaft von Frauen an Geheimbünden.

Der religiöse Charakter tritt bei den Omaha-Indianern hervor, bei denen Leute mit Visionen des Büffels, des Donners usw. sich in schamanistischen Organisationen zusammenfinden, die manchmal auch noch eine ärztliche Funktion ausüben. Diese Gruppen umfassen Personen verschiedener Altersstufen und schließen auch nicht Frauen aus (sie stehen also in diametralem Gegensatz zu der Theorie von Schurtz über „Altersklasse und Männerbünde" [02]). Indessen scheinen sie einen alten Besitz der Omaha-Indianer vorzustellen (Lowie [20] 320f., vgl. Boas, Wissler).

Die Zauberbünde Westafrikas. — Die Geheimbünde werden bei den Kpelle Westafrikas als der beherrschende Faktor im gesamten Leben der Bevölkerung bezeichnet. Nur wer einer geheimen Verbindung angehört, besitzt eine gesellschaftliche Stellung. Für Verheiratung mit einem Landeskinde, für die Teilnahme an der Verwaltung, den Mitbesitz der religiösen Güter, für ehrenvolles Begräbnis ist die Zugehörigkeit zu einem Geheimbunde Voraussetzung. Auch fremde Neger können nicht auf die Dauer unter den Kpelle wohnen, ohne durch Drohungen oder Versprechungen zum Eintritt in einen Geheimbund genötigt zu werden. Als solche Gesellschaften kommen in Betracht: 1. der *Poro*-Bund, 2. der *Sande*-Bund, 3. der *Leoparden*-Bund, 4. der *Schlangen*-Bund, 5. der *Antilopenhorn*-Bund, 6. der *Gbo-Sale*-Bund; dazu kommen ferner unter den Mende: 7. der *Schimpansen*-Bund, 8. der *Krokodil*-Bund und 9. eine Geheimgesellschaft der Zwillinge, usw. Im allgemeinen sind die verschiedenen Bünde auf der Übung besonderer Zauberkräfte aufgebaut. Die Mitglieder bilden eine Blutbrüderschaft, deren Mittelpunkt der Zauber ist. Doch sind z. B. die Glieder des gleichen *Poro*-Kursus, die also gleichzeitig eingeweiht werden, wieder enger untereinander verbunden. Die Zauberriten werden alle streng geheim gehalten. Die Erlangung von Macht und materiellem Vorteil, wie z. B. beim *Leoparden*-Bund, tritt deutlich hervor. Die *Poro*-Leute führen Maskentänze auf, die oft den Charakter bloßer Vergnügungen haben, und die Mitglieder des *Schlangen*-Bundes und anderer Genossenschaften ziehen von Ort zu Ort, um an den Häuptlingshöfen öffentliche Vorstellungen zur Volksbelustigung zu geben. Die Beziehungen zu Tieren spielen, wie schon aus den Bezeichnungen hervorgeht, vielfach eine bedeutende Rolle. Der Bundeszauber wird z. B. beim *Leoparden*-Bund durch Anlegen einer Leopardenhaut und eiserner Krallen vollzogen, indem der so Ausgestattete wirklich in mystischer Weise zu einem Leoparden geworden ist. Diese geheimen Zauberbünde werden einfach als „Zauber" bezeichnet; man redet von „Schlangenzauber", „Antilopenhornzauber" usw. Dagegen weicht diese Bezeichnung ab beim *Leoparden*-Bund, den man „Gesellschaft" nennt, und beim *Poro*-Bund, der als „Gemeinde " gilt. Die öffentliche Meinung wertet die verschiedenen Geheimbünde keineswegs gleich. An der Spitze steht die *Poro*- und *Sande*-Gesellschaft, besonders die erstere. Diese bildet das eigentlich konstitutive Element des gesamten Stammeslebens, in ihr haben alle weltlichen und religiösen Güter des Stammes ihren Mittelpunkt und ihre Quelle; sie durchdringt und beherrscht das ganze Gesellschaftsleben in gleicher Weise, wie es im abendländischen Mittelalter die christliche Kirche tat; sie ist das Heiligtum des Volkes und umfaßt dieses in seiner Gesamtheit. Die Mitgliedschaft im *Poro*-Bund ist Voraussetzung zu jedem anderen Geheimbund. Die Zauberbünde (*Antilopenhorn*-, *Gbo*- und *Schlangen*-Bund) kann man in ihrer praktischen Bedeutung als etwa ergänzende Hilfseinrichtungen zum *Poro*-Bund ansehen. Sie haben nur örtliche Verbreitung, und die Zahl ihrer Mitglieder ist beschränkt. Wieder eigenartig ist die Stellung des *Leoparden*-Bundes. Er gilt manchenorts als verbotene Gesellschaft. Die Zugehörigkeit zu ihm wird häufig von den Königen unter Strafe gestellt; denn man erblickt in ihm eine Gefahr für die Ruhe des Landes und die Sicherheit der Bewohner. Gleichwohl ist er oft die alles beherrschende Macht geworden, hat selbst die Könige unter seinen Willen gebeugt und die ganze Verwaltung des Landes an sich gerissen.— Auch an Alter steht der *Poro*-Bund wahrscheinlich an erster Stelle, wie aus verschiedenen Zeichen zu schließen ist. Dagegen ist der *Leoparden*-Bund eine viel jüngere Einrichtung, die vielleicht im Küstenland Sierra-Leones ihren Ursprung hat oder vom Norden her eingedrungen ist (vgl. Burrows und Quartey-Papafio, ferner Partridge, Dennett u. a.). Der *Schimpansen*- und *Krokodil*-Bund erwecken den Eindruck, als Nachahmungen des *Leoparden*-Bundes entstanden zu sein. — Im *Poro*-Bunde gibt es verschiedene Grade des Wissens: die aus der Schule des Bundes entlassenen Knaben sind keineswegs in alles eingeweiht; an den Beratungen der älteren Bundesglieder, von denen das Wesentliche verhandelt wird, nehmen sie nicht teil. Der Bund ist in zwei Hälften, für jedes Geschlecht, gespalten: kein Angehöriger des einen, ausgenommen einige im Frauenbund amtierende Männer, weiß etwas oder darf etwas wissen von den Geheimnissen und Gebräuchen des anderen. Vollkommenes Geheimnis wird den Nichtmitgliedern, also hauptsächlich den ortsansässigen Fremden gegenüber gewahrt. Darin liegt die Stärke des *Poro*-Bundes, daß er seine Mitglieder zusammenhält und ihnen allein alle Güter des Stammeslebens vorbehält, während der Fremde davon ausgeschlossen bleibt. Geheimnis ist alles, was mit dem Bundesleben zusammenhängt, und die Preisgabe dieses Wissens wird mit dem Tode bedroht. Es gilt als grobe Ungehörigkeit eines Fremden, überhaupt an ein Mitglied Fragen über einen Geheimbund zu stellen. Die Leitung des *Poro*-Bundes liegt in der Hand eines Großmeisters, der als „Geist" bezeichnet und in seiner Amtsführung durch eine Reihe von Männern unterstützt wird. Der Großmeister gilt als unsterblich, sein Tod wird geheim gehalten, und die Neuwahl seines Nachfolgers findet unter strenger Verschwiegenheit im engen Kreis der angesehenen Mitglieder statt.

Er tritt gewöhnlich umgeben von einer Gruppe Eingeweihter auf und trägt bei feierlichen Anlässen besondere Kleidung und Abzeichen. — Zur Einweihung in den *Poro*-Bund bedarf es einer vierjährigen Vorbereitung. Zwischen zwei Kursen liegt jedesmal eine dreijährige Pause, in welche die Abhaltung der *Sande*-Schule für Mädchen fällt, so daß also alle sieben Jahre ein neuer Kursus beginnt. Die *Poro*-Schule wird in der Regel an einem besonderen Platz in der Nähe des Hauptortes eines Königreiches abgehalten und von den Knaben des Landes besucht. Bei diesem Aufenthalt in strenger Abgeschlossenheit werden den Schülern hauptsächlich Gehorsam, verschiedene Abhärtungen, Leibesübungen und Fertigkeiten in Tänzen und in Musikbegleitung beigebracht. An den Zusammenkünften im *Poro*-Busch nimmt auch der König mit seinen Ratsleuten teil. Die parallele Organisation des weiblichen Geschlechtes ist, wie schon angedeutet, der *Sande*-Bund (Westm. 234 ff.). — Ähnliche geheime Organisationen finden wir auch im mittleren und östlichen Afrika (vgl. Arnoux und Heckethorn).

Ein religiöser Kultbund Indonesiens. — Bemerkenswert ist in Indonesien der Seranesische Geheimbund, der *Kakehan*. Das Wort *kakiai* bezeichnet das Oberhaupt der Jünglinge, meist den ältesten Sohn des Dorfoberhauptes, also etwa „Prinz". Es handelt sich wahrscheinlich um eine sehr alte Institution. Danach scheint der Bund aus politischen Verbänden hervorgegangen zu sein, die ihre einigende Kraft verloren hatten, aber auf religiöser Grundlage weiter lebten (Stres. 387). Das war häufig auch sonst der Fall, wo ein bedeutendes Kulturzentrum zunächst mit Hilfe der politischen Organisation sich entwickelte, dann aber nach dem Zusammenbruch des Staatsgebildes als religiös kulturelle Tradition weiter seinen Einfluß ausübte, wie wiederholt im alten Orient, in Griechenland und Rom (Kirche) zu beobachten ist. — Gegen Ende des 15. Jahrhunderts begann ein wichtiger Wendepunkt in der Entwicklung Serans, der durch die Machtausdehnung der molukkischen Königreiche und die Ausbreitung des Islam eingeleitet wurde. Beides bedrohte die Selbständigkeit der Alfuren und den Bestand ihrer überkommenen Sitten, an denen sie mit größter Zähigkeit festhielten. Aus diesen Umständen heraus gewann der Bund an Boden. Er verpflichtete seine Mitglieder, dem Glauben und den Sitten der Vorfahren anzuhängen und sich gegenseitig in der Abwehr äußerer Feinde zu unterstützen. Dabei waren die alten Priester von großer Bedeutung. Auch hier haben wir es mit einer Art allgemeiner „Kirche" zu tun, die z. B. nicht nur alle Alfuren östlich der Landzunge von Tanunu umfaßt, sondern der auch noch die am Strande wohnenden Christen und die Bewohner einiger Mohammedanerdörfer (Latu, Hualoi) anhängen. Das beweist gleichzeitig die politische Tendenz des Bundes, die nach den fortgesetzten Bedrückungen durch Ternataner, Portugiesen und Holländer immer mehr in den Vordergrund rückte. Auch wurde durch die Zugehörigkeit zum Bunde der Gegensatz zu den gefürchteten Bergalfuren gemildert. In der zweiten Hälfte des 17. Jahrhunderts war der Bund bereits in drei Gruppen gegliedert und besaß profane Beamte. An der Spitze steht der *Ina-ama* (= „Vater und Mutter"). Seine Würde ist nicht erblich. Er wird von den Regenten des Gebietes gewählt und sogar durch die holländische Regierung in seiner Würde bestätigt. Einmal im Jahre bereist er sein Land, läßt sich durch die Priester über den Stand der Dinge berichten und sucht nach Möglichkeit, Frieden zu stiften. Das hindert indes nicht, daß bis in die jüngste Zeit hinein Kopfjagden zwischen den Mitgliedern des Bundes an der Tagesordnung waren. Den Beamten stehen noch Unterbeamte zur Seite sowie örtliche Räte. Die Seele des *Kakehan* sind aber die Priester, deren es an jedem Ort mindestens einen, meist jedoch mehrere gibt. Im letzteren Falle steht einer an Würdigkeit über den anderen. Im gewöhnlichen Leben treten sie wenig hervor und sind äußerlich an keinerlei Abzeichen zu erkennen. Während sie sich bei Anwesenheit eines Europäers im Verborgenen halten, sind sie in Wahrheit die eigentlichen Beherrscher des Volkes, das ihren Befehlen blindlings folgt, da es von ihren übernatürlichen Kräften überzeugt ist. Hat sich einer aus dem Dorfe gegen die Gebote des *Kakehan*, etwa durch Verrat der Bundesgeheimnisse, versündigt, so sitzt der Priesterrat über ihn zu Gericht und setzt die Strafe fest, die in Bußen, zuweilen auch in einem Todesurteil besteht, das durch die Mitglieder des Bundes vollzogen wird. Wenn der Zeitpunkt zur Aufnahme neuer Mitglieder gegeben ist, so schicken die Priester ihre Boten nach Einbruch der Dunkelheit ins Dorf, damit sie unter Gongschlag durch die Straßen ziehen und die Bundesmitglieder mit lauter Stimme zur Versammlung einladen. Diese nennt man das „Hochwasser“, „Überströmung“. Sie findet in einem besonderen, im Walde versteckten Haus statt, das jedoch nicht weit von der Ortschaft abliegt. Es ist ein geräumiger Bau, der mehrere hundert Menschen fassen kann und von einer Hecke umgeben ist. Mit der Einweihung ist die Vorstellung verbunden, daß der Große Geist die Seele des Kandidaten raubt. Die Jünglinge werden erst im Hause des Priesters auf die Zeremonien vorbereitet. Im Mittelpunkt der Feierlichkeit scheint der hypnotische Schlaf des Aufzunehmenden zu stehen, der durch ältere erfahrene Männer hervorgerufen wird. Den Kandidaten werden bei der 5—9 Tage dauernden Zusammenkunft die Geheimlehren des *Kakehan* mitgeteilt und dabei gewisse Verpflichtungen auferlegt. Auch die Tätowierung wird auf dem Neuling während des Aufenthaltes im *Kakehan*-Haus angebracht, und zwar durch die Priester während der Hypnotisierung. Später wird gesagt, der Große Geist habe den Betreffenden gezeichnet. Die Auffassung herrscht, daß der Eintretende durch den Großen Geist (*nitu-ela*) erst entseelt, ihm dann aber das Leben neu geschenkt wird, nachdem die Seele eine Zeit lang im Geisterlande geweilt hat, die Interpretation des Vorgangs der Hypnose. Gleichzeitig wird auch in zeremonieller Weise vom Oberpriester ein Schwein mit einem Holzhammer erschlagen, ihm mit einer Bambuslanze der Leib geöffnet und das Blut in einem Gefäß aufgefangen. In tiefster Niedergeschlagenheit kehren die Frauen und Kinder ins Dorf zurück, wie nach einem Todesfall; sie verlassen ihr Haus nicht und müssen sich so still wie möglich verhalten, alles laute Sprechen ist ihnen untersagt. Bundesangehörige erscheinen im Dorf bewaffnet und geschmückt wie zu einem Kriegszug, blasen auf Bambustrompeten, die als Stimmen der *Nitu* (Geister) gelten, ängstigen die Frauen mit Grabesstimme und verlangen Essen und Trinken für die Verstorbenen, nämlich die Kandidaten. Diesen werden von den Priestern verschiedene Sachen geschenkt, die als Gaben der Geister gelten. Unter vielerlei weiteren Zeremonien und Prüfungen kehren die Neulinge ins Dorf zurück. Sie stellen sich so, als seien sie sehr schwach und treten rückwärtsgehend in ihr Haus ein. Sie kehren dann nochmals zum Oberpriester zurück, der sie baden läßt und zur gänzlichen Freigabe der Seele das Haaropfer an ihnen vornimmt, indem er in der Mitte des Kopfes eine Locke wegschneidet. Denn nur durch ein Ablösungsopfer glaubt man dem Geist die geraubte Seele wieder zu entlocken und die Wiedergeburt bewirken zu können. So gibt man ihm als *pars pro toto* das Haar des Betreffenden hin (Stres. 383). Während die *Kakehan*-Gesellschaft ein politischer Verband auf religiöser Grundlage ist, ist der *Pela*-Bund ein besonderer Zusammenschluß von Dörfern, um sich gegenseitig gegen die Kopfjägerei zu sichern und freundschaftlich zusammenzuhalten. Bemerkenswert ist dabei das Heiratsverbot zwischen *Pela*-Dörfern (Stres. 414).

5. Sippen- und Familienbauten, Bundeshäuser.

Das Familienhaus. — Die primitivsten Wohnstätten, die wir kennen, sind zunächst solche von Familien. In diesem Sinne kann man sagen, daß Familienhäuser am ältesten sind. Alle anderen Stätten für Zusammenkunft und Nächtigung finden sich erst bei reicherer Kultur. Das Leben von Jäger- und Sammlerstämmen der Steppen und Wüsten ist für die Formen primitivsten Wohnens schon aus dem Grunde lehrreich, weil die Lebensbedingungen primitiver Wildbeuter in den regenarmen Steppen und Wüsten keine hohen Anforderungen an die Baukunst stellen.

Das Wohnen der Buschmänner. — Als typische Form des Wohnhauses wird bei den Kalahari-Buschleuten der *Auin*, einem mit den Bantu vermischten und mit den Hottentotten verwandten Stamm, der Windschirm bezeichnet (Kaufm. [10] 138ff.). Einige Zweige werden mit dem dicken Ende locker im Halbkreis in die Erde gesteckt und mit den Verästelungen gegeneinander gelegt. Eine feste Verbindung der Streben untereinander hat Kaufmann nie gesehen, obwohl er einige 100 Hütten daraufhin untersucht hat. Das Ganze wird mit Gras beworfen, und der Bau ist fertig. In der Trockenzeit werden die Bauten meist noch viel flüchtiger ausgeführt und bestehen manchmal nur aus einigen Grasbüscheln, welche zwischen Zweige eines lebenden Busches lose hingeworfen sind. Der ganze Bau hat oft kaum die Höhe von 1 m und keine Bedachung. Er ist dann ein wirklicher „Windschirm“, welcher seine Bewohner im Liegen vor Zugluft schützen soll. Hält sich die „Werft“ (=Sippenlager) nur einige Tage auf einer Stelle auf, so genügt der Schatten von einigen Büschen, und auf Bauten wird überhaupt verzichtet. Beachtenswert ist auch hier, wie in Australien oder bei den Weddas, daß jede Frau ihren eigenen Feuerplatz hat, entweder unter einem eigenen Windschirm oder in Ermangelung dessen unter einem besonderen Busch. Doch zeigt sich hier eine Sonderung der Lagerstellen der verheirateten Paare mit ihren kleinen Kindern von denen der halbwüchsigen Mädchen und denen der unverheirateten jungen Burschen. Diese unverheirateten jungen

Leute haben, nach Geschlechtern getrennt, besondere Lagerstätten, die man als „Mädchen-" bzw. „Junggesellenhäuser" *in nuce* bezeichnen kann, wie sie in der Südsee oder im malayischen Archipel wirklich erbaut werden. Für die Versammlungen der Männer errichtet man bei diesen mangelhaften Wohnungsverhältnissen nicht besondere Bauten. Auch Vorratsräume kennen natürlich diese nomadisierenden Stämme nicht. Die Reinlichkeit in der Nähe der Hütten ist ziemlich gering. Das von den Herero geübte Eingraben der Exkremente wird von diesen Buschleuten nicht vorgenommen. Der Windschirm gilt nicht als Wertobjekt und wird nach dem Tode des Besitzers nicht vererbt. Im Falle des Todes bricht die ganze Horde auf und verläßt den unheilbringenden Ort. Als Lagerstätte unter dem Windschirm dient das Gras, welches mit einigen gegerbten Fellen bedeckt ist. Einrichtungsgegenstände der Wohnung sind nicht vorhanden. — Nicht viel reicher ist die Hütte der Bergdama, wie sie Vedder beschreibt.

Die Wohnstätte der Weddas. — Trotz der ganz anderen Umgebung sieht die Schutz- und Lagerstätte der in den Urwäldern Ceylons lebenden Weddas ähnlich aus. Den weitaus größten Teil ihres Lebens verbringen sie im Freien. Häufig wählen sie ihre Lagerstätte unter offenem Himmel ohne künstliches Schutzdach irgend welcher Art, am liebsten am Fuße eines gegen den Wind etwas schützenden großen Baumstammes. Sind in der Gegend gerade Elefanten häufig, deren Herden nomadisieren, so klettern sie auch einmal auf einen sicheren Baum hinauf und machen oben Nachtquartier. Hin und wieder stellen sie dann ein Gerüst auf den Baum, um schlafen zu können. Bei diesen Baumlagern handelt es sich jedoch nur um einen ausnahmsweisen Zufluchtsort. Ähnlich ist es, nebenbei gesagt, auch mit den sog. Baumhäusern von Neu-Guinea bestellt, die vorwiegend als Beobachtungsposten, Jagdhütten oder als eine Art von Festungstürmen dienen. Hohle Bäume, Säulenhallen der Luftwurzeln von alten Riesenfikus werden auf Ceylon gerade so gut wie von den Papuanern in den Gebirgen von Neu-Guinea zum vorübergehenden Aufenthalt der Jagdexpeditionen benutzt. Die Weddas legen Schutzdächer gegen Wind und Regen gern unter überhängenden Felsen an, während sie zur trockenen Jahreszeit im Freien kampieren. Jeder dieser Felsen oder „Höhlenwohnungen" gehört einer Familiengruppe und ist in Abteilungen angeordnet, so daß jeder Kleinfamilie eine Feuerstelle zufällt. Um den Lagerplatz legt man gern einen Kranz von Reisern an, damit herannahende wilde Tiere sich nachts durch Rascheln in den Reisern verraten (Saras. [92] 379f.).

Australische Wohnformen. — Ganz ähnlich liegen die Dinge in den Steppen Australiens. Jede Hütte wird von einem Mann, seiner Frau und den kleinen Kindern bewohnt. Die Eltern des Mannes können gelegentlich mit ihm und seiner Frau in derselben Hütte schlafen, aber seine Schwägerin oder sein Bruder dürfen nicht in der gleichen Hütte nächtigen, und den einzelnen Familienmitgliedern ist ihr Platz in der Hütte angewiesen (s. Hwtt. [04] 774). Wenn mehrere Familien zusammenleben, baut bei manchen Stämmen eine jede dieser Familien ihre Hütte um das Feuer als Mittelpunkt (Daws. [81] 10f., 17ff.).

Die Wohnstätte der Feuerländer. — Die Feuerländer wenden zum Teil

Windschirme aus Häuten an, aber auch kleinere und größere Zelte. Höhlenartige Unterkünfte werden von den Yahgans und Onas berichtet. Sie nehmen ihre Zuflucht auch unter Windschirmen von ein paar zusammengesteckten und miteinander verflochtenen Zweigen. Die Onas benutzten zuzeiten Gräben oder Löcher, die sie im Boden ausschaufelten. Die Yahgans errichteten besondere kleine Wigwams für das Liebesleben und für Kinder. Die Chonos bauten dagegen kreisrunde oder elliptische Bienenkorbhütten (Coop. S. 192f.).

Bei Hirten und Feldbauern; mit Hilfe von Bittarbeit auf Wechselseitigkeit. — Nur von den primitivsten uns bekannten Arten des Wohnens und Lagerns der Familien sind hier einige Beispiele aufgeführt worden. Alle mittleren und höheren Naturvölker sind teils zum Bau großer Zelte, wie z. B. die Hirtenvölker des zentralen und nördlichen Asiens oder Arabiens, übergegangen, während die seßhafteren Feldbauer Dörfer mit verschiedenen traditionellen Bauweisen ihrer Familienhäuser anzulegen pflegen, die um die beiden überhaupt nur möglichen Grundrißformen, die Rundhütte und die Viereckshütte, hin und her schwanken. Die zur Tradition gewordenen Baustile sind natürlich von Bedeutung für Ermittlung möglicher Berührungen und Beeinflussungen unter den Völkern.

Dienende Arbeitshilfe bei geschichteten und gestaffelten Völkern. — Mit der Ausbildung der Bautechnik und der Heranziehung dienender Arbeitskräfte dehnt sich die Errichtung von anderen Zwecken gewidmeten Häusern aus, namentlich von im Dienste der politischen und religiösen Gemeinschaft stehenden Festhallen, der Männerhäuser, Tempel, Paläste, Befestigungen, ferner von Häusern, die entweder der Isolierung der Geschlechter dienen, wie die Jünglingshäuser oder die Häuser für unverheiratete Mädchen und Witwen, oder solcher, die in besonderer Weise dem Liebesleben gewidmet sind. Außerdem finden sich gelegentlich an verschiedenen Orten große Bauten, in denen die ganze Siedlung untergebracht ist, die sich aus einer großen Zahl von Familien zusammensetzt.

In Verbindung mit den Männerbünden, den Weihezeremonien und den geheimen Gesellschaften werden häufig Bauten errichtet, die nicht oder nur nebenher Wohnzwecken dienen, hauptsächlich aber der Veranstaltung von Festen und Zeremonien und der Zusammenkunft der Bundesangehörigen.

Dazu gehört das Pubertätshaus. — Bei manchen Völkern ist es üblich, im Zusammenhang mit den Mannbarkeitsfeiern Häuser zu errichten, in denen während der Vorbereitung des Hauptfestes oder in der Zeit zwischen den einzelnen, oft durch Wochen oder Monate getrennten Festabschnitten die der Weihe zugeführte Jugend, in das Pubertätsalter getretene Jünglinge oder Mädchen, abgeschlossen wird. Gewöhnlich sind diese Hütten provisorischer Natur, die primitiver oder doch anders gebaut sind als die Wohnhäuser oder die Männerhallen. In der Regel werden sie am Schluß der Feierlichkeiten zeremoniell zerstört, verbrannt oder abgetragen. —

Anders die Männerhallen. — Schon bei Jäger- und Sammlerstämmen, wie z. B. bei den Bergdama Südwestafrikas, gibt es besondere Stellen im Lager, die für die erwachsenen Männer, die Führer der Sippe, reserviert sind. In diesem Fall ist es der Platz am heiligen Feuer (Vedd. 16). Bei gewissen Stämmen

Neu-Guineas, welche, wie z. B. am oberen Augusta-Fluß und seinen Nebenläufen, gemeinsame Sippenhäuser bewohnen, gibt es besondere Festplätze mit einem rohen Gestell und vertikal aufgestellten Schlitztrommeln aus Holz unter einem Baum. Das Betreten dieser Festplätze ist Frauen und Kindern verboten; sie sind den Männern vorbehalten.

Bedeutung und Weihe einer Männerhalle. — Bei Feldbauerstämmen, die seßhaft sind und dem Hausbau größere Aufmerksamkeit zugewendet haben, ist eine Differenzierung der Bauweise eingetreten. In der Landschaft Buin an der Südspitze von Bougainville (Salomo-Inseln, Südsee) befinden sich z. B. die Schlafhäuser auf besonderen, von den üblichen Pfaden abgelegenen Plätzen, gewöhnlich ein, zwei oder drei Häuser auf einer Rodung. Diese Schlafhäuser sind auf 5—10 m hohen Pfählen erbaut. Jeder Sippenhäuptling errichtet aber eine Männerhalle, die gewöhnlich mitten auf dem Wege erbaut wird. Diese besteht aus nichts weiter als einem großen Dach, das auf starken Pfeilern ruht. Es ist also ebenerdig, kein Pfahlhaus. Hier tritt die Eigentümlichkeit hinzu, daß jede dieser Hallen einen bestimmten symbolischen Namen führt, der irgendwie eine zauberische Drohung enthält. Z. B. wenn die Halle „Krokodil" genannt wird, soll damit angedeutet werden, daß sie, wie dieses, den unwillkommenen Besucher tötet. Heißt sie „Libelle", so kommt damit zum Ausdruck, daß der fremde Besucher, der sich in das Haus setzt, wie die Libelle auf einem dargebotenen Stock, ebenso leicht mit der Hand ergriffen und getötet werden kann. Mit dem Namen „die Waldbanane", die als Köder für den Vogelfang dient, wird angedeutet, daß die Halle wie ein Köder auf fremde Gäste wirkt. Die Bezeichnung „der Taubstumme" oder „der Tolle" enthalten die Drohung, daß der Herr der Halle den ungebetenen Gast ohne zu hören und zu reden oder wie ein Rasender, ein Toller, tötet usw. (T. [10] 318, [10] 114f.). — Jede Halle hat ihren besonderen Geist (*bolibai*), der manchmal geschnitzt als Hauptpfosten oder neben diesem aufgestellt ist. Wenn ein Fremder in einer solchen Halle etwas verzehrt, so „zürnt ihm dieser Geist". In der Halle sind vor allem die großen und verschieden abgestimmten Holztrommeln aufgestellt, und links vom Eingang befinden sich die erbeuteten Schädel. Unter den Dachbalken werden Keulen und Speere, mit denen Feinde getötet wurden, aufbewahrt, nachdem man sie den Geistern der Ahnen dadurch geweiht hatte, daß man Schweinefleisch verbrannte, und in dessen Rauch die siegreiche Waffe hielt. Die Weihe der Halle ist mit einem Menschenopfer (vgl. T. [R. L.] „Menschenopfer" C) verbunden; das Opfer ist gewöhnlich ein Sklave eines befreundeten Häuptlings, der ihm abgekauft wurde. Der betreffende Mann wird meuchlings überfallen und getötet, man schneidet ihm den Kopf, die Beine und Arme ab und hängt diese Teile an Pfosten, die mit Pfeilen und Speeren beschossen werden. Damit erhalten die betreffenden Waffen die Weihe zum Kampfe, d. h. vermöge des Vorbildzaubers nimmt man an, daß die Waffe, die einmal getroffen hat, auch später wieder treffen wird. Der Schädel des Opfers wird dann auf die Keule gesteckt, die das Opfer tötete, und vor dem Mittelpfeiler aufgepflanzt. Dieser ist mit bestimmten Pflanzen umwunden, und davor setzen sich die Personen, die den Mann erschlagen hatten, und kauen Betelnuß. Die Milch von einer Kokosnuß wird vor dem Schädel auf den Boden gegossen und auf einer Topfscherbe das geschabte Fleisch der Nuß zusammen mit Mandeln und Früchten verbrannt. Ein Schmaus von Schweinefleisch, Kuskus und auch von Fischen beschließt die umständliche, hier nur angedeutete Weihezeremonie des Männerhauses (T. [12] 3 51 ff.).

Sippenhäuser. — Von den Männerhallen müssen wir die Sippen- oder Siedlungshäuser unterscheiden, die als einziges Haus die gesamte Sippe oder Siedlung von manchmal 30—80 Köpfen und darüber hinaus beherbergen. Diese Art des Siedelns, die von Ostasien her über die Sunda-Inseln (Gshg. [04], Moszk. [10]) bis in das Innere von Neu-Guinea reicht (Hadd. [12], Landtm. [20]) und sich im nördlicheren Amerika unter gewissen Abänderungen in den sog. Pueblo-Siedlungen und auch in Südamerika (Koch-G. [11/13] 248) wiederfindet, scheint mit besonderen Kulturströmungen zusammenzuhängen (Webst. [08]). Ähnlichen gemeinschaftlichen Wohnstätten begegnen wir in den eigenartigen Höhlenwohnungen von China, in den Oasen der Sahara (Trg. [06], Krtz. [07]), insbesondere in Algier und Tripolis, in den teilweise unterirdischen Temben der ostafrikanischen Wafiomi (Baum. [94] 177), aber auch unter den Tscheremissen, Mordwinen, Esten und Finnen (Heikel [88]).

Häuser für besondere Funktionen. — Außer den Familienhäusern und Männerhallen gibt es in Buin noch Vorratsschuppen, die auf den Rodungen der Schlafhäuser errichtet werden, und Kochhütten, die neben den Männerhallen erbaut sind. Auf den benachbarten Inseln, wie auf Choiseul, findet man noch große Bootschuppen.

Auf den Karolinen-Inseln ist die Zahl der Hausarten für bestimmte Zwecke noch mannigfaltiger. Die komplizierte soziale Rangstaffelung bringt es dort mit sich, daß zu jedem Familienhaus mehrere Kochplätze gehören, da die gemeinsame Zubereitung von Speisen für Angehörige verschiedener Rangstufen (*yegum*) nach der dortigen Auffassung nicht möglich ist. Für den Familienvater muß besonders gekocht werden, und seine Feuerstelle befindet sich gewöhnlich im Familienhause. Oft aber hat er auch noch ein Kochhaus für sich allein. Die Frauen kochen in besonderen Hütten. Daneben befinden sich noch Speicher zur Aufbewahrung von Nüssen, Netzen, Brennholz usw. Leben auch noch verheiratete Kinder mit in der Familie, so bewohnen diese ein kleineres Nebengebäude, manchmal auch ein Kochhaus. — Außer der Beratungshalle (*pă-vai*) baut man noch sog. Klubhäuser (*fălŭ*) in einem etwas anderen Stil. Außerdem besitzt jedes Dorf noch einen oder mehrere heilige Plätze. Für die Kanus werden ebenfalls besondere Schuppen errichtet. — Der Hausbau findet unter großen Zeremonien statt (Müll.-W. [17] 1 145 ff.). Abseits vom Dorf befinden sich noch besondere Hütten für die Menstruation der Frauen. Endlich werden auf heiligen Plätzen und an Gräbern Geisterhäuschen errichtet. — Die Versammlungshalle (*pă-vai*) wird gewöhnlich an einem Knotenpunkt der Dorfpfade und an dem Hauptwege des Dorfes oder Dorfteiles erbaut. Diese sog. Klubhäuser (*fălŭ*) dienen als gemeinsame Wohnstätten der Männer gleichen Alters, vor allem der unverheirateten Jünglinge, und liegen gewöhnlich am Strande (133 ff.).

In ähnlicher Weise werden auch, z. B. auf Kusae (Karolinen-Inseln), verschiedene Hausarten für die mannigfaltigsten Zwecke und Zeremonien erbaut (Sarf. [19—20] 1 232ff.).

Königsresidenzen und Lokalheiligtümer. — Dort, wo in Afrika das despotische Königtum Eingang gefunden hat, wie z. B. unter den ostafrikanischen Kiziba, haben sich besondere Königssiedlungen mit verschiedenen Kategorien von Häusern, für den König, die Königinmutter, die Hofjäger, die Wache, für die Königsfrauen, für die Küche, für die Brüder und Verwandten des Königs, für die Musiker und die Dienerschaft, für die Schmiede, für die Rindenstoffarbeiter, für die verschiedenen Geister, den Erdgeist, den Meergeist, und endlich für das Vieh verselbständigt, während das gewöhnliche Volk wieder in andersartigen Häusern lebt (Rehse [10] 8ff.).

Im allgemeinen wird man die Tendenz beobachten können, daß die Männerhäuser zu Lokalheiligtümern, zu Tempeln (vgl. Preuss [19/20] 1075), werden. Das oben angeführte Beispiel von Buin birgt aber noch die andere Möglichkeit, nämlich den Übergang vom Männerhaus zum Königspalast, wie das z. B. in den polynesischen Gegenden beobachtet werden kann.

Tempel. — Die Errichtung von Tempeln ist eine Erscheinung, die sich erst in archaischen Kulturen findet. Nicht nur, daß die Tempel eine gewisse Ausbildung der Bautechnik voraussetzen, sondern sie sind auch in starkem Maße sozial an die Entstehung einer Priesterschaft gebunden.

Bei Naturvölkern treffen wir auf Ansätze zur Absonderung von heiligen Plätzen und Tempeln in mehrfacher Hinsicht:

bei verhältnismäßig wenig entwickelter Bautechnik und ohne eine Spezialisierung des Hausbaus für besondere Zwecke dienen heilige Plätze, häufig in Verbindung mit einigen Bäumen, der Veranstaltung von Festen und Zeremonien (z. B. Südsee). Auch der Platz am heiligen Feuer, an dem die Alten tagen (z. B. die Bergdama Südwest-Afrikas), ist ein solcher respektgeladener Platz (s. a. T. [R. L.] „Mana“ B, „Meidung“).

Die sog. „Männerhallen“ können gleichzeitig als Sippenheiligtümer betrachtet werden, in denen die heiligen Musik-Instrumente, wie Trommeln oder Bambuspfeifen, aufbewahrt werden; ferner die Prunk-Speere und -Schilde für Zeremonialzwecke (z. B. am Augusta-Fluß, Neu-Guinea), oder solche Pfeile und Speere, die getroffen haben, Schädel erschlagener Feinde (Buin auf Bougainville, Salomo-Insel), oder was es sonst noch an denkwürdigen Resten von besonderen Ereignissen gibt, wie Erinnerungen an Mahlzeiten in Gestalt von Schweinekiefern (Buka, Nissan) u. dgl. m.

Nicht selten findet sich (z. B. auf den Salomo-Inseln) noch die geschnitzte Figur eines Menschen oder eine Hockerfigur mit großem Schädel als Schutzgeist der Halle. Bei der Errichtung der Halle wurde früher ein Mensch getötet, dessen Geist man zum Besten der Halle auf diese Weise zu bannen suchte. Ursprünglich verwendete man wohl das Skelett oder den präparierten Leichnam oder Schädel unmittelbar, wie vereinzelte Funde beweisen, und ging erst später dazu über, die Formen in Holz nachzubilden.

Vielfach werden die Schädel von verstorbenen Ahnen in besonderen Häusern aufbewahrt (z. B. Nordküste von Neu-Guinea, Neu-Mecklenburg). Dort werden zuzeiten Opfer dargebracht und Zeremonien veranstaltet.

Wo die Verstorbenen in Hügelgräbern zunächst beigesetzt wurden, stellte man vielfach Totenwächter an, die durch Aufgießen von Wasser der Verwesung der Leiche nachhalfen und auch für den Unterhalt des Totengeistes sorgten (s. T. [R. L.] „Totenkultus" A § 12). Daran knüpfte sich ein regelmäßiger Opferdienst am Grabe. Für diese priesterlichen Wächter wurden besondere Gebäude errichtet, in denen namentlich später auch die Gebeine des „gepflegten" Toten beigesetzt wurden. Die Tempelstatuen dürften wohl zunächst als Nachbildungen der Leiber der Toten aufzufassen sein.

Häufig finden sich auch Miniaturabbilder von Häusern, in denen irgendwelche Reliquien der Verstorbenen aufbewahrt werden, und vor denen Opferungen stattfinden. Dazu gehören auch Aschenurnen, Schädelhäuschen u. dgl.

An diese Vorbilder hat sich wohl auch der Kult anderer Geister (nicht der von Verstorbenen) gehalten.

SCHLUSS

Die Betrachtung von besonderen Wohnstätten, die der Beherbergung von Familien und Sippen dienen, den Versammlungen der Männer gewidmet sind, für die Gesellungen der Jünglinge oder als Kultstätte der Bünde errichtet werden, leitet uns zu den Faktoren hin, die außerhalb der Geschlechts- und Altersverzahnung und dem Zusammenschluß zu religiösen oder magischen Zwecken in anderer Weise der Erhaltung und Fortpflanzung der Gemeinden dienen, nämlich zur Wirtschaft. Was wir zusammenfassend als wirtschaftliche Mittel bezeichnen, stellt zum Unterschiede vom magischen prinzipiell ein rationelles Verfahren zur Erhaltung der Gemeinden dar. Ihm ist der folgende dritte Band gewidmet.

ABKÜRZUNGEN UND LITERATUR-VERZEICHNIS

Abrh. [14] **Abraham**, Die neurotische Exogamie 1914 (Img. 3).

Ac. [80] **Acosta**, History of the Indies 1880.

Adr. [1775] **Adair**, The History of the American Indians 1775.

Ad. [13] Leonhard **Adam**, Stammesorganisation und Häuptlingstum der Tlinkitindianer 1913 (Z. vgl. Rw. 29).

Albst. [89] E. **Alabaster**, Notes and Commentaries on Chinese Criminal Law 1889.

Alv. [25] F. **Alverdes**, Tiersoziologie 1925.

Amr. [82/95] Karl von **Amira**, Nordgerm. Obligationenrecht 1882 u. 1895.

Amr. [22] von **Amira**, Die germanischen Todesstrafen, Untersuchungen zur Rechts- und Religionsgeschichte 1922 (Abh. Bayer. Ak. 31).

Amds. [10] **Amundsen**, Short Cut to the W. Mandarin 1910.

Andr. [80] R. **Andree**, Die Asyle 1880 (Glob. 38).

Andr. [85] Richard **Andree**, Aggri-Perlen 1885 (Z E 17).

Ang. [25] Jaime de **Angulo**, Kinship Terms in Some Languages of Southern Mexico 1925 (A A 27).

Ank. [18] B. **Ankermann**, Totenkult und Seelenglaube bei afrikanischen Völkern 1918 (Z E 50).

Antn. [23] G. **Antonucci**, Der Stein der Zahlungsunfähigen. Ein Beitrag zur rechtswissenschaftlichen Volkskunde Italiens 1923 (Z. vgl. Rw. 40).

Armstr. [24] W. E. **Armstrong**, A Unique Monetary System 1924 (E J 34).

Arn. [13] **Arnoux**, Le culte de la société secrète des Imandwa au Ruanda 1913 (Anthr. 8).

Asm. [11/a] **Asmis**, Die Stammesrechte des Bezirks Atakpame (Togo) 1911 (Z. vgl. Rw. 25).

Asm. [11/b] **Asmis**, Die Stammesrechte der Bezirke Misahöhe, Anecho und Lome-Land (Togo) 1911 (Z. vgl. Rw. 26).

Ast. [07] **Aston**, Shinto 1907.

Aub. [70] **Auerbach**, Das jüdische Obligationenrecht 1870.

Autr. [08] **Autenrieth**, Recht der Kissiba 1908 (Z. vgl. Rw. 21).

Avon [15] **Avon**, Vie sociale des Wabenda au Tanganika 1915 (Anthr. 10—11).

Babl. [82] **Babelon**, Du Commerce des Arabes dans le nord de l'Europe, avant les croisades. Athenée Oriental I 1882.

Bachf. [61] **Bachofen**, Das Mutterrecht 1861.

Bachf. [70] **Bachofen**, Die Sage von Tanaquil 1870.

Bachf. [97] **Bachofen**, Das Mutterrecht. 2. Aufl. 1897.

Bac. [14] **Bacon**, The Song of Roland 1914.

Bad.-Pow. [96] **Baden-Powell**, The Indian Village Community 1896.

Balkh. [19] **Balkrishna**, Economics in Ancient India 1919 (IJE 2).

Baml. [11] G. **Bamler**, Die Tami (in Neuhauß: Dtsch.-Neu-Guinea 3) 1911.

Bar. [15] Leo **Barbar**, Gewohnheitsrechte aus Bulgarien 1915 (Z. vgl. Rw. 32).

Bar. [16] **Barbar**, Ein Denkmal des Bulgarischen Rechts 1916 (Z. vgl. Rw. 33).

Barb. [17] **Barbeaux**, Iroquoian Clans and Phratries. Parallel between the N. W. Coast and Iroquoian Clans and Phratries 1917 (AA 19).

Barth [57] **Barth**, Reisen und Entdeckungen in Nord- und Zentral-Afrika 1857ff.

Bart. [18] **Barton**, Miscellaneous Babylonian Inscriptions 1918.

Bart. [23] **Barton**, Notes on the Kipsikis or Lumbwa Tribe of Kenya Colony 1923 (JRAI 53).

Bart. [22] R. F. **Barton**, Ifugao Economics 1922 (UCPAAE 15).

Bsdw. [25] Herbert **Basedow**, The Australian Aboriginal 1925.

Bast. [89] A. **Bastian**, Indonesien IV. (Borneo und Celebes) 1889.

Bates [24] **Bates**, Elf Jahre am Amazonas 1924.

Bd. [28] Louis **Baudin**, L'empire socialiste des Incas (Travaux et mémoires de l'Institut d'Ethnologie V. Paris) 1928.

Baum. H. [26] H. **Baumann**, Vaterrecht und Mutterrecht in Afrika 1926 (ZE 58).

Baum. O. [94] Oskar Baumann, Durch Massailand zur Nilquelle 1894.

Btty. [15] K. J. Beatty, Human Leopards. An Account of the Trials of Human Leopards before the Special Commission Court; with a Note on Sierra Leone, past and present 1915.

Beav. [20] Wilfred N. Beaver, Unexplored New Guinea 1920.

Beck [24] Walter Beck, Das Individuum bei den Australiern 1924 (StFIL.—IV—EE 6).

Beech [15] M. W. H. Beech, Africa, East. Pre-Bantu Occupants of East Africa 1915 (Man 15).

Beech [17—18] Mervyn H. Beech, Kikuyu System of Land Tenure 1917—18 (JAS 17).

Bell [24] Bell, Tibet Past and Present 1924.

Bellon [16] Bellon, Personen- und Ortsnamen der Tschi-Neger 1916 (MSOSpr. 19).

Blw. [96] G. v. Below, Das Duell in Deutschland. Geschichte und Gegenwart 1896.

Blw. [23] G. von Below, Die Entstehung der mittelalterlichen Stadtgemeinde 1923 (Jb.NSt 120).

Benzg. [07] Immanuel Benzinger, Hebräische Archäologie. 2. Auflg. 1907.

Berg [86] L. W. C. van den Berg, Le Hadhramaut et les colonies arabes dans l'Archipel Indien 1886.

Bergm. [26] Sten Bergman, Vulkane, Bären und Nomaden, Reisen und Erlebnisse im wilden Kamtschatka 1926.

Berkk. [13/a] H. Berkusky, Der Einfluß abergläubischer Vorstellungen auf das wirtschaftliche und soziale Leben der Naturvölker 1913 (ZSw.[NF] 4).

Berkk. [13/b] H. Berkusky, Das Bodenrecht der primitiven Stämme Indonesiens 1913 (Z. vgl. Rw. 29).

Bern. [25] Ulrich Berner, Die wirtschaftlichen Grundlagen für Entstehung und Verbreitung von Hackbau, Gartenbau und Ackerbau 1925 (ZE 57).

Brhd. [14] Anna Bernhardi, Frühgeschichtliche Orakelknochen aus China 1914 (BA 4).

Bernh. [89] Bernhöft, Zur Geschichte des europäischen Familienrechts 1889 (Z. vgl. Rw. 8).

Bernh. [19] F. Bernhöft, Römisches Geschlechtsrecht 1919 (Z. vgl. Rw. 36).

Bert. [20] le Colonel Bertrand, Quelques notes sur la vie politique, le développement, la décadence des petites sociétés bantou du bassin central du Congo 1920 (RIS 1/3).

Best [98] Elsdon Best, Ark of the „Whare Pora“: Notes on Clothing of the Ancient Maori usw. 1898 (TNZI 31).

Best [02] Elsdon Best, Maori Nomenclature 1902 (JRAI 32).

Best [17/a] Elsdon Best, Some Place Names of Islands of the Society Group 1917 (JPS 26).

Best [17/b] Elsdon Best, The Land of Tara 1917 (JPS 26).

Best [23] Elsdon Best, The Origin of the Maori 1923 (JPS 32).

Best [24] Elsdon Best, The Maori 2 vols. 1924 (Memoirs of the Dominion of New Zealand 5, 1 und 2).

Best [25] Elsdon Best, Maori Agriculture 1925 (NZDMB 9).

Bieb. [16] Bieber, Geschichte der Könige von Kaffa. Überlieferungen der Kaffitscho oder Gonga 1916 (MSOSpr. 19).

Bieb. [20] J. Bieber, Kaffa 1920 (Anthrop.-Bibl. 2/2).

Bieb. [22] Bieber, Geschichte des Kaffaisch-äthiopischen Kriegs, eine Überlieferung der Kaffitscho oder Gonga 1922 (MSOSpr. 23—25).

Bing. [92] Binger, Du Niger au Golfe de Guinée 1892.

Bleek [28/a] D. F. Bleek, The Naron. A Bushman Tribe of the Central Kalahari 1928 (UCTPSALL).

Bleek [28/b] Dorothea Bleek, Buschmänner von Angola 1928 (A. f. Anthr. NF 21).

Bleek u. Ll. [11] J. W. Bleek u. L. C. Lloyd, Specimens of Bushman Folklore 1911.

Bley [14] P. Bley, Sagen der Baiminger auf Neupommern 1914 (Anthr. 9).

Boas [88] F. Boas, The Central Eskimo 1888 6. ARBE (1884—85).

Boas [97] Franz Boas, The Social Organisation and Secret Societies of the Kwakiutl Indians 1897 (Report Un. Stat. Nat. Mus. for 1895).

Boas [07] Franz Boas, The Eskimo of Baffin Land and Hudson Bay 1907 (AMNH 15).

Boas [21] Franz Boas, Ethnology of the Kwakiutl 1921 (ARBAE 35).

Boas [22] Boas, The Avunculate among the Vandau (Portuguese South-Africa) 1922 (AA 24).

Boas [23] Franz Boas, Notes on the Tillamook 1923 (UCPAAE 20).
Boas [24] Franz Boas, America and the Old World 1924 (CIA 21).
Bog. [04—10] W. Bogoras, The Chukchee Publications of J. N. P. E. 7 1904—10 (MAMNH).
Bog. [10] W. Bogoras, The Eskimo of Siberia 1910 (J. N. P. E. 8).
Bog. [25] Waldemar Bogoras, Ideas of Space and Time in the Conception of Primitive Religion 1925 (AA 27).
Böhm [98] Otto Böhm, Die Kornhäuser in Indien, Rußland etc. 1898 (MVw.St. 26).
Bold. [25] Gustaf Bolinder, Die Indianer der tropischen Schneegebirge. Forschungen im nördlichsten Südamerika 1925.
Boll. [27] P. Laurentius Bollig, Die Bewohner der Truk-Inseln 1927 (Anthrop.-Bibl. 3/1).
Born [04] Born, Einige Beobachtungen ethnograph. Natur über die Oleai-Inseln 1904 (MDSch. 17).
Bgv. [1772] Bougainville, Reise um die Welt 1772.
Bgl. [08] C. Bouglé, Essai sur le régime des castes 1908.
Bowd. [1819] Bowditch, Mission from Cape Coast Castle to Ashantee 1819.
Bowd. [1820] Bowditch, Mission to Ashanti 1820.
Byl. [15—16] V. Boyle, The Marking of Girls at Ga-anda 1915—16 (JAS 15).
Brdbg. [15] Erich Brandenburg, Über Felsarchitektur im Mittelmeergebiet 1915 (MVAG. 19).
Brandst. [22] Elsa Brandström, Unter Kriegsgefangenen in Rußland und Sibirien 1914—20. 1922.
Brandt [80] Brandt, Norsk Retshistorie 1880.
Braung. [25] Richard Braungart. Die Nordgermanen 1925.
Brtk. [19—20] Breitkopf, Wucher und Schuldsklaverei in Kpando (Togo) 1919 — 1920 (Anthr. 14/15).
Brel. [27] Bernhard Breloer, Kantaliga-Studien I. Das Grundeigentum in Indien 1927.
Brt. [17] Breton, Relationship in Ancient Guatemala 1917 (Man 119).
Brt. [20] Breton, An ancient Mexican picture map 1920 (Man 20).
Brew. [23] A. B. Brewster, The Hill Tribes of Fiji 1923 (Man 66).
Brdg. [84] T. Bridges, Moeurs et Coutumes des Fuégiens 1884 (BSAP 3/7).
Briff. [27] Briffault, The Mothers III 1927.
Brk. [00] P. H. Brinker, Charakter, Sitten und Gebräuche speciell der Bantu Deutsch- Südwestafrikas 1900 (MSOSpr. 3).
Brode [05] Brode, Tippu Tip, Lebensbild eines zentralafrikanischen Despoten, nach seinen eigenen Angaben dargestellt 1905.
Brown A. R. [10] A. R. Brown, Marriage and Descent in North Australia 1910 (Man 10).
Brown A. R. [12/a] A. R. Brown, Beliefs concerning Childbirth in some Australian Tribes. Nr. 96. 1912 (Man 12).
Brown A. R. [12/b] A. R. Brown, Marriage and Descent in North and Central Australia 1912 (Man 12).
Brown A. R. [12/c] A. R. Brown, The Distribution of Nation Tribes in Part of Western Australia 1912 (Man 12).
Brown A. R. [13] A. Radcliffe Brown, Three Tribes of Western Australia 1913 (JRAI 43).
Brown A. R. [18] A. R. Brown, Notes on the Social Organization of Australian Tribes I 1918 (JRAI 48).
Brown A. R. [22] A. Radcliffe Brown, The Andaman Islandere 1922.
Brown. A. R. [23] Radcliffe A. Brown, Notes on the Social Organization of Australian Tribes 1923 (JRAI 53).
Brown G. [10] George Brown, Melanesians and Polynesians 1910.
Brown J. M. [18] J. Macmillan Brown, Raivavai and its Statues 1918 (JPS 27).
Brown J. T. [21] J. T. Brown, Circumcision Rites of the Becwana Tribes (Bantu) 1921 (JRAI 51).
Brown J. T. [26] J. Tom Brown, Among the Bantu Nomads, a record of forty years spent among the Bechuana (South Africa) 1926.
Browne G. [15] G. St. J. Orde Browne, Africa, East: Circumcision. The Circumcision Ceremony in Chuka 1915 (Man 15).
Browne J. [56] James Browne, Die Eingeborenen Australiens 1856 (PM) 443 ff.
Br. [92] Brunner, Deutsche Rechtsgeschichte 1892.
Br. [05] Brunner, Grundzüge der deutschen Rechtsgeschichte II 1905.
Büch. [93—22] Karl Bücher, Die Entstehung der Volkswirtschaft 1893—1922.

Büch. [24] Karl Bücher, Arbeit und Rhythmus 1924.
Buck [25] P. H. Buck, 1925 (JPS 34/1).
Buell [28] Raymond Leslie Buell, The Native Problem in Africa 1928.
Blrg. [53] Bulmerincg, Das Asylrecht 1853.
v. Bül. [06] Werner von Bülow, Das ungeschriebene Gesetz der Samoaner 1906 (Glob. 89).
Brckh. [1830/a] J. L. Burckkardt, Reisen in Arabien 1830.
Brckh. [1830/b] J. L. Burckhardt, Notes on the Bedouins and Wahabys 1830.
Burr. [13—14] Burrows, The Human Leopard Society of Sierra Leone 1913—14. (JAS 13).
Busch. [22] G. Buschan, Illustr. Völkerkunde I 1922.
Bshn. [19] Bushnell, Native villages and village sites east of the Mississippi 1919 (BBAE 69).
Bshn. [22] Bushnell, Villages of the Algonquian, Siouan and Caddoan Tribes, West of the Mississippi 1922 (BBAE 77).
Bus. [92] Busolt, Die griech. Staats- und Rechtsaltertümer 1892 (Handb. d. klass. Altertumswiss.).
Bus. [20] Busolt, Griechische Staatskunde 1920.
Bux. [29] L. H. Dudley Buxton, China. The Land and the People 1929.
Byh. [23] Byhan, Nord- Mittel- und West-Asien 1923 (in Buschan Ill. Völkerk. 2).
Cpb. [22] Dugald Campbell, In the Heart of Bantuland 1922.
Crdn. [21] Cardinall, Customs at Death of King of Dagomba 1921 (Man 52).
Clh. [1682] Carlholm, Tractatus de asylis Upsala 1682.
Carp. [19] Edward Carpenter, Intermediate Types among Primitive Folk. A Study in Social Evolution 1919.
Carr. [13] Douglas Carruthers, Unknown Mongolia. A Record of Travel and Exploration in North-West Mongolia and Dzungaria. 2 Bde. 1913.
Cas. [24] Enrique Casas, La Covada y el origen del Totemismo 1924.
Cat. Geo. Catlin, Letters and Notes on the Manners, Customs and Conditions of the North American Indians, 2 vols. 1841.
Chamb. [11] Ralph V. Chamberlain, The Ethno-Botany of the Gosiute Indians of Utah 1911 (MAAA 2/5).
Chamb. [13] Chamberlain, Place and Personal Names of the Gosiute Indians of Utah 1913 (Proceed. Am. Philos. Soc. 59).
Chdr. [04] Chandra, The Hierarchy of the Dalai-Lama 1904 (JASBB 73).
Chttp. [22] Chattopadhyay, Levirate and Kinship in India 1922 (Man 22 Nr. 25).
Chinn. u. Beav. [14—15] E. W. P. Chinnery u. W. N. Beaver, im Annual Report, Commonwealth of Australia, Papua 1914—15.
Chinn. u. Beav. [15] E. W. P. Chinnery u. W. N. Beaver, Notes on the Initiation-Ceremony of the Koko-Papua 1915 (JRAI 45).
Church [12] C. G. E. Church, Aborigines of South America 1912.
Cszk. [97] S. Ciszewski, Künstliche Verwandtschaft bei den Südslaven 1897.
Cochr. [05] Cochrane, The Shans 1905.
Cod. [91] R. H. Codrington, The Melanesians, their Anthropology and Folk-Lore 1891.
Cohn [23] Ludwig Cohn, Spuren der Araber in der Südsee 1923 (DGB 39).
Coll. [23] O. J. A. Collet, Le régime des clans et le matriarcat à Sumatra 1923. RIS 3/2).
Collc. [23] Collocott, Marriage in Tonga 1923 (JPS 32).
Cook [20] O. F. Cook, Foot-Plow Agriculture in Peru 1920 (ARBRSI for 1918).
Cb. [11] Coombe, Islands of Enchantment 1911.
Coop. [17] J. M. Cooper, Bibliography Tierra del Fuego 1917 (BBAE 63).
Cord. [69] Cordier, De l'organisation de la famille chez les Basques 1869.
Coud. [23] Coudenhove, Feminism in Nyassaland 1923 (Atlantic Monthly).
Coult. [27] G. G. Coulton, Five Centuries of Religion 1927.
Crass. [07] F. Crasselt, Japanische Schrift und Sprache und der japanische Unterricht darin 1907 (Glob. 92).
Crawl. [02] Ernest Crawley, The Mystic Rose 1902.
Crawl. [09] E. Crawley, The Idea of the Soul 1909.
Crév. [83] Crévaux, Voyage dans l'Amérique du Sud 1883.
Crooke [14] Crooke, The Stability of Caste and Tribal Groups in India 1914 (JRAI 44).
Crooke [19] Crooke, Nudity in India in Custom and Ritual 1919 (JRAI 49).

Cun. [94] H. Cunow, Die Verwandtschaftsorganisationen der Australneger 1894.
Cun. [96] Heinrich Cunow, Die soziale Verfassung des Inkareichs 1896.
Cun. [12] Heinrich Cunow, Zur Urgeschichte der Ehe und Familie 1912.
Cun. [26] Heinrich Cunow, Die Wirtschaft der Natur- und Halbkulturvölker 1926.
Cun. [27] Heinrich Cunow, Wirtschaftsformen der ind. Arier, der Italiker, Kelten und Germanen 1927.
Cur. [15] Adolphe Louis Cureau, Savage Man in Central Africa 1915.
Curr [83] Curr, Recollections of Squattering in Victoria 1883.
Curr [86—87] Edward M. Curr, The Australian Race 1886—87.
Curtis [23] Curtis, A History of Mediaeval Ireland 1923.
Czap. [14] M. A. Czaplicka, Aboriginal Siberia, a Study in Social Anthropology 1914.
Czap. [16] Czaplicka, Hastings Encyclopaedia of Religion and Ethics XI 1916.
Czekn. [17] Jan Czekanowski, Forschungen im Nil-Kongo-Zwischengebiet 1917.
Dlm. [99] Dahlmann, Das altindische Volkstum 1899.
Dall [77] Dall, Tribes of the Extreme N.-W. (Alaska) Contributions to N.-Am. Ethnol. 1877.
Damm [22] Hans Damm, Die Zweikampfspiele in den gymnastischen Spielen der Indonesier und Südseevölker 1922.
Dk. [88—89] Danks, Marriage Customs in the New-Britain group 1888—89 (JRAI 18).
Dann. [06] Dannert, Zum Rechte der Herero 1906.
Dpp. [1671] O. Dapper, Eigentliche Beschreibung der Inseln in Afrika 1671.
Dpp. [1717] Dapper, Exoticus Curiosus. Africa-America- und Asiatische Curiositäten 1717.
Dar. [89] Rodolphe Dareste, Etude d'hist. du droit 1889.
Darg. [83] v. Dargun, Mutterrecht und Raubehe und ihre Reste im germanischen Recht und Leben 1883.
Darg. [92] Lothar v. Dargun, Mutterrecht und Vaterrecht 1892.
Darg. [95] v. Dargun, Ursprung und Entwicklungsgeschichte des Eigentums 1895
Darmst. [80] James Darmesteter, The Zend Avesta (part I) Vendidad (Fargard VII) in Sacred Books of the East IV (1880) 1880.
David [04] J. David, Notizen über die Pygmäen des Ituriwaldes 1904 (Glob. 86, 193ff.).
Dav. [26] D. S. Davidson, Family Hunting Territories of the Tribes of Tierra del Fuego 1926 (Indian Notes u. Monographs 5 : 395—410).
Dav. [28] D. S. Davidson, Family Hunting Territories in N-W-America 1928. (Indian Notes u. Monographs 46 : 1—34).
Davy [22] Davy, La foi jurée 1922.
Daws. [81] J. Dawson, Australian Aborigines 1881.
Deac. [29] A. Bernard Deacon, Notes on Some Islands of the New-Hebrides 1929 (JRAI 59).
Dcy. [24] Decary, Notes Ethnographiques sur les populations du district de Maromandia 1924 (RETP).
Dehn Günther Dehn, Proletarische Jugend 1929.
Delaf [12] Maurice Delafosse, Haut-Sénégal-Niger 1912.
Delbr. [90] Delbrück, Die indogermanischen Verwandtschaftsnamen. Ein Beitrag zur vergl. Altertumskunde 1890 (Abh. d. phil.-hist. Kl. d. sächs. Ges. d. Wiss. 2).
Delbr. [95] Delbrück, Das Mutterrecht bei den Indogermanen 1895 (Preuß. Jahrb. 79).
Dlst. [10] Deloustal, La justice dans l'ancien Anam (traduction et commentaire du Code des Lê) 1910 (BFE-O 10).
Dempw. [14] Otto Dempwolff, Beiträge zur Volksbeschreibung der Hehe 1914 (BA4).
Dempw. [24—25] Dempwolff, Das Verwandschaftssystem der Kâte. (Neu-Guinea) 1924—25 (ZESpr. 20).
Denn. [10] R. E. Dennett, Nigerian Studies 1910.
Des. [12] Desai, Brahma, an Account of the Central Doctrine of Hindu Theology as Understood in the East and Misunderstood in the West 1912 (The Hibbert Journal 10/8).
Desc. [22/a] P. Descamps, Comment les conditions de vie des sauvages influent leur natalité 1922 (RIS 3/1).
Desc. [22/b] Paul Descamps, Le mariage par achat 1922 (RIS 30).
Desc. [23/a] P. Descamps, La natalité et la Mortalité chez les demi sauvages 1923 (RIS 3/2).

Desc. [23/b] Paul **Descamps**, L'Agglomération de la Population chez les peuples chasseurs. Les Annales de Geographie 1923.
Desc. [23/c] Paul **Descamps**, La propriété chez les sauvages 1923 (RIS 3/1).
Desc. [23—24] Paul **Descamps**, L'atelier chez les sauvages 1923—24 (RIS 4/1).
Desc. [24] Paul **Descamps**, La promiscuité est-elle primitive? 1924 (RIS 5).
Desc. [25/26] Paul **Descamps**, Le rôle social de la cueillette 1925/26 (RIS 6/1).
Desc. [26] Paul **Descamps**, Les diverses formes du marriage chez les sauvages 1926 (RIS 6/2).
Dtzn. [20] H. **Detzner**, Vier Jahre unter Kannibalen 1920.
Dirr [25] Adolf **Dirr**, Aus dem Gewohnheitsrecht der kaukasischen Bergvölker 1925 (Z. vgl. Rw. 41/1—2).
Djr. [13] S. **Djoritsch**, Verbrechen und Strafe im Gesetzbuch des serbischen Zaren St. Dušan 1913 (Z. vgl. Rw. 30).
Döhne [1843] **Döhne**, Das Kaffernland und seine Bewohner 1843.
Dopsch [09] A. **Dopsch**, Sozial- und Wirtschaftsverfassung der Alpenslaven 1909.
Dopsch [18][1]) [20][2]) Alfons **Dopsch**, Wirtschaftliche und soziale Grundlagen der europäischen Kulturentwicklung aus der Zeit von Caesar bis auf Karl den Großen 1918/1920.
Dopsch [21] Alfons **Dopsch**, Die Wirtschaftsentwicklung der Karolingerzeit 1921.
Dopsch [27] Alfons **Dopsch**, Der Kulturzusammenhang zwischen der spätrömischen und frühgermanischen Zeit in Südwestdeutschland 1927 (KblGvdtGAV 75).
Dribg. [23] J. H. **Driberg**, The Lango, a Nilotic Tribe of Uganda 1923.
Dribg. [29] J. H. **Driberg**, Inheritance Fees 1929 (Man 29/5 Nr. 64).
Duarte u. Rub. [05] Castillejoy **Duarte** u. Ernst **Ruben** Die Hausgemeinschaft im heutigen spanischen Gewohnheitsrecht 1905 (Z. vgl. Rw. 17).
Dukes [21] **Dukes**, Psychoanalytische Gesichtspunkte in der jurid. Auffassung der Schuld 1921 (Img. 7).
Dund. [13] **Dundas**, The Wawanga and other Tribes of the Elgon District, Brit. East Afrika 1913 (JRAI 43).
Dund. [15] Charles **Dundas**, Organization and Laws of some Bantu Tribes in E.-Afrika 1915 (JRAI 45).
Dund. [21] Hon. Charles **Dundas**, Native Laws of Some Bantu Tribes of East Africa 1921 (JRAI 51).
Dg. [17] von **Dungern**, Adelsherrschaft im Mittelalter 1917.
Durh. [10] **Durham**, High Albania and its Custom 1910 (JRAI 40).
Durh. [20] M. E. **Durham**, Ritual Nudity in Europe. Nr. 83, 1920 (Man 20).
Durh. [23] M. Edith **Durham**, The Seclusion of Maidens from the Light of the Sun and a further Note on the Bird Tradition in the Balkan 1923 (Man 61).
Ehrr. [91] **Ehrenreich**, Materialien zur Völker- u. Sprachkunde Brasiliens 1891.
Ehrr. [97] P. **Ehrenreich**, Anthropologische Studien über die Urbewohner Brasiliens 1897.
Eick. [27] E. Frh. v. **Eickstedt**, Der Stammbaum von Rabindranath Tagore 1927 (AfRG-B 20/1).
Eick. [28] E. Frh. v. **Eickstedt**, Über das Aussterben der Negritos auf den Andamanen 1928 (ARGB 21/1).
Ekk. [14] **Ekken**, Ein japanischer Fürstenspiegel 1914 (MSOSpr. 7).
Elb. [12] Johannes **Elbert**, Die Sunda-Expedition des Vereins für Geographie und Statistik zu Frankfurt a. M. 1912.
Eldrg. [23] Frank R. **Eldridge**, Oriental Trade Methods 1923.
Ellis [87] A. B. **Ellis**, The Tshi-Speaking Peoples 1887.
Ellis [90] **Ellis**, Ewe Speaking Peoples 1890.
Ellis [94] A. B. **Ellis**, The Yoruba speaking Peoples of the Slave Coast of West Africa 1894.
Engels [84] **Engels**, Der Ursprung der Familie 1884.
Erdl. [09] **Erdland**, Die Stellung der Frauen in den Häuptlingsfamilien der Marschall-Inseln 1909 (Anthr. 4).
Erdl. [14] P. A. **Erdland**, Die Marshall-Insulaner 1914 (Anthrop.-Bibl. 2/1).
Erkes [19] **Erkes**, China 1919.
Ev.-Prtch. [29] E. E. **Evans-Pritchard**, The Study of Kinship in Primitive Societies 1929 (Man 29/11 Nr. 148).
Eylm. [08] E. **Eylmann**, Die Eingeb. der Kolonie Süd-Australien 1908.
Fhlb. [22] P. E. **Fahlbeck**, Die Klassen und die Gesellschaft 1922.
Falk [25] Kurt **Falk**, Gleichgeschlechtliches

Negerleben bei einigen Stämmen Angolas 1925 (A. f. Anthr. 20).
Faye [23] Faye, Notes on the Southern Maidu 1923 (UCPAAE 20).
Fehr [06] Fehr, Fürst und Graf im Sachsenspiegel 1906 (Ber. ü. d. Verh. d. kgl. sächs. Ges. d. Wiss. zu Leipzig 58).
Fehr [08] Hans Fehr, Der Zweikampf 1908.
Fehr [10] Fehr, Hammurapi und das salische Recht 1910.
Fehr [12] Fehr, Deutsches Recht und jüdisches Recht 1912 (Z. f. Rg. 39).
Fehr [16] Fehr, Die Staatsauffassung Eikes von Repgau 1916 (Z. f. Rg. 37)
Fehr [23] Hans Fehr, Das Recht im Bilde 1923.
Feist [13] S. Feist, Kultur, Ausbreitung und Herkunft der Indogermanen 1913.
Fergs. [27] J. C. Ferguson, Political Parties of the Northern Sung Dynasty 1927 (JN-Ch-BRAsSoc. 58).
Ferr. [22] Ferrand, Voyage du marchand arabe Sulaymân en Inde et en Chine rédigé en 851 suivi de remarques par Abû Zayd Hasan vers 916, traduit de l'arabe etc. 1922.
Fwk. [12/a] Fewkes, The cave dwellings of the old and new worlds 1912 (ARBAE for 1910).
Fwk. [12/b] Jesse Walter Fewkes, Casa Grande, Arizona und Antiquities of... Arizona 1912 (ARBAE 28).
Fwk. [19] Fewkes, Praehist. Vill., Castles a. Towers S. W. Colorado 1919 (BBAE 70).
Ffk. [07—08] Ffoulkes, The Fanti family system 1907—08 (JAS 7).
Fick [97] R. Fick, Die soziale Gliederung im nördl. Indien zu Buddhas Zeit 1897.
Finsch [14] O. Finsch, Südseearbeiten 1914 (Abh. d. Hambg. Kol.-Inst. 14).
Firth [25/a] R. W. Firth, The Maori Carver 1925 (JPS 34).
Firth [25/b] R. W. Firth, Economic Psychology of the Maori 1925 (JRAI 55).
Firth [26] R. W. Firth, Some Features of Primitive Industry 1926 (EJ Supplement, The Economic History Series Nr. 1).
Firth [29] Raymond Firth, Primitive Economics of the New Zealand Maori 1929.
Fischel [13] Fischel, Le Thaler de Marie-Therèse 1913 (Archives Sociologiques 28).
Fischer [11] Fischer, In welcher Form haben die Balkanvölker ihr Getreide verzehrt? 1911 (Anthrop. Korr.-Bl. 42).
Fischer [13] E. Fischer, Die Rehoboter Bastards 1913.
Flach [93] Flach, Les Origines de l'ancienne France II 1893.
La Fl. [21] Francis La Flesche, The Osage Tribe 1921 (ARBAE 36).
Flt. [88] Alice C. Fletcher, Glimpses of Child-Life among the Omaha-Tribe of Indians 1888 (JAmF-L 1/2).
Flt. u. La Fl. [11] Alice C. Fletscher u. F. La Flesche, The Omaha Tribe 1911 (ARBAE 27).
Forbes [85] Forbes, A Naturalist's Wanderings in the Eastern Archipelago 1885.
Forke [27] Alfred Forke, Geschichte der alten chinesischen Philosophie 1927 (Hambg. Univ. Abh. a. d. Geb. d. Altertk. 25).
Frst. [1780] Georg Forster, Johann Reinhold Forsters Reise um die Welt II 1780.
Fox [19—20] C. E. Fox, Social Organization in San Cristoval (Salom. Islands) 1919—20 (JRAI 49—50).
Fox [24] C. E. Fox, The Threshold of the Pacific 1924.
Frck. [25] A. H. Francke, Tibetische Hochzeitslieder 1925.
Frk. [15] E. Franke, Die geistige Entwicklung der Negerkinder 1915 (Beitr. z. Kultur- u. Universalgesch. 35).
Frk. [20] Franke, Studien zur Geschichte des konfuzianischen Dogmas und der chinesischen Staatsreligion 1920.
Frkf. [22] Frankfurter, Beiträge zur Geschichte und Kultur Siams 1922 (MSOSpr. 23—25).
Frstdt. [81] Frauenstädt, Blutrache und Totschlagsühne im deutschen Mittelalter 1881.
Fraz. [07] Frazer, Adonis, Attis, Osiris 1907.
Fraz. [10] J. G. Frazer, Totemism and Exogamie 1910.
Fraz. [11/a] J. G. Frazer, The Magic Art II 1911.
Fraz. [11/b] J. G. Frazer, The Golden Bough 1911.
Fraz. [11/c] Frazer, The Dying God 1911 (The Golden Bough III).
Fraz. [13] J. G. Frazer, Balder the Beautiful 1913 (Golden Bough 3).
Fraz. [19] James George Frazer, Folk-Lore in the old Testament 1919.
Fraz. [20/a] J. G. Frazer, Folk-Lore in the Old Testament 1920.
Fraz. [20/b] James G. Frazer, The Mackie

Ethnological Expedition to Central Africa 1920 (Man 20).
Fraz. [22] J. G. Frazer, The Belief in Immortality 1922.
Fraz. [28] J. G. Frazer, Der goldene Zweig 1928 (dtsch. Übersetzung).
Friedc. [05] Georg Friederici, Die Schiffahrt der Indianer. Stud. u. Forsch. zur Menschen- und Völkerkunde. H. 1 1905.
Friedc. [29] Georg Friederici, Zu den vorkolumbischen Verbindungen der Südsee-Völker mit Amerika (Anthr. XXIV) 1929.
Frdr. [92] Friedrichs, Zum japanischen Recht 1892 (Z. vgl. Rw. 10).
Friend-P. [04] Friend-Pereira, The Khonds 1904 (JASBB 73/3).
Fritz [04] G. Fritz, Die Chamorro 1904 (Ethn. Notbl. 3/3).
Frijs [72] J. A. Frijs, Wanderungen in den drei Lappländern 1872 (Glob. 22).
Frl. [10] Frölich, Die Gerichtsverfassung von Goslar im Mittelalter 1910 (Unters. z. dt. Staats- u. R.-Gesch. 103).
Fromm [12] P. Fromm, Ufipa — Land und Leute 1912 (MDSch. 25).
Fuld [87] Fuld, Das Asylrecht im Altertum und Mittelalter 1887 (Z. vgl. Rw. 7).
Füllb. [06] Fülleborn, Das deutsche Njassa- und Ruwuma-Gebiet 1906.
Furn. [99] Furnes, Life in the Luchu Islands 1899 (BFMSAUP 2/1).
Gaine [07] Gaine, Imperial Gazeteer of India I 1907.
Garn. [90] Garnett, The Woman of Turkey. The Christian Women 1890.
Gstg. [10] John Garstang, The Land of the Hittites 1910.
Gaudfr.-D. [01] Gaudefroy-Demombynes, Les cérémonies du marriage chez les indigènes de l'Algérie 1901.
Gaudry [29] Mathéa Gaudry, La Femme Chaouia de L'Aurès 1929.
Gen. u. Ch. [27] Genet u. Chelbatz, Histoire des peuples Mayas-Quichés (Mexique, Guatémala, Honduras) 1927 (Bibl. d'études historiques 1).
Genn. [09] A. van Gennep, Les rites de passage 1909.
Genn. [21] A. van Gennep, Classe rurale, Noblesse et Nationalité 1921 (RIS 2).
Genn. [29] A. van Gennep, La distinction des sexes dans les cérémonies du baptême en Savoie 1929 (StMStR 5/1—2).
Gnt. [09] L. Gernet, L'approvisionnement d'Athènes en blé au V et VI siècles 1909.
Ghy. [23] Ghurye, Dual Organization in India 1923 (JRAI 53).
Gibbs [77] Gibbs, Tribes of N-Washington and NW-Oregon Contributions to N-Americ. Ethnol. 1877.
Gierke [17] J. von Gierke, Die Geschichte des deutschen Deichrechts 1917 (Unters. z. dtsch. Staats- u. Rechtsgesch).
Gierke O. [86] Otto Gierke, Der Humor im deutschen Recht 1886.
Gierke O. [10] O. Gierke, Schuld und Haftung in dem ält. deutschen Recht 1910 (Unters. z. dtsch. St.- u. Rgesch. 100).
Gshg. [04] Giesenhagen, Die Wohnstätten der Malaien auf Java und Sumatra 1904 (Münch. Orient. Ges. in „Asien" 5).
Giff. [18] E. W. Gifford, Clans and Moieties in S.-California 1918 (UCPAAE 14).
Giff. [22] Gifford, Californian Kinship Terminologies 1922 (UCPAAE 18).
Giff. [23] E. W. Gifford, Pomo Lands on Clear Lake 1923 (UCPAAE 20/5).
Giff. [26] E. W. Gifford, Miwok Lineages and the Political Unit in Aboriginal California 1926 (AA 28).
Giff. [29] Edward Winslow Gifford, Tongan Society 1929.
Glm. [19] Gilmore, Use of Plants by the Indians of the Missouri River Region 33. 1919 (ARBAE).
Glotz [20] Gustave Glotz, Le travail dans la Grèce ancienne 1920.
Gml. [1751—52] Gmelin, Reise durch Sibirien 1751—52.
Goetz [13] Georg Goetz, Niedere Gerichtsbarkeit und Grafengewalt 1913 (Unters. z. dt. Staats- u. R.-Gesch. 121).
Goetz [12] L. K. Goetz, Das russische Recht 1912 (Z. vgl. Rw. 28/31).
Gogitsch. [01] Philipp Gogitschayschwili, Gewerbe in Gorgien 1901 (Z. ges. Stw., Ergänzungsh. 1).
Goldw. [13] A. A. Goldenweiser, The Principle of Limited Possibilities in the Development of Culture 1913 (JAmF-L 26).
Goldw. [14] Goldenweiser, The Social Organization of the Indians of North-America 1914 (JAmF-L 27).
Goldw. [21] A. A. Goldenweiser, Four Phases of Anthropological Thought 1921 (PASS 16, 50ff.).
Goldw. [22] A. A. Goldenweiser, Early Civilization 1922.

Goldsch. [23] Goldschmidt, Ein alter Brauch im heutigen Rußland 1923 (W. u. S. 8).
Gldz. [89] Goldziher, Mohammedanisches Recht in Theorie und Wirklichkeit 1889 (Z. vgl. Rw. 8).
Goods. [17] Willystine Goodsell, A History of the Family as a Social and Educational Unit 1917.
Gouldbg. [15—16] Gouldsburg, Customary Law of the Awemba 1915—16 (JAS 15).
Grbn. [05] Fritz Graebner, Kulturkreise und Kulturschichten in Ozeanien 1905 (ZE 37).
Grbn. [06] F. Graebner, Wanderung und Entwicklung sozialer Systeme in Australien 1906 (Glob. 90).
Grbn. [08] F. Graebner, Die sozialen Systeme in der Südsee 1908 (ZSw 11).
Grbn. [09/a] Fritz Graebner, Methoden in der Ethnologie 1909.
Grbn. [09/b] F. Graebner, Die melanesische Bogenkultur und ihre Verwandten 1909 (Anthr. 4).
Grßh. [95] Richard Graßhoff, Die allgemeinen Lehren des Obligations-Rechtes nach der Rechtsschule des Imam Eschschafi 'i Diss. Königsberg 1895.
Gray [25] Gray, Sacrifice in the Old Testament, its Theory and Practice 1925.
Gressm. [09] Gressmann, Altoriental. Texte und Bilder zum alten Testamente II. 1909.
Grb. [21] Grimble, From Birth to Death in the Gilbert Islands 1921 (JRAI 51).
Grimm [1840] Jacob Grimm, Weistümer 1840.
Grimm [99] Jacob Grimm, Deutsche Rechtsaltertümer 1899.
Grll. [08] Grinnell, Early Cheyenne Village 1908 (AA 20).
Grosse [28] Grosse, Wirtschaftsverhältnisse im alten China etc. 1928 (OR 9/5).
Grn. [76] Grunau, Preußische Chronik 1876.
Gupte [17] Gupte, Folk-Lore in Caste Proverbs. 1917 (JASBB 13).
Gutm. [22] Gutmann, Die Ehrerbietung der Dschagganeger gegen ihre Nutzpflanzen und Haustiere 1922 (Afges.P 48).
Gutm. [23/a] Bruno Gutmann, Die Bindekräfte im Banturecht und ihre Bedeutung für die Erhaltung afrikanischen Volkstums 1923 (Z. vgl. Rw. 40).
Gutm. [23/b] Bruno Gutmann, Die Imkerei bei den Dschagga 1923 (AfAnthr. NF 19).
Gutm. [26] Bruno Gutmann, Das Recht der Dschagga 1926.
Hbldt. A. [22] A. Haberlandt, Afrika (in Buschan Ill. Völkerk. I) 1922.
Hbldt. M. [23] M. Haberlandt, Ostasien (in Buschan Ill. Völkerk. II) 1923.
Hadd. [90] Haddon, Western Tribes of Torres Straits 1890 (JRAI 19).
Hadd. [12] Haddon, The Houses of New Guinea 1912 (Festskrift tillegnat Edv. Westermarck).
Hadd. [19] Haddon, The Kopiravi Cult of the Namau, Papua 1919 (Man 19).
Hadd. u. Riv. [01] Haddon u. Rivers, Cambridge Anthrop. Exped. to Torres Straits 1901 (Rep. 5).
Hadf. [20] E, Hadfield, Among the Natives of the Loyalty Group 1920.
Hg. [10] Hagar, The four Seasons on the Mexican Ritual of Infancy 1910 (AA 13).
Hag. [08] B. Hagen, Die Orang Kubu auf Sumatra 1908 (Veröffentl. a. d. städt. Völker-Museum Frankfurt a. M. 2).
Hahl [97/a] A. Hahl, Rechtsverhältnisse und Rechtsanschauungen der Eingeborenen 1897 (in NKW 13).
Hahl [97/b] A. Hahl, Nachrichten über Kaiser Wilhelms Land 1897.
Hahl [01] Hahl, Mitteilungen über Sitten und rechtliche Verhältnisse auf Ponape 1901 (Ethn. Notbl. 2/2).
Hahl [01—02] A. Hahl, Mitteilungen über Sitten und rechtliche Verhältnisse auf Ponape 1901/1902 (Ethn. Notbl. 2/2 u. 3/2).
Hahl [02] A. Hahl, Feste und Tänze der Eingeborenen von Ponape 1902 (Ethn. Notbl. 3/2).
Hahl [07] A. Hahl, Das mittlere Neu-Mecklenburg 1907 (Glob. 91).
Hahn E. [08] Ed. Hahn, Thronende Herrscher und hockende Völker 1908 (ZE).
Hahn E. [14] Eduard Hahn, Von der Hacke zum Pflug 1914.
Hahn E. [18] Ed. Hahn, Sitzende Könige und hockende Völker 1918 (ZE).
Hahn I. [19] Ida Hahn, Dauernahrung und Frauenarbeit 1919 (ZE 51).
Hall [79] Hall, Narrative of the Second Arctic Expedition ed by Nourse 1879.
Hall [28] H. R. Hall, The Civilization of Greece in the Bronze Age 1928 (The Rhind Lectures 1923).
Hallw. [28] A. Irving Hallowell, Recent

Changes in the Kinship terminology of the St. Francis Abenaki 1928 (ACIA 12).
Hal. [24] Haloun, Contributions to the History of Clan Settlement in Ancient China 1924 (AM 1).
Hambr. [08] Paul Hambruch, Wuwulu and Aua 1908.
Hambr. [11] Paul Hambruch, Die sogenannten Ruinen von Matolenim auf Ponape 1911 (Anthr. Korr.-Bl. 42).
Hambr. [14—15] Paul Hambruch, Nauru 1 u. 2 1914—15.
Hamt. [20—21] Hamilton, Land Tenure among the Bantu Wanyika of East Africa 1920—21 (JAS 20).
Hammstr. [22] Magnus Hammarström, Ein Minoischer Fruchtbarkeitszauber 1922 (AAAH 3).
Hrsp. [29] Pierre Harispe, Le Pays Basque 1929.
Harrgt. [12] John P. Harrington, Tewa Relationship Terms 1912 (AA 14).
Harris. [24] Harrison, Evolution of Domestic Arts 1924 (HHMus.).
Hartl. [09] E. S. Hartland, Primitive Paternity 1909.
Hartl. [12] E. S. Hartland, Dinka Laws and Customs: a Parallel 1912 (Man 12 Nr. 12).
Hstg. [11] Hastings, Encyclopaedia of Ethics and Religions s. v. Kings Foucart 1911.
Hatt [19] Gudmund Hatt, Notes on Reindeer Nomadism 1919 (MAAA 6/2).
Hauer [26] Hauer, Huang-Ts'ing K'ai-Kuo Fang-Lüeh. Die Gründung des Mandschurischen Kaiserreiches 1926.
Havf. [13] Haverfield, Ancient Town-Planning 1913.
Heber [16] Arthur Heber, Familie und Clan, Stände und Regierung in der japanischen Vortaikawazeit 1916 (ZSw. NF 7).
Heck [27] Philipp Heck, Die Standesgliederung der Sachsen im frühen Mittelalter 1927.
Hckth. [03] Heckethorn, Geheime Gesellschaften, Geheimbünde und Geheimlehren 1903.
Heepe [20] Heepe, Weitere Yaundetexte 1920 (ZESpr. 10).
Heepe [28] M. Heepe, Suaheli Chronik von Pate 1928 (Mitt. Sem. Or. Spr. 31).
Heikel [88] Heikel, Die Gebäude der Ceremissen, Mordwinen, Esten und Finnen 1888 (JSFOu. 4).
Heikel [94] Axel Heikel, Antiquités de la Liberie occidentale conservées dans les musées de Tomsk etc. 1894 (JSFOu. 12).
Heimp. [26] Heimpel, Allgemeine Wirtschaftsgeschichte des Mittelalters 1926 (VSWG 19).
Heine-G. [21] Robert Heine-Geldern, Mutterrecht und Kopfjagd im westlichen Hinterindien 1921 (MAGW 51).
Heine-G. [23] R. Heine-Geldern, Südostasien 1923 (in Buschan Ill. Völkerk. II).
Hlbg.-B. [26] Helbing-Bauer, Die Tortur, Geschichte der Folter im Kriminalverfahren aller Zeiten und Völker 1926.
Hllg. [03] A. Hellwig, Das Asylrecht der Naturvölker 1903 (Berliner Jurist. Beiträge).
Hmp. [25] Joh. Hempel, Die israelitischen Anschauungen von Segen und Fluch im Lichte altorientalischer Parallelen 1925 (ZDMG 79).
Hen. [29] Richard Hennig, Die liparischen Inseln im Lichte der Sagenwelt 1929 (GZ 35/9).
Heng. [29] Georg Henning, Der See Kitay 1929 (In Memoriam Karl Weule).
Henry [10] Jos. Henry, Les Bambara, leur vie psychique, éthique, sociale et religieuse 1910 (Anthr. 1/2).
Htg. [23] Hentig, Zur Psychologie der sozialen Schichtung 1923 (Z. f. ges. Neurol. u. Psychiatrie 84).
Herm. [05] Hermann, Beiträge zu den idg. Hochzeitsgebräuchen 1905 (IF 17).
Hersk. [23] Melville J. Herskovits, Some Property Concepts and Marriage Customs of the Vandan 1923 (AA 25).
Hersk. [26] Herskovits, The Cattle Complex 1926 (AA 28).
Hertz [81] John E. Hertz, Über Verwendung und Verbreitung der Kaurimuschel 1881 (Mitt. Geogr. Ges. Hamburg).
Herz [94] Herz, Die Sage vom Giftmädchen 1894 (Abh. Bayr. Ak. philosoph.-philolog. Klasse 20/1).
Herzbg. [29] Alexander Herzberg, Das Stabilitätsprinzip in der modernen Psychologie 1929 (An. Phil. 8 7/8).
Herzg. [19] Herzog, Aus der Geschichte des Bankwesens im Altertum 1919 (Abhandlungen d. Gießener Hochschulgesellschaft I).
Heus. [11] Andreas Heusler, Das Strafrecht der Isländersagas 1911.

Heus. u. R. [22] Heusler u. Ranke, Fünf Geschichten von Ächtern und Blutrache 1922.
Hw. [20] I. N. B. Hewitt, A Constitutional League of Peace in the Stone Age of America 1920 (ARBRSI for 1918).
Hildb. [78] I. M. Hildebrandt, Ethnogr. Not. üb. d. Wakamba u. ihre Nachbarn 1878 (ZE 10).
Hill-T. [07] Hill-Tout, Salish and Déné 1907.
Hintze [29] Otto Hintze, Wesen und Verbreitung des Feudalismus 1929 (Sb. pr. Ak. Wiss. ph.-h. 20).
Hirt [05] Hermann Hirt, Die Indogermanen 1905.
Hirz [02] Hirzel, Der Eid 1902.
His [01] R. His, Das Strafrecht der Friesen 1901.
His [20] His, Strafrecht des deutschen Mittelalters 1920.
Hobh. L. T. [28] L. T. Hobhouse, Über einige der primitivsten Völker 1928 (ZVS 4).
Hobh. L. T. [29/a] L. T. Hobhouse, Friede und Ordnung bei den primitivsten Völkern, innerhalb der Gruppe 1929 (ZVS 5).
Hobh. L. T. [29/b] L. T. Hobhouse, Das Verhältnis zwischen Gruppen und Stämmen bei den primitivsten Völkern 1929 (ZVS 5).
Hobh. M. T. [23] M. T. Hobhouse, Morals in Evolution 1923.
Hobl. [10] Hobley, British-East-Africa Kikuyu Customs and Beliefs Circumcision Rites 1910 (JRAI 40).
Hobl. [11] Hobley, Further Researches into Kikuyu and Kamba Religions Beliefs and Customs 1911 (JRAI 41).
Hoc. [10] A. M. Hocart, A Tongan Cure and Fijian Etiquette 1910 (Man 10).
Hoc. [12] A. M. Hocart, On the Meaning of Kalou and the Origin of Fijian Temples 1912.
Hoc. [13/a] A. M. Hocart, On the Meaning of the Fijian Word Turunga 1913 (Man 13).
Hoc. [13/b] A. M. Hocart, Fijian Heralds and Envoys 1913 (JRAI 43).
Hoc. [13/c] A. M. Hocart, The Fijian Custom of Tauvu 1913 (JRAI 43).
Hoc. [14/a] A. M. Hocart, Notes on Fijian Totemism 1914 (Anthr. 9).
Hoc. [14/b] A. M. Hocart, Note on the Dual Organisation in Fiji 1914 (Man 14).
Hoc. [15/a] A. M. Hocart, Chieftainship in the Pacific 1915 (AA 17).
Hoc. [15/b] Hocart, The Right of the Sister's Son 1915 (AA 17).
Hoc. [15/c] A. M. Hocart, Fiji: Ethnography. Ethnographical Sketch of Fiji 1915 (Man 15).
Hoc. [15/d] A. M. Hocart, Fiji. The Dual Organisation in Fiji 1915 (Man. 15).
Hoc. [16] A. M. Hocart, The Common Sense of Myth 1916 (AA 18).
Hoc. [19] Hocart, Early Fijians 1919 (JRAI 49).
Hoc. [20] A. M. Hocart, (R. H. Lowie, Plain Indian Age-Societies: Historical and Comparative Summary, APAMNH 11/13 1916) Nr. 41, 1920 (Man 20).
Hoc. [21] Hocart, Fijian Chiefs a recantation 1921 (Man 50).
Hoc. [23/a] Hocart, The Uterine Nephew 1923 (Man 4).
Hoc. [23/b] A. M. Hocart, Convergence of Customs 1923 (FL 34, 224).
Hoc. [24/a] A. M. Hocart, Maternal Relations in Indian Ritual 1924 (Man 24).
Hoc. [24/b] Hocart, The King's Justice 1924 (Man 54).
Hoc. [27] A. M. Hocart, Kingship 1927.
Hod. [07] Frederick Webb Hodge, Handbook of American Indians 1907 (BBAE 30).
Hrnl. [25] Winifred Hoernle, The Social Organization of the Nama Hottentots of Southwest Africa 1925 (AA 27).
Hoffm. [98] A. Hoffmann, Rechtsverhältnisse und Rechtsanschauungen der Eingeborenen 1898 (Nachr. a. Kais. Wilh. Land 14).
Hgb. [30] S. J. Hogben, The Muhammedan Emirates of Nigeria 1930.
Hll. [05] A. C. Hollis, The Masai 1905.
Holm [88] G. Holm, Ethnologisk Skizze af Angamagslikerne. Den østgrønlandske Expedition 1888 (Mit. über Grönland Bd. 10).
Holsti [13] Rudolf Holsti, The Relation of War to the Origin of the State 1913 (Helsingfors Philosoph. Dissertat. 3).
Hoot. [16] E. A. Hooton, Preliminary Remarks on the Archaeology and Anthropology of Tenerife 1916 (AA 18).
Hose [26] Charles Hose, Natural Man, a Record from Borneo 1926.
Hose u. McD. [01] Hose u. McDougall, The Relations between Men and Animals 1901 (JRAI 31).

Hose u. McD. [12] Charles Hose u. William McDougall, The Pagan Tribes of Borneo 1912.
Hough [26] Walter Hough, Fire as an agent in Human Culture Smithson-Inst. 1926 (BBAE 139).
Hought. [06] Houghton, The Characteristics of Iroquoian village sites of Western New-York 1906 (AA 18).
Hought. [22] Houghton, The traditional origin and the naming of the Seneca nation 1922 (AA 24).
How. [14] Howard, A History of Matrimonial Institutions 1914.
Hwtt. [98] Howitt, Transactions R. S. V. 1898.
Hwtt. [04] A. W. Howitt, Native Tribes of South-East-Australia 1904.
Hwtt. u. F. [80] Howitt u. Fison, Kamilaroi und Kurnai 1880.
Hwtt. u. F. [85] A. W. Howitt u. Lorimer Fison, On the Deme and the Horde 1885 (JRAI 14).
Hübn. [13] Rudolf Hübner, Grundzüge des deutschen Privatrechts 1913.
Hutt. [21] I. H. Hutton, A Voyage to Africa 1821.
Igl. [90] Inglis, Bible Illustrations from the New-Hebrides 1890.
Irle [06] I. Irle, Die Herero 1906.
Ivtzk. [15] N. Ivanitzky, The System of Kinship amongst the Primitive Peoples as determined by their mode of grouping 1915 (Man 15 Nr. 93).
Ivtzk. [22] N. Ivanitzky, Les institutions des primitifs Australiens 1922 (RIS 2).
Ivtzk. [22—23] N. Ivanitzky, Les institutions des primitifs australiens 1922—1923 (RIS 3/1).
Ivič [74] Ivič, Die Hauskommunion 1874.
Iwtsch. [96] Iw. Iwantschoff, Primitive Formen des Gewerbebetriebes in Bulgarien 1896.
Jac. [25] G. Jacob, Die ältesten Spuren des Wechsels 1925 (MSOSpr. 28).
Jarv. [1847] Jarves, History of the Hawaiian Islands 1847.
Jel. [13] Joseph Jelitto, Die peinlichen Strafen im Kriegs- und Rechtswesen der Babylonier und Assyrer 1913.
Jenks [11] Albert Ernst Jenks, Bulu Knowledge of the Chimpanzee 1911 (AA 13).
Jess. [22] D. Jenness, The Life of the Copper Eskimos 1922 (Report of the Canadian Arctic Expedition 1913—18, vol. XII—Southern Party 1913—16).
Jerm. [13] Alfred Jeremias, Handbuch der altorientalischen Geisteskultur 1913. (1929²)
L. Jn. [1632] Le Jeune, Brieve Relation 1632.
Jev. [76] Jevons, Geld und Geldverkehr 1876.
Jochls. [08/a] Waldemar Jochelson, Material Culture and Social Organization of the Koryak 1908 (MAMNH 10).
Jochls. [08/b] Jochelson, The Koryak (The Jesup N.-Pacific Exped.) 1908 (MAMNH 10/2).
Jochls. [10] W. Jochelson, The Yukaghir and Yukaghirised Tungus 1910 (I-NPE 9).
John [63] S. St. John, Life in the Forests of the Far East 1863.
Johs. [21] R. S. Johnson, The History of the Yorubas 1921.
Jolly [96] I. Jolly, Recht und Sitte 1896.
Joust. [23] M. Joustra, Mimang Kabau 1923.
Joy. P. W. [03] P. W. Joyce, A Social History of Ancient Ireland 1903.
Joy. Th. A. [12] Th. A. Joyce, South American Archaeology 1912.
Joy. Th. A. [14] Thomas A. Joyce, Mexican Archaeology 1914.
Joy. Th. A. [26] Thomas A. Joyce, Central American and West Indian Archaeology 1926.
Jul. [24] Julien, Le culte du boeuf à Madagascar 1924 (RETP 5/19).
Junk. [79] W. Junker, Die älg. Äquatorialprovinzen. Reisen im Westen des weißen Nil 1879 (PM 25).
Junk. [90] Wilhelm Junker, Reisen in Afrika 1890.
Jun. [98] Henri A. Junod, Les Ba-Ronga 1898.
Jun. [10] H. A. Junod, Les conceptions physiologiques des Bantous sudafricains et leur tabous 1910 (Rep. d'Ethnol. et de Sociol. 1).
Jun. [12] Henri A. Junod, The Life of a South-African-Tribe 1912.
Jyb. [10] Juynboll, Handbuch des islamischen Gesetzes 1910.
Kahrst. [19] Kahrstedt, Die spartanische Agrarwirtschaft 1919 (Hermes 54).
Kahrst. [22] U. Kahrstedt, Griechisches Staatsrecht 1922.
Kandt [04/a] Richard Kandt, Gewerbe in Ruanda 1904 (ZE 36).
Kandt [04/b] Richard Kandt, Caput Nili 1904.

Krst. [20] Rafael Karsten, Contributions to the Sociology of the Indian Tribes of Ecuador 1920 (AAAH 1/3).

Krtz. [07] Karutz, Nach den Höhlenstädten Südtunesiens 1907 (Glob. 92).

Katō [26] Genchi Katō, A Study of Shintō, the Religion of the Japanese Nation 1926.

Kaufm. [10] Hans Kaufmann, Die Auin 1910 (MDSch. 23).

Kays. [17—18] Kayser, Die Eingeborenen von Nauru 1917—18 (Anthr. 12—13).

Kt. [25] Kenton, The Jesuit Relations and Allied Documents, Travels and Explorations of the Jesuit Missionaries in North-America 1610/1791, 1925.

Keyl. [13—18] Nils Keyland, Om renslakten och beredningen af renhudar hos Frostvikens lappar 1913—18 (JSF Qu. 30—31).

Keyss. [11] Ch. Keysser, Aus dem Leben der Kaileute in Neuhauß Deutsch-Neu-Guinea III, 1911.

Khdk. u. V. [06] Khandekar u. Vaidya, The Bombay Hereditary Office Act (Appendix) Poona 1906.

Kgly. [97] Kingsley, Travels in West Africa 1897.

Klmr. [04] Klamroth, Deutsch-Ostafrika, Synode Heheland 1904 (Berl. Miss. Ber.).

Klpr. [1812] Julius v. Klaproth, Reise in den Kaukasus und nach Georgien 1812.

Klpr. [1826] J. v. Klaproth, Tableaux historiques de l'Asie depuis la Monarchie de Cyrus jusqu' à nos jours 1826.

Kltsch. [06] Kleintitschen, Die Küstenbewohner der Gazelle-Halbinsel 1906.

Kleiw.-Z. [15] Kleiweg-de-Zwaan, Vorstellungen übvr den Diebstahl bei den Eingeborenen des indischen Archipels 1915 (IAE 22).

Kleiw.-Z. [22] Kleiweg-de-Zwaan, Die Insel Nias bei Sumatra I, 1922.

Kleiw.-Z. [23] Kleiweg-de-Zwan, Une curieuse coutume à l'âge de la puberté 1923 (Revue Anthropologique 33).

Kleiw.-Z. [25] Kleiweg-de-Zwaan, Kindermord in dem Ind. Archipel 1925 (MM 1/1).

Kleiw.-Z. [30] J. P. Kleiweg-de-Zwaan, Bijgeloof in den Indischen Archipel in zake Overspel 1930 (TNAaGen 2e Ser. 47/2).

Klemm [99] Klemm, Ordal und Eid in Hinterindien 1899 (Z. vgl. Rw. 13).

Kltm. [08] Klutmann, Anal. d. nat.-grusinischen Oblig. R. 1908 (Z. vgl. Rw. 21).

Knabh. [17] A. Knabenhans, Arbeitsteilung und Kommunismus im australischen Nahrungserwerb 1917 (Festschrift für Ed. Hahn).

Knabh. [19] Alfred Knabenhans, Die politische Organisation bei den australischen Eingeborenen 1919.

Knapp [05] G. F. Knapp, Staatliche Theorie des Geldes 1905.

Knorrg. [26] Knorringa, Emporos, Data on Trade and Trader in Greek Literature from Homer to Aristotle 1926.

Koch-G. [11—13] Th. Koch-Grünberg, Vom Roroima zum Orinoco 1911—13.

Koehne [91] Koehne, Das Recht der Kalmücken 1891 (Z. vgl. Rw. 9).

Kohler [82] Josef Kohler, Rechtshistorische und rechtsvergleichende Forschungen 1882 (Z. vgl. Rw. 3).

Kohler [85] J. Kohler, Zur Lehre von der Blutrache 1885.

Kohler [88—89] Kohler, Die Wirklichkeit und Unwirklichkeit des islamischen Rechts 1888—89 (Z. vgl. Rw. 7/8).

Kohler [89/a] Josef Kohler, Indische Gewohnheitsrechte 1889 (Z. vgl. Rw. 8).

Kohler [89/b] Josef Kohler, Über das vorislamitische Recht der Araber 1889 (Z. vgl. Rw. 8).

Kohler [92/a] Josef Kohler, Die Gewohnheitsrechte der Provinz Bombay 1892 (Z. vgl. Rw. 10).

Kohler [92/b] Josef Kohler, Recht der Azteken 1892.

Kohler [97] Kohler, Die Rechte der Urvölker Nord-Amerikas 1897 (Z. vgl. Rw. 12).

Kohler [00] Kohler, Das Banturecht 1900 (Z. vgl. Rw. 14).

Kohler [02] Kohler, Recht der Papua 1902. (Z. vgl. Rw. 15).

Kohler [05/a] Josef Kohler, Die Bantus der Elfenbeinküste 1905 (Z. vgl. Rw. 18).

Kohler [05/b] Josef Kohler, Gemeindeschaft und Familiengut im israelitischen Recht 1905 (Z. vgl. Rw. 17).

Kohler [05/c] Josef Kohler, Milchverwandtschaft bei den Etruskern 1905 (Z. vgl. Rw. 18).

Kohler [06] Josef Kohler, Altsyrisches und armenisches Recht 1906 (Z. vgl. Rw. 19).

Kohler [13] Jos. Kohler, Recht auf den Salomo-Inseln und dem Bismarckarchipel nach Thurnwald 1913 (Z. vgl. Rw. 29).

Kohler [16/a] Kohler, Lebens- und Rechtsgebräuche der Bulgaren 1916 (Z. vgl. Rw. 33).

Kohler [16/b] Josef Kohler, Die Rußkaja Prawda und das altslavische Recht 1916. (Z. vgl. Rw. 33).

Kohler [19] Kohler, Über die malaiischen Adats 1919 (Z. vgl. Rw. 36).

Kohler-U. [13] Kohler-Ungnad, Assyrische Rechtsurkunden 1913.

Klr. [06] Kohlrausch, Zweikampf 1906.

Kjff. [27] George P. Kojeuroff, Some Centributions to the Anthropology of the Buriats 1927 (JN-Ch-BRAsSoc. 58).

Kolb [1719] Peter Kolb, Caput bonae spei hodiernum d. i. Vollständige Beschreibung des afrikanischen Vorgebirges der Guten Hoffnung 1719.

König [24—25] Herbert König, Der Rechtsbruch und sein Ausgleich bei den Eskimos 1924—25 (Anthr. 19/20).

König [25] König, Die Genesis 1925.

Kopp. [15—16] W. Koppers, Die ethnologische Wirtschaftsforschung 1915—16 (Anthr. 10—11).

Kopp. [24] Wilh. Koppers, Unter Feuerland-Indianern 1924.

Kornm. [27] Ernst Kornemann, Die Stellung der Frau in der vorgriechischen Mittelmeerkultur 1927 (Orient und Antike 4).

Köster [24] Köster, Schiffahrt und Handelsverkehr des östlichen Mittelmeeres im 3. u. 2. Jahrtausend v. Chr. 1924 (Beih. z. Alt. Orient).

Kvlk. [90] M. Kovalewsky, Tableau des origines et de l'évolution de la famille et de la propriété 1890.

Kvlk. [93] Maxime Kovalewsky, Coutume contemporaine et Loi ancienne, droit cout. Ossétien 1893.

Kvlk. [06] Maxime Kovalewsky, Coutumes Contemporaines des Ossètes 1906.

Krafft [14] Max Krafft, Die Rechtsverhältnisse der Ovaknanjama und Ovandonga 1914 (MDSch. 27).

Krämer [02—03] Augustin Krämer, Die Samoa-Inseln 1902—03.

Krämer [06] Augustin Krämer, Hawäii Ostmikronesien und Samoa 1906.

Krämer [08] Augustin Krämer, Studienreise nach den Zentral- und Westkarolinen 1908 (MDSch. 21) S. 169ff.

Krämer [17, 19, 26] Augustin Krämer, Palau I. Bd. 1917; II. Bd. 1919; III. Bd. 1926 (Hamburg. Wiss. Stiftung).

Krämer [28] Augustin Krämer, Der Taro und die Naßkultur 1928 (PM 74 5/6).

Krämer-B. [16] Elisabeth Krämer-Bannow, Bei kunstsinnigen Kannibalen der Südsee 1916 (Wanderungen auf Neu-Mecklenburg 1908—09).

Krapff [58] Krapff, Reise in Afrika 1858.

Krause F. [24/a] Fritz Krause, Das Wirtschaftsleben der Völker 1924 (Jedermann's Bücherei).

Krause [24/b] Krause, Die Epoche der Mongolen. Ein Kapitel aus der Geschichte und Kultur Asiens 1924 (MSOSpr. 26—27).

Krauß [85] S. Krauß, Sitte und Brauch der Südslaven 1885.

Krauß [07] Krauß, Das Geschlechtsleben in Glaube, Sitte und Brauch der Japaner 1907.

Kr. [77] Alfred v. Kremer, Kulturgeschichte des Orients 1877.

Krickbg. [18] Krickeberg, Die Totonaken 1918 (BA 7).

Krickbg. [22/a] Krickeberg, Völkerkunde 1922.

Krickbg. [22/b] W. Krickeberg, Amerika 1922 (in Buschan Ill. Völkerk. I).

Kroeb. [09] Kroeber, Classificatory Systems of Relationship 1909 (JRAI 39).

Kroeb. [17/a] A. L. Kroeber, The Tribes of the Pacific Coast of North America 19. Congress of Americanists 1917.

Kroeb. [17/b] A. L. Kroeber, Zuñi Kin and Clan 1917 (APAMNH 18).

Kroeb. [22] A. L. Kroeber, Elements of Culture in Native California 1922 (UCPAAE 13).

Kroeb. [23/a] A. L. Kroeber, American Culture and the Northwest Coast. Components of American Culture 1923 (AA 25/1).

Kroeb. [23/b] Kroeber, Anthropology 1923.

Kroeb. [25] A. L. Kroeber, Handbook of the Indians of California 1925 (BBAE 78).

Kroeb. [27] A. L. Kroeber, Arrow Release Distributions 1927 (UCPAAE 23/4).

Krohn [94] Krohn, La manière ancienne des Lapons de faire le commerce 1894 (JSFQu. 12).

Krone [13—18] Krone, Kaleva und seine Sippe 1913—18 (JSFOu. 39).

Kropf [89] A. Kropf, Das Volk der Xosa-Kaffern im östlichen Südafrika. Ein Beitrag zur afrikanischen Völkerkunde 1889 (Berliner Afrikan. Missions-Gesellschaft).

Krglw. [27] Kruglewski, Das Strafrecht als Kulturfaktor 1927.

Kruyt [29] Alb. C. Kruyt, The Influence of Western Civilisation on the Inhabitants of Poso (Central Celebes) in B. Schrieke, The Effect of Western Influence on Native Civilisations in the Malay Archipelago 1929.

Kuby. [73—74] J. Kubary, Die Lagune von Ebon, nach briefl. Mitteilungen 1873—1874.

Kuby. [85] Kubary, Die Sozialen Einrichtungen der Palauer 1885.

Kuby. [95] J. S. Kubary, Ethnographische Beiträge zur Kenntnis des Karolinen-Archipels. 1895.

Kuby. [85—95] J. S. Kubary, Ethnogr. Beiträge zur Kenntnis der Karolinen-Inselgruppe 1885—95.

Kuip. [21] J. F. Kuiper, Japan en de Buitenwereld in de 18 Eeuw 1921.

Külz [19—20] L. Külz, Die Abhängigkeit der geistigen und kulturellen Rückständigkeit der Naturvölker von ihren endemischen Krankheiten 1919—20. (Anthr. 14—15).

Lac. [40] B. F. Leguével de Lacombe, Voyage à Madagascar et aux îles Comores 1840 (1823—1830).

de Lacp. [92] Terrien de Lacouperie, Catalogue of Chinese Coins from the VIIth Century B. C. to A. D. 621, including the series in the British Museum hg. von R. St. Poole 1892. 1892.

Lamb. [00] Lambert, Néo-Calédoniens 1900.

Lamb. [01] Le Père Lambert, Moeurs et Superstitions des Néo-Calédoniens 1901.

Landtm. [20] Gunnar Landtmann, Papuan Magic in the Building of Houses 1920 (AAAH 1).

Lang [07—08] Andrew Lang, The Origin of Terms of Human Relationship Proceedings of the British Academy 3 1907—08.

Lange [12] Lange, Die Lehensfürsten nach der Schlacht von Sekigahara 1600; 1912. (MSOSpr. 15).

Lgf. [19—20] Gösta Langenfeldt, On the Origin of Tribal Names 1919—20 (Anthr. 14/15).

Lasch [06] Richard Lasch, Der Eid 1906.

Latte [20] Kurt Latte, Heiliges Recht in Griechenland 1920.

Laufer [18] B. Laufer, The reindeer and its domestication 1918 (MAAA 4/2).

Laum [24] Bernhard Laum, Heiliges Geld, eine histor. Untersuchung über den sakralen Ursprung des Geldes 1924.

Lavl. [75] Laveleye, Les lois des Bretons 1875 (Rev. des deux mondes 8).

de Lavl. [91] Emile de Laveleye, De la propriété et ses formes primitives 1891.

Legd. [11] Legendre, The Lolos 1911 (ARBRSI).

Lts. [13—18] T. V. Lehtisalo, Zur Jagd bei den Juraksamojeden 1913—18 (JSFOu. 30—31).

Leist [84] Leist, Graeco-italische Rechtsgeschichte 1884.

Leist [92][1]), [96][2]) Leist, Altarisches jus civile 1892/1896.

Ltn. [81] Leitner, A Sketch of the Bashgeli Kafirs and their Language (Kalasha) 1881 (JUSII).

Ltn. [89] G. W. v. Leitner, The Hunza and Nagyr Languages 1889.

Len. [24] Lenoir, Les Expéditions maritimes etc. 1924 (L'Anthrop. 34).

Len. [24—25] Raymond Lenoir, Les conditions de la fabrication en Mélanésie occidentale 1924—25 (RIS 5/2).

Len. [24—25] Raymond Lenoir, Sur l'institution du Potlach 1924—25 (Revue philosophique).

Lenz [95] Oskar Lenz, Über Geld bei Naturvölkern 1895.

Leroy [25] Olivier Leroy, Essai d'introduction critique a l'étude de l'économie politique 1925 (Les théories de K. Bücher et l'ethnologie moderne).

Lesser [29] Alexander Lesser, Kinship Origins in the Light of some Distributions 1929 (AA 31/4).

Lss. [1839] Lesson, Voyage autour du monde sur la corvette. La Coquille 2 1839.

Letn. [97] Letourneau, L'évolution du Commerce 1897.

Letn. [99] Ch. Letourneau, La monnaie chez les races de couleur 1899 (Bull. Soc. d'Anthropologie).

Letn. [93] A. Hanoteau et Letourneux, La Kabilie et les coutumes Kabiles III 1893.

Lew. [69] Lewin, The Hill Tribes of Chittagong etc. 1869.

Lew. [70] T. A. Lewin, Wild Races of S.-E. India 1870.

Lewk. [13] Jan St. Lewinski, The Origin of Property and the Formation of the Village Community 1913 (Lectures Lon-

don School of Economics and Political Science 30).
Liebm. [97] F. Liebermann, Die Gesetze der Angelsachsen 1897.
Lpm. [04] Liepmann, Duell und Ehre 1904.
Ltd. [13] Alfred Liétard, Au Yun-nan Les Lo-LoP'O 1913 (Anthr. 1/5).
Ling-R. [96] Ling-Roth, The Natives of Sarawak and Brit. N.-Borneo II 1896.
Lvgst. [57] David Livingstone, Missionary Travels and Researches in South Africa 1857.
Lwth. [19—20] Loewenthal, Ein Gottesurteil der alten Mexikaner 1919—20 (Anthr. 14—15).
Lwth. [23] John Loewenthal, Isländische Rechtssymbole in Altamerika 1923 (Z. vgl. Rw. 40).
Lwth. [26] John Loewenthal, Spuren der Isländerfahrten in Nova Scotia 1926 (MAGW 56).
Lopt. [22] J. A. Lopatin, Goldi of the Amur, Ussuri Rivers 1922 (Vladivostok Branch of the Amur Section of the Russian Geogr. Soc. 17).
Lowie [11] Lowie, Dance Associations of the Eastern Dakota 1911 (APAMNH 11/12).
Lowie [12/a] Robert H. Lowie, On the Principle of Convergence in Ethnology 1912 (JAm.F-L 25).
Lowie [12/b] Lowie, Social Life of the Crow Indians 1912 (APAMNH 9).
Lowie [12—16] Lowie, Societies of the Arikara Indians 1912—16 (APAMNH 2).
Lowie [13/a] Lowie, Societies of the Crow, Hidatsa a. Mandan Ind. 1913 (APAMNH 11).
Lowie [13/b] Lowie, Crow Military Societies 1913 (APAMNH 11/13).
Lowie [15] Robert H. Lowie, Exogamy and the Classificatory System of Relationship 1915 (AA 17).
Lowie [16] Lowie, Plain Indian Age Societies, Histor. and Compar. Summary 1916 (Pap. Am. Mus. Nat. Hist. 11/13).
Lowie [17] Lowie, Notes on the Social Organization and Customs of the Mandan, Hidatsa and Crow Indians 1917 (APAMNH 21/1).
Lowie [19/a] R. H. Lowie, The Matrilineal Complex 1919 (UCPAAE 16).
Lowie [19/b] Lowie, The Tobacco Society of the Crow-Indians 1919 (APAMNH 21/2).
Lowie [20] R. H. Lowie, Primitive Society 1920.
Lowie [22] Lowie, The Avunculate in Patrilineal Tribes 1922 (AA 24).
Lowie [24] Lowie, Minor Ceremonies of the Crow-Indians 1924 (APAMNH 21/5).
Lowie [25] R. H. Lowie, Primitive Religion 1925.
Lumh. [92] Karl Lumholtz, Unter Menschenfressern 1892.
Lundg. [30] Hendrik Lundegardh, Klima und Boden in ihren Wirkungen auf das Pflanzenleben. 2. Aufl. 1930.
Ltk. [1835—36] Lütke, Voyage autour du monde exécuté par ordre de Sa Maj. Nicolas I. 1826—29. 1835—36.
Macd. [16] Macdonald, The Evolution of Coinage 1916.
Macdll. u. K. [12] Macdonell u. Keith, Vedic Index 1912.
Mac K. [26] Mac Kern, Functional families of the Patwin 1926 (UCPAAE 13).
Mac. L. [22] Mac Leed, The Family Hunting Territory and Lenape Political Organization 1922 (AA 24).
Mac Lnn. [65] Mac Lennan, Primitive Marriage 1865.
Mac Lnn. [76] Mac Lennan, Ancient History 1876.
Mac Lnn. [85] Mac Lennan, The Patriarchal Theory 1885.
Mac Ld. [22] William Christie Mac Leod, The Family Hunting Territory 1922 (AA 24).
Mac Ld. [23] William Christie Mac Leod, On the Significance of Matrilineal Chiefship 1923 (AA 25).
Mac Ld. [24/a] William Christie Mac Leod, The Origin of the State, reconsidered in the Light of the Data of Aboriginal North America. Diss. Univ. Pennsylvania, Ph. D. Philadelphia 1924.
Mac Ld. [24/b] William Christie Mac Leod, Natchez Political Evolution 1924 (AA 26).
Mac Ld. [25] William Christie Mac Leod, Debtor and Chattel Slavery in Aboriginal North America 1925 (AA 27).
Mac Neill [21] Mac Neill, Celtic Ireland 1921.
Mac Neill [21—24] Mac Neill, Ancient Irish Law. (The Law of Status and Franchise) 1921—24 (Proceedings of the R. Irish Academy 36).
Maine [60] Maine, Ancient Law 1860.
Maine [71] Maine, Village Communities in the East and West 1871.
Maine [75] Maine, Lectures on the Early History of Institutions 1875.

Malc. [23] L. W. G. Malcolm, Notes on Birth, Marriage and Death Ceremonies of the Eyap Tribe, Central Cameroon 1923 (JRAI 53).
Malc. [24] L. W. G. Malcolm, Sex Ratio in African Peoples 1924 (AA 26).
Malc. [25] Malcolm, Note on the Seclusion of Girls among the Efik at old Calabar 1925 (Man 69).
Malc. [26] Malcolm, The Social-Political Organisation of the E-Ĝap Tribe, Central Cameroon 1926 (Anthr. 21).
Mal. [13] B. Malinowski, The Family among Australian Aborigines 1913.
Mal. [15] Malinowski, The Natives of Mailu 1915 (TRSSA 39).
Mal. [21] Malinowski, The primitive economics of the Trobriand Islanders 1921 (EJ 31).
Mal. [22] B. Malinowski, Argonauts of the Western Pacific 1922.
Mal. [23/a] Malinowski, The Sexual Psychology of the Savages Psyche 1923.
Mal. [23/b] Malinowski, The Psychology of Sex in Primitive Societies 1923 (Psyche 4/2).
Mal. [23—24] Malinowski, Psyche 1923—1924.
Mal. [24] Malinowski, Mutterrechtliche Familie und Ödipus-Komplex 1924. (Img 10).
Mal. [25] Malinowski, Forschungen in einer mutterrechtlichen Gemeinschaft 1925 (ZVS).
Mal. [26] Malinowski, Crime and Custom in Savage Society 1926.
Mal. [28] B. Malinowski, The Anthropological Study of Sex 1928 (Verh. d. I. int. Kongr. f. Sexualforsch. 1926).
Mal. [29] B. Malinowski, The Sexual Life of Savages 1929.
Mal. [30] B. Malinowski, Kinship 1930 (Man 30/17).
Mltz. [73] von Maltzan, Reisen nach Südarabien 1873.
Man [82] E. H. Man, On the Original Inhabitants of the Andaman Islands 1882 (JAI 12).
Man [85] E. H. Man, On the Andaman Islands and their Inhabitants 1885 (JRAI 14).
Mg. [14] Mangin, Les Mossi (Soudan occidental) 1914 (Anthr. 9).
Mansf. [08] Alfred Mansfeld, Urwald Dokumente, Vier Jahre unter den Croßflußnegern Kameruns 1908.
Marb. [26] Marbach, Die Bezeichnungen für Blutsverwandte 1926 (Img 12).
Mark. [22—23] Jega Market, With map of the Hausa Trade Routes 1922—23 (JAS 22).
Marqu. [13] Marquard, Die Benin-Sammlung des Reichsmuseums für Völkerkunde in Leiden 1913.
Mart. [67] von Martius, Zur Ethnographie Amerikas, zumal Brasiliens 1867.
Marx [07] A. Marx, Die Bücher Mose und Josua 1907.
Mason [26] I. Alden Mason, Coast and Crest in Columbia 1926 (JAMNH) „Nat-Hist.").
Masp. [77] G. Maspero, Geschichte der morgenländischen Völker 1877 (Histoire ancienne 1/50).
Masp. [28] Henri Maspero, The Origins of the Chinese Civilizations 1928 (ARBRSI for 1927).
Math. [10] John Mathew, The Origin of the Australian Phratries etc. 1910 (JRAI 40).
Matt. [80—83] Washington Matthews, Navajo Silversmiths 1880—83 (ARBE 2nd).
Maurer [1835] von Maurer, Das griechische Volk vor und nach dem Freiheitskampf I 1835.
Maurer [08] Maurer, Verwandtschaft und Erbrecht nach altnordischem Recht 1908.
Maurz. [26] Maurizio, Pflanzen, die vor jedem Anbau zur Nahrung dienten 1926 (Ber. d. dtsch. botan. Ges. 44/3).
Maurz. [27/a] Maurizio, Der Ährenschnitt, die Sichel und das Ährenlesen 1927 (Journal für Landwirtschaft).
Maurz. [27/b] A. Maurizio, Die Geschichte unserer Pflanzennahrung von den Urzeiten bis zur Gegenwart 1927.
Mbg. [00] R. v. Mausberg, Die antike Hinrichtung am Pfahl oder Kreuz 1900 (ZK 7).
Mauss [23—24] Mauss, Essai sur le don, forme archaique de l'échange 1923—24 (L'année sociologique NF 1).
Maxw. [23] Constantia Maxwell, Irish History from Contemporary Sources 1923.
Mayer [11] Ernst Mayer, Der germanische Uradel 1911 (ZSavStftRg. germ. Abt. 32).
Mayer [16] Ernst Mayer, Zur Lehre vom germanischen Uradel 1916 (APAMNH 37).

Mayer [20—21] Ernst Mayer, Das altspanische Oblig. R. 1920—21 (Z. vgl. Rw. 38/39).
Mayer [24] Ernst Mayer, Germanische Geschlechtsverbände und das Problem der Feldgemeinschaft 1924 (ZSavStftRg. germ. Abt. 44).
Mayne [80] John D. Mayne, A Treatise on Hindu Law. and Usage 1880.
Mayne [83] I. D. Mayne, Hindu Law and Usage 1883.
Mc Gov. [23/a] Mc Govern, Am. Head Hunters of Formosa 1923.
Mc Gov. [23/b] Mc Govern, Unter den Kopfjägern auf Formosa 1923.
Means [18] Philip Ainsworth Means, Pre Columbian Peruvian Chronology and Culture 1918 (Man. 18).
Means [23] Philip Ainsworth Means, Some Comments on the Inedited Mannscript of Poma de Ayala 1923 (AA 25)
Mehlis [21] C. Mehlis, Raetia und Vindelicia bei Claudius Ptolemäus. Zur Lösung der Räterfrage 1921 (AfAnthr. NF. 18).
Mehlis [23] C. Mehlis, Die „Städte" und Verkehrswege bei Claudius Ptolemäus im Südosten der Germania megale 1923 (AfAnthr. NF. 19).
Mehlis [26] Claudius P. Mehlis, Über Alldeutschland 1926.
Meier [09] P. Jos. M. S. C. Meier, Mythen und Erzählungen der Küstenbewohner der Gazelle-Halbinsel (Neu-Pommern) 1909 (Anthr. 1/1).
Meier [13] P. J. Meier, Die Zauberei bei den Küstenbewohnern der Gazelle-Halbinsel, Neupommern, Südsee 1913 (Anthr. 8).
Meinhf. [26] Carl Meinhof, Die Religionen der Afrikaner in ihrem Zusammenhang mit dem Wirtschaftsleben 1926 (ISKf Ser.A 7).
Mein. [75—76] C. E. Meinicke, Die Inseln des Stillen Ozeans 1875—76.
Meissn. [11] Bruno Meissner, Schafschur in Babylonien 1911 (OLZ 14).
Meissn. [20] Bruno Meißner, Babylonien und Assyrien I 1920.
Mell. [23] Melland, In Witch-Bound Africa 1923.
Mercer [12] Mercer, The Oath in Babylonian und Assyrian Literatur 1912.
Merk. [23] Gero von Merkardt, The Palaeolithic Period in Siberia: Contributions to the Prehistory of the Yenisei Region 1923 (AA 25/1).
Merker [04] A. Merker, Die Masai 1904.
Mestf. [00] Mestorf, Glasperlen aus Frauengräbern der Bronzezeit 1900 (Mitt. Anthrop. Vereins in Schleswig-Holstein 13).
Meyer Ed. [07—09] Eduard Meyer, Geschichte des Altertums² 1907—09.
Meyer Ed. [10] Ed. Meyer, Kleine Schriften 1910.
Meyer F. [05] Felix Meyer, Wirtsch. u. Recht der Herero 1905.
Meyer Fr. E. [13] Fr. E. Meyer, Über d. Schuldr. der dtsch. Schweiz im 13. bis 17. Jh. 1913 (Unters. z. dtsch. St.- u. Rgesch. 115).
Meyer H. [16] H. Meyer, Die Barundi 1916.
Meyer K. [20] Kuno Meyer, Aus dem Nachlaß Heinrich Zimmers 1920 (ZCPh. 9).
Meyer O. P. [13] O. P. Meyer, Fischerei bei den Uferleuten des nördl. Teiles der Gazelle-Halbinsel, und speziell auf der Insel Vuatam, Neupommern 1913 (Anthr. 8).
Meyer P. C. [97] Paul Constantin Meyer, Erforschungsgeschichte und Staatenbildung des Westsudan, mit Berücksichtigung seiner historischen, ethnologischen und wirtschaftlichen Verhältnisse 1897 (Erg. Heft Nr. 121 zu PM 26).
Mich. [25/a] Truman Michelson, The Mythical Origin of the White Buffalo Dance of the Fox Indians 1925 (40. ARBAE for 1918—19).
Mich. [25/b] Truman Michelson, The Autobiography of a Fox Indian Woman 1925 (40. ARBAE for 1918—19).
Mielke [20—21] Mielke, Die Herkunft der Runddörfer 1920—21 (ZE 52).
Mielke [26] Mielke, Die Entstehung und Ausbreitung des Straßendorfes 1926 (ZE 58).
Mgd. [23] Migeod, Arab Origins at Garun Gabbas 1923 (Man 55).
Mikl. [88] Miklosich, Die Blutrache bei den Slaven 1888 (Denkschr. Wien. Akad. Phil.-hist. Kl. 36).
Milne [24] Milne, The Home of an Eastern Clan 1924.
Minn. [28] Paul Minnaert, Les Institutions et le Proit de l'Empire des Incas 1928 (Société des Americanistes de Belgique).
Mitch. [81] Mitchell, The Past in the Present, what is Civilization 1881.
Mitch. [24] Waldemar Mitscherlich, Eine

Wirtschaftsstufentheorie. Skizze des ökonomischen Werdens der germanisch-romanischen Völker 1924.
Mtt. [12] Mitteis, Papyruskunde 1912.
Ms. [05] Mommsen, Zum ältesten Strafrecht der Kulturvölker 1905.
Mkji. [24] Mookerji, Men and Thought in Ancient India 1924.
Moore [23] Riley D. Moore, Social Life of the Eskimo of St. Lawrence Island 1923 (AA 25).
Morl. u. Yu. [28] Moreland u. Yusuf Ali, Akbar's Land-Revenue System as described in the Ain-i-Akbari 1928.
Morg. [71] Morgan, Systems of Consanguinity and Affinity of the Human Family 1871 (Smithson. Inst. Contributions to Knowledge 17).
Morg. [13] de Morgan, Feudalism in Persia, its Origin and Development and present condition 1913 (ARBRSI).
Morg. E. [26] Evan Morgan, A League of Nations in Ancient China 1926 (JN-Ch-BRAsSoc. 57).
Morg. L. [77] L. Morgan, Ancient Society 1877.
Morg. L. H. [51] Lewis H. Morgan, League of the Ho-de'-no-Sau-nee or Iroquois 1851.
Mor. [15] Eduard Moritz, Die ältesten Reiseberichte über Deutsch-Südwestafrika 1915 (MDSch. 28).
Morley [20] S. G. Morley, The Inscriptions at Copan 1920.
Mos. [88] Moser, Durch Zentralasien 1888.
Moss [20] Moss, Nabaloi Law and Ritual 1920 (UCPAAE 15).
Moszk. [10] Moszkowski, Beiträge zur Entwicklungsgeschichte des Wohnhauses in Ost-Sumatra 1910 (A f. Anthr. 9).
Moszk. [11] Max Moszkowski, Vom Wirtschaftsleben der primitiven Völker 1911 (Probleme der Weltwirtschaft 5).
Moszk. [12] Max Moszkowski, L'économie des peuples primitifs 1912 (Revue économique internationale).
Mühlst. Hans Mühlestein, Über die Herkunft der Etrusker 1929.
Müller [03] W. M. Müller, Die alten Ägypter als Krieger und Eroberer in Asien 1903 (AO 5,1).
Müll.-W. [17] W. Müller-Wismar, Yap 1917.
Münzer [20] F. Münzer, Römische Adelsparteien und Adelsfamilien 1920.
Munz. [59] W. Munzinger, Sitten und Recht der Bogos 1859.
Munz. [64] W. Munzinger, Ostafrikanische Studien. 1. Auflage 1864.
Munz. [83] W. Munzinger, Ostafrikanische Studien, 2. Auflage 1883.
Murie [12—16] Murie, Pawnee Societies 1912—16 (APAMNH 2).
Murphy [25] Murphy, The Romance of Science 1925 (NGM 48).
Murr. [12] Murray, Papua or British New-Guinea 1912.
Murr. H. [25] Herbert Murray, Papua of to-day, or an Australian Colony in the Making 1925.
Murr. M. [15] Margaret Murray, Royal Marriages and matrilineal Descent 1915 (JRAI 45).
Murr. M. [18] M. A. Murray, Child Sacrifice among European Witches 1918 (Man 18).
Musil [28] Alois Musil, The Manners and Customs of the Rwala Bedouins 1928 (Am. Geogr. Soc. Or. Explor. a. Studies Nr. 6).
Nchtg. [79—82] Nachtigal, Sahara und Sudan 1879—82.
Nalm. [08] Nalimov, Zur Frage nach den ursprünglichen Beziehungen der Geschlechter bei den Syrjänen 1908 (JSFOu. 25).
Nans. [91] Frithjoff Nansen, Eskimoleben 1891.
Negl. [03] von Negelein, Die Stellung des Pferdes in der Kulturgeschichte 1903 (Glob. 84/22).
Nels. [99] W. Nelson, The Eskimo about Bering Strait 1899 (ARBAE 18/1).
Neum. [19] D. Neumann, The Eskimo, Nome (Alaska) 1919.
Neur. [18] Neurath, Antike Wirtschaftsgeschichte 1918.
Nev. [21] Neville, Initiation Rites among the Matabele 1921 (Man).
Newb. [1839] Newbold, Political and Statistical Account of the Brit. Settl. in the Straits of Malacca 1839.
Nieb. [00] H. J. Nieboer, Slavery as an Industrial System 1900.
Ndn. [13] Felix Niedner, Islands Kultur zur Wikinger-Zeit 1913 (Sammlung Thule).
Niese [03] Richard Niese, Das Personen- und Familienrecht der Suaheli 1903 (Z. vgl. Rw. 16).
Nigm. [08] E. Nigmann, Die Wahehe 1908.

Nlss. [27] Nilsson, Staat und Religion im alten Griechenland 1927 (Sc. 6).

Nmdj. [19—20] Nimuendajû, Bruchstücke aus Religion und Überlieferung der Sipaia-Indianer 1919—20 (Anthr. 14/15).

Nrd. [23] Georg Nioradze, Die Berg-Ossen und ihr Land 1923.

Nss. [24] Nissen, Die Südwestgrönländische Landschaft und das Siedlungsgebiet der Normanen 1924 (AGAk. 15).

Nops. [23] Franz Baron von Nopcsa, Die Herkunft des nordalbanischen Gewohnheitsrechtes, des Kanun Lek Dukadžinit 1923 (Z. vgl. Rw. 40).

Nord. [12] Erland Nordenskiöld, Indianerleben 1912.

Nord. [29] Erland Nordenskiöld, L'Apiculture Indienne 1929 (Journal de la Société des Américanistes de Paris N. S. XXI, p. 169—182).

Nutt. [25] Zelia Nuttall, The Gardens of Ancient Mexico 1925 (ARBRSI for 1923).

O'B. [11] O'Brien, Some Matrimonial Problems of the Western Border of India 1911 (F-L 22).

Oldbg. [97] Oldenberg, Zur Geschichte des indischen Kastenwesens 1897 (ZDMG 51).

Oldbg. [06] Hermann Oldenberg, Buddha. Sein Leben, seine Lehre, seine Gemeinde 1906.

Oldbg. [23] Oldenberg, Die Upanishaden 1923.

D'Orb. [1844] A. D'Orbigny, Voyage dans l'Amérique méridionale 3 1844.

Orschk. [16] Haralampi Oroschakoff, Ein Denkmal des bulgarischen Rechts 1916 (Z. vgl. Rw. 33).

Østp. [29] J. Østrup, Orientalische Höflichkeit. Formen und Formeln im Islam 1929.

O'Sullv. [10] Hugh O'Sullivan, Dinka Laws and Customs 1910 (JRAI 40).

Overb. [27] Hans Overbeck, Malaiische Weisheit und Geschichte 1927.

Paas. [16—29] H. Paasonen, Sur quelques mots relatifs à l'agriculture empruntés par les langues finno-ougriennes au proto-aryen ou à l'aryen ancien 1916—29 (JSFOu. 34).

Pall. [1771] P. S. Pallas, Reisen durch verschiedene Prov. des russischen Reichs I 1771.

Pall. [1776—1801] P. S. Pallas, Sammlung historischer Nachrichten über die mongolischen Völker 1 1776—1801.

Panh. [28] K. H. Panhorst, Deutschland und Amerika. Ein Rückblick auf das Zeitalter der Entdeckungen und der ersten deutsch-amerikanischen Verbindungen 1928.

Papf. [19—20] Papafio, The Gã Homowa Festival 1919—20 (JAS 19).

Ppph. [24] Max Pappenheim, Kritische Untersuchungen zum Rasengang der Isländersaga 1924 (Archiv f. d. ges. Psycholog. 46).

Parker [10] Arthur C. Parker, The Origin of the Iroquois Silversmithing 1910 (AA 12).

Parker [16] Parker, The Constitution of the five nations Albany 1916 (The Univ. of the State of New York State Museum Bull. 184).

Park. [87] Parkinson, Im Bismarck-Archipel 1887.

Park. [07] R. Parkinson, 30 Jahre in der Südsee 1907.

Pars. [13] Elsie Clews Parsons, Religion and Chastity 1913.

Pars. [15—16] Elsie Clews Parsons, The Reluctant Bridegroom 1915—16 (Anthr. 10—11).

Pars. [16/a] Elsie Clews Parsons, Holding Back in Crisis Ceremonialism 1916 (AA 18).

Pars. [16/b] Parsons, The Zuñi La'mana 1916 (AA 18).

Pars. [16/c] Elsie Clews Parsons, A Few Zuñi Death Beliefs and Practices 1916 (AA 18).

Pars. [17] Parsons, Ceremonial friendship at Zuñi 1917 (AA 19).

Pars. [21] Parsons, Hopi Mothers and Children 1921 (Man 58).

Pars. [21—22] Parsons, A narrative of the Ten'a of Anvik, Alaska 1921—22 (Anthr. 16/17).

Pars. [25] Parsons, Laguna Genealogies 1925 (APAMNH 19).

Pars. [29] Elsie Clews Parsons, The Social Organization of the Tewa of New Mexico 1929 (MAAA 36).

Ptdg. [05] Partridge, Cross River Natives 1905.

Partsch [09] Partsch, Griechisches Bürgschaftsrecht I 1909.

Pass. [95] Passarge, Adamaua 1895.

Pass. [07] S. Passarge, Die Buschmänner der Kalahari 1907.

Paulsch. [93, 96] Philipp Paulitschke, Ethnographie Nordost-Afrikas. 1. Bd. 1893; 2. Bd. 1896.
Plss. [14] Paulssen, Rechtsanschauungen der Eingeborenen auf Ukarra 1914 (BA 4).
Paulss. [22] Franz Paulsson, Rechtsanschauungen der Wagogo 1922 (BA 6).
Peake [22] Herold Peake, The English Village, the Origin and Decay of its Community 1922.
Peake [27] Harold Peake, The Beginning of Civilization 1927 (JRAI 57).
Pech.-L. [77] Pechuël-Lösche, Aus dem Leben der Loango-Neger 1877 (Glob. 32).
Pech.-L. [78] Pechuël-Lösche, Indiscretes aus Loango 1878 (ZE 10).
Pech.-L. [07/a] Pechuël-Lösche, Loango Expedition 3,2 1907.
Pech.-L. [07/b] E. Pechuël-Lösche, Volkskunde von Loango 1907.
Pds. [14] Pedersen, Der Eid bei den Semiten 1914.
Peek. [08] Peekel, Die Verwandtschaftsnamen des mittleren Neu-Mecklenburg 1908 (Anthr. 3).
Peek. [10] P. G. Peekel, Religion und Zauberei auf dem mittleren Neu-Mecklenburg 1910 (Anthrop.-Bibl. 2/3).
Pen. [07] Penard, De Menschetende Aanbidders der Zonneslang 1907.
Perry [23] Perry, The Children of the Sun 1923.
Petrie [20] W. M. Flinders Petrie, History in Tools 1920 (ARBRSI for 1918).
Pfst. [25/a] Friedrich Pfister, Volkskunde, Religion und Religionswissenschaft 1925 (Blätter zur bayr. Volkskunde 10).
Pfst. [25/b] Friedrich Pfister, Weiteres zu den Ortsneckereien 1925 (Blätter zur bayr. Volkskunde 10).
Phill. [25/a] George Brinton Phillips, The Metal Industry of the Aztecs 1925 (AA 27).
Phill. [25/b] George Brinton Phillips, The Primitive Copper Industry of America 1925 (AA 27).
Phillps. [16] J. H. Phillipson, Notes on the Galla 1916 (Man 16 Nr. 107).
Pitt-Riv. [25] Pitt-Rivers, Aka Island, Ethnogr. and Sociological Features of a South-Sea Pagan Society 1925 (JRAI 55).
Playf. [09] Playfair, The Garos 1909.
Pli. [26] Hans Plischke, Von den Barbaren zu den Primitiven. Die Naturvölker durch die Jahrhunderte Leipzig, F. A. Brockhaus 1926.
Pli. [29] Hans Plischke, Das Zeitalter der Weltumseglungsfahrten und die Naturvölker. Ein Beitrag zur Geschichte der Völkerkunde 1929 (A Anthr. NF. XXII/2).
Ploss-B. [13] Ploss-Bartels, Das Weib in der Völkerkunde 1913.
Poky. [17] Pokorny, Eskimo-mongolisches in der vorarischen Bevölkerung des britischen Inselreiches. Beiträge zur ältesten Geschichte Irlands 1917 (ZCPh. 11 u. 12).
Ppg. [1835] E. Pöppig, Reise in Chile, Peru u. auf d. Amazonenstrom 1835.
Post [87] Post, Afrikanische Jurisprudenz 1887.
Post [94—95] Alb. Herm. Post, Grundriß der ethnologischen Jurisprudenz 1. Bd. 1894; 2. Bd. 1895.
Pwll. [23] E. A. Powell, („Worlds Work" Märzheft) 1923.
Pow. [77] S. Powers, Tribes of California Contrib. to N 1877 (American Ethn. 3).
Prwt. [19] Prawoto, Dievenbij geloof op Midden-Java 1919 (TTLV 58).
Preiss [13] H. Preiss, Die Bestrafung des unverschuldeten sozialschädlichen Tatbestandes im japan. Recht 1913 (Z. vgl. Rw. 29).
Preuss, [19—20] K. Th. Preuss, Forschungsreise zu den Kágaba-Indianern der Sierra-Nevada de S. Marta in Kolumbien 1919—20 (Anthr. 14—15).
Preuss [21] K. Th. Preuss, Religion und Mythologie der Uitoto 1921.
Prev. [94] A. de Preville, Les Sociétés Africaines 1894.
Price [82/3] Price, On Aggri Beads 1882/3 (JRAI 12).
Prtz. [25] R. Prietze, Wüstenreise des Haussa-Händlers Mohammed Agigi 1925 (MSOSpr. 28).
Prtch. [66] Pritchard, Polynesian Reminiscences 1866.
Quty.-P. [13—14] Quartey-Papafio, The Use of Names among the Gãs or Accra People of the Gold Coast 1913—14 (JAS 13).
Quev. [19] Samuel A. Lafone Quevedo, Guarani Kinship Terms 1919 (AA 21).
Quist. [15] Martin Quistorp, Männergesellschaft und Alterklassen in China 1915 (MSOSpr. 18).

Rad. [10] Paul Radin, Clan Organization of the Winnebago 1910 (AA 12).
Rad. [13] Paul Radin, Personal Reminiscences of a Winnebago Indias 1913 (JAmF-L 26).
Rad. [14] P. Radin, Peyote Cult of the Winnebago 1914 (JRP 7/1).
Rad. [15] Paul Radin, The Social Organization of the Winnebago Indians. Canada Dpt. of Mines, Geol. Survey 1915 (Mus. Bulletin Nr. 10, Anthrop. Series Nr. 5).
Rad. [23] Paul Radin, The Winnebago Tribe 1923 (ARBAE 37).
Rad. [25] Paul Radin, Maya, Nahuatl, and Tarascan Kinship Terms 1925 (AA 27).
Radff. [84] Wilhelm Radloff, Aus Sibirien I 1884.
Rsch. [04] Rascher, Grundregeln der Baining-Sprache 1904 (MSOSpr. 7).
Rasm. [08] Knud Rasmussen, The People of the Polar North 1908.
Rasm. [21] Knud Rasmussen, Greenland by the Polar Sea. The Story of the Thule Expedition from Melville Bay to Cape Morris Jesup 1921.
Ratty. [16] R. J. Rattray, The Iron Workers of Akpafu 1916 (JRAI 46).
Ratty. [23] R. J. Rattray, Ashanti 1923.
Ratty. [25] Rattray, Cross-Cousin Marriages (Ashanti) 1925 (JAS 24).
Read [18] Carveth Read, No Paternity 1918 (JRAI 48).
Reche [14] Otto Reche, Zur Ethnographie des abflußlosen Gebietes Deutsch-Ostafrikas 1914 (Abhdlg. d. Hambg. Kolonialinstituts 17).
Rh. [92] Rehme, Das Recht der Amaxosa-Kaffern 1892 (Z. vgl. Rw. 10).
Rehse [10] H. Rehse, Kiziba 1910.
Reik [16] Reik, Die Pubertätsriten der Wilden 1916 (Img 4).
Reim. [14] Julius Reimers, Der Lehenstaat in Georgien 1914 (Beitr. z. Kultur- u. Universalgesch. 31).
Rein-W. [25] Anna Rein-Wuhrmann, Mein Bamumvolk im Grasland von Kamerun 1925.
Reitzst. [23] von Reitzenstein, Das Weib bei den Naturvölkern 1923.
Rhamm [02] Rhamm, Der Verkehr der Geschlechter unter den Slaven in seinen gegensätzlichen Erscheinungen 1902 (Glob. 82).
Rhys [01] John Rhys, Celtic Folklore, Welsh and Maux 1901 (F-L 12).
Rich. [14] Richards, South India 1914 (Man 14 Nr. 97).
Rcht. [08] Richter, Kultur und Reich der Marotse 1908 (Beitrag z. Kultur- und Universalgeschichte 8).
Rckts. [25] O. Ricketson, Burials in the Maya Area 1925 (AA 27).
Ried. [85] J. G. F. Riedel, Galela und Tobeloresen Ethnogr. Notizen 1885 (ZE 17).
Ried. [87] J. G. F. Riedel, Sluik- en kroesharige rassen 1887 (Revue Coloniale Internationale, Amsterdam).
Rsly. [91] Risley, Tribes and Castes of Bengal 1891.
Riv. [06] W. H. R. Rivers, The Todas 1906.
Riv. [09] Rivers, Totemism in Polynesia and Melanesia 1909 (JRAI 39).
Riv. [14/a] Rivers, Kinship and Social Organization 1914.
Riv. [14/b] W. H. R. Rivers, History of Melanesian Society 2 vols. 1914.
Riv. [15/a] W. H. R. Rivers, Melanesia. Melanesian Gerontocracy 1915 (Man 15).
Riv. [15/b] W. H. R. Rivers, The Boomerang in the New-Hebrides 1915 (Man 15 Nr. 59, 85).
Riv. [15/c] W. H. R. Rivers, Descent and Ceremonial in Ambrim 1915 (JRAI 45).
Rbts. [96] Scott Robertson, Kâfics of the Hindu-Kush 1896.
Rbts. [02] Robertson, Erromanga, the Martyr Island 1902.
Rbl. [96] Robley, Moko or the Maori Tattooing 1896.
Rockh. [91] Rockhill, The Land of the Lamas 1891.
Rodd [26] Francis Kennell Rodd, People of the Veil, being an account of the Habits, Organisation and History of the Wandering Tuareg Tribes which inhabit the Mountains of Air or Asben in the Central Sahara 1926.
Róh. [15] Róheim, Killing the Divine King 1915 (Man 13).
Róh. [23] Róheim, Nach dem Tode des Urvaters 1923 (Img 9).
Róh. [30] Geza Róheim, Animism, Magic and the Divine King 1930.
Rohlfs [74[1])—75[2])] Gerhard Rohlfs, Quer durch Afrika 1874—75.
Rosc. [11] J. Roscoe, The Baganda 1911.
Rosc. [21] John Roscoe, 25 Years in East Africa 1921.
Rosc. [22] John Roscoe, The Soul of

Central Africa. A general account of the Mackie Ethnological Expedition 1922.
Rosc. [23/a] John Roscoe, The Bakitara 1923.
Rosc. [23/b] John Roscoe, The Banyankole 1923.
Rosc. [23/c] Roscoe, Die Zustände bei den Bakitara und Banyankole Afrikas 1923.
Rosc. [24] John Roscoe, The Bagesu and other Tribes of the Uganda Protectorate 1924.
Rose [10] H. A. Rose, Fictitions Kinship in the Punjab 1910 (Man 10).
Rose [11] Rose, On the Alleged Mother-Right in Early Greece 1911 (F-L 22).
Rose [22] Rose, Legitimation and Adoption in Hindu-Law 1922 (Man 96).
Rsth. [28] Rosthorn, Ursprung der Chinesen 1928 (Ber. d. Forsch.-Inst. f. Osten u. Orient 88).
Rostvzff. [26] Rostovtzeff, The Social and Economic History of the Roman Empire 1926.
Roth Lg. [90] H. Ling Roth, The Aborigines of Tasmania 1890.
Roth W. E. [97] W. E. Roth, Ethnological Studies among the North-West Central Queensland Aborigines 1, 1897.
Roth W. E. [03] W. E. Roth, North Queensland Ethnographic Bulletin 5, 1903.
Roth W. E. [06] W. E. Roth, North Queensland Ethnographic 1906 Bulletin 8.
Roth W. E. [24] W. E. Roth, An Introductory Study of the Arts, Crafts and Customs of the Guiana Indians 1924 (ARBAE 38).
Rouff. [09] Rouffaer, Waar kwamen de radselachtig Moetisalah's (Aggri-kralen) in de Timorgroep oorsprongkelijk van daan? 1909 (BTLVNI 6/6).
Routl. [10] W. S. Routledge, With a prehistoric people (Akikuya) 1910.
Roys [23] Ralph L. Roys, The Ritual of the Chiefs of Yucatan 1923 (AA 25).
Rpp. [1840] Rüppel, Reise in Abessinien 1840.
Russ. [08] Frank Russell, The Pima Indians 1908 (ARBAE 26).
Ruth [20] Ruth, Zeugen und Eideshelfer in den deutschen Rechtsquellen des Mittelalters 1920 (Unters. z. dtsch. Staats- u. Rgesch. 133).
Rütm. [24] L. Rütimeyer, Ur-Ethnographie der Schweiz. Schriften d. Schweizer. Gesellsch. f. Volkskunde 1924.
Rtt. [28] Eldon Rutter, The Holy Cities of Arabia 1928 Vol. 1.
Rys's [01] John Rys's, Celtic Folklore, Welsh and Maux 1901 (F-L 12).
Sach. [97] Ed. Sachau, Muhammedanisches Recht nach schafiitischer Lehre 1897.
Saff. [26] William E. Safford, The Potato of Romance and of Reality 1926 (ARBRSI for 1925, 509ff.).
Salin [26] Salin, Civitas Dei 1926.
Sands. [20] Meredith Sanderson, Relationship among the Wa-Yao 1920. (JRAI 50).
Sands. [22—23] Sanderson, Some Marriage Customs of the Wahenga, Nyassaland 1922—23 (JAS 22).
Sands. [23] Meredith Sanderson, The Relationship Systems of the Wagonde and Wahenga Tribes 1923 (JRAI 53).
Sandv. [83] Olivier de Sanderval, De L'atlantique au Niger par le Foutah-Djallon 1883.
Sapir [16] E. Sapir, Terms of Relationsahip and the Levirate 1916 (AA 18).
Saras. [92] P. u. W. Sarasin, Die Weddas 1892.
Sarf. [19—20] E. Sarfert, Kusae. Ergebnissse d. Südsee Exped. 1908—10 der Hamburg. Wiss. Stiftung 1919—20. I. Bd. 1919; II. Bd. 1920.
Srgt. [24] R. Louisa Sargent, The Size of the Slave Population at Atkens during the fifth and fourth Centuries before Christ 1924 (UIStSS 12/3).
Sav. [26] Saville, In Unknown New-Guinea 1926.
Schad. [15] Schadee, Heirats- und andere Gebräuche bei den Mansela- und Nusawele-Alfuren etc. der Insel Seram 1915 (JAE 22).
Schbst. [21—22] Schebesta, Parak-Institution im Bogia-Distrikt unter den Sepa 1921—22 (Anthr. 16—17).
Schbst. [27] Paul Schebesta, Bei den Urwaldzwergen von Malaya 1927.
Schbst. [28] Paul Schebesta, Orang Utan, bei den Urwaldmenschen Malayas 1928.
Schenk [12] A. Schenk, La Suisse préhistorique 1912.
Scherm. [24] L. Scherman, Brahmanische Siedlungen im buddhistischen Birma 1924 (Asia Major 1).
Schilde [29] Willy Schilde, Ost-westliche Kulturbeziehungen im Sudan 1929 (In Memoriam Karl Weule).

Schilde [30] Willy Schilde, Die afrikanischen Hoheitszeichen 1930 (ZE 1/3).
Schinz [91] Schinz, Deutsch-Südwest-Afrika 1891.
Schlaghf. [10] Otto Schlaginhaufen, Über Siedlungsverhältnisse in Süd-Neu-Mecklenburg 1910 (ZE 42).
Schmidt M. [13] Max Schmidt, Zur Rechtsgeschichte Afrikas aus altholländischen Berichten 1913 (Z. vgl. Rw. 30).
Schmidt M. [16] Max Schmidt, Zur Rechtsgeschichte Afrikas. Aus portugiesischen Berichten 1916 (Z. vgl. Rw. 34).
Schmidt M. [17] Max Schmidt, Die Aruaken 1917.
Schmidt M. [18] Max Schmidt, Zur Rechtsgeschichte Afrikas, aus portugiesischen Quellen 1918 (Z. vgl. Rw. 35).
Schmidt [08] P. W. Schmidt, Die Stellung der Aranda unter den australischen Stämmen 1908 (ZE 40).
Schmidt [09] P. W. Schmidt, Die soziologische und religiösethische Gruppierung der australischen Stämme 1909 (ZE 41).
Schmidt P. W. [15—16] P. W. Schmidt, Totemismus, viehzüchterischer Nomadismus und Mutterrecht 1915—1916 (Anthr. 10—11).
Schmidt P. W. [19—20] P. W. Schmidt, Mutterrecht und Kopfjagd im westlichen Hinterindien 1919—20 (Anthr. 14—15).
Schmidt R. [22] R. Schmidt, Beiträge z. Ind. Erotik 1922.
Schmidt u. K. [24] P. W. Schmidt u. P. W. Koppers, Gesellschaft und Wirtschaft der Völker (I. Teil von „Völker und Kulturen" in „Der Mensch aller Zeiten, Natur und Kultur der Völker der Erde" Bd. III) 1924.
Schdr. [24] Schneider, Die Entstehung von Burg- und Landgemeinden in Italien 1924 (Abhandlungen zur mittleren und neuen Geschichte 68).
Schdr. O. [05] O. Schneider, Muschelgeld-Studien 1905.
Schdr. A. [20] Anna Schneider, Die sumerische Tempelstadt 1920 (Staatswissenschaftl. Beiträge 4)
Schfd. [12] Schönfeld, Die Mongolen und ihre Paläste und Gärten im mittleren Gangestale 1912 (ZDMG 66).
Schoof [00] Wilhelm Schoof, Die deutschen Verwandtschaftsnamen 1900. (Zeitschr. f. hochdeutsche Mundarten 1).
Schoolc. [51—55] Henry R. Schoolcraft, Information resp. the History, Condition and Prospects of the Indian Tribes of the United States 1851—55.
Schrd. [04] Schrader, Die Schwiegermutter und der Hagestolz 1904.
Schrd. [05] O. Schrader, Über die Bezeichnung der Heiratsverwandtschaft bei indogermanischen Völkern 1905 (IF 17).
Schrd. [16] O. Schrader, Die Indogermanen 1916.
Schramm [22—23] Schramm, Das Herrscherbild in der Kunst des früheren Mittelalters 1922—23.
Schrck. [59] L. von Schrenck, Reisen und Forschungen im Amur-Lande III 1859.
Schr. [11] Schreuer, Die Thronerhebung des dtsch. u. frz. Königs 1911 (Festschrift f. Otto Gierke).
Schr. [16] Hans Schreuer, Das Recnt der Toten. I. Teil 1916 (Z. vgl. Rw. 33).
Schrieke [28] B. Schrieke, Het Communisme ter Sumatra's Westkust 1928.
Schröder [28] E. E. W. Gs. Schröder, Nias ethnographische, geographische und historische Aanteekeningen en Studien 1928 (AA 30/1).
Schub. [20] W. Schubart, Rom und Ägypten nach dem Gnomon des Idios Logos 1920 (ÄZ 56).
Schulte [00] Schulte, Geschichte des mittelalterlichen Handels und Verkehrs zwischen Westdeutschland und Italien I 1900.
Schlt. [22] Adolf Schulten, Tartessos 1922.
Schulz [19] Schulz, Vom Prinzipat zum Dominat 1919 (Stud. z. Gesch. u. Kult. d. Altert. 9).
Schultze [07] Leonhard Schultze, Aus Namaland und Kalahari 1907.
Sch.-Ew. [24] Erich Schultz-Ewerth, Samoanisches Recht 1924.
Sch.-Ew. [25] E. Schultz-Ewerth, Samoan. R. in d. Eingeb. R. d. ehem. Dtsch. Kolonien 1925.
Schum. [01] Schumacher, Kultur- und Handelsbeziehungen des Mittelrheingebiets und insbesondere Hessens während der Bronzezeit 1901 (Westd. Zeitschr. 20).
Schum. [27, 28] P. P. Schumacher, Expedition des P. P. Schumacher zu den zentralafrikanischen Kion Pygmäen 1927, 1928 (Anthr. 22, 23).
Schurtz [98] Heinrich Schurtz, Grundriß einer Entstehungsgeschichte des Geldes 1898.

Schurtz [00] Heinrich Schurtz, Das afrikanische Gewerbe 1900 (Schr. d. fstl. Jablonowski'schen Ges. 34).

Schurtz [02] H. Schurtz, Altersklassen und Männerbünde 1902.

Schst. [14] P. F. Schuster, Die sozialen Verhältnisse des Banjange-Stammes 1914 (Anthr. 9).

Schwt. [25] G. Schwantes, Das Beil als Scheide zwischen Paläolithikum und Neolithikum 1925 (AfAnthrNF 20).

Schwg. [14] Schweiger, Der Rittus der Beschneidung bei den Zulu 1914 (Anthr 9).

Schwft. [78] G. Schweinfurth, Im Herzen Afrikas 1878 (1. Auflg.).

Schwft. [18] G. Schweinfurth, Im Herzen von Afrika 1918 (2. Auflg.).

Schwft. [26] Schweinfurth, Über wild gesammelte Arten von Reis in Afrika 1926 (Ber. d. dtsch. botan. Ges. 44/3).

Schwenz. [15] W. Schwenzner, Zum altbabylonischen Wirtschaftsleben 1915 (MVAG 19).

Schwenr. [17] Schwenzner, Das geschäftliche Leben im alten Babylonien nach den Verträgen und Briefen dargestellt 1917 (Der alte Orient 16).

Schwdl. [94] E. Schwiedland, Kleingewerbe und Hausindustrie in Österreich 1894.

Seeb. [03] F. Seebohm, On the Early Currencies of the German Tribes 1903 (VSWG 1/2).

Seidl. [94] Seidlitz, Die Abchassen 1894 (Glob. 66).

Seiw. [26] Seiwert, Die Bagielli, ein Pygmäenstamm des Kameruner Urwaldes 1926 (Anthr. 21).

Slgm. C. G. [10] C. G. Seligmann, The Melanesians of British New Guinea 1910.

Slgm. C. G. [11] C. G. Seligmann, The Veddas 1911.

Slgm. B. Z. [17] Brenda Z. Seligman, The relationship systems of the Nandi, Masai and Thonga 1917 (Man 17).

Slgm. B. Z. [21] Brenda Z. Seligman, A note on the Genealogic Method 1921 (Man 21).

Slgm. B. Z. [23] Brenda Z. Seligman, Studies in Semitic Kinship 1923 (BSchOSt. 3/1).

Slgm. B. Z. [24] Brenda Z. Seligman, Marital Gerontocracy in Africa 1924 (JRAI 54).

Slgm. B. Z. [25/a] B. Z. Seligmann, Problems of Social Organisation 1925 (Man 25 Nr. 31 u. 33).

Slgm. [25/b] Seligmann, Social Organization of the Lotuko 1925 (Sudan Notes and Records 8/2).

Slgm. B. Z. [29] Brenda Z. Seligman, Incest und Descent: Their Influence on Social Organization 1929 (JRAI 59).

Senfft [96] Arno Senfft, Die Insel Nauru 1896 (MDSchG 101ff.).

Senfft [03] Ethnographische Beiträge über die Karolinen-Insel Yap 1903 (PM 49).

Senfft [07] Arno Senfft, Die Rechtssitten der Jap-Eingeborenen 1907 (Glob. 91).

Sethe [12] Sethe, Das Fehlen des Begriffs der Blutschande bei den alten Ägyptern 1912 (ÄZ 50).

Sethe [18] Sethe, Zum Inzest des Snefru 1918 (ÄZ 54).

Seuf. [22] Seufert, Urkunden zur staatlichen Neuordnung unter der Han-Dynastie 1922 (MSOSpr. 23/25).

Shirok. [24] Shirokogoroff, Social Organization of the Manchus 1924 (JASN-ChB 3).

Shirok. [26] S. M. Shirokogoroff, Northern Tungus Migrations in the Far East (Goldi and their ethnical affinities) 1926 (JN-Ch-BRAsSoc. 57).

Shl. [25] Ruth Shonle, Peyote, the Giver of Visions 1925 (AA 27).

Siev. [18—19] Sievers, Metrische Studien 1918—19 (Abh. d. phil.-hist. Kl. d. sächs. Akad. d. Wissensch. 35).

Sim. [14] E. H. Simon, Beiträge zur Kenntnis der Riu-Kiu-Inseln 1914.

Sirl. [06/11] Sirelius, Über die primitiven Wohnungen der finnischen und ob-ugrischen Völker 1906—11 (Finnisch-Ugrische Forschg. 6, 8, 9, 11).

Sirl. [16—20/a] U. T. Sirelius, Die Zähmung des Renntieres 1916—20 (JSF-Ou. 33).

Sirl. [16—20/b] Sirelius, Über die Art und Zeit der Zähmung des Rentiers 1916—20 (JSFOu. 35).

Skt. u. Blgd. [06] W. W. Skeat u. Ch. O. Blagden, Pagan Races of the Malay Peninsula 1906.

Sk. [11] Skinner, A Comparative Sketch of the Menomini 1911 (AA 13).

Sk. [12—16] Skinner, Jowa Societies, The Plain Ojibway, Kansa Organizations 1912—16 (APAMNH 2).

Sk. A. [13] Alanson Skinner, Social life

and Ceremonial Bundles of the Menomini Indians 1913 (APAMNH 13).

Sk. A. [15/a] Alanson Skinner, Associations and Ceremonies of the Menomini Indians 1915 (APAMNH 13).

Sk. [15/b] Skinner, Societies of the Jowa, Kausa and Ponca Indians 1915 (APAMNH 11/19).

Sk. H. D. [15/c] H. D. Skinner, The Carving Tools of the Maori 1915 (JPS 24).

Sk. [16] Skinner, Political Organization etc. of the Plains-Ojibway and Plains-Cree Indians 1916 (APAMNH 11).

Smith [80—83] Erminnie A. Smith, Myth's of the Iroquois 1880—83 (ARBAE 2).

Smith E. W. [27] Edwin W. Smith, The Golden Stool 1927.

Smith Ell. [29] Grafton Elliot Smith, The Migrations of Early Culture, a Study of the Significance of the Geographical Distribution of the Practice of Mummification as Evidence of the Migration of Peoples and the Spread of certain Customs and Beliefs (second impression) 1929.

Smith H. J. [25] Harlan J. Smith, Sympathetic Magic and Witchcraft among the Bellacoola 1925 (AA 27).

Smith P. [19] Percy Smith, Aryan and Polynesian Points of Contact (The fatherland of the Polynesians) 1919 (JPS 28).

Smith R. [03] Robertson Smith, Kinship and Marriage in Early Arabia 1903.

Smith u. D. [20] Edwin W. Smith u. Dale, The Ila-Speaking Peoples of Northern Rhodesia 1920.

Smyth [78] R. Brough Smyth, The Aborigines of Victoria with notes relating to the habits of the natives of other parts of Australia and Tasmania 2 vols 1878.

Soerg. [22] W. Soergel, Die Jagd der Vorzeit 1922.

Somlo [09] Felix Somlo, Der Güterverkehr in der Urgesellschaft 1909.

Sommer [21] Sommer, Beschreien und Besprechen b. idg. Urvolk WuS 1921.

Sopp. [87] C. A. Soppitt, A short account of the Kuki-Lushai Tribes on the north-east frontier 1887.

Speck [15/a] F. G. Speck, The Family Hunting Territories and Social Life of Various Algonkian Bands of the Ottawa Valley 1915 (Memoir 70).

Speck [15/b] F. G. Speck, The Family Hunting Band as the Basis of Algonkian Social Organization 1915 (AA 17).

Speck [19] Frank G. Speck, The Functions of Wampum among the Eastern Algonkian 1919 (MAAA 6/1).

Speck [23/a] Frank G. Speck, Mistassini Hunting Territories in the Labrador Peninsula 1923 (AA 25).

Speck [23/b] F. G. Speck, Algonkian Influence upon Iroquois Social Organization 1923 (AA 25/2).

Speck [25] F. G. Speck, Algonkian Influence upon Iroquois Socisl Organization 1925 (AA 25/2).

Speiser [23] Felix Speiser, Ethnographische Materialien aus den Neuen Hebriden und den Banks-Inseln 1923.

Spenc. [14] Baldwin Spencer, Native Tribes of the Northern Territory of Australia 1914.

Spenc. u. G. [99] Baldwin Spencer u. F. J. Gillen, The Native Tribes of Central Australia 1899.

Spenc. u. G. [04] Spencer u. Gillen, The Northern Tribes of Central Australia 1904.

Spenc. u. G. [12] B. Spencer u. F. J. Gillen Across Australia 2 vols. 1912.

Spenc. u. G. [27] Spencer u. Gillen, The Arunta 1927.

Sprb. [16] Sperber, Die Schreiben Mohammeds an die Stämme Arabiens 1916 (MSOSpr. 19).

Spiegbg. [95] Wilhelm Spiegelberg, Arbeiter und Arbeiterbewegung im Pharaonenreich unter den Ramessiden (ca. 1400—1100 v. Chr.). 1895

Spier [23] Leslie Spier, Southern Diegueño Customs 1923 (UCPAAE 20).

Spier [25] Spier, The Distribution of Kinship systems in North-America 1925 (Univ. of Washington Publications in Anthropology 1/2).

Spiess [05] Spiess, Blicke in das Zauber- und Götterwesen der Anilõer Westafrikas 1905 (MSOSpr. 8).

Spiess [22/a] Carl Spiess, Fünf Abhandlungen zum Kultus der Eweer in Togo 1922 (BA 6).

Spiess [22/b] Carl Spiess, Der Legba-Kult in seinen verschiedenen Formen an der Westafrikanischen Küste 1922 (BA 6).

Spieth [06] Spieth, Die Ewe-Stämme 1906.

Spd. [17] Herbert J. Spinden, Ancient Civilizations of Mexico and Central America 1917 (AMNH Handbook 3).

Sprg. [92] Sprenger, Eine Skizze der Entwicklungsgeschichte des muslimischen Gesetzes 1892 (Z. vgl. Rw. 10).
Stly. [78] Stanley, Through the Dark Continent 1878.
Stly. [85] Stanley, The Congo 1885.
Stnn. [15] Hugh Stannus, Africa, East. Pre-Bantu Occupants of East Africa 1915 (Man 15).
Stnn. u. D. [13] Stannus u. Davey, The Initiation Ceremony for Boys among the Yao of Nyassaland 1913 (JRAI 43).
Stck. [88] Starcke, Die primitive Familie 1888.
Stasch. [17] F. Staschewski, Die Banjangi 1917 (BABeih. 8).
Stearns [89] Robert E. C. Stearns, Ethno-Conchology: a Study of Primitive Money 1889 (ARBRSI for 1887/II p. 297).
Stby. [17] H. P. Steensby, An Anthropogeographical Study of the Origin of the Eskimo-Culture 1917 (Meddelelser om Gronland 53).
Stef. [13] V. Stefánsson, My Life with the Eskimo 1913.
Stef.-A. [19] W. Steffánsson-Anderson, Arctic Expedition 1919 (APAMNH 14).
Steinen [86] Karl von den Steinen, Durch Central-Brasilien. Expedition zur Erforschung des Schingu 1886.
Steinen [94] Karl von den Steinen, Unter den Naturvölkern Zentral-Brasiliens 1894, 1. Aufl.
Steinen [97] Karl von den Steinen, Unter den Naturvölkern Zentral-Brasiliens 1897, 2. Aufl.
Stnm. [01] Steinmetz, L'Ethnologie et l'anthropologie criminelle. Travaux du 5 me Congrès d'Anthropologie Criminelle 1901.
Stnm. [03] S. R. Steinmetz, Rechtsverhältnisse von eingeborenen Völkern in Afrika und Ozeanien 1903.
Stnm. [28] S. R. Steinmetz, Ethnologische Studien zur ersten Entwicklung der Strafe 1928.
Sten. [91] P. von Stenin, Das Gewohnheitsrecht der Samojeden 1891 (Glob. 60).
Stbg. [05] Sternberg, The Gilyak 1905.
Stbg. [11] Theodor Sternberg, Der Geist des chinesischen Vermögensrechtes 1911 (Z. vgl. Rw. 26).
Stbg. [12] Sternberg, The Turano-Ganowánian System and the Nations of N-E Asia 1912 (Internat. Congress of Americanists Proceedings of the 18. Session).
Stssy. [03] Stiassny, Die Pfählung, eine Form der Todesstrafe 1903.
Stit. [25] Stites, Economics of the Iroquois 1925.
Stoll [08] Otto Stoll, Das Geschlechtsleben in der Völkerpsychologie 1908.
Stow [05] G. W. Stow, Native Races of South Africa 1905.
Strehl. [07—20] C. Strehlow, Die Aranda und Loritja-Stämme in Zentral-Australien; bearb. v. M. Frh. v. Leonhardi (Veröffentlichungen des Völker-Museums Frankfurt a. M.) 1907—20.
Stresm. [23] E. Stresemann, Religiöse Gebräuche auf Seran 1923 (TBGKW 62/2).
Strong u. Sch. [25] William Duncan Strong u. W. Egbert Schenk, Petroglyphs near the Dalles of the Columbia River 1925 (AA 27).
Struck [21] Bernhard Struck, Die Kaphottentotten 1921 (AfAnthr.NF 18).
Stüb. [96] Stübel, Samoanische Texte 1896 (Veröffentl. a. d. Mus. f. Völkerk. Berlin 6).
Studer [01] Studer, Die prähistorischen Hunde 1901 (ASchwPalG 28).
Stuhlm. [94] Fr. Stuhlmann, Mit Emin Pascha ins Herz von Afrika 1894.
Stuhlm. [10] Franz Stuhlmann, Handwerk und Industrie in Ostafrika 1910.
Sumn. [01] W. G. Sumner, The Yakuts 1901 (JRAI 31).
Sumn. [06] William Graham Sumner, Folkways, a Study of the Sociological Importance of Usages, Manners, Customs, Mores and Morals 1906.
Swant. [04—05] John R. Swanton, The Thlinkeet 1904/05 (ARBAE 26).
Swant. [08] John R. Swanton, Social Condition Beliefsand Linguistic Relationship of the Tlingit Indians 1908 (ARBAE 26).
Swant. [11] John R. Swanton, Idian Tribes of the Lower Mississippi 1911 (BBAE 43).
Swant. [12] John R. Swanton, A foreword on the Social Organization of the Creek Indians 1912 (AA 14).
Sweet [19] Sweet, Roman Emperor Worship 1919.
Talb. [14—15] Talbot, Woman's Mysteries of a Primitive People 1914—15 (JAS 14).
Taux. [27] L. Tauxier, La religion Bambara 1927.
Teit [00/a] J. Teit, The Thompson Indians of British Columbia 1900 (AMNH 2).

Teit [00/b] J. Teit, Publications of the Yesup North Pacif. Exped. 1900.

Temp. [99] R. C. Temple, Beginnings of Curreney 1899 (JRAI 29).

Tess. [13] Günther Tessmann, Die Pangwe 1913.

Tess. [23] G. Tessmann, Die Bubi auf Fernando Po 1923.

Tess. [28] Günter Teßmann, Menschen ohne Gott. Ein Besuch bei den Indianern des Ucayali 1928.

Thalb. [14] W. Thalbitzer, The Ammassalik Eskimo I 1914.

Thev. [1575] Thevet, La cosmographie universelle II 1575.

Thiln. [20] G. Thilenius, Primitives Geld 1920 (AfAnthr. 18).

Thom. [06/a] N. W. Thomas, Kinship Organisations and Group Marriage in Australia 1906.

Thom. [06/b] N. W. Thomas, Natives of Australia 1906.

Thom. [10/a] N. W. Thomas, Anthrop. Rep. on the Edo-Speaking Peoples of Nigeria 1910.

Thom. [10/b] N. W. Thomas, Pottery-making of the Edospeaking Peoples, South-Nigeria 1910 (Man 10 Nr. 53).

Thom. [10/c] N. W. Thomas, The Incest Tabu 1910 (Man 10).

Thom. [19—20] Thomas, Who were the Manes? 1919—20 (JAS 19).

Thom. [21] N. W. Thomas, Twins in the Yoruba Country 1921 (Man 21).

Thurn [83] E. F. Im Thurn, Among the Indians of Guiana 1883.

T. [01] R. Thurnwald, Staat und Wirtschaft im alten Ägypten 1901 (ZSw. 4).

T. [02] R. Thurnwald, Staat und Wirtschaft im alten Ägypten 1902 (ZSw. 4).

T. [03/04] R. Thurnwald, Staat und Wirtschaft in Babylon zu Hammurabi's Zeit 1903/04 (JbNSt. 26, 27).

T. [09] R. Thurnwald, Reisebericht 1909 (ZE).

T. [10/a] R. Thurnwald, Im Bismarckarchipel und auf den Salomo-Inseln 1906—1909; 1910 (ZE).

T.]10/b] R. Thurnwald, Das Rechtsleben der Eingeborenen der deutschen Südseeinseln, seine geistigen und wirtschaftlichen Grundlagen 1910 (Blvgl.-RwVw. 6).

T. [10/c] R. Thurnwald, Ermittlungen über Eingeborenen Rechte der Südsee 1910 (Z. vgl. Rw. 23).

T. [11] R. Thurnwald, Die Denkart als Wurzel desTotemismus 1911(KDGA 42).

T. [12/a] R. Thurnwald, Stufen der Staatsbildung bei Urzeitvölkern 1912 (Z. vgl. Rw. 25).

T. [12/b] R. Thurnwald, Probleme der ethno-psychologischen Forschung 1912.

T. [12/c] R. Thurnwald, Forschungen auf den Salomo-Inseln und dem Bismarck-Archipel I. Lieder und Sagen; II. Volk, Staat und Wirtschaft 1912.

T. [13] R. Thurnwald, Ethno-psychologische Studien an Südseevölkern 1913 (Beiheft 6 der ZaPs.).

T. [16] R. Thurnwald, Vorstöße nach dem Quellgebiet d. Kais. Augusta Fl. usw. 1916 (MDSch. 29).

T. [17] R. Thurnwald, Vorläufiger Bericht über Forschungen im Innern von Deutsch-Neu-Guinea in den Jahren 1913—15; 1917 (ZE).

T. [19/20] R. Thurnwald, Die Psychologie des Totemismus 1917/18; 1919/20 (Anthr. 12/13 u. 14/15).

T. [20] R. Thurnwald, Sociale Organisation und Verwandtschaftsnamen bei Primitiven 1920 (Z. vgl. Rw. 36).

T. [21/a] R. Thurnwald, Die Gemeinde des Bánaro. Ehe, Verwandtschaft und Gesellschaftsbau eines Stammes im Innern von Neu-Guinea 1921 (auch Z. vgl. Rw. 38, 39).

T. [21/b] R. Thurnwald, Entstehung von Staat und Familie 1921 (BlvglRwVw. 16).

T. [22] R. Thurnwald, Psychologie des primitiven Menschen 1922 (in Handb. f. vgl. Psychologie, hg. v. G. Kafka).

T. [23] R. Thurnwald, Die Gestaltung der Wirtschaftsentwicklung aus ihren Anfängen heraus (in „Erinnerungsgabe für Max Weber — Die Hauptprobleme der Soziologie“ hg. v. Palyi) 1923.

T. [24] R. Thurnwald, Zur Kritik der Gesellschaftsbiologie 1924 (AfS 52).

T. [RL] R. Thurnwald, Artikel im Reallexikon der Vorgeschichte, hg. v. Max Ebert 1924—29 (unter Nennung des Stichwortes in Anführungszeichen, z. B. T[RL] „Staat“), „Askese“, „Asyl“, „Auslese“, „Blutrache“, „Eid“, „Fasten“, „Fehde“, „Feste“, „Feuer“, „Fluch“, „Fremder“, „Freundschaft“, „Friedlosigkeit“, „Frohnung“, „Gastfreundschaft“, „Geburt“, „Gelübde“, „Gewere“, „Handschlag“, „Hirte“,

„Idol", „Jagd", „Kannibalismus", „Kleidung", „König", „Kulturkreis", „Lehen", „Mana", „Mark", „Meidung", „Menschenopfer", „Moral", „Nahrung", „Namen", „natürliche Siebung", „Omen", „Opfer". „Orakel", „Primitive Kultur", „primitives Denken", „Rätsel", „Rausch", „Reinigung", „Saturnalien", „Segen", „Siebung", „Siedlung", „Schrift", „Staat", „Tabu", „Technik", „Tobiaszeit", „Totemismus", „Totenkultus", „Vergeltung", „Wette", „Wüstung", „Zauber".

T. [26/a] R. Thurnwald, Führerschaft und Siebung 1926 (ZVS 2).

T. [26/b] R. Thurnwald, Vortrag bei der VI. Tagung der Deutschen und Wiener Anthropologischen Gesellschaft in Salzburg 1926.

T. [26—27] R. Thurnwald, Die Auswirkung der Technik auf das soziale Leben und die Geistesverfassung sowie das Problem des Fortschritts. Tagung der Anthrop. Ges. in Salzburg 1926—27 (MAGW).

T. [27/a] R. Thurnwald, Probleme einer empirischen Soziologie 1927 (ZVS 3/3).

T. [27/b] R. Thurnwald, Das Symbol in ethnologischer Beleuchtung 1927 (ZKÄ 3/4).

T. [27/c] R. Thurnwald, Symbol im Lichte der Völkerkunde 1927 (ZAeKw. 21).

T. [27/d] R. Thurnwald, Die Lüge in der primitiven Kultur 1927.

T. [28/a] R. Thurnwald, Bequemes Denken 1928.

T. [28/b] R. Thurnwald, Ethnologie und Psychoanalyse in „Die Psychoanalyse" 1928.

T. [29] R. Thurnwald, Grundprobleme der vergleichenden Völkerpsychologie 1929 (Z.gesStw. 87/2).

T. [30/a] R. Thurnwald, Die Südseekolonien; papuanisches und melanesisches Gebiet südlich des Äquators einschließlich Neu-Guinea 1930.

T. [30/b] R. Thurnwald, Papuanisches und melanesisches Gebiet südlich des Äquators einschließlich Neuguinea 1930 (Sonderdruck aus „Das Eingeborenenrecht").

Tischl. [87] Tischler, Über Aggry-Perlen und über die Herstellung farbiger Gläser im Altertume 1887 (Schriften der physik.-ökonom. Ges. Königsberg 27).

Tobien [40] E. S. Tobien, Die Blutrache nach altem russischen Recht. Diss. Dorpat 1840.

Todd [13] Todd, The Primitive Family as an Educational Agency 1913.

Tönj. [11] Hermann Tönjes, Ovamboland 1911.

Tord. [25] Emil Torday, On the Trail of the Bushongo 1925.

Tout. [27] J. Toutain, L'Economie Antique 1927.

Trg. [06] Paul Traeger, Die Troglodyten des Matmata (Tunis) 1906 (ZE 38).

Treg. [90] Edw. Tregear, The Maoris of New-Zealand 1890 (JRAI 19).

Treg. [04] Edward Tregear, The Maori Race 1904.

Trem. [12] A. J. N. Tremearne, The Tailed Head-Hunters of Nigeria 1912.

Trem. [13] A. J. N. Tremearne, Hausa Superstitions and Customs 1913.

Trem. [14] A. J. N. Tremearne, The Ban of the Bori 1914.

Trem. [15] A. J. N. Tremearne, Bori Beliefs and Ceremonies 1915 (JRAI 45).

Trenk [10] Trenk, Die Buschleute der Namib 1910 (MDSch. 23).

Trim. [25/a] H. Trimborn, Der Kollektivismus der Inkas in Peru 1925 (Anthropos XX).

Trim. [25/b] Hermann Trimborn, Straftat und Sühne in Alt-Peru 1925 (ZE).

Trim. [27] Hermann Trimborn, Die Gliederung der Stände im Inka Reich 1927 (Journal de la Société des Americanistes de Paris XIX).

Troll. [78] Trollope, South Africa 1878.

Trb. [87] H. C. Trumbull, The Blood Covenant 1887.

Tschud. [85] von Tschudi, Das Lama in seinen Beziehungen zum altgermanischen Volksleben 1885 (ZE 17).

Turn. [61] George Turner, 19 Years in Polynesia 1861.

Turn. [84] George Turner, Samoa a hundred Years ago and long before 1884.

Übsch. [11—13] J. Überschaar, Preußisches und Japanisches Verfassungsrecht 1911—1913 (MDGNVO 14).

Unger [26] E. Unger, Summerisch-Akkadische Kunst 1926.

Unger [27] E. Unger, Assyrische und Babylonische Kunst 1927.

Utješn. [59] Utješenovič, Die Hauskommunion der Südslaven 1859.

Vovbg. [25] Vanoverbergh, Negritos of Northern Luzon 1925 (Anthr. 20).

Vanv. [00] M. O. Vanville, Ronelles en bronze et monnaies Gaulois décou-

vertes ensemble à Ambleny (Aisne) 1900 (BMSAP 5. sér. 1).
Varges [03] Varges, Der deutsche Handel von der Urzeit bis zur Entstehung des Frankenreichs 1903 (Programm des Realgymnasium Ruhrort).
Vedd. [23] H. Vedder, Die Bergdama 1923.
Velten [03] C. Velten, Sitten und Bräuche der Suaheli 1903.
Vbgg. [21—22] Verbrügge, La vie des pionniers chinois en Mongolie 1921—22 (Anthr. 16—17).
Verr. [29] A. Hyatt Verrill, Old Civilizations of the New World 1929.
Via. u. Bernd. [10] Viaene u. Bernard, Le régime de la propriété chez les Lessa 1910 (Congo Belge, Bubl. Soc. R. Belge de Géogr. 34).
Vierk. [11] A. Vierkandt, Die Anfänge der Verfassung und Verwaltung in Kultur der Gegenwart 1911.
Vierk. [22] Vierkandt, Die genossenschaftl. Gemeinwesen der Naturvölker 1922 (Festschrift f. Ed. Seler).
Vinogd. [20] Paul Vinogradoff, Outlines of Historical Jurisprudence I 1920.
Vs. [65] Auguste Vinson, Voyage à Madagascar au couronnement de Radama II 1865.
Vlvs. [24] B. Vlavianos, Zur Lehre von der Blutrache 1924.
Vogel [23] Werner Vogel, Die hist. Grundl. d. chines. Strafrechts 1923 (Z. vgl. Rw. 40).
Voigt [02] Voigt, Die röm. Klassifikation von jus divinum und humanum 1902 (Ber. ü. d. Verhandl. d. sächs. Ges. d. Wiss. Bd. 54).
Voigt [20] Andreas Voigt, Theorie des Geldverkehrs 1920 (ZSw. II).
Volk. [00] M. Th. Volkov, Une nouvelle découverte monétaire à Kiev 1900 (BMSAP 5. sér. 1).
Vdheyd. [27] M. Vonderheyden, La Berbérie Orientale Sous la dynastie des Benou'l-Arlab 800—909; 1927.
Vrm. [15—16] Vormann, Die Initiationsfeiern der Jünglinge und Mädchen bei den Monumbo-Papua, Dtsch.-Neu-Guinea 1915—16 (Anthr. 10—11).
Vrm. [17—18] P. F. Vormann, Über das tägliche Leben der Papua 1917/18 (Anthr. 12/13).
Wagm. [23] Ernst Wagemann, Allgemeine Geldlehre 1923.
Wahle [24] Ernst Wahle, Vorgeschichte des deutschen Volkes 1924.
Waitz-G. [64] Waitz-Gerland, Anthropologie der Naturvölker 1864.
Wll. [18] W. D. Wallis, Indo- Germanic relationshipterms as historical evidence 1918 (AA 20).
Wandr. [27] C. Wandres, Tiernamen in der Nama- und Bergdama-Sprache etymologisch erläutert. 1927 Festschrift Meinhof).
Wang [13] Ching dao Wang, Die Staatsidee des Konfuzius und ihre Beziehung zur konstitutionellen Verfassung 1913 (MSO-Spr. 16).
Wrtt. [27] Warnotte, Les origines sociologiques de l'obligation contractuelle 1927.
Watm. [25] T. T. Waterman, Village Sites in Tolowa and Neighboring Areas of Nortwestern California 1925 (AA 27).
Webst. [08] H. Webster, Primitive Secret Societies 1908.
Webst. [11] Hutton Webster, Secret Associations in Australia and Melanesia 1911 (JRAI 41).
Webst. [16] Hutton Webster, Rest Days, a Study in Early Law and Morality 1916.
Webst. [24] Hutton Webster, Secret Societies and Subversive movements 1924.
Wd. [05] Wedell, Das Sachen- u. Vertragsrecht und d. polit. Organ. der Suaheli 1905 (Z. vgl. Rw. 18).
Weeks [14] Weeks, 30 Jahre am Kongo 1914.
Wellh. [97] J. Wellhausen, Reste arabischen Heidentums 1897.
Werner [06] H. Werner, Anthropologische, ethnologische und ethnographische Beobachtungen über die Heikum- und Kung-Buschleute 1906 (ZE 38).
Werner [15] A. Werner, Africa, East. Some Galla Notes 1915 (Man 15).
Wesn. [89] M. R. Wesnitsch, Die Blutrache bei den Südslaven 1889 (Z. vgl. Rw. 8).
West [80] West, Sacred Books of the East V 1880.
West [82] E. W. West, Pahlavi Texts. II. The Dâdistâni-Dînîk 1882 (Sacred Books of the East 18).
West u. B. [84] West u. Bühler, Digest of Hindu Law 1884.
Westm. [12] Westermann, The Shilluk People 1912.
Westm. [21] Diedrich Westermann, Die Kpelle 1921.
Westm. [19] W. L. Westermann, The Development of the Irrigation System of Egypt. 1919 (Classical Philology 14).

Westmck. [01] E. Westermarck, The History of Human Marriage 1901.
Westmck. [08] E. Westermarck, The Origin and Development of Moral Ideas 1908.
Westmck. [14] Edward Westermarck, Marriage Ceremonies in Morocco 1914.
Weule [12] K. Weule, Die Urgesellschaft und ihre Lebensfürsorge 1912.
Weule [16] Karl Weule, Der Krieg in den Tiefen der Menschheit 1916.
Wheel. [10] C. G. Wheeler, The Tribe and Intertribal Relations in Australia 1910.
Whyte [10] G. D. Whyte, The Incest Tabu 1910 (Man 10 Nr. 54).
Wied [1820][1]) [1821][2]) M. von Wied, Reise nach Brasilien in den Jahren 1815 bis 1817. 1820—21.
Wied-N. [32—34; 39—41] M. Wied-Neuwied, Reise in das Innere Nord-Amerikas 2. Bde. 1832—34, 1839—41.
Wiers. E. D. Wiersma, Körperbau verschiedener Rassen und Konstitutionen 1929 (ZaPs 33/1—3).
Wieth-K. [24] Wieth-Knudsen, Feminismen 1924.
Wikld. [18] K. B. Wiklund, Om Renskotselns Uppkomst (Ymer) 1918.
Wikm. [20] K. Rob. V. Wikman, Die Magie des Webens 1920 (AAAH 1).
Wilda [1842] W. E. Wilda, Das Strafrecht der Germanen 1842.
Wlk. [83] Wilken, Het strafr. bij de volken van het malai. ras. 1883.
Will. [20] Williams, Soc. Skandinavia in the Viking Age 1920.
Will. [23] F. E. Williams, The Pairama Ceremony in the Puari Delta, Papua 1923 (JRAI 53).
Will. [24] Williams, The Social and Political Systems of Central Polynesia 1924.
Willms. [12] Williamson, The Mafulu 1912.
Willms. [24] Robert W. Williamson, The Social and Political Systems of Central Polynesia 1924.
Willghb. [09] Willoughby, Notes on the Initiation Ceremonies of the Beewana 1909 (JRAI 39).
Willghb. [23] W. C. Willoughby, Race Problems in the New Africa 1923.
Wls. [22] Wilson, Ancient Drains, Maori Drains, North Aukland 1922 (JPS 31).
Wls. [24] Gilbert L. Wilson, The Horse and the Dog in Hidatsa Culture 1924 (APAMNH 15/2).
Wilk. [03] Paul Wilutzki, Vorgeschichte des Rechts 1903.
Wing [21] van Wing, Etudes Bakongo 1921 Histoire et Sociologie.
Winth. [28] Joseph Winthuis, Das Zweigeschlechterwesen 1928 (FVS 5).
Wirz [22/a] Paul Wirz, Die religiösen Vorstellungen in den Mythen der Marind-anim von Holländ.-S.-Neu-Guinea 1922.
Wirz [22/b] Paul Wirz, Die Marind-anim I 1922.
Wirz [24] Paul Wirz, Anthropologische und Ethnologische Ergebnisse der Central Neu-Guinea Expedition 1921—22; 1924 (N-G 16/1).
Wirz [25] Paul Wirz, Die Marind-anim von Holländisch-Süd-Neu-Guinea 2/3 1925.
Wissl. [13] Wissler, Societies and Dance Associations of the Blackfoot Indians 1913 (APAMNH 11/14).
Wissl. [22] Clark Wissler, The American Indian 1922.
Wssm. [88] Wolf von Wissmann, Im Innern Afrikas 1888.
Witte [19—20] Witte, Beiträge zur Ethnographie von Togo 1919—20 (Anthr. 14 und 15).
Wln. [03] Wlainatz, Die agrar-rechtlichen Verhältnisse des mittelalterlichen Serbien. 1903.
Zahn [12] H. Zahn, Die Jabim 1912 (in Neuhauß: Dtsch.-Neu-Guinea III).
Zahn [14] Heinrich Zahn, Erzählungen und Sagen der Yabim I 1914 (BA 4).
Zahn [23] Walter Zahn, Aus dem Eheleben der Arussi-Galla in Abessinien 1923 (AfAnthrNF 19).
Zech [04] Graf Zech, Land und Leute an der Nordwestgrenze von Togo 1904 (MDSch. 17).
Zeller [23] Moritz Zeller, Die Knabenweihen 1923.
Zeltn. [14] Fr. de Zeltner, Les Tonareg du Sud 1914 (JRAI 44).
Zimm. [22] Zimmermann, Lateinische Kinderworte als Verwandtschaftsbezeichnungen 1922 (KZ 50).
Zintgff. [95] E. Zintgraff, Nord-Kamerun 1895.
Zorč. [97] Milovan Zoričič, Die bäuerlichen Hauskommunionen in den Königreichen Kroatien und Slavonien. Arbeiten des 8. Internat. Kongresses für Hygiene und Demographie in Budapest 1894; 1897.

A.A. = American Anthropologist.
A.A.A.H. = Acta Academiae Aboensis, Humaniora.

A.C.I.A. = Atti del Congresso Internaz. degli Americanisti, Roma.
A.f.Anthr. = Archiv für Anthropologie.
A.f.ges.P. = Archiv für die ges. Psychologie.
Afr. = Africa (London).
A.f.R.G.-B. = Archiv für Rassen- und Gesellschaftsbiologie.
A.f.S. = Archiv für Sozialwissenschaft.
A.G.Ak. = Abhandlungen aus dem Gebiet der Auslandskunde.
A.M. = Asia Major.
A.M.N.H. = American Museum of Natural History, Handbook Series.
An.Phil. = Annalen der Philosophie (F. Meiner, Leipzig).
Anthr. = Anthropos.
Anthrop.-Bibl. = Anthropol. Bibliothek.
A.P.A.M.N.H. = Anthropological Papers of the American Museum of Natural History, New York.
A.R.B.A.E. = Annal Report of the Bureau of American Ethnology (Smithsonian Institution), Washington.
A.R.B.E. Annual Report of the Burean of Ethnology, Washington.
A.R.B.R.S.I. = Annual Report of the Board of Regents of the Smithsonian Institution, Washington.
A.R.G.B. = Archiv für Rassen- und Gesellschafts-Biologie München.
A.R.N.W.-T.C. = Annual Report on the N.W. Tribes of Canada.
A.Schw.Pal.G. = Abh. d. schweiz. paläontolog. Ges.
Ä.Z. = Zeitschrift für Ägyptische Sprache und Altertumskunde.
B.A. = Baeßler Archiv Berlin.
B.B.A.E. = Bulletin of the Bureau of American Ethnology (Smithsonian Institution), Washington.
B.F.E.-O. = Bulletin de l'école Française d'extrême-orient.
B.F.M.S.A.U.P. = Bulletin of the Free Museum of Science and Arts of the Univ. of Pennsylvania.
Bl.vgl.Rw.Vw. = Blätter der Internationalen Vereinigung für vergleichende Rechtswissenschaft und Volkswirtschaftslehre.
B.M.S.A.P. = Bulletins et Mémoires de la Société d'Anthropologie de Paris.
B.S.A.P. = Bulletin de la Société d'Anthropologie de Paris.
B.Sch.O.St. = Bulletin of the School Oriental Studies.
B.T.L.V.N.I. = Bijdragen tot de taal-, land- en volkenkunde van Nederlandsch-Indie.
C.I.A. = Congrès International des Americanistes.
Class.Phil. = Classical Philology, Chicago.
D.G.B. = Deutsche Geographische Blätter.
E.J. = The Economic Journal.
Ethn.Notbl. = Ethnologisches Notizblatt.
F.L. = Folk-Lore London.
F.V.S. = Forschungen zur Völkerpsychologie und Soziologie, Leipzig.
Glob. = Globus.
G.Z. = Geographische Zeitschrift.
H.H.Mus. = Handbook Horniman Museum.
I.A.E. = Internationales Archiv für Ethnographie, Leiden.
I.F. = Indogermanische Forschungen.
I.J.E. = Indian Journal of Economics.
Img. = Imago.
I.S.Kf. = Institut for Sammenlignende Kulturforskning, Oslo.
J.Am.F.-L. = Journal Amer. Folk-Lore.
J.A.S. = Journal of the African Society.
J.A.S.B.B. = Journal Asiatic Soc., Bengal Branch.
J.A.S.N.-Ch.B. = Journal Asiatic Soc., N-China Branch.
Jb.N.St. = Jahrbücher für Nationalökonomie und Statistik.
J.N.-Ch.-B.R.As.Soc. = Journal of the North-China-Branch of the Royal Asiatic Society (Shanghai).
J.N.P.E. = Jesup North Pacific Expedition.
J.P.S. = Journal of the Polynesian Society.
J.R.A.J.=JournalRoyalAnthropologicalInstitut for Great Britain and Ireland, London.
J.R.P. Journal Relig. Psychologie.
J.R.S.N.S.W. = Journal Royal Society of New-South-Wales, Sydney.
J.S.A.P. = Journal de la Société des Américanistes de Paris.
J.S.F.Ou. = Journal de la Société Finno-Ougrienne.
J.U.S.I.I. = Journal of the United Service Institution of India.
Kbl.Gv.dt.G.A.V. = Korrespondenzblatt des Gesamtvereins der deutschen Geschichts- und Altertumsvereine, Berlin.
K.D.G.A. = Korrespondenzblatt der deutschen Gesellschaft für Anthropologie, Ethnologie und Urgeschichte.
M.A.A.A. = Memoirs of the American Anthropological Association, Lancaster, Pa.
M.A.G.W. = Mitteilungen der anthropologischen Gesellschaft in Wien.

M.A.M.N.H. = Memoirs of the American Museum of Natural History, New York.
M.D.G.N.V.O. = Mitteilungen der dtsch. Ges. f. Nat. u. Völkerk. Ostasiens.
M.D.Sch. = Mitt. a. d. dtsch. Schutzgeb.
M.G. = Mitteilungen über Grönland.
M.M. = Mensch en Maatschapij.
M.S.O.Spr. = Mitteil. Sem. orient. Sprachen.
M.V.A.G. = Mitt. Vorderasiatisch. Gesellsch.
M.Vw.St. = Münchener Volkswirtschaftliche Studien.
N.-G. = Nova-Guinea. Uitkomsten der Nieuw-Guinea-Expedities onder Redaktie van L. F. Beaufort en A. A. Pulle en L. Rutten. Leiden.
N.G.M. = National Geographical Magazine.
N.K.W. = Nachrichten über Kaiser Wilhelms Land und den Bismarck-Archipel; hg. von der Neu-Guinea Compagnie zu Berlin.
N.Z.D.M.B. = New Zealand Dominion Museum Bulletin.
O.L.Z. = Orientalistische Literatur-Zeitung.
O.R. = Ostasiatische Rundschau.
P.A.S.S. = Publications of the American Sociological Society.
P.M. = Dr. A. Petermann's Mitteilungen aus Justus Perthes Geographischer Anstalt, Gotha.
R.B.E.W. = Report Bureau of Ethnology, Washington.
R.E.T.P. = Revue d'Ethnographie et des Traditions populaires, Paris.
R.I.S. = Revue de l'Institut de Sociologie (Instituts Solvay — Université libre de Bruxelles).
R.L.Vg. = Reallexikon der Vorgeschichte, hg. v. Max Ebert 1924—29.
Sb.pr.Ak.Wiss.ph.-h. = Sitzungsberichte der preußischen Akademie der Wissenschaften, phil.-hist. Kl.
Sc. = Scientia.
St.F.I.L.-I.V.-E.E. = Staatliche Forschungsinstitute in Leipzig — Institut für Völkerkunde-, Ethnographie und Ethnologie, Leipzig.
St.M.St.R. = Studi e Materiali di Storia delle Religioni, Roma.
T.B.G.K.W. = Tijdschrift van het Batav. Genootsch. van Kunsten en Wetenschapen.
T.N.Aa.Gen. = Tijdschrift van het Kon. Nederlandsch Aardrijkskundig Genootschap, Leiden.
T.N.Z.I. = Transactions of the New-Zealand Institute.
T.R.S.S.A. = Transactions of the Royal Society of South Australia.
T.T.L.V. = Tijdschr. v. ind. Taal-, Land-, en Volkenkunde.
U.C.P.A.A.E. = University of California Publications in American Archaeology and Ethnology.
U.C.T.P.S.A.L.L. = University of Cape Town Publications of the School of African Life and Language (Cambridge Univ. Press).
U.I.St.S.S. = Univ. Illinois Studies in Social Sciences.
V.S.W.G. = Vierteljahrsschrift für Sozial- und Wirtschaftsgeschichte.
W. u. S. = Wörter und Sachen.
Ymer. = Ymer, Tidskrift utgiven av Svenska Sällskapet for Antropologi och Geografi.
Z.Ae.Kw. = Zeitschrift für Aesthetik und allgemeine Kunstwissenschaft.
Z.a.Ps. = Zeitschrift für angewandte Psychologie.
Z.C.Ph. = Zeitschrift für celtische Philologie.
Z.E. = Zeitschrift für Ethnologie, Berlin.
Z.E.Spr. = Zeitschrift für Eingeborenen Sprachen.
Z.f.Rg. = Zeitschrift für Rechtsgeschichte.
Z.ges.Stw. = Zeitschrift für die gesamte Staatswissenschaft, Tübingen.
Z.K. = Zeitschrift für Kulturgeschichte.
Z.K.Ä. = Zeitschrift für Kunstgeschichte und Ästhetik.
Z.Sav.Stft.Rg. = Zeitschrift der Savigny-Stiftung für Rechtsgeschichte.
ZSw. = Zeitschrift für Sozialwissenschaften.
Z.vgl.Rw. = Zeitschrift für vergleichende Rechtswissenschaft.
Z.V.S. = Zeitschrift für Völkerpsychologie und Soziologie, Berlin.

REGISTER

FSC
www.fsc.org
MIX
Papier | Fördert
gute Waldnutzung
FSC® C083411

Kolibri 360 GmbH
Ferdinand-Jühlke-Straße 7
99095 Erfurt, Deutschland
produktsicherheit@kolibri360.de